Siegfried Kleymann
»... und lerne, von dir selbst im Glauben zu reden.«

D1724307

Studien zur systematischen und spirituellen Theologie

27

**Herausgegeben von
Gisbert Greshake, Medard Kehl
und Werner Löser**

Siegfried Kleymann

»... und lerne, von dir selbst im Glauben zu reden.«

Die autobiographische Theologie
Joseph Wittigs
(1879-1949)

echter

Die Deutsche Bibliothek – CIP-Einheitsaufnahme

Kleymann, Siegfried:
... und lerne, von dir selbst im Glauben zu reden : die autobiographische
Theologie Joseph Wittigs / Siegfried Kleymann. – Würzburg : Echter, 2000
   (Studien zur systematischen und spirituellen Theologie ; Bd. 27)
   Zugl.: Münster (Westfalen), Univ., Diss., 1999
   ISBN 3-429-02190-1

© 2000 Echter Verlag Würzburg
Gesamtherstellung: Druckerei Lokay e. K., Reinheim
   ISBN 3-429-02190-1

Vorwort

> Der Mensch wird des Weges geführt,
> den er wählt.　(Talmud)

Die vorliegende Studie zur „autobiographischen Theologie" Joseph Wittigs wurde 1999 von der Katholisch-Theologischen Fakultät der Westfälischen Wilhelms-Universität in Münster als Dissertation angenommen. Für den Druck wurde sie überarbeitet.

Die Beschäftigung mit der Lebensgeschichte und der Theologie Joseph Wittigs hat in meiner Lebensgeschichte Spuren hinterlassen. Von diesen Spuren Zeugnis zu geben, kann hier nicht geschehen. Wohl aber kann - als Zeichen des Dankes - Auskunft darüber gegeben werden, wer den Weg ermöglicht, begleitet und gefördert hat.

Ich danke dem Bischof von Münster, Dr. Reinhard Lettmann, für die Zustimmung zum Studienprojekt und für dessen Unterstützung. Prof. Jürgen Werbick hat meine Ausgangsfrage nach dem Zusammenhang von Theologie und Selbstthematisierung in Verbindung mit Joseph Wittig gebracht. Für das stete Interesse, mit dem er die Arbeit (und den Arbeitenden) begleitet hat, für die hilfreichen fundamentaltheologischen Differenzierungen und die Erstellung des Erstgutachtens danke ich ihm sehr. Ich danke Prof. Arnold Angenendt und Prof. Wim Damberg für die Erstellung des Zweitgutachtens und die Vermittlung der Weite kirchengeschichtlicher Horizonte.

Bei der Literaturrecherche konnte ich auf die Unterstützung des Erzbischöflichen Archivs und des Universitätsarchivs Wrocław, des Deutschen Literaturarchivs Marbach, der Universitäts- und der Diözesanbibliothek Münster bauen. Von kaum zu überschätzenden Wert war die Zustimmung der Familie Joseph Wittigs zur Bearbeitung des unveröffentlichten Nachlasses, der mittlerweile in der „Gemeinsamen Bibliothek Evangelische und Katholische Theologie" an der Universität Frankfurt einsehbar ist. Für die Begegnungen mit Anca Wittig, die ich in ihren letzten Lebensjahren erleben durfte, für die Gespräche mit ihren Kindern Dr. Johannes Wittig, Bianca Maria Prinz und Prof. Christoph Wittig und deren Familien, für die Gastfreundschaft und Offenherzigkeit bin ich sehr dankbar.

Die Familien Otto Eitners und Ernst Simons haben ebenfalls Einsicht in unveröffentlichte Briefe gewährt; Prof. Aloizy Marcol, Prof. Thomas Ruster, Dr. Christian Löhr und Dr. Rudolf Hermeier trugen in Gesprächen zur Untersuchung bei. Großdechant Franz Jung, Kanonischer Visitator der Grafschaft Glatz, gab wichtige Hinweise zur Glatzer Geschichte und Mentalität und unterstützte mit einem großzügigen Druckkostenzuschuß das Erscheinen dieser Publikation. Den Herausgebern der „Studien zur Systematischen und Spirituellen Theologie", besonders Prof. Gisbert Greshake, sei für die Aufnahme in diese Reihe gedankt. Ebenso gilt der Dank Gunnar Schubert und Heiko Scheithauer für die Mühe des Korrekturlesens wie auch Gregor Grüning und Norbert Ruhrmann für ihre geduldige Hilfe am Computer. Die Studie enspringt in vielfacher Hinsicht den Fragen der pastoralen Arbeit in den Gemeinden St. Josef, Münster-Kinderhaus, und St. Stephanus, Münster, sowie vor allem meiner Tätigkeit als Stadtjugendseelsorger in Münster, die die Zeit der Dissertation begleitet hat. Die Aufrichtigkeit und Vitalität der jugendlichen Suche nach einer eigenen Lebensperspektive miterleben zu können, hat mein theologisches Fragen geprägt. Ohne hier Namen von Einzelnen nennen zu können, empfinde ich Vielen gegenüber Dank.

Nicht zuletzt danke ich Spiritual Dr. Paul Deselaers für die Ermutigung, dem Verhältnis von Biographie und Theologie (auch) wissenschaftlich nachzugehen, und für seine sensible Begleitung auf diesem Studien- und Lebensweg. Für die freundschaftliche Verbundheit auf den beschwingten und beschwerlichen Wegetappen der Promotion danke ich besonders Dr. Hubertus Lutterbach, Dr. Michael Bangert, Elisabeth und Andreas Rehm, Annette Reich und Jan Dirk Busemann.

Ich widme diese Arbeit meinen Eltern und meinen Geschwistern.

Münster-Wolbeck, am 1. Februar 2000   *Siegfried Kleymann*

Inhaltsverzeichnis

Erstes Kapitel

Der Junge auf dem Heuhaufen.
Oder: Über den Daumen gepeilt. Eine Einleitung

Die Geschichte beginnt auf einem Heuhaufen in Schlesien, in der Grafschaft Glatz, in einer Ansiedlung von Häusern bei Schlegel, in einer Nachbarschaft mit dem Namen Neusorge. Dort liegt auf dem Heuhaufen ein kleiner Junge und träumt sich in die Welt hinein. Er schaut zum Nachbarhügel, sieht ein Haus mit weißen Mauern und rotem Ziegeldach und einen Mann, der soeben zur Tür heraustritt. Der Junge überlegt: Wie groß mag das Haus sein? Ob die Länge mit einer Elle und die Höhe mit einer viertel Elle richtig gemessen ist? Und die Größe des Mannes? Über den Daumen des Jungen gepeilt ist er deutlich kleiner als eine Daumen-Länge. Der Junge ist fest davon überzeugt, einen angemessenen Maßstab zur Beurteilung der Welt gefunden zu haben, und schlägt seinem Vater vor, das Häuslein vom gegenüberliegenden Hügel zu holen und auf dem Kaninchenstall zu platzieren. Der Vater nimmt ihn mit, trägt ihn zum Berg hinauf und der Junge erlebt zu seinem Erstaunen, daß das Haus und dessen Bewohner sich verändern, daß sie zu wachsen beginnen und immer größer werden, bis sie das Elternhaus und den Vater deutlich überragen. Dennoch ist der Eindruck der kleinen Welt so stark, daß sich der Junge trotz aller Enttäuschung in der nächsten Zeit daran macht, unter Erdschollen und in Korngarben, in Blumenkelchen und Vogelnestern zu suchen, ob da nicht wirklich kleine Menschen zu finden seien.

Mehr als dreißig Jahre später, im Jahr 1915, schreibt in Breslau ein Mann diese Kindergeschichte auf.[1] Der Junge hat mittlerweile sein Heimatdorf verlassen, in Breslau und Rom gelernt und studiert, ist Priester der katholischen Kirche und Professor der Kirchengeschichte geworden und beschäftigt sich statt mit der Nachbarsiedlung mit den Welten der kleinen und großen Leute, die in der Frühzeit seiner Kirche gelebt haben. Unter dem Namen Johannes Strangfeld veröffentlicht er seine Erzählung; den wirklichen Namen, Joseph Wittig, verrät er erst, als weitere Kindheitserinnerungen publiziert sind und die

---

[1] J. Strangfeld, Vom Märchen zum Mysterium, 262/3.

Lesenden neugierig werden auf diesen unter Pseudonym schreibenden Theologen.

In den dreißig Jahren, die zwischen Heuhaufen-Träumerei und Schreibtisch-Arbeit liegen, hat sich die Umgebung verändert. Joseph Wittig hat in der Schule objektive Messeinheiten gelernt, er weiß um Chronometer und Kilometer, kennt die Maßstäbe historischer Forschung und die Regeln eines vernünftigen Diskurses. Doch das Problem des Jungen ist geblieben. Es ist nicht mild-lächelnd als Kinderspiel beiseite zu legen. Seine Frage lautet nach wie vor: Was ist wirklich? Was ist Realität? Was sind Maßstäbe, um die verschiedenen Dinge des Lebens zu messen und zu beurteilen? Stimmt es denn, daß sich mit Zollstock oder Maßband, mit der normierten Einteilung in Meter, Zentimeter, Millimeter das Entscheidende über Distanzen aussagen läßt? Was sagt die allgemeingültige Norm darüber, wie unüberbrückbar weit Entfernungen sein können? Oder wie riesengroß oder winzig klein etwas erscheinen kann? Läßt sich, bei aller Mühe um Objektivität, die Welt ohne den Blick über den eigenen Daumen angemessen erkennen?

Joseph Wittig zweifelt, blickt über seinen Daumen und beginnt zu schreiben - von der realen Größe der „kleinen Leute", von Webern, Zimmerleuten und Dorfjungen, von Bettlern und Einsiedlern, von Wallfahrten und Schmugglergängen, von seinen Eltern und Großeltern. Er erzählt ohne Anspruch auf Objektivität, aber mit dem Wissen, daß das wahr ist, was er erzählt - und daß *er* wahr wird, indem er erzählt. Er ist gewachsen, seit jenen Kindertagen auf dem Heuhaufen, und auch sein Daumen stellt keine unveränderte Maßeinheit dar. Ermutigungen und Enttäuschungen, Auseinandersetzungen und Erfolge, Freundschaft und Einsamkeit, kirchliche und politische Ambivalenzen haben ihre Spuren hinterlassen. Es ist kein unveränderter Standpunkt, von dem aus alles zu bestimmen oder einzuordnen wäre. Die Frage „Wer bin ich?" verlangt danach, von ihm immer wieder neu buchstabiert zu werden. Erinnernd sucht er Selbstvergewisserung und wird zu einer Suche mit Folgen herausgefordert. Der Schreibende wird ein anderer. Er ermutigt und klagt an, schreibt sich in Auseinandersetzungen hinein, beharrt um seiner Wahrheit willen auf dem Geschriebenen und nimmt dabei das Schreiben selbst in den Blick:

„Was ereignet sich, wenn ich schreibend meiner Wahrheit nachgehe? Wer bin ich als Schreibender?" So schreibt er über sein Leben, über das Gegenwärtige, über Vergangenes und Zukünftiges. Schreibend erinnert er sich daran, wie er zu schreiben - und zu leben - gelernt hat. Dieses Lernen sei, erinnert sich Wittig, an der Hand seines Vaters geschehen. Noch vor Beginn der Schulzeit habe er sich als Junge im Zeichnen der Buchstaben versucht und dabei begleitend die väterliche über seiner Hand erfahren. Diese Erinnerung an den Finger des Vaters, der den kleinen Schieferstift des Sohnes führend und mitschreibend berührt, wird für Wittig zum Gleichnis für die Grunderfahrung seines Lebens. „Gottes Hand über meiner Hand" schreibt er als Überschrift über diese Lebensgeschichte.[2] Die Frage nach dem Handeln Gottes in der Geschichte wird *sein* Thema. Entwirft sich der Mensch selber als Schöpfer seiner Geschichte, frei, unabhängig und souverän? Erhält seine Biographie ihr Schriftbild durch Mächte und Gewalten, die den Menschen ohnmächtig zurücklassen? Was ist es um die Verantwortlichkeit und Freiheit des Menschen? Wer ist der Autor der menschlichen Lebensgeschichte? Die Welt mit Heuhaufen und Nachbarhügel, Schreibpult und Katheder, Kommunion- und Hobelbank wird zum Ort, an dem es die *eine* Handschrift zu entziffern gilt. Diese Welt ist Bestandteil der *einen* Welt Gottes, die als *die* „radikale Wirklichkeit" erfahren wird und eingeschrieben ist in jenes „Buch der radikalen Wirklichkeit"[3], als das die biblische Botschaft erlebt wird.

Hatte sich die Welt um den Heuhaufen noch durch ein geschlossenes Weltbild ausgezeichnet, so ist die Welt, in der der Erwachsene Joseph Wittig über seinen Daumen blickt und sein Welt- und Gottesverhältnis niederschreibt, eine zerbrochene Welt. Sie fügt sich nicht mehr fraglos zusammen. Die kindliche Perspektive auf Gott ist mit theologischen Sichtweisen und philosophischen Entwürfen konfrontiert worden, in die Auseinandersetzung von moderner Weltanschauung und einem Erklärungsmuster geraten, das als neuscholastisches System unbedingte Geltung beansprucht. Der Erwachsene kehrt zurück in die Zeit seiner Kindheit, um mit dieser Regression progressiv weiterge-

---

[2] Vgl. J. Wittig, Gottes Hand über meiner Hand, 349.
[3] J. Wittig, Das Buch der radikalen Wirklichkeit, 331.

hen zu können. Wie diese Regression geschieht, zeigt Wittig in einem Rückblick auf seine Kaplanszeit:

Mehr als sechzig Jahre nach seinem Kindheitserlebnis, mehr als dreißig Jahre nach dem Beginn des lebensgeschichtlichen Erzählens blickt er auf eine Predigt zurück, die er als junger Kaplan in der Breslauer Sandkirche gehalten hat. Er habe damals über den Himmel sprechen wollen. Die Himmelfahrtspredigt sei gut vorbereitet gewesen, und doch sei er gequält auf die Kanzel gestiegen, beklommen darüber, wie wenig er über den Himmel theologisch zu sagen vermöge. Unzufrieden habe er seine Ansprache gehalten, bis er schließlich den Rahmen des schriftlich Vorbereiteten durchbrochen und von seiner Schuljungenzeit erzählt habe: von der Armut und dem Elend der Familie, von den Schmugglergängen über die österreichische Grenze, von dem bezaubernden Grün und der wundervollen Blütenpracht, die er durch das Astloch eines geschlossenen Bretterzaunes erspähte. „Mehr weiß ich nicht vom Himmel, liebe Christen", habe er die Predigt beendet, „aber das ist genug! Amen!"[4]

Dieser Predigtschluß ist nicht das Ende, sondern der Anfang. Er scheidet die Geister. Während die einen – nach Ansicht des Predigers – „vor Freude aufspringen" wollen von ihren Bänken, wird von anderen der ungewöhnliche Verkündigungsstil eilig weitererzählt, so daß am selben Nachmittag „schon die Domherren der Kathedrale St. Johann Baptista von dieser Predigt" wissen.[5] Zustimmung und Skepsis begleiten den Versuch Wittigs, der Anwesenheit Gottes in dieser Welt erzählend nachzugehen. Der Kontrast von Begeisterung und Ablehnung, den der über 60jährige im Rückblick auf die Frühzeit seiner Predigttätigkeit anklingen läßt, bestimmt seine theologische Laufbahn. Wie diese Form der Theologie zu bewerten sei, wohin eine solche Form der Weltzuwendung die Kirche führe, ob dieser Versuch, den Graben zwischen Leben und Lehre zu überwinden, als orthodox gelten darf, sind Fragen, die besonders in den 20er Jahren nachdrücklich diskutiert werden. Das Lehramt der katholischen Kirche empfindet die Theologie des autobiographisch erzählenden Kirchenhistorikers als Abweichung vom maßgeblichen neuscholastischen System der

---

[4] J. Wittig, Der Himmel, 6.
[5] Ebd.

Wirklichkeitsbestimmung, verbietet zunächst einige seiner Schriften und schließt Joseph Wittig 1926 aus der kirchlichen Gemeinschaft aus. In den zwanzig Jahren bis zu seiner Wiederaufnahme in die Kirche, aber auch nach seinem Tod 1949 herrscht keineswegs Einigkeit über die Theologie des Breslauer Gelehrten. Ist Wittig ein neuzeitlicher Luther? Ein Kirchenreformer oder ein Heimatdichter? Ein typischer Katholik oder ein ökumenischer Vorkämpfer? Wie ist der theologische Ansatz Wittigs zu kennzeichnen? Inmitten der widersprüchlichen Beurteilungen findet sich eine Wertung, die Joseph Wittig als autobiographisch erzählenden Theologen wahrnimmt: „Joseph Wittigs Erzählweise ist ganz subjektiv, er gibt immer sich."[6] Bereits 1922 wird mit dieser Einschätzung der autobiographische Charakter der Narrativität Wittigs formuliert. In der Folgezeit wird diese Zuschreibung zwar nicht den Hauptakzent der Wittig-Rezeption darstellen, sich aber doch als Kontinuum durch die Würdigungen ziehen. Von der „Lebensbeichte"[7] bis zur „narrativ-biographischen Selbstvergewisserung"[8] reicht die Kennzeichnung des Schreibens Wittigs. Nicht nur eine einzelne Schrift, sondern das Gesamt der Werke bilde „eine große Selbstbiographie Wittigs"[9]. Wittig sei zu beschreiben als ein Autor, der „ohne Scheu und Rückhalt Intimes - und was gibt es Intimeres als die religiöse Innenwelt? - aus sich herausstellt und preisgibt, immerzu in der Ich-Form."[10]

In der folgenden Untersuchung soll an diese Bewertung der Theologie Joseph Wittigs angeknüpft werden. Wie er seine Lebensgeschichte als Gotteswort hört und erzählt, mit welchen Folgen er Gottes Wort in seinem Leben entdeckt und aufschreibt und wie für ihn im Erzählen dieser Geschichte Gott zum lebendigen Gott wird, soll im folgenden als „autobiographische Theologie" dargestellt werden und auf seine Implikationen und Inspirationen befragt werden. Mit Blick auf das

---

[6] F. Herwig, Neue Romane, 423.

[7] E. Bockemühl, Joseph Wittigs Wort und Weg, o.S.

[8] B. Haunhorst, „Dieser unser menschennaher Gott", 23. – Vgl. A. W. Riley, Der Volksschriftsteller Joseph Wittig, 153; K. Wunsch, Der deutsche Volkserzieher Joseph Wittig, 278; K. Bornhausen, Rez. Joseph Wittig, Leben Jesu, 760; S. Kegel, Rez. Joseph Wittig, Herrgottswissen, 389.

[9] E. bin Gorion, Ceterum Censeo, 115. – Vgl. ders., Linien des Lebens, 62.

[10] P. Dörfler, Joseph Wittig, 198.

lebensgeschichtliche Erzählen Joseph Wittigs soll nach den Möglichkeiten und Schwierigkeiten christlicher Selbstthematisierung gefragt und insofern ein fundamentaltheologischer Beitrag zur theologischen Autobiographieforschung gegeben werden:

Um Tiefenschärfe für die Bewertung des theologischen Selbstzeugnisses Wittigs zu gewinnen, gilt es zunächst, einen Überblick über die theologische Autobiographieforschung zu geben. Es werden die Problemstellungen skizziert, die sich in der Diskussion um die Verhältnisbestimmung von Autobiographie und Theologie eröffnen. Mit Hilfe theologischer, soziologischer und literarhistorischer Anfragen werden Kriterien aufgezeigt, die zur Konturierung der autobiographischen Theologie Wittigs beitragen können (Zweites Kapitel).

Indem Wittig sich und seine Um-Welt je neu wahrnimmt, konturiert er das Bild einer unabgeschlossenen Lebensgeschichte, die von anderen, bereits während seines Lebens und auch nach seinem Tod, mit- und weitergeschrieben wird. Die Reaktionen der Leser haben von Anfang an folgenreichen Anteil an der Lebensgeschichte Wittigs. Deshalb wird in einem zweiten Schritt in der Form eines Überblickes nachgezeichnet, wie Wittig im Spiegelbild von Verehrern und Kritikern, Zeitgenossen und Nachfahren gesehen wird (Drittes Kapitel).

Nach diesem Überblick über die Außenperspektive wird auf drei Anwegen nach einem Zugang zur Innenperspektive Joseph Wittigs gesucht. Wiederholt reflektiert Joseph Wittig über den Akt des Erzählens und die Bedeutung des Schreibens. Er berichtet über die Perspektivveränderungen, die sich beim schreibenden Blick über den eigenen Daumen ergeben, und hebt neben dem Inhalt des Geschriebenen den Akt des Schreibens als theologisch grundlegend hervor. Seinem Selbstverständnis als „Schreiber Gottes"[11] soll in einem ersten Schritt nachgegangen werden (Viertes Kapitel). Die Selbstbilder, die er in seinen Geschichten entwirft, und die Aufnahmen seiner Um- und Mit-Welt, die er erzählend wahrnimmt und zur Sprache bringt, werden in einem zweiten, ausführlichen Teil dargestellt. Die Rahmenbedingungen, durch die er sich zum autobiographischen Schreiben herausgefordert sieht, und die Konsequenzen, die sich für ihn aus seiner theologischen Neuorientierung ergeben, sind Teil dieser Lebensge-

---

[11] J. Wittig, Roman mit Gott, 229.

schichte (Fünftes Kapitel). In einem dritten Schritt werden die Folgen des autobiographischen Erzählens für die Glaubenslehre untersucht. Die theologischen Entscheidungen, die mit der erzählenden Selbstvergewisserung verbunden sind, werden mit Blick auf vier Felder der Theologie - die Gotteslehre, die Lehre von der Offenbarung, sowie die Christologie und die Ekklesiologie - bedacht (Sechstes Kapitel). Der Schwerpunkt der vorliegenden Untersuchung liegt auf dieser „Innenperspektive" der Theologie Wittigs. Der Frage, wie sich die Selbstthematisierung Joseph Wittigs und seine theologische Aussagen entsprechen und aufeinander einwirken, wird vorwiegend mit einem Neu- und Querlesen des schriftstellerischen Werkes Joseph Wittigs nachgegangen. Die weiterführende Frage, wie dieser theologische Antwortversuch im Kontext einer Geschichte des 20. Jahrhunderts zu bewerten ist, kann nur ansatzweise geführt werden. Exemplarisch wird daher in einem letzten Abschnitt die Theologie Wittigs im Lichte jener Verhältnisbestimmug der katholischen Kirche zur modernen Welt gelesen, wie sie von Papst *Pius X.* in der Enzyklika „Pascendi dominici gregis" vorgenommen wurde (Siebtes Kapitel).[12] Aus fundamentaltheologischer Perspektive stellt sich auf diesem theologiegeschichtlichen Hintergrund abschließend die grundsätzliche Frage, in welcher Weise die autobiographische Theologie Joseph Wittigs inspirierend zu christlicher Selbstthematisierung und zu einer theologischen Überwindung des Grabens von „Leben" und „Lehre" beizutragen vermag.

---

[12] Eine historische Situierung des theologischen Ansatzes des Breslauer Kirchenhistorikers im Zusammenhang mit dem gesellschaftlichen Kulturschock nach dem Ersten Weltkrieg oder im Kontext einer Verhältnisbestimmung katholischer Theologen zur Weimarer Republik und zum Nationalsozialismus ist eine weiterführende Forschungsaufgabe, deren Notwendigkeit gesehen wird, die aber in dieser vorwiegend auf das Schrifttum Joseph Wittigs konzentrierten Arbeit nur anfanghaft geleistet werden kann.

Zweites Kapitel

Zum Verhältnis von Autobiographie und Theologie

I. Theologie und Lebensgeschichte

1. Der Graben zwischen Leben und Lehre. Eine Problemanzeige

Über die Zusammengehörigkeit von Lebensgeschichte und Theologie scheint es keinen Zweifel zu geben: „Zu allen Zeiten haben Lebensgeschichten in der Weitergabe des christlichen Glaubens eine wichtige Rolle gespielt. Als Zeugnisse des Glaubens und gelebten Lebens kam ihnen stets eine eigentliche Verkündigungsfunktion zu."[1] Doch so grundsätzlich die Verbundenheit von Biographie und Theologie behauptet wird, so fundamental erscheint das Problem, *wie* die beiden zusammengehören. Die Form ihrer Koexistenz gilt als entschieden fragwürdig, das gegenwärtige Verhältnis als gestört. Ein „Schisma zwischen Lehre und Leben" wird von Johann Baptist Metz als Grundproblem christlicher Theologie im 20. Jahrhundert diagnostiziert: Ein Graben liege zwischen „theologischem System und religiöser Erfahrung" und trenne „Doxographie und Biographie" voneinander.[2] Überbrückungsversuche und Beziehungsklärungen durchziehen viele theologische Entwürfe dieses Jahrhunderts. Wie Glauben und Leben zusammengehören und zueinander kommen können, ist ein Thema, das die katholischen Theologen in den Jahren der Weimarer Republik in ihrem Bemühen beschäftigt, die „verlorene Nützlichkeit der Religion" wiederzufinden.[3] Das Zweite Vatikanische Konzil hebt die Hinwendung zum Leben ins Blickfeld der Theologie. Mit Stichworten wie „Nachfolge", „Welt", „evangelische Räte" oder „Heiligkeit" werden Themen aktualisiert, „die ihren Ort nicht in einer der traditionellen dogmatischen Disziplinen haben, sondern zu neuen In-

---

[1] M. Hirzel, Lebensgeschichte als Verkündigung, 14.

[2] J. B. Metz, Karl Rahner - ein theologisches Leben, 307. - Vgl. M. Schneider, Theologie als Biographie, 10; R. Seibenrock, Umgang mit der Wirklichkeit, 230. Für die evangelische Theologie: W. Sparn, „Die Religion aber ist Leben", 15-35; W. Jetter, Die Theologie und die Lebensgeschichte, 191-217.

[3] T. Ruster, Die verlorene Nützlichkeit der Religion, 13-17.

tegrationsversuchen theologischen Wissens herausfordern."[4] Religionspädagogik und Spiritualitätswissenschaft, Pastoralpsychologie und Religionssoziologie, „Theologie der Befreiung" und „Feministische Theologie" lassen sich in ihrer Unterschiedlichkeit und produktiven Widersprüchlichkeit als - zum Teil konzilsinspirierte - Versuche verstehen, Lebenserfahrung als Erkenntnisquelle der Theologie wahrzunehmen und damit einer „Reduktion der Christentumsgeschichte auf eine Geschichte der kirchlich organisierten Institution und theologisch ausformulierten Ideensysteme"[5] zu entgehen. Gegen diese Zuwendung zum Leben werden jedoch auch Vorbehalte geäußert. Man müsse davor warnen, das christliche Bekenntnis durch eine unkritische Anpassung an die Welt preiszugeben und die Lehre in einem als beliebig und uneindeutig erfahrenen Leben aufgehen zu lassen. Die Frage nach dem „entscheidend und unterscheidend Christlichen"[6] und die Suche nach einer christlichen Identität in einer Pluralität von Lebensstilen und -entwürfen bilden am Ende des 20. Jahrhunderts einen Kernpunkt der theologischen Diskussion.[7]

Entfremdungsdiagnosen und Vermittlungsbemühungen gehen zumeist von der Annahme aus, daß es eine Verwiesenheit von theologischer Lehre und menschlicher Lebensgeschichte gebe. Man dürfe auf „ein wechselseitiges Zugleich von Theologie und Lebensgeschichte" hoffen, das die Verheißung berge, daß jede zum Abenteuer der anderen und schließlich zu deren Segen werden könne.[8] Diese optimistische Unterstellung einer lebensspendenden Zusammengehörigkeit ist erklärungsbedürftig. Daß die „Königskinder" Lehre und Leben aufeinander angewiesen sind und sie - wenn sie über den tiefen Graben nicht zueinander finden können - keines von ihnen zu leben vermag, erscheint keinesfalls evident. Gilt es nicht, das Leben von einer lebens-

---

[4]   M. Schneider, Krisis, 302/3.

[5]   V. Drehsen, Lebensgeschichtliche Frömmigkeit, 38.

[6]   J. Werbick, Vom entscheidend und unterscheidend Christlichen, 1.

[7]   Vgl. die Aufsatzsammlungen: H. C. Goßmann u.a. (Hg.), Identität und Dialog. Christliche Identität im religiös-weltanschaulichen Pluralismus (1995); D. Stollberg u.a. (Hg.), Identität im Wandel in Kirche und Gesellschaft (1998). Außerdem: Identität und Verständigung. Standort und Perspektiven des Religionsunterrichtes in der Pluralität; eine Denkschrift der evangelischen Kirche in Deutschland (1994).

[8]   W. Jetter, Die Theologie und die Lebensgeschichte, 193.

feindlichen Lehr-Indoktrination zu befreien und zu einer „Entdogma-
tisierung der Gläubigkeit"[9] beizutragen? Heißt es nicht, vorsichtig zu
sein vor der Funktionalisierung der Lehre für eine an Vitalität und
Stärke orientierte Lebensideologie?[10] Die Frage, ob und wie Lehre
und Leben zusammengehören können, nötigt dazu, nach dem konkreten Lebens- und Lehrverständnis zu suchen und zu eruieren, ob
mit dem „und" Verbindung, Trennung, Überordnung oder Gleich-
stellung angezeigt werden soll.

2. Theologie als Biographie

Im folgenden wird von der Beobachtung ausgegangen, daß der
Wunsch nach einem fruchtbaren Miteinander von Seiten der wissenschaftlichen Theologie geäußert wird. Aus Sicht der Lehre wird der
Lebensbezug als notwendiger Bestandteil der Theologie aufzuweisen
gesucht. Dogmen seien ohne die zu ihnen gehörenden „Dogmen-
Geschichten" nicht adäquat verstehbar, Zeugnistexte notwendig auf
eine schöpferische Rezeption ausgerichtet, die den Lesenden - jenseits
einer situationslosen Bejahung - in die Konkretheit eines geistgewirk-
ten, entschiedenen Weg- und Lebensgeschehens lockt.[11] Die Orientierung am konkreten Glaubensvollzug provoziere die Theologie, die in
der Kritik an vergötzenden Fehlformen des Lebens geübt sei, zum
notwendigen selbstkritischen Blick auf die eigenen Vergötterungsten-
denzen. Indem sie die Menschen nach ihren Erfahrungen in der Nachfolge Christi inmitten der überraschend-unberechenbaren 'Lebenswelt' befrage, mache sie sich im mühevollen Prozeß begrifflicher
Klärung dessen Vorläufigkeit und Korrekturbedürftigkeit bewußt. Das
Glaubenswissen, daß Gott immer größer ist als die Begriffe und Vorstellungen von ihm, werde gerade in der Berührung mit dem kaum
systematisierbaren Leben wach gehalten.[12] Indem sich die Theologie

---

[9] K.-P. Jörns, Die neuen Gesichter Gottes, 211.

[10] Vgl. T. Ruster, Die Lumpensammlerin, 47.

[11] Vgl. G. Fuchs, „Ein Abgrund ruft den anderen", 52-86; J. Werbick, Die fun-
     damentalistische Option, 139-152; J. Werbick, Glaubenlernen aus Erfahrung,
     231.

[12] Vgl. H. Luther, Religion und Alltag, 16, 42, 187; V. Drehsen, Lebensge-
     schichtliche Frömmigkeit, 36; M. Schneider, Krisis, 305-307; M. Maaßen,
     Biographie und Erfahrung von Frauen, 49, 55; C. Büttgen, Um welchen Men-

auf Dogmen-Geschichten und Nachfolge-Erfahrungen bezogen wisse, nehme sie diese nicht nur zum Ausgangspunkt, sondern auch als Ziel der methodischen Reflexion, die nicht Selbstzweck, sondern Dienst am Leben sei. Indem sie sich ohne Verbindung zum Leben als unvollständig weiß, verbindet sie mit dieser Defiziterfahrung die Vermutung, daß auch das christliche Leben ohne die theologische Lehre mangelhaft bleibe und auf deren Dienstleistung angewiesen sei.[13] Anhand von drei Beispielen systematisch-theologischer Theologie soll die Notwendigkeit und Brisanz der Zusammengehörigkeit von Leben und Lehre verdeutlicht werden. Michael Schneider entwirft die „dogmatische Grundlegung" für eine Theologie, die der „Auflösung der Einheit von gelebtem Leben und gelehrter Doktrin"[14] entgegenzuwirken sucht, und kennzeichnet diese mit dem Titel: „Theologie als Nachfolge" oder „Theologie als Biographie". Im historischen Rückblick konstatiert Schneider den Auszug der Theologie aus dem Monasterium in den Hörsaal und stellt die Vorsicht der Dogmatik gegenüber spirituellem Denken und den Verzicht auf einen existentiellen Rückbezug der Theologie fest.[15] Das so entstandene Erfahrungsdefizit treffe die Theologie in ihrem Kern. Als aposteriorische Wissenschaft sei sie auf Nachfolgeerfahrungen notwendig angewiesen: Aus der für das Christentum grundlegenden inneren Einheit von subjektivem Glaubensvollzug und objektivem Gegenstand des Glaubens folge, daß die Nachfolge maßgebliche Relevanz für die dogmatische Erkenntnis habe.[16] Mit *Bonaventura* sei zu betonen, keiner solle denken, zum Studium der Theologie genüge „Spekulation ohne Andacht, Forschen ohne Bewunderung, Umsicht ohne Jubel, Fleiß ohne Frömmigkeit, Gescheitheit ohne Demut."[17] Die Spiritualität ins Zentrum der Dogmatik zu stellen, bedeute, sie nicht länger als subjektive Seite der Theologie zu sehen, sondern als deren Grundlage zu respektieren. Es gelte, dogmatische Theologie als „reflektierte Nachfolge" zu betrei-

---

schen geht es?, 54; E. Feifel, Das religionspädagogische Interesse an Lebenslauf und Lebenslinie, 799.

[13] Vgl. S. Klein, Theologie und empirische Biographieforschung, 67.

[14] M. Schneider, Theologie als Biographie, 10.

[15] Vgl. a.a.O., 13.

[16] Vgl. ebd.

[17] A.a.O., 46.

ben, die um so richtiger sei, „je offener sie für die Wirklichkeit von Nachfolge und Spiritualität"[18] sei. Grundlage dafür sei eine Neuorientierung in der Christologie. Es gehe bei der Nachfolge nicht um die Nachahmung eines menschlichen Vorbildes, sondern um die „Kon-Präsenz"[19] mit Jesus Christus, dem Sohn Gottes. In der Nachfolge Jesu gründe ein theologischer Pluralismus, der „Ausdruck der Vielfalt von Begegnungen und Annäherungen" sei und sich der einmaligen und unverwechselbaren Begegnung eines jeden Menschen mit Jesus Christus verdanke, der „in jeder Begegnung etwas Besonderes, unverwechselbar Umrissenes" wachrufe.[20] Im gläubigen Vollzug wurzelnd - Schneider nennt das Leben aus der Heiligen Schrift und die Feier der gottesdienstlichen Liturgie und der Sakramente, zählt aber auch die Offenheit der Sinne und damit verbunden die Einübung in die ignatianische Unterscheidung der Geister hinzu - werde die Theologie ein „offenes System", das unabgeschlossen bleibe, weil es im Konkreten immer wieder von der „Liebessprache Gottes durchkreuzt" werde.[21] Einem solchen theologischen Zeugnis sei das Paradox von gleichzeitiger Sprachunfähigkeit und gleichzeitigem Sprachvermögen zu eigen: „Wer Gott erfährt, weiß, daß er das Erfahrene nicht in Worte fassen kann; und dennoch darf er das Erfahrene nicht für sich behalten, sondern muß nach einer sprachlichen Form für den Bericht seiner Erfahrung suchen."[22] Zur „Theologie als Nachfolge" gehöre es daher, daß sie sich „'erzählend' um eine Phänomenologie der gläubigen Lebensstile im Vollzug der Nachfolge" bemühe und sich so als „Theorie einer Praxis, ja als 'ars vivendi'" erweise.[23] Dem Fachwissen komme in dieser Theologie kein unbedeutender, aber ein relativer - in Relation zur Gottesbegegnung stehender - Wert zu: Nicht die wissenschaftliche Erkenntnis, sondern die „Teilhabe am Mysterium des inkarnierten Logos"[24] stehe im Zentrum der Theologie: „Das Letzte ist nicht das Ausdenken, sondern das Entspre-

---

[18] A.a.O., 18.

[19] A.a.O.,16.

[20] A.a.O., 39.

[21] A.a.O., 38.

[22] A.a.O., 30/1.

[23] A.a.O., 37.

[24] A.a.O., 39/40.

chen."[25] Die Rechtgläubigkeit sei daher nicht erst im Inhalt des Gedachten oder Geschriebenen, sondern im Akt des Denkens oder Schreibens gefragt. Bei der Suche nach Worten werde eine „entsprechende" Theologie sich bemühen, das „Ideal der absoluten Sicherung durch den starren Begriff" hinter sich zu lassen und eine Sprache zu finden, die der offenen, nie auszubuchstabierenden Welt des Mysterien-Bildes verwandt sei.[26] Theologie als Nachfolge zu verstehen, muß nicht notwendig zum autobiographischen Erzählen über das eigene Leben führen. Johann Baptist Metz, an dessen Gedanken zu einer „Theologie als Biographie" Schneider anknüpft, hatte in diesem Sinne das Werk *Karl Rahners* als paradigmatisch für eine lebensgeschichtliche Dogmatik bezeichnen können. Im Wort „Geheimnis", das als Schlüsselwort im Werk Rahners gelten könne, werde „der Begriff des unbegreiflichen Gottes und die Erfahrung des sich selbst in diese Unbegreiflichkeit hinein entzogenen Menschen beziehungsreich zusammengeschlossen."[27] Das Subjekt werde in der lebensgeschichtlichen Dogmatik Rahners „herausgebrochen aus dem Fels eines scholastischen Objektivismus"; die „Vielfalt von Themen" zeige an, daß hier nicht ein klassischer Fragekanon von den vom System zugelassenen Fragen behandelt werde, sondern ein Kanon, der durch das Leben, „nicht durch das gewählte, sondern das aufgedrängte, das unbequeme Leben" bestimmt werde.[28] Eine solche lebensgeschichtliche Dogmatik sei sensibel für die „religiöse Alltags- und Durchschnittserfahrung, ja die kollektive Routineerfahrung des Katholiken"[29] und führe mit dieser Feinfühligkeit zu einer Infragestellung einer auf Exaktheit und Normativität ausgerichteten Wissenschaftssprache: In einer lebensgeschichtlichen Theologie muß – so Metz – die Frage nach der Wissenschaftlichkeit der Theologie neu gestellt werden.[30]

---

25 A.a.O., 49.

26 A.a.O., 44.

27 J. B. Metz, Glaube in Geschichte und Gesellschaft, 202.

28 A.a.O., 200.

29 A.a.O.,197.

30 Ebd.

„Ich kann nicht Theologe sein, ohne von der Wahrheit, die es zu durchdenken und nachzubuchstabieren gilt, ergriffen zu sein."[31] Für Eberhard Jüngel, der von dieser Erfahrung als Grundlage seiner Theologie ausgeht, leben der Glaube und damit die theologische Erkenntnis „von der ursprünglichen Einheit von Wahrheit und Freiheit in Gott."[32] Theologie habe ihren Ursprung im Staunen und komme aus dem Staunen nicht heraus; sie mündet für Jüngel in die „verständige Artikulation des Staunens, das umso größer wird, je besser der Glaube das sich offenbarende göttliche Geheimnis versteht."[33] Gerade deshalb sei Kritik an der „Selbstprofilierungssucht neuzeitlicher Theologen" und ihrer Bemühung um Originalität zu äußern: „Theologie, die nur oder vor allem deshalb von Interesse wäre, weil sie meine - oder meines Kollegen - Lehre wäre, bliebe empfindlich hinter dem für die Rede von Gott wesentlichen Anspruch auf Wahrheit zurück."[34] Eine Theologie, die dem unverwechselbaren Anspruch Gottes zu entsprechen suche und sich als Ausdruck einer „sehr persönlichen Beteiligung am Verstehenswillen und an der Verstehensfähigkeit aller Glaubenden"[35] verstehe, wisse darum, daß die einzelne Person nicht Initiatorin des Glaubens sei, sehr wohl aber als Ergriffene am Ereignis des Glaubens beteiligt werde und „verantwortlich" sei. Dabei sei der einzelne Christ wesentlich verwiesen auf die Gemeinschaft der Glaubenden, ohne damit jedoch seine unverwechselbare Berufung zu verlieren: „Das menschliche Ich wird bei seinen Versuchen, verantwortlich von Gott zu reden, nicht ausgelöscht: weder von dem in menschlichen Worten zur Sprache kommenden Gott noch von der eine gemeinsame Sprache findenden Gemeinschaft der Glaubenden. Die communio sanctorum trägt keine Uniform. (...) Als 'Haushalter der bunten Gnade Gottes' (1 Petr 4,10) sind die Theologen jedenfalls erklärte Feinde eines pseudoorthodoxen 'Grau in Grau'. Jeder Theologe ist persönlich von der Wahrheit ergriffen, die er denkend, redend und selbstverständlich auch handelnd zu verantworten hat."[36]

---

[31] E. Jüngel, Wertlose Wahrheit, 1.

[32] A.a.O., 3.

[33] A.a.O., 7.

[34] A.a.O., 2.

[35] Ebd.

[36] A.a.O., 2/3.

Wie kann jedoch von individueller Glaubensgeschichte Zeugnis gegeben werden? Die „theologische Existentialbiographie"[37] mag vielfach zwischen den Zeilen lesbar sein, ohne daß von der Geschichte des Ergriffenwerdens, des Verantwortlich-Seins oder den durchkreuzenden Widerfahrnissen ausdrücklich Auskunft gegeben wird. Allerdings wird neben dem impliziten auch das explizite Zeugnis stehen können und müssen. Wozu „Theologie als Biographie" herausfordern und welche Horizonte sie eröffnen kann, wie die „theologische Doxographie" in Last und Freiheit, Geborgenheit und Fremdheit konkret wird, will in der „Erzählgemeinschaft"[38] des Christentums mitgeteilt werden. Gerade das autobiographische Zeugnis bietet sich als Beitrag zu einer Phänomenologie gläubiger Existenz an. Die Struktur lebensgeschichtlichen Erzählens, seine Gefährdungen und seine Möglichkeiten sind daher genauer in den Blick zu nehmen.

3. Autobiographische Zeugnisse als Erkenntnisquelle der Theologie

Mit vorwiegend pastoraltheologischem und sozialgeschichtlichem Interesse werden in den letzten Jahrzehnten des 20. Jahrhunderts biographische Selbstzeugnisse von der theologischen Wissenschaft untersucht.[39] Das empirisch vorfindbare Leben der Menschen und die in ihre Biographien hineingewobenen Glaubenserfahrungen sollen als

---

[37] J. B. Metz, Glaube in Geschichte und Gesellschaft, 196.

[38] A.a.O., 186.

[39] Vgl. F. Schweizer, Lebensgeschichte als Thema von Relionspädagogik und Praktischer Theologie, 402. - In den vergangenen zehn Jahren erschienen u. a. folgende Aufsatzsammlungen und Abhandlungen: R. Lachmann / H. Rupp (Hg.) Lebensweg und religiöse Erziehung. Religionspädagogik als Autobiographie, Weinheim 1989; W. Sparn (Hg.), Wer schreibt meine Lebensgeschichte? Biographie, Autobiographie, Hagiographie und ihre Entstehungszusammenhänge (1990); Biographie und Autobiographie - Theologische und geschichtswissenschaftliche Kriterien, Heft 1/1994 von: Verkündigung und Forschung 39 (1994); K. Nowak, Biographie und Lebenslauf, 44-64 (1994);Biographie und Glaube, Heft 1/1995 von: Diakonia 26 (1995); M. Wohlrab-Sahr (Hg.), Biographie und Religion. Zwischen Ritual und Selbstsuche (1995); M. Jaeger, Autobiographie und Geschichte (1995); „...es geht um den Menschen". Aspekte einer biographischen Praktischen Theologie, Heft 1-2 von: Pastoralthologische Informationen 17 (1997); V. Drehsen (Hg.), Der 'ganze Mensch'. Perspektiven lebensgeschichtlicher Individualität (1997); P. Beier, Lebenswege der DDR. I. Persönlichkeiten aus dem kirchlichen Bereich. Autobiographien, Biographien und verwandte Literatur, in: Verkündigung und Forschung 43 (1998) 23-40.

Erkenntnisquellen der Theologie ernst genommen werden. Man möchte zu den schwer faßbaren Erfahrungen und ihren Äußerungen einen Zugang zu gewinnen, der eine methodisch einsichtige und wissenschaftlich verantwortbare Reflexion ermöglicht. Von der Auswertung lebensgeschichtlicher Interviews bis zur Untersuchung von religiösen Erfahrungsäußerungen in Autobiographien erstreckt sich der Versuch, das gelebte und zur Sprache gebrachte Leben in seiner theologischen Relevanz zu reflektieren.

Um die vergessenen oder ausgegrenzten Erfahrungen der „kleinen Leute" und die Bedingungen „des alltäglichen Lebens hinter der Kulisse der großen politischen Ereignisse zu rekonstruieren"[40], erscheint allerdings ein Rückgriff auf publizierte Autobiographien als nicht hinreichend. Da die autobiographische Form der Selbstdarstellung lange Zeit vor allem „Männern aus bürgerlichen Kreisen" vorbehalten und den Menschen aus „unteren Schichten" - insbesondere den Frauen - verwehrt gewesen sei, werden zur Erhebung des Alltagslebens andere Wege gesucht und beispielsweise in der qualitativ-empirischen Forschung gefunden.[41] Ihrer bedient sich etwa die feministische Autobiographieforschung in ihrem Bemühen, mit dem Wiedergewinnen der „Kategorie Erfahrung" die Theologie aus ihrer androzentrischen Prägung zu befreien.[42] Wo die „Reflexion über den Zusammenhang von Erfahrung und Theoriebildung"[43] ausgespart bleibe, urteilt die feministische Autobiographieforschung, sei eine Einseitigkeit zu erwarten, die allein im Dienste der Systemerhaltung stehe und die vermeintlich unerfahrenen Frauen zur Unmündigkeit verurteile. Für das eigene Leben eine Sprache zu finden und die eigenen Erfahrungen für die Theologie fruchtbar zu machen, bedeute neben einer Veränderung der theologischen Lehre und ihrer Prämissen auch eine Hilfe für das „Leben", insofern eine aufgezwungene Unmündigkeit durchbrochen werde und eine Ermutigung für den je eigenen Weg von den Erfahrungen mit religiöser Erziehung hin zur Gestaltung einer eigenen Religiosität gegeben werde.[44]

Mit dem Wissen um die Begrenztheit des Zugangs zur autobiographischen Publikation werden die veröffentlichten Lebenszeugnisse dann aber doch in den Blick genommen. Allerdings sind die theologischen Konsequenzen, mit denen Autobiographien als Glaubenszeugnisse gelesen werden können, bisher wenig erforscht. Zwar erfahren die „Bekenntnisse" des heiligen *Augu-*

---

[40]   A. Heller / T. Weber / O. Wiebel-Fanderl, Vorwort der Herausgeber, 7.

[41]   T. Weber, Einleitung: Religion in Lebensgeschichten, 22.

[42]   Vgl. M. Maaßen, Biographie und Erfahrung von Frauen (1993); S. Klein, Theologie und empirische Biographieforschung (1994); R. Sommer, Lebensgeschichte und gelebte Religion von Frauen (1998).

[43]   S. Klein, Theologie im Kontext der Lebensgeschichte, 31.

[44]   Vgl. R. Sommer, Lebensgeschichte und gelebte Religion von Frauen, 269.

stinus als Grunddokument christlicher Autobiographik eine eingehende Würdigung,[45] aber darüber hinaus stellt Lothar Kuld fest: „Theologische Autobiographieforschung steht noch ganz am Anfang."[46] Angesichts dieses Defizites untersucht Kuld an fünf autobiographischen Texten, wie die Autoren ihre Lebensgeschichte als Glaubensgeschichte (re-)konstruieren. Mit religions-pädagogischem Interesse liest er die Selbstzeugnisse von *Augustinus*, *John Bunyan*, *John Henry Newman*, *Thomas Merton* und Tilman Moser als „Entwicklungsgeschichten". Allesamt seien sie von Bekehrungen oder „Erschließungssituationen" geprägt: Zwischen altem und neuem Leben liege ein „Bekehrungserlebnis", in dem sich die Gottesbeziehung grundlegend erneuere und neu erschließe.[47] Im Horizont dieser neuen Pespektive - so Kuld - schrieben die Autoren, „sich selbst und den Zugang zu ihrem wahren Leben in einem neuen Licht" sehend, ihr Leben von Grund auf neu.[48] Gegen die konstruktivistische Skepsis, die den autobiographischen Schriften eine Faktizität abspricht, seien die Selbstzeugnisse als Schriften zu werten, die „aus dem empirischen Substrat wirklicher Glaubensvollzüge gewonnen"[49] seien. Zwar seien sie *auch* retrospektive Konstruktionen, aber der Autor verbürge sich zugleich für ihre Faktizität. Deshalb sei es auf Grund des empirischen Befundes - mit aller Vorsicht vor dem Ausblenden von Diskontinuitäten - möglich, das Wechselverhältnis von Glaubensgeschichte, Entwicklungsstufe und Lebensphase zu einem religionspädagogisch relevanten Stufenmodell zu systematisieren. Als Zeugnisse im Dienst der Verkündigung wertet Martin Hirzel die von ihm untersuchten Autobiographien pietistischer Provenienz. *Johann-Heinrich Jung-Stilling*, *Ami Bost* und *Johann Arnold Kannes*, drei Vertreter der Erweckungsbewegung im 18. und 19. Jahrhundert, erzählen - so Hirzel - ihre Lebensgeschichte zwar auch als Selbstvergewisserung, aber primär mit der Absicht der „Erweckung" der Lesenden durch den Aufweis des Wirkens Gottes im erlebten Leben. Der Versuch, das eigene Leben „im Hinblick auf bestimmte theologische Gedanken zu stilisieren", habe zur Folge, daß es den Lesenden bisweilen schwer werde, „angesichts der eigenen Fragmentarität des Lebens und angesichts eigener Lebens- und Glaubenszweifel zu glauben, dass Gott wirkt."[50] Notwendig sei eine Unterscheidung der Geister hinsichtlich der Intention der Schreibenden. Das Selbstzeugnis könne gläubige Selbstvergewisserung im Angesicht Gottes sein und anderen ein moralisches Vorbild geben oder Trost spenden, und damit an der „Verkündigungsfunktion" teilnehmen, die dem biographischen Zeugnis im Christentum von Alters her

---

45 Vgl. W. Simon, Biographisch vom Glauben sprechen, 429-444; T. Ruster, Bin ich das Subjekt meines Begehrens?, 168-172; H. Luther, Religion und Alltag, 133-149.

46 L. Kuld, Glaube in Lebensgeschichte, 11.

47 A.a.O., 257.

48 Vgl. a.a.O., 258, 261.

49 A.a.O., 248.

50 M. Hirzel, Lebensgeschichte als Verkündigung, 206/8.

zukomme; es könne aber auch Produkt des neuzeitlichen Willens zur Selbstdarstellung und seines „autonomen Verständnisses von Subjektivität" sein.[51]

Zusammenfassend lassen sich mit Blick auf die genannten Schriften folgende Fragekomplexe festhalten: Es werden Selbstzeugnisse untersucht, in denen ausdrücklich von der (Un-)Glaubensgeschichte erzählt wird. Der Glaube wird dabei mit bestimmten Inhalten - Themen, Erlebnissen oder Deutungen - in Verbindung gebracht. Damit wird ein Einverständnis darüber vorausgesetzt, was „Glauben" sei: Die Deutung von Erfahrungen als Glaubenserfahrungen ist in Traditionen verflochten und findet in ihnen Interpretationsmodelle. Allerdings gehen die geschilderten Erfahrungen im Ensemble der Deutungsmuster nicht einfach auf, sondern durchbrechen - als Bekehrungsgeschichten oder Außenseitererfahrungen - den Rahmen des Konventionellen. Biographieforschung als „methodisch reflektierte Erhebung der Lebenswirklichkeit der Menschen und der Glaubenspraxis der Christinnen und Christen"[52] hat daher zu fragen, wie der christliche Glaube als eine tradierte Sinnwelt zur Sprache kommt und wie das Andersartige des Erfahrenen zu einer Veränderung der Tradition beizutragen vermag. Im Blickpunkt theologischer Autobiographieforschung stehen damit die Interpretationsmuster, mit denen das Wirken Gottes - oder seine Abwesenheit - zur Sprache gebracht wird, und das Verhältnis, das zwischen dem schreibenden Autoren und der beschriebenen Lebensgeschichte entsteht. Welcher Deutungsmodelle bedient sie sich und wie verhält sich diese retrospektive Deutung zum „faktischen" Lebenslauf?[53] Die Frage nach der Erzählabsicht lenkt den Blick schließlich auf die Kommunikationsebene. Selbstkundgaben sind - sowohl im narrativen Interview oder in der Form der publizierten Erinnerung - Sprachhandlungen, die vor Anderen und für Andere geäußert werden. Das Erzählen der eigenen Glaubensgeschichte geschieht nicht im luftleeren Raum. Die Auswahl des Stoffes und die Form der Präsentation hängen von der Situation ab, in der und auf die

---

[51] Vgl. a.a.O., 214, 217.

[52] S. Klein, Theologie und empirische Biographieforschung, 70. – Vgl. M. Maaßen, Biographie und Erfahrung von Frauen, 140; R. Sommer, Lebensgeschichte und gelebte Religion von Frauen, 299.

[53] Vgl. L. Kuld, Glaube in Lebensgeschichten, 14, 249; S. Klein, Theologie und empirische Biographieforschung, 159.

18

hin sie erzählt werden. Theologische Autobiographieforschung hat diese historische Bedingtheit als konstitutiv für das menschliche Glaubens-Zeugnis wahrzunehmen und die Abhängigkeit von Inhalt und Kommunikationssituation zu beachten.

4. Biographie als Theologie

Theologische Autobiographieforschung sieht sich hineingestellt in einen interdisziplinären Austausch mit Sozial- und Literaturwissenschaften, mit Geschichte, Philosophie und Psychologie.[54] Von der Sozialwissenschaft lernt sie, daß ein Kennzeichen der gegenwärtigen westeuropäischen Sozialstruktur eine „funktionale Segmentierung"[55] ist. Die moderne Gesellschaft, so urteilt die aktuelle Soziologie, sei durch die Erosion traditioneller, allgemeinverbindlicher Lebensformen geprägt. Die einzelne Person sei hineingestellt in voneinander unabhängige Lebensbereiche mit gegensätzlichen Normen und Selbstverständlichkeiten oder in eine „Differenz teilsystemspezifischer Perspektiven."[56] In dem Potpourri von Lebensstilen und Sinnangeboten sei es der einzelnen Person aufgegeben, sich mit ihren individuellen Widersprüchen und Entwürfen, Erfahrungen und Begrenzungen zurechtzufinden. Der Verlust einer gesicherten „Normalbiographie"[57] und die Zunahme an individuellen Entscheidungsbelastungen, die nicht mehr nur in Krisensituationen gefordert, sondern für das alltägliche Leben wesentlich seien, nötige den Menschen mehr als früher, sich selbst und die eigene Lebensgeschichte zu thematisieren und den eigenen Lebenslauf zu deuten.[58]

---

[54] Vgl. M. Maaßen, Biographie und Erfahrung von Frauen, 26; A. Hahn / V. Kapp, Selbstthematisierung und Selbstzeugnis, 7; W. Sparn, Dichtung und Wahrheit, 27; V. Drehsen, Lebensgeschichtliche Frömmigkeit, 35.

[55] T. Luckmann, Privatisierung und Individualisierung, 26.

[56] A. Nassehi, Religion und Biographie, 110.

[57] M. Maaßen weist darauf hin, daß die sog. „Normalbiographie" bereits in der Vergangenheit nicht allgemeingültig war, sondern bestimmten priviligierten Gruppen vorbehalten gewesen sei (vgl. M. Maaßen, Biographie und Erfahrung von Frauen, 39).

[58] Vgl. W. Fischer / M. Kohli, Biographieforschung, 42; I. Karle, Seelsorge als Thematisierung von Lebensgeschichte, 199; T. Weber, Einleitung, 27; F. Schweizer, Lebensgeschichte als Thema von Religionspädagogik, 412; R. Zerfaß, Biographie und Seelsorge, 263-265.

Nach Feststellung der Sozialwissenschaften verändert sich mit dem Individualisierungsprozeß auch der Status der etablierten Religionsgemeinschaften. Die Kirche sei nicht mehr die bestimmende Mitte einer einheitlichen Lebenswelt, sondern partikulärer Bestandteil einer vielgestaltigen Kultur.[59] Nur bei wenigen Lebensgeschichten handele es sich um konfessionell geprägte „religiöse Autobiographien", bei denen Religion „als Fokus des gesamten Lebens fungiert".[60] Ob es in der segmentierten und individualisierten modernen Sozialstruktur überhaupt ein gesellschaftliches Einverständnis gebe, das einen kleinsten gemeinsamen Nenner - mit offenen Begriffen wie Toleranz und Freiheit, Selbstverwirklichung und Autonomie - übersteige, sei fraglich.[61] Allerdings versuche die Einzelperson, obwohl sie sich in verschiedenen, kaum miteinander in Einklang zu bringenden Lebenswelten, Rollen und Wertsetzungen vorfinde, dennoch, sich als *eine* Person mit einer unverwechselbaren Lebensgeschichte zu begreifen und darzustellen. Der Versuch, die „Differenz gesellschaftlich verordneter Dividualität und persönlicher Individualität"[62] zur Sprache zu bringen und in dieser Spannung von *einer* Biographie auszugehen, werde zum Ausgangspunkt religiöser Kommunikation. Religion könne sich, falls sie sich nicht auf einen Sonderbereich zurückziehen wolle, „an den Schnittstellen der verschiedenen Lebenswelten ansiedeln, in den Zwischenräumen einander begegnender und durchdringender Lebenswelten wirksam werden. Dies könnte sie umso mehr, je diskrepanter diese Lebenswelten aufeinanderprallen und Differenzerfahrungen erzeugen (etwa der Genuß eines Kunst- oder Naturschönen auf den Anblick eines Hungernden oder die Vertraulichkeit einer Freundschaftsbegegnung auf die kalkulierende Berechnung in einem Berufsgespräch etc.)."[63] Der Versuch, inmitten der Widersprüchlichkeit und Gebrochenheit eine eigene Lebensgeschichte zu (re)konstruieren, basiere auf der impliziten Annahme, daß das einzelne Ich nicht beliebig,

---

59 Vgl. T. Luckmann, Privatisierung und Individualisierung, 17.

60 T. Weber, Einleitung, 23.

61 Vgl. T. Luckmann, Privatisierung und Individualisierung, 26/7; A. Nassehi, Religion und Biographie, 110.

62 A. Nassehi, Religion und Biographie, 117.

63 H. Luther, Religion und Alltag, 222. – Vgl. H. Pfotenauer, Literarische Anthropologie, 27.

sondern einmalig und unverwechselbar sei: „Autobiographie ist der Protest gegen die Unterstellung, daß sie überflüssig sei."[64] Mit diesem sozialwissenschaftlich inspirierten Ansatz wird die Lebensgeschichte nicht von ihrem Inhalt als Nachfolge-Geschichte für die Glaubenslehre relevant, vielmehr läßt sich „die religiöse Dimension vor allem in der formalen Struktur biographischer Reflexion ausmachen."[65] In einer funktional differenzierten Welt erzählend darauf zu bestehen, daß das „Ich" als Individuum eine unverwechselbare Lebensgeschichte habe, werde zum Proprium christlicher Kommunikation. Autobiographisches Schreiben und Erzählen sei insofern christliches Geschehen, als es sich der unterstellten Unbedeutsamkeit des Menschen widersetze und die Utopie vollständiger Identität aufrechterhalte. Es werde nicht erst dadurch christlich, daß es Nachfolge-Erfahrungen, Moralvorstellungen und Deutungsmuster ausdrücklich zur Sprache bringe. Jenseits eines strukturell-funktionalen Theorieansatzes, „der die Religion einem dem ökonomischen, sozialen und personalen Bereich zugeordneten kulturellen Bereich ansiedelt" und danach fragt, „wie die vor allem, aber nicht nur in den Kirchen angesiedelten religiösen Elemente dem einzelnen einsozialisiert werden"[66], scheint es plausibel und faszinierend, die auf der Subjekthaftigkeit des Menschen bestehende autobiographische Rede als adäquate Form religiöser oder christlicher Sprache in einer funktional-differenzierten Welt zu verstehen. Allerdings erscheinen mit der Behauptung, jede autobiographische Beschreibung sei praktische Religion, die inhaltlichen Aussagen christlicher Religion - von der Anerkennung des Daseins Gottes bis zum erlösend-befreienden Geschehen des Lebens Jesu - marginalisiert oder schlicht überflüssig.[67] Der Zusammenhang von formaler Struktur der Selbstthematisierung und den Rahmenbedingungen, die dieses autobiographische Geschehen mit inhaltlichen Aussagen provozieren oder ermöglichen, ist jedoch näherhin zu bestimmen. Wenn die christliche Religion als Potential gesehen wird, das den Menschen hilft, „in Distanz zu den divergierenden gesellschaftlichen Ansprüchen ihre individuelle Lebensgeschichte

---

[64] H. Luther, Religion und Alltag, 36.

[65] A.a.O., 121. - Vgl. W. Gräb, Der hermeneutische Imperativ, 79-83; I. Karle, Seelsorge als Thematisierung von Lebensgeschichte, 212.

[66] W. Gräb, Der hermeneutische Imperativ, 81.

[67] Vgl. H. Leitner, Lebenslauf und Identität, 354.

21

symbolisch sinnhaft zu einem Ganzen zu integrieren,"[68] wenn in ihr die Erfahrung von Kontingenz und Fragmentarität nicht als Bedrohung, sondern als Chance verstanden werden kann, wenn der Mensch in ihr die Freiheit gewinnt, nicht „Einheitsprinzip seiner Selbstpräsentation"[69] sein zu müssen, dann stellt sich die Frage, woher denn der Mensch dies alles weiß. Zu analysieren ist die Beziehung von erzählender Selbstauslegung und dem erlebbaren Kontext christlicher Religiosität, von dem die Selbstthematisierung bestimmt wird. Mit Blick auf diesen Zusammenhang wird sich an der konkreten Lebensgeschichte erweisen, *wie* christlicher Glauben menschliche Selbstthematisierung fördernd unterstützt oder behindert und unmöglich macht.

II. Zur (Re-)Konstruktion der Lebensgeschichte

Mit den Worten „Erfahrung", „Wirklichkeit" oder „Zeugnis" wurden in der Annäherung an die theologische Autobiographieforschung Begriffe eingeführt, denen eine ebenso große Vielfältigkeit und Unbestimmtheit zu eigen ist wie den Worten „Leben" oder „Lehre". Einige Implikationen, die mit ihnen in der gegenwärtigen theologischen Diskussion verbunden sind, sollen im Folgenden bedacht werden.

1. Trivialisierung und Idealisierung -
Einwände gegen die „biographische Mode"

Lebensgeschichtliche Selbstzeugnisse wurden bisher weitgehend unhinterfragt als angemessene Formen theologischer Rede gewertet. Dieser Position wird keinesfalls uneingeschränkte Zustimmung zuteil, vielmehr fordert sie Theologen und Soziologen zum Widerspruch heraus: Angesichts der „biographischen Mode"[70], der Verkaufszahlen der Lebensbeschreibungen und der Einschaltquoten der Talk-Shows, angesichts eines Booms (auto)-biographischer Selbst(ent)äußerung und der „Biographisierung des kulturellen Lebens", seien Vorbehalte

---

[68] I. Karle, Seelsorge als Thematisierung von Lebensgeschichte, 213/4.

[69] W. Gräb, Der hermeneutische Imperativ, 88. - Vgl. H. Luther, Religion und Alltag, 34.

[70] L. Löwenthal, Die biographische Mode, 363-386.

notwendig.[71] Eine auf Betroffenheitskundgebungen zielende Selbst-
entblößung und ein autobiographischer Bekenntniseifer, der von der
eigenen uneingeschränkten Kompetenz ausgehe, habe zur Trivialisie-
rung des Selbstzeugnisses beigetragen. In einem Klima, in dem „jede
Privatkosmologie lebensgeschichtlich ikonisiert" werden könne[72], sei
an die Stelle der plausibel nachvollziehbaren Bedeutung einer Aussage
das Argument der persönlichen Erfahrung getreten. In ihm werde
weniger ein tragfähiges Lebenswissen als die Unsicherheit des gesellschaftlichen Diskurses sichtbar, der in bunter Beliebigkeit subjektive
Erfahrungen präsentiere. Die „radikale Exhibition" ergebe „keinen
episch konsistenten Text mehr", sondern erlaube allein „die expressi-
ve Assoziation der ungeschminkten Empfindungen und Stimmun-
gen".[73] Biographische Schriften seien - so *Leo Löwenthal* in seinem
1938 abgeschlossenen Manuskript - vergleichbar mit einem großen
Warenhaus, in dessen Keller Waren aus allen Abteilungen des Kauf-
hauses angesammelt seien. Alles werde im selben Raum preiswert
angeboten. So sei es auch mit der Biographie:

> Sie „ist das Lager sämtlicher gängiger Kulturgüter; sie sind nicht mehr
> ganz neu, alle nicht mehr so neu, wie sie ursprünglich gemeint waren,
> es kommt auch nicht mehr so genau darauf an, ob von der einen Sache
> mehr und von der anderen Sache relativ wenig da ist. (...) Sie erhebt
> den Anpruch, den Stein der Weisen für alle Geschichts- und Lebensla-
> gen gleichsam im Plural zu besitzen; aber es zeigt sich dann, daß das
> kunterbunte Durcheinander der Allgemeinurteile und Rezepte in Wahr-
> heit Ausdruck völliger Ratlosigkeit ist."[74]

Der grassierende Zwang zur Aufrichtigkeit, lautet ein weiterer Vorbehalt, diene der Produktion und Kontrolle gläserner Menschen, die
in einer Art öffentlichen Supervision ihre Identität festschreiben (lassen), sich der sozialen Identifizierbarkeit unterwerfen und ihre Ab-
weichungen erkennbar machen. Wie die Beichte und die calvinistische
öffentliche Selbstkontrolle sei das autobiographische Bekenntnis ein

---

[71] R. Staats, Die zeitgenössische Theologenautobiographie als theologisches Problem, 63.

[72] V. Drehsen, Lebensgeschichtliche Frömmigkeit, 52. – Vgl. M. Schneider, Die
erkaltete Herzensschrift, 26.

[73] W. Sparn, Dichtung und Wahrheit, 21.

[74] L. Löwenthal, Die biographische Mode, 363.

Mittel, das zu subtiler Sozialdisziplinierung beitrage.[75] Lebensgeschichtliches Schreiben sei immer der Versuchung zur Selbststilisierung und Idealisierung ausgesetzt. Die beim Schreiben notwendige Selektion verleite zum Auslassen unliebsamer Ereignisse. Harmoniebestreben und der Wunsch nach Anerkennung verführe zu einem bewußten oder unbewußten Verschönern des Erinnerten. Einer solchen Selbstinszenierung sei es zu eigen, die Lebensdarstellung als kontinuierlichen Fortschrittsprozeß zu entwerfen, ohne die Brüche mit dem Vergangenen, die Trauer über das Verlorene oder die verspielten Möglichkeiten aussprechen zu können.[76] Als exemplarisch für diese Idealisierungstendenz könne die vielfache Wahl der Kindheit und Jugendzeit zum Gegenstand lebensgeschichtlichen Schreibens gelten.[77] Zwar könne diese Erinnerung ein produktives Potential an Kontrasterfahrungen bergen und zum Medium des Widerspruchs werden. Sie könne jedoch auch zu einer Flucht vor der Auseinandersetzung mit der Gegenwart führen, wenn Schattenseiten ignoriert oder die Endlichkeit und Vergänglichkeit der Kinderzeit überspielt werden und damit der Konfrontation mit dem Unübersichtlichen und Bedrohlichen ausgewichen werde.[78]

Wenn biographische Selbstthematisierung der Gefahr unterworfen ist, menschliches Leben idealisierend, typisierend oder trivialisierend zur Sprache zu bringen, liegt es nahe, sie für die soziologische Bestandsaufnahme, die historische Realitätsbeschreibung und den theologischen Diskurs als desavouiert zu betrachten. Mit den genannten Einwänden ist Vorsicht gegen die kritiklose Verwertung von Autobiographien als historische Fakten und gegen eine Stilisierung des biographischen Zeugnisses zur einzig angemessenen Diskursform geboten. Dennoch stellt sich gerade in den skizzierten Spannungsfeldern die Frage, *inwiefern* die erinnernde Selbstkonstruktion für den Menschen lebenswichtig und damit für die Theologie von Interesse sein kann.

---

[75] Vgl. H. Luther, Religion und Alltag, 153; T. Ruster, Bin ich das Subjekt meines Begehrens?, 168-176; M. Schneider, Die erkaltete Herzensschrift, 16-24.

[76] Vgl. H. Luther, Religion und Alltag, 168.

[77] Vgl. J. Lehmann, Bekennen - Erzählen - Berichten, 215.

[78] Vgl. a.a.O., 226; H. Pfotenauer, Literarische Anthropologie, 78-84.

2. Zeit und Erinnerung

Lebensgeschichte ist in Zeit gemessen. Der sich erinnernde Mensch tritt in ein Verhältnis zur eigenen Vergangenheit, (re)konstruiert diese mit Blick auf die gegenwärtige Situation, die zugleich auch von einer offenen Zukunft bestimmt wird. Im Zeit-Verhältnis der Lebensbeschreibung ist - anders als im Lebenslauf - nicht das Nacheinander in einer meßbaren, chronologisch ablaufenden Zeit bestimmend, sondern die „grundlegende Opposition von Gegenwart als Sphäre des nur in der Krise erfahrbaren Hier und Jetzt der Lebenspraxis (...) und von Vergangenheit und Zukunft als Sphäre der Rekonstruktion und der darauf ruhenden hypothetischen Konstruktion von Welt, der zeichenvermittelten Repräsentanz und Interpretation von Welt."[79] In diesem Kontext ist das *Erinnern* geprägt von einer wechselseitigen Bezogenheit von Vergangenem und Gegenwärtigem. Während einerseits die Erinnerung an Vergangenes die Gegenwart bestimmt - bedrängend oder tröstend, herausfordernd oder beruhigend, als Selbstvergewisserung oder als gefährliche Erinnerung -, wird andererseits die Vergangenheit von der gegenwärtigen Situation her (re-)konstruiert. Die beschriebene Lebenskurve ist notwendig nachgezeichnet und gestaltet.[80] Eine Geschichte des Lebens, „wie sie wirklich ist", kann trotz aller Mühe um Aufrichtigkeit nicht auf Papier oder in Worte gebracht werden. Weil „biographische Schemata immer von einer konkreten Gegenwartsperspektive her konstituiert"[81] und auf Handlungsmöglichkeiten für die Zukunft hin entworfen sind, wird weggelassen oder hinzugefügt, gewertet und ausgewählt. Daß in der zurückblickenden Selbstinterpretation Ereignisse der Vergangenheit in einer Weise umgestaltet werden, in der die sich erinnernde Person die Gewißheit behält, das Erinnerte sei wirklich *so* geschehen, muß nicht Zeichen der bewußten Lüge oder absichtlichen Irreführung sein, entspringt vielmehr der Konstitution autobiographischer Erinnerung.[82]

---

[79] U. Oevermann, Ein Modell der Struktur von Religiosität, 55.

[80] Vgl. H. Leitner, Lebenslauf und Identität, 323.

[81] W. Fischer / M. Kohli, Biographieforschung, 33. - Vgl. A. Hahn, Identität und Selbstthematisierung, 10; M. Maaßen, Biographie und Erfahrung von Frauen, 75/6; M. Osterland, Die Mythologisierung des Lebenslaufs, 284; W. Schelling, Erinnern und Erzählen, 419.

[82] Vgl. M. Osterland, Die Mythologisierung des Lebenslaufs, 290.

Aus diesem Zusammenhang von Zeit und Erinnerung ergeben sich Konsequenzen für die Untersuchung von Autobiographien. Es gilt, bei der Untersuchung literarischer Selbstzeugnisse wahrzunehmen, daß man es nicht mit dem Menschen „an sich" zu tun hat, sondern mit der Biographie als einem sozialen Konstrukt des Schreibenden, der seine Geschichte(n) erzählt.[83] Die Untersuchung des Verhältnisses von *implizitem* und *explizitem* Selbst[84], läßt sich nicht auf die Frage nach der Übereinstimmung des Erzählten mit dem tatsächlichen Geschehen - im Sinne eines „Es ist wirklich so gewesen!" - beschränken. Gelesen als Dokument historischer Faktizität wird dem autobiographischen Zeugnis jede Idealisierung, Auslassung und Hervorhebung als Störung und Verzerrung anzurechnen sein. Ein Brief oder ein Tagebuch, die ohne zeitlichen Abstand Momentaufnahmen photographisch-chronologisch festzuhalten scheinen, werden unter der Option historischer und soziologischer Genauigkeit als bestmögliche Form biographischen Schreibens zu gelten haben. Eine andere Wertigkeit ergibt sich dann, wenn man die formulierte Lebensgeschichte als Sprachhandlung betrachtet, mittels derer der Autor in ein Verhältnis zu sich selber tritt. Dann wird auf die textimmanenten Hinweise zu achten sein, die Auskunft über das *explizite* Selbst des Schreibenden geben. Was eröffnet das Geschriebene selbst darüber, mit welcher Intention die Erinnerungen erzählt, mit welchen Deutungsmustern sie zusammengesetzt, in welcher sprachlichen Form sie übermittelt und auf welche Adressaten hin sie konzipiert worden sind? Die Konfrontation des Autors mit anderen mündlichen oder schriftlichen Dokumenten über ihn wird den Charakter einer Verhältnisbestimmung haben. Unhintergehbar bleibt die Differenz zwischen explizitem und implizitem Selbst, grundlegend das Wissen, daß der Mensch bleibend anders ist als die Worte, die ihn zur Sprache bringen.

---

[83] Vgl. W. Fischer / M. Kohli, Biographieforschung, 26; I. Karle, Seelsorge als Thematisierung von Lebensgeschichten, 206.

[84] Vgl. A. Hahn, Identität und Selbstthematisierung, 10.

3. Die soziale Bedingtheit von Erfahrung und die Rolle von Biographiegeneratoren

„Das Verb 'erfahren' kommt vom althochdeutschen 'irfaran' und dem mittelhochdeutschen 'ervarn' und bedeutet ursprünglich 'reisen, durchfahren, -ziehen'."[85] Wer auf eine Reise geht, erfährt Veränderung: Mit dem Abschied vom Vertrauten weitet sich der Blick auf ein neues Umfeld, das anders ist als das Gewohnte. Das Erkunden des Neulandes fügt einen neuen Aspekt in das Weltbild des Reisenden. Geprägt vom Kennenlernen eines Landes kehrt der Reisende verändert zurück und hat sprichwörtlich „etwas zu erzählen": Das Erfahrene drängt danach, im heimatlichen Bereich des bisher Selbstverständlichen erinnert, rekonstruiert und verständlich gemacht zu werden. Daß diese Mitteilung nicht einfach ist, weil die erfahrenen Plausibilitäten sich dem Gängigen und Vertrauten entziehen, gehört zu den Erfahrungen des Kundschafters.[86] „Erfahrungen stellen sich ein, wenn die Selbstverständlichkeiten des 'normalen', bisher praktisch bewährten Weltbezugs in Frage gestellt sind, wenn ich selbst mit meiner bisherigen Lebenseinstellung in Frage gestellt bin und mich dazu herausfordern lasse, diese Infragestellung kreativ zu verarbeiten."[87] Zwischen Vertraut-Selbstverständlichem und Ungewohnt-Neuem geschieht die „Landnahme", die Suche nach einem tragfähigen Standpunkt und einer lebenskräftigen Position. Sie ist abhängig von den Wertungen und Traditionen, Riten und Sprachen, tritt jedoch auch ein in eine Auseinandersetzung mit ihnen. Bestätigend oder widersprechend verhält sich der Erfahrende zu dem ihm Begegnenden.

Das Selbstbild eines Menschen ist geprägt durch die Interpretationsmuster und Wirklichkeitsauffassungen, die er seiner gegenwärtigen Umgebung verdankt: „Welche meiner Akte ich nicht vergesse, welche mir nicht vergessen werden, welche Akte und Erlebnisse also zu mir gehören, ergibt sich einerseits aus Sinnzusammenhängen, die die soziale Gruppe schon zugrunde legte, bevor ich geboren wurde, andererseits aber auch aus den Darstellungsgelegenheiten, die die Gruppe zur Verfügung hält, in denen ein Individuum sich in sozial zurech-

---

[85] M. Maaßen, Biographie und Erfahrung von Frauen, 16/7.

[86] Vgl. die exemplarische biblische Kundschafter-Erzählung in Gen 13,1-14,45.

[87] J. Werbick, Glaubenlernen aus Erfahrung, 120.

nungsfähiger Form 'ausdrückt'."[88] Auch wenn die Wertvorstellungen nicht bewußt angeeignet oder gar entschieden abgelehnt werden, ist die individuelle Erfahrung eines Menschen doch hineinverwoben in den Kosmos der tradierten Erfahrungen und geprägt durch die Interaktionsprozesse, in denen diese weitergegeben werden. Diesen geschichtlichen Kontext, in dem und aus dem heraus Erfahrungen gemacht werden, grundsätzlich als konstitutiv zu begreifen, ist eines; ihn im Konkreten zu durchschauen und die Plausibilitäten und Sprachbilder, Wertvorstellungen und Lebensstile auf ihre subtilen Implikationen hin zu befragen, ein anderes. Der erfahrene Mensch wird zum „Ich", das nicht schlechthin von Gegenständen und Traditionen bestimmt wird, sondern in Widerspruch und Zustimmung in ein reflektiertes Verhältnis zu ihnen eintreten kann.[89] Die Bedeutung dieser leiblich durchlebten und biographisch realisierten eigenen Erfahrung liegt darin, daß der Erfahrene sie nicht nur von anderen, durchs Hörensagen, gleichsam *second hand* kennt, sondern in ein *eigenes* Verhältnis zu ihr getreten ist, das einen verändernden oder bestärkenden Charakter haben kann. Die Erfahrung kann zu einer Umformung von etablierten Strukturen oder zu einer Bestätigung der vermittelnden Faktoren führen, die für den Erfahrenen eine neue Evidenz gewinnen.[90] In beiden Fällen entwächst der Erfahrene der Rolle des Reagierenden und wird zum Mitgestalter der Erfahrungswelt.

Die Suche nach einem Verhältnis zu den eigenen Erfahrungen ereignet sich in einem „riskanten Prozeß des Immer-wieder-neu-sich-Identifizierens und des je neuen Widerrufs seiner notwendig mißlingenden Identifizierungen", sie führt zur „Preisgabe an verstrickende Objektivierungen" und zum Widerstand gegen sie.[91] So sehr der Mensch in seinem Bemühen, die Erfahrungen mit eigenen Erfahrungen zur Sprache zu bringen, mit den Unzulänglichkeiten der vorgegebenen Interpretationsschemata und Sprachmuster konfrontiert wird, so

---

[88] A. Hahn, Identität und Selbstthematisierung, 1. – Vgl. M. Maaßen, Biographie und Erfahrung von Frauen, 74, 125.

[89] Vgl. H. Luther, Religion und Alltag, 22; J. Werbick, Glaubenlernen aus Erfahrung, 121.

[90] W. Fischer / J. Kohli, Biographieforschung, 31/2. – Vgl. P. Sloterdijk, Literatur und Organisation von Lebenserfahrung, 72, 173, 249.

[91] J. Werbick, Glaube im Kontext, 86.

sehr ist er doch auf sie angewiesen. Alois Hahn kennzeichnet jene sozialen Institutionen, die die Fähigkeit fördern, Erinnerungen zu äußern und Erfahrungen zur Sprache zu bringen, als „Biographiegeneratoren."[92] „Der Einzelne wäre bald am Ende mit dem Blick ins Innere, wenn ihm keine Karte für seine Seelenlandschaft an die Hand gegeben würde"[93] oder wenn keine kundigen Weggefährten die Selbstthematisierung begleiteten und es ermöglichten, die Erfahrungen mit den eigenen Erfahrungen zum Ausdruck zu bringen.[94] Hahn hebt hervor: „Es ist für die Geschichte des christlichen Abendlandes, für die Entstehung des hier geltenden Menschenbildes und die vorherrschenden Typen des Selbstbewußtseins von großer Bedeutung gewesen, daß Selbstthematisierung als allgemein verbindliche Aufgabe im Zusammenhang von Schuldbekenntnissen institutionalisiert worden ist."[95]

4. Die Entfaltung der Persönlichkeit im Glauben

Wenn biographische Selbstthematisierung nicht Randthema, sondern wesentlicher Teil der christlichen Tradition ist, nötigt diese Feststellung zur Frage, ob und wie sich in dieser Selbstthematisierung die christliche Botschaft als lebensfördernd und mit der Freiheitsgeschichte des Menschen vereinbar erweist. Jenseits einer historischen Verifizierung hat eine systematische Theologie grundsätzlich nach der Kompatibilität von christlicher Botschaft und menschlicher Entwicklungsgeschichte zu fragen: Kann die „Wahrheit des christlichen Glaubens in ihrer inhaltlichen Konkretheit so mit den konkreten Vorgängen der Identitätsbildung in Beziehung treten (...), daß der Beitrag des Glaubens zur Stabilisierung der Identität als 'befreiende Orientierung' und nicht als einschränkende Festlegung auf rigide Identitätsmuster wahrgenommen wird"?[96] Läßt sich der Glaube als „Orientierungswissen"[97] verstehen, mit dessen Hilfe die Menschen ihre Erfah-

[92] A. Hahn, Identität und Biographie, 137.
[93] Ders., Identität und Selbstthematisierung, 20.
[94] Vgl. M. Ebertz, Die Erosion der konfessionellen Biographie, 159/60.
[95] A. Hahn, Identität und Biographie, 139.
[96] J. Werbick, Glaube im Kontext, 74.
[97] A.a.O., 28.

rungen auf eine verheißungsvolle Perspektive hin zu integrieren vermögen? Als Beispiele für theologische Antwortversuche auf diese
Fragen sollen Entwürfe von Jürgen Werbick und Karl Frielingsdorf
wiedergegeben werden, die aus fundamentaltheologischer und pastoralpsychologischer Sicht der Frage nachgehen, wie der Glaube zum
Aufbau einer „möglichst übertragungs- und projektionsfreien kommunikativen Kompetenz, einer unverzerrten Ich-Identität" beizutragen
vermag.[98] Indem Werbick und Frielingsdorf den Glauben als „ver-
antwortbares, heilsames 'Lebenswissen'"[99] zur Geltung bringen, gehen beide davon aus, daß der Glaube zwar nicht auf seine Wirkungs-
geschichte reduziert werden und dem Primat von Funktionalität und
Effektivität ausgeliefert werden dürfe, daß aber - mit Berufung auf
die Verheißung der befreienden Kraft der Wahrheit (Joh 8,32) - sehr
wohl danach gefragt werden könne und müsse, wie sich die Wahrheit
des Glaubens auswirke, so daß sie „dem nach Identität und Befreiung
Suchenden wahrhaft gerecht" werde.[100]

Jürgen Werbick geht - anknüpfend an die Identitätstheorie *Erik H.
Eriksons* und dessen Beschreibung signifikanter Erfahrungen - davon aus, daß die
Identitätsentwicklung des Menschen dann zur Freiheitsgeschichte werden
kann, wenn wesentliche Beziehungserfahrungen so erlebt werden, daß sie
für spätere Beziehungen nicht determinierend, sondern inspirierend wirken
können. Nur dann und gerade dann sind die „signifikanten Erfahrungen"
geschichtsträchtig und von einem puren Wiederholungszwang befreit, wenn
sie phasenspezifische Reifungsschritte ermöglichen und dem Menschen zu
einem verheißungsvollen Erbe werden können. Dabei sind „signifikante
Erfahrungen" laut Werbick zunächst mit Instabilität und Paradigmenwech-
seln verbunden: „Signifikante Erfahrungen belehren, indem sie überraschen
und ent-täuschen. Die Erfahrung nimmt einen anderen Verlauf, als man
nach Maßgabe bisheriger Erfahrungen - nach Maßgabe der geltenden Para-
digmen - erwarten durfte; die 'Realität' widersetzt sich den Erklärungen,
mit denen man bisher eine Kontinuität der Erfahrungen sicherstellte."[101]
Wie die Person auf diese Erfahrungen - jenseits antrainierter Reaktions-
schemata - antwortet und wie sie sich zu ihnen in Beziehung setzt, wie sie
zur „Erfahrung mit der Erfahrung" herausgefordert wird, prägt die individuelle Reifungsgeschichte. Daß sie die „signifikanten Erfahrungen" so erleben kann, daß sie später auf diese Erfahrungen zurückkommen kann und sie

---

[98] A.a.O., 155.

[99] A.a.O., 16. - Vgl. ders., Glaubenlernen aus Erfahrung, 67-77.

[100] Ders., Glaube im Kontext, 37. - Vgl. K. Frielingsdorf, Dämonische Gottesbilder, 17.

[101] J. Werbick , Glaubenlernen aus Erfahrung, 119.

als gegenwartsprägende Zukunftsverheißungen wahrzunehmen vermag, hängt von den Interpretationsrahmen oder dem „identitätsbezogenen Wissen" ab, das ihr von der Kommunikationsgemeinschaft zur Verfügung gestellt werde.[102] Dieses „Orientierungswissen" bedarf, wenn es lebensfördernd und nicht repressiv festlegen sein soll, der bezeichnenden Offenheit der Symbole. Mit ihrer „verhüllend-enthüllenden Doppelwirkung"[103] ist es Symbolen möglich, Erfahrungen aufzuschließen ohne sie eindimensional festzulegen.[104] Auf die inspirierende „Wiederholung im Symbol"[105] zu rekurrieren, wie es Werbick in Anknüpfung an *Paul Ricoeur* und dessen Symboltheorie tut, setzt für ihn voraus, statt des Vorhandenseins eines vermeintlich autonomen Bewußtseins das „*Bewußtwerden* als unabschließbare Aufgabe"[106] zu sehen. Dieses Bewußt*werden* als schöpferische Regression mittels religiöser Symbole ist dann möglich, wenn diese nicht als Klischees oder Versteinerungen präsentiert werden. „Lebenskraft und Wahrheit einer Religion hängen entscheidend davon ab, wie umfassend sich bei ihr die im spannungsvollen Einklang mit der teleologischen Progression stehende heilsame (meditierende) Wiederholung gegen erzwungene, stereotype Wiederholungen durchsetzen konnte, inwieweit sich in ihr die konkrete Einheit von Regression und Progression um der Progression willen ereignet."[107] In diesem Reflexionsprozeß entscheidet es sich jeweils neu, ob eine „Selbstbejahung trotz des zum Selbst gehörenden Nichtseins"[108] möglich ist und wie „Identität als Gegenbegriff zur Entfremdung"[109] konkret wird.

Werbick nimmt Bezug auf signifikante Krisenerfahrungen und die symbolischen Konfigurationen, die mit ihnen korrespondieren, und zeigt das Potential und die Ambivalenz der Entsprechungen auf. Grundsätzlich gelte, daß der Mensch bei seiner Suche nach einer „balancierten Ich-Identität" angesichts von Krisenerfahrungen herausgefordert sei, tragfähige Erfahrungen so zu erinnern, daß sie die Gegenwart auf eine verheißungsvolle Zukunft hin bestimmen können. Der Mensch bedarf laut Werbick der schöpferischen Regression: des Rückgriffes auf „signifikante Erfahrungen", die ihm zum zukunftsträchtigen Potential werden können. Zum heilsamen Lebenswissen werden diese Orientierungen nur dann, wenn sie den Menschen nicht

---

[102] Ders., Glaube im Kontext, 179.

[103] A.a.O., 80, 163.

[104] A.a.O., 158.

[105] A.a.O.,168.

[106] A.a.O., 161.

[107] A.a.O., 165.

[108] A.a.O., 71.

[109] A.a.O., 58.

in der Regression verharren lassen, sondern zur Progression animieren. Als Antwort auf die Unterstellung, christlicher Glaube stehe im Widerspruch zu gelingendem Leben, zeigt Werbick im Konkreten auf, daß den christlichen Glaubenssymbolen die Kraft zur Inspiration der Identitätssuche grundsätzlich zu eigen ist und der Glaube sich im Horizont der individuellen Freiheitsgeschichte durchbuchstabieren läßt. Durch ihre bezeichnende Offenheit ist christlichen Symbolen allerdings auch eine Ambivalenz zu eigen, die dazu nötigt, den Blick auf die Wirkung des Glaubens in der individuellen Lebensgeschichte zu richten. Auf diese Ambivalenzen geht Karl Frielingsdorf aus pastoralpsychologischer Sicht ein.

Ausgangspunkt seiner Überlegungen ist seine langjährige Beratungstätigkeit. Es seien ihm viele Menschen begegnet, „die den 'lieben Gott' als quälenden Leuteschinder, als kleinlichen Buchhalter, als willkürlichen Tyrannen oder als unbarmherzigen Richter in ihrer Kindheit erfahren und verinnerlicht haben."[110] Es ist für Frielingsdorf eine Diskrepanz zu beobachten zwischen den nach außen verkündeten und den innerlich mächtigen Gottesbildern. Bestimmte, zunächst positiv eingeschätzte Gottesbilder erweisen sich mit der Zeit als zutiefst ambivalent. Auf einen „erfundenen Wunschgott" werden alle positiven Attribute - wie Herzlichkeit, Geborgenheit und Schutz - projiziert, damit wird aber auch eine dualistische Aufspaltung „in eine gute Welt bei Gott und eine böse bei den Menschen" vorgenommen und einer erwachsenen Begegnung mit dem lebendigen Gott ausgewichen:

„Menschen mit diesen projektiven Wunsch-Gottesbildern schildern ihre Gottesbeziehung überwiegend so: 'Ich klammere mich an Gott', 'ich hänge an Gott, ohne ihn könnte ich nicht leben', 'ich halte mich an Gott fest' (...) Bitte ich sie dann, diese Gottesbeziehung mit einem Gruppenmitglied leibhaft zu gestalten, überwiegen folgende Darstelungen: Sie krallen sich mit den Händen an den Schultern 'Gottes' fest; sie hängen sich mit den Armen 'Gott' an den Hals (...) Meist läßt 'Gott' in dieser Beziehungsskulptur die Arme herunterhängen. Teilnahmslos läßt er alles mit sich geschehen und sieht über die Betroffenen hinweg. Während diese dargestellte Beziehung von den Betroffenen zunächst einhellig als vertrauensvoll, bergend, schützend, liebevoll und im Ganzen positiv gesehen und empfunden wird, klingt der Kommentar der Gruppe anders: 'Das ist eine einseitige Beziehung', 'wenn du wirklich Vertrauen hättest, würdest du nicht so klammern und festhalten, sondern loslassen. Erst dann kannst du erfahren, daß Gott dich nicht fallen läßt, sondern auffängt in seinen Armen' (...) Durch ergänzende Übun-

---

[110] K. Frielingsdorf, Dämonische Gottesbilder, 7.

gen wird dann den Betroffenen allmählich klar, daß sich letztlich ein Urmißtrauen hinter ihrer Gottesbeziehung versteckt."[111]

Die im Unbewußten eingenisteten, „krankmachenden Gottesbilder"[112] werden von Frielingsdorf als „dämonisch" gekennzeichnet. Sie gründen für ihn in der erbsündlichen Verfaßtheit des Menschen: Durch die negativen Botschaften, die das Kind notgedrungen in seinen ersten Lebensjahren erfährt, formt sich „ein Gottesbild korrelativ zu den negativen Schlüsselerfahrungen des Kleinkindes."[113] Frielingsdorf zeigt auf, wie diese verfälschten Gottesbilder mit verführerischer Kraft die negative Schlüsselposition des Menschen tradieren und die heilsame Annahme des eigenen Lebens im Lichte des Evangeliums verhindern. Als „Schadensgeister und Verderber" versuchen Dämonen, die Menschen auf die Seite des Todes zu ziehen, sie eignen sich dafür die „Todesbotschaften" der Eltern an und ziehen die Menschen „auf ihre Seite des Todes, der oftmals mehr ein klägliches Überleben mit menschenverachtenden Strategien bedeutet."[114] Wenn es stimmt, daß jeder Mensch seiner negativen Schlüsselposition entsprechend ein unbewußt dämonisches Gottesbild in sich entwickelt und daß durch dieses Bild hindurch der wahre Gott heilend und befreiend erkennbar wird, dann erweist sich die reflektierte Auseinandersetzung mit der individuellen Glaubensgeschichte für Frielingsdorf als unabdingbar.[115] Der Weg der Unterscheidung der Geister muß sich an den Phasen der Persönlichkeitsentfaltung[116] orientieren und zur Auseinandersetzung mit den Kindheitserfahrungen und den implizit angeeigneten Gottesbildern herausfordern. Problematisch ist für viele Menschen zum einen die Wahrnehmung dieser Bilder, dann aber auch die *aggressive* Auseinandersetzung mit ihnen. Diese ist jedoch, so die Erfahrung Frielingsdorfs, im Sinne der positiven Bedeutung von Aggression als „Zugehen, Vorangehen, Zuwenden"[117] lebenswichtig. Die (An-)Klage und das „Hadern mit Gott" wirkt sich „befreiend und entlastend auf dem Weg zur Vergebung und Versöhnung mit dem von Gott zugefallenen eigenen Leben aus."[118] Befreiend wird die Erkenntnis, daß Gott nicht so kleinlich und erbärmlich ist, als daß er nicht mit der menschlichen Wut umgehen könne.[119] In diesem Vertrauen darf ein Weg gewagt werden, der von Ent-Täuschung, Schmerz und von der Sehnsucht geprägt ist, „das einseitige Pseudo-Gottesbild des grausamen und unerbittlichen Richtergottes als dämonisch"

---

[111] A.a.O., 50.

[112] Ders., Der wahre Gott ist anders, 58.

[113] Ders., Dämonische Gottesbilder, 25.

[114] A.a.O., 140.

[115] Vgl. a.a.O., 94.

[116] Frielingsdorf nimmt ebenfalls das Modell Eriksons auf, in: K. Frielingsdorf, Grundlagen einer religiösen Persönlichkeitsentfaltung, 18-31.

[117] Ders., Dämonische Gottesbilder, 58.

[118] A.a.O., 53.

[119] Vgl. a.a.O., 51.

zu entlarven und durch positive Gottesbilder der biblischen Offenbarung zu ersetzen oder zu ergänzen.[120] Einzel- und Gruppengespräch, leibhaftige Darstellung und symbolische Interaktion, das Neuentdecken von Bildern der biblischen Tradition, aber auch von Riten und Sakramenten werden zu Hilfen auf diesem Weg, der die Andersartigkeit des wahren Gottes befreiend zu erfahren sucht. „Bei allen Möglichkeiten, Gott zu erfahren und zu beschreiben, dürfen wir nicht vergessen, daß wir IHN nie begreifen können und letztlich Analphabeten der Gottessprache sind."[121]

Zusammenfassend lassen sich aus beiden Entwürfen folgende Konsequenzen für theologische Autobiographieforschung benennen: Ob und wie die Symbole des christlichen Glaubens zum identitätsbezogenen Wissen werden, erweist sich an der konkreten individuellen Lebensgeschichte und an dem Zeugnis, das von ihr gegeben wird. Theologische Autobiographieforschung ist daher vor die Aufgabe gestellt, insofern nach der *Richtigkeit* der Glaubenslehre in der Nachfolgegeschichte zu fragen, als sie untersucht, in welche *Richtung* das Leben durch die Lehre geführt wird. Als Kriterien für diese Untersuchung können aus dem Dialog von Psycholgie und Theologie, wie ihn Werbick und Frielingsdorf führen, einige Unterscheidungsmerkmale erhoben werden, die sowohl dem Wissen um die Reifung des Menschen als auch der Botschaft des Glaubens gerecht werden. Es ist notwendig, den Glauben so auszulegen, daß er nicht zum Verweilen in der Regression verleitet, sondern als Ermutigung zur Progression wirken kann. Sodann gilt es zu prüfen, ob es durch diese Auslegung möglich wird, sich „auf den Anderen bzw. auf das Andere und deshalb nicht Verfügbare hin zu überschreiten"[122] und so die Selbstbezogenheit der narzißtischen Strebungen zu modifizieren. Weiterhin folgt aus der Frage, was im Licht des Glaubens jeweils als lebensfördernd oder heilsam anzusehen sei, die Herausforderung zur Unterscheidung der Geister und damit zum Widerstand gegen unheilvolle Interpretationsmuster. Schließlich ist als Kriterium zu nennen, daß die Lebensgeschichte als offener - unabgeschlossener und (irdisch) unabschließbarer - Prozeß ernstzunehmen, zur Sprache zu bringen und zu gestalten ist.

---

[120] A.a.O., 123. - Vgl. a.a.O. 163.

[121] Ders., Der wahre Gott ist anders, 101.

[122] J. Werbick, Glaube im Kontext, 439.

34

5. Die Autobiographie als Sprachhandlung

Autobiographien sind Sprachhandlungen.[123] Ob eine Person etwas behauptet, fragt oder verspricht, ob sie sich bekennend, erzählend oder berichtend äußert: Immer sind ihre Worte gesprochen auf einen anderen hin, mit der Absicht etwas zu bewirken. Die Gegenüberstellung von Wort und Tat läßt außer acht, daß auch Sprache eine Form sozialen Handelns und Ausdruck eines agierenden Verhältnisses des Sprechenden zu seiner Umwelt ist. Für den Inhalt der autobiographischen Mitteilung ist es wesentlich, ob sie behauptenden oder fragenden Charakter hat, ob sie Dokumentation einer abgeschlossenen Perspektive oder Zeugnis einer suchenden Neuorientierung ist. Autobiographische Äußerungen können Teil einer Auseinandersetzung und damit - als Bekenntnis zur eigenen Geschichte - in einen Wechsel von Beschuldigung und Rechtfertigung verstrickt sein, sie können mit Hilfe narrativer Kompositionstechniken entspannt und unterhaltend erzählt werden oder auch in der Form eines nüchternen Berichtes um präzise Informationsübermittlung bemüht sein.[124] Eng verbunden mit der Frage nach der Form der Sprachhandlung ist die Frage nach den Kommunikationspartnern. Auch hier kann es für den Inhalt der biographischen Selbstthematisierung maßgeblich sein, ob sie vor dem Forum der eigenen Person geschieht, ob sie sich im Angesicht einer Einzelperson, einer gesellschaftlichen Kleingruppe oder einer politischen, religiösen oder literarischen Öffentlichkeit ereignet oder ob sie als Gebet an Gott gerichtet wird.[125] Die Rolle des Adressaten hat Auswirkungen. Je nach angenommener Leserschaft werden verteidigende, belehrende oder sachlich darstellende Stilmittel verwandt, wird provoziert oder ermutigt, wird die vorbildliche, abschreckende oder banale Seite des eigenen Lebens präsentiert. Allerdings ist auch die entworfene Leserinstanz eine Stilisierung, mittels derer der Autor seine eigene Rolle zu definieren vermag: „Er bringt (angebliche) Bedürfnisse, Erwartungen und Interessen eines bestimmten Publikums

---

[123] Vgl. E. Arens, Narrative Theologie und Theorie des Erzählens, 869/70.

[124] Vgl. J. Lehmann, Bekennen - Erzählen - Berichten, 71, 80, 86.

[125] Vgl. a. a.O., 48.

zur Sprache und rechtfertigt auf diese Weise Umfang und Art seines autobiographischen Sprechens."[126] Betrachtet man das autobiographische Zeugnis als Sprachhandlung, stellt sich ferner die Frage nach der Wirklichkeit erzählender Sprache. Sobald nicht nur Sachinformationen weitergegeben werden sollen, entzieht sich die Vielschichtigkeit der Wirklichkeit „der platten Eindeutigkeit der Begriffsschablone".[127] Treffend ist eine über Informationsübermittlung hinausgehende Rede dann, wenn sie nicht nur *über* das Beglückende und Befremdende des Lebens spricht, sondern ihm *entspricht*. Diese Entsprechung entsteht nicht durch sachliche Exaktheit, sondern zeigt sich in sinnenfälliger Verlebendigung. Sie setzt voraus, daß der Sprache eine eigene Wirklichkeit zugestanden wird. Mit Worten wird ein Wirklichkeitsraum *sui generis* aufgebaut.[128] Ein Kunstwerk - so läßt sich für Malerei, bildende Kunst und Dichtung gleichermaßen sagen[129] - „ist wirklich, weil es wirkt."[130] Sich in die Lektüre eines Buches oder die Betrachtung eines Bildes 'hineinzuverlieren' und Zeit und Raum zu vergessen, ist eine Erfahrung, die dieser Eigenmächtigkeit entspricht. „Der Wirklichkeitscharakter kann so stark werden, daß man anschließend erst wieder 'in die Realität zurückfinden' muß, die ihrerseits zunächst seltsam unwirklich anmutet."[131] Die Macht der Worte und Bilder erschöpft sich nicht in der Nachforschung, ob das Beschriebene tatsächlich so und nicht anders passiert ist und das Mitgeteilte den Anforderungen einer deskriptiv einwandfreien Sprache genügt. Für die lesende Person ist der erste Schritt in diesem Kommunikationsgeschehen, den Text 'wirken' zu lassen, ihn wahrzunehmen und sich auf den riskanten Weg in seine Sprach- und Bildwelt zu begeben. Riskant ist der Prozeß deshalb, weil er ein offenes Geschehen mit überraschenden Folgen sein kann.

---

[126] A.a.O., 49.

[127] J. Werbick, Bilder sind Wege, 78.

[128] Vgl. E. Lämmert, Bauformen des Erzählens, 200.

[129] Vgl. M. Kobbert, Kunstpsychologie, 67-100, 129-144. – Kobberts kunstpsychologische Untersuchungen sind hilfreich, um aus dem Blickwinkel der bildenden Künste zu einem Verständnis für die Wirklichkeit und Wirksamkeit erzählender Sprache zu versuchen, das für die bildhafte Sprache Wittigs aufschlußreich ist.

[130] A.a.O., 143.

[131] A.a.O., 142.

Die Sprache der Metaphern will „*mehr* zur Sprache bringen", sie appelliert, „sich einer neuen *Evidenz* zu öffnen, die Grenzen bisheriger Wahrnehmung zu überschreiten und neue Zusammenhänge zu entdecken."[132] Mit dieser Würdigung bildhafter Sprache wird sie in ihrer lebensschaffenden Dynamik hoch gewertet, zugleich aber relativiert: Sie wird *in Relation* gebracht zum Menschen, den sie zu neuer Wahrnehmung provoziert. Losgelöst vom Rezipienten kann der Text nicht im ganzen Sinne „wirklich" werden. „Die 'Mitte des Kunstwerks' liegt nicht mehr im Kunstobjekt, sondern im Ganzen des externen Beziehungskomplexes, für den das Objekt als Kristallisationskern fungiert."[133]

Der Vielfalt der Kommunikationssituationen entspricht die Verschiedenheit der lebensgeschichtlichen Zeugnisse: Tagebücher und Briefe, Familienchroniken und -alben, Autobiographien, Memoiren, Lebensläufe, Protokolle von biographischen und Oral-History-Interviews, Martyrologien, Hagiographien, Gerichtsreden, Gebete, Leichenpredigten, Testamente sind einige Formen schriftlicher Lebensdarstellung.[134] Angesichts der „fließenden Grenzen"[135] zwischen Autobiographie, Memoiren, Tagebuchskizzen und biographischer Darstellung[136] sollen bei der Analyse der Schriften Joseph Wittigs statt des Diskurses über typisierende Grenzziehungen primär die in der Grenzsuche deutlich gewordenen Probleme untersucht werden. Es werden Fragen zu stellen sein nach den *Adressaten* seines autobiographischen Schreibens, nach dem *Verhältnis von beschriebener und schreibender Person* und nach der *Intention,* mit der die Lebensgeschichte (re)konstruiert wird.[137] Ferner wird zu fragen sein nach den *sprachli-*

[132] J. Werbick, Bilder sind Wege, 66. - Vgl. M. Kobbert, Kunstpsychologie, 138.

[133] M. Kobbert, Kunstpsychologie, 84.

[134] Vgl. M. Maaßen, Biographie und Erfahrung von Frauen, 28/9; H. Luther, Religion und Alltg, 112/3; W. Sparn, Dichtung und Wahrheit, 25.

[135] O. Bantel, Memoiren, 299. – Vgl. I. Schweikle, Autobiographie, 34.

[136] Vgl. I. Schweikle, Autobiographie, 34; O. Bantel, Memoiren, 299; G. Bittner, Unerzählbare Geschichten, 224; B. Neumann, Identität und Rollenzwang, 12; 25; K. Hübner, Tagebuch, 454; P. Hölzle, Biographie, 55.

[137] Angesichts der von Literaturwissenschaftlern festgestellten definitorischen Unschärfen werden in dieser Untersuchung Begriffe wie „Selbstthematisierung", „Autobiographie", „autobiographisches Erzählen" und „Lebensbeschreibung" bedeutungsgleich verwandt.

chen *Formen*, mit denen die „monotone Sukzession" der erzählten Zeit „verzerrt, unterbrochen, umgestellt oder gar aufgehoben wird"[138] und mittels derer Joseph Wittig in seiner Lebensgeschichte die Wirklichkeit des lebendigen Gottes in ihrer Vielschichtigkeit zur Sprache zu bringen sucht.

---

[138] E. Lämmert, Bauformen des Erzählens, 32.

Drittes Kapitel

Joseph Wittig. Lebenslauf und Zuschreibungen

I. Lebenslauf Joseph Wittigs

Die deutsche Sprache hält für das Wort „Biographie" mehrere Bedeutungen bereit. Die Biographie kann das Leben eines Menschen ebenso bezeichnen wie die Überlieferung dieser Geschichte in einer Lebensbeschreibung. Notwendigerweise stellt diese *Lebensbeschreibung* ein auswählendes „Über-den-Daumen-Peilen" dar. Erinnerungen, Bewertungen, Konnotationen müssen und können nicht die „objektiv durch den empirischen Lebenslauf gegebenen Daten"[1] widerspiegeln. Der *Lebenslauf* stellt demgegenüber eine „serielle, tabellarische Aufzählung nackter Tatsachen"[2] dar. Er erhebt nicht den Anspruch, das vielfältige Leben wiederzugeben, sondern lediglich, eine erste Orientierung zu ermöglichen. In diesem Sinn soll der folgende Lebenslauf erste Anhaltspunkte geben.

Joseph Wittig wird am 22. Januar 1879 in Neusorge bei Schlegel in der Grafschaft Glatz (Schlesien) als sechstes Kind der Eheleute *Eduard Wittig* und *Johanna Wittig* geb. Strangfeld geboren. Ab 1885 besucht er die Volksschule in Schlegel. 1893 besteht er die Aufnahmeprüfung für das St.-Matthias-Gymnasium in Breslau. 1899 legt er dort die Reifeprüfung ab und beginnt das Studium der katholischen Theologie an der Breslauer Universität. 1903 wird Joseph Wittig mit einer kirchengeschichtlichen Arbeit über Papst *Damasus I.* zum Doktor der Theologie promoviert und im selben Jahr zum Priester geweiht. Von August 1903 bis Oktober 1904 wirkt er als Kaplan in Lauban. 1904 erhält er ein Stipendium für einen zweijährigen Studienaufenthalt im Campo Santo in Rom. Nach seiner Rückkehr ist er zunächst als Seelsorger in Patschkau, ab April 1907 als Kaplan in Breslau tätig. 1909 erfolgt Wittigs Habilitation und eine Vertretung für den erkrankten Professor für Kirchengeschichte, *Max Sdralek*. 1911 wird Wittig zum

---

[1] A. Hahn, Identität und Biographie, 140/1.

[2] W. Sparn, Dichtung und Wahrheit, 12. – Vgl. ders., Autobiographische Kompetenz, 55.

außerordentlichen Professor für Kirchengeschichte in Breslau ernannt, 1915 zum Ordinarius für alte Kirchengeschichte, Patrologie und christliche Archäologie. Im Amtsjahr 1917/18 ist Wittig Dekan der katholisch-theologischen Fakultät in Breslau. 1921 wird Wittig zum Präses der Congregatio Mariana ernannt, deren Leitung ihm 1922 wieder entzogen wird. 1925 werden fünf Publikationen Wittigs auf den Index der verbotenen Bücher gesetzt, Wittig für das Wintersemester 1925/26 beurlaubt. Am 13.3.1926 bittet er um seine Emeritierung. Am 12.6.1926 wird Wittig exkommuniziert. Er kehrt zurück in seinen Geburtsort Neusorge, baut auf dem elterlichen Grundstück ein eigenes Haus und heiratet am 22.6.1927 *Bianca Geisler*. Vier Kinder werden Joseph und Bianca Wittig geboren: *Höregott* (*1928/+1928), *Johannes Raphael* (*1929), *Bianca Maria Schnee* (*1931) und *Christoph Michael* (*1937). Als Mitherausgeber der Zeitschrift „Die Kreatur" (1926-28) und Autor von Aufsätzen und Büchern ist Wittig in den folgenden Jahren publizistisch tätig, wiederholt unternimmt er Vortragsreisen und Dichterlesungen. 1935 bis 1936 arbeitet Wittig an der Chronik der Stadt Neurode, 1937 bis 1941 an der Chronik der Gemeinde Schlegel. Am 5. März 1946 wird die Exkommunikation Wittigs aufgehoben. Im April 1946 wird die Familie Wittig vertrieben, gelangt über Altena nach Göhrde-Forst, wo sie bei Freunden Unterkunft findet. Am 22.8.1949, kurz vor dem geplanten Umzug der Familie nach Meschede, stirbt Joseph Wittig. Am 26.8. wird er in Meschede beerdigt.

II. „Führer zu neuer Religiosität" oder „Luther redivivus"?

Die Daten dieses Lebenslaufs sind unstrittig. Um so unterschiedlicher fällt die Bewertung aus, die von Zeitgenossen und Nachfahren, Widersachern und Verehrern, Historikern und Theologen, evangelischen und katholischen Christen vorgenommen wird. Joseph Wittig erscheint als Heimatdichter und Rebell, als Opfer kirchlicher Willkür und Vertreter theologischer Verirrungen, als „Vorläufer" des Zweiten Vatikanischen Konzils und Anwalt für deutsch-polnische Versöhnung.

„Es gibt wenige Menschen in Deutschland, die so ganz eingesponnen sind in ein Netz von verschiedenen Meinungen, wie er" - bemerkt 1929 ein Gratulant zu Wittigs 50. Geburtstag angesichts der bereits einsetzenden Bildung von „Mythen und Legenden".[3] Wer ist dieser Joseph Wittig, der in Skizzen, Erinnerungen und wissenschaftlichen Abhandlungen von Zeitgenossen und Nachfahren dargestellt wird?[4]

1. „Lebendiger Erzähler mit leichtbeschwingter Feder"

Der anerkannte Kirchenhistoriker Joseph Wittig[5] findet seit 1915 mit Publikationen Aufmerksamkeit, die als volksnah, ursprünglich und anmutig gelten und ihm neben dem Ruf des Gelehrten einen Namen als schöngeistiger Schriftsteller einbringen. Er beherrsche - heißt es in einer Rezension zu Wittigs historischer Arbeit über den Breslauer Domherren *Robert Spiske* - die „große Kunst, persönlich, frisch, poetisch zu schreiben."[6] Wittig, dem „tiefsten und innigsten Theolo-

---

[3] H. Mühle, Joseph Wittig, dem kirchen- und zeitlosen Katholiken zum 50. Geburtstag, 141.

[4] Der im folgenden gegebene Überblick über die Rezeption Joseph Wittigs spiegelt den *main stream* der publizierten Urteile und Einschätzungen wider, aus dem signifikante Äußerungen herausgegriffen werden. Über das quantitative Vorkommen der Wittig-Typisierungen kann ebensowenig ein Urteil gefällt werden wie über den mündlichen Rezeptionsprozeß; hier wäre eine detaillierte Forschung wünschenswert. Eine eingehende Darstellung der Rezeptionsgeschichte und eine Analyse des Entstehens von Wittig-Bildern und -Mythen wäre eine lohnende Forschungsaufgabe, an der ein Kapitel der Theologiegeschichte des 20. Jahrhunderts sichtbar werden könnte.

[5] Zu der von Wittig vorgenommenen Neuausgabe des „Rauschen", eines beachteten Handbuches zur Patrologie, bemerkt die Rezension der Zeitschrift „Stimmen der Zeit": „Wittig hat auch viel erschöpfender und planmäßiger als Rauschen den Lehrgehalt der Väterschriften aufgewiesen und dadurch sein Buch zu einer kleinen Dogmengeschichte des kirchlichen Altertums ausgebaut (...). So kann man dem ebenso umsichtigen wie gelehrten Verfasser seine aufrichtige Anerkennung nicht versagen" (K. Kirch, Rez. Grundriß der Patrologie, 149/50). Die „fleißige Arbeit" zur Papstgeschichte findet Zustimmung, da Wittig „fast ausnahmslos den rechten Ton" getroffen habe und „nur selten zu gelehrt" geworden sei: „Treue und Liebe zum apostolischen Stuhle hat des Verf. Feder geführt, aber er vergaß darüber nicht, der Wahrheit Zeugnis zu geben" (K. Guggenberg, Rez. Joseph Wittig, Das Papsttum, 138). Eine eingehende Untersuchung zur Bedeutung der kirchengeschichtlichen Forschungen Joseph Wittigs wäre eine weitere notwendige, hier jedoch nicht zu leistende Forschungsaufgabe.

[6] P. Beckx, Rez. Joseph Wittig, Ein Apostel der Karitas, 466.

gen und Erzähler unserer Zeit"[7], dem „Alban Stolz unserer Tage"[8], gelinge es, „in ansprechender, herzenswarmer, zuweilen leicht humorvoller Art"[9] zu schreiben. Die Begabung lebendigen Erzählens mit leichtbeschwingter Feder[10] in frühlingshafter Vitalität[11] verbinde sich mit einer Frömmigkeit, die das vermeintlich Selbstverständliche als etwas Heiliges zu sehen vermöge: „Wittig ist einer von den begnadeten Menschen, die alles, was sie anfassen, mag es noch so gewöhnlich und alltäglich sein, ins leuchtende Gold des Religiösen verwandeln."[12] Es gelinge Wittig, die Sprache der Natur vernehmbar zu machen: „Nur wenige werden in der erdgeborenen Natürlichkeit des Ausdrucks, der heimatseligen Sicherheit des Wortbildes, dem bachdurchrieselten Wiesenduft der Sprache auch nur annähernd an Joseph Wittig heranreichen."[13] Von anderen Lesern wird die persönliche Form geschätzt, in der Wittig von seinem eigenen Leben Zeugnis gibt: Anerkennend müsse man feststellen, daß Wittig es vermöge, „ein Ich-Buch von seltener, ja ganz ungewöhnlicher Offenheit"[14] zu schreiben. Zwar sei angesichts der Art, „wie Joseph Wittig einen Schleier nach dem anderen von seiner Seele zieht und auch das Letzte, Zarteste, Geheimste ans Licht bringt", ein Befremden mancher Leser verständlich. „Was aber ans Licht kommt, das ist so wundersam, so berückend, so strahlend rein, daß wir nichts anderes als Dank und Freude empfinden wollen."[15]
Im theologischen, kirchlichen und gesellschaftlichen Umfeld werden diese Zuschreibungen zu Kontrastbegriffen. Die Lobeshymnen erhal-

[7] E. bin Gorion, Rez. Joseph Wittig, Michel Gottschlichs Wanderung, 296.

[8] F. Herwig, Neue Romane, 423.

[9] F. Kattenbusch, Rez. Joseph Wittig, Meine „Erlösten", 617. – Vgl. F. Herwig, Neue Romane, 423.

[10] H. Lang, Zur Theologie der „Erlösten", 162.

[11] F. Muckermann, Auf der Gralwarte 19, 490.

[12] Zitat eines namentlich nicht genannten katholischen Priesters, in: W. Mühlemann, Joseph Wittig und sein Weg zur „Una Sancta", 52. – Vgl. K. Bornhausen, Der Erlöser, 205; H. Brey, Non evacuetur crux christi, 185; J. Hönig, Joseph Wittig, der Dichter, 186.

[13] J. Hönig, Joseph Wittig, der Dichter, 165.

[14] P. Dörfler, Wittigs Leben Jesu-Dichtung, 691. – Vgl. K. Neundörfer, Bücher über die Kirche, 205; F. Herwig, Neue Romane, 423.

[15] G. Kochheim, Was bedeutet das Bekenntnis zu Joseph Wittig?, 35.

ten den Charakter von Gegenbildern, Wittig wird zur Alternativfigur. Das „Ursprüngliche" steht gegen das „Akademische";[16] der von der lebensspendenden Macht des Glaubens zeugende „Dichter" befindet sich in Opposition zum virtuos distinguierenden und auf Korrektheit bedachten „Dogmatiker".[17] Wittigs Glauben aus dem Herzen wird zum Gegenteil eines Glaubens, „der mühsam aus Katechismen und schwerverständlichen Dogmen errechnet" werden muß.[18] Inmitten „der gläsernen Kälte der geistigen Alltagsluft, die von unseren Kathedern ebenso weht wie aus den Werkstätten moderner Dichter" werden bei der Lektüre der Schriften Wittigs die „frierenden Leser mit wohltuender Wärme umfaßt."[19] Joseph Wittig lebe und schreibe „in Volksnähe": Er überwinde die als unheilvoll wahrgenommene Trennung zwischen Gebildeten und Ungebildeten, Volk und Klerus. Das sei „das Herrliche, daß hier ein 'Mensch wie wir' im lebendigen Glauben steht und so frei und so kraftvoll"[20] den Glauben bezeuge und eine „dankbare Laienschaft" spüren lasse, daß er „'wieder ein richtiger Mensch' unter seinesgleichen"[21] geworden sei. Als Gegenwelt zu einer leidvoll erfahrenen gesellschaftlichen und religiösen Entfremdung erscheint Wittigs Heimatempfinden, seine Ursprünglichkeit und seine bleibende Verwurzelung in der Grafschaft Glatz ansprechend und verheißungsvoll. Die Sehnsucht, sich ebenso einwurzeln zu können, ebenso kindlich glauben, unmittelbar leben und staunen zu können, ist zwischen die Zeilen der ihn verehrenden Rezensionen und Artikel geschrieben.[22]

Die Wertvorstellungen und Sehnsüchte des Nachkriegsdeutschlands scheinen in Wittig ihre Verkörperung zu finden: Seine Gedanken und Erzählungen seien „gerade das, was ein Volk nach einer Katastrophe, wie wir sie erlebt haben, hören und glauben muß."[23] Als „Führer zu

---

[16] Vgl. E. Heuß-Knapp, Der Dichter spricht, 1121; H. Förster, Lebensbild, 39.

[17] F. Fuchs, Joseph Wittig, 374.

[18] W. Mühlemann, Joseph Wittig und sein Weg zur „Una Sancta", 13.

[19] J. Hönig, Joseph Wittig, der Dichter, 164.

[20] G. Kochheim, Was bedeutet das Bekenntnis zu Joseph Wittig?, 36.

[21] C. v. Zastrow, Quäkertum und religiöse Erneuerung, 775.

[22] Vgl. E. Oehlke, Zu Joseph Wittigs 50. Geburtstag, 277; H. Winkler, Heimat und Volkstum, 109; F. Fuchs, Joseph Wittig, 373.

[23] F. Curtius, Joseph Wittig, 758.

neuer Religiosität, erstrebter Frömmigkeit, ja zu neubelebtem Christentum überhaupt"[24] wird Wittig in der Jugendbewegung gefeiert:

„Als nun gar an dem Glatzer Heimatabend einer der frischen Jungen 'das Tauwetter' vorlas (...), da leuchteten die Augen der ganzen jungen Schar (es mögen über hundert dort beisammen gewesen sein) in tiefer, ehrlicher Begeisterung auf, und das 'Heil' aus vollen Herzen, das dem Vorleser dankte, brach aus wie ein glückseliger Freudenruf. Da wurde es allen kund: 'Seht, das ist unser Mann, *der* sagt es so, wie wir es meinen, unser Wittig!'"[25]

Diese Laudatio erscheint 1925 in einem Sammelband, „Joseph Wittig. Sein Leben, Wesen und Wirken", der als Hommage an den inzwischen in die Kritik geratenen Theologen gedacht ist. Mit Hilfe dieses Buches soll ein plastisches Bild des Menschen Joseph Wittig gezeichnet werden, um so „den von Wittig ausgehenden Kräftestrom in immer neue Seelen zu leiten."[26]

2. „Verwirrend, einseitig und lutherisch"

Wird Wittig den einen zur Verkörperung ihrer Ideale, ist er für andere der Widerspruch zu dem, was ihnen gut und richtig erscheint. Er gilt ihnen als einseitig[27] und „frauenzart"[28], theologisch nicht sehr imponierend[29] und „ohne den Schwung der großen Kunst".[30] Die Skala der kritischen Bewertungen erreicht in ihrer Bandbreite die der positiven Bekundungen. Sie richtet sich sowohl gegen die Schriften Wittigs als auch gegen die überschwengliche Begeisterung, mit der Wittig gefeiert wird:

---

[24] B. Geisler, Wittig und die neue Jugend, 228.

[25] A.a.O., 229. – Auch in der Zeitschrift „Jungborn" wird Joseph Wittig als „berufener Gotteskünder" gefeiert, der Tausende von dem ständigen Druck befreit habe; kritisch wird lediglich angemerkt, daß es auch Wittig in seinen Erzählungen „nötig findet, theologische Fachausdrücke zu verwenden." Allerdings könne man, wenn man Texte Wittigs beim Gruppenabend zur Lesung bringen wolle, „auch einfach unter Fortlassung der wissenschaftlichen Erörterungen" vorlesen (H. Busse, Josef Wittig und seine Dichtungen, 181/2).

[26] L. Wolf, Vorwort des Herausgebers, 5.

[27] E. Przywara, Gott in uns oder Gott über uns?, 361.

[28] Ders., Neue Religiosität, 19.

[29] F. Kattenbusch, Rez. Joseph Wittig, Meine „Erlösten", 617.

[30] P. Dörfler, Wittigs Leben Jesu-Dichtung, 692.

44

„Um Wittig bildet sich ein Verein von Erlösten. Plötzlich meint man in einem Kreise von Damen und Herren, es sei wie Schuppen von den Augen gefallen; man sei erlöst! Auf der Wanderung durch die Grafschaft finde ich nichts von solcher Erlösung. Hier erfahre ich nur, daß man dem geplagten Volk den Erlöser nahe bringen muß.(...) Aber das kann nicht geschehen durch Literaturerzeugnisse! Damit schafft man nur eine erlöste Aesthetengemeinde. Und gar billig ist die Erlösung."[31]

Inhaltlich und formal wird gegen die Schriften Wittigs Widerspruch eingelegt. Bei aller Wertschätzung der ungewohnten Erzählweise müsse doch Befremden über einige Kapitel geäußert werden, die indiskret, verallgemeinernd, irreführend und damit deplaziert seien: Vor allem „auf die Damenwelt und die Jugend"[32] hätten die groben Unrichtigkeiten im Schrifttum Wittigs problematische Wirkungen. Besonders seine Position zur Beichte und zur Willensfreiheit trage zu moralischer Nachlässigkeit und zum Rückgang der Beichtwilligkeit bei: „Die armen Opfer einer solchen Lehre werden willenlose Sklaven der nimmersatten Leidenschaft, namentlich in einer Zeit, in der man von Abtötung und Selbstüberwindung nichts hören will."[33] Unerträglich sei es, wenn Wittig „vom hohen Kothurn herab" rügend belehre, „wie mangelhaft, ja stümperhaft die 'Dogmatiker' in ihren Traktaten über die Erlösung handelten."[34] Mit Rückgriff auf eine Reihe von Zeugen wird seine „bedenkliche Annäherung an Luthers Auffassung"[35] aufgezeigt, gemeinsam mit den Autoren des von *Ernst Michel* herausgegebenen Zeitbuches „Kirche und Wirklichkeit"[36] sei Wittig einer „irregeleiteten und irreführenden Gruppe" zuzurechnen, die „unter offenbarem Einflusse protestantischer und modernistischer Ideen" stehe.[37]

---

[31] R. Lewin, Apostaten-Briefe, 111.

[32] F. Muckermann, Auf der Gralwarte 17, 410.

[33] U. Holzmeister, Rez. Joseph Wittig, Leben Jesu in Palästina, Schlesien und anderswo, 420.

[34] B. Bartmann, „Das Alter der Kirche" und der „Fall Wittig", 192.

[35] A.a.O., 195. - Vgl. J. Becker, Übernimmt Gott die Verantwortung?, 461-63, 623-27; C. M. Kaufmann, Die Irrtümer Wittigs, 170/1; L. Kösters, Erlösungsfreude, 113-22. Als Antwort auf L. Kösters: H. Lang, Joseph Wittig, 269.

[36] E. Michel (Hg.), Kirche und Wirklichkeit. Ein katholisches Zeitbuch, Jena 1923.

[37] R. Schultes, Rez. Ernst Michel, Kirche und Wirklichkeit, 233.

Die Gefahr des Modernismus sieht der Schweizer Prälat *Anton Gisler* in den Schriften Wittigs. Seine in den Zeitschriften „Schweizerische Rundschau" und „Neues Reich" publizierten Polemiken gegen „Herrn Wittig" sind von einer solchen Schärfe, daß sich die Herausgeber des „Neuen Reiches" zu der redaktionellen Erklärung veranlaßt sehen, es sei doch auch eine „günstigere Auslegung" als die vom Prälaten Gisler vorgenommene möglich.[38] Zum einen kritisiert Gisler die Sprache Wittigs: Mit ihren merkwürdigen Bildern, ihrer skeptischen Nörgelei und ihrem burschikosen Stil sei sie dem Gegenstand, über den sie zu reden trachte, nicht angemessen.[39] Die Lehre Wittigs weise Ähnlichkeiten mit *Origenes*, *Martin Luther*, *Herman Schell* und deren Irrtümern und Schiefheiten auf; seine Schriften könnten nach Einschätzung Gislers von *Alfred Loisy* oder *George Tyrell* geschrieben sein, und auch der „Pseudomystiker Molinos" habe genau wie Wittig gelehrt.[40] Aus dem Kreis der Häretiker greift Gisler besonders den Wittenberger Reformator heraus: Wittig wird zum *Luther redivivus*. *Der* Skandal der Theologie Wittigs sei es, daß das Luther-Wort „Sündige tapfer, aber glaube noch tapferer" in die Nähe des augustinischen Satzes „Liebe, und tue was du willst" gerückt werde und daß damit „dieser schauderhafte, unchristliche Satz" Luthers in die katholische Theologie eingeführt werden solle.[41] Diese Versuchung sei um so dramatischer, je mehr - wie angesichts der Überraschung mancher katholischer Intellektueller, Journalisten und Theologen sichtbar werde - „das dogmatische Sensorium in gewissen katholischen Kreisen versagt" habe.[42] Um den von Wittig intendierten und von seinen Anhängern rezipierten Auflösungserscheinungen entgegenzutreten, gelte es daran festzuhalten: „Gedeihlich für Kirche und Welt sind nicht bequeme und vergnügte Dogmen, sondern die stahlfeste katholische Wahrheit."[43]

---

[38] Neues Reich 6 (1923/24) 979.

[39] Vgl. A. Gisler, Zur Indizierung Joseph Wittigs, 616, 621; ders., Probleme der christlichen Erlösungslehre, 556.

[40] Vgl. ders., Zur Indizierung, 606.

[41] Ders., Luther redivivus?, 169.

[42] Ders., Zur Indizierung, 601.

[43] Ders., Luther redivivus?, 180.

Polemisch zugespitzt wird die Kritik Gislers durch seinen Landsmann *August Rüegg*. Wittig habe dem Bedürfnis nach einem ungezwungeneren, anstrengungsloseren Leben nachgegeben und „der modernen menschlichen Schlappheit unmögliche Konzessionen gemacht, ihr zuliebe die Majestät Gottes in die Gemütlichkeit eines Biedermeierpapas mit geblümeltem Schlafrock und Filzpantoffeln umstilisiert."[44] Wittig habe zum katholischen Volk „etwa in dem Ton gesprochen, wie ein milder alter Dorfpfarrer zu einem weinenden Kind sprechen würde."[45] Das sei gewiß „hübsch", helfe aber angesichts der Frechheit und des Übermutes der „modernen Macht- und Genußmenschen" nicht weiter. Vorbildlich sei vielmehr das Handeln Christi, der die Pharisäer und Tempelschänder „mit erhobenen Händen, mit Stricken und flammenden Worten" herausgetrieben habe.[46] Mit einer nationalen Pointe versieht Rüegg seine Polemik, wenn er den Fall Wittig im Hinblick auf die Situation des deutschen Volkes betrachtet. Dieses sei in einer wenig beneidenswerten Lage. Nach der Katastrophe von 1914-18 habe Deutschland einen großen Teil des internationalen Ansehens verloren und versuche dieses politische Defizit durch Arbeit auf dem Gebiete der Geisteswissenschaften, in der Pflege von Religion und Kunst, zu kompensieren. Leider sei den deutschen Katholiken in diesem Bemühen wenig Erfolg beschieden. Rüegg stellt fest:

> „Es war für sie mehr als hart, zu sehen, wie nacheinander die Hoffnungen, die man auf die Akademikerbewegung, die Jugendbewegung und die liturgische Bewegung gesetzt hatte, zunichte wurden, wie die Erwartungen, die sich an die Persönlichkeiten von der Bedeutung Foersters, Schelers und Wittigs knüpften, ins Nichts zerflossen. Die Deutschen vermissen nicht nur einen politischen Führer vom Ausmaß eines Bismarck oder Mussolini, an den sie glauben können, und der ihren Glauben wahr macht, sondern auch den geistigen Erneurer. Die deutschen Katholiken insbesondere fühlen sich außerstande, vor dem Forum der anderen, dem Katholizismus angehörigen Nationen führende Persönlichkeiten, heilige Männer, wortgewaltige Redner, Dichter oder Künstler von anerkannter Bedeutung für das moderne Geistesleben aufzuweisen."[47]

---

[44] A. Rüegg, Zum Falle Wittig, 420.

[45] A.a.O., 419.

[46] Ebd.

[47] A.a.O., 415. - Zum „Fall Wittig" und seinem Echo in der Schweiz: vgl. auch

Auf diese internationale Dimension geht einer der intellektuellen Wortführer des deutschen Katholizismus, der Jesuit *Erich Przywara*, ein. Er wisse um die Krise, die für die katholischen Bewegungen der Weimarer Republik mit der Auseinandersetzung um Joseph Wittig greifbar werde. Selbstverständlich könne man angesichts der Indizierung Wittigs fragen, ob die kirchliche Entscheidung nicht „einen schweren Schlag für den seit Jahren begonnenen Aufstieg des deutschen Katholizismus und einen gewaltigen Triumph für seine Gegner" bedeute.[48] Habe hier nicht ein positiv schaffender, lebendig wachsender Katholizismus eine Niederlage erlitten gegen einen Katholizismus mit der geistigen „Enge eines reinen Kasernenhofgehorsams?"[49] Przywara gibt diese Anfrage ernsthaft wieder, doch entbehrt sie für ihn einer tiefergehenden Grundlage. Von einer Skepsis Roms könne keine Rede sein: „Deutschlands Katholiken wissen, mit welch väterlich inniger Freude unser derzeitiger Heiliger Vater auf das Ersprossen und Knospen und Blühen ihrer Bewegungen blickt."[50] Dagegen sei die Kritik an Wittig inhaltlich notwendig, seine Indizierung sei ein schmerzhafter, aber um der Gesundheit des Ganzen willen notwendiger Schritt, den die Kirche in sorgender Liebe vollziehen müsse. Es gehe darum, die Ausschließlichkeiten, Übertreibungen und die „verhängnisvolle Einseitigkeit"[51] der Theologie Wittigs aufzuzeigen. Es finde sich bei Wittig eine geradezu übermütige Vernachlässigung des „Gott über uns" durch eine konsequente Vereinseitigung des „Gott in uns"; problematisch sei, daß Wittigs Theologie in „kindhafter Ausplauderei" und mit einem fast gewaltsamen Willen zur Freude nichts von Ringen und Kampf, Arbeit und Gehorsam, Herbheit und Verschwiegenheit wissen wolle.[52] Dagegen sei zu betonen: „Katholische Religiosität ist und bleibt die unsagbare Polarität des 'Gott in uns und über uns' und darum 'Gesetz und Leben' und darum 'Liebe und

---

A. Stoecklin, Schweizer Katholizismus zwischen Ghetto und konziliarer Öffnung, 68-73.

[48] E. Przywara, Katholizismus der Kirche, 269. – Vgl. J. F., Die deutschen Katholiken im Urteil des Auslandes, 1.

[49] Ders., Zum Indexdekret gegen Joseph Wittig, 475.

[50] Ebd.

[51] Ders., Gott in uns oder Gott über uns?, 360.

[52] A.a.O., 359-61; ders., Katholizismus der Kirche, 268/69; ders., Zum Indexdekret, 475.

Furcht' und 'Freude und sittlicher Kampf', und wer einen dieser beiden Pole auflöst und den anderen absolutiert, kann nicht auf die Dauer zum Heile wirken, wenn auch durch seine Übersteigerungen ein weniger beachteter Gedanke neue Leuchtkraft gewinnen mag."[53]

3. „Religio depopulata"

Gemeinsam legen Joseph Wittig und *Eugen Rosenstock* 1927 das Werk „Das Alter der Kirche" vor, in dessen drittem Band die Auseinandersetzung um Joseph Wittig dokumentiert wird.[54] Der Briefwechsel Wittigs mit seinem Breslauer Bischof, die Verhandlungen um die Genehmigung des Imprimaturs mit verschiedenen Diözesen, die Schritte zur Indizierung und Exkommunikation werden ebenso wie theologische und kanonistische Gutachten veröffentlicht. Der Stellenwert der Auseinandersetzung wird auch verdeutlicht mit Hilfe einer Analyse, die Rosenstock vor der Exkommunikation Wittigs publiziert hatte und die nun als Akte wiederveröffentlicht wird.[55]

Ausgangspunkt der Schrift ist die Endzeitprophezeiung einer *religio depopulata*, einer entvölkerten Religion. Dieses Diktum steht als Drohwort über der kirchenpolitischen Analyse Rosenstocks. Zwar sei der institutionellen Kirche ein ewiger Bestand verheißen, es sei jedoch nicht gesagt, ob sie als lebendige Gemeinschaft mündiger Christen oder als gespenstische, menschenleere Ruine existieren werde.[56] Die Entscheidung über diese Alternative falle in der Gegenwart. Immer sei die Kirche mit einer doppelten Aufgabe konfrontiert (gewesen): mit der Sicherung gegenüber *äußerer* Anfeindung und der Sorge um das *innere* Leben der Kirche. Das Papsttum habe in seiner Geschichte die Rolle der „Zionswächter" zu erfüllen gehabt und erfüllt. Doch jenseits dieser äußeren „Abwehrfront" gebe es noch die Innenseite. Hier sei das Defizit der Papstkirche erkennbar. Wenn Rom angesichts der jahrhundertelangen Bedrohung durch die Welt meine, seine Macht auch auf die Herzen der Gläubigen ausdehnen zu müssen, versteinere die Kirche.

---

53 Ders., Gott in uns oder Gott über uns?, 362.

54 Im folgenden zitiert nach der von F. Herrenbrück und M. Gormann-Thelen edierten Neuauflage, die das Original um ein ausführliches Literaturverzeichnis, eingehende Hinweise und kommentierende Aufsätze erweitert: E. Rosenstock / J. Wittig, Das Alter der Kirche, Bde. I-III, hg. v. F. Herrenbrück / M. Gormann-Thelen, Münster 1998.

55 Die Schrift wird daher im folgenden nicht unter der 1926 erschienenen Erstveröffentlichung, sondern nach dem unveränderten Abdruck zitiert in: E. Rosenstock / J. Wittig, Das Alter der Kirche III, 98-127.

56 A.a.O., 111.

„Nach innen, diesem Herzen zu, wird die staatliche Macht Roms Gift und Despotie, wo sie auf das übernatürliche Glaubensleben von Gliedern der Kirche angewendet wird."[57] Die verzweifelte Lage des gegenwärtigen Papsttums sei, daß es von keinem äußeren Gegner ernsthaft bedroht werde.

Das „treue, katholische Volk", das „seine ganze Kraft dafür hergegeben"[58] habe, um die römischen Kirche in ihrem äußeren Kampf zu unterstützen, werde von dieser nicht auf dem Weg zu einem freien, erwachsenen Christ-Sein gefördert. Das Leben als mündige, „vollreife" Christen in einem alle Bereiche umfassenden Leben, „mit seinen persönlichen Gefahren und Aufträgen", sei de facto zu etwas Zweitrangigem verkommen und werde den „Laien" nur unter Vorsicht erlaubt. Es werde den Laien nur „gestattet (...), Religion zu praktizieren, statt Gott mit allen seinen Kräften zu offenbaren und zu bezeugen."[59] Wie „Erstklässler" seien auch die Erwachsenen der vorsichtigen Sorge kirchlicher Obrigkeit unterstellt: „Und wenn man die Laienmännerschaft dreißigmal im Monat kommunizieren läßt und diese Praxis Laienapostolat betitelt, das Volk, auf das es ankommt, das Volkstum nämlich, das in jedem Laien steckt, wandert auf diese Weise nicht mit in die Kirche und wirkt sich nicht als Glied am Corpus Christi aus."[60] In dieser Krisensituation erhält der „Fall Wittig" für Rosenstock seine Brisanz. Wenn Joseph Wittig als Vertreter eines mündigen, freien, glaubenden Christseins und Anwalt des Volkes beargwöhnt und verurteilt werde, dann sei das nicht nur ein weiteres Beispiel für das restriktive Agieren einer brutalen Institution, sondern reiche tiefer. Wie dem Laien nur ein „Schulbubendasein" unter ständiger Kontrolle zugetraut werde und er so mit seinem Lebensganzen außerhalb der Kirche bleibe, so werde das einheitliche Wirken des glaubenden, kirchlichen Menschen Joseph Wittig zergliedert und ausgestoßen. In einem philosophisch-theologischen Disput könne man Sätze verwerfen; einem erzählenden, singenden, betenden Menschen dagegen könne man nur lauschen - oder ihn hinauswerfen.[61] Zu diesem Schritt aber scheine sich eine abwehrorientierte Papstkirche zu ihrem Schaden entschließen zu wollen, um damit einen entscheidenden Schritt weiter zu gehen auf dem Weg zu einer *Religio depopulata.*

Rosenstocks Analyse trägt nicht zur Entschärfung des Konfliktes bei, sondern provoziert massiven Widerspruch. Die „Broschüre" falle auf durch ihre „demagogische Färbung" und ihren „arroganten Ton" und sei als „Glanzstück substanzlos jonglierender Denkinfamie" reif für den Papierkorb.[62] Mit der „Anmaßung des nichtkatholischen, libera-

---

[57] A.a.O., 107.

[58] A.a.O., 113.

[59] A.a.O., 114.

[60] A.a.O., 118.

[61] Ebd.

[62] J. Pfister, „Religio depopulata", 42. – Vgl. E. Rosenstock, Brief an die Redak-

len Forschers" ersetze Rosenstock die „echte und wahre Ordnung" durch ein „System der Anarchie"; der „Fall Wittig" werde nun zu einem „Sonderfall des Liberalismus, der die Hierarchie der katholischen Kirche der Zwangsanstalt verdächtigt."[63] Hilfreich sei die Schrift Rosenstocks nur insofern, als sich an ihr ablesen lasse, wie die „Verirrung Wittigs auf die Beeinflussung durch seine Freunde" zurückzuführen sei.[64] Daß Rosenstocks Analyse jedoch auch Zustimmung zuteil wird, verdeutlicht die Kritik, die an der Indizierung und der Exkommunikation Wittigs vorgenommen wird: „Hat die römische Kirche, wenn sie eine so starke und reine Glaubenskraft wie die eines Wittig als Fremdkörper empfindet und ausstößt, hat sie danach noch ein Recht, sich die allgemeine, die katholische, zu nennen?"[65]

4. „Sendungsbewußt, verbohrt und kränkend"

Gegen Ende der 20er Jahre wird der Freiburger Dogmatiker *Engelbert Krebs* innerhalb der katholischen Kirche zum populärsten Wittig-Kritiker. Wie andere Theologen hatte Krebs die Anfragen hinsichtlich des Kirchenbildes, der Freiheits- und Erlösungslehre Wittigs zum Schwerpunkt seiner Kritik gemacht, als er 1922 von Joseph Wittig und 1924 vom Breslauer Kardinal *Adolf Bertram* aufgefordert wurde, eine Stellungnahme zur Theologie Wittigs zu verfassen.[66] Im Briefwechsel mit Wittig hatte er während des Konfliktes versucht, sich vermittelnd in die Auseinandersetzung einzuschalten – wenn auch mit Skepsis gegenüber den theologischen Aussagen und der grundsätzlichen Einstellung seines Kollegen.

---

tion der Zeitschrift „Am Wege der Zeit", 49-50; G. Hasenkamp, Nochmals „Religio depopulata", 49-52; H. Getzeny, Religio depopulata, 356.

[63] O. Steinbrinck, Papstkirche oder Volkskirche?, 1168.

[64] A.a.O., 1170.

[65] A. Sexauer, Der Fall Wittig, 316. – Zur Diskussion um die kirchliche „Behandlung" Wittigs: vgl. A. S. Herde, Katholisches zum Fall Wittig, 330; W. Hellwig, Auch-Katholisches zum ‚Fall Wittig', 332; E. Michel, Joseph Wittig, 2; F. Hacker, Brot statt Steine, 298-300; H. Hermelink, Vom Katholizismus der Gegenwart, 975/6; K. Kindermann, Höregott, 1125.

[66] Vgl. E. Krebs, Das religiöse Schrifttum Josef Wittigs, 53-73. Ferner: L. Kösters, Erlösungsfreude, 113-122; Theologisch-kanonistisches Gutachten, in: E. Rosenstock / J. Wittig, Das Alter der Kirche III, 138-252; C. Feckes, Das Mysterium der heiligen Kirche, 132-140; C. M. Kaufmann, Die Indizierung Wittigs, 161-71.

Nach der Exkommunikation Wittigs versucht Krebs mit Vorträgen und einer als Sonderdruck verbreiteten Schrift „Joseph Wittigs Weg aus der kirchlichen Gemeinschaft" nachzuzeichnen. Es geht ihm in der Darstellung des „schmerzlichen Geschehnisses"[67] darum, die „Stufenleiter jener inneren Haltungen, die Schritt für Schritt zum Ausgang aus der Kirchengemeinschaft"[68] führten, zu skizzieren und damit kursierende einseitige Versionen zu korrigieren.[69] Ausdrücklich gibt Krebs zu Protokoll, er äußere sich nicht als Außenstehender, sondern als Person, die durch Gutachten und Vermittlungsversuche mit den Auseinandersetzungen um Wittig vertraut sei. In diesem Konflikt sei er persönlich verletzt worden. Als die erste Stellungnahme zum theologischen Ansatz Wittigs nicht so ausgefallen sei, wie Wittig erhofft habe, da sie neben Zustimmung auch Warnungen enthalten habe, sei für Wittig eine ernsthafte Diskussion „erledigt" gewesen: „Ich war also auch nur einer von den Dogmatikern, die der von ihm entdeckten Wahrheit verständnislos gegenüberstanden."[70] Zwar habe er, Krebs, versucht, der Bitte Kardinals Bertrams um ein Gutachten so zu entsprechen, „daß Wittig den Hauch der Liebe im frischen Winde der dogmatischen Kritik spüren mußte"[71], aber alle Vermittlungsversuche seien zum Scheitern verurteilt gewesen. Wittig habe sich gegen jeden noch so gut gemeinten Korrekturversuch immunisiert.[72] Wenn er nun die persönliche Entwicklung seines Kollegen thematisiere, sei ihm zwar bewußt, daß es nicht die eigentliche Aufgabe des für die übernatürlichen Offenbarungswahrheiten zuständigen Dogmatikers sei, sich mit menschlichen Lebensgeschichten zu beschäftigen. Da aber „dieses Seelenleben durch seine jahrelange öffentliche Selbstdarstellung gegenständlich geworden" sei und so „eine Verwirrung in der Stellung vieler gegenüber der kirchlichen Autorität veranlaßt" habe, sehe er sich zu diesem Schritt einer biographischen Untersuchung genötigt.[73] In der Vita Wittigs seien zwei Zeiten aus-

---

[67] E. Krebs, Joseph Wittigs Weg aus der kirchlichen Gemeinschaft, 242.

[68] A.a.O., 270.

[69] A.a.O., 244.

[70] A.a.O., 266.

[71] A.a.O., 276.

[72] Vgl. a.a.O., 279.

[73] A.a.O., 244.

zumachen. Vor dem Umbruch sei ein junger Gelehrter zu beobachten gewesen, dessen „religiöse Seele" sich zum Aussprechen des sie Bewegenden gedrängt gefühlt habe und „der Wissenschaft und Leben in seinem Priesterwirken zu verbinden wußte."[74] Aber dann sei das Jahr 1919 gekommen, „das Jahr der Wittigschen Krise": „Äußere gesellschaftliche Enttäuschungen, leibliche Erkrankung von monatelanger Dauer und tiefe Gemütsdepressionen vereinigen sich, um einen Prozeß seelischer Entwicklung einzuleiten, den er selbst als etwas Neues empfindet."[75] Worum es in den Umbruchsereignissen gegangen sei, bleibe dunkel. Aber die Lehre vom *concursus divinus*, der göttlichen Wirksamkeit in den menschlichen Handlungen, sei für Wittig in dieser Zeit zur befreienden, den inneren Druck lösenden Botschaft geworden, die er fortan mit dem großen Sendungsbewußtsein vertreten habe, „daß er dem Volke die volle Wahrheit wieder zu geben habe."[76] Wittig habe fortan mit spottender Polemik, satirischem Ton und zunehmender Unbelehrbarkeit seine Theorien vertreten. Nicht mehr Einzelne seien verspottet geworden, sondern die ganze Disziplin der Dogmatik.[77] Beachtenswert erscheint Krebs dabei, daß Wittig - entgegen der landläufigen Meinung, er wolle kein Dogmatiker sein, sondern ein tröstender, helfender Mensch - seit 1920 mit seinen Veröffentlichungen über menschliche Handlungen, Sünde und Verantwortung, Reue und Rechtfertigung, Kirche und Kirchengründung, Freiheit und Gnade das dogmatische Gebiet betreten und es vor weitester Öffentlichkeit behandelt habe.[78] Die theologische Konstruktion einer „Erlebnisreligion", bei der es nicht wichtig sei, was man erlebt, sondern lediglich, daß man irgend etwas erlebe, habe zu einer „wachsenden Verachtung der denkenden Beschäftigung mit den Glaubensobjekten" geführt.[79] An die Stelle des kirchlichen Glaubens sei ein „Wildwuchsglauben" getreten, „der 'mit eigenen Augen' mehr sehen will, als der demütig lernende Glaube."[80] Wirklich katholische

---

[74] A.a.O., 247.

[75] A.a.O., 248.

[76] A.a.O., 263. - Vgl. a.a.O., 245, 254, 279.

[77] Vgl. a.a.O., 258, 261, 262.

[78] A.a.O., 252.

[79] A.a.O., 256/7.

[80] A.a.O., 257.

Frömmigkeit zeichne sich jedoch aus durch ihren Gemeinschaftsbezug, durch Gehorsam und Ein- und Unterordnung des subjektiven Glaubenserlebnisses in die objektiven Mächte in Schrift und Kirche.[81] Die Kirche habe deshalb an Wittig notwendig so handeln müssen. Ihr sei kein Mißtrauen entgegenzubringen, sondern es sei vielmehr anzuerkennen, „wie langmütig sie ihn gemahnt und gewarnt, wie heilsam sie aber auch gehandelt hat, als sie das für andere zur Gefahr gewordene Glied schließlich abschnitt."[82]

III. „Vater einer Hauskirche", „Bote der Una Sancta" und „Vorbild deutscher Gläubigkeit"

1. Vergessen im katholischen Raum

Nach dem „Abschneiden" Wittigs durch den Akt der Exkommunikation herrscht im Raum der katholischen Zeitschriften weitgehend Schweigen. Zwar wird in Briefen Unverständnis geäußert über die „beklagenswerte, für die Kirche höchst bedrohliche Enge", mit der sie sich „eines ihrer ganz genuin religiösen Diener feindselig entäußern konnte."[83] Es wird die „geistige Spannweite und die kühne Sprache der jungen Kirche" ersehnt und die „Ketzerriecherei" des gegenwärtigen Katholizismus beklagt.[84] Aber dieser Protest bleibt doch vorwiegend privat. Das „große Irrewerden"[85] in der katholischen Kirche setzt nach Aussage von Zeitgenossen nicht ein. Der Mechanismus des Verschweigens funktioniert. Bis auf vereinzelte Erinnerungen scheint sich die Hoffnung, daß „der Fall Wittig möglichst bald versandet"[86], im katholischen Raum zu erfüllen. Als in einem „Hoch-

---

[81] A.a.O., 238, 241, 270, 274.

[82] A.a.O., 288.

[83] Marianne Weber an Peter Wust, Brief vom 20.7.1928, in: W. Cleve (Hg.), Wege einer Freundschaft, 142.

[84] Elisabeth Langgässer an Richard und Elisabeth Knies, Brief vom 16.8.1925, in: E. Langgässer, Briefe, Bd. 1, 30/1.

[85] M. Pfliegler, Joseph Wittig. Zu seinem Fall und seiner Auferstehung, 250.

[86] C. M. Kaufmann, Joseph Wittig und die Kirche, 448. – Als weitere Beispiele für vorsichtige Erinnerungen sind zu nennen: M. Meinertz, Rez. Bernhard Bartmann, Jesus Christus, unser Heiland und König, 326; K. Muth, Offene

land"-Sonderheft ein Inhaltsverzeichnis über die Publikationen der
ersten 25 Jahrgänge veröffentlicht wird, kommt der Name Joseph
Wittig zwar vor, die indizierten Schriften „Die Erlösten" und „Leben
Jesu" finden sich in der Bibliographie jedoch nicht.[87] Das von Wittig
bearbeitete kirchengeschichtliche Handbuch wird in Neuauflage ohne
den Namen Joseph Wittigs veröffentlicht.[88] Der Quickborner *Carl
Klinkhammer*, der in einem Feuilletonartikel den Fall Wittig mit dem
alttestamentlichen Verkauf Josefs nach Ägypten vergleicht, wird dafür von der Subdiakonatsweihe zurückgestellt, muß wöchentlich ein
Kapitel neuscholastischer Dogmatik auswendig lernen und dieses seinem Regens rezitieren.[89] Bei der Bitte, zu Studienzwecken eine Befreiung vom Index zu erlangen, wird die „große Index-Dispens" mit
ausdrücklicher Ausnahme der Schriften Wittigs gewährt.[90]

2. „Zeuge katholischer Frömmigkeit" und „Bote der Una Sancta"

Rezipiert wird Wittig - bereits vor der Exkommunikation - in der
evangelischen Kirche. Der Vergleich Wittigs mit *Martin Luther*[91]
wird dort aufgegriffen und zum Kompliment gewandt. Wittig sei in
die Nähe evangelischer oder paulinischer Glaubenspredigt getreten
und über Konfessionsgrenzen hinweg ein überzeugender Darsteller
katholischer Frömmigkeit: „Wenn es mehr solche Schriftsteller gäbe,
so würden protestantische Vorurteile gegen katholische Frömmigkeit
entwurzelt werden."[92] Wittigs Schrifttum - so die Erfahrung bei ei-

---

Briefe, in: Hochland 28 (1930/31) 96; O. Knapp, Vom Leben und Glauben in
dieser Zeit, in: Hochland 28 (1931) 176-180.

[87] Vgl. K. Schaezler, Generalregister zur Monatsschrift Hochland. I. - XXV. Jg.
Okt. 1903 - Sept. 1928, 55.

[88] G. Rauschen, Grundriß der Patrologie, 8./9. Aufl., Freiburg 1926. – Die ebenfalls von Wittig bearbeitete vorherige Auflage war dagegen veröffentlicht unter
dem Titel: G. Rauschen, Grundriß der Patrologie, 6./7. Auflage, bearb. v. Joseph Wittig, Freiburg 1921.

[89] C. Klinkhammer, Brief an M. Bußmann v. 26.4.1983, in: M. Bußmann, „Wir
sind die Kirche", 141.

[90] A. Kosler, Einige Ziele und Wege der Jugendbewegung in Schlesien, 44.

[91] Vgl. E. Heuß-Knapp, Der Dichter spricht, 1120; K. Bornhausen, Martin Luther und die ev. Religionsphilosophie der Gegenwart, 28; E. Kühnemann, Joseph Wittigs Weg zur Glaubensgemeinschaft, 278.

[92] F. Curtius, Joseph Wittig, 757. - Vgl. E. Mühlhaupt, Josef Wittig. Versuch
einer evangelischen Stellungnahme, 35; W. Mühlemann, Joseph Wittig, 57; M.

nem ökumenischen Treffen von Protestanten und Katholiken „in ei-
nem stillen Winkel des Westerwaldes" - könne zur Gemeinschaft der
Konfessionen beitragen und sie im Glauben an die „Gemeinde der
Heiligen" stärken.[93] Für den jungen evangelischen Theologen *Walter
Mühlemann* ist Wittig der Wegbereiter jener „Una Sancta", in der für
das große Volk der Heimatlosen vor den Toren der Kirche ein neues
Pfingsten anbreche.[94] In seiner persönlich gehaltenen Hommage be-
gründet Mühlemann seine Verehrung für Wittig:

> „Ich liebe ihn, weil ich die Segnungen seines Wirkens und seiner
> Schriften an der eigenen Seele erfahren habe. Weil er mir den Weg ge-
> zeigt hat zu einem tief menschlichen und gottverbundenen Christentum.
> Weil er mir aus der Beklemmung, in die mich die Barth'sche Theolo-
> gie der Krisis geführt, die ja immer nur von der Kluft zwischen Gott
> und Mensch, zwischen Himmel und Erde redet und nur am Schluß
> auch noch ganz kurz von der Brücke, die beide verbindet; weil er mir
> aus dieser Beklemmung heraus den Weg gezeigt hat zu dem Gott, der
> als ein lieber Vater alle Tage bei uns und uns immer nahe ist."[95]

Evangelikal-fromme Züge trägt die Erzählung der niederländischen
Autorin *Wilma (Vermaat)*, die von einem Besuch in Neusorge erzählt.
Nach einer Tagung der Christengemeinschaft in Dresden, bei der sie
ein Stück der heiligen, allgemeinen, christlichen Kirche erlebt hatte,
habe sie sich mit erfülltem Herzen auf den Weg nach Schlesien gemacht. Die Wege und das Haus seien ihr durch die Erzählungen Wittigs vertraut gewesen; bei der Begegnung mit *Anca Wittig* habe sie
unmittelbar „de zuivere vrouw en moeder" wiedererkannt, „die ik
mijn leven lang had gekend, ik was thuis."[96] Das Gefühl, zu Hause zu
sein, im Lang-Vertrauten und Natürlich-Gewohnten, erfüllt die Besucherin auch in der Begegnung mit Joseph Wittig: „Alles sprak van-
zelf, er waren geen plichtplegingen; toen we aan tafel zaten, had ik 't
gevoel, dat i die beiden al jarenlang had gekend."[97] Das mittägliche

---

Rade, „Christliche Welt" und Katholizismus, 55; K. Fischer, Rez. Joseph Wittig, Aussichten und Wege, 437.

[93] K. Müller, Um Wittigs „Höregott", 128.

[94] Vgl. W. Mühlemann, Joseph Wittig und sein Weg zur „Una Sancta", 45.

[95] A.a.O., 51.

[96] Vgl. Wilma (Vermaat), Leven en werken van Joseph Wittig, 40 („die reine
Frau und Mutter, die ich mein Leben lang kannte, ich war zu Hause").

[97] A.a.O., 41 („Alles war selbstverständlich, es war keine Pflichtveranstaltung;

Gespräch mit den Kindern, der abendliche Besuch im Haus des Schwagers, das frühe Aufwachen im unbeschreiblich schönen Morgenlicht - alles ist ihr lebendig, warm und glänzend. Das Bemerkenswerte an Joseph Wittig sei, schreibt sie, daß er so vollkommen hinter seinem Werk stehe und daß dieses so verwoben sei mit seinem persönlichen Leben, daß inmitten einer solchen Umgebung dem fragenden Besucher die Fragen von alleine beantwortet würden. Beglückt von den Eindrücken schreibt sie über ihre Aufzeichnungen: „Een lofgezang is zijn leven. "[98]

Glaubenskommunikation über Grenzen hinweg ereignet sich auch im jüdisch-christlichen Dialog, in dem *Martin Buber, Franz Rosenzweig*[99] und *Ernst Simon, Emanuel bin Gorion*[100] und *Walter Benjamin* als Wittig-Leser ausdrücklich benannt sind. So wertet Emanuel bin Gorion Wittig als „tiefsten und innigsten Theologen und Erzähler unserer Zeit"[101] und erkennt in ihm das „Phänomen des religiösen Menschen, wie wir ihn nur aus den Erzählungen früherer Generationen kennen." Wittig verstehe es auf elementare Weise, die biblische Botschaft „immer wieder neu" zu vergegenwärtigen.[102] *Walter Benjamin* schreibt an *Martin Buber* nach der Lektüre einer Ausgabe der „Kreatur": „Sehr merkwürdig, ich möchte sagen beunruhigend in der Wahrheit ihrer Feststellungen und der Fragen, die sie erregen, ist die Arbeit von Wittig. Ich glaube, es ist lange her, daß man diese einfachen aber unendlich schwer greifbaren Erfahrungen neu, evident hat aussprechen können."[103]

---

als wir am Tisch saßen, hatte ich das Gefühl, daß ich die beiden seit Jahren kannte.").

[98] A.a.O., 1 („Ein Lobgesang ist sein Leben.").

[99] Vgl. F. Rosenzweig, Brief an Joseph Wittig v. 15.2.1928, in: Der Mensch und sein Werk, 1179; ders., Brief an Martin Buber v. 2.8.1925, in: a.a.O., 1057; ders., Brief an Victor von Weizsäcker v. 20.5.1927, in: a.a.O., 1147.

[100] Vgl. E. bin Gorion, Linien des Lebens, 57.

[101] E. bin Gorion, Rez. Michel Gottschlichs Wanderung, 296.

[102] E. bin Gorion, Ceterum censeo, 116, 120. - In diesem Sinne lädt bin Gorions „Gesellschaft zur Rettung der Literatur" 1931 zu einem Dichterabend ein, bei dem Elisabeth Langgässer und Joseph Wittig rezitiert werden (vgl. K. Müller, Elisabeth Langgässer, 48).

[103] W. Benjamin an M. Buber, Brief v. 26.7.1927, in: W. Benjamin, Briefe, 447. Vgl. auch die positive Wertung von Ludwig Strauß, in: L. Strauß an M. Buber, Brief v. 29.6.1926, in: Briefwechsel M. Buber - L. Strauß, 105.

3. „Prototyp deutschen Glaubenslebens"

Akzentveränderungen erhält die Hoffnung auf eine „Una Sancta" in einem Flugblatt, das Mitte der 30er Jahre - maschinenschriftlich, per Durchschlag vervielfältigt - ohne Namensnennung versandt wurde, aber vermutlich von *Carl Reymann* verfaßt war: „Wir haben einen heimlichen Bischof; wir haben einen priesterlichen Vater!"[104] Mit diesen Worten eröffnet der Verfasser seinen Aufruf und führt dann aus: „Manche nennen ihn den Christophorus des 20. Jahrhunderts, weil er das Christentum durch die wilden Fluten der Zeit an das jenseitige Ufer eines neu erblühenden Glaubens trägt; manche nennen ihn den heimlichen Bischof von Deutschland; das Christentum der Zukunft wird sein Christentum sein, oder es wird kein Christentum mehr sein."[105] Wittig habe es weit von sich gewiesen, eine neue Kirche zu gründen, obwohl unzählige Menschen bereit wären, sich um ihn zu scharen. Er selbst ahne nicht, wie viel Verehrung ihm entgegengebracht werde, sondern rechne damit, bald vergessen zu sein. Damit das nicht geschehe, müsse man sich vereinigen, „nicht zu einer neuen Kirche, sondern zu einer Schar, die sein Leben und sein Werk nicht entschwinden läßt von dieser sonst so armen Erde". Motivierend klingt das Ende des Aufrufes: „Ich will meinen letzten Pfennig opfern für die Una Sancta, für den heimlichen Bischof Deutschlands, für den priesterlichen Vater unserer Seelen. Ihn selbst wollet zunächst nichts wissen lassen von diesem Unternehmen, dem er nur im Innersten seines Herzens zustimmen kann. Ich fürchte, er würde mir die Versendung dieses Briefes verbieten. Ein anderer gebietet sie mir."[106] In diesem emphatischen Zeugnis läßt sich eine Nationalisierung des „Una Sancta"-Gedankens ablesen. Der Traum von einer Bewegung, die Trennungen und Parteiungen hinter sich läßt, erhält gegen Ende der 20er Jahre und in den 30er Jahren eine zunächst nationale, später auch nationalsozialistische Ausformung. Bereits während der Auseinandersetzung um Wittig war in der Boulevardpresse gegen die römische Bevormundung Protest eingelegt worden. Die „Schlesische Volksstimme" erscheint am 2. Oktober 1926 mit dem Aufmacher:

---

[104] Anonymus, Betrifft Joseph Wittig, 1.

[105] Ebd.

[106] A.a.O., 2.

„Nacht über Deutschland...- Neues zum Fall Wittig". Warnend erhebt der Kommentator seine Stimme: Der Fall Wittig sei mehr als eine innerkirchliche Angelegenheit. Hier werde die Tatsache offensichtlich, „daß sehr viele Größen Neudeutschlands nichts anderes sind als Puppen, Werkzeuge in der Hand von Mächten, die in diesen Tagen politischer und sittlicher Verkommenheit aufs Ganze gehen und sich größte Macht und entscheidenden Einfluß sichern wollen."[107] Die national-völkische Lesart der Theologie Wittigs verstärkt sich mit dem Erstarken des Nationalsozialismus. Nun wird betont, Wittig gehöre zu den „Prototypen deutschen Glaubenslebens"[108] und sein Osteraufsatz „Die Erlösten" sei beispielhaft für eine „organische und gesunde Umgestaltung der christlichen Erlösung."[109] Obwohl Wittig noch von „unnordischen Elementen" geprägt sei, zeige er doch „das Geheimnis der edlen Gesinnung und der freien schöpferischen Tat" als zum „innersten Wesen des deutschen Menschen" gehörig und trage dazu bei, den Erlösungsgedanken „von seinen Fremdüberlagerungen und artfremden Verwässerungen" zu befreien.[110] Die „Heimat" Schlesien stehe im Werk Wittigs als „ein Teil für das ganze Deutschland", darum könne sie allen Deutschen Heimat sein; „und weil der Glaube Wittigs so durch und durch deutsch ist, darum kann er allen Deutschen Glaube sein."[111] Diese Würdigung zum 60. Geburtstag des Dichters wird in ähnlicher Diktion von einem weiteren Gratulanten aufgenommen: „Wie das Volkstum der Grafschaft Glatz urverbunden ist mit deutscher Wesensart im Osten, so hat Joseph Wittigs Schaffen einen Ehrenplatz nicht nur im Kulturleben und Kulturwollen der deutschen Grenzmark, sondern ist wesenhaftes Zeugnis für die gesamtdeutsche Art, vom Schicksal ins Kampfgebiet gestellt."[112]

---

[107] A. M., Nacht über Deutschland, 1. - Vgl. K. Bornhausen, Martin Luther und die evangelische Religionsphiolosphie der Gegenwart, 27.

[108] Langer, Unser Bekenntnis zu Bornhausen, 149. - Vgl. G. Walter, Besuch bei Joseph Wittig, 25.

[109] K. Karkosch, Die schöpferische Tat, 35.

[110] A.a.O., 31, 37.

[111] G. Pachnicke, Glaube aus Heimat. Joseph Wittig zum 60. Geburtstag, 37.

[112] P. Laskowsky, An Joseph Wittig, 51. - Subversiv zurückhaltend nimmt sich dagegen im selben Jahr eine Besprechung des Buches „Toll-Annele" aus (G. Steinchen, Von echten Schlesiern erzählt, 3). In einer Ausgabe der Schlesischen Tageszeitung, in der eine Rede Hitlers mit einer Antwort auf Roosevelt und

In einer philologischen Dissertation stellt Gerhard Pachnicke 1942 „Mensch und Werk" Joseph Wittigs vor. Nach einem Abriß über das „Werden von Dichter und Dichtung" stellt Pachnicke die Entwicklung Wittigs dar und beobachtet die Veränderung von einem Erzähltypus, der als „literarische Predigt" theologische Inhalte narrativ ausgestaltet, über Verteidigungs- und Bekenntnisschriften hin zu Erzählungen, in denen eine theologische Ausdeutung kaum noch vorkomme und die daher das Prädikat „reine Dichtung" verdienten.[113] Inhaltlich gehe es Wittig um eine „Umwertung des Christentums": Wittig wolle „das Göttliche im deutschen Menschen und im deutschen Volke aufzeigen" oder das, was man nach Rosenberg „in der Sprache der Religion den Vater" nenne.[114] Sprachlich-stilistisch sei das Werk Wittigs durch die Schicht des „Bildungsmäßig-Erworbenen" hindurchgestoßen zur Schicht des „Urtümlich-Gewachsenen."[115] Das Naturhafte und Urtümliche des Wittig-Stiles lasse sich an Hand der Lautmalereien, mundartlichen Einsprengsel, Verkleinerungsformen und sinnenfreudigen Beschreibungen detailliert aufzeigen. Das „Zurückkämpfen in die Urgründe", das „Weltbild des Wunders" und eine „beinahe mystische Verehrung der Erde" könnten als Grundmomente des Werkes gesehen werden.[116] Von Wittigs „Streben nach Totalität" und seinem Wissen, daß Erkenntnis nicht eine Sache des Kopfes, sondern des ganzen Menschen sei, ließen sich „Ansätze zu einem blutsmäßigen Denken Wittigs aufzeigen", wobei er sich „merkwürdigerweise zum Rassischen noch nicht durchgerungen" habe.[117]

---

massiven Drohungen gegen Polen reißerisch aufgemacht und ausgiebig dokumentiert wird, lobt die Autorin einen Joseph Wittig, der „mit einer aus tiefer Liebe geborenen Einfühlung (...) dem Unscheinbaren symbolische Bedeutung und innere Tiefe zu geben" vermöge (ebd.) - Vgl. als Besprechungen aus der Zeit des „Dritten Reiches", in denen von einer nationalsozialistischen Vereinnahmung Joseph Wittigs nichts zu spüren ist: C. Vogt, Joseph Wittig, Werk und Gestalt, 24; M. Glaser, Joseph Wittig und unsere Jugend, 35; H. C. Kaergel, Schlesische Dichtung der Gegenwart, 65-67; F. Schmidt-Babelsberg, Dem deutschen Dichter-Theologen Joseph Wittig, 1-2.

[113] Vgl. G. Pachnicke, Joseph Wittig. Mensch und Werk, 18-43.

[114] A.a.O., 27.

[115] A.a.O., 46.

[116] Vgl. a.a.O., 57-64.

[117] A.a.O., 64.

IV. Zuschreibungen und Anknüpfungen nach 1949

1. Nachrufe

Der Zusammenbruch des nationalsozialistischen Deutschland, die Vertreibung aus der schlesischen Heimat und die Wiederaufnahme Wittigs in die katholische Kirche sind Ereignisse, die in eine Zeit publizistischen Schweigens hineinfallen. Erst im Jahr 1949 erscheinen - verbunden mit dem 70. Geburtstags Wittigs im Januar[118] und seinem Tod im August[119] - Würdigungen und Lebensbeschreibungen Wittigs. In den Augen des Verlegers *Leopold Klotz* ist Wittig ein „Apostel des Friedens und allumfassender Liebe". Leider sei er auch nach der Rekonziliation kaum wahrgenommen worden und von Parteien und Kirchen für unbrauchbar erachtet worden. Dabei sei er doch wie kaum ein anderer berufen gewesen, bei der „Wegräumung des deutschen Trümmerhaufens und an der Wiederaufrichtung eines anderen Deutschlands" mitzuhelfen und „für Völkerfrieden, für Menschlichkeit, Duldsamkeit, Brüderlichkeit" einzutreten.[120] Mit Verehrung denkt der Herausgeber der „Christlichen Welt" *Hermann Mulert* an Wittig und erinnert an einen Mann, der in besonderem Maße zur Freundschaft begabt gewesen sei. Wittig sei gesundheitlich zart, phantasiebegabt, humorvoll, schalkhaft und tiefernst gewesen - und in keiner Rubrik unterzubringen. Er sei auf dem innerlichen Weg „immer freier geworden, neue Schätze findend und alte Fesseln abstreifend."[121] In Briefen an Anca Wittig gedenken Schüler und Freunde des Verstorbenen. So blickt *Adam Dworzynski* zurück auf seine Zeit in Breslau:

---

[118] Eine von Hans Ehrenberg geplante Festschrift zum 70. Geburtstag kommt nicht zustande. Als Mitwirkende nennt die Auflistung Ehrenbergs u.a.: Martin Buber, Hans und Rudolf Ehrenberg, Ernst Michel, Karl Thieme, Josef Thome, Heinz Fluegel, Leo Weismantel und Victor von Weizsäcker (H. Ehrenberg, Brief v. 22.1.1949). - Vgl. ferner: K. Richter, Hochverehrter, lieber Herr Professor Joseph Wittig!, 5.

[119] Vgl. C. Döring, Josef Wittig zum Abschied, 183; R. Grosche, Josef Wittig +, 5.

[120] L. Klotz, Joseph Wittig zum Abschied, 400.

[121] H. Mulert, Joseph Wittig, 2.

„Unvergeßlich bleiben mir seine Kollegstunden über 'Väterkunde'. Hier verstand er uns auch alles das aufzuzeigen, was im scholastischen Lehrsystem später keinen Platz mehr bekommen konnte. Was wir in der Kirchengeschichte über die ersten christlichen Gemeinden zu hören bekamen, weckte in uns die Sehnsucht nach urchristlicher Erfassung des Einen Notwendigen. In seinem Seminar fanden wir jugendlichen Menschen mit dem Gespür für kommende Entwicklungen jenen Raum, wo wir unsere oft revolutionär aufbrechenden und längst noch nicht abgeklärten Gedankengänge zur Diskussion stellen und irgendwie läutern konnten."[122]

2. Persönliche Erinnerungen

Rückblenden auf das persönlich Erlebte werden in den folgenden Jahrzehnten ein wichtiger Bestandteil der Wittig-Rezeption: „O diese unvergeßlichen Festtage im Wittighause, die unvergeßlichen Abende und halben Nächte, wenn Herz und Zunge gelöst waren, vom Tiefsten und Heiligsten zu sprechen", entsinnt sich *Marieluise Recke* ihrer Besuche in Neusorge: „Und wieviel haben wir gesungen."[123] *Friedrich Hielscher* schätzte es, mit Wittig in Tiefen von Ursprünglichkeit und Allwirksamkeit hinabzusteigen und dort verwandtschaftliche Züge zwischen Heidentum und Christentum zu entdecken.[124] Dem altkatholischen Pfarrer *Wilhelm Rosch* prägt sich die Erfahrung des Einsseins im spitzgiebligen Haus ein. Beim Gespräch an einem „golddurchwirkten Herbstabend im Garten" sei es ihm gewesen, „als hätten wir uns schon seit Urbeginn gekannt."[125] Vom „Erntespiel", das unter Anwesenheit des Autoren in Volpersdorf aufgeführt wurde, wird erzählt; eine gemütliche Kaffeestunde mit schlesischem Kuchen, ein Gespräch über die konfessionellen Unterschiede, ein ermutigender Briefwechsel, eine wohlwollende Rede an die Laienspielschar in der Göhrde werden erinnert.[126] Die persönlichen Äußerungen von Schü-

---

[122] A. Dworzynski, Brief an Anca Wittig vom 1.9.1949, 1.

[123] M. Recke, Erinnerungen an Joseph Wittig, 3.

[124] F. Hielscher, Fünfzig Jahre unter Deutschen, 245.

[125] W. Rosch, Joseph Wittig, 49. Weitere persönlich gehaltene Berichte über Besuche im Wittig-Haus: K. Friebe, Ein Besuch im Hause von Joseph Wittig; J. Breuer, Josef Wittig zum 85. Geburtstag.

[126] Vgl. R. Hauck, Vom „Vater Wittig", 6; K. Friebe, Ein Besuch im Hause von Joseph Wittig, 3; J. Breuer, Josef Wittig zum 85. Geburtstag, 7; R. Marx, Er kannte keinen Unterschied, 116; G. Gensmantel, Briefwechsel mit Joseph Wit-

lern, Freunden und Briefpartnern wollen gelesen werden als Zeichen des Dankes oder als Reaktion auf den weiterhin suspekten Klang des Namens Wittig und das drohende Vergessen des Theologen.[127] Andere Autoren rücken die Begegnungen mit Wittig als Teil ihrer Lebenserinnerungen in den Blickpunkt.[128] Der Zugang zu der inzwischen „historisch" gewordenen Gestalt Joseph Wittigs wird in diesen Dokumenten auf autobiographische Weise eröffnet. *Anca Wittig* trägt mit ihren Erinnerungen zum persönlichen Ton bei. Sie läßt in lebendiger Erzählkunst Facetten der gemeinsamen Geschichte gegenwärtig werden. Die Gespräche mit ihr werden ebenfalls zum Gegenstand dankbarer Erinnerung.[129] Daß biographische Schilderungen allerdings nicht nur zur Rehabilitierung beizutragen vermögen, sondern auch für die Verbreitung negativer Mutmaßungen sorgen, ist ablesbar an den Notizen *Friedrich Muckermanns*. Er schreibt in seinen 1941 diktierten, 1973 unkommentiert veröffentlichten Lebenserinnerungen:

„Der Mann war irgendwo psychisch nicht ganz normal und erotisch übersteigert. Er schwärmte für diese oder jene Tochter Evas, für eine Reihe zu gleicher Zeit. Es ging nicht so sehr, wie mir scheint, um Sexualität, es ging mehr um eine vielleicht dichterisch verklärte Schwärmerei. Seine Ehe soll unglücklich gewesen sein, wie ich gerüchteweise hörte. Ein Kind ist gestorben, und man wollte gesehen haben, wie er selber den kleinen Sarg in seinem Garten bestattete. Man sagte ebenfalls, daß er auch späterhin noch eine Art Naturmesse gefeiert habe. Die Ehe ist wohl auseinander gegangen."[130]

---

tig, 328-31; W. Fellmann, Begegnung mit Joseph Wittig, 59; R. Mirbt, Eine Laienspielerinnerung an Joseph Wittig, 12.

[127] Vgl. H. Görlich, Dankesworte eines Schülers, 2-5; H. Franke, Joseph Wittig, der Grafschafter Junge und Maler im Geiste, 30-32; K. J. Friedrich, Joseph Wittig, 4; M. Held, Frühe Begegnung mit Joseph Wittig, 114; R. Poppe, Erinnerung an Joseph Wittig, 366-69.

[128] Vgl. E. Rosenstock-Huessy, „Ja und Nein", 107-118; V. v. Weizsäcker, Begegnungen und Entscheidungen, 7-34; E. bin Gorion, Linien des Lebens, II. Buch, 57-68; A. Rozumek, In der Vorhut des Konzils, 108-115,188-192.

[129] A. Wittig, Wie Joseph Wittig starb, 1-2; dies., Wie die Madonna in unser Haus und später nach Meschede kam, 39-41; B. Marz, Die Erlösten, 173-83; J. Wittig, Leben als heimatgebundene Theologie, 69-72; G. Adams, Das Jesuskind ging auf der Flucht verloren, 9; M. Bußmann, „Wir sind die Kirche", 24; dies., Anca Wittig, 221-228; J. Werbick, Bilder sind Wege, 337; C. Eisl, Im Schatten der Theologie - eine Begegnung, 27/8; A. M. Goldmann, Joseph Wittig, 157-161; K. Moszner, Joseph Wittig, 117/8.

[130] F. Muckermann, Im Kampf zwischen zwei Epochen, 212. Weitere Beispiele für

Auch die Rekonziliation Joseph Wittigs wird zum Inhalt von Spekulationen: Wodurch die Wiederaufnahme Wittigs in die katholische Kirche bedingt war, ob sie mit Auflagen verbunden war und wie der polnische Kardinal *August Hlond* an der Rekonziliation beteiligt war, wird zum Gegenstand von Vermutungen und Dokumentationen.[131] Die konfessions- und religionsübergreifende Dialogfähigkeit wird aus den protestantischen, methodistischen, altkatholischen Kirchen und von jüdischen Freunden betont. Die von *Anca Wittig* erinnerte Wertschätzung „Viel Liebe erwuchs uns aus evangelischem und jüdischem Raum."[132] läßt sich auch nach dem Tod Joseph Wittigs belegen. Wittig wird wahrgenommen als gläubiger Katholik, der einen ungewohnten Blick in die Welt des Katholizismus zu eröffnen vermöge, als inspirierender, „prophetischer" Theologe und Wegbereiter der Ökumene.[133] Wittig wird geschätzt als „Seelsorger und Schriftsteller katholischen Glaubens" mit einem „ausgesprochen evangelischen Charisma".[134] Beispielhaft sei die „ökumenische Freundschaft" [135] des Katholiken Wittig und des Protestanten *Eugen Rosenstock-Huessy*. Sie habe mit ihrem Voneinander-Lernen und Füreinander-Eintreten - über die Lebenszeit der beiden hinaus - maßgebliche Bedeutung für die Einheit der Christen. Die Verbundenheit mit *Martin Buber* und *Victor von Weizsäcker* und ihre gemeinsame Herausgabe der Zeitschrift „Kreatur" wird als zukunftsweisend für den jüdisch-christlichen Dialog gewertet.[136]

„zwiespältige" Erinnerungen: E. Brzoska, Josef Wittig, 2; C. Engel, Er war anders, ohne Seitenangabe.

[131] Vgl. u. a. K. Engelbert, Geschichte des Breslauer Domkapitels, 261-66; W. Urban, W sprawie konwersji ks. Jozefa Wittiga, 107-112; K. Thieme, Josef Wittig und die katholische Kirche, 138-40; J. Köhler (Hg.) Joseph-Wittig-Briefe, 89-96.

[132] A. Wittig, Nach schweren Zeiten, 39.

[133] Vgl. Br., Joseph Wittig, 5; C. Löhr, Prophetische Elemente im Glaubenszeugnis Wittigs, 265-282; H. Tschöpe, Das Sakrament des Alltags, 295-306; G. Berron, Erinnerung an Joseph Wittig, 10; R. Kremers, Joseph Wittig, 201-16; W. Krückeberg, Die Sprache des Glaubens, 37-38.

[134] W. Krückeberg, Geleitwort, 2.

[135] K. Hünerbein, Joseph Wittig und Eugen Rosenstock-Huessy, 17. – Vgl. L. Bossle, Eugen Rosenstock-Huessy als Soziologe, 21/2.

[136] Vgl. E. Rosenstock-Huessy, Ja und Nein, 107; ders., Das Jahrtausend des Samariters, 85-87; K. Thieme, Martin Buber, 196.

3. Heimatdichter, Sprachsucher oder Erbauungsliterat?

Lebensgeschichtliche Nähe prägt die Rezeption Wittigs bei seinen Landsleuten aus Schlesien und der Grafschaft Glatz nach dem Ende des Zweiten Weltkrieges. In der gemeinsamen Erfahrung der Heimatferne werden Wittigs Erzählungen neu gelesen als Erinnerungen an die verlorene Heimat.[137] Sie halten in der Heimatlosigkeit das Verlorene lebendig und bewahren den Schatz der Erinnerung vor dem Vergessen. So eröffnen 1949 die „Grafschaft Glatzer Heimatblätter" ihre erste Ausgabe mit einem Auszug aus Wittigs Schrift „Überwindung der Heimatlosigkeit". Wittig wird vorgestellt als „unser Joseph Wittig" und „unser lieber Mitarbeiter"[138]; er wird mit seinen Erzählungen in den folgenden Jahren kontinuierlich in den Zeitschriften der Heimatvertriebenen zu finden sein - wertgeschätzt als einer der „großen Gottsucher aus dem an die Polen verlorenen Lande Schlesien".[139] Der Osteraufsatz „Die Erlösten" wird 1989 in Neuauflage herausgegeben vom Kanonischen Visitator der Grafschaft Glatz, Großdechant Franz Jung, der im Vorwort die Hoffnung äußert, die Schrift möge Zeugnis geben von der „tiefgläubigen Mentalität" der einstigen Grafschaft Glatz und damit „angesichts neuer Ängste und Unsicherheiten gegenüber der Zukunft sowie der um sich greifenden Glaubensmüdigkeit" die christliche Frohbotschaft von der Freiheit und Herrlichkeit der Kinder Gottes vermitteln.[140] Doch ungeachtet dieser positiven Würdigung bleibt auch das Image des nur mit Bedenken zu Rezipierenden in schlesischen Publikationen lange Zeit erhalten. Mancher Biograph meint den Lesern die Exkommunikation und Eheschließung Wittigs nicht zumuten zu können, läßt diese Kapitel in der Lebensdarstellung

---

[137] Vgl. A. Bartsch, Joseph Wittig - Chronist der Stadt Neurode und Dichter der Grafschaft Glatz, 11-22; J. Hoffbauer, Der Diener und Schreiber Gottes, 14-15; G. Pachnicke, Der Gottesbote aus der Grafschaft Glatz, 10; ders., Joseph Wittigs letzte Tage in der alten Heimat, 226-29; C. Riedel, Der rationale Mensch und das Leben, 1 u. 9; K. Speth, Breslauer Triptychon, 201-204; A. Teuber, Joseph Wittig gestorben, 3; P. Laskowsky, Joseph Wittig. Zu seinem 10. Todestage, 4; G. Smolka, Joseph Wittig, 277-283.

[138] Schriftleitung „Grafschaft Glatzer Heimatblätter", Wir gratulieren!, 9; dies., Nachruf, 89.

[139] R. Hampel, Joseph Wittig, 4; J. Hoffbauer, Der Diener und Schreiber Gottes, 14.

[140] F. Jung, Zum Geleit, in: Josef Wittig, Die Erlösten, 6.

aus oder deutet sie allenfalls dezent an.[141] Verteidigend bemüht man sich um eine Rechtfertigung des kurialen Vorgehens, mutmaßt bei Wittig eine unbeugsame „Oppositionshaltung zum kirchlichen Lehr- und Leitungsamt" und stellt fest, daß die gegen Wittig gerichteten Anschuldigungen schließlich nicht aus Schlesien, sondern aus der Schweiz gekommen seien.[142]

Nach dem Ende des Ost-West-Konfliktes wird Joseph Wittig in Polen als Geschichtsschreiber und Chronist von Neurode und Schlegel geschätzt: Er vermöge den jetzigen Einwohnern zu helfen, mit der mehr als 650jährigen Geschichte ihres Alltagslebens und ihrer Frömmigkeit vertraut zu werden. Wittigs Chroniken und Erzählungen werden als wertvolle Informationsquellen und Bausteine grenzüberschreitenden Verständnisses empfunden.[143]

Die Kennzeichnung Joseph Wittigs als „schlesischer Heimatdichter" läßt nach dem literarischen Rang seiner Arbeiten fragen. Für *Kurt Ihlenfeld* ist Wittigs Werk geprägt durch seine Zuwendung zum Menschen und gegründet in seiner „gelassenen Offenheit".[144] Wittigs vorurteilslose Zuwendung habe für die „Frömmigkeit eines katholischen Altweibleins" ebenso gegolten wie für die „unsicher hin- und hertappenden Randchristen"; sie habe schließlich in Wittig auch ein „gewisses Verständnis für das unklare Wollen der 'Deutschen Christen'" hervorgerufen. Sie entspringe nicht liberaler Beliebigkeit, sondern habe ihre Wurzel in der gläubigen Bewegung auf Christus hin. In dieser Glaubensdynamik habe die christliche Konzentration auf das Existentielle den Schreiber gedrängt, „seine 'Stoffe' aus der unmittel-

---

[141] G. Pachnicke, Ein Dichter der schlesischen Heimat, 5; ders., „Des Menschen Leben". Joseph Wittig zum 90. Geburtstag, 6; Leo Christoph (Hg.), „Sie gehören zu uns", 136-138;

[142] W. Marschall, Geschichte des Bistums Breslau, 163/4.

[143] Vgl. B. Kobzarska-Bar, Joseph Wittigs Heimat als gemeinsames Europäisches Erbe, 227; A. Behan, Joseph Wittig als Chronist der Stadt Neurode, 149/50. - Die Vorträge eines deutsch-polnischen Wittig-Symposiums, das 1997 in Nowa Ruda anläßlich der Eröffnung eines Museums im „Wittig-Haus" stattfand, sind dokumentiert in: *Fundacja Odnowy Ziemi Noworudzkiej w Newej Nudzie* (Hg.), Joseph Wittig. Slanski Teolog i Historiograf / Joseph Wittig. Schlesischer Theologe und Geschichtsschreiber. Deutsch-polnisches Symposium anläßlich der Eröffnung des Wittig-Hauses, Nowa Ruda 1997. Im Herbst 1999 fand in Nowa Ruda ein zweites Symposium statt, dessen Dokumentation zur Zeit vorbereitet wird.

baren Umwelt der Bauern, Holzfäller, Holzschnitzer" und „Bergleute" zu wählen.[145] Diese von Humor und Leiden gesättigte Zuwendung zum Menschen mache den schriftstellerischen Rang Wittigs aus und lasse ihn zum Wegbereiter einer „Epoche mit Christus" werden.[146] Arno Lubos wertet die „Volksgeschichten" Wittigs im Kontext der Kompensation des verlorenen Weltkrieges 1914-1918. Die katastrophale Erfahrung habe bei mehreren Dichtern dazu beigetragen, „eine Einkehr ins unprogrammatische Denken, ins unorthodoxe, unrationale, inwendige Besinnen zu vollziehen."[147] Die „mystizistischen Tendenzen" dieser Einkehr seien von national gesinnten Kreisen und der NS-Publizistik im Sinne einer „völkischen" Literatur interpretiert worden. In diesem Horizont sei es verstehbar, „daß Joseph Wittig ein so ungeheures Aufsehen erregte, als 'deutscher Mensch', 'deutscher Mystiker', 'Luther redivivus' gefeiert wurde, obwohl seine Thesen weder theosophisch noch reformatorisch konsequent waren."[148] Seine Popularität habe den Theologieprofessor allerdings dazu verleitet, „volkstümlich, vordergründig und unverbindlich zu schreiben, so daß er sich zeitweise mit jenem Idyllismus vereinbarte, der auf seiten der 'Heimatkunst' gepflegt wurde."[149]

Diese Vorbehalte gegen eine idyllische, weltfremde Erbauungsliteratur werden auch in Folge von Kritikern geäußert. Das „in beinahe kindlicher Frömmigkeit geschriebene, von starker Krippenfrömmigkeit beseelte, zum Teil in schlesischem Dialekt verfaßte, stark autobiographisch gefärbte Jesusbuch" gehöre zu jenen literarischen Produktionen, die „in den Bereich des Erbaulichen, Frommen, Mediokren" abgesunken seien.[150] Das Buch „Höregott" sei ein „mixtum compositum aus peinlicher Selbstbiographie und pseudoprophetischem Mystizismus, aus abstruser Theologie und verworrenem Ökumenis-

---

[144] K. Ihlenfeld, Poeten und Propheten, 290.

[145] A.a.O., 292.

[146] A.a.O., 293.

[147] A. Lubos, Geschichte der Literatur Schlesiens, 248.

[148] A.a.O., 249.

[149] Ebd.

[150] K. J. Kuschel, Jesus in der deutschsprachigen Gegenwartsliteratur, 53. - Vgl. die kritische Auseinandersetzung mit dieser Position: A.W. Riley, Der Volksschriftsteller Joseph Wittig, 155/6.

mus",[151] und auch dem Spätwerk „Roman mit Gott" fehle bei aller Frömmigkeit „der Wille zum Erwachsenwerden, die kritische Wahrnehmung von Welt, die Entwicklung eines differenzierten Bewußtseins."[152] Vor allem Paul Konrad Kurz analysiert bei Wittig eine „ichbezogene Glaubensnaivität", die die sozialpolitische Gegenwart unbeachtet lasse. Staunende Unmittelbarkeit ohne zeitkritisches Denken und unbeschwerte Naivität ohne den Abstand der Reflexion seien bei Wittig zu beobachten als Zeichen einer unpolitischen Innerlichkeit: „Keine garstige Fremde stört gefühlvolle Nähe."[153] Das Ausblenden von Differenzen lasse das Werk Wittigs verkommen zur nazarenischen Idylle: „'Das Göttliche' ist, wenn es zur Welt kommt, in aufgeladen politischer Zeit nicht so unpolitisch, nicht so 'frei von Zeit und Gestalt', wie Wittig meint."[154] *Ob* Wittig so meint, ist die bleibend umstrittene Frage. Sind die Erzählungen Wittigs Idyllen oder ringt er „um eine neue Sprache", mit der er „aus dem Ghetto der leeren Formel herauskommen" kann?[155] Täuscht der „oft so naive, oft auch schalkhafte Tenor seiner poetischen Betrachtungen" über das hinweg, „was sich eigentlich in ihm und an ihm mit großer Härte vollzog"?[156] Schreibt Wittig Erbauungsliteratur oder eine „Revolution theologischer Konventionen" in einer „Christologie von unten"?[157] Kann er als Harmoniebedürftiger gelten oder ist er „Unruhestifter der Herzen" und „Aufwiegler der schläfrigen Gewissen"[158]?

---

[151] T. Kampmann, Joseph Wittig als Seelsorger, 79.

[152] P. K. Kurz, Gott in der modernen Literatur, 152. - Zur kontroversen Einschätzung des posthum veröffentlichten Spätwerkes: vgl. J. Günther, Joseph Wittigs Roman mit Gott und der Kirche, 8; L. Fendt, Rez. Joseph Wittig, Roman mit Gott, 616-17; W. Kahle, Das literarische Vermächtnis eines Toten, 70-71; W. Horkel, Joseph Wittigs Vermächtnis, 278-84; F. Schmidt-Clausing, Der Fall Wittig, 473/4; E. Sauser, Vom zärtlichen Umgang mit Gott, 472-75; R. Kremers, Der Fall Joseph Wittig(s), 319-22.

[153] P. K. Kurz, Gott in der modernen Literatur, 149.

[154] A.a.O., 153.

[155] O. Betz, Von der verborgenen Kraft der Erzählung, 14. - Vgl. G. Filbry, Eine neue Sprache, 262.

[156] H. Flügel, Joseph Wittig, 317.

[157] B. Haunhorst, „Dieser unser menschennaher Gott", 23. – Vgl. J. Hoffbauer, Joseph Wittig - Diener und Schreiber Gottes, 628.

[158] F. van Booth, Der Schlesische Herrgottsschreiber, 1.

4. Vorbote des Konzils oder Zeuge einer trügerischen Hoffnung?

Mit dem Zweiten Vatikanischen Konzil scheint es einfacher zu werden, die noch vorhandenen Vorbehalte gegenüber der Rechtgläubigkeit Joseph Wittigs zu überwinden. Die als befreiend empfundenen Veränderungen der kirchlichen Atmosphäre lassen Joseph Wittig nun vielfach als Vorboten des Konzils erscheinen. Man vermag, ihn als Theologen zu präsentieren, der im Einklang mit der kirchlichen Lehre stehe und auch für vorsichtige Gläubige lesbar sei. Er habe die Konfrontation zwischen Kasuistik und Seelsorge, zwischen Reglementierung und Gottunmittelbarkeit leidvoll erfahren: „Welche Tragik, daß für die maßgeblichen Männer der Kirche und der Theologie der Eindruck, daß das Abgehen vom Katechismus-Deutsch gefährlich und verwirrend wirke, überwiegend und entscheidend war. Die Zeit war für Wittigs Anliegen noch nicht gekommen."[159] *Franz Scholz,* der nach dem Ende des Zweiten Vatikanums diese These vertritt, sieht zwar, daß Wittigs Art, seine Zeitgenossen anzusprechen, dem Klima der nach dem Ersten Weltkrieg frei aufbrechenden katholischen Jugendbewegung entspringt.[160] Dennoch ist das Wissen um die *Ungleichzeitigkeit* für Scholz maßgeblich zur richtigen Beurteilung des Streites um Joseph Wittig. Die Zeit sei noch nicht reif gewesen, der rechte *kairos* habe gefehlt: Wittig sei fünfzig Jahre zu früh gekommen.[161] Diese Einschätzung wird in der Zeit nach dem Zweiten Vaticanum zu einem festen Bestandteil der Wittig-Interpretation. Sie wird verbunden mit einem befreiten Aufatmen über das Ende einer Epoche der Rubrizistik, mit einer Aufwertung der gegenwärtigen Kirchensituation - „Heute wäre er keineswegs exkommuniziert worden."[162] - oder der Anerkennung Wittigs als eines prophetischen „Vorläufers".[163]

---

[159] F. Scholz, Das „Geheimnis der menschlichen Handlungen", 316.

[160] A.a.O., 307, 308, 310, 314.

[161] Ders., Joseph Wittigs Ostergeschichte, 122. - Vgl. ders., Die vergessene Sprache des Glaubens, 9-17. Allerdings wird diese Einschätzung bereits am 22. Januar 1939 geäußert in einer Laudatio anläßlich Wittigs 60. Geburtstag (vgl. F. Schmidt-Babelsberg, Dem deutschen Dichter-Theologen Joseph Wittig, 1).

[162] R. Irmler, Joseph Wittig zu seinem 100. Geburtstag, 21.

[163] Vgl. F. Schmidt-Clausing, Der Fall Wittig, 463, 469; W. Dürig, Joseph Wittig - ein verfemter Vorläufer des Konzils?, 23-29; J. Kowarz, Joseph Wittig - ein

Joseph Ratzinger nimmt die Verbindung, die zwischen Wittig und dem Konzil hergestellt wird, auf, thematisiert sie jedoch hinsichtlich der Ambivalenz jener Erwartungen, die sowohl mit „Wittig", als auch mit „dem Konzil" verbunden wurden. Mit Blick auf den Aufsatz „Die Erlösten", fragt Ratzinger, ob Wittigs Hoffnung auf ein „entkrampfter gelebtes Christentum" nicht faktisch zu der Schlußfolgerung verleitet habe, die Menschen müßten nicht durch das Christentum, sondern vom Christentum erlöst werden. Ebenso sei diese Zweigesichtigkeit der Erlösungshoffnung hinsichtlich der Erwartungen an das Konzil zu beobachten:

> „In den Hoffnungen, die in und um das Zweite Vaticanum sprossen, war eine ähnliche Mischung von Motiven am Werk. Auch hier beflügelte zunächst die Erwartung eines einfacheren, offeneren und weniger regulierten Christentums die Hoffnung, so die verschüttete Freude des Evangeliums wieder aufspüren zu können. Aber alsbald zeigte sich, daß hinter einer Lockerung des Dogmas und hinter dem Verzicht auf die Beichte noch lange nicht das gelobte Land der heiteren Freiheit der Erlösten auftaucht, sondern eher eine wasserlose Wüste, die nur um so gespenstischer wird, je weiter man geht."[164]

Genau entgegengesetzt wird die „Wüstenerfahrung" in der nachkonziliaren Wittigrezeption dort formuliert, wo die euphorische Hoffnung auf eine Kirche mit menschlichem Antlitz dem skeptischen Blick auf eine nach wie vor machthabende Institution weicht. Hier wird Wittig erinnert als unbequemer Theologe, der quer zu den maßgeblichen Personen und Institutionen gestanden habe und zum „Märtyrer amtskirchlichen Übermutes"[165] geworden sei. In einer Kirche, in der kein „Spiel-Raum" für „menschliches Leben in all seinen Ausdrucksmöglichkeiten und -formen"[166] vorhanden sei, müsse die Theologie Wittigs, die in dem zeitgenössischen Motto „Frohbotschaft statt Drohbot-

---

Vertreter der „Narrativen Theologie", 169; ders., Joseph Wittig und die Kirche, 40-51; ders., Kirche und Selbstverwirklichung, 123-44; C. P. Klusmann, Joseph Wittig – Ein Vorläufer des Konzils, 2. - Vgl. auch die Zusammensicht Wittigs mit Papst Johannes XXIII, in: G. Filbry, In der Liebe zum Ursprung, 60.

[164] J. Ratzinger, Erlösung - mehr als nur eine Phrase?, 4. - Vgl. ders., Ist der Glaube wirklich „Frohe Botschaft"?, 526.

[165] C. P. Klusmann, Joseph Wittig - ein Vorläufer des Konzils, 2.

[166] M. Bußmann, Anca Wittig, 221.

schaft"[167] einen adäquaten Ausdruck finde, weiterhin beunruhigend wirken. Wittig lasse sich nicht vereinnahmen durch eine „nachkonziliare Hoftheologie"; an ihm werde sich auch in der Gegenwart „jeder kirchliche Bürokrat verschlucken."[168] Daher sei Wittig nach wie vor aus dem Gedächtnis der offiziellen, amtlichen Kirchengeschichte „von oben" verdrängt; seine Erinnerung werde durch Menschen, die mit Parteilichkeit eine „Kirchengeschichte von unten" schreiben, erzählend lebendig gehalten.[169]

5. Ein vergessener Theologe?

Das Image des „vergessenen Theologen"[170], das Joseph Wittig seit der Exkommunikation anhaftet, bedarf angesichts der Kontinuität der Erinnerung an Joseph Wittig der Korrektur. Der Unermüdlichkeit *Anca Wittigs* kommt in dieser Rezeptionsgeschichte eine entscheidende Rolle zu. Dank ihres Einsatzes lassen sich die fünf Jahrzehnte nach dem Tod Joseph Wittigs betrachten als eine Zeit kontinuierlicher Erinnerungsarbeit, die sich in Neuausgaben der Bücher und Erzählungen[171], wissenschaftlichen Arbeiten oder Rundfunkbeiträgen[172] wider-

---

[167] F. Heer, Joseph Wittig, 102.

[168] C. P. Klusmann, Joseph Wittig - ein Vorläufer des Konzils, 2.

[169] M. Bußmann, „Wir sind die Kirche", 127, 129.

[170] M. Bußmann, Religio populata, 346; A. Roecklin, Schweizer Katholizismus, 310; C. Löhr, Prophetische Elemente, 265.

[171] Nach dem Tod Joseph Wittigs werden die Erzählungen in neuen Zusammenstellungen veröffentlicht u.a. in den Sammelbänden: Kommt, wir gehn nach Bethlehem (1952); Glauben und Leben. Weisheiten und Weisungen des Dieners und Schreibers Gottes Joseph Wittig (1954); Mit Joseph Wittig durch das Jahr (1973); Kommt, wir gehn nach Bethlehem (1960; 1968; 1990); Joseph Wittig erzählt winterliche und weihnachtliche Geschichten (1992); Getröst, getröst, wir sind erlöst (1994). Ferner die Bücher: Meine Erlösten in Buße, Kampf und Wehr (1989); Roman mit Gott (1990); Leben Jesu in Palästina, Schlesien und anderswo (gekürzte Ausgabe, 1958, 1966, 1991); Ein Geigenspiel (1992); Das Alter der Kirche (1998). Unveröffentlicht waren ein Großteil der Geschichten und Gedichte aus dem Nachlaß Wittigs, die publiziert wurden in: „Die Christgeburt auf der Straße nach Landeck"(1981), sowie im von G. Pachnicke herausgegebenen Band „Briefe an Freunde"(1993). Da in einigen der Neuausgaben die Texte erheblich gekürzt sind – z. Tl ohne Kennzeichnung der Auslassungen – wird im folgenden weitgehend auf die Originaltexte zurückgegriffen; nähere Angaben: vgl. Literaturverzeichnis.

[172] Vgl. Sammlung der unveröffentlichten wissenschaftlichen Arbeiten und Rundfunksendungen im Nachlaß Wittig, Universität Frankfurt. ·

spiegelt und der Kennzeichnung Wittigs als „vergessen" widerspricht.[173] Daß inmitten eines vielfältigen Gedenkens allerdings der *Theologe* Joseph Wittig vergessen werde, ist eine Vermutung, die Joachim Köhler anläßlich des 100. Geburtstages Wittigs äußert.[174] Jenseits der wohlwollenden Worte auf den religiösen Schriftsteller und Gottsucher bedürfe es noch der Würdigung des theologischen Wissenschaftlers. Joseph Wittig sei Dichter *und* Wissenschaftler gewesen. Als Historiker sei es ihm um das Verhältnis von Gott und Geschichte, von Absolutem und Endlichem gegangen.[175] Diese Verhältnisbestimmung sei *die* Kontroversfrage in der Auseinandersetzung um Wittigs Theologie. Auf ihrem Hintergrund könne deutlich werden, daß auch das von Wittig „zum Nutzen und Frommen der Menschen" Geschriebene den Anspruch darauf erhebe, Theologie zu sein. Die „erlebte und erfahrene Theologie, existentielle Theologie, Wort Gottes, das den Menschen anrührt und erschüttert" müsse in ihrer genuinen Eigenart in den Blick genommen werden, fordert Köhler und fügt hinzu: „Es wird schwierig sein, dieser Theologie einen Namen zu geben." [176]

Ein Name für den Ansatz Wittigs wird in der Kennzeichnung als „narrative Theologie" gefunden. Das Erzählen der frohmachenden Botschaft - jenseits gängiger Sprachregelungen, mit den Worten der einfachen Leute und mit Sensibilität für ihr Lebensumfeld, als Ermutigung zu einer eigenen Sprache mündigen Christseins - kennzeichne die Theologie Joseph Wittigs. So entdeckt Aloizy Marcol in der Narrativität ein wesentliches Merkmal der Theologie Wittigs.[177]

---

[173] Vgl. Redaktion „Publik", Übrigens..., 2. - Neben den ausführlichen Arbeiten, die im Folgenden dargestellt werden, sind als Lebensbeschreibungen mit theologischer Ausrichtung zu nennen: E. Drewermann, Glaube als Einwurzelung, I-XI; J. C. Hampe, Joseph Wittig, 169-74; R. Kremers, Joseph Wittig, 201-16; E. Sauser, Gott ist „mehr" und „anders" als „gut", 3-5; H. Steinacker, Lebensroman einer angefochtenen Gottesliebe, 80-86.

[174] J. Köhler, Den Theologen nicht verschweigen, 51. Vgl. ders., Die Aktualität des Theologen, 335.

[175] Vgl. ders., Historiker des Lebens, 13-19; ders., Die Aktualität des Theologen, 338-342.

[176] Ders., Den Theologen nicht verschweigen, 51.

[177] A. Marcol, Teologia narratywa. - Vgl. ders., Joseph Wittig – Teolog katholikki, 231-46; ders., Die „Narrative Theologie" von Joseph Wittig, 164-68.

In seiner Habilitationsschrift, mit der er zu einer theologischen Rezeption Wittigs in Polen beitragen will, spannt er den Bogen von der Vita und einer Systematisierung der Schriften Wittigs, in der er sich weitgehend an die Untersuchung Pachnickes anschließt[178], über eine theologische Untersuchung, die sich mit der Sünden- und Erlösungslehre und der Ekklesiologie Wittigs beschäftigt[179], bis hin zu einer Aktualisierung Wittigs im Gespräch mit den Ansätzen der westeuropäischen „narrativen Theologie".[180] Marcol sieht sich mit den konträren Optionen konfrontiert, die Mitte der 70er Jahre in Polen von freundlicher Zustimmung bis zur entschiedenen Ablehnung reichen. Auf dem Hintergrund dieser gegensätzlichen Meinungen würdigt Marcol die Ansätze Wittigs besonders hinsichtlich seines pastoralen Anliegens, seiner Anthropozentrik, seiner Sorge um die Mündigkeit der Laien und seiner Ausführungen zum allgemeinen Priestertum. Ergänzungsbedürftig und theologisch nicht befriedigend seien Wittigs Thesen zum *concursus divinus* und zur Erlösungs- und Sündenlehre. Sie seien verständlich im Kontrast zur Neuscholastik, böten jedoch keine zufriedenstellende Behandlung der Themen Verantwortlichkeit und Willensfreiheit.[181] Diese Ambivalenz der Bewertung gelte auch hinsichtlich der Lebensgeschichte Wittigs. Zwar sei Verständnis für Wittig zu äußern, man könne jedoch nicht umhin, die Lebensgeschichte als „verunglückte Existenz"[182] zu bezeichnen.

Wie Alojzy Marcol Wittig für die polnische Kirche rezeptionsfähig zu machen versucht, will Helmut Tschöpe die Bedeutung des Katholiken Wittig für gegenwärtige protestantische Theologie und Gemeindearbeit darstellen und damit einen Beitrag leisten zum interkonfessionellen Dialog und zur interkulturellen Hermeneutik.[183]

Die technische Kennzeichnung der Narrativität erscheint Tschöpe qualitativ unzureichend; er sieht in Wittigs Theologie eine „mystagogische Theologie", der es darum gehe, „Menschen in das Geheimnis des Glaubens hineinzuführen, nicht auf intellektuellem Wege, sondern durch das Hineinverwikkeln in Geschichten, die in biblischen Geschichten ihren Ursprung haben und von Wittig weitererzählt werden."[184] Das Zur-Sprache-Bringen und Verstehen des eigenen Lebens als Glaubensgeheimnis sei nicht als pädagogische Methode oder intendierte Weltveränderung zu verstehen; es lasse sich nicht verobjektivieren, habe aber dennoch objektiv benennbare Konsequen-

---

[178] Vgl. A. Marcol, Teologia narratywna, 38-55. Marcol nimmt Bezug auf: G. Pachnicke, Joseph Wittig. Mensch und Werk, 18-45.

[179] Vgl. A. Marcol, Teologia narratywna, 67-160.

[180] Vgl. ders., Teologia narratywna, 161-250.

[181] Vgl. ders, Joseph-Wittig – Teolog Katolicki, 243/4 .

[182] Ders., Die „Narrative Theologie" von Joseph Wittig, 168.

[183] Vgl. H. Tschöpe, Zwischen Argument und Sakrament, 5.

[184] A.a.O., 6.

zen. Wittig nehme Abschied vom substanzontologischen Denken und argumentiere fast nur noch relationsontologisch. Wittigs Sprache ziele nicht die bloße Illustrierung theologischer Gedanken an, sie beschreibe vielmehr aus der verwandelnden Kraft des Wortes Gottes die Situation, in die Gott den Schreibenden hineinversetze.[185] Durch die kreative sprachliche Verbindung der „zwei zunächst (scheinbar) unabhängigen Größen" [186] - Gott und Ereignis - überwinde sie Trennungen, erzeuge Verwobenheiten und eröffne Räume, in denen Gott in der Kraft seines Wortes anwesend sei. Insofern habe Wittigs vom „synekdochischen Denken"[187] geprägte Sprache einen „sakramentalen Charakter." [188]

Der Versuch römisch-katholischer Theologen, „modellhafte Verhältnisbestimmungen zwischen katholischem Glauben und moderner Lebenskultur"[189] zu entwickeln, ist der historische Kontext, in dem Wittig in theologiegeschichtlichen Arbeiten der 90er Jahre gesehen wird. In seiner Untersuchung zum „Modernismus in Deutschland" zeigt Otto Weiß auf, daß in der Lehramtssprache mit dem Verdikt „modernistisch" eine pauschale Verurteilung derjenigen katholischen Denker gegeben sei, die sich für eine Kommunikation mit der modernen Kultur, Philosophie und Wissenschaft aufgeschlossen zeigten und sich dem Rückzug in ein geschlossenes Milieu verweigerten.[190] Im Kontext einer angstbesetzten antimodernistischen Ketzerjagd, in der sich die „tiefgreifende Identitätskrise der römischen Kirche seit der anthropologischen Wende zu Beginn der Neuzeit"[191] zugespitzt habe, erscheint Wittig als einer der „Erben des Modernismus".[192] Weiß zitiert eine 1924 geäußerte Einschätzung, Wittig sei gegenwärtig der „dux et antesignanus"[193] des Modernismus in Deutschland. Die erbitterten Artikel des führenden Antimodernisten *Anton Gisler*, die Aufforderung zur wiederholenden Ablegung des Antimodernisteneides, die Indizierung und Exkommunikation seien signifikante Stilmittel der repressi-

---

185 Vgl. a.a.O., 125, 137.

186 A.a.O., 134.

187 A.a.O., 74, 99, 109,175, 224.

188 A.a.O., 120. - Vgl. ders., Das Sakrament des Alltags, 295-306.

189 T. Ruster, Die verlorene Nützlichkeit der Religion, 17.

190 Vgl. O. Weiß, Der Modernismus in Deutschland, 26.

191 A.a.O., 27.

192 A.a.O., 475.

193 Brief von J. Schnitzer an A. Houtin v. 26.2.1924; zit. n.: a.a.O., 514.

ven Praxis des römischen Antimodernismus, dessen prominentestes Opfer Wittig in den 20er Jahren geworden sei.[194] Thomas Ruster beurteilt den theologischen Ansatz Wittigs im Kontext der Theologiegeschichte der Weimarer Republik. Die Krise des Katholizismus angesichts eines zunehmenden Plausibilitätsverlustes und die Versuche katholischer Theologen, „die verlorene Nützlichkeit der Religion" wiederzugewinnen, sind für Ruster der Ausgangspunkt zum Verständnis Wittigs. Angesichts der offenen kulturellen Situation nach dem Weltkrieg sei die Theologie zu einer grundsätzlichen Verhältnisbestimmung von Katholizität und Moderne genötigt gewesen. Einerseits werde in dieser Zeit eine Auflösung des Katholizismus wahrnehmbar, der als historisch erfolgreiches Bollwerk gegen die Differenzierungsprozesse der Moderne funktioniert habe, und der universale kirchliche Deutungsanspruch trete in Kontrast zu konkurrierenden Deutungsangeboten.[195] Andererseits sei die römisch-katholische Theologie der Weimarer Zeit erfüllt von einem euphorischen „Menschheitsrettungs-Pathos."[196] Inmitten vieler theologischer Ansätze, die primär am kirchlichen Machterhalt orientiert gewesen seien, sei bei Joseph Wittig eine biblische Theologie zu finden, die nicht auf den Beweis der Nützlichkeit aus sei und keine „Instrumentalisierung Gottes für die Zwecke der kirchlichen Machterhaltung" betreibe, aber eben deshalb „nützlich", weil hilfreich für die Menschen sei.[197] Wittig weise damit – wie der Jesuit *Peter Lippert* - einen Weg, auf dem im Spiegel biblischer Texte „christliche Identität nicht durch Einordnung in ein von außen zugeschriebenes katholisches Lebensmodell, sondern durch die freigesetzten Akte erinnernder Aneignung" zustande komme und im Horizont neuzeitlicher Freiheitsgeschichte möglich werde.[198]

---

[194] Vgl. K. Hausberger, Der „Fall" Joseph Wittig, 299-322.

[195] Vgl. T. Ruster, Die verlorene Nützlichkeit der Religion, 26, 58, 74.

[196] A.a.O., 76.

[197] Vgl. a.a.O., 392, 395.

[198] A.a.O., 224. - Die Zusammenschau von P. Lippert und J. Wittig wird bereits 1959 vorgenommen von J. Posner in: J. Posner, Flamme und Feuer im Kampf um den Menschen, 10.

Viertes Kapitel

Der Schreiber Gottes

Zwischen „Professorenacker und Dichterwiese"[1] sieht Joseph Wittig seine Lebensgeschichte angesiedelt. Als „Schreiber Gottes"[2] bringt er Lebensschrift und Gotteswort zur Sprache. Im Abenteuer der Wirklichkeitswahrnehmung und Sprachschöpfung erfährt er das Geheimnis des lebendigen Gottes. Schreibend geht Wittig seiner Berufung nach - und gibt Rechenschaft darüber, was diesen Ruf als „Schreiber Gottes" ausmacht. So ist vielen seiner Schriften von ihrem *Inhalt* her ein autobiographischer Charakter zu eigen; in kurzen Fragmenten oder breiten Überblicken wird die eigene Lebensgeschichte zur Sprache gebracht (vgl. I). Dieses Zeugnis, das Wittig von seinem Leben gibt, schließt Berichte und Reflexionen über das Schreiben ein; mit seinen beglückenden und zermürbenden, befreienden und lähmenden Seiten wird das *Geschehen* der Wortsuche zum Inhalt der erzählenden Selbstdarstellung (vgl. II). Eng damit verbunden ist die Bedeutung, die der *Sprache* in seinen Erzählungen und Aufsätzen zukommt. Wittig reflektiert über die Sprache und wählt Text- und Sprachformen, die dem lebensgeschichtlichen Inhalt zu entsprechen versuchen (vgl. III). Obwohl das Schreiben ein innerpersönliches Ereignis ist, kommt schließlich den *Adressaten* eine wesentliche Rolle zu. Der Kommunikationsprozeß, in den das Schreiben hineingestellt ist, wird folgenreich für die beschriebene Lebensgeschichte (vgl. IV).

---

[1] J. Wittig, Leben Jesu II, 69. - Da in den folgenden drei Kapiteln nahezu ausschließlich die Texte Wittigs untersucht werden, wird in diesen Kapiteln sein Name in den Anmerkungen nicht eigens aufgeführt, sondern es werden nur die im Literaturverzeichnis angegebenen Kurztitel genannt. Beim folgenden Überblick über die Schriften Wittigs geben die Jahreszahlen bei den publizierten Geschichten das Datum der Erstveröffentlichung an, bei nichtveröffentlichten Erzählungen markieren sie das Jahr der Abfassung.

[2] Vgl. Roman mit Gott, 229.

I. Die Texte

1. Die Texte und ihre zeitliche Einordnung. Ein Überblick

Dem Werk Joseph Wittigs ist eine Vielfalt an Textformen zu eigen. Sie reicht vom wissenschaftlichen Aufsatz über die Erzählung hin zum Roman; Tagebücher und Briefe, Theaterspiele und Predigten, Rezensionen, Gedichte und Chroniken sind weitere literarische Ausdrucksformen.[3] Die Vielfalt entzieht sich der zeitlichen oder inhaltlichen Systematisierung. So bergen manche der kirchengeschichtlichen Publikationen, die am Anfang der Veröffentlichungen Wittigs stehen, Elemente narrativer Geschichtsschreibung. Mit dem Beginn der erzählenden Lebensgeschichten endet die wissenschaftliche Arbeit nicht: Die Neubearbeitung des kirchengeschichtlichen Standardwerkes zur Patrologie findet parallel zur Publikation der umstrittenen „anderen" Form von Theologie statt. Diese Zeitgleichheit und Verwobenheit gilt es zu berücksichtigen, wenn im folgenden eine formale Unterscheidung der Texte vorgenommen wird.

Die *wissenschaftlichen Publikationen* reichen von der Studie über *Papst Damasus I.*, die Wittig 1902 als Dissertation an der katholisch-theologischen Fakultät in Breslau einreicht, und der Arbeit zu „Filastrius, Gaudentius und Ambrosiaster", die als Grundlage zur Habilitation anerkannt wird, über Veröffentlichungen zur frühchristlichen Kirchengeschichte und Archäologie - die Katakomben in Hadrumet, die Bronzestatue des Apostelfürsten im Vatikan oder das Toleranzedikt von Mailand 313 sind einige seiner Themen - bis zur Neubearbeitung der Patrologie von *Gerhard Rauschen*.[4] Verbunden mit der universitären Lehrtätigkeit Wittigs ist das Bestreben, die Ergebnisse kirchengeschichtlicher Forschung einer breiteren Öffentlichkeit zugänglich zu machen. So finden sich neben den Publikationen in wis-

---

[3] Vgl. H. L. Abmeier, Verzeichnis der Veröffentlichungen von Joseph Wittig, 93-122.

[4] Vgl. Papst Damasus I. Quellenkritische Studien zu seiner Geschichte und Charakteristik. (1903); Filastrius, Gaudentius und Ambrosiaster. Eine literarhistorische Studie. (1909); Die Katakomben von Hadrumet in Afrika (1905); Der Cinctus Gabinus an der Bronzestatue des Apostelfürsten im Vatican (1912); Das Toleranzedikt von Mailand 313 (1913); G. Rauschen, Grundriß der Patrologie, überarbeitet v. J. Wittig (1921/1926).

senschaftlichen Zeitschriften auch Veröffentlichungen in Organen, die sich an interessierte Laien wenden. In der Zeitschrift „Heliand" schreibt Wittig über Kaiser *Julian* den Abtrünnigen, im „schlesischen Pastoralblatt" stellt er die Pfalzkapelle der mittelalterlichen Päpste vor, in der Zeitung „Das Heilige Feuer" erinnert er an den heiligen *Hieronymus* und die Anfänge der katholischen Kultur. Die Aufsätze zu *Vincenz von Paul* oder dem Breslauer Domherren *Robert Spiske* gehören ebenso wie die Darstellung der „altchristlichen Skulpturen im Museum der deutschen Nationalstiftung am Campo Santo in Rom" oder die Beschreibung des Papsttums in seiner weltgeschichtlichen Entwicklung in die Reihe wissenschaftlich fundierter, aber ausdrücklich an einen weiteren Leserkreis gerichteter Schriften.[5] Mit historischen Anmerkungen zu kirchenpolitisch brisanten Themen wagt er sich in den öffentlichen Disput und äußert sich etwa zur Freiheit der Kinder Gottes, zur sozialen Frage und der christlichen Revolution, zum allgemeinen Priestertum oder zum ekklesiologisch bedeutsamen „Entwicklungs"-Gedanken.[6]

Parallel zu diesen Aufsätzen, von denen Wittig später einen Großteil in das Werk „Das Alter der Kirche"[7] aufnimmt, beginnt Wittig 1914 mit der Veröffentlichung von *Erzählungen* oder *Geschichten*, die Erinnerungen der eigenen Lebensgeschichte aufgreifen und zum Inhalt der theologischen Reflexion machen. „Der schwarze, der braune und der weiße König" wagen sich noch unter dem Pseudonym Johannes Strangfeld an das Licht der Öffentlichkeit;[8] andere Erzählungen, die überwiegend an Geschehnisse aus der Kindheit Wittigs anknüpfen, folgen in den kommenden Jahren - ab 1917 unter dem Namen des Verfassers - und erscheinen 1922 in dem ersten Sammelband mit dem

---

[5] Vgl. Kaiser Julian der Abtrünnige (1911); Die Pfalzkapelle der mittelalterlichen Päpste und ihre Heiligtümer (1917); Aus den Steinen der Wüste. Zum Gedächtnis des hl. Hieronymus und der Anfänge katholischer Kultur (1921); Vincenz von Paul (1920); Die altchristlichen Skulpturen im Museum der deutschen Nationalstiftung am Campo Santo in Rom (1906); Das Papsttum. Seine weltgeschichtliche Entwicklung und Bedeutung (1913).

[6] Vgl. Von der Freiheit der Kinder Gottes (1922); Jesus, Soziale Frage und Christliche Revolution (1922); Das allgemeine Priestertum (1923); Um den Entwicklungsgedanken (1924).

[7] Vgl. E. Rosenstock / J. Wittig, Das Alter der Kirche, Bd. I/II (1927/28)

[8] Vgl. J. Strangfeld, Der schwarze, der braune und der weiße König (1914).

Titel „Herrgottswissen von Wegrain und Straße. Geschichten von Webern, Zimmerleuten und Dorfjungen." Mit diesen Herrgottsgeschichten wird Wittig über die Theologenzunft hinaus bekannt. Formal und inhaltlich scheint in ihnen bald eine große Vielfältigkeit auf: Sie reichen von den novellenhaften Werken „Das Schicksal des Wenzel Böhm" oder „Michel Gottschlichs Wanderung" bis zur legendenhaften Schilderung des Einzugs des Heilands und seiner Apostel in Lüneburg;[9] neben Erzählungen, in denen autobiographische Erinnerungen, theologische Überlegungen und kirchengeschichtliche Erkenntnisse miteinander verwoben sind,[10] stehen Kurzgeschichten, denen jegliche diskursive Einfügungen fehlen.[11] Kurzzeitig zurückliegende Ereignisse[12] werden ebenso aufgegriffen wie Erinnerungen an lang Vergangenes;[13] die ausdrückliche Schilderung von eigenen Erlebnissen und Empfindungen[14] ist gleichermaßen Inhalt der Herrgottsgeschichten wie die Darstellung von Personen, denen Wittig begegnet ist.[15] Viele der Geschichten erscheinen zunächst als Einzelpublikation und werden dann in Sammelbänden erneut veröffentlicht.[16]

---

[9] Vgl. Das Schicksal des Wenzel Böhm. Eine Herrgottsgeschichte (1926); Michel Gottschlichs Wanderung (1932); Die Lüneburger Legende. Zu Ehren eines gelehrten Freundes zu seinem 70. Geburtstag (1947).

[10] Vgl. u.a. Das Mysterium der menschlichen Handlungen und Geschehnisse (1920); Die Erlösten (1922); Volk am Kreuz (1932); Steh auf Junge, es schneit (1941); Unter dem krummen Apfelbaum (1943).

[11] Vgl. u.a. Das geleimte Jesuskind (1924); Peter Janiks Leiden (1933).

[12] Vgl. u.a. Aus meiner letzten Schulklasse (1927); Evangelische Ferienfahrt nach den Bibelländern (1929); Die heiligen Dreikönige vom Hinterberg (1934); Mein Hund (1938); Die Himmelskönigin, die Hexe Udali und Rübezahl (1942).

[13] Vgl. u.a. Das Riesengebirge (1916); Der unbekannte Gott (1924); Der Kübel des hl. Florian (1933); Die Christgeburt auf der Straße nach Landeck (1948).

[14] Vgl. u.a. Die Kirche im Waldwinkel (1924); Das Wunder der Nähe (1930); Die Pifferari in der Heiligen Nacht 1904 (1935); Eine Hochzeit (o.J.).

[15] Vgl. u.a. Leineweberglauben (1921); Der Steinmetz von der Sandinsel (1924); Das Jesuskind und der Aeroplan (1927); Der Ungläubige (1928); Toll-Annele will nach Albendorf (1938).

[16] So erscheinen neben dem Band „Herrgottswissen": Die Kirche im Waldwinkel (1924); Der Ungläubige (1928); Aussichten und Wege (1930); Tröst mir mein Gemüte (1930); Getröst, getröst, wir sind erlöst (1932); Das verlorene Vaterunser (1933); Toll-Annele will nach Albendorf (1938); Gold, Weihrauch und Myrrhe (1948); Karfunkel (1948). - 1981 erscheinen in dem Band „Die Christgeburt auf der Straße nach Landeck" einige noch unveröffentlichte „Geschichten, Gedichte und Gedanken aus dem Nachlaß". Die Erzählungen werden in dieser Arbeit nach der Erscheinung in den genannten Bänden zitiert.

Lebensgeschichtliche Erinnerungen, biblische Erzählungen und theologische Gedanken werden ebenfalls in den drei großen *autobiographischen Büchern* zusammengebracht, die von Wittig als umfassendere Werke konzipiert wurden. Eine Gattungsbezeichnung für das 1925 erschienene Werk „Leben Jesu in Palästina, Schlesien und anderswo", für das 1929 publizierte Buch „Höregott" und den 1950 posthum veröffentlichten „Roman mit Gott" zu finden, erweist sich als schwierig. Gemeinsam ist den drei Werken, daß sie im Unterschied zu den Geschichten und Erzählungen als Buch konzipiert wurden. Im Vorwort für die geplante Neuauflage des „Leben Jesu" spricht Wittig wiederholt über „dieses Buch"[17], und für das Werk „Höregott" wählt er den Untertitel: „Ein Buch vom Geiste und vom Glauben". Zwar werden einzelne Abschnitte aus dem „Leben Jesu"-Buch zunächst als eigenständige Erzählungen im „Hochland" publiziert, das Werk wird von Wittig aber von Anfang an als Buch konzipiert. So führt die Schriftleitung der Zeitschrift den ersten Abdruck mit der Vorbemerkung ein: „Wir beginnen hiermit eine Reihe von ‚Geschichten', die einem im Entstehen begriffenen Buch des Verfassers entnommen sind."[18] Neben der Charakterisierung als Buch ist den drei Werken gemeinsam, daß sie mit dem Anspruch auf theologische Relevanz jeweils einen längeren Abschnitt der Lebensgeschichte des Autors in Erinnerung rufen.

Die literarische Arbeit der 20er Jahre ist für Wittig geprägt von einem dialogischen Geschehen. Mit den Namen *Eugen Rosenstock, Hans Franke* und *Martin Buber* verbindet sich die Erinnerung an *dialogische Werke*. Es sind formal unterschiedliche, aber dem Bewußtsein des gemeinsamen Werkes entspringende Schriften. Die 1924 im Buch „Bergkristall" veröffentlichten Geschichten versteht der Autor als inspiriert durch den Dialog mit den Bildern des Malers *Hans Franke*, welche die zweite Seite des literarisch-bildnerischen Dyptichons bilden. Deutlicher als bei Beiträgen für andere Zeitschriften wissen sich die Aufsätze für „Die Kreatur" (1926-30) in einem gemeinsamen theologischen Anliegen gründend, das Joseph Wittig vor allem mit dem jüdischen Mitherausgeber *Martin Buber* in intensivem Austausch

---

[17]   Vorwort, 1/2.

[18]   Hochland 20 (1923) 40.

verbindet.[19] Ausdrücklich als Werk der „Zweistimmigkeit"[20] soll nach Maßgabe der Herausgeber die Sammlung „Das Alter der Kirche" verstanden werden, in der *Eugen Rosenstock* und Joseph Wittig 1927/28 Beiträge zur Geschichte der Kirche veröffentlichen. „*Zufällige Arbeiten*"[21] nennt Wittig 1939 in einem Brief an *Reinhold Brüning* die Werke, die er auf Anfrage von Zeitungsredaktionen, auf Bitte von Freunden oder aus anderen situativen Gegebenheiten heraus schreibt. Als prominenter Zeitgenosse, profilierter Theologe und populärer Schriftsteller ist Wittig gefragter Kommentator zu kirchlichen, politischen, gesellschaftlichen, heimatkundlichen Themen; nach seinem Ausschluß aus der katholischen Kirche gilt diese Nachfrage vor allem im evangelischen Raum und in Publikationsorganen der Grafschaft Glatz. Unter anderem entwirft Wittig eine Geschichte zum „Löwenberger Arbeitslager", äußert sich zum Lutherjahr 1933, nimmt Stellung zum erstarkenden Nationalsozialismus, erzählt über sein Verhältnis zur Bibel oder schreibt eine Würdigung über *Hermann Stehr*.[22] *Rundfunkansprachen, Predigten* und *Vorträge* finden ebenfalls ihren Niederschlag in schriftlich publizierter Form.[23] Die Zuwendung zur Heimatgeschichte spiegelt sich in *Betrachtungen* zu Kunstwerken und Dokumenten der Grafschaft. In *Jahreskreisspielen* für den Jugendhof in Hassitz, *Beiträgen* für das Glatzer Heimatblatt

---

[19]   Die Aufsätze, die Wittig für „Die Kreatur" schreibt - Das Volk von Neusorge (in: Die Kreatur 1 (1926/27)); Aus meiner letzten Schulklasse, Super Aquas, Im Anfang, Das Geheimnis des 'Und', Schweigendes Warten (in: Die Kreatur 2 (1928/29)); Die Wüste, „Laß den Mond am Himmel stehn", „Erschaffung und Fall der Engel", Der Weg zur Kreatur (in: Die Kreatur 3 (1929/30)) - werden daher hier nach ihrer Erscheinung in der Zeitschrift „Die Kreatur" zitiert.

[20]   E. Rosenstock / J. Wittig, Das Alter der Kirche I, 31.

[21]   Brief an Reinhold Brüning v. 17.11.1939, in: Briefe, 319.

[22]   Vgl. u.a. Es werde Volk! Versuch einer ersten Geschichte des Löwenberger Arbeitslagers im Frühjahr 1928; Sie können uns nichts versprechen (1932); Gedanken eines Ostiarius zum Lutherjahr 1933; L'Invadente. Ein Nachwort zum Lutherjahr (1933); Pfingststurm oder Rebellion? (1934); Das Buch der radikalen Wirklichkeit (1939); Hermann Stehr (1934); Hermann Stehrs Siebzigster Geburtstag (1935). - Beispiele für schriftstellerische Arbeiten, um die Wittig gebeten wurde, sind auch aus seiner Breslauer Zeit vorhanden: vgl. Festgabe zur Konsekration der neuen Kirche in Lomnitz OS (1917); Ein Apostel der Karitas. Der Breslauer Domherr Robert Spiske und sein Werk (1921).

[23]   Vgl. u.a. Ludwig Uhlands Gesang von der verlorenen Kirche (1915); Von reichen und von armen Seelen (1921); Fußspuren des lebendigen Gottes in meinem Leben (1930); Junge Christen (1939); Novemberlicht (1948).

„Guda Obend" und *Vorträgen* vor dem Neuroder Volksbildungswerk versucht er sich an der Erneuerung des Volksbrauchtums zu beteiligen, in den *Chroniken* für die Stadt Neurode und die Gemeinde Schlegel arbeitet er die Lokalgeschichte seiner Heimat aus.[24] Die *Rezensionen*, die Wittig seit Beginn seiner wissenschaftlichen Tätigkeit bis in die 40er Jahre hinein verfaßt, und die *Nachrufe* und *Würdigungen*,[25] *Bildbetrachtungen* und *Gedichte*[26] sind als weitere literarische Ausdrucksformen zu nennen. Aus dem Rahmen der genannten Publikationen heben sich die *Briefe* und die *Haus-Chroniken* heraus. Es sind zwei Textformen, die im Augenblick des Schreibens nicht für eine Veröffentlichung verfaßt wurden. Nicht nur vom Umfang her bilden sie einen wichtigen Teil des schriftstellerischen Werkes. Mit dem Bau des Hauses in Neusorge beginnt Wittig, jeweils sonntags die Geschehnisse der vergangenen Woche in eine Haus-Chronik einzutragen, die auch nach der Vertreibung weitergeführt wird und somit in drei Bänden mehr als 20 Jahre der Alltags- (und Sonntags-)geschichte des Hauses Wittig widerspiegelt. Für die drei Kinder *Johannes*, *Bianca* und *Christoph* werden zusätzliche Lebensbücher geschrieben; ferner entwirft Wittig für seinen Sohn Johannes nach dessen Geburt ein „Stammbuch", in welchem die Familiengeschichten der Familien Wittig und Geisler nachgezeichnet werden.[27] - Das Ausmaß der Korrespondenz läßt sich schwer ermessen. Die Zahlenangaben, die Wittig selber nennt, variieren, lassen jedoch auf eine umfangreiche briefliche Kommunikation

---

[24] Vgl. u. a. Das Spiel zum Erntefest (1934); November- oder Spätherbstspiel; Mitt-Winter-Spiel; Vorfrühlings- oder Faschings-Spiel; Die schöne Madonna in Schlegel; Das Hausdorfer Bergmannskreuz ; Der Schlegler Schienegieher-Junge (1934); Grafschafter Leute aus den vierziger Jahren [des 19. Jahrhunderts]. Aus den Erzählungen des Urgroßvaters Anton Hoeregott mitgeteilt (1935); Die 'Hedwig' in der Schlegeler Dorfchronik (1940); Volksglaube und Volksbrauch in der Grafschaft Glatz (1939); Chronik der Stadt Neurode (1937); Chronik der Gemeinde Schlegel (1941).

[25] Max Sdralek (1914/1921/1922); Georg Kardinal Kopp (1914); Friedrich Keller (1937); Großdechant Franz Dittert + (1939); Robert Karger (1946).

[26] Vgl. Die Grafschaft Glatz ein Marienland (1934); In Gottes Händen; Gottes Gerechtigkeit (1939); Christgeburt, 3, 46, 69. Auch die Übertragung von Fragmenten aus den Confessiones des hl. Augustinus (1920) ist eher eine Nachdichtung als eine Übersetzung: Dichtungen des hl. Augustinus, 311-319.

[27] Vgl. Haus-Chronik Bd. I-III; Kinder-Chronik Johannes Wittig; Stammbuch.

schließen.[28] Neben den kämpferischen Briefen in der Auseinandersetzung der 20er Jahre und jenen Briefen, die im Zusammenhang mit Publikationen stehen, sind viele Sendungen Teil eines freundschaftlichen Verkehrs mit vertrauten Menschen. Entscheidende Freundschaften Wittigs - mit *Karl Muth*, *Hans Franke*, *Martin Rade*, *Hermann Mulert*, *Helene Varges* - leben weniger durch eine räumliche Nähe als durch eine kontinuierliche schriftliche Verbundenheit. In dem 1993 veröffentlichten Band „Kraft in der Schwachheit. Briefe an Freunde" ist eine Auswahl dieser Briefe aus den Jahren 1921 bis 1949 dokumentiert, die - noch ausdrücklicher als die Geschichten, Bücher und Chroniken Wittigs - nicht nur gelebtes Leben zur Sprache bringen, sondern essentieller Bestandteil dieses gelebten Lebens sind.[29]

2. Ausdrückliche autobiographische Texte

In *allen* genannten Textformen wird nach dem eigenen Selbstverständnis Joseph Wittigs sein Leben zum Inhalt seines Schreibens und sein Schreiben Ausfluß des in der eigenen Geschichte erfahrenen Lebens. „Alle wahre Dichtung ist im tiefsten Grunde autobiographisch", notiert Wittig und fügt erklärend hinzu: „Die Dichtung ist die Kunst, das unendliche, weitwellige Leben so zu verdichten, daß es im Worte zu klingen und hörbar zu werden beginnt. Der Dichter ist der Vokalisator der unvokalisierbaren Sprache des Lebens. Seine Dichtungen

---

28 Die Angaben über die Anzahl der Briefe, die er etwa zur Vollendung seines 60. Lebensjahres erhalten habe, wechseln: 350, „viele Hundert" und „gegen 500" werden von Wittig genannt (Briefe, 306/7). Die Arbeit an „einem Haufen unerledigter Post" (Briefe, 437) nimmt vor allem die Monate Dezember und Januar mit der zu schreibenden und zu beantwortenden Weihnachtspost und die Zeit nach dem Geburtstag am 22. Januar ein. Die Zahl von 20.000 empfangenen Briefen, die Wittig in einem Lebensrückblick 1949 nennt (vgl. Christgeburt, 129), verdeutlicht die Rolle des Briefverkehrs im Leben des Schreibers.

29 Kraft in der Schwachheit. Briefe an Freunde, hg. von Gerhard Pachnicke unter Mitwirkung von Rudolf Hermeier, Moers 1993. Erhalten (und der folgenden Untersuchung zu Grunde gelegt) sind ferner die Briefe Wittigs an die Familie seines Bruders August, an Ferdinand Piontek, an Ernst Simon und andere Gesprächspartner, ferner einige im Briefband nicht veröffentlichte Briefe Wittigs an Eugen Rosenstock. - Das Buch „Vom Warten und Kommen", das Wittig 1939 publiziert, trägt den Untertitel „Adventsbriefe". Es spiegelt, auch wenn die Briefe an keine konkrete Person gerichtet sind, das „Gespräch" und das „Zusammensein" mit Freunden wider, denen Wittig seine Adventsgedanken mitzuteilen sucht.

findet er im Leben vor; er macht sie hörbar und lesbar."[30] Trotz dieses - für die Dramaturgie des erzählerischen Werkes entscheidenden - literarischen Selbstverständnisses lassen sich in den Schriften Wittigs jedoch Passagen ausmachen, in denen nicht allein das „unendliche, weitwellige Leben" zur Sprache kommt, sondern ausdrücklich die Erlebnisse der *eigenen* Lebensgeschichte thematisiert werden. Das gilt zunächst für die drei *autobiographischen Bücher*. Im „Leben Jesu"-Buch wird die Vita Wittigs von der Geburt bis zur Priesterweihe erzählt und in die Lebensgeschichte Jesu hineinbuchstabiert. Das Buch „Höregott" setzt den Schwerpunkt auf die Zeit nach der Priesterweihe bis zu Geburt und Tod des Sohnes *Höregott*. Der „Roman mit Gott" beschränkt sich nicht auf eine fest umrissene Zeit, setzt aber faktisch den Schwerpunkt bei den Ereignissen der 40er Jahre. In allen drei Büchern geht es Wittig darum, sein Leben im Horizont seines Glaubens verstehen zu können und verstehbar zu machen. Jeweils mit dem „roten Faden" eines theologischen Themas wird ein hermeneutischer Horizont für das Leben gesucht und vorgestellt: die Gegenwart Jesu im Leben des Joseph Wittig (im „Leben Jesu"), das Leben Wittigs in der Spannung von Geist und Glauben (im „Höregott") und das Leben Wittigs inmitten der Alternative von Gott und Vater (im „Roman mit Gott"). Autobiographisches und theologisches Interesse gehen für Wittig eine nicht zu lösende Verflechtung ein. Die Frage nach sich selbst und die Frage nach Gott lassen sich für ihn nicht auseinanderdividieren; Selbstvergewisserung - oder Selbstdarstellung - und Glaubenszeugnis gehören notwendig zusammen und bilden *eine* Wirklichkeit.

Diese Verwobenheit gilt auch für die *kürzeren autobiographischen Texte*.[31] In ihnen wird entweder ein zeitlich begrenzter Abschnitt resümiert oder die gesamte Biographie unter einem Stichwort zusammengefaßt. Ersteres geschieht, wenn Wittig etwa öffentlich zur erfolgten Exkommunikation Stellung bezieht und die Geschehnisse vom Beginn seiner Lehrtätigkeit bis zu seinem Ausschluß aus der katholischen Kirche darstellt.[32] Als er die Briefe, die er zwischen seinem 15.

---

30 Überwindung und Heimkehr, 253.
31 Vgl. Vom Warten, 11; Roman mit Gott, 163-65; Oberschlesische Köpfe, 634.
32 Vgl. Briefe, 103-106.

und seinem 51. Lebensjahr an *Heinrich May* geschrieben hatte, nach dessen Tod zurückerhält, wird er zu einem brieflichen Nachdenken über diese Zeit animiert.[33] Die Grundsteinlegung des Hauses oder sein 70. Geburtstag sind weitere Anlässe zu kurzen Lebensrückblicken.[34] Thematisch orientierte Kurzbiographien sind zu finden, wenn Wittig sein Leben unter dem Stichwort „Warten" durchbuchstabiert,[35] die Erfahrungen schildert, die er im Verlaufe seines Lebens mit der Botschaft von der Erlösung macht,[36] oder in einem Brief an *Helene Varges* über sein Leben unter dem Gesichtspunkt der persönlichen Defizite und Fehler nachdenkt.[37]

Neben den Selbst(re)konstruktionen, die längere Zeitspannen umfassen, finden sich im Werk Joseph Wittigs eine Fülle autobiographischer *Fragmente* und *Skizzen*. In Geschichten werden Ereignisse aus der Kinderzeit geschildert, Begegnungen mit Menschen aus der Kaplans- und Professorenzeit aufgegriffen und kurz zurückliegende Begebenheiten erzählt. Auch die Notizen über Geschehnisse der vergangenen Woche oder das Zeugnis von gegenwärtigen Gedanken und Empfindungen, wie sie in den Briefen oder der Haus-Chronik zu finden sind, lassen sich zu diesen *biographischen Momentaufnahmen* zählen. Zugespitzt können zwei Intentionen charakterisiert werden, mit denen Wittig diese Begebenheiten in seinen Geschichten erzählt: Auf der einen Seite wird im Erzählen ein Geschehen lebendig, das *in sich* berichtenswert ist. Als Erzähltes erhält es das Signum des Leuchtenden, Wertvollen und Glänzenden und wird dem Abgrund der Belanglosigkeit und des Vergessens entrissen. Auf der anderen Seite kommt dem erinnernden Erzählen die Aufgabe zu, dem Schreiber zum Hineinfinden in seinen Text zu verhelfen. Die fast hundert Jahre alte, vom Großvater gezimmerte Tür helfe ihm, erklärt Wittig zu Beginn seiner Erzählung über das Schicksal des Wenzel Böhm, den Zugang zur Welt der Dichtung zu finden.[38] Ob es die Holztür ist oder die Erinnerung an den schreibenden Vater oder an die dienstbereiten

---

[33] Vgl. Briefe, 376.

[34] Vgl. Haus-Chronik I, 1-3; III, Jahreswechsel 1948/49.

[35] Vgl. Vom Warten, 11/2.

[36] Vgl. Die Erlösten, 14-36.

[37] Vgl. Briefe, 378.

[38] Vgl. Wenzel Böhm, 5-10.

Ministranten: Immer öffnet ihm die Vergegenwärtigung eines vergangenen Ereignisses den Eintritt in die „Welt der Dichtung", in der es die „allerwirklichsten Dinge" zu sehen gebe.[39] Neben ihrer Funktion als Türöffner ermöglichen es die autobiographischen Interzessionen dem Schreiber, abstrakte Inhalte oder theoretische Gedankengänge an die Erfahrungswelt zurückzubinden oder eine gemeinsame Verständigungsebene mit den Lesenden herzustellen. Auch in seinen populärwissenschaftlichen Darstellungen wechselt Wittig mit biographischen Einschüben spielerisch auf eine andere Ebene der Kommunikation: Das im weiteren Duktus Geschriebene wird augenzwinkernd relativiert oder in seiner lebenspraktischen Bedeutung sichtbar.[40] Neben den ausdrücklichen autobiographischen Zeugnissen stehen *Schriften von autobiographischer Relevanz*. Sie geben Auskunft über die von Wittig (re-)konstruierten Rahmenbedingungen seines Lebens. Wittigs Notizen über das dörfliche Ambiente der Kindheit und das städtische Milieu der Studien- und Kaplanszeit, über die universitäre Situation an der katholisch-theologischen Fakultät in Breslau oder die politischen Ereignisse des Krieges, der Weimarer Republik und des erstarkenden Nationalsozialismus gehören zwar nicht zu den autobiographischen Texten im engeren Sinne, bilden jedoch einen maßgeblichen Verstehenshorizont für Form und Inhalt seiner autobiographischen Theologie.

II. Das Schreiben

1. Besuch in der Schreiberwerkstatt

Kennzeichnend für die schriftstellerische Arbeit Wittigs sind einige Details, die aus seiner „Werkstatt" überliefert werden und von der Erdhaftigkeit und Mühseligkeit des Schreibens Zeugnis geben. In der Breslauer Gelehrtenstube stehen der Schreibtisch und die Werkbank, die Wittig zum Anfertigen von kunsthistorischen Modellen dient, in

---

[39] A.a.O., 5. - Vgl. Ostern am Wegrand, 1; Im Anfang , 281.
[40] Vgl. Hermann Stehr, 258; Rez. O. Bardenhewer, Geschichte der altkirchlichen Literatur, 300; Rez. J. Schäfer, Basilius des Großen Beziehungen zum Abendlande, 1744.

unmittelbarer Nachbarschaft und bilden eine „Kombination, die wohl nicht häufig sein dürfte."[41] Als Wittig 1915 zum geschäftsführenden Direktor des theologischen Seminars gewählt wird, beginnt er in den Semesterferien, gemeinsam mit seinem Bruder *August* das Theologicum in eine Tischlerwerkstätte zu verwandeln, um „mit Hilfe seiner Kunst die öden Räume des Seminars zu einer heimatlichen Stätte wissenschaftlicher Arbeit zu machen."[42] Die Arbeit am Aufsatz „Die Erlösten" entspringt nach Wittigs Zeugnis seiner renovierenden Schreinerarbeit an der Holztreppe des Elternhauses; beim Bau des Hauses im Erlengrund liegt dem Bauherren daran, daß Berge und Hügel, Felder und Wiesen die Atmosphäre der Räume prägen und dem erdverbundenen Glauben und Schreiben Nahrung geben.[43] Die mit Bildern und Heiligenfiguren gestaltete Studierstube in der ersten Etage des Hauses beherbergt die Bibliothek und den Schreibtisch Wittigs. Sie ist eine Zufluchtsstätte, die dem öffentlichen Leben des Erdgeschosses entzogen ist. In ihr - und nicht in der Wohnstube - werden am Sonntag die häuslichen Gottesdienste der Familie mit Gebeten aus dem Schott-Messbuch und mit dem Segen über Brot und Wein gefeiert.[44] Hier werden sonntags die Familiengeschichten der vergangenen Woche in das Buch der Haus-Chronik eingeschrieben; hier wird die beglückende Freiheit und die bis zur körperlichen Erschöpfung gehende Mühsal des Schreibens erfahren. Die Nachtstunden werden für den unter Schlaflosigkeit leidenden, zeitweise von Schlafmitteln abhängigen Autor zu wichtigen Schaffensphasen.[45] In der Angefochtenheit des Schreibens ist es für Wittig von großer Bedeutung, sein Schreiben hineinverwoben zu wissen in einen geistlichen Rahmen, der sich in der Welt religiöser Zeichen und heiliger Zeiten manifestiert. So berichtet Wittig über die Niederschrift des Buches „Roman mit Gott": „Erst am St. Michalstage, einem meiner privaten, aber sehr seligen Festtage, entschloß ich mich, einige Zeilen

---

[41] Vgl. Brief an Ferdinand Piontek v. 27. 3.1915. - Vgl. K. Hofmeister, Im Gespräch mit A. Wittig (Sendung in HR 2 am 28.11.1989), 3.

[42] H. Förster, Lebensbild, 40.

[43] Vgl. Aussichten, 7-10.

[44] Gespräch mit Bianca Prinz am 2.1.1997.

[45] Vgl. u.a. Briefe, 254, 334, 354, 382.

zu versuchen, die ersten dieses Buches."[46] Wittig stellt sich nach eigenem Bekunden auf das Schreiben ein, indem er die Bibel zur Hand und an ihr Maß nimmt: „Wenn ich den Grund dafür angeben sollte, könnte ich vielleicht nur sagen, daß ich dann besser in den zu schreibenden Text hineinkomme."[47] Seine Predigtaufzeichnungen habe er mit den drei Buchstaben „V.S.S.", „veni sancte spiritus", begonnen; ungeschrieben stehe die Bitte um den Heiligen Geist über allen Briefen, Aufsätzen und Büchern.[48] Die Haus-Chronik beginnt und beschließt Wittig mit Segens- und Gebetsrufen: „Deo Gloria sempiterna! Am 2. Oktober 1934. Joseph Wittig."[49] Daß Feder und Schreibmaschine lebendig am geistlichen Geschehen teilnehmen, steht für Wittig außer Frage. Liebevoll nimmt er - zum Abschluß eines Franziskus-Aufsatzes - die Schreibmaschine in den Sonnengesang auf: „Und nun bittet mich meine Schreibmaschine, ich möchte sie ein einzigesmal meine Schwester nennen. Ich habe sie oft schon meine Orgel genannt, auf deren Tasten ich Loblieder auf Gott spielen durfte."[50]

2. Schreiben als Diktat

Der geistliche Horizont, in dem sich die Sprachhandlung des Schreibens findet, wird für Wittig in der Selbstkennzeichnung als „Schreiber Gottes" greifbar. Für einen Schreiber ist es wesentlich, im Auftrag eines Anderen zu schreiben: in dessen Namen, auf dessen Befehl, auch mit dessen Worten. Diese Abhängigkeit des Schreibers vom Diktierenden zeichnet Joseph Wittigs Selbstverständnis aus: „Es war mir wie ein Befehl, das Buch zu schreiben. Ich kann gar nicht sagen, mit welcher Gewalt er kam."[51] Wittig erfährt sich nicht als selbstmächtiger Erzähler, sondern sieht sein Schreiben bedingt durch „das wundersame Etwas, (...) das sich in dem Werk der Künstlerhand niederläßt und aus ihm heraus wirkt."[52] Immer wieder sieht sich der

---

[46] Roman mit Gott, 124.

[47] Das Buch der radikalen Wirklichkeit, 317.

[48] Vgl. Briefe, 274; A. M. Goldmann, Joseph Wittig, 158.

[49] Haus-Chronik I, 342. - Vgl. Stammbuch, 98.

[50] Der heilige Troubadour, 12.

[51] Höregott, 408. - Vgl. Überwindung und Heimkehr, 253.

[52] Der Ungläubige, 63.

Schreiber konfrontiert mit einer seiner Selbstmächtigkeit entzogenen inneren Notwendigkeit. Diese Abhängigkeit bedeutet Segen und Last zugleich. Das Schreiben entspringt dem Auftrag, der Sendung, der gesegneten Feder; damit haben aber auch die Unterbrechungen und Wortverluste ihren Ursprung im göttlichen Auftraggeber. Vom Schreiber wird verlangt, sich hörend dem Diktierenden anzuvertrauen: „Ich will es ganz Gott überlassen, was er mir in die Feder geben will."[53] Der Name des Initiators ist in diesem Schöpfungsgeschehen weniger entscheidend als das geradezu prophetische Bewußtsein des Gedrängt- und Beauftragt-Seins. Statt des ausdrücklichen Gottes-Namens finden sich auch vorsichtig-suchende Umschreibungen der schriftstellerischen Verwiesenheit: Der Glaube diktiert, gute Geister oder Engel wirken, eine Stimme spricht, ein Buch selbst drängt danach, geschrieben zu werden[54]. Immer wieder ist es ein „Es", ein „Etwas", das von Wittig staunend als alles motivierende Antriebskraft erlebt wird.[55] Differenziert und ineinander verwoben beschreibt er die vielfältige Gestalt dieser göttlichen Herausforderung zum Schreiben:

> „Ich hatte den Befehl bekommen zu schreiben. Ich hörte ihn aus dem Mund eines Menschen, aber er kam anderswoher; kam aus Notwendigkeiten, die tausendfach verwurzelt waren in der Welt und ihre drängende Kraft aus dem Willen Gottes zu saugen schienen, so daß ich glauben mußte, der Befehl komme von Gott. Der Befehl ward aber aufgenommen von der gesamten Kreatur, die mich umgab. Überallher kam es mir: 'Schreibe!'"[56]

Das Kriterium gelingenden Schreibens ist für Joseph Wittig daher kein inhaltliches, sondern ein formales. Hörende Aufmerksamkeit und feinfühlige Sensibilität für die miteinander verwobene Sprache von menschlicher Stimme, kreatürlicher Welt und göttlichem Ruf sind der notwendige Ausgangspunkt, den Wittig wiederholt benennt: „Alles, was ich in diesem Buch geschrieben, habe ich in jenem Vierteljahr

---

[53] Leben Jesu II, 39. - Vgl. Briefe 99, 419, 430; Leben Jesu I, 135, 398; II, 464; Roman mit Gott, 15, 49, 202.

[54] Vgl. Aussichten, 143; Höregott, 106; Neue Einblicke, 595; Siehe, ich verkündige Euch, 1113; Briefe, 353, 419; Roman mit Gott, 165.

[55] Vgl. Laß den Mond am Himmel stehn, 244; Leben Jesu I, 398; Aussichten, 26; Christgeburt, 41.

[56] Im Anfang, 288.

erhorcht."[57] Das Hören oder der *Gehorsam* gilt als die entscheidende Voraussetzung für eine adäquate Sprache. Ihn gilt es je neu einzuüben. Geduldiges Zuhörenkönnen ist für Wittig der Anfang allen Schreibens. „Da fallen ihm", beschreibt Wittig die Erfahrung des Autors, „manche Worte und Sätze ein; das heißt, manche Worte setzen sich zu ihm, und er beginnt sich mit ihnen zu unterhalten."[58] Der Gehorsam für das im Diktat Gesagte lebt vom Augenblick. Das Gegenwärtige will wahrgenommen, empfangen und geschrieben sein. Er habe keinen Vorrat an Weisheit, erklärt Wittig, das Geschriebene komme ihm „rein für den Augenblick" zu, so daß er es nicht vermöge, „ein und dasselbe zweimal zu sagen."[59] Sein Handwerk als Schreiber entspringe - erläutert Wittig in seinem Spätwerk „Roman mit Gott" - ganz dem *kairos* des Augenblicks: „Die Gedanken kamen mir zugeflogen und waren gleich hübsch geformt und gekleidet."[60] Und er fügt wie beiläufig hinzu: „Ich brauchte mir nie ein Konzept zu machen, und nur selten mußte ich in einer Niederschrift ein Wort oder eine Zeile korrigieren."[61] Die handschriftlichen Manuskripte geben Zeugnis von dieser Auskunft: In den Briefen und Tagebüchern oder Originalniederschriften der Erzählungen finden sich kaum Korrekturen, mit präziser Handschrift sind die Gedanken druckreif ins reine formuliert.

3. Schreiben als „Akt des Lebens" und „schüchterner Schritt zur himmlischen Heimat"

Inmitten der Auseinandersetzung um seine Osterbotschaft „Die Erlösten" läßt Wittig seinem Unmut über die unzureichende Einschätzung seiner Kritiker freien Lauf: „Ich schreibe nicht zum Spiel. An jedem Stück hängt Herz und Beruf."[62] Schreiben ist für ihn ein Geschehen, das mit seiner Person zutiefst verbunden ist. Durch den schöpferischen Prozeß gehören bildender Mensch und gebildetes Wort un-

---

[57] Höregott, 393. - Vgl. a.a.O., 415; Aussichten, 38; Junge Christen, 2.

[58] Leben Jesu II, 166. - Vgl. Im Anfang, 284.

[59] Vom Warten, 21. - Vgl. Briefe, 40; Neue religiöse Bücher, 417.

[60] Roman mit Gott, 92.

[61] Ebd.

[62] Brief an Karl Muth v. 20.1.1924, in: Briefe, 54. - Vgl. Leben Jesu I, 168.

trennbar zusammen.[63] Das Schreiben eines Buches ist für Wittig ein „Akt des Lebens";[64] die beim briefschreibenden Vater beobachtete existentielle Bedeutsamkeit des geschriebenen Wortes („Es war dies ein großes Werk für ihn."[65]) setzt sich im Sohn fort. Das Schreiben wird zum Lebenselixier. Wittig gesteht, daß er trotz der Mahnungen seiner Frau *Anka* nicht aufhören könne, zu schreiben: „Sie hat sicher recht, aber wie ein alter Säufer verfalle ich immer wieder meiner Leidenschaft."[66] Noch inmitten der Not der Vertreibung wertet er das Schreiben als Heilmittel gegen die „alte Wunde der Heimatlosigkeit": „Gegen das Verbot des Arztes stahl ich mich des Nachts aus dem Bett und fing an, meine alten Geschichten niederzuschreiben. Da wurde mir ganz wohl ums Herz."[67] Die Heilkraft habe ihren Grund darin, daß sich im Schreiben eine oft überraschende Entgrenzung ereigne: „Ich fing an zu schreiben, kam aber gar nicht zum Thema, wenigstens nicht so, wie ich zu ihm kommen wollte oder wie ich es mir klar gemacht oder gründlich durchdacht hatte. Es entfalteten sich vielmehr die Anfangsworte. Ganze Welten von Wahrheiten und Gestalten wuchsen aus ihnen heraus."[68] Als Wittig gefragt wird, warum er das Wort *veritas* mit Wirklichkeit, statt mit Wahrheit übersetzt habe, gibt Wittig Auskunft über die Genese seines Schreibens:

„Was ich geschrieben habe, schrieb ich aus reiner Eingebung, die ich in einer der Meditationen empfing, einer der allwöchentlichen ‚Anbetungsstunden vor dem allerheiligsten Sakrament', zu denen ich mich als junger Priester verpflichtet hatte, und die zu Quellbrunnen meiner schriftstellerischen Tätigkeit geworden sind. Ich trieb da keine Textkritik am Gotteswort und übte keinerlei philologische Künste, war vielmehr der Überzeugung, daß mich der Hl. Geist auch verderbte oder mehrdeutige Texte richtig und heilsam verstehen ließ. So hatte ich auch für die Übersetzung des lateinischen, meinem Brevier entnommenem Gebetswortes Veritas keine wissenschaftliche Grundlage. Das Wort Wirklichkeit stellte sich einfach dafür ein."[69]

---

[63] Vgl. Neue religiöse Bücher, 415.
[64] Höregott, 412.
[65] Im Anfang, 288.
[66] Brief an Hans Franke v. 26.3.1941, in: Briefe, 352.
[67] Einem falschen Heimatglauben verfallen, 30.
[68] Im Anfang, 288. - Vgl. Toll-Annele, 191.
[69] Brief an Friso Melzer v. 18.5.1942; zit. n. Friso Melzer, Unsere Sprache im

Der Lebensvorgang des Schreibens wird für Wittig zur Begegnung mit dem Ursprung des Lebens und zur Teilhabe am göttlichen Schöpfungswirken, zu einem Akt der Selbstwerdung und der Gottesbegegnung. Im Rückblick auf die Arbeit am „Leben Jesu"-Buch bemerkt Wittig, das Schreiben dieses Buches sei für ihn „ein schüchterner Schritt zur himmlischen Heimat" gewesen.[70] Schreibend erhalte er Zugang zu jener „untergründigen Wirklichkeit", die seine „eigentliche Welt" sei.[71] In einem Sprachgeschehen, das sich der horchenden Wahrnehmung verdanke, ereigne sich eine „Einbildung" Gottes ins Menschenherz, die so wahr sei „wie die Einbildung, die man Welt und Geschichte" nenne.[72] In diesem Sinne vermag Wittig die cartesische Formel des *ego cogito, ego existo* umzuwandeln in die Variation „Ich träume, also bin ich", „Ich dichte, also bin ich."[73]

Die Partizipation am göttlichen Schöpfungswirken macht das Schreiben für Wittig jedoch nicht zur ungetrübten Freude. Schreiben sei auch Last, sei Not und Mühe, von Schlaflosigkeit begleitet und mit Schmerz verbunden: „Halb wahnsinnig und ganz geistesarm schreibe ich alle Ungeheuerlichkeiten nieder, die mir in langen, schmerzensreichen, schlaflosen Nächten eingekommen sind."[74] So sehr die Schöpfung sich danach dränge, ins Wort zu kommen, so sehr sträube sie sich auch vor der Versprachlichung und den „Gefahren unverhüllter Aussage"[75]. In dieser Mühseligkeit bleibt das Schreiben für ihn seine Berufung. Es ist für ihn - gerade auch in der Zeit des Nationalsozialismus - Asyl und Zufluchtsort. Eintauchend in das Nachzeichnen der Lokalgeschichte sei er 1933 über „den Kummer dieser Zeit glimpflich hinweg"[76] gekommen, gesteht er nach der inspirierenden Arbeit am Neuroder Geschichtswerk in Briefen an *Martin Rade*: „In dieser Chronikarbeit bin ich wie auf einem sicheren Schifflein über

---

Lichte der Christus-Offenbarung, 371.
[70] Vorwort, 2.
[71] Vgl. Briefe, 295.
[72] Siehe, ich verkündige euch, 1115.
[73] Vom Warten, 46.
[74] Roman mit Gott, 15. - Vgl. Briefe, 48, 50, 128; Höregott, 8.
[75] Brief an Martin Buber v. 15.10.1929, in: Briefe, 148. - Vgl. Briefe, 159; Aus meiner letzten Schulklasse, 16.
[76] Brief an Martin Rade v. 31.3.1933, in: Briefe, 223.

die Wellen und Untiefen dieses Jahres gekommen, hab wenig von der gegenwärtigen Welt gespürt und bin wunderbar gesund geblieben trotz der vielen Nachtschichten."[77]

III. Die Sprache

1. Diskretion, Sprachlosigkeit und der Versuch, das Unsagbare zu sagen

Wenn man – erinnert sich Wittig - in seiner Glatzer Heimat von Sachverhalten rede, die den Horizont des menschlichen Begreifens übersteigen, könne man vom Zuhörenden die Redewendung vernehmen: „Man möcht' sprechen...". Der Satz bleibe unvollendet; das Staunen über das Unglaubliche finde so einen angemessenen sprachlichen Ausdruck. Eigentlich sei nur Schweigen angezeigt, doch die Sehnsucht nach treffenden Worten bleibe und manifestiere sich in dem unvollendet gelassenen Satz: „Man möcht' sprechen...".[78] Sensibel nimmt Wittig das Verborgene und Doppelbödige in seiner Muttersprache wahr. Er beobachtet, daß nicht alles, was gesagt ist, so gemeint ist, wie es gesagt wird. Es gebe eine Diskrepanz zwischen dem Ausgesprochenen und dem implizit Intendierten. Unter der Oberfläche des Gesagten seien verborgene Sprachebenen, Anspielungen, Meta-Botschaften, die es mitzuhören gelte. Die Frechheit der Großstadtjugend sei die Tarnung einer uneingestandenen Ehrfurcht. Bei den verliebten „jungen Burschen" sei die Doppelbödigkeit besonders deutlich: „Den Kameraden gegenüber bedecken sie die Zartheit, mit der sie zu ihrem Mädchen und deren Eltern sprechen, mit Frechheit. Je frecher sie sich äußern, desto sicherer meinen sie ihr Geheimnis zu schützen."[79] Der Schutz der Intimsphäre und das Wissen um die Verletzlichkeit des Menschen sind für Wittig Motive für die verbergende Rede. Die Furcht vor der Marktschreierei, vor Gafferei und Fragerei führe zum notwendigen Selbstschutz: „Das Wertvollste tut man nicht

---

[77] Brief an Martin Rade, Weihnachten 1935, in: Briefe, 254.
[78] Der Weg zur Kreatur, 157.
[79] Das Volk von Neusorge, 98. - Vgl. Super Aquas, 125; Bergkristall, 95; Leben Jesu II, 106.

ins Schaufenster."[80] Wittig selbst pflegt diese Kunst beredten Schweigens. So sehr er Persönliches preisgibt, achtet er auf die Grenzziehung und setzt plötzlich in den Erzählduktus die Aufforderung: „Laßt mich schweigen über diese Stunden!"[81] Daß es ein Wagnis bleibt, von sich zu erzählen, muß Wittig in der Konsequenz seines Schreibens leidvoll erfahren.

Diskretion ist eines, Sprachlosigkeit ein anderes. Für manche Lebenserfahrungen fehlt es nach der Beobachtung Wittigs an Sprachfähigkeit. Unsicherheit und Tabuisierung sind Folgen, die zu einer weiter wachsenden Sprachlosigkeit führen. Besonders für den Bereich des Glaubens stellt Wittig Scheu und Unvermögen fest. Er konstatiert 1923, „daß es heute weite Kreise von Gläubigen gibt, in denen grundsätzlich wie infolge einer gesellschaftlichen Vereinbarung kein Wort über Gott und Jesus Christus gesprochen wird."[82] Als Ziel setzt er dagegen „das Mündigwerden aller, damit nicht nur die Amtsinhaber mündig werden und die anderen alle in der Unmündigkeit bleiben"[83]. Mündigkeit und Sprachfähigkeit gehören für Wittig zusammen. Die Angst vor Sanktionen für Unerhörtes und Störendes und die plakative Oberflächlichkeit zeitgenössischer Sprachklischees sind zwei von Wittig benannte Gefährdungen auf dem Weg zur Mündigkeit der Christenmenschen.[84] Ein wesentliches Charakteristikum einer mündigen christlichen Sprache ist für Wittig der Freiraum, der im Sprechen für das Unaussprechliche entsteht. Da das Leben ein Geheimnis sei, das sich selbst mit vollkommenster Eloquenz nicht enthüllen lasse, verfehle derjenige, der sich ihm mit Erklärungsabsicht nähere, dieses Geheimnis. „Ich weiß nicht," schreibt Wittig, „ob ich das, was ich sagen will, ganz verständlich sagen kann. Ja, wenn ich es verständlich sagen könnte, wäre es deshalb nicht das ganz Richtige."[85] Eine angemessene Sprache sei nicht abschließend, sondern aufschließend, nicht definitorisch festlegend, sondern eröffnend. Das Wissen um den un-

---

80 Aussichten, 77. - Vgl. Bergkristall, 66, 105; Der Ungläubige, 75, 207.

81 Leben Jesu I, 156. - Vgl. Herrgottswissen, 92; Leben Jesu II, 155; Aussichten, 87; H. Förster, Lebensbild, 44.

82 Das allgemeine Priestertum, 38.

83 Die Kirche als Auswirkung und Selbstverwirklichung, 203.

84 Vgl. Leben Jesu I, 411; Der Ungläubige, 172, 313; Getröst, 90.

85 Der Ungläubige, 313.

faßbaren Mehrwert des Lebens findet sich bei Wittig in kontinuierlich eingestreuten Interzessionen, in denen die Relativität des Sagbaren erinnert wird: „Ich kann es nicht mit Worten sagen, wie es eigentlich war."[86] Die Sprache kommt an ihre Grenze, wo sie Unsagbares aussagen soll, findet aber gerade ihre Erfüllung darin, so zu sprechen, daß sich in ihr Unaussprechliches ausspricht.[87] Ihm werde bisweilen das Geschenk zuteil, daß die Worte zu reden anfingen und er sie plötzlich zu verstehen beginne. Wenn er - was er hin und wieder tue - Worte mit Ehrfurcht laut ausspreche und vor sich hin sage, wie man ein Lied vor sich hin zu singen pflege, könne es geschehen, daß er ein neues Verhältnis zu diesen Worten finde. Sie verflüchtigten sich nicht wie Phrasen, „sondern stellen sich vor mich hin, und ich muß durch sie hindurchgehen, und ich glaube, ich finde in ihrer Mitte den Quell, dem sie entströmen."[88] Martin Buber ist für Wittig ein Lehrmeister dieser Sprache. Beim briefschreibenden Buber sei es gewesen, „als müsse er jedes Wort erst mit Gold oder mit Leben bezahlen, ehe er es niederschrieb; und er schrieb es dann in so sorgsamer Schrift, als wäre es ein Heiligtum. Ich habe erst durch ihn die Ehrfurcht vor jedem Wort, nicht nur dem sakralen, gelernt."[89]

2. Die Dramaturgie des erzählerischen Werkes

In den Herrgottsgeschichten und autobiographischen Texten, aber auch in Briefen und Aufsätzen, ist Joseph Wittig selbst der „Ort" oder die „Bühne", auf der sich verschiedene Welten begegnen. Das Schreiben ist für Wittig das geheimnisvolle, produktive Geschehen, bei dem sich Kreatur und Wort, Einprägungen und Zu-Fälle *in ihm* zu etwas Neuem vereinen.[90] Zur Kennzeichnung der schriftstellerischen (Selbst-)Expression wählt Wittig das Bild des Theaters:[91]

---

[86] Leben Jesu II, 444. - Vgl. u.a. Herrgottswissen, 36; Die Kirche im Waldwinkel, 21, 104, 199, 217; Wiedergeburt, 65; Leben Jesu I, 285, 496; Aussichten, 109, 122; Wir dürfen auch heute noch Feste feiern, 4.

[87] Vgl. Die Kirche im Waldwinkel, 168.

[88] Vom Warten, 59.

[89] Martin Buber oder das mächtige Dasein, 888.

[90] Vgl. Briefe, 41, 373; Aus meiner letzten Schulklasse, 15/6.

[91] Wiederholt begibt sich Wittig in die Welt der Theaterkulissen und Schauspieler: Er erzählt vom theaterspielenden Handelsmann und dem bethlehemitischen

„Es ist mir einmal eingefallen, daß der Mensch in Leib und Seele eine Bühne sei, auf der allein die Spiele Wirklichkeit werden. Geladen sind alle Scharen der geistigen Welt, umringen bald als Zuschauer die Bühne, bald als Chöre, die vom Sinn des Spieles reden - bald schreiten sie auf die Bühne und mischen sich in das Spiel und spielen ihr eigenes Dasein und Wesen."[92]

Dieses Selbstverständnis als Bühne, auf der das Mysterium der Welt spielt, hat Konsequenzen für das Schreiben. Wittig ist als Autor die „Projektionsfläche", auf der sich private, politische, historische, biblisch-erzählte und liturgisch-tradierte Erfahrungen begegnen. Zugleich ist er es auch, der für die Inszenierung zuständig und mit seiner Phantasie aktiver Gestalter des Geschehens ist. Assoziativ fügt er Einfälle zusammen: Dialoge und Tagträumereien, Geschichten und theologische Diskurse, Predigten und wissenschaftliche Abhandlungen werden collagiert und in oft überraschender Konstellation nebeneinandergestellt. Appellative und deskriptive Sprachformen wechseln, differierende Zeit- und Raumebenen werden ineinander geblendet. Insofern ist Wittig mehr als ein narrativer Theologe. Die Vielfalt der Sprachformen, die von ihm auf der Bühne präsentiert werden, kennzeichnet die theologische Dramaturgie Wittigs. Exemplarisch läßt sich diese Form am Osteraufsatz „Die Erlösten"[93] aufzeigen:

Wittig eröffnet den Aufsatz mit einem autobiographisch erzählenden Kapitel aus dem Alltag des Schuljungen (14-16 und 19-22), in das er als erklärende Interzession einen Blick auf die Situation des katholischen Milieus in seinem Heimatdorf einfügt (16-19) und in dem er in einer weiteren Unterbrechung in einen kurzen Dialog mit Dämonen und dem Heiland gerät (20-21). Der Zeitsprung in die Studentenjahre gelingt Wittig, indem er das bisher Erzählte als im Studium Erinnertes darstellt: „Alle diese Dinge kamen mir wieder ein, als ich in meinen Studentenjahren das Kolleg über Dogmatik hören mußte."(22) Wittig erzeugt so den Eindruck einer sich kontinuierlich fortsetzenden Weiterentwicklung. Den Auftakt der Studienerinnerung bildet eine Satire über *den* Dogmatiker (22-23) und eine kurze Angabe über den Stand der Studiensituation, um dann „endlich" die Lehre von der Erlösung zu hören (23). Doch bevor es zu einer Entfaltung dieser Lehre kommt, wird

---

Kindermord, den Joseph mit seiner Schwester Hedwig nachspielt. Er erinnert sich an das Theater mit Waisenjungen im Breslauer Kloster und reflektiert über die Größe und die Gefährdung der Schauspieler (vgl. Herrgottswissen, 97, 167; Leben Jesu I, 92, 96, 358; Der Ungläubige, 167, 169-77, 177-80).

[92] Der Ungläubige, 177.

[93] Die Erlösten, 14-59.

eine weitere Situationsbeschreibung eingeschoben: gestaltet als Dialog der Studenten auf dem Weg zum Hörsaal (23-27) und - innerhalb dieses Dialoges - als eine dem Mitstudenten abgerungene Schilderung der gegenwärtigen religiösen Situation (25-27). Schließlich beginnt der Dogmatikprofessor mit seinen Ausführungen, die kommentiert werden durch den Dialog der Studenten (27-29). Fast unvermittelt wandelt sich diese Auseinandersetzung um in eine appellative Anrede an die Dogmatiker (30-32): „O, ihr Dogmatiker, zeigt mir das erlöste Volk!... Seht doch noch einmal nach in den Schatzkammern..." (30) Nach dieser Rede folgt ein Szenenwechsel. Mit dem Stilmittel sukzessiver Weiterführung leitet Wittig in seine Kaplanszeit über und legt seine gegenwärtig formulierte Kritik mehr als 20 Jahre zurück: „So ähnlich habe ich gedacht, als ich das Kolleg über die Erlösungslehre hörte und als ich dann als junger Priester vor das Volk hintrat..." (32). Es folgt eine erneute Kennzeichnung der pastoralen Situation (32-34) und mit Rückblick auf Pelagius und Augustinus die Formulierung zentraler theologischer Topoi (34-37), in die Wittig den Widerspruch und die Zustimmung seiner Freunde und Bekannten einwirft und so die zu erwartenden zukünftigen Konflikte mit prophetischer Klarheit in den Text mit aufnimmt (36). Es folgt ein längeres Gespräch mit einem Freund (37-41) und eine Predigt, in der die zentralen Aussagen des Aufsatzes genannt werden (41-51). Diese Predigt wird mehrmals unterbrochen vom inneren Dialog des Predigers mit den Hörern und einem durch die Kirche schleichenden Dämon. Mit einem Ortswechsel wird ein Abschnitt kirchengeschichtlichen Rückblicks in die Zeit des Urchristentums eingeleitet (52-54), an den sich nach einer kurzen Überleitung die Erzählung vom Schuster und Kirchvater anschließt (54-56). Auf den narrativen Teil folgt wieder eine beschreibende Passage der gegenwärtigen kirchlichen Situation (56-57), sowie ein Rückblick auf die Mystik (57-59), der umgeben ist von zwei abschließenden Appellen (57 und 59).

Auf der inneren Bühne findet sich ein vielfarbiges Ensemble von Personen, Gedanken, Beschreibungen und Aufforderungen. Durch die Variation der Sprachmodi - Dialog, Erzählung, Darstellung und Appell - gelingt es Wittig, das Thema zu umkreisen, bei den Lesenden Spannung aufrecht zu erhalten und emotionale und kognitive Seiten gleichermaßen zu aktivieren. Mit der Personalisierung von Positionen holt er Gedanken und Ideen auf die Bühne und läßt die Dynamik und das Prozeßhafte einer spannungsreichen Auseinandersetzung spürbar werden. Wittig greift das in der Grafschaft Glatz übliche Stilmittel des narrativen Rollenspiels auf. Dieser innere Dialog ereignet sich bei Wittig nicht nur im literarischen Schaffen, sondern ist Teil auch der nicht aufgeschriebenen Reflexionsprozesse, wie Wittig mit dem Hinweis auf eine alte Kiefer in Neusorge verdeutlicht:

„In Gesprächen mit mir selbst unter diesem Baum nimmt der Baum eine der beiden Gesprächsrollen. Wenn mich jemand fragt, mit wem ich da rede, muß ich sagen: 'Ich mit mir selbst.' Sind denn zwei Redende in mir? Ich sage nicht, daß zwei Ich miteinander reden, sondern nur der eine bin 'ich', den anderen benenne ich als 'mich': es ist einer, der keinen Nominativ hat, wie 'Ich' keinen Akkusativ, und dieses einen, der keinen Nominativ hat, dieses einen Gesprächsrolle übt der Baum."[94]

In der Phantasie Wittigs sind diese scheinbar irrealen Gespräche ebenso wirklich wie vermeintlich historische Sachverhalte; auf der inneren Bühne verliert eine Trennung in „wirklich" und „unwirklich" ihre Macht. Wittig liebt es, mit dieser Entmachtung zu spielen, die Grenzen von Raum und Zeit aufzubrechen und die Erwartungen der Lesenden zu irritieren:

„In jener Zeit, als die Hohenpriester Annas und Kaiphas immer noch den Zugang zum Allerheiligsten des Tempels für sich allein beanspruchten, als Pontius Pilatus immer noch die Frage stellte: 'Was ist Wahrheit?', als die Pharisäer und Schriftgelehrten immer noch nicht tot waren, sondern die Wahrheit in Pacht hielten - es kann erst einige Wochen her sein - da ging der Herr durch die Straßen meines Studierzimmers."[95]

Bisweilen nimmt Wittig sogar den nachfragenden Zweifel der Zuhörenden mit auf, um ihn dann überraschend umzukehren. „Ich kann nicht sagen," erzählt er in einer Krippengeschichte, „daß die heiligen drei Könige bei diesem Anblick auf einmal die Köpfe in die Höhe reckten und in Freudenrufe ausbrachen. So etwas gibt es bei holzgeschnitzten Krippenfiguren nicht. Aber es war doch eine mächtige Erregung; ich spürte sie bis in mein Herz hinein."[96]

3. Sprachformen und Verknüpfungen

Joseph Wittig schätzt das Spiel mit der Sprache. Er geht den Worten nach und nimmt sie beim Wort. Die verschwundene Mütze hat mit einer verlorenen Behauptung zu tun, das Anfangen mit Fangen, Aufhören mit Hören, und Gegenstände stehen gegenüber, wenn nicht gar

---

[94] Der Weg zur Kreatur, 148.

[95] Die Legende vom Herrn, 1.

[96] Der Ungläubige, 303.

entgegen.[97] Alliterationen, Lautmalereien und Diminutiva durchziehen das Werk Wittigs: Es liegt ein „lichtes Lächeln" über der Wölfel, der Bach „spritzt und stäubt" und mit „Glucken und Gleiten" beginnt er seinen „Sturz in die Schlucht"[98]; „Christkindleins Windelein" und „Das Fliegenschnäpperlein" werden zu Überschriften in Wittigs Herrgottsgeschichten.[99] Durch mundartliche Einschübe - „Nee, Jengla, wos brengst de denn do wieder!"[100] - und die Übernahme von Glatzer Redewendungen wie „Ja Quarkspitze!"[101] oder Namengebungen wie „Toll-Annele", „Keetla-Tone" oder „Wartock-Franze" erhalten die Geschichten eine umgangssprachliche Prägung.[102] Bei aller Freude am Sprachspiel bedeutet diese Wortwahl für Joseph Wittig mehr als ein Spiel um des Spieles willen. Er sucht nach einer Gestalt der Sprache, die dem Beschriebenen in Stil und Form entspricht und es als eine „Vollplastik des ursprünglichsten Lebens" darzustellen vermag.[103] An dieser plastischen Sprache haben die Bilder und Metaphern Anteil, die das Werk Wittigs prägen. In vielen Überschriften dominiert das verbindende „Und": „Das Leben Jesu in Palästina, Schlesien und anderswo", „Meine 'Erlösten' in Buße, Kampf und Wehr", „Papst Damasus, Martin Rade und ich", „Moses, Barlach und wir", „Die Himmelskönigin, die Hexe Udali und Rübezahl".[104] Bereits in der als Habilitationsschrift vorgelegten Untersuchung zu „Filastrius, Gaudentius und Ambrosiaster" beschreibt er 1909 die Beziehung der drei Gelehrten, versieht sie jedoch mit der Einschränkung: „Trotz der großen Zahl sprachlicher und gedanklicher Übereinstimmungen ist es doch sehr schwer, genauer zu bestimmen, worin denn diese Beziehungen (...) bestanden haben."[105] In den späteren

---

[97] Vgl. Schweigendes Warten, 477; Im Anfang, 289; Aus meiner letzten Schulklasse, 7;

[98] Aussichten, 63.

[99] Vgl. Toll-Annele, 53-57, 166-171.

[100] Vaterunser, 6.

[101] Bergkristall, 108.

[102] Vgl. Gold, Weihrauch und Myrrhe, 49-58; Toll-Annele, 39-44. - Vgl. G. Pachnicke, Joseph Wittig. Mensch und Werk, 52-56.

[103] Brief an Karl Muth, Christi Himmelfahrt 1922, in: Briefe, 31.

[104] Vgl. Der Papst Damasus, Martin Rade und ich, 305-308; Christgeburt, 101-105; Die Himmelskönigin, die Hexe Udali und Rübezahl, 230-33.

[105] Filastrius, Gaudentius und Ambrosiaster, 50.

Geschichten geschieht die Kombination verschiedener Welten vielfach in biblischen und liturgischen Kulissen. Wallfahrtsschuhe und Jesaja-Visionen, Osterwasserholen und Emmausgeschichte werden miteinander in Beziehung gesetzt; Konzilien finden vor der Gastwirtschaft statt, das männliche Schnupftabak-Teilen wird zur Kommunion und die verrostete Konservenbüchse tritt an der Breslauer Marienfigur in den Dienst des Reiches Gottes.[106] Durch seine liturgischen Erfahrungen ist Wittig Gegenwärtigsetzungen gewohnt. Die Riten, in denen Wittig von Kindheit her lebt, spielen mit den Räumen und Zeiten, aktualisieren sie und bringen in sakralem Drama die Welten zueinander. Die Lieder und Heiligtümer der Glatzer Heimat begeben sich naiv-treffsicher auf diese Grenzüberschreitung. Von ihrer Frömmigkeit ist Wittig geprägt. In ihrem Horizont gestaltet er sein „Evangelium", bei dem er Bibelbilder und gegenwärtige Momentaufnahmen ineinanderblendet: Der Schreibtisch wird zum Ölberg, der Haufen Gerümpel im Schuppen verwandelt sich zum Berg der Verklärung, Göhrde und Heliopolis tragen gemeinsam das Signum einer Zufluchtsstätte der Geflohenen.[107] Den Lesenden eröffnen sich im Zusammenbringen solch verschiedener und in ihrer Konstellation befremdlicher Wirklichkeiten ungewohnte Fragen: Wie haben die gehütete Kuh und die erträumte Geige für den sinnierenden Hirtenjungen Ähnlichkeit? Was macht die Verbindung von Alma Mater und Muttergottes aus? Wieso haben die Hirten von Bethlehem und schlesische Musikanten miteinander zu tun? Und was bedeutet es, wenn ein flatternder Hahn die Konturen Alexander des Großen trägt?[108] Anders als eine festlegende Deskriptionssprache ist die von Wittig gezeichnete Bildwelt angelegt auf einen offenen Prozeß des Assoziierens, an dem die Lesenden wesentlich beteiligt sind. Daß Wittig mit seinen Schriften nicht eindeutig festlegbar ist, daß die Fülle von Anspielungen und Konnotationen sich der Macht der Definition entzieht, daß mit seiner Bildwelt Phantasiepotentiale freigesetzt werden, die nicht per Instanz kontrollierbar sind, kurz: daß „von Lesern, die nicht ge-

---

106 Vgl. Herrgottswissen, 70; Die Kirche im Waldwinkel, 198; Getröst, 44; Der Ungläubige, 87, 262, 264, 285.

107 Vgl. Leben Jesu I, 405; II, 253; Christgeburt, 15.

108 Vgl. Herrgottswissen, 4; Leben Jesu II, 33; Die Pifferari in der Heiligen Nacht, 1142; Aussichten, 19.

nügend geschult sind, fehlsam schädliche Folgerungen gezogen werden, die über das Intendierte weit hinausgehen"[109], macht die Befürchtung eines auf definitorische Klarheit bedachten Lehramtes aus.
Ob diese Herausforderung zu mündiger Kreativität dem Wahrheitsgehalt theologischer Rede angemessener ist und der biblischen Norm
eher entspricht als eine deskriptiv-normative Sprache, ist ein entscheidender Konfliktpunkt in der Auseinandersetzung um Wittig.

Die Differenzen von Zeit und Raum und unterschiedlichen Persönlichkeiten spielen auf der inneren Bühne Wittigs nur eine marginale
Rolle. Es soll nicht abgegrenzt, sondern in Beziehung gebracht werden; der Akzent liegt auf der Vergleichbarkeit oder Ähnlichkeit. Zeit
und Raum verschwimmen für den Erzählenden, für den Schreibenden
gibt es etwa „zwischen dem Jahr zweiunddreißig nach Christi Geburt
und dem Jahr achtzehnhunderteinundneunzig (...) keine Spur einer
zeitlichen Entfernung", ebensowenig wie eine räumliche Trennung
„zwischen den Bergen von Galiläa und den Bergen der Grafschaft
Glatz".[110] Das Gewesene ist nicht mehr nur Vergangenheit, sondern
reale Gegenwart, das Jetzige erhält Deutung und Wegweisung im
Licht dieses vergegenwärtigten, lebendigen Geschehenen.

Diese Übertragung der eigenen Wahrnehmung auf die beschriebenen
Personen gilt nicht nur für Jesus Christus, sie findet sich bei Wittig
auch hinsichtlich anderer Personen.[111] Dem briefschreibenden Vater
geht es wie dem aufsatzschreibenden Sohn; von *Hans Franke* erzählt
Wittig zum Auftakt des gemeinsamen Buches: „Dem Maler Hans
Franke ging es in einer einsamen Stunde so wie mir", um dann zu
ergänzen: „Dem Maler Hans Franke geht es immer ähnlich wie
mir."[112] In seinem Bemühen, Ähnlichkeit zu entdecken und Differenzen zu überbrücken, sieht sich Wittig jedoch auch mit der Erfahrung
von bleibenden Ungleichzeitigkeiten und Unähnlichkeiten konfrontiert. Wittig besteht darauf, daß das Leben, Gott, die Wirklichkeit und
er selber „anders" und größer sind als die vorgegebenen Schemata.
Mit retardierenden Einschüben versteht Wittig Neugier zu wecken

---

[109] Brief v. Kardinal Bertram an J. Wittig v. 18.4.1922, in: Das Alter der Kirche III, 10.

[110] Das Wunder der Nähe, 7.

[111] Vgl. Leben Jesu I, 134; Im Anfang, 282, 285; Herrgottswissen, 75, 99.

[112] Bergkristall, 5, 18.

und Spannungsbögen aufzubauen. In der Spannung von bereits erzähltem Anfang und noch offenem Ausgang einer Handlung ist Raum für Phantasie. Die Unterbrechung birgt eine Vielfalt von Möglichkeiten, die real und irreal zugleich sind. Das, was sein könnte, ist Bestandteil dessen, was ist. Wittig beschreibt diesen Freiraum, indem er von der leeren Dachkammer neben seiner Stube in Breslau erzählt: „Ich ging oft hinein, nicht nur, um durch das kleine Dachfenster auf das Leben der Hirschstraße hinabzuschauen, sondern auch - wie soll ich sagen? - um mir auszudenken, was in dieser Kammer alles geschehen könnte, Süßes oder Schauriges, ich wußte nicht was. Manchmal meinte ich, Gott müsse in dieser Kammer sein."[113]

IV. Die Adressaten

1. Erzählen 'coram publico'

Selbst in der Zurückgezogenheit seiner Schreibstube erzählt Joseph Wittig *coram publico*. Zutreffend findet *Elly Heuß-Knapp* für Joseph Wittig das Bild eines orientalischen Märchenerzählers, der sich am Brunnenrand der Alltagswirklichkeit niederläßt, die Vorbeigehenden in die bunte Welt seiner Erzählungen hineinzieht und die Kunst der vielschichtigen Rede beherrscht: „Oft muß man mitten im Zuhören in der Miene des Erzählers forschen, ob er nun Ernst macht oder Spaß. Um seinen Mund spielen tausend Lichter des Humors, des Spotts, der Freude - ein Glück, daß durch die Brillengläser die Augen warm und liebevoll blicken."[114] Der Lebensgeschichtenerzähler versteht die spielerische Zuwendung zu seinen Zuhörern. Unvermittelt fügt er in seine Erzählungen Appositionen ein, nennt die Angesprochenen beim Namen und zieht sie mit hinein ins Sprach-Spiel. Die Lesenden werden vom augenzwinkernden Autoren zu vermeintlich geheimen Mitwissern gemacht („... - aber bitte, sagt es nicht meinem Bischof! -"); sie werden motivierend aufgefordert („Probiert es einmal!") oder liebevoll provoziert: „O lieber Leser, sei doch offen und sage es mir,

---

[113] Die Kirche im Waldwinkel, 77/8.

[114] E. Heuß-Knapp, Der Dichter spricht, 1120. – Den Briefen und Tagebuchnotizen liegen andere Strukturen zu Grunde.

daß du dir aus dieser Erzählung keine rechte Nutzanwendung für deine Seele machen kannst."[115] In Form des persönlichen „Du" geschieht zumeist ermutigende Einladung des Einzelnen; das kollektive „Ihr" bietet Wittig die Möglichkeit zu bissigen Spitzen und lockenden Herausforderungen: „Schade, daß ihr sehr dumme Vorstellungen habt. Ihr würdet sonst das Heilige und Göttliche öfters sehen, sogar in Hosen und Hemdsärmeln."[116] Die Anrede richtet sich nicht nur an die Lesenden, sondern an einen fiktiven Kreis imaginärer Kommunikationspartner. Ein illustrer Adressatenkreis wird von Wittig mit Ansprachen bedacht: „O heiliger Thomas von Aquin!", „Armer Petrus!", „Ihr Künstler...", „Du kleine Holzkirche...", „Du liebe Feder...", „O du, mein lieber, gesunder, urwüchsiger, wilder und doch heiliger Glaube."[117] Lebende und verstorbene Personen, Orte und Dinge, Gegenstände und Begriffe werden von Besprochenen zu Angesprochenen, von Beschriebenen zu lebendigen Kommunikationspartnern, vom „Es" zum „Du". „Ich denke und rede gern so," gesteht Wittig, „wie der hl. Franz, der sogar den Schlaf seinen Bruder und Gesundheit und Krankheit seine Schwestern, die Armut sogar seine Braut nannte."[118] Diesen Sprung in die direkte Anrede wagt Wittig ohne vorsichtige Distanziertheit auch auf Jesus hin. Auch er wird in kurz eingeworfenen Interzessionen zum Gesprächspartner Wittigs, ohne daß dieser dabei die Zuhörer aus dem Blick verliert. Im Anschluß an den erzählten Evangelien-Auftakt der Tempelreinigung wirft Wittig ein: „Mein Jesus, war das ein kräftiger Anfang! Selbst ich, dein Schreiber, muß erst wieder Atem holen"[119], um schon im nächsten Satz bei einer schlesischen Pfarrereinführung zu sein. Den Dialogeinschüben ist eine Selbstverständlichkeit zu eigen, in der eine unprätentiös-alltägliche Auseinandersetzung mit Jesus hervortreten kann. „Das war

---

[115] Herrgottswissen, 130. - Vgl. Herrgottswissen, 50-51; Leben Jesu I, 139, 227; II, 347; Der Ungläubige, 200.

[116] Leben Jesu I, 111. - Vgl. Herrgottswissen, 233, 240; Die Kirche im Waldwinkel, 59; Leben Jesu I, 108; II, 138, 361u.ö.

[117] Vgl. Die Erlösten, 30; Leben Jesu I, 213, 354; II, 340; Der Ungläubige, 83, 289; Herrgottswissen, 12, 227; Die Kirche im Waldwinkel, 79.

[118] Leben Jesu I, 294.

[119] A.a.O., 197.

aber auch unverständlich, mein geliebter Meister!"[120], gibt Wittig angesichts eines schwierigen Theologumenons zu bedenken und fragt mit freimütigem Selbstbewußtsein an: „Mein Jesus, daß du das Himmelreich versprichst, erscheint mir in Ordnung. Aber seit wann versprichst du das Erdenreich?"[121] Ähnlich wie bei den Anreden an Weg, Wald und Wiesen scheint Jesus nicht eigentlicher Adressat der Rede zu sein. Die Aufmerksamkeit des Erzählers bleibt trotz der Anreden im Duktus des Erzählten und in der Gegenwart der Hörenden. An welchen Adressatenkreis richtet Wittig seine Erzählungen und Bücher? Während sich die akademischen Publikationen an wissenschaftlich Interessierte wenden, zielen die unter Pseudonym in der Zeitschrift „Heliand" veröffentlichten Erzählungen einen weiteren Kreis von Lesenden an, der dem jugendbewegten Teil des deutschen Katholizismus zuzurechnen ist. Mit den Büchern „Herrgottswissen von Wegrain und Straße" und „Kirche im Waldwinkel" bewegt sich Wittig in der katholischen Leserschaft und weiß um die Rezeption seiner „Hochland"-Aufsätze im deutschen Katholizismus. Mit der Auseinandersetzung um das Imprimatur wandelt sich der Kreis. Mit der Entwicklung zum „Fall" findet sich das schriftstellerische Wirken Wittigs auf dem Tableau einer kontroversen öffentlichen Diskussion, die - in Zustimmung und Anfeindung - über die Grenzen der katholischen Leserschaft hinausgeht. Nach Indizierung und Exkommunikation öffnen sich ihm unter anderem in der jüdisch-christlichen „Kreatur", in den evangelischen Zeitschriften „Christliche Welt" und „Ekkart" oder im Grafschafter „Guda Obend" neue Publikationsmöglichkeiten. Seine Bücher werden als belletristische Werke weiterhin gut verkauft. Ausdrücklich möchte Wittig nun zu denen reden, die sich nach einer Erneuerung ihrer Kirchen sehnen oder denen die Kirchensprache fremd geworden ist, die jedoch noch keine neue Form religiöser Rede gefunden haben. Auch in diesem Leserkreis rechnet Wittig trotz der Verschiedenheit der Organe, in denen er publiziert, mit einer kontinuierlichen Lesergemeinde: Querverweise auf frühere Erzählungen signalisieren eine den Lesern unterstellte Vertrautheit mit dem Leben des Autors. Durch immensen Briefkontakt ist Wittig mit

---

[120] Leben Jesu II, 178.

[121] A.a.O., 65.

vielen seiner Leserinnen und Leser in direktem oder indirektem Kontakt. Nimmt man den Adressatenkreis der Briefe als Indikator für die soziale Herkunft der Leserschaft, so ist von einem bürgerlichen, theologisch interessierten, konfessionell vielfältigen Rezipientenkreis auszugehen. Auch wenn die Lebensgeschichten der „kleinen Leute" in den Erzählungen Wittigs zur Sprache kommen, scheint sich der Leserkreis seiner Geschichten nicht primär aus dieser sozialen Schicht zu konstituieren.[122] Nach der Flucht aus der schlesischen Heimat sind die Schriften Wittigs besonders geprägt durch die Nähe zum Leid der Vertriebenen, mit denen sich der Autor in besonderer Weise verbunden weiß. Mit ihnen erinnert sich Wittig an das Vergangene und sucht nach Lebenswegen in der Gegenwart.

Wittig ist sich bewußt, daß die Publikation seiner Schriften von Bedeutung für die Sicherung seiner materiellen Existenz ist. „Glücklicherweise gingen in den Jahren 1923-27 meine Bücher so gut, daß ich mir das Haus bauen konnte", stellt er 1934 fest.[123] Die Pension des früh emeritierten Professors bedarf der Anreicherung durch die Einnahmen aus den Veröffentlichungen. Die Verhandlungen um Honorare, Auflagen und eine angemessene Vermarktung der Bücher gehören mit zum schriftstellerischen Alltag Wittigs. „Salzer hat diesmal für mein Buch sehr wenig getan. Jetzt, nach 6 Wochen erst drei Besprechungen!" beklagt sich Wittig 1933 in einem Brief an *Emanuel bin Gorion*.[124] Zwar kommt er dem Produktionsauftrag für die „religiöse Kleinindustrie"[125] bisweilen nur widerwillig nach und macht sich über die Fixiertheit der Verleger auf populäre Autoren lustig: „Nur wenn man schon einen Namen hat, beißen die Verleger an," schreibt er an die Nachwuchsautorin *Martha Glaser* und fügt hinzu: „Dann fressen

---

[122] Im Verzeichnis der Briefempfänger des Bandes „Kraft in der Schwachheit" werden u.a. Akademiker, Künstler, Industrielle und Geistliche genannt (vgl. Briefe, 481-90); die Haus-Chroniken geben Zeugnis von Besuchern und Freunden, die primär dem bürgerlichen Milieu entstammen.

[123] Brief an Rudolf und Luise Reich v. 14.3.1934, in: Briefe, 236. - 1925 berichtet Wittig beispielsweise in einem Brief an Karl Muth, die erste Auflage des „Leben Jesu" sei mit ihren 4000 Exemplaren binnen sechs Wochen verkauft gewesen; auch die Erstauflage des Buches „Bergkristall" (3000 Bücher) sei inzwischen vergriffen (Briefe, 73/4).

[124] Brief an Emanuel bin Gorion v. 26.12.1933, in: Briefe, 231.

[125] Brief an Hermann Mulert v. 4.12.1933, in: Briefe, 230.

sie freilich alles."[126] Nüchtern stellt er die Wichtigkeit eines prägnanten Titels fest: „Ich war in meiner Blütezeit, so vor zwanzig Jahren, bekannt und sozusagen berühmt als Erfinder zugkräftiger Überschriften und Büchertitel. (...) Das [Leben-Jesu-]Buch erlebte bald eine zweite Auflage und ist jetzt in 30 000 Exemplaren verbreitet. Sowas macht ein gut gewählter Titel."[127] Das Schreiben von Erzählungen ist für Wittig nicht nur kreative Selbstentfaltung oder Glaubensverkündigung, sondern auch nüchterne finanzielle Notwendigkeit. Auch die Akzeptanz bei einem breiten Publikum ist für das Selbstbewußtsein des Schreibers keineswegs nebensächlich. Die positive Resonanz auf seine Osterbotschaft „Die Erlösten" wird für Wittig zum Kriterium für die Stimmigkeit ihres Inhaltes: Um der „frohen Bekenntnisse" willen, die er von vielen Seiten erfahre, ertrage er die Anfeindungen und Verdächtigungen gerne. Gegen die Vorwürfe, seine Theologie könnte die Lesenden irreführen oder Anstoß erregen, führt Wittig als Gegenargument die Akzeptanz seiner Schriften an: „Tausende und aber Tausende haben aus ihnen Trost, Freude und neuen Lebensmut geschöpft."[128] Die Erfolgsgeschichte des „Leben Jesu"-Buches bilanziert er im Vorwort für die 1947 geplante Neuauflage mit dankbarem Stolz: „Unterdessen war das Buch bis weit in die Welt vorgedrungen, bis an den Gegenpol seines Entstehungsortes, nach Honolulu auf Hawaii. Von Südamerika und Südafrika brachte es mir Grüsse. Missionare und Diakonissen trugen es bis in das entfernteste China."[129]

Doch trotz dieser Bezogenheit auf ein Publikum und trotz der materiellen Verwiesenheit auf den Verkauf und die Einnahmen seiner Bücher erscheint das Erzählen aus der Perspektive Wittigs weniger als ein Akt der Rechtfertigung im Angesicht anderer, denn als ein Geschehen produktiver Erinnerung, das nach eigenen Lebenshorizonten sucht und sie anderen als Wegweisung vorstellt. Das lebensgeschichtliche Schreiben als Hörbar- und Lesbar-Machen des erfahrenen Le-

---

[126] Brief an Martha Glaser v. 1.5.1939, in: Briefe, 311.

[127] Christgeburt, 8.

[128] Brief an die Zeitungen der Grafschaft Glatz v. 20.6.1926, in: Das Alter der Kirche III, 137. - Vgl. Brief an das Bischöfl. Ordinariat zu Augsburg v. 10.9.1924, in: Das Alter der Kirche III, 39. Ferner: Briefe, 31, 42, 48 u.ö.

[129] Vorwort, 1. - Vgl. Die Erlösten, 70-87; Christgeburt, 129; Briefe, 329; Dankesbrief zum 70. Geburtstag, 1.

bens erhebt einen selbstverständlichen Anspruch auf Unabhängigkeit, Authentizität und Wahrhaftigkeit. Als Wittig 1930 seinem kleinen Sohn *Johannes Raphael* die „Familiengeschichte der Familien Wittig, Geisler, Strangfeld, Hoeregott" niederschreibt - ohne zu intendieren, daß diese später veröffentlicht wird -, fügt er zwischen die Stammbäume, Ahnengeschichten und Familienphotos wiederholt Hinweise auf die publizierten Bücher ein: „Über die Gründung der neuen Familie Wittig berichtet das Buch 'Höregott' und über das Leben und die Schicksale des neuen Hauses das Buch 'Aussichten und Wege', sowie die handschriftliche Chronik, die seit dem Sommer 1927 geführt wird."[130] Das gedruckte Textmaterial wird als ebenbürtige, glaubwürdige und signifikante Quelle zur Rekonstruktion der Familiengeschichte gewertet.[131] Am Wahrheitsgehalt des öffentlich Publizierten gibt es für Joseph Wittig keinerlei Zweifel. Die aufrichtige, hörende Beschreibung ist für ihn von historischer Dignität; das Genus der Publikation spielt hinsichtlich der Wahrhaftigkeit des Geschriebenen eine ebenso unwesentliche Rolle wie das Publikum, vor dessen Angesicht das biographische Erzählen geschieht.

2. Das Geschriebene als Gegenstand der Kommunikation

„Vielen Dank für Deinen neuen Ansporn zur Schriftstellerei," schreibt Wittig 1921 an seinen Freund *Ferdinand Piontek*, der in den vergangenen Jahren die ungewöhnliche Erzählweise seines Freundes ermutigend begleitet und an den ersten Auseinandersetzungen um die Schriften Wittigs Anteil genommen hatte. Nach diesem Dank bekräftigt Wittig im Brief an den Freund, der 1921 in das Breslauer Domkapitel berufen wird, seinen Unwillen über eine zensurierende Begutachtung seiner Schriften. Die Erzählungen „auf zu kindlichen Ton, auf satirische Tropfen" nachprüfen zu lassen, widerstrebe ihm: „Nimm etwas heraus, so fehlt es. Lieber dann nicht schreiben."[132] In dieser fragmentarischen Notiz deuten sich Spannungen an, die für Wittig in der Dreiecksbeziehung zwischen Schreiber, geschriebenem Wort und Lesenden entstehen. Wittig braucht Bestätigung, Kritik und

---

[130] Stammbuch, 39.

[131] Vgl. Stammbuch, 32, 97; Haus-Chronik I, 84, 196.

[132] Brief an Ferdinand Piontek v. 25. 1.1921, in: Briefe, 20.

Rückmeldung. Aus der Reaktion der Lesenden empfängt er die Kraft zum Weiterschreiben.[133] Ehrlich gibt er vom Herzklopfen beim Lesen der Rezensionen Auskunft: „Kein Schriftsatz in der Welt wird mit solcher Andacht gelesen, wie die ersten Buchbesprechungen - vom Verfasser des Buches, und ich sage: Nicht aus Eitelkeit, sondern so, wie sich eine junge Mutter freut über jedes gute Wort, das ihr über ihr Kind gesagt, geweissagt wird."[134] In diesem Eigenleben des Geschriebenen gründet die Mahnung Wittigs zur sensiblen Bewertung der Bücher. Das Geschriebene besitze eine Unabhängigkeit, die ein korrigierendes Prüfen erschwere. Gegenüber *Hans Franke* erläutert Wittig, er schreibe einen Text so, „daß im Werden aus innen seine eigenen Gesetze stecken." Und fügt dann hinzu: „Darum ist mir Ihr Urteil über den Text auch so sehr wertvoll, weil es verrät, daß diese innere Gesetzmäßigkeit doch erkennbar ist."[135] In ähnlicher Argumentationsstruktur bittet Wittig *Martin Buber* um die Einschätzung, ob der vorgesehene Artikel für die Veröffentlichung in der „Kreatur" geeignet sei, und fügt hinzu, er müsse sich „überhaupt immer auf das Zeugnis anderer verlassen, denn ich schaffe immer ohne Selbstkritik, kann nachher nicht viel ändern, d.h. ich nähme Änderungen von anderer Hand ganz willig an, wenn sie nicht ans Leben gehen."[136] Eine akzeptable Kritik setzt für Wittig den liebevoll Lesenden voraus. Dieser müsse die innere Struktur des Textes erkennen, die Lebendigkeit des schreibenden Schöpfers und des geschriebenen Geschöpfes achten und so - mit der Blickweise des „von außen" Betrachtenden und der Sympathie des „von innen" Verstehenden - sein Urteil äußern. Das Gelingen dieses Meisterwerks kritischer Auseinandersetzung ist *das* Zeichen freundschaftlicher Kommunikation. Zwischen dem kirchlichen Amt und dem kirchlichen Autoren Joseph Wittig wird dieses Verstehen zunehmend schwieriger.

---

[133] Vgl. Briefe, 42, 143, 172.
[134] Ich glaube an das Buch, 520.
[135] Brief an Hans Franke v. 28.9.1922, in: Briefe, 41. - Vgl. Briefe, 36,39.
[136] Brief an Martin Buber v. 26.2.1926, in: Briefe, 88.

3. „Was ich will"

„Seit meiner Jugendzeit habe ich ein brennendes Verlangen, der Welt zum Heile zu sein,"[137] schreibt Wittig 1931 an *Emanuel bin Gorion.* Der Wille, heilschaffend zu wirken und damit - pointiert formuliert - die Aufgabe des Heilands zu erfüllen, äußert sich im Wunsch, Bücher „für das Volk" zu schreiben, „wahrhaft aus Erbarmen mit seiner religiösen und kirchlichen Not"[138]: „Es war mir, als ob ich den Menschen in allen Stuben etwas ganz Gutes zu essen und trinken bringen müßte. Oder als ob ich auf alle Felder einen goldenen Samen werfen müßte."[139] Wittig möchte die Menschen aufmuntern und ihr Leben vergolden, sie von einem falschen Gottesbegriff erlösen und ihnen den Weg zu einem wirklich gläubigen Leben zeigen. In der Identifikation mit Jesus von Nazareth oder mit dem verkündenden und für das Volk betenden Mose nimmt Wittig die Rolle dessen ein, der im Namen Gottes zum Heil der Welt handeln und reden soll und will. Die Struktur dieser Rollenverteilung ist gekennzeichnet durch eine Differenz zwischen dem Verschenkenden und den Empfangenden. Es gibt ein Potential, über das der Erlösende verfügt, und ein Defizit in der erlösungsbedürftigen Welt.[140] In diesem Ungleichgewicht gewinnen die Intentionsangaben Wittigs Kontur.

Mit Hilfe von drei Ortsangaben beschreibt Wittig zu Beginn der 20er Jahre, wie die Hilfe aussieht, die er mit seinem Erzählen geben will. Im *Waldwinkel* spürt er einen verschrobenen Einsiedler auf und entdeckt in der Gemeinschaft mit ihm eine Kirche, wie sie ihm bisher unbekannt war. Wittig beschreibt das Abend-Mahl in der Waldklause und schließt seine Erzählung mit einem Blick auf die kritischen Leser: „Fragt mich einer, was ich eigentlich mit dieser Geschichte will (...)? Zunächst wollte ich nur erzählen, was mir in jenem Waldwinkel begegnet ist. Aber letzten Endes ist jede richtige Erzählung eine Predigt. Darum will ich predigen, daß die Kirche im Waldwinkel nichts anderes ist als ein

---

[137] Brief an Emanuel bin Gorion v.18.10.1931, in: Briefe, 196.

[138] Brief an die Zeitungen der Grafschaft Glatz v. 20.6.1926, in: Das Alter der Kirche III, 137. - Vgl. Die Erlösten, 111; Höregott, 90; Aussichten, 37.

[139] Das Wunder der Nähe, 1.

[140] Vgl. Gottes Hand über meiner Hand, 351; Aussichten, 25; Roman mit Gott, 13, 15; Christgeburt, 66, 105.

versteckter Winkel der großen, heiligen Erdenkirche Christi. Und ich will das Licht vom Hochaltar in solche Winkel tragen, wie ich einstens gern den heiligen Fronleichnam durch die hintersten und dunkelsten Hallengänge von St. Marien trug."[141] Die Aufgabe des Licht-Bringers beschränkt sich nicht auf das ländliche Leben. Wittig drängt es, den göttlichen Glanz auch im Leben einer *Großstadt* zu sehen und zu beschreiben. Er möchte „durch Keller- und Dachwohnungen wandern wie durch Tal und Berge, möchte die steilen Treppen emporsteigen und durch die engen Korridore gehen und die Türen zu den kleinen Stuben armer Leute aufmachen und möchte sehen, wie Gott dort ist, wie Gott sich dort offenbart, wie er wundersam leuchtet und tröstet und führt."[142] Zur Verteidigung seiner Schriften greift Wittig auf die Beziehung zwischen *Dorfkirche* und *Elternhaus* zurück: Er wolle keine neue Doktrin aufstellen, sondern „nur den lieben, alten katholischen Glauben predigen, nur den Sonnenschein festhalten, der von alter gebrechlicher Dorfkanzel in die niedrige, aber doch so weiße und lichte Weberstube meines Vaterhauses drang!"[143] Es sind jeweils arm-selige Orte - die Weberstube, die kleinen Stadtwohnungen, der Waldwinkel -, an denen überraschend Gott oder der Glaube oder die Kirche aufleuchtet. Wittig geht es darum, die vermeintlich erlösungsbedürftigen Orte als Orte des Heils zu kennzeichnen und ihnen so den Charakter des Dunklen, Ungläubigen und Gottesfernen zu nehmen. Nicht eine Veränderung der Dinge oder eine Umgestaltung der Welt ist die primäre Option Wittigs, sondern eine Wandlung der Sichtweise. Wittig intendiert einen Perspektivwechsel der Lesenden, bei dem es ihnen möglich wird, mit dem Existierenden in Einklang zu kommen. Ziel ist es, die Welt so wahrnehmen zu können, daß man in der Betrachtung sagen kann: „Wie es ist, so habe ich es lieb."[144] Indem er jedoch mit Blick auf seine Adressaten formuliert „Ach, könnte ich die Menschen wieder zu dem Glauben bringen, daß die Getauften Auferstandene und von Tod und Sünde Erlöste *sind.*",[145] verknüpft er die beiden Optionen „Ich möchte die Welt ver-

---

141 Die Kirche im Waldwinkel, 29. - Vgl. Briefe, 57.
142 Die Kirche im Waldwinkel, 101.
143 Gottes Hand über meiner Hand, 349.
144 Leben Jesu II, 388. - Vgl. Die Erlösten, 61, 66; Briefe, 31.
145 Getröst, 118. - Vgl. Die Erlösten, 69; Briefe, 56.

ändern!" und „Wie es *ist,* so habe ich es lieb!" miteinander. Es entsteht eine Spannung (oder ein Widerspruch) zwischen der Rolle des Erlösers, der die Welt wandeln, stärken, zum Glauben bringen möchte, und der Perspektive der längst geschehenen Erlösung. Die Frage wird provoziert: Gleicht es der Quadratur eines Kreises, einerseits in anderen etwas verändern zu wollen - sei es nur die Sichtweise -, und andererseits davon auszugehen, daß die gegenwärtige Realität - so wie sie *ist* - wertzuschätzen ist?

Eine Antwort kann gefunden werden mit Blick auf eine Reihe von Intentionsangaben, die parallel zu den genannten Hinweisen das Werk Wittigs durchziehen. In ihnen wird deutlich, daß sich die Optionen Wittigs nicht nur oder nicht primär nach „außen", auf einen Adressatenkreis richten, sondern nach „innen", auf seine persönliche Lebenssuche, zielen: „Ich wollte im Grund nur wissen, was mit mir selber sei."[146] Mit dieser Aussage rückt er den seiner selbst unsicher gewordenen, erlösungsbedürftigen Joseph Wittig in den Blickpunkt. Sein eigenes Ergehen steht im Zentrum des Interesses: „Ich muß doch wissen, wie es mit meinem Leben steht."[147] Nach den Horizonten des eigenen, persönlichen Daseins zu fragen, ist der Ausgangspunkt, von dem aus Wittig über das „Mysterium der menschlichen Handlungen" nachdenkt. Angesichts der Verunsicherung durch den Weltkrieg hatte er 1917 formuliert: „Nun aber geht uns das eigene Geschick, die eigene Zukunft unserer Seele verständlicherweise viel näher als irgendwelche Zukunftshoffnungen des Staates und der Kirche. Wie sollen wir diese Zeit überstehen, wie sollen wir die Schmerzen tragen, die uns die Seele zerschneiden, wie sollen wir teilnehmen an dem, was noch alles kommen wird."[148] Die Fragwürdigkeit des eigenen Daseins bleibt - bei aller Polemik gegen eine falsche Vergottung des menschlichen Ich[149] - ein entscheidender Impuls für das erinnernde Erzählen und lebensrettende Schreiben Joseph Wittigs. Schreibend will er der heilsschaffende Erzähler sein, der im Glauben auf die Wirkmacht Gottes in der eigenen Lebensgeschichte eine Verklärung

---

[146] Aussichten, 29.

[147] Das Mysterium der menschlichen Handlungen, 184.

[148] J. Strangfeld, Vom Reiche Gottes, 238.

[149] Vgl. Das Mysterium der menschlichen Handlungen, 183.

seiner Geschichte erfährt und der sich mit dieser gewandelten Lebensperspektive in eine neue Sicht der Dinge hineinfindet. Das Sonnenlicht durchstrahlt zuerst und zunächst die eigene Stube; *seine* Lebensgeschichte wird zum Heilsereignis, zur Heiligen-Vita und zum Evangelium. An diesem Prozeß literarischer Lebenssuche werden andere Menschen beteiligt. Da die schreibende Begegnung mit dem Leben für Wittig selbst zum Ort der Erlösung wird, soll sie auch für die Lesenden hilfreich und lebensfördend werden.

Damit sieht sich der Schreiber mit der Frage konfrontiert, ob und wie das Beschriebene auf die Lesenden übertragbar oder von ihnen nachvollziehbar ist. In einem Vortrag vor Studenten geht er zu Beginn der 30er Jahre auf diese Schwierigkeit ein. Er habe viel von den „Fußspuren des lebendigen Gottes" in seinem Leben erzählt, bemerkt Wittig; er habe von der „Lichterprozession", die sich durch sein Leben zog, manches „Lichtlein keck ergriffen" und in seine Bücher hineingesetzt, „so daß diese leuchteten wie Christbäume zur Weihnachtszeit oder wie Lichterringe auf den Geburtstagstischen."[150] Doch eben deshalb sei es geschehen, „daß manche ganz verzagt wurden und meinten, ihr eigenes Leben sei ganz arm oder ganz leer an solchen leuchtenden Zeichen. 'Ja du,' sagen sie mir, 'ja du hast eine so glückliche Jugend, ein so glückliches Mannesalter gehabt. Wir aber sind leer ausgegangen und können uns nur trösten mit dem Lichte, das über deinem Leben war.'"[151] Wittig versucht, diesem Einwand zu widersprechen. Es sei in seinem Leben keineswegs alles hellicht und in großer Gottesnähe. Wenn es den Anschein hätte, als sei er in seinem Dasein besonders „privilegiert", habe er als Schreiber sein Ziel verfehlt. Was er vorauszuhaben scheine, sei, daß er „das empfangene Licht eher sichtbar machen, eher sehen und sehen lassen konnte oder durfte oder mußte".[152] Mit diesem Hinweis auf diese besondere Begabung und Beauftragung vermag Wittig die Gegenwart Gottes im Leben der Lesenden nicht zu beweisen. Er kann lediglich von der Gottessuche und Gottesgegenwart in seinem Leben erzählen und bei den Lesenden darum werben, sich der Suche nach den „Fußspuren des

---

150 Fußspuren des lebendigen Gottes, 8.
151 Ebd.
152 A.a.O., 10.

lebendigen Gottes" im eigenen Leben anzuschließen. Allgemeingültig übertragbar, argumentativ begründbar oder beliebig reproduzierbar ist das Entdecken dieser Fußspuren nicht; ob und wie das Entdecken der Lichter zur ansteckenden Initialzündung für die Lesenden wird, bleibt dem Einfluß des Schreibers entzogen.

V. Eröffnung von Gottesfragen

Das Selbstverständnis als „Schreiber Gottes" bedeutet für Joseph Wittig ein hohes Maß an Abhängigkeit und Verantwortlichkeit, zugleich eröffnet es ihm Autonomie und Freiheit gegenüber anderen. Mit dem Hinweis auf das „Gedrängt-Werden" verbindet sich beides: die Abhängigkeit und die Freiheit des Schreibenden. Die schriftstellerische Tätigkeit ist für Wittig eine Sprach-Handlung, die nicht erst durch den Inhalt des Geschriebenen, sondern bereits durch die Art und Weise des Schreibens theologische Würde erhält. Die horchende Haltung des Schreibenden und eine dem Inhalt des Geschriebenen entsprechende Form gehören ebenso zur Wahrheit des Geschriebenen wie der Inhalt der Aussagen. Bei der Suche nach der Wahrheit des Geschriebenen ist daher - jenseits einer einseitigen Fixierung auf den Aussagegehalt einer Mitteilung - nach der Kongruenz von Haltung, Form und Inhalt zu fragen. Daß Wittigs Leben zum Inhalt seines Schreibens wird, erhebt keinen Anspruch auf Allgemeingültigkeit, sondern entspringt seiner unverwechselbaren „Berufung". Das Ziel des autobiographischen Schreibens ist einerseits die Lebens-, Identitäts- oder Gottessuche des Schreibenden selbst, andererseits liegt ihm eine heilschaffende Mission gegenüber der intendierten Leserschaft zu Grunde. Das „Selbst" wird dabei nicht ausgrenzend verstanden - etwa als Synonym für eine kommunikationsunfähige Ich-Bezogenheit -, sondern von dem zu sich selbst ins Verhältnis tretenden Schreiber als Bühne erlebt, auf der sich die mehrdimensionale Wirklichkeitserfahrung ereignet. Grenzziehungen zwischen Subjektivität und Objektivität, Dichtung und Realität werden im Prozeß der schreibenden Selbstwahrnehmung fragwürdig; die Wirklichkeit wird entdeckt und beschrieben als Raum, der erfüllt ist von der Gegenwart und Anwe-

senheit Gottes. Gott ist sowohl Inhalt als auch Initiator des lebensgeschichtlichen Schreibens Joseph Wittigs.

Das Selbstverständnis Wittigs als „Schreiber Gottes" gibt Stichworte
und Spannungsbögen vor, die in einer Darstellung der Theologie
Wittigs zu beachten sein werden. Ein erster Fragenkomplex gilt dem
Gottesbild Wittigs und damit verbunden dem Verhältnis von Gott und
Mensch. Wenn geschriebenes Wort, beschriebene Welt und schreibender Werkmeister, göttlicher Initiator und Gott als Inhalt des Geschriebenen nicht voneinander zu trennen, sondern durch den schöpferischen Prozeß des Schreibens unlösbar miteinander verknüpft sind,
stellt sich die Frage, ob und wie der Schreiber Distanz zu einem
Werk, zu sich selbst, zu seinem Gott zu gewinnen vermag. Gibt es als
Gegenbewegung zum Verschmelzungsprozeß auch Distanzierungen
und identitätsstiftende Auseinander-Setzungen? Die Gottesbilder im
Werk Wittigs werden auf das Spannungsverhältnis von Ähnlichkeit
und Andersartigkeit, von Anwesenheit und Abwesenheit Gottes im
Leben des Menschen zu befragen sein. Die Erfahrung des „Gedrängt-
Werdens" wird mit ihren Konsequenzen für das Verständnis von
menschlicher Autonomie und Verantwortlichkeit zu beachten sein.
Hinsichtlich der Beziehung zu Jesus Christus wird ebenfalls dem Ver-
hältnis von Verwandtschaft und Unähnlichkeit nachzugehen sein. Die
Parallelisierungen können interpretiert werden als narzißtische Ver-
einnahmungen, als freimütiges Bekenntnis der im Unbewußten des
Schreibers vorhandenen Projektionen oder als Stilmittel, mit dem er
theologische Optionen umsetzt. Die Jesus-Bilder sollen im Kapitel zur
Christologie daraufhin untersucht werden.

Schließlich stellt sich das Problem, einen Maßstab zu finden, an dem
- jenseits der Nachprüfbarkeit der reinen Faktizität - die Wahrheit und
„Richtigkeit" einer Selbstthematisierung gemessen wird, die beansprucht, christlich zu sein. Unter welchen Bedingungen läßt sich von
den Lesenden - also etwa auch von einem kirchlichen *forum externum*
- die kontemplative Aktion schöpferischen Horchens von einem unge-
horsamen Schreiben unterscheiden? Die Rolle der Kommunikationsgemeinschaft Kirche gerät deshalb in den Blick - und die Auseinandersetzung darum, ob und wie es *in* der individuellen Wirklichkeit
eines konkreten Menschen eine Wahrheit gibt, die diese Geschichte
übersteigt und *für andere* Menschen bedeutsam macht.

Fünftes Kapitel

Erzählende Selbstvergewisserung und -darstellung

Mit seiner Beauftragung zum „Schreiber Gottes" meint Joseph Wittig keine Berufungsmythologie, die der Zeit und Welt enthoben wäre. Die Antriebskräfte zum Schreiben entspringen einem Konglomerat von „Anrufen", das bisweilen schwer zu durchschauen, aber keineswegs ungeschichtlich ist. Die Frage nach den Bedingungen, auf die Wittig schreibend zu reagieren sucht, wird durch sein Selbstverständnis als beauftragter Schreiber geradezu provoziert: Was nötigt Wittig dazu, sein Leben zur Sprache zu bringen? Mit welchen Konsequenzen geschieht dieses Schreiben und zu welchen Entscheidungen führt es? Wie verändern sich durch die Geschichte seiner Geschichten die Rahmenbedingungen seines Lebens? Welchen Zusammenhang gibt es zwischen dem Inhalt der Lebensgeschichte und der Intention, mit der er diese Geschichte erzählt?

Um diesen Fragen nachzugehen, soll im folgenden das Bild, das Wittig von der eigenen Geschichte zeichnet, rekonstruiert werden. Damit steht weniger die historische Faktizität als die erzählte Lebensgeschichte als literarisches Zeugnis im Blickpunkt der Untersuchung. Das Verhältnis des erzählenden Joseph Wittig zum erzählten Joseph Wittig wird an Hand der unterschiedlichen Selbstzeugnisse Wittigs untersucht und nur partiell mit Dokumenten aus dem Umfeld Wittigs oder der späteren Rezeption ergänzt. Strukturiert wird die Untersuchung weitgehend durch die Chronologie der *erzählten* Lebensgeschichte. Allerdings wird innerhalb der einzelnen Kapitel der chronologische Duktus wiederholt durch Rückblenden oder Querverweise aufgehoben: Besonders in den Abschnitten zur Freundschaft (VIII.), zur Naturmystik (IX.) und zur Dunkelheit (XI.) finden sich eigene, thematisch orientierte Darstellungen der Lebensgeschichte. Wo zum Verständnis des *erzählenden* Joseph Wittig die Form oder der Zeitpunkt der Verfassung von grundsätzlicher Bedeutung sind, werden Textform und Datum angegeben.

I. Zuflucht in der Heimat der Väter

„Im Jahr 1926 entstand in Neusorge ein neues Wittighaus, als Dr. Joseph Wittig wegen seiner Schwierigkeiten mit der kirchlichen Behörde seinen Lehrstuhl und seine Wohnung in Breslau aufgab und in der Heimat seiner Väter Zuflucht suchte."[1] Das schreibt Wittig seinem Sohn *Johannes Raphael* 1930 ins Stammbuch. Die Rückkehr auf die Wegraine und Straßen des Heimatdorfes und das Bauland des elterlichen Anwesens findet jedoch nicht erst 1926 statt. Sich erinnernd ist Wittig seit mehr als einem Jahrzehnt unterwegs auf den gemeinsam mit seiner Großmutter begangenen Wallfahrtswegen, in der Welt der geschnitzten Könige seines Großvaters, in der äußeren Armut und dem inneren Reichtum des Elternhauses. Wittig zeigt den Zuhörern sein Erbteil: das Talent phantasievollen Erzählens und das Land seiner Kindheit, das er gemeinsam mit seinen Gästen bewohnen möchte. Als es mit den kirchlichen Behörden zur Auseinandersetzung über die lebensgeschichtlich erzählende Theologie Wittigs kommt, ist die Rückkehr nach Neusorge Ausdruck und der Bau des Hauses am Erlengrund Symbol für die Ortsbestimmung des mittlerweile 47jährigen.[2] Er ist nicht mehr der Andere, nicht mehr in der Fremde. Er steht in der Reihe der Väter: „Wie sein Vater Johann Nepomuk, so baute sich auch Eduard Wittig, als er heiraten wollte, ein Haus auf väterlichem Grundstück."[3] Ebenso tut es nun dessen Sohn Joseph. Daß er bald nach dessen Fertigstellung eine Familie gründet, ist nach eigenen Aussagen beim Hausbau noch nicht intendiert, steht aber in der Kontinuität „in der Heimat der Väter".

Als Wittig seinen ersten Erzählband veröffentlicht, sind die Eltern und Großeltern bereits verstorben, Wittigs Schwester wohnt mit ihrer Familie im elterlichen Haus. Dennoch tragen die Geschichten kaum einen melancholischen Zug; es klingt keine Nostalgie, kein rück-

---

[1] Stammbuch, 33.

[2] In den Büchern und Aufsätzen, die nach 1926 erscheinen, ist das Haus am Erlengrund wiederholt Thema: Aus meiner letzten Schulklasse, 7-33; Aussichten, 1-10; Vaterunser, 66. - Auch in Holzschnitten oder Fotographien ist das Haus abgebildet: Toll-Annele, 3, 108; Volksglaube, 1; Christgeburt, 150,153.

[3] Stammbuch, 30. - Vgl. die Urkunde, die mit dem Grundstein eingemauert wurde, in: Haus-Chronik I,1.

wärtsgewandtes „Damals" mit. Die Erinnerungen sind Gegenwart. Die Großeltern blicken aus dem Bilderrahmen ins Zimmer und beginnen mit Wittig und seinen Zuhörern zu reden. Die Gespräche mit den Eltern verraten nichts von einem Zeitsprung von mehr als 30 Jahren.[4] So sehr sich in den Erzählungen historische Momentaufnahmen wiederfinden, so wenig geht es ihnen um die Faktizität des Gewesenen. Als lebendiger Teil der eigenen Geschichte sind Eltern und Großeltern für die Gegenwart bedeutsam. Perspektivisch formuliert Wittig zum Auftakt seines ersten veröffentlichten Erzählbandes: „Schon frühzeitig hätte ich gerne gewußt, ob ich mehr nach meiner Mutter oder mehr nach meinem Vater sei."[5] Die Bilder, die er von seinen Eltern und Großeltern, von ihren Beziehungen zu ihm und zueinander zeichnet, sind Abfärbungen dieser Suche nach der *eigenen* Kontur, der *eigenen* Prägung, des *eigenen* Lebensbildes: „Wenn ich die Mutter singen hörte, so wäre ich gern nach meiner Mutter gewesen. Wenn ich den Vater an der Hobelbank sah oder wenn er mir die Schönheiten des gestirnten Himmels erklärte oder gar von dem sprach, der über den Sternen wohnt, wäre ich gern nach meinem Vater gewesen."[6]

1. Der Vater: Eduard Wittig (1837-1901)

Es ist Sonnabend. Der Vater kehrt heim. Bevor er Montagfrüh wieder zur Fabrikarbeit aufbricht, gehört der Sonntag der Familie. Kirch- und Spaziergänge, Gespräche mit dem Sohn und einfache Handwerksarbeiten im Haus gehören zur Sonntagsruhe. Kaum eine andere Begebenheit seines Lebens wird von Joseph Wittig so häufig und so innig erzählt wie die Heimkehr des Vaters:

> „Wir gingen Hand in Hand das Wassersteiglein hinab, bogen am Wiesenrand entlang nach rechts, durchschritten die Wiese vom Herden Heinrich - da kam auch schon der Vater. 'Guda Omd, Kinder! Seit'r olle monter?' rief er uns entgegen, wie er es alle Sonnabende tat. 'Och ju! Mir sein olle gesond', antwortete ich und nahm ihm sogleich das kleine Bürdlein ab, das leere Buttertöpfchen, das in ein buntes Ta-

---

[4]   Vgl. Herrgottswissen, 125.

[5]   A.a.O., 2.

[6]   Ebd.

schentuch geknüpft war. Auch den Stecken mußte er uns immer abgeben, damit er beide Hände frei hätte, um uns zu führen."[7]

Mit dem Sonnabend verbindet sich Himmlisches. Die Sonntagsfreude vertreibt die Armut der Werktage. Der Vater „hatte den Sonntag so gern, wie die von Leid und Müh' geplagten Menschen nach der langen Arbeitswoche des Lebens einmal den Himmel gern haben werden."[8] Ferne wird aufgehoben und gewandelt in Nähe. Fragen können gestellt, Unstimmigkeiten und Streit gelöst werden. Der Platz auf den Knien des Vaters, seine Geborgenheit und Sicherheit, wird für Joseph Wittig zum Ort der Gotteserfahrung: „Ach, wenn Gott nur so gut ist wie mein Vater. Die Knie meines Vaters sind für mich der Ort, von dem aus ich am leichtesten den Weg zur christlichen Gotteserkenntnis finde."[9] Der Sonntag und der Vater gehören zusammen. Mit dem sonntäglichen Erleben des Vaters verbinden sich Geborgenheit und Freiheit, paradiesische Erinnerung inmitten der alltäglichen Wirklichkeit und zugleich eine (be-)greifbare Verheißung kommenden Glücks: „Bei uns daheim war der Sonntag etwas ganz Einzigartiges im Leben."[10] Der am Sonnabend heimkehrende Vater ist personifiziertes Heil - je neu erwartet und voraussetzungslos geschenkt.[11] Im Elend von Krankheit und Heimatlosigkeit kommt dem 65jährigen Joseph Wittig die Erinnerung an die väterliche Nähe als göttliche Verheißung ein: „Eine väterliche Nähe umgab mich, eine väterliche Gestalt wurde sichtbar. Ein Daheimsein sondergleichen beglückte mich. Es war nicht Gott, es war nicht Christus, der Herr. Eine Hobelbank, Säge und Zimmerbeil wurden sichtbar. Es war wie in meinem väterlichen Hause, wo auch die Hobelbank in der Wohnstube stand."[12] In dieser

---

[7] Wenzel Böhm, 64/5. - Vgl. Herrgottswissen, 94; Die Kirche im Waldwinkel, 247; Vaterunser, 135, 138; Ich glaube an das Buch, 520; Vom Warten, 11; Toll-Annele, 89; Volksglaube, 28; Christgeburt, 90.

[8] Herrgottswissen, 94.

[9] Leben Jesu I, 473.

[10] Vaterunser, 134.

[11] Der arbeitsfreie Sonntag ist in der 2. Hälfte des 19. Jahrhunderts keine Selbstverständlichkeit. Er wird nur teilweise von den Fabrikbesitzern eingehalten (vgl. B. Nuß, Der Streit um den Sonntag, 22-42).

[12] Wandlungen des Glaubens, 3.

Erfahrung gründet eine Dankbarkeit, die weit entfernt ist von legalistischer Verpflichtung: Sonntagsglück statt Sonntagsgebot.[13]

Neben das Bild der Sonntagsruhe stellt Joseph Wittig die Erinnerung an die Arbeit seines Vaters als Zimmermann, Fabrikarbeiter und Maschinenwärter mit einer Wochenarbeitszeit von mehr als 70 Stunden und einem Tageslohn von 1,30 bis 1,80 Mark.[14] Inmitten der zum Teil lebensgefährdenden Fabrikarbeit erscheint der Vater als Souverän, der mit Überblick und Sachverstand die Dinge zu meistern weiß. Das Zeichen für diese Überlegenheit ist sein Notizbuch. Der Sohn erzählt: „Wir alle brannten darauf, das Notizbuch genauer anzusehen, was wohl der Vater in dieser Woche wieder für Zeichnungen hineingemalt habe, Rädermodelle, Holzgestelle und was ein Fabrikzimmermann so alles machen muß."[15] Im Notizbuch verbinden sich Handwerk und Schreiben, gestaltende Teilnahme „von innen" und die Kenntnis der Konstruktion „von außen", Arbeit und Wissenschaft. Das bestaunte Buch mit Zahlen, Skizzen und Entwürfen aus der Fabrikhalle des Vaters und die Hobelbank in der Gelehrtenstube des Sohnes tragen verwandte Züge. Die kindliche Gewißheit, daß die Arbeit des Vaters von unbedingter Wichtigkeit ist und der Vater mit seiner Art und Weise des Wirkens ein unbestrittener „Held"[16] ist, findet sich bei Joseph Wittig wieder.

Überblick wird dem Vater erst recht für die Schicksals- und Glaubensfragen des Lebens zugesprochen: „Vaters Worte hatten immer etwas Befriedigendes. Es war, als ob in ihnen alle Erklärungen und Weisheiten eingeschlossen wären."[17] Mit dem Vater auf der Hobelbank zu sitzen oder um die Saatfelder zu gehen und mit ihm über Gott und die Welt zu philosophieren, bleibt eine Joseph Wittig prägende Erfahrung. Er weiß: Es gibt für den Fragenden eine letzte Sicherheit und es gibt einen Ort, an dem sie zu finden ist: „Da mußt Du halt den

---

[13] Vgl. Herrgottswissen, 94/5; Gold, Weihrauch und Myrrhe, 93-95. - Vgl. die Topoi der „Sabbat-Theologie": E. Zenger, Alttestamentlich-jüdischer Sabbat und neutestamentlicher Sonntag, 248-253; H. Spaemann, Art. Heilig / Heiligkeit, 585-588.

[14] Vgl. Der Ungläubige, 316; Stammbuch, 32, 50; Vaterunser, 134; Toll-Annele, 37, 83; Gotteslob der Maschine, 693; Christgeburt, 44.

[15] Die Kirche im Waldwinkel, 248.

[16] Toll-Annele, 96. - Vgl. Bergkristall, 82; Volksglaube, 27.

[17] Im Anfang, 281.

Vater fragen."[18] Der Sohn partizipiert an der Freude des Vaters, katholisch zu sein, erlebt dessen besinnliche und ehrfürchtige Frömmigkeit und nimmt ebenso dessen Vorsicht im Umgang mit dem Wort „Gott" wie dessen wohlwollend-diskrete und zugleich selbstbewußte Haltung zu Sonntagspredigt und Gottesdienst wahr.[19] Auch das Erzählen scheint vom Vater erlauscht. Auf ihn führt der Sohn sein Wissen über die Wahrheit des Ersonnenen zurück: „Und was der Vater alles erzählte von den schönen Legenden, die er von Albendorf wußte! (...) 'Ob das alles wahr ist?' fragte eine meiner älteren Schwestern. Worauf der Vater antwortete: 'Es wird nicht alles wahr sein, aber ich denke doch immer gerne daran."[20] Diese eigene Form von Wahrheit zeichnet das Portrait aus, das Wittig von seinem Vater gibt. Ob die Dialoge „historisch" sind oder ob sie im Nachhinein in der Erinnerung an den Vater mit diesem stattfinden, ist nicht die maßgebliche Frage. Eduard Wittig bleibt die Person, die dem Sohn das Schreiben beigebracht, ihn ins Leben geführt hat und Verkörperung des himmlischen Vaters ist: ein Idealtypus, in dem sich Vaterschaft, sonntägliche Ruhe und personifizierte Weisheit vereinigen. Mit großer Liebe und Dankbarkeit ist Wittig der so erinnerten Persönlichkeit zugetan. Wenige Jahre vor seinem eigenen Tod schreibt er: „Ich habe auf Erden nie eine größere Liebe gefühlt als die zu meinem Vater, selbst die zu meiner Mutter nicht, selbst die zu meiner Frau und meinen Kindern nicht."[21]

Als Kehrseite dieser Verehrung des „heiligen Vaters" fehlen zwiespältige und destruktive, unheimliche oder unverstehbare Seiten im Bild des Vaters. Joseph Wittig äußert kein kritisches Wort über seinen Vater. Eine pubertäre Distanzierung findet - auch durch den frühen Abschied vom Elternhaus bedingt - nicht statt. Die Zuwendung Wittigs richtet sich an eine ideale Persönlichkeit. Ein realer, ambivalenter und trotz seiner Abgründe liebenswürdiger, menschlicher Vater kommt in den Erzählungen Joseph Wittigs nicht vor.

---

[18] Wenzel Böhm, 69. - Vgl. Michel Gottschlich, 45.

[19] Vgl. Die Kirche im Waldwinkel, 55, 56; Leben Jesu I, 472/3; Stammbuch, 32, 51; Das Buch der radikalen Wirklichkeit, 315; Getröst, 105; Novemberlicht, 6.

[20] Herrgottswissen, 71.

[21] Roman mit Gott, 136. - Vgl. Herrgottswissen, 188.

2. Die Mutter: Johanna Wittig geb. Strangfeld (1844-1920)

Dem gegenüber wird die Mutter skizziert als Sängerin, Haus- und Gutsverwalterin und Pädagogin. „Wenn ich die Mutter singen hörte," schwärmt ihr Sohn, „wäre ich gern nach meiner Mutter gewesen."[22] Der Vater hatte sich beim Gottesdienst auf der Orgel-Empore in die Sängerin *Johanna Strangfeld* verliebt; dank ihrer Musikalität werde, erinnert sich der Sohn, „von der ganzen Häuserschaft Neusorge am meisten und am besten in unserem Hause gesungen."[23] Ihr liebstes Lied als Chorsängerin sei das *Credo* gewesen: „Ich kann mir wohl denken, daß die wunderbare Dramatik dieses Stückes dem lebensstarken Mädchen wohlgefiel und entsprach."[24]

Johanna Wittigs Frömmigkeit entspringt einem fast prosaischen Weltwissen. Während die Frömmigkeit der Wittig-Familie mehr „von Gott her zur Welt" gehe, sei sie bei den Strangfeldern „mehr von der Welt her zu Gott".[25] Typisch ist für Wittig ein Weihnachtsgeschehen seiner Kinderzeit: Die Mutter verteidigt den von den Kindern gestohlenen Weihnachtsbaum kampfbereit gegen den Dorfpolizisten, um den Baum dann als Brennholz für die Weihnachtsbäckerei zu verfeuern, welche ohne dieses Heizmaterial mißlungen wäre.[26] Die meisten Momentaufnahmen von Johanna Wittig zeigen eine körperlich hart arbeitende Frau: auf der Scheuer beim Werfen und Sieben der Körner, auf den Feldern mit der Sense bei der Ernte, abends am Webstuhl sitzend, am Ofen mit der Bäckerei beschäftigt, mit dem Handkarren die Winterkohle vom Bergwerk abholend, vorbeikommende Bettler gastfreundlich versorgend. Die Erziehung der sieben Kinder findet wie nebenbei statt.[27] Gezeichnet von diesem harten Arbeitsleben trägt das Gesicht seiner Mutter für Wittig im Alter das Leuchten eines „durch ein langes Leben der Arbeit und Mühe schöngewordenen

---

[22] Herrgottswissen, 2. - Zur Musikalität Johanna Wittigs: vgl. Christgeburt, 121.

[23] Christgeburt, 123. - Vgl. Aussichten, 38; Stammbuch, 50.

[24] Aussichten, 38.

[25] Stammbuch, 51.

[26] Vgl. Toll-Annele, 85-87.

[27] Vgl. Herrgottswissen, 40, 95, 184; Die Kirche im Waldwinkel, 239/40; Leben Jesu I, 44, 106; Wenzel Böhm, 30; Die Mutter, 25-26; Gotteslob der Maschine, 693; Toll-Annele, 87; Roman mit Gott, 7; Christgeburt, 91, 320.

Antlitzes".[28] Aus den Gesprächen, die Joseph Wittig während ihrer
Arbeit mit seiner Mutter führt, spricht vor allem ein nüchterner Realismus in der Einschätzung der jeweiligen Situation. Sie bedenkt die
Armut der Familie, sorgt sich um die Zukunft, ärgert sich über das
Mißglückte. „Sie war sicher die weltlich klügere von beiden Eltern."[29] Indem der Sohn das eingesteht, weiß er auch um die Kränkung, die es für die Mutter bedeutet, wenn dem idealisierten abwesenden Vater von den Kindern mehr an Sachverstand zugetraut wird
als ihr. Von dieser „sehr kritisch, nüchtern und wirklichkeitsgemäß
denkenden Mutter"[30] erfährt Joseph Wittig eine kluge, nicht immer
angenehme Erziehung.[31] Exemplarisch für die Haltung seiner Mutter
nennt Wittig eine Episode, in welcher der noch nicht zur Schule gehende Joseph die Erziehungskriterien der Mutter erfährt. Als Joseph
in kindlicher Mordlust mit einem Brotmesser dem Kater den Kopf
abschneiden will, reagiert seine Mutter überraschend:

> „'Ja, freilich, schneide ihm ruhig den Kopf ab.' Mutter muß wohl
> schon die modernen Freudschen Theorien von der Triebhemmung und
> ihren Gefahren gekannt haben, daß also jeder verdrängte Trieb im
> späteren Leben wieder auftaucht und allerhand Unordnung schafft. (...)
> Als mich der Kater kommen sah, blickte er mich geringschätzig an und
> war mit einem Satz auf dem Backofen. Ich ihm nach, aber da war er
> schon wieder auf der Stubendiele, dann unterm Bett, dann wieder auf
> dem grünen Kachelofen. 'Das geht ja wie der Wind', sagte die beob-
> achtende Mutter. 'Deine Suppe wird wohl unterdes kalt werden.' Ich
> sah ein, daß das Halsabschneiden eigentlich eine grausame Sache
> sei..."[32]

Es ist die Mutter, die den 13jährigen Sohn auf dem winterlichen Weg
zum Bahnhof nach Mittelsteine und damit an die Grenze seiner Kinderwelt begleitet.[33] Als Joseph Wittig später nach den Krippenfiguren

---

[28] Vaterunser, 84.

[29] Die Kirche im Waldwinkel, 247. - Vgl. Herrgottswissen, 196; Leben Jesu I,
223/4; Wenzel Böhm, 15, 31.

[30] Vaterunser, 85.

[31] Vgl. Die Kirche im Waldwinkel, 241; Leben Jesu I, 101-02.

[32] Wenzel Böhm, 13/4. - Vgl. a.a.O., 25; Die Kirche im Waldwinkel, 239. Einen
Vortrag, den er vor der Marianischen Kongregation zu halten hat und in dem er
sich mit der Mütterlichkeit beschäftigt, beginnt Wittig ebenfalls mit einem
Hinweis auf die Freudschen Theorien: vgl. Der Ungläubige, 276.

[33] Vgl. Christgeburt, 5.

seines Großvaters sucht und sich „mit geradezu religiöser Sehnsucht nach diesen kleinen Heiligtümern" sehnt, hört er von seiner Mutter: „Die sind nicht mehr da, (...) die hat der Roter Franze mitgenommen."[34] Es erscheint plausibel, daß dieser abratende Kommentar Johanna Wittigs auch programmatisch verstanden werden kann: daß ihr die träumenden Ausflüge fremd sind und sie am miterlebten Tod von dreien ihrer Kinder, an der Gemütsverdunkelung eines vierten Kindes, an der Abwesenheit ihres Mannes und der Überforderung der Arbeit hart zu tragen hat. In dem Dank und der Ehrfurcht gegenüber seiner Mutter zeigen gerade die Bilder, die Joseph Wittig von ihr erinnert, die Anstrengung und die Entbehrungen des armen Lebens. Im Familiengeschehen seien Zärtlichkeit und Geborgenheit ein ersehntes Fest gewesen, aufgehoben für die seltenen Momente der Ruhe. Küssen sei bei ihnen „nicht Mode" gewesen, schreibt Wittig, er habe seine Mutter in seinem Leben nur zweimal geküßt.[35]

3. Die Großeltern: Johann Nepomuk Wittig (1804-1882) und Theresia Wittig geb. Mihlan (1811-1890)

Von seinen Großeltern erinnert sich Joseph Wittig vor allem an die in Neusorge beheimateten Eltern seines Vaters. Die Großmutter *Theresia Wittig* erlebt der Junge, vom Großvater weiß er nur aus Erzählungen der Großmutter und anderer Zeitgenossen - wie der alten Schwester Scholastika, die dem jungen Joseph erzählt: „Dein Großvater sah manchmal wie der himmlische Vater aus."[36] Obwohl *Johann Nepomuk Wittig* stirbt, als sein Enkel Joseph drei Jahre alt ist, ist er in dessen Biographie höchst anwesend. Die Geschichten von ihm leben fort, werden vom Enkel ausgeschmückt und weitergesponnen. Die Bibel des Großvaters, sein Schnitzmesser und vor allem die Krippenfiguren sind ein Erbteil von geradezu sakraler Bedeutung. Die überlieferten Szenen aus dem Leben des Mystikers Johann Nepomuk Wittig werden heilig gehalten und als Wurzelgrund des eigenen Lebens erzählt: wie es den Großvater mit leidenschaftlicher Sehnsucht drängt, in den Besitz einer eigenen Bibel zu gelangen und wie dieses Sehnen

---

[34] Herrgottswissen, 87. - Vgl. Vaterunser, 6.
[35] Vgl. Christgeburt, 67; Herrgottswissen, 7; Die Kirche im Waldwinkel, 241.
[36] Leben Jesu I, 495.

nach Umwegen und Widerständen seine Erfüllung findet; wie der Großvater in der Weihnachtsnacht aufbricht, um von einem inneren Ansporn getrieben einen bettlägrigen Vetter zu besuchen; wie *es* über ihn kommt, er mit Hingabe das Schnitzmesser ergreift und Krippenfiguren zum Leben erweckt. Der Großvater - ein Mann mit religiöser Phantasie, christlicher Mündigkeit und dem Wunsch nach einer wirklich-lebendigen Gottesbeziehung, ein Mensch mit der Fähigkeit, die Welt mit leuchtenden Augen zu sehen und überall Schönes zu entdekken - habe das geheimnisvolle „Muß" gekannt, dessen Ziel zunächst noch unbekannt sei, dem sich der Hörende jedoch nicht entziehen könne.[37] Mit diesem Johann Nepomuk Wittig identifiziert sich sein Enkel. „Du bist wie der Großvater!" ist ein wiederholt erinnertes Wort seiner Großmutter.[38] Die Bibel seines Großvaters bleibt ihm das liebste seiner Bücher.[39] Joseph Wittigs Persönlichkeit entspringt nicht im Jetzt, sie hat ihre Geschichte. In der Familiengeschichte findet sich der ideale Entwurf, in dem Joseph Wittig sich verwurzeln möchte. „Ja, wenn Großvater noch lebte!"[40] Dieses Wort wird dem wandernden Michel Gottschlich in den Mund gelegt. Inmitten einer krisenhaften Lebensunsicherheit ersehnt dieser den Rat seines Großvaters. Das Wort darf als Spiegelbild der Sehnsucht Wittigs gewertet werden. Der Großvater verkörpert die Autorität einer Person, an der sich der Traum vom gelingenden Leben erzählen und wachhalten läßt und die sich zugleich in einer nicht zu überbrückenden Entfernung befindet. *Theresia Wittig* ist die Ehefrau des Großvaters *und* die Großmutter des Enkels Joseph. Diese banal wirkende Feststellung deutet zwei verschiedene Szenerien an, in denen von ihr erzählt wird. Die eine Rolle ist die der Großmutter. Neben den fünf Schwestern und der Mutter ist sie als weitere Frau in der Welt des jungen Joseph anwesend. Während die arbeitende Mutter kaum Zeit hat, die Fragen des Jungen zu beantworten, geht die Großmutter auf die Gedanken, Ideen und Sorgen des Kindes ein. „Was wäre so ein Junge, wie ich war, ohne Großmutter," schreibt Wittig und fügt hinzu: „Gott sei tau-

---

[37] Vgl. Vaterunser, 141; Toll-Annele, 90-94; Das Buch der radikalen Wirklichkeit, 304-315; Was Schönes, 5.

[38] Vgl. Leben Jesu I, 33; Christgeburt, 50.

[39] Vgl. Aussichten, 144.

[40] Michel Gottschlich, 30.

sendmal gedankt für die Einrichtung der Großmütter auf Erden!"[41] Der Raritätenkasten in ihrer Stube ist Versteck für die Habseligkeiten des Jungen, die er vor seinen Schwestern verbergen will; an der Hand seiner Großmutter geht er auf Wallfahrt zum Annaberg und erfährt auf diesen „Großmutter-Wegen" von Frömmigkeit, Schuld und Vergebung. Sie weiß Geschichten zu erzählen, blickt wie mit Ferngläsern in eine ferne Vergangenheit und vermag es, ihren Enkel in diese frühere Zeit hineinzuführen. Die Großmutter nimmt eine Art Brückenfunktion ein: In ihrer Person werden die von Wittig erlebte und die vor seiner Lebenszeit liegende Welt verbunden.[42]

In ihrer zweiten Rolle ist Theresia Wittig nicht mehr „die kleine rotbackige Greisin in ihrem niedlichen Häublein"[43], sondern als Ehefrau eine „sehr liebliche, aber eben sehr unerbittliche Frau."[44] Die Dialoge, die Joseph Wittig seinen Großeltern zuschreibt, sind geprägt von Auseinandersetzung, Eigenwilligkeit und Versöhnungsbereitschaft.[45] Ihre Ehe kennt konträre Positionen und das mühsame Suchen nach Einvernehmen. Die Rollen sind dabei klar verteilt. Der Großvater spielt den Part des Hingerissenen und Begeisterten, die Großmutter den realistisch-kritischen Teil. Als es den Großvater überkommt, sein Schnitzmesser zu nehmen und sich in diese Arbeit zu vertiefen, faßt das die Großmutter als Vernachlässigung auf. Sein Bestreben, sich eine Bibel anzuschaffen, wird von ihr nüchtern mit dem Hinweis auf die angespannte Finanzlage verworfen; insgeheim aber spart sie, um einen Kauf doch noch zu ermöglichen. Das Tabaksgeschenk, das der Großvater seinem Vetter mitbringt, nimmt er in einem Moment aus dem Schrank, in dem die Großmutter gerade nicht hinsieht.[46] Mit diesen Sentenzen entwirft der Enkel die Typisierung vom spirituellen Mann und der lebenskundigen Frau. Die Geschichte von Johann Nepomuk und Theresia Wittig wird zur Präfiguration für die Ehen der

41 Leben Jesu I, 42, 62.

42 Vgl. Christgeburt, 48; Leben Jesu, 21-31; Vaterunser, 11; Toll-Annele, 177.

43 Vaterunser, 11.

44 Das Buch der radikalen Wirklichkeit, 306.

45 Vgl. Bergkristall, 14-17.

46 Vgl. Vaterunser, 133; Das Buch der radikalen Wirklichkeit, 305-314; Toll-Annele, 73, 92; Das Jesuskind und die Holzhacker von Bethlehem, 1.

kommenden beiden Wittig-Generationen und öffnet einen Horizont, in dem Joseph Wittig die eigene Ehe verstehen und gestalten kann.

4. Vom Träumen und Phantasieren

Neben Eltern und Großeltern, dem elf Jahre älteren Bruder, der früh die Glatzer Heimat verläßt und als Tischler nach München geht[47], und den Schwestern, die in Wittigs Erzählungen als verbündete Spielgefährtinnen oder als kritische Erzieherinnen wirken und vom Erzähler in der Rückblende kaum auseinanderzuhalten sind[48], gehören zur Rückschau in Wittigs Kinderwelt Bilder von Arbeit und Armut, Enge und Einsamkeit. Die einzige Stube wird zeitweise mit einem neugeborenen Kälbchen geteilt. Die Arbeit beim „schwarzen Herden", dem Nachbarn, ist mehr als nur ein Gefälligkeitsdienst; mit ihr verdient der Junge ein schmales Zubrot.[49] Es ist weniger eine Idylle beschaulichen Landlebens, die Wittig von seiner Kindheit zeichnet, als eine Welt der „weiten und einsamen Wege ins Dorf"[50] und der „Ewigkeiten" beim Ziegenhüten oder Umherstreifen im Haus: „Kein Mensch, der nicht schon einmal einen ganzen Tag lang Ziegen gehütet hat, weiß, was eine Ewigkeit ist."[51] In der Armut werden Geschenke und Funde zu sorgsam aufbewahrten Kostbarkeiten. In einem Heiligenbild, das der Junge zufällig entdeckt, finden die „hungernden Augen" überraschende Nahrung.[52] Die Schweigsamkeit des Elternhauses bleibt Wittig in Erinnerung: „Ich hatte in den Einsamkeiten meiner Jugend, auf den weiten Wegen, in dem stillen Neusorge, bei meiner schweigsam arbeitenden Mutter, sehr wenig Gelegenheit, meine Ohren zum Hören zu benutzen."[53] Als Wittig 1901 die Semesterferien in seinem Elternhaus verbringt, klagt er seinem Freund *Ferdinand Piontek* in einem Brief aus seiner „bis jetzt recht tristen Vakanz" sein

---

[47] Vgl. u. a. Bergkristall, 9; Leben Jesu I, 67, 457; Was Schönes, 1, 5, 10.

[48] Vgl. u. a. Herrgottswissen, 72, 97; Leben Jesu I, 83, 96-102; Der Ungläubige, 315-18.

[49] Vgl. Herrgottswissen, 161; Aussichten, 3; Christgeburt, 18.

[50] Herrgottswissen, 10. - Vgl. Herrgottswissen, 183.

[51] Bergkristall, 32.

[52] Der Ungläubige, 80. - Vgl. Leben Jesu II, 168/9; Ich glaube an das Buch, 520; Das Buch der radikalen Wirklichkeit, 296/7.

[53] Herrgottswissen, 119.

Leid darüber, „wie eine Fahrt in die Ferien langweilig werden kann. Ich hätte jeden Menschen umarmen mögen, der ein einziges Wort mit mir redete."[54] Trotz dieser Erfahrungen möchte Wittig „tausend mal lieber wieder in die Armut, Enge und Gedrücktheit" seines Elternhauses hineingeboren werden als in eine vermeintliche „Freiheit von äußerem Druck".[55] Gerade in dieser Armseligkeit haben sich ihm Welten eröffnet; gerade hier entdeckt der Junge eine Phantasiewelt, die ihm Zufluchtsstätte und Schatzinsel wird. Sie ist das Refugium einer anderen Form von Wirklichkeit, die reicher ist als die vermeintliche Realität. So vermag der Junge auf der leicht modrigen Wand des Nachbarhauses eine phantastische Topographie zu entdecken, „Landkarten von nie entdeckten Ländern" und „Fresken mit merkwürdigsten Gestalten", Wesen mit langen Nasen, dicken Wangen und schielenden Augen.[56] In den „Nachmittagsewigkeiten" beim Ziegenhüten verändern sich vertraute Dimensionen:

„Der Habichtshügel wurde größer, als ich ihn früher je gesehen; unser Dörflein dort unten aber wurde kleiner. Die Häuser und Höflein verschoben sich, stiegen übereinander und neigten sich voreinander. Die Menschen schienen auf den Feldern zu spielen; es sah alles kummerlos aus. Die Pferde gingen neben den Bauern; man wußte gar nicht, wer der Verständigere sei, das Pferd oder der Bauer; man konnte auch nicht recht zwischen Besitzer und Besitz, zwischen Herrn und Knecht unterscheiden."[57]

Ein Werbungskatalog mit Buchbesprechungen wird für Wittig zum Zauberbuch. Aus den Skizzen erfindet er die Inhalte der Bücher: „Stundenlang saß ich in dieser herrlichen Weihnachtszeit über einer einzigen dieser Kurzbesprechungen. Ich las aus ihr das ganze Buch heraus, vielleicht köstlicher, als das Buch selbst geschrieben war".[58] Ein Scherbenhaufen, den die Bauern zur Befestigung des Weges in die feuchten Niederungen schütten, wird für den Jungen auf seinem Schulweg zum Faszinosum: „Da leuchteten und glitzerten nun die

---

[54] Brief an Ferdinand Piontek v. 10.9.1901.

[55] Überwindung und Heimkehr, 255.

[56] Leben Jesu I, 59.

[57] Bergkristall, 33.

[58] Ich glaube an das Buch, 521.

Stellen wie ein Haufen von Diamanten und Brillanten an Brust und Armen vornehmer Damen. Große Scharen von Schmetterlingen kamen herbeigeflattert und setzten sich in die feucht bleibenden Ränder, flatterten, setzten sich, wippten, nippten - es war ein wunderbarer Anblick."[59] Im Gewöhnlichen Außergewöhnliches zu sehen, wird für den Jungen zur Lebensmöglichkeit schlechthin. An die Beschreibung der bunten Scherben-Welt schließt Wittig die Selbstwahrnehmung an: „Ich war immer allein auf dem Schulweg und brauchte mit keinem anderen Jungen das Vergnügen zu teilen. Ich brauchte mich auch nicht zu beeilen; meine Mutter wußte schon, daß ich irgendwo an einem Wegrand sitzen und die Zeit verträumen würde. Gleich vor dem Dorfe, beim sechsten oder siebten Straßenbaum, fing ja schon das Traumland an."[60] Dieses Traumland ist eingefügt in den Phantasiereichtum der Grafschaft Glatz: in das Fabulieren der erwachsenen Männer, die Klangwelten der Kinderreime, die Heiligtümer der Umgebung. Joseph Wittig erinnert sich, wie er mit Lehm das Riesengebirge baut und mit Abfallholz Bethlehem rekonstruiert; wie er sich vom Bildnis des Kaisers in der elterlichen Stube mit Ansprachen bedenken läßt; sich tagelang überlegt, wie die als Geschenk erhaltene Uhr aussieht, bevor er sie endlich auspackt; sich mögliche Fundorte für die sehnsüchtig erwartete Geige ausdenkt und dabei „ganze Wonnen voll glückseliger Sucher- und Finderfreuden" verkostet.[61] Angesichts einer Mischung aus gutgläubiger Naivität, die jede kluge Zweideutigkeit anderer als bare Münze nimmt, und einem unendlichen Reichtum an Ideen wird dem Jungen einerseits von vermeintlich klugen Leuten die Einschätzung zuteil, er sei „a beßla tomm"[62], andererseits wird seine Begabung - leicht ironisch - gewürdigt: „Ja," so habe sein Vater gesagt, „wenn du mit deiner Phantasie auf den Neuroder Jahrmarkt fahren willst, so borg dir nur gleich den großen Leiterwagen vom Herdenwenzel, sonst hat sie nicht Platz."[63]

---

[59]   Christgeburt, 48. - Vgl. Bergkristall, 10, 12; Leben Jesu I, 163.

[60]   Christgeburt, 48. - Vgl. Leben Jesu II, 215.

[61]   Herrgottswissen, 4. - Vgl. Herrgottswissen, 120, 169; Leben Jesu I, 180, 276; II, 198; Aussichten, 118; Getröst, 76; Volksglaube, 58; Roman mit Gott, 168.

[62]   Leben Jesu II, 88.

[63]   A.a.O., 117/8.

Die „überstarke Einbildungskraft"[64] des Jungen ist nicht auf unkommu-
nikative Zurückgezogenheit angelegt. Im Theaterspiel mit den Schwe-
stern entfaltet sich die gestalterische Kraft des Jungen so sehr, daß im
Bibliodrama des bethlehemitischen Kindermordes die Puppen seiner
Schwestern beinahe Opfer einer wirklichen Zerstörung durch den zor-
nigen Joseph-Herodes werden.[65] Die Krippe mit Strietzelmann und
Gänsefrau wird für Joseph und seine Schwester *Hedwig* zur belebten
Wirklichkeit; in spielerischen Erkundungsgängen durchstreifen sie die
weihnachtliche Welt: „Da brauchten wir kein 'Kino' und kein anderes
Theater, wie die Leute in der Großstadt, die keine ordentliche 'Geburt'
haben."[66]
Die Imagination mit ihrem Ineinander von Wirklichem und Unwirkli-
chem wird für Joseph Wittig zur Grundlage seines Glaubens. Den
Phantasiereichtum nur als eine Kostbarkeit der Kinderzeit zu werten,
die später der Vernünftigkeit des Erwachsenenlebens weicht, verkürzt
für Joseph Wittig das Leben in seiner Fülle und entzieht dem Glau-
ben(den) seine Grundlage: „Voller Wunder und voller Himmelsnähe
ist ja doch die Erde überall."[67] Das Kind am Neusorger Wegrain,
dem jedes Stück bedrucktes Papier die „unsagbar selige Lust" weckt,
ganze Geschichten und Philosophien zu ergänzen, und der Professor
am Breslauer Schreibtisch, der die theologischen Gespräche zwischen
dem Foto seines Großvaters und den geschnitzten Hirten belauscht
oder vom noch nicht fertig geschnitzten König den Unmut über jene
liberale Zeitung erfährt, die seinen Kopf verhüllt[68], teilen das Wissen
um die Kraft menschlicher Phantasie.[69] In diesem Wissen gründet die
Aversion gegen eine klare Aufteilung der Welt in Reales und Irreales,
denn mit einer solchen Trennung würde der Phantasierende seiner
eigentlichen Lebensmöglichkeit beraubt.[70] Daß das Phantasiepotential
konfliktträchtig werden kann und mit Anerkennung und Lob („In dem

---

[64] Leben Jesu I, 449. - Vgl. Roman mit Gott, 185.
[65] Vgl. Leben Jesu I, 96-102.
[66] Herrgottswissen, 97/8.
[67] Christgeburt, 54. - Vgl. Michel Gottschlich, 52; Christgeburt, 59.
[68] Vgl. Das Buch der radikalen Wirklichkeit, 297; Herrgottswissen, 121, 125.
[69] Vgl. Vaterunser, 82.
[70] Vgl. Roman mit Gott, 168.

steckt etwas."[71]), aber auch mit Geringschätzung und Schlägen honoriert wird, ist eine Erfahrung, die Joseph Wittig bereits als Junge machen muß und die für seine Vita prägend wird.

5. Handwerk

Der Bau von wirklichen Luftschlössern und das Errichten von noch wirklicheren Häusern korrespondieren für Wittig miteinander. Die Arbeit am Schreibtisch hat für ihn in mehrfacher Hinsicht zu tun mit der Handwerksarbeit an der Hobelbank und am Webstuhl. Als „Geschichten von Webern, Zimmerleuten und Dorfjungen" kennzeichnet Wittig sein „Herrgottswissen von Wegrain und Straße". Holzfäller und Schuhmacher, Bauern und Bergleute, Händler und Fabrikarbeiter sind die Akteure in Wittigs Erzählungen.[72] Leim, Terpentin und Blattgold führen ihn in eine Welt, in der es „wie beim Großvater"[73] ist. In der Erinnerung an die Hobelbank des Vaters und den Webstuhl der Mutter, diese „Altäre ihres werktäglichen Gottesdienstes"[74], wird für den Erzählenden die Kindheit „zwischen den Hobelspänen" lebendig.[75] Doch ist es nicht nur der Zugang zur eigenen Jugend, der sich in der Handwerksarbeit erschließt. Sie läßt ihn grundsätzlicher teilhaben am Schöpfungsgeschehen der kreativ-kreatürlichen Welt: „Ich gehe ums Leben gern in die Werkstätten von Tischlern und Bildhauern. Da ist es immer wie am Anfang der Welt: große Unordnung, aber Schöpfergeist und Schöpferkraft."[76] Handwerksarbeit wird für Wittig zum spirituellen Geschehen: Bei Bauern, Bergleuten, Handwerkern und Arbeitern entdeckt er eine dem Intellektuellen fremde Verbundenheit mit der Erde und eine Offenheit für ihre Wunder. Von den einfachen, arbeitenden Leuten lernt er eine geradezu paradiesische Nachahmung der Tätigkeit Gottes: Die Bergleute werden zu Botschaftern eines „wartenden Christentums" und zu kundigen

---

71 Herrgottswissen, 160.
72 Vgl. a.a.O., 118; Die Erlösten, 38, 54; Die Kirche im Waldwinkel, 258; Bergkristall, 112; Das Volk von Neusorge, 92-97; Aus meiner letzten Schulklasse, 14-16; Der Ungläubige, 94, 269; Gotteslob der Maschine, 693; Vaterunser, 64.
73 Herrgottswissen, 142. - Vgl. Vaterunser, 132.
74 Christgeburt, 43.
75 Herrgottswissen, 129. - Vgl. a.a.O., 147.
76 A.a.O., 118. - Vgl. Briefe, 99.

Weggefährten im Umgang mit der Finsternis und dem Licht der Erde; die Handwerksburschen und „armen Reisenden" haben in aller äußerlichen Verrottung „mehr Glauben als mancher, der stolz an ihnen vorübergeht."[77] Die Sehnsucht, die beim schreinernden Vater und schnitzenden Großvater erlebte Verbundenheit von menschlicher Tätigkeit und göttlicher Gegenwart selber zu erfahren und neu erfahrbar zu machen und dem Auseinanderklaffen von körperlicher und geistiger Arbeit entgegenzutreten, spiegelt sich wider in der Beschreibung des handwerklichen Tuns, das die schriftstellerischen Arbeiten Wittigs begleitet.[78] Überzeugt davon, „daß jegliche Erkenntnis durch die Tore der körperlichen Sinne kommen muß", schätzt Wittig die Erdnähe der Handwerksarbeit: Eine auf Stühlen und Kanzeln formulierte Lehre sei anders als eine auf dem Boden sitzende, die dort angesiedelt sei, wo „die schaffende Hand Gottes an der Erde gearbeitet hat."[79] Beim Bau des Hauses auf dem väterlichen Grundstück wird für Wittig die Würde handwerklicher Arbeit zeichenhaft erfahrbar. Das Haus sei nicht durch Erdenken und Konstruieren entstanden, sondern in Zusammenarbeit mit Handwerkern der Neusorger Umgebung gewachsen und zum Abbild der Persönlichkeit Wittigs und zum Schöpfungswerk Gottes geworden, das nun eine eigene Lebensgeschichte habe.[80] Damit verkörpert es für Wittig das Ideal seines Schreibens: eine hörende Selbstaussage, in der die Sprache des Schöpfers vernehmbar wird. Die wiederholte literarische Thematisierung des Hausbaus mit den Widerständen und Beiständen weiß sich ausdrücklich verbunden mit der Suche nach einer Sprache jenseits der der „gelehrten Standesgenossen."[81] Sie wird zur Mahnung, das Horchen auf das vermeintlich Irrationale neu zu lernen. Das Handwerkliche wird in der Lebensphase nach der Exkommunikation zum Gegenbild zur akademischen Lehrtätigkeit:

---

[77] Bergkristall, 112. - Vgl. Michel Gottschlich, 52-53; Aus meiner letzten Schulklasse, 18; Herrgottswissen, 233; Das Jesuskind und der Aeroplan, 423/4.

[78] Vgl. Höregott, 7, 10; Vaterunser; 83, Briefe, 127.

[79] Michel Gottschlich, 7.

[80] Vgl. Aus meiner letzten Schulklasse, 280, 290; Aussichten, 4-6; Vaterunser, 64, 66/7; Haus-Chronik I, 1; Briefe, 98, 162.

[81] Aussichten, 26.

„Da kam der Zimmermannsgeist meiner Väter über mich. Ich baute mir ein Haus auf dem Acker meiner Väter, saß selbst am Zeichenbrett und entwarf Plan und Konstruktion bis in alle Einzelheiten, nahm selbst, als die Maurer ihren Dienst getan und die in ihrem Fach erprobten Zimmerleute das gröbere Holzwerk gezimmert hatten, Säge, Hobel und Hammer zur Hand, kümmerte mich einen Quarck um allen Geist, der dies mißbilligte, gab, wie es alle meine Väter getan, der Frau, die mein Schicksal zu teilen bereit war, meinen ehrlichen Namen, und aus all diesem Geschehen und Wirken ging ein neuer, junger, frischer Geist aus… ."[82]

Offen bleibt in den Beschreibungen Wittigs die Qualität seines handwerklichen Geschicks. Zwischen der Klage, er habe wegen seines Theologiestudiums nur unzureichend den Gebrauch des Schnitzmessers gelernt, und der zufriedenen Behauptung, er gelte als barmherziger Reparateur für beschädigte Holzfiguren, schwanken die Selbsteinschätzungen.[83] Die Kompetenz für komplizierte Bauangelegenheiten wird dem Schwager zugeschrieben; von eigener, schwerer körperlicher Arbeit ist in den Aufzeichnungen Wittigs kaum die Rede. Handwerksarbeit bleibt vorrangig ein in der Väterwelt verwurzeltes, geistliches Geschehen[84] und Teil eines Alternativprogramms zur wissenschaftlichen, berechnenden Weltauffassung.

II. Das katholische Milieu in Neusorge, Breslau und anderswo

1. Kirchturm, Katechismus, Krippe - Das katholische Volk von Neusorge

„Der Glaube ist kleiner Leute Kind."[85] In der Erinnerung Joseph Wittigs ist der Glaube seiner Vorväter und -mütter dörflich, einfach und arm-selig. Die Grafschaft Glatz wird gekennzeichnet als die Heimat von Bergleuten und Webern, Landwirten und Handwerkern. Harte Arbeit und knappes finanzielles Auskommen gehören zu ihrer

---

[82] Höregott, 30/1.
[83] Vgl. Herrgottswissen, 130; Vaterunser, 89.
[84] Vgl. Bergkristall, 50.
[85] Herrgottswissen, 226.

alltäglichen Lebenswirklichkeit - ebenso wie die solidarische Verbundenheit der Koloniebewohner, Zechenarbeiter und Dorfjungen.[86] Das gilt für Neusorge, die Siedlung von wenigen Häusern, und für Schlegel, das etwa eine Stunde Fußweg entfernte Dorf. „Da galt es einfach als Dogma, daß Schlegel unter dem Himmel der einzige und allerbeste Ort sei, an dem ein anständiger Mensch zur Welt kommen könnte."[87] - Fundamentaler Bestandteil dieses Dorflebens ist die katholische Religiosität: die kirchlichen Feste und Vorschriften, Gebäude und Gebräuche, Riten und Regeln. Sie ranken um den Kirchturm, werden erlernt in Schule und Katechismus und bestimmen die Alltagsfrömmigkeit. Wenn die drei Bereiche Kirchturm, Katechismus und Krippe hier getrennt voneinander betrachtet werden, bilden sie doch eine gemeinsame Welt, in der der junge Joseph Wittig aufwächst.[88]

Kirchturm

Die Kirche im Dorf ist Mittelpunkt, Identifikationsmöglichkeit und Gemeineigentum. Sie ist ein Bau, „den jeder Dorfbewohner wie einen eigenen Bau ansieht."[89] Als Wittig ins erste Schuljahr kommt, wird die alte barocke Dorfkirche in Schlegel abgebrochen. Eine neue, moderne Kirche soll gebaut werden, und das muß selbstverständlich am angestammten Platz geschehen. Die alte Kirche wird leergeräumt. Das Kreuz wird in einer zur Notkirche umfunktionierten Scheune untergestellt, einige Devotionalien finden im Schlegler Krankenhaus ihren Ort, andere werden privat untergebracht. Wittig erzählt:

> „Einige Heilige gingen zu Dorfleuten in Dienst. Sie sind jetzt verschollen. Einen sah ich noch in meinen letzten Schuljahren hinter einem Hause des Niederdorfes. Da er hinten hohl war, wie die meisten Barockheiligen, diente er als Fassade für einen Bienenstock und verdiente sich ehrlich seine Existenz. (...) Auch der gläserne Kronleuchter (...) geriet in irgendwelche Hände, die ihn auseinandernahmen. Da

---

[86] Vgl. Das Volk von Neusorge, 87-93; Bergkristall, 81-84, 89; Volksglaube, 57.

[87] Bergkristall, 81. – Vgl. Bergkristall, 108; Der Ungläubige, 113; Toll-Annele, 122.

[88] Vgl. zur Begriffsentwicklung „Katholisches Milieu": Arbeitskreis für kirchliche Zeitgeschichte, Katholiken zwischen Tradition und Moderne, 588; zum Enstehen des Milieus durch die habsburgische Rekatholisierungspolitik: vgl. A. Herzig, Reformatorische Bewegungen und Konfessionalisierung, 144-96.

[89] Aussichten, 9.

133

wurden nun die vielen geschliffenen Prismen und Sternchen über das ganze Dorf verstreut. Und all das herrliche Gefunkel, das in einem solchen Kronleuchter ist, blitzte jetzt in den Schüblein und Kästlein des ganzen Dorfes."[90]

Von distanzierter Vorsicht im Umgang mit dem kirchlichen Gnadenschatz ist hier nichts zu spüren; das Heilige des Kirchbaus findet seinen Ort im individuellen Alltagsumfeld. Daß die Kirche eine Stätte ausströmenden Segens ist, wird auch verdeutlicht durch einen Brauch, der während des Kirchbaus vollzogen wird. Wittig berichtet davon, daß, „wenn der Turmknopf auf eine neuerbaute Kirche aufgesetzt wird, der Baumeister oder einer seiner Gesellen von der Turmspitze aus viel tausend Heiligenbildlein auf das Volk herunterflattern läßt."[91] Die begehrten Bilder werden umkämpft, aufgesammelt, mitgenommen in den Alltag. Sie sind Zeichen beständiger Verbindung von Gottesbau und Werktagsgeschäft, eine Form der Alltagsheiligung. Bis ins Alter hinein schätzt Wittig diese bildhafte Frömmigkeit seiner Kinderzeit: „Ich hatte schon als Kind das Glück, gute Seelsorger zu haben; sie schenkten mir oft Bildchen, die ich zum Teil jetzt noch aufbewahre; sie helfen mir jetzt noch zu beten."[92]

Am Sonntagmorgen spielt sich die dörfliche Kommunikation in der und um die Kirche ab: Nahezu geschlossen machen sich die Neusorger auf den Weg in die Schlegler Kirche. Das Gebot der „Sonntagspflicht" hat entschiedene Verbindlichkeit; als unhinterfragbare Norm gilt die absolute Verpflichtung, am sonntäglichen Gottesdienst teilzunehmen.[93] Der Einschätzung jedoch, daß der Kirchgang nur von moralischer Pflicht, kirchlichem Gesetz und sozialem Druck geprägt gewesen sei, tritt Wittig in seinen Erinnerungen entgegen. Der Wunsch nach innerlicher Berührung und Stärkung des Gottvertrauens sei immer mit auf dem Kirchweg gewesen.[94]

Den Kirchgang der Neusorger Koloniebewohner nach Schlegel beschreibt Wittig in idyllisch anmutender Inszenierung. Zur Zeit seiner Kindheit, schreibt Wittig, „war noch kein Haus in Neusorge, aus dessen

---

[90] Bergkristall, 11.

[91] Der Ungläubige, 187.

[92] Greiners Vaterunser, 359.

[93] Vgl. Herrgottswissen, 109-111.

[94] Vgl. Bergkristall, 96.

Tür nicht Sonntags früh eine Anzahl feiertäglich gekleideter Menschen trat, um in die Kirche zu gehen. Von der Höhe der Roterlehne aus war es ein schöner Anblick, diese feierlichen Gruppen auf der Straße und den Bauernwegen dahinziehen zu sehen."[95] Doch wird der Hauch von Biedermeier-Bürgerlichkeit[96] ausgeglichen durch die bodenständige Nüchternheit gerade der männlichen Gottesdienstbesucher. Der im Schutz der hinteren Bankwände vollzogene Austausch von Schnupftabak ist ein Ritus sui generis und der steinerne Stufenaufgang vor dem Gasthof ist als Versammlungsort der Männer ein wahrhaft „kirchlicher Ort, geweiht durch tausend Bekundungen der Gemeinschaftsliebe".[97] Vor allem unter den Männern gilt eine dem Dorfstandard angemessene Form der Frömmigkeit: Der Ungläubige wird mit dem ihm unterstellten Skeptizismus ebenso kritisch beobachtet wie der „Verrückte", der sich, „ohne durch einen akademischen Beruf entschuldigt zu sein, mit geistigen Dingen beschäftigt".[98] Große Betbrüder seien die Grafschafter nicht, aber doch geprägt von den Quellen „tief drinnen unter den Lehm- und Sandschichten ihrer Seele."[99]

Das Glockenläuten bestimmt den Tagesablauf, die kirchlichen Feste prägen den Jahreskreis.[100] Die Weihnachtszeit steht im Zeichen der häuslichen Zurückgezogenheit mit Weihnachtsbaum und Krippen, die als private Heiligtümer gelten. Mit dem Fest Mariä Lichtmeß endet diese geliebte Zeit, da „liegt allen katholischen Leuten etwas in den Nerven. Sie sprechen es meist nicht aus, aber man sieht es ja an ihren Gesichtern."[101] Die Fastenzeit mit ihrer Härte - täglich nur eine einmalige Sättigung - ist den armen und hart arbeitenden Grafschaftern vertraut. Die seufzend ertragene Schwere des „langen Fastens" endet mit der „stillen Woche", der Karwoche, in der die einzelnen Tage von der Volksfrömmigkeit mit besonderen Namen versehen sind.[102] Die Aufbruchsstimmung des Osterfestes äußert sich in unzähligen

---

[95] Das Volk von Neusorge, 102.

[96] Vgl. Aussichten, 13.

[97] Der Ungläubige, 86. - Vgl. Herrgottswissen, 23.

[98] Bergkristall, 119.

[99] A.a.O., 41.

[100] Vgl. a.a.O., 75; Leben Jesu I, 2; Volksglaube, 60.

[101] Herrgottswissen, 95.

[102] Vgl. Volksglaube, 59.

Riten, die in den Ostertagen in Häusern, auf Wiesen und Äckern begangen werden. Das gemeinsam Gefeierte und die persönlich-familiären Frömmigkeitsformen gehören zusammen. Heiligenverehrung und Wallfahrten verdeutlichen dieses Ineinander. Vom kirchlich tradierten Heiligenkalender vorgegeben eröffnet sich ein Raum eigengesetzlicher Religiosität. In den Marienliedern und St.-Anna-Wallfahrten, Rosenkranzgebeten und Volksandachten, von denen Wittig erzählt, äußert sich manches für den Leser aus den 20er Jahren so Befremdliche, daß der Erzähler nachdrücklich um Verständnis für diese belebende Quelle kämpft: „Ich habe einmal die Lomnitzer vor dem Marienbilde ein Marienlied singen hören. Das waren nicht mehr die armen, von Not und Sorge gedrückten Bauern, Waldarbeiter oder Hofleute, sondern es waren die freien und stolzen und beglückten Untertanen einer hochverehrten Königin, es waren die singenden Kinder einer liebreichen Mutter."[103] Immer wieder macht Wittig die Prozessionen und Wallfahrten - etwa nach Czenstochau, Albendorf oder zum Annaberg bei Neurode - zum Thema seines Erzählens.[104] Der Bericht über eine Pilgerreise mit seiner Großmutter vermittelt das Klima, das Joseph Wittig als Kind eingeatmet hat. Nach einem für Großmutter und Enkel beschwerlichen Weg kommen die beiden an der mit Devotionalienhandel umgebenen Anna-Kapelle an:

„Das Beten der Leute troff wie ein schwerer Landregen. Am Hauptaltar brannten viele, viele Kerzen, und es knisterte und duftete bis zum Seitenaltar her. Und die Kleider der Beter, die sonst den Armeleutegeruch trugen, atmeten im Dämmer der Kapelle allen Sonnenschein und allen Kiefernduft aus, den sie unterwegs eingeatmet hatten. Im Hochaltar saß Mutter Anna, neben ihr stand in rosafarbenem Kleid ihr Töchterlein Maria, und beide lasen in einem großen Buche. Die Leute erwarteten keine Wunder. Mutter Anna tut im allgemeinen kein Wunder; es ist nur so sehr schön bei ihr…"[105]

Auch wenn die beiden Pilger hier einen Bußprediger miterleben, dem das hohe Kompliment „Der tut ober a su schien schempfa"[106] zugesprochen wird, sind die von Wittig beschriebenen Wallfahrten und

---

[103] Herrgottswissen, 83. - Vgl. Der Ungläubige, 272; Leben Jesu I, 30.
[104] Vgl. Der Ungläubige, 180-202.
[105] Leben Jesu I, 42/3.
[106] A.a.O., 43.

Andachten vom Volk getragen, meist ohne Mitwirkung von Geistlichen durchgeführt. Als naturnahe, einfache und authentische Form der Frömmigkeit bleiben Heiligenverehrung und Wallfahrten Wittig in Erinnerung.[107]

Katechismus

Die Werte des katholischen Milieus werden tradiert durch Instanzen, in denen Sinndeutung gelernt sowie Verhaltensmuster gelehrt und eingeübt werden. Neben der elterlichen Erziehung sind Predigt und Volksmission, Katechismus, Schule und Beichte die Institutionen, durch die Joseph Wittig nach eigenem Bekunden Glaubenswahrheiten und Lebensregeln vermittelt wurden. Im Vergleich zu den affektiven Bereichen erlebter Frömmigkeit wird der Bereich kognitiven Lernens vorgegebener Glaubensinhalte von Wittig allerdings zurückhaltend und eher beiläufig thematisiert. Seine Predigtschilderungen kennen das Spannende und Faszinierende einer von kräftigen Worten sprühenden Ansprache eher als das Einschüchternde oder Zerstörende. Das offene und ehrliche Wort gibt Wittig als Kennzeichen einer für Glatzer Ohren gelungene Predigt an, bei der ruhig kräftig geschimpft werden dürfe. Eine kritische Dorfbevölkerung, der man nichts vorreden kann, was ihr innerlich nicht einleuchtet, ist der kommunikative Gegenpol des Predigers: „Es ist aber nicht so, als ob der Grafschafter nun alles gläubig hinnähme, was man ihm einredet. Er hat im Grunde eine kritische Natur, und diese bringt er in die Kirche mit."[108]
Die Einführung in die katholische Wertewelt vollzieht sich für Wittig vor allem im Miterleben der elterlichen Plausibilitäten, in der selbstverständlichen Wahrnehmung der dörflichen Verhaltensweisen, und in den Fragen, die auf den Wanderungen an Vater und Mutter, an die Großmutter oder den Kaplan gestellt werden. Diese Personen sind die entscheidenden Sozialisationsinstanzen, der Katechismus als Buch spielt in der erzählten Erinnerung Wittigs eine untergeordnete Rolle. Als Bestandteil des Schulunterrichtes kommt er vor, wird er gelernt und in rückblickender Einschätzung kritisch beurteilt: Den Kindern werde mit dem Katechismus eine „Summa theologica" eingepflanzt,

---

[107] Vgl. Herrgottswissen, 64-75, 230/1; Der Ungläubige, 180-186.
[108] Bergkristall, 88. - Vgl. a.a.O., 96-99; Leben Jesu I, 143-145.

die ihr Fassungsvermögen überfordere und bestenfalls für erwachsene Christen geeignet sei; ferner werde das Auswendiglernen als Garant für sittliche Qualität überbewertet: „Der Teufel im Jungen lernt sogar Bibel und Katechismus gut auswendig und erwirbt sich die besten Zensuren in Religion, während der Junge unberührt bleibt von der Religion."[109] Trotz dieser Kritik am Katechismusunterricht kommt ihm im Vergleich mit anderen Erfahrungswelten bei Wittig eine eher geringe Bedeutung zu – was auch für Bibellektüre gilt. Die Kinderbibel bleibt als in der Schule gelerntes Buch oft ein Leben lang gültig. Biblische Tradition wird erzählend sowie in Festen, Heiligtümern und Wallfahrten weitergegeben. Bilder und Kirchenlieder bestimmen die religiösen Vorstellungen stärker als das Lesen der Bibel oder das Lernen des Katechismus.[110]

Verknüpft mit dem Tradieren der Wertvorstellungen und den Anleitungen zu einem christlichen Lebenswandel ist die Institution der Beichte. Sie reagiert auf die Gefährdungen, mit denen es der Gläubige auf dem Weg zum ewigen Leben zu tun hat; sie ist Hilfe zur Gewissensbildung und Gnadenmittel zugleich. Bei Volksmission und Wallfahrt wird Buße gepredigt und von Erwachsenen und Kindern wahrgenommen.[111] Die Beichte ist in den Erzählungen Wittigs eingefügt in das Leben der Dorfgemeinschaft. In diesem kommunitären Kontext können die Jungen das Lied „Getröst, getröst, wir sind erlöst" fröhlich auf die alte Schule beziehen, von der sie erlöst sind, und die Frage, wovon sie denn erlöst werden müssen, mit kindlicher Naivität stellen.[112] Wenn auch bereits in den Anfragen der Dorfkinder „uralte, unzufriedene, verrottete Fragen aus den Tiefen der Menschheit"[113] aufgestiegen seien, sei es doch nicht so gewesen, daß man „jahrelang mit gesenktem Kopf einherging und über die Erlösung nachgrübelte." Die Erfahrung der Beichte und der Sündenvergebung ist in der dörflichen Religiosität mit einer „gesunden Natur"[114] ver-

---

[109] Leben Jesu I, 302. - Vgl. a.a.O., 106.
[110] Vgl. Durch Hölle, Fegefeuer und Himmel, 300/1; Leben Jesu II, 52; Aussichten, 195; Christgeburt, 113.
[111] Vgl. Leben Jesu I, 142.
[112] Vgl. Die Erlösten, 15-19.
[113] A.a.O., 20.
[114] A.a.O., 21.

bunden: Osterbeichte und Tauwetter gehören in der Erinnerung Joseph Wittigs zusammen, eisige Kälte und gefrorene Landschaft weichen frühlingshafter Wärme und dem Rauschen überströmender Bäche.[115] Der junge Joseph findet in der Ermutigung des Pfarrers - „Du bist doch ein ganz prächtiger Junge!"[116] - oder der zärtlichen Lossprechung der Großmutter - „'s is schon gut!"[117]- Erlösung von der Sündenlast und Trost im Selbstzweifel. Die Beichte und die Beschäftigung mit den dunklen Seiten des Daseins erscheinen wie selbstverständlich in die dörflichen Lebensprozesse eingefügt.

Krippe

Joseph Wittigs Grafschaft Glatz ist ein Landstrich, der angefüllt ist mit Heiligtümern: Kapellen, Kreuze, Bildstöcke, Kalvarien- und Ölberge bevölkern die Landschaft. In ihnen zeigt sich nach Wittigs Einschätzung „die leidenschaftliche Sehnsucht, die Erde zu schmücken mit Heiligtümern."[118] Die Religiosität wird nicht auf einen innerkirchlichen Raum beschränkt, sondern mit greifbaren und begreifbaren Bildern in die alltägliche Wirklichkeit, in die Natur und in die Häuser hineingetragen; die verschenkten Bergkristalle und der in den Bienenstock ausgewanderte Barockheilige sind zwei Beispiele dafür. Nicht nur das Elternhaus Wittigs ist - neben dem Bildnis des Kaisers - mit Kreuz und Heiligenbild versehen; religiöse Symbolik prägt auch andere Neusorger und Schlegler Häuser, von denen Wittig erzählt. Sie findet im Lauf des Jahreskreises einen besonderen Höhepunkt in der weihnachtlichen Krippengestaltung. Neben der berühmten beweglichen Krippen im Glatzer Wallfahrtsort Albendorf gehören die häuslichen Krippen zum festen Bestandteil religiöser Sozialisation. Jedes Jahr wird in der Familie Wittig die häusliche Krippe wie ein jahrhundertealtes Denkmal wieder aufgebaut, das zu jedem Weihnachtsfest neu erscheint: Schornsteinfeger und Holzhacker, Fabrik und Windmühle, Strietzelmann und Gänsefrau machen selbstverständlich das Ambiente der Geburt Christi aus, regen die Kinder zum Phantasieren

---

[115] Vgl. Herrgottswissen, 104-114.
[116] A.a.O., 114.
[117] Leben Jesu I, 54.
[118] Herrgottswissen, 53.

an und erwecken in dem erwachsenen Schreiber neue Assoziationen zur göttlichen Menschwerdung.[119]

Auch wenn kein religiöses Zeichen in Wittigs Schriften so häufig erwähnt wird wie die Krippe, ist sie nicht das einzige Symbol: Um die Hochfeste ranken Bräuche und Zeichen, in denen in der kleinen Kirche der Familie oder der Nachbarschaft das Fest ausgedeutet wird. Besonders das Osterfest kennt mit dem Schöpfen des Osterwassers und dem Osterfeldgang diese „privaten" Zeichenhandlungen, in denen sich Naturerlebnis und Auferstehungsglaube untrennbar verbinden. Daß die liturgische Handlung des Osterfeldganges nicht zu fromm gedacht werden darf, erwähnt Wittig ausdrücklich: „Nun denkt euch nicht etwa Psalmengesang, Osterhalleluja oder gar zu große Frömmigkeit bei dieser Prozession des Osterfeldgangs. Da sind die Leute nicht viel anders vor dem Herrgott, als wie sie sonst sind. Wollt einer besonders andächtig sein, das würde geradezu die Andacht stören, die in dieser ganzen Osterfreude steckt."[120] Bäume und Beete werden mit Weihwasser besprengt, an jeder Felderecke drei Holzkreuze und ein Palmzweig in die Erde gesteckt. Wittig erzählt weiter: „Als ich selbst noch die Weihwasserkanne trug, fragte ich einmal meinen klugen und frommen Vater, der damals das Amt des segnenden Familienpriesters übte und wie ein Patriarch neben mir schritt: 'Was soll denn das bedeuten?' 'Das bedeutet nicht etwas. Das i s t etwas. (...) Siehst du nicht, wie die Keime aus der Erde kommen? Das bedeutet doch nicht bloß das Leben, das i s t Leben!'"[121] Es vollzieht sich eine wechselseitige Verknüpfung: Natur, Arbeit, Haushalt werden in den Kosmos des Glaubens integriert; umgekehrt erhält die kirchliche Welt ihren Ort unter den Selbstverständlichkeiten des alltäglichen Lebens.

Rückblick

Er werde manchmal gefragt, berichtet Joseph Wittig, wo denn die Glatzer Welt wundersamer Erfahrungen liege. Menschen seien nach

---

[119] Vgl. u. a. Herrgottswissen, 95-102; Bergkristall, 15; Der Ungläubige, 292-294; Die Christgeburt, 10/1, 20.

[120] Die Kirche im Waldwinkel, 121.

[121] A.a.O., 122. - Vgl. Getröst, 119; Volksglaube, 61.

Neusorge gefahren, hätten die beschriebene Welt aber nicht finden
können. Und Wittig muß eingestehen: „Das alles ist nicht mehr."[122]
Die erzählte Welt des dörflichen Milieus seiner Kindheit ist zu der
Zeit, in der er seine Herrgottsgeschichten zu veröffentlichen beginnt,
Vergangenheit. Ob das verlorene „Paradies der christlich-gläubigen
Zeit"[123] durch diese Versunkenheit eine Idealisierung erfährt, die die
negativen Erfahrungen mit diesem Milieu ausblendet, bleibt offen.
Die subjektive Schilderung des Milieus seiner Kindheit zeigt den Lesenden eine Welt, die Wittig später als zu erhoffende Utopie formuliert: „Der Mensch zerfällt nicht in weltlich und kirchlich, natürlich
und übernatürlich, sondern er ist ein Ganzes. Zur Kirche gehören
nicht nur die Dinge, die das Seelenheil unmittelbar betreffen, sondern
alles, was der lebendige Mensch leidet und liebt, denn sie umfaßt das
ganze Leben der Christen, und im Leben des Christen ist nichts un-
kirchlich."[124] Mit dieser Sichtweise konfrontiert er seine Erfahrungen
des städtischen Katholizismus.

2. Städtischer Katholizismus

„Aber es wurde anders. Schon als ich nach Breslau aufs Gymnasium
kam, wurde es für mich anders."[125] Das Leben in der Großstadt
Breslau ist für Joseph Wittig zunächst durch diese Veränderung gekennzeichnet: Die Stadt, in der Wittig seine Schul- und Studienzeit
verbringt und in der er als Kaplan die menschlichen Nöte und kirchlichen Strukturen erlebt, ist *anders* als die vertraute Heimat.[126] Als Joseph am ersten Schultag in das Klassenzimmer kommt und - wie von
zu Hause gewohnt - den Raum mit dem Gruß „Gelobt sei Jesus
Christ!" betritt, erhält er schallendes Gelächter zur Antwort. „Da
wurde mir auf einmal klar, und wie ein kalter Frost erfaßte es mein
Herz, daß ich wohl weit weit weg von der Nähe meines Heimat-Jesus
sei."[127] Leidvoll erfährt Joseph Wittig die Andersartigkeit des städti-

---

[122] Herrgottswissen, 90. - Vgl. Bergkristall, 91.
[123] Der Ungläubige, 312. - Vgl. Herrgottswissen, 31.
[124] Der Ungläubige, 88.
[125] Vaterunser, 135.
[126] Vgl. Oberschlesische Köpfe, 635.
[127] Leben Jesu I, 272/3.

schen Katholizismus mit Kongregationen und Schwesternhäusern, blühendem Vereinswesen und organisierter Caritasarbeit, einem großen sozialen Gefälle und den damit verbundenen Spannungen. Schon als Schüler des Matthias-Gymnasiums erlebt Wittig Breslau als Ort sozialer Differenzen: Die „Laurentiusgasse" wird für den Heranwachsenden zum Synonym für verrufene Leute und asoziales Klima, für Distanz zu den kirchlichen Institutionen und Amtsträgern:

„Die geistliche Kleidung, dieser schöne schwarze Rock, der ‚umgedrehte Kragen', der steife oder breite oder sonst irgendwie geistliche Hut, die ganze Verkörperung von Gerechtigkeit und Sittlichkeit, der äußere Ausdruck einer gewiß nicht immer vorhandenen Wohlhabenheit waren den Leuten nun einmal unverdaulich. Sie bekamen gleich das Aufstoßen. Es kann auch die beste Speise in gewisser Zubereitung unverdaulich sein. Und ich selbst muß gestehen: Zu diesen windschiefen, grauen, durchlöcherten Häuslein, zu diesen krummen, lahmen, schiefen, vernarbten und überrunzelten Menschen, zu diesen wilden Burschen und schielenden Mädchen, zu diesen lumpigen Kindern paßte so etwas Gerades, Gebürstetes oder Würdiges nicht, wenn es auch am Domplatz oder in der Universitätsgegend noch so stilgerecht wirkt."[128]

Der Trennung zwischen Laurentiusgasse und Dom entspricht eine „erschreckende Fremdheit zwischen Kirche und Fabrik."[129] Wittig stellt das Fehlen einer konstruktiven Auseinandersetzung der Kirche mit sozialistischer oder kommunistischer Literatur fest.[130] Nicht nur der Industriearbeiter, der kein Verhältnis mehr zur kirchlichen Liturgie finde, sondern ein großer Teil der gesamten männlichen Bevölkerung gerate in zunehmende Distanz zur katholischen Frömmigkeit.[131] Unpassend wirke der kirchlich (re-)präsentierte Glaube nicht nur in der Armut der Unterschicht, auch im bürgerlichen Milieu erscheine die schlichte katholische Frömmigkeit eigenartig deplaziert. In der künstlerisch eingerichteten Wohnung eines jungen Ehepaares, die Wittig als einen „internationalen Salonwagen" beschreibt, findet das Bild, das die Frau als „Andenken an die erste heilige Kommunion" heilig hält, keinen Platz mehr. Ehemann und Innenausstatter verbannen das Bild als „Kitsch" aus dem öffentlichen Blickfeld; nur in der

---

[128] Leben Jesu I, 339/40.
[129] Gotteslob der Maschine, 693/4.
[130] Vgl. Die Beschwörung des Basilius, 1119.
[131] Vgl. Vom Hochzeitsmahl, 106.

Verborgenheit des Herzens und an der Innenseite des Wäscheschrankes findet das Andenken eine Zufluchtsstätte.[132] Weder in der Bürgerwelt noch in der Unterschicht erscheint der katholische Glaube in der Großstadt zu Hause zu sein. Diese Ortlosigkeit spiegelt sich in der Beschreibung Wittigs vom katholischen Milieu in Breslau wider. Die Breslauer Gemeinde „St. Maria auf dem Sande", in der Wittig von 1907-1909 als Kaplan tätig ist, zerfällt laut Schilderung Wittigs in zwei Teile: einen frommen und einen vermeintlich unfrommen, in dem höchstens noch einige „Spuren säkularer Kirchlichkeit" zu finden seien.[133] Der 12.000-Katholiken-Gemeinde fehle als zersiedelter Stadtpfarre eine lebendige, organische Verbundenheit. Heilsindividualismus und ungünstige pastorale Strukturen lassen die Pfarrei in „Kanzelgemeinden, Beichtstuhlgemeinden, Vereinsgemeinden" zerfallen, deren Existenz oft von den Persönlichkeiten der Priester abhängig sei. Diese leiden unter der Überforderung und dem Gefühl, mit ihrem Tun doch nicht an das Lebendige der Menschen heranzureichen.[134] In solchem Umfeld werde die Struktur der milieustabilisierenden Institution „Beichte" zum Problem: Gewissensqual, Disziplinierungsmaßnahme, klerikale Anmaßung, Alleinsein mit der Sündenlast werden laut Wittig von den Gläubigen mit der Beichte in Verbindung gebracht. Angesichts der Ablehnung der Beichte drängen sich für den Priester Fragen auf: Wenn von den 12.000 Gemeindemitgliedern nur 4000 die kirchlichen Erlösungsmittel annehmen - was ist dann mit den anderen? Zählen sie alle zu den „Unerlösten"? Wie ist der Verhärtung zu wehren, die in katholischen Häusern die Frömmigkeit zu „strenger, knochenharter Tradition" werden läßt, beschränkt auf herkömmliche Rituale, ohne die „lebendige Verbindung mit Gott"?[135]

Plausibilitäten und Strukturen, die im dörflichen Milieu das kirchliche Leben tragen, werden in der Stadt fragwürdig: „Ich kann das ruhige, solide 'seßhafte' Seelsorgesystem oft nur schwer mit meinen Vorstellungen von der wandernden Nachfolgeschaft Christi vereinba-

---

[132] Vgl. Andenken an die Erste Heilige Kommunion, o.A.

[133] Vgl. Bergkristall, 100.

[134] Vgl. Höregott, 232/3; Vom Warten, 15.

[135] Leben Jesu I, 469. - Vgl. Die Erlösten, 31-33; Bergkristall, 110.

ren"[136], schreibt Wittig 1909 an *Ferdinand Piontek*. Ob das Vereinswesen die Aufgabe der Kirchengemeinde übernehmen kann, erscheint
Wittig allerdings ebenfalls fraglich. Das Blühen - oder „Wuchern" -
des Vereinswesens läßt nach Ansicht Wittigs die Frage nach dem
Verhältnis von „Religiösem" und „Sozialem" akut werden. Im Rückblick auf seine Kaplanszeit berichtet Wittig von Streitgesprächen mit
einem Konfrater über diese Frage; bereits um 1910 habe es eine öffentliche kirchliche Auseinandersetzung zum Thema gegeben: „Wie
verhält sich das Religiöse zum Sozialen?"[137] Die Gesellschaftswand-
lungen der vergangenen Jahrzehnte beobachtend stellt Wittig zum
einen eine Aufwertung der sozial-caritativen Arbeit gegenüber der
Anbetung fest. Mit der Vernachlässigung des Gebetes gehe eine zunehmende religiöse Sprachlosigkeit einher.[138] Die Spezialisierung der
Fürsorge habe ferner eine Herauslösung der sozialen Not aus dem
alltäglichen Lebenszusammenhang und dem Kontext einer ganzheitli-
chen Frömmigkeit zur Folge. Der vom gesellschaftlichen Klima be-
günstigte, „gigantische und sehr verführerische Versuch (...), auch
Caritas und soziale Fürsorge in eine Riesenmaschinerie zu verwandeln",[139] sei eng mit deren Entspiritualisierung verknüpft. Die Versuchung des Machbarkeitswahnes wird von Wittig als Kernproblem
kirchlichen Lebens gewertet. Auf die Frage, was denn notwendig zu
tun sei, um das ewige Leben zu gewinnen, ziele die von Zeitgenossen
bevorzugte Antwort auf die Vermehrung von Aktivitäten und das öffentliche Reden über die vollbrachten Anstrengungen. Im biblischen
Bild karikiert Wittig: Hätte Jesus dem jungen Mann auf seine Frage
„Guter Meister, was muß ich tun?" geantwortet: „Du mußt ein Spital
gründen, du mußt eine katholische Zeitung halten und darin inserie-
ren, du mußt dich im christlichen Vereinswesen betätigen! Heidi! Der
Jüngling wäre halb in den Himmel geflogen. Aber o Schreck! Jesus
sagte ihm nur, was er *nicht* tun sollte..."[140]
Es ist für Wittig evident, daß der Kulturkatholizismus mit der Zugehörigkeit zur Zentrumspartei, dem Abonnement einer katholischen

---

[136] Brief an Ferdinand Piontek v. 1.3.1909.

[137] Vgl. Jesus, Soziale Frage und Christliche Revolution, 587-591.

[138] Vgl. Das allgemeine Priestertum, 38.

[139] Mensch und Maschine, 178. - Vgl. Der Ungläubige, 301; Leben Jesu I, 372.

Zeitung und der positiven Akzeptanz der katholischen Hierarchie eine unzulässige Verkürzung des Christseins ist.[141] Im Kontrast zu dieser Reduktion bringt er die individuelle Not Einzelner, die durch organisierte Anstrengung nicht kurzerhand abzuschaffen ist, und das Staunen über die Spiritualität der einfachen Menschen zur Geltung. Er erzählt von der alten Frau, die in einer rostigen Konservendose Blumen zur Madonna vor dem Breslauer Dom bringt, vom Steinmetz, der krank, verzweifelt und gequält mit seinem Leben hadert, von den Straßenmädchen, die versuchen, aus ihrem Milieu auszubrechen, oder den Ordensschwestern, die mit pädagogischem Geschick die heranwachsenden Gymnasiasten prägen.[142] Die Erzählungen über die Begegnung mit Einzelnen machen den Großteil seiner Stadtbeschreibungen aus. In ihnen scheint ein Bild auf, in dem soziale Not und gläubige Sehnsucht untrennbar miteinander verwoben sind; in ihnen konkretisiert sich Wittigs pastorale Option, daß „die wahre Religion Jesu aus ihrer innersten Kraft heraus die soziale Not der Menschheit nicht nur mildern, sondern auch beheben kann."[143]

3. Schreiben in der Situation des Umbruchs

Seine Herkunft aus dörflichem Milieu eröffnet Wittig eine besondere Perspektive auf den großstädtischen Katholizismus. Der zusammengehörige Kosmos des Dorfes ist in der Großstadt einem widersprüchlichen Ungleichgewicht mit fragwürdigen Plausibilitäten gewichen. Was in Neusorge als milieustabilisierende Institution fraglos akzeptiert wurde bzw. in den großen Horizont des Lebens eingeordnet wurde, bewirkt in der Stadt das Gegenteil: die Beichte wird zum Ausgangspunkt von Distanzierung und Ausgrenzung. Mit der Frage nach den „Anderen", die als Getaufte nicht mehr an den Gnadenmitteln der Kirche partizipieren, wird am Beginn des 20. Jahrhunderts das Konzept allumfassender territorialer Pfarreien in Frage gestellt. Die Substrukturierung unter ein spezifizierendes Vereinssystem

---

[140] Leben Jesu I, 484. – Vgl. Leben Jesu I, 477.

[141] Vgl. Leben Jesu II, 75/6, 93.

[142] Vgl. Der Ungläubige, 261-265; Bergkristall, 100-111; Leben Jesu I, 307-310, 339-369.

[143] Jesus, Soziale Frage und Christliche Revolution, 588.

scheint Wittig in der von ihm erlebten Form nicht hinreichend. Jenseits der diagnostizierten Krisensymptome bleiben die Biographien einzelner Menschen mit ihrer Lebens- und Glaubenssuche. Das individuelle Leben kommt in den Blick theologischer Reflexion und schriftstellerischen Erzählens.

Bisweilen scheinen die Geschichten Joseph Wittigs durchzogen von dem melancholischen „Das alles ist nicht mehr. Die neue Zeit hat das alles beseitigt."[144] Zwar ist die Gefahr einer regressiven Flucht in die „heile Welt" des Landlebens oder der Kinderseligkeit nicht ausgeschlossen.[145] Doch wird Wittig nicht gelähmt von der Macht des Untergangs. Ihm liegt fern, in der Beschreibung des Vergangenen stehen zu bleiben. Aus der Kraft des verlebendigenden Erinnerns erwächst ihm eine positive Zukunftsperspektive: „Wir hatten uns sehr gewöhnt an den bisherigen Zustand der Welt und können kaum fassen, daß ein anderer Zustand ebenso gottgewollt sein kann. Es ist aber des katholischen Menschen nicht würdig, die Auflösung der alten Welt nur mit Klage und Jammer zu begleiten. Öffnet doch eure Augen: Der Herrgott hebt seinen Fuß und geht einen Schritt weiter."[146] In den Umbrüchen des gesellschaftlichen und kirchlichen Weitergehens hilft nach Wittigs Einschätzung nicht mehr der angelernte, sondern der ganz zum eigenen Leben gewordene Glaube.[147] Mit diesem Schlußakkord seines ersten veröffentlichten Erzählbandes erklingt die Grundmelodie des Kommenden: In den Erzählungen der 20er Jahre werden Erinnerungen vergegenwärtigt, um in ihnen Halt und Bestärkung zu aktualisieren und am „Weitergehen" Gottes partizipieren zu können. Die Regression steht im Dienste der Progression, die Rückkehr in die Heimat der Väter wird zur zukunftsweisenden Orientierung.

---

[144] Herrgottswissen, 90. - Vgl. ebd. 31, 93, 98, 200.

[145] Michel Gottschlich, 25/6.

[146] Herrgottswissen, 244.

[147] Vgl. Herrgottswissen, 246.

IV. Priester

1. Pfarrer Heinrich May (1860-1942)

Zu den „Vätern" Joseph Wittigs gehört Pfarrer *Heinrich May*.[148] Wittig erinnert sich an den jungen Kaplan, der für wenige Monate nach Schlegel kommt, Kontakt zu dem Heranwachsenden knüpft und ihm zum Freund, Förderer und Wegbegleiter wird. Der Besuch des 13jährigen Joseph bei dem inzwischen zum Pfarrer von Neugersdorf gewordenen May im Winter 1892/93, bei dem der Schüler auf das Breslauer Gymnasium vorbereitet wird, habe für ihn den Abschied aus der Welt seiner Kindheit bedeutet. In Neugersdorf habe er nicht nur Latein und Mathematik gelernt, sondern eine Öffnung seines Horizontes erfahren: „Der Pfarrer brachte mir in täglich zehn Arbeitsstunden den Lehrstoff der ersten Gymnasialjahre bei und lehrte mich in der elften Stunde das Schachspiel, besuchte aber auch in jenen zehn Stunden seelsorglich die kleinen Häuslein seiner Dörfer."[149] Die Teilhabe am Leben Mays sei mehr als ein Lehrer-Schüler-Verhältnis gewesen: Der Pfarrer habe ihn teilnehmen lassen an seinen Überlegungen; mit ihm habe er die Lebensgeschichten der Menschen und das Schweigen der Natur kennengelernt: „Wie oft ging ich an seiner Hand durch die nächtlichen Wälder in sein Pfarrdorf?"[150] In der Ahnung, daß solches Erzählen Mißverständnissen ausgesetzt ist, eröffnet Wittig jenes Kapitel, das er im „Roman mit Gott" der Erinnerung an Heinrich May widmet, mit einer weit ausholenden Abhandlung über „die Liebe, die uns sonst ganz unverständlich ist, (...) die uns mit göttlicher Gewalt erfaßt und mit göttlicher Seligkeit erfüllt."[151] Es könne eine wundersame, seligmachende Liebe geben, die sich nicht auf die Zuwendung vom Mann zur Frau beschränken müsse.[152] Ohne Namen zu nennen, hatte Wittig im Buch „Höregott" geschrieben:

---

[148] Vgl. Briefe, 365; Leben Jesu I, 158.

[149] Novemberlicht, 56. - Vgl. Christgeburt, 5; Leben Jesu I, 179-191; Michel Gottschlich, 49; Das Buch der radikalen Wirklichkeit, 292/3; Roman mit Gott, 34-41.

[150] Brief an Helene Varges v. 7.2.1942, in: Briefe, 366. - Vgl. Leben Jesu I, 221.

[151] Roman mit Gott, 34.

[152] Vgl. a.a.O., 35.

„Ich weiß von einem Manne, der, schier noch ein Kind, auf die Liebe zu einem Mädchen verzichten mußte. Da erblühte ihm diese andere Liebe, die er bis ins Greisenalter in wunderbarer Reinheit gepflegt hat. Hunderten von Knaben war er Freund und Vater bis in ihr reifes Mannesalter hinein und darüber hinaus. Ich selber, solcher Liebe nicht fähig, beobachtete jahrzehntelang diese Liebe und kann bezeugen, daß ich auch nicht einmal einen Schatten von Sünde darüber gleiten sah."[153]

Über liebevolle und inspirierende Förderung zu erzählen, ist der Verdächtigung und der Gefahr des Mißverständnisses ausgesetzt. Die wiederholte Bemerkung über die Reinheit dieser Zuwendung baut ein Arkanum für den Lehrer, der nicht nur Joseph Wittig zur Ausbildung verholfen hat.[154]

Als Joseph Wittig im Frühjahr 1893 seine Aufnahmeprüfung in Breslau besteht, geht mit der schulischen Laufbahn die Vorbereitung zum Priesterberuf einher.[155] Ob die Entscheidung Joseph Wittigs zum Priestertum von Heinrich May unterstützt wird, bleibt in den Darstellungen Wittigs offen. Während er seinen Lehrer einerseits vorstellt als denjenigen, der ihn „auf den Weg des Priestertums geführt"[156] und in ihm die Sehnsucht gestärkt habe, „am Altare das große Geheimnis der Welt zu feiern"[157], scheint nach dem Zeugnis der späteren Schriften vor allem die geistig-intellektuelle Förderung das Anliegen des Pfarrers gewesen zu sein. Ohne seine Schüler auf irgendeinen Weg zu drängen, habe er die Jungen an seinem Wissen partizipieren lassen. Auf diese Weise habe er neben Wittig vielen anderen den Weg zu einem geistigen Beruf erschlossen. Bei der Nennung der Zahl der Jungen, die Heinrich May auf das Gymnasium vorbereitet habe, schwankt Wittig zwischen 75 und „ungefähr hundert", betont jedoch die Wertschätzung des Lehrers für ihn, seinen ersten und ältesten

---

[153] Höregott, 224.

[154] Vgl. Die Beschwörung des Basilius, 1120.

[155] Vgl. Roman mit Gott, 44; Leben Jesu I, 175. T. Ruster weist darauf hin, daß die meisten Theologen der Weimarer Republik aus nicht-akademischen Elternhäusern stammen und daß vielen von ihnen das Studium nur möglich wurde auf Grund der Tatsache, daß sie Priester werden wollten. Neben Wittig treffe das u.a. auf Arnold Rademacher, Peter Lippert und Anton Heinen zu (vgl. T. Ruster, Die verlorene Nützlichkeit der Religion, 346).

[156] Herrgottswissen, 60.

[157] Der Ungläubige, 167.

Schüler: „Aber am stolzesten war er auf mich."[158] Anläßlich des 70. Geburtstages Heinrich Mays beschreibt Wittig eine Institution, die in der Sprache der Grafschaft Glatz „Jungenpater" genannt werde:

„Der Seelsorger dieses Typus, der Jungenpater, hat wie kein anderer Gewalt über die Zukunft. Was er will und was er nur andeutet das geht auf die Jungen über. Sie wehren sich vielleicht; sie können es nicht tragen; sie werfen es ab; aber es kommt wieder über sie, und zur rechten Stunde wird es mächtiger über sie und durch sie, als es einst im Lehrer war. (...) Der Jungenpater muß schon sagen können: 'Ich habe aus mir selber etwas gefunden.' Die Jungen schwören darauf, daß ihr Pater mehr weiß und mehr kann als der ganze übrige Klerus. (...) Denn so ist das Verhältnis zwischen einem Jungenpater und seinen Jungen, daß sie sich zutrauen, unbeschadet durch die Hölle zu gehen (...), daß sie mit Freuden jeden Spott gegen sich selber ertragen, daß sie aber aufeinander nichts kommen lassen, nicht den geringsten Spott."[159]

Der „Jungenpater" Heinrich May wirkt nicht in der Großstadt Breslau, sondern in Neugersdorf, einer Ortschaft an der Peripherie der Grafschaft Glatz. Der weitreichende Einfluß Pfarrer Mays und seine Abordnung in das abgelegene Bergdorf scheinen dabei im Widerspruch zu stehen. Eine Erklärung für diesen Kontrast mag in der kirchenpolitischen Haltung Heinrich Mays liegen. Wittig nimmt an seinem Lehrer und Freund liebevolle Zuneigung *und* bissige Ironie wahr. Ist May auf der einen Seite ein gütiger, nachsichtiger und freier Mensch, mit „ganz einfachem und demütigem Herzen"[160], großem Verständnis für die ihm anvertrauten Menschen und „lauter Liebe"[161] in seinen Worten, so gilt er mit seinen satirisch-sarkastischen Bemerkungen als „ein Schreck für alle wohlmeinenden und salbungstriefenden Menschen, insbesondere für seine geistlichen Mitbrüder, die seine ätzende Lauge und seinen Spott fürchteten."[162] Als es zum Konflikt Wittigs mit den kirchlichen Behörden kommt, hält May zu Wittig,

---

[158] Roman mit Gott, 206. - Vgl. A.a.O., 44; Die Beschwörung des Basilius, 1120; Briefe, 366.

[159] Die Beschwörung des Basilius, 1120.

[160] Oberschlesische Köpfe, 634/5.

[161] Die Kirche im Waldwinkel, 28. - Vgl. Leben Jesu I, 253; Die Erlösten, 38.

[162] Roman mit Gott, 37. - Vgl. Leben Jesu I, 222/3.

spottet über das „mamorkalte Schreiben"[163] *Kardinal Bertrams* und stellt sich mit Nachdruck hinter die Ehe von *Anca* und Joseph *Wittig*, der an *Karl Muth* schreibt: „Pfarrer May sagt denen, die unsere eheliche Verbindung kritisieren: 'Bringt ihr erst einmal eine solche Ehe und ein solches Hauswesen zustande!'"[164] Auch im Inhalt der theologischen Argumentation ist laut Wittig kaum eine Differenz zwischen den Freunden auszumachen. Den ersten Versuch des Osteraufsatzes „Die Erlösten" wagt Wittig bei einer Predigt in Neugersdorf. In der späteren Veröffentlichung wird Wittig diese Predigt seinem Freund zuschreiben und zu jenem freundschaftlichen Gespräch, welches der Predigt vorausgeht, bemerken: „Ich weiß nicht mehr, was davon der eine und was der andere gesagt hat. Aber es war ungefähr folgendes..."[165] Ob in Heinrich Mays theologischer Ausrichtung und seiner spöttischen Unbestechlichkeit der Grund liegt, daß er in die „ärmste und entlegenste Pfarrei" geschickt wird und dort vom bischöflichen Amt „arg betrogen"[166] und vergessen wird, läßt sich nicht belegen. Doch ist die Praxis, unliebsame Geistliche in die unbedeutendsten und unscheinbarsten Ämter zu schicken, eine um die Jahrhundertwende propagierte „Therapie" gegen den vermeintlichen Stolz und die gefährlichen Neuerungen der „Modernisten", wie sie in der Enzyklika "Pascendi dominici gregis" 1907 offiziell festgeschrieben wird.[167] Für Joseph Wittig bleibt Heinrich May Gesprächspartner, Identifikationsfigur und väterlicher Freund. Das Leiden am Verlust des kindlichen Glaubens und der Entfremdungsprozeß während des Priester- und Wissenschaftlerwerdens werden nicht mit Heinrich May in Verbindung gebracht, auch wenn dieser am Weg Wittigs entscheidenden Anteil hatte. Wittig sieht die Fehlentwicklungen seiner Gymnasial- und Studienzeit: „Wie herb klingen die Briefe aus meiner Jugendzeit," schreibt er, als ihm nach dem Tode Heinrich Mays die Korrespondenz mit dem Verstorbenen zurückgebracht wird, „ich bin wenig zufrieden mit dem Joseph Wittig von 1893 bis 1902."[168] Doch rechnet

---

[163] Brief an Karl Muth v. 13.3.1925, in: Briefe, 73.

[164] Brief an Karl Muth v. 4.1.1931, in: Briefe, 178.

[165] Die Erlösten, 39. - Vgl. Novemberlicht, 62-69.

[166] Roman mit Gott, 38.

[167] Vgl. Pius X., Pascendi dominici gregis, 91.

[168] Vgl. Briefe, 376.

er diese Herbheit nicht auf das Konto seines Lehrers und Förderers: „Ich war bei diesem gütigen, nachsichtigen und freien Menschen ein Zelot geworden, fragte sogar meine Mutter, ob denn der Vater schon zu den Ostersakramenten war."[169] Pfarrer May gerät nicht ins Kritikfeld. Er behält die Rolle des aufmerksamen Entdeckers, des spirituellen Begleiters, des regelmäßig besuchten Ratgebers, des ältesten und treuesten Freundes, der für die Kinder Wittigs zum geschätzten Großvater wird.[170] Als Heinrich May 1942 stirbt, notiert Wittig, er weine um ihn wie um einen Vater, und dehnt die Ähnlichkeit später ausdrücklich auf die Gotteserfahrung aus: Wie der Vater erscheine Pfarrer May „als wirkliches Gottesbild".[171]

2. Dörfliches Pfarrhausleben. Städtische Seelsorge

Das Bild, das Joseph Wittig als Kind vom Pfarrhaus erhält, gleicht einer Idylle. Mit einem Hauch von Ironie schildert er die Pfarrherrlichkeit als lockende Versuchung:

„Man sieht den Pfarrer und den Kaplan in schönen schwarzen Röcken oder in der ganzen Pracht der Kichenkleidung. Man sieht sie friedsam im Pfarrgarten oder wie sie an der weiten Widmut hinaus die straßenabgelegenen Feldwege und Raine wandeln, das Brevier oder den Hut in der Hand, von spielenden Hündlein begleitet. Man sieht die Köchin mit duftendem Kaffee und seidenpapierdünnen Butterschnitten die Treppe hinaufgehen 'zu den Herren'."[172]

Die Eleganz des schwarzen Rockes und der Wohlstand der dünnen, gut geschmierten „Paterschnitten" werden von dem in ärmlichen Verhältnissen Aufgewachsenen als traumhaft erinnert. Das Priestertum habe für ihn einen Kontrast zum Alltäglichen des Elternhauses und zum Leben des Dorfes gebildet, schreibt Wittig im Rückblick. Im Pfarrhaus habe er eine ihn ansprechende geistliche Lebenskultur gefunden und sei fasziniert gewesen von der wohlgeordneten Welt jen-

---

[169] Leben Jesu I, 253.

[170] Vgl. Herrgottswissen, 11, 165; Die Kirche im Waldwinkel, 7; Die Erlösten, 38, 39, 46; Der Ungläubige, 167; Toll-Annele, 99; Briefe, 365.

[171] Roman mit Gott, 37.

[172] Leben Jesu I, 171. - Vgl. Herrgottswissen, 27, 198.

seits bürgerlichen Prunks.[173] Andererseits seien die im Volk selbstverständlichen Umgangsformen dem priesterlichen Stand verwehrt gewesen. Der Kleriker sei „segregatus a populo"[174], abgesondert und getrennt vom Volk, herausgehoben über das Gewöhnliche; eine geheimnisvolle Trennlinie sei zwischen Getaufte und Geweihte gezogen.[175] Das für erwachsene Männer selbstverständliche Fluchen sei bei den Geistlichen nicht erlaubt,[176] das vertraute Arme-Leute-Fuhrwerk erscheine bereits für den Theologiestudenten unpassend. „Ich schämte mich schon damals ein wenig vor den Dorfleuten, obwohl es schon ein wenig dunkelte", erzählt Wittig von einer solchen Fahrt im Halbdunkeln.[177] Im Milieu des Dorfes und der Kleinstadt herrscht nach den Schilderungen Wittigs eine widersprüchliche Verwiesenheit von Klerus und Kirchenvolk: Der Pfarrer steht im Mittelpunkt des dörflichen Interesses, seine Eigenheiten werden kritisch begutachtet, seine Notwendigkeit für das Leben werde grundsätzlich, wenn auch nicht fraglos, anerkannt.[178] Wittig schildert das Gespräch zweier Bauern über die Notwendigkeit eines Pfarrers: „Wenn einer da ist, sagt wohl mancher kluge Bauer: 'Man kann auch ohne den Pfarrer in den Himmel kommen"; und unter Umständen hat er recht damit. Aber wenn kein Pfarrer da ist, dann weiß der Bauer mit irgend etwas, was er unter seiner Weste spürt, nichts Rechtes anzufangen. Dort dehnt es sich und zerrt und kribbelt es solange, bis er zu seinem Nachbarn sagt: 'Wir müssen doch wieder einen Pfarrer haben.'"[179] Bei den Reaktionen auf die Berufung eines Jungen zum Priesteramt gebe es neben der Zustimmung denn auch Anzeichen von Skepsis bei den Dorfbewohnern, „die jeden armen Jungen mitleidig belächelten, der sich das Geistlichwerden in den Kopf gesetzt" hat.[180] Zwar präge der Pfarrer einerseits das religiöse Leben, andererseits existiere unabhängig von ihm eine Kultur

---

[173] Vgl. Leben Jesu II, 10, 172.

[174] Das Volk von Neusorge, 87.

[175] Vgl. Das allgemeine Priestertum, 35.

[176] Vgl. Die Erlösten, 17.

[177] Herrgottswissen, 185. - Vgl. Leben Jesu I, 350; II, 287/8, 305.

[178] Vgl. Der Ungläubige, 100/1.

[179] Bergkristall, 95.

[180] Herrgottswissen, 28. - Vgl. Gedanken vor der Priesterweihe, 167.

der Volksfrömmigkeit, der Wallfahrten und Andachten.[181] Verwiesen, aber nicht abhängig, anerkannt, doch nicht fraglos verehrt, herausgehoben, aber doch dazugehörig - so zeichnet Wittig das Verhältnis von Priester und Dorfgemeinde und erinnert damit ein nicht spannungsfreies, aber doch tragfähiges kirchliches Gefüge. Wittigs Erfahrungen in der städtischen Seelsorge weisen bezeichnende Kontraste zur Pastoral des Dorfes auf. Zwar habe er als Kaplan an der Marienkirche in Breslau die Hochachtung erlebt, die den Klerikern weithin entgegengebracht worden sei.[182] Aber neben der Erfahrung von Wertschätzung stehen Erinnerungen an eine überfordernde Seelsorgesituation. In der Rückblende auf die Kaplanszeit und in der Beobachtung der Situation der 20er Jahre stellt Wittig eine Krise des Amtspriestertums fest, die sich in einem äußeren Abbruch und einer inneren Infragestellung manifestiere. Während die Kleriker auf dem Tableau der öffentlichen Beachtung die Verkörperung von Kirche darstellten und im Mittelpunkt der Aufmerksamkeit und der Kritik ständen, sinke ihre Macht zusehends. Es sei zu beobachten, daß ihr irdischer Besitz und Einfluß schwinde, die Kirchen leerer werden und die „äußeren Mittel" verloren gehen.[183] Die tradierte „Absonderung" habe eine Ungleichzeitigkeit zur Folge. Die priesterliche Kleidung habe schon um die Jahrhundertwende für die Menschen im Armutsviertel Breslaus unpassend gewirkt; die Diasporasituation, der Priestermangel und die pauschale Kritik an einem als unglaubwürdig empfundenen Priestertum verschärfen die Situation, in die das Priestertum gestellt ist.[184] Dem äußeren Macht- und Ansehensverfall entsprechen nach Wittigs Einschätzungen die inneren Anfragen der Priester. Eine ins Wanken geratene Identität des Priestertums gibt den diskutierenden Konfratres Fragen nach dem Sinn ihres Tuns auf: „Ich habe mich nicht weihen lassen für soziale, sondern für priesterliche Tätigkeit", [185] stellt einer von ihnen fest. Wittig erzählt 1919 von dieser Diskussi-

---

[181] Vgl. Leben Jesu I, 30.

[182] Vgl. Vaterunser, 68; Leben Jesu I, 282/3.

[183] Vgl. Leben Jesu I, 185/6, 189; Die Kirche als Auswirkung und Selbstverwirklichung, 202; Der Ungläubige, 91; Vom Warten, 15.

[184] Vgl. Das allgemeine Priestertum, 41; Leben Jesu I, 185/6, 339, 350; Leben Jesu II, 365; Aussichten, 211.

[185] Jesus, soziale Frage und christliche Revolution, 588.

on mit seinem Mitkaplan aus dem Jahre 1909. Schwerwiegend sei ferner die Erfahrung, daß sich gelingendes Leben vielfach außerhalb der Kirche und unabhängig von ihr abspiele. Wie könne man es verkraften, mit nicht endender Not, aber nur mit wenig aufblühendem Leben konfrontiert zu werden?

„Wie kommt es, daß einer der besten Priester, die ich kenne, in die Klage ausbrechen mußte: 'Das Ergebnis unserer Erziehung sind nur selten Vollmenschen, also Menschen voll der Kraft und voll der Gnade, nicht selten aber religiös unselbständige, unfreie, scheue, ängstliche, enge Gemüter - seelische Krüppel?' Er hätte weiter sagen können: 'Gerade die, die sich unserer Erziehung entziehen, werden nach allerlei innerem und äußerem Bruch mutige, offene, starke Charaktere, an denen wir selber Freude haben müssen, so sehr wir uns auch gegen diese Freude wehren. Wir sprechen nur dann gar zu leicht: 'Letztlich haben sie dies doch von uns!' Und manche von uns verschließen mutig die Augen, dozieren mutig weiter und sind sehr mutig gegen die, deren Augen nun einmal offen bleiben, und andere verfallen einer Mutlosigkeit, in der sie nur das Bewußtsein tröstet, daß sie ja ihre Pflicht getan hätten.'"[186]

Die Krisensymptome, die Wittig teilweise im Rückblick schildert, teilweise als Gegenwartsbeschreibung formuliert, zwingen ihn zunächst nicht zur Resignation, sondern fordern seinen Einsatz heraus. Seine Entscheidung für die wissenschaftliche Tätigkeit und gegen die seelsorgliche Pastoral fällt erst nach einer langen Zeit des Abwägens mit deutlichen Präferenzen für die Gemeindearbeit.[187] Wittig erinnert sich, er sei inmitten der An- und Überforderungen der Breslauer Gemeinde ein „begeisterter Priester"[188] gewesen: „Ging ich durch die Straßen der Großstadt an vielen, vielen Menschen vorüber, so brannte mir das Herz auf, - ich muß sagen: in ganz dummer Liebe, denn ich hatte sie gar niemals recht überlegt und geprüft und wußte nicht einmal, ob es die echte, reine christliche Liebe war; ich wäre nur eben gern mit all diesen Menschen zusammen gewesen, nicht erst im Himmel, sondern auch schon ein wenig auf der Erde."[189] Seine Aufmerksamkeit für Gegenwartsfragen motiviert den Kirchenhistoriker,

[186] Laß den Mond am Himmel stehn, 240. - Vgl. Höregott, 214, 240/1.
[187] Vgl. Brief an Ferdinand Piontek v. 3.11.1908.
[188] Vgl. Die Erlösten, 32-33; Briefe, 252, 410.
[189] Vom Born zum Quell, 317.

in Beiträgen zum Verhältnis von Priestern und Laien oder zur Diasporafähigkeit des Christentums auf die zeitgenössischen Fragestellungen zu antworten oder durch populärwissenschaftliche Veröffentlichungen an der Bildung von Katholiken mitzuwirken. Bereits in den Nachkriegsjahren weicht die Aufbruchshoffnung allerdings einer nüchternen Gegenwartsanalyse. Skeptisch blickt er aus historischer Perspektive auf die Kirche seiner Zeit und schreibt 1920 über das Dilemma der pastoralen Situation an *Ferdinand Piontek*:

„Unsere Kirche leidet an der Größe der Gemeinden, die eine ernste Disziplin unmöglich macht. Die Größe der Gemeinden ist verschuldet durch den Priestermangel und durch die finanziellen Anforderungen, die ein Priester nach heutiger Form stellen muß. Der Priestermangel ist veranlaßt durch die vielen uniformen Forderungen, welche die Kirche an die Priester stellt. Diese Forderungen sind notwendig geworden durch die Entwicklung unseres Kultes und unserer Sakramentenspendung. Und diese beiden sind so stark dogmatisiert, daß eine Änderung kaum mehr möglich ist. Was haben die Apostel für Männer geweiht! Die Ältesten! Was war das für eine Freiheit! Was war das für ein Vertrauen auf den Heiligen Geist! Die Kommunionbank war noch der Gemeindetisch, an dem die Gläubigen mit dem ehrwürdigsten Manne sitzen konnten, dem der Apostel die Hand aufgelegt. Die private Beichte war gar nicht notwendig, da die Gläubigen sich untereinander genau kannten und die Disziplin gut durchführen konnten, die öffentliche Beichte, diese selbstverständliche Wiedergutmachung des Unrechtes. Das heilige Mahl, das Brotbrechen, mit den Gebeten in der Sondersprache, alles allen verständlich, alles wie eine Familienangelegenheit. Und jetzt, alles so organisiert, alles so fremd, alles so juristisch, so gelehrt, so uniformiert und zentralisiert (...). Die paar eifrigen, erleuchteten Geistlichen ertrinken in der Flut der unerfüllbaren Aufgaben, die anderen arbeiten nach dem Schema. Alle fühlen, daß sie das historische Erbe nicht mehr ausfalten können, keiner wagt es zu sagen. Geschichte und Logik haben einen Turm aufgerichtet, von dem keine Erweiterung mehr möglich ist - und es können nicht mehr alle hinein."[190]

Im Kontrast zwischen der Freiheit der Urkirche und der Erstarrung der Kirche des beginnenden 20. Jahrhunderts wird für Wittig die Jugendbewegung mit ihrer Suche nach Ursprünglichkeit zum verheißungsvollen Aufbruch. Hier erlebt er Menschen, deren unbedingte „Lebensfragen"[191] ans Wesentliche rühren; hier ist die urchristliche

---

[190] Brief an Ferdinand Piontek v. 3.11.1920.
[191] Vgl. Von der Freiheit der Kinder Gottes, 91.

Mahlgemeinschaft neu lebendig[192], hier erfährt er sich als gefragter Seelsorger und kann als Priester die Sehnsucht nach wahrem Leben „mit betenden Händen empor zum Himmel tragen"[193]; hier werden Grenzziehungen, die ihre Plausibilität verloren haben, ohne Angst überwunden; hier wird sein Glaubenssatz „Der Herrgott hebt seinen Fuß und geht einen Schritt weiter!" konkret.[194] In dieser offenen pastoralen Situation stellt sich für Joseph Wittig die Frage nach einer tragfähigen priesterlichen Lebensgestaltung.

3. Willensstärke und Lebensverzicht. Fragen zur priesterlichen Lebensgestaltung

„Wenn wir an den Dienstagen und Donnerstagen Ausgang in die Stadt hatten, trugen wir in ganz beträchtlicher Würde Zylinderhut, Talar, Zingulum, Bäffchen - die allerliebsten Bäffchen - und Schnallenschuhe, so daß wir uns fast genierten, wenn ein gewöhnlicher Pfarrer mit Gehrock und dem einfachen 'Streifen' ein Stücklein neben uns ging - mein Gott, war das ein Glanz um uns!"[195]

In seinen Rückblenden auf die Seminarzeit zeichnet Wittig das Bild einer Sondergesellschaft, deren Regeln und Plausibilitäten Außenstehenden zwar befremdlich erscheinen mögen, die aber nicht der kritischen Sympathie des Schreibers entbehrt - ob er nun vom Schachern um Pöstchen und Positionen, vom Knüpfen von Freundschaften, von theologischen Disputen oder von Stunden der Einsamkeit berichtet.[196] Liebevoll kann Wittig die Menschlichkeiten der Priesterausbildung erinnern und sie augenzwinkernd ihrer scheinbaren Erhabenheit entreißen. Mit den *Grundsätzen* der aszetischen Ausbildung geht Wittig dagegen radikal ins Gericht. Nicht nur in der Priesterausbildung seien die Sätze „Was man will, das kann man auch!" oder „Mensch, du mußt eben wollen, du brauchst nur zu wollen!" *die* Grundlagen der Erziehung gewesen. „Ein willensstolzes Geschlecht wurde mit mir aufgezogen. (...) Die Gnade wurde seltener erwähnt, eigentlich nur in

---

192 Vgl. Vom Born zum Quell, 317-322.
193 Wasserholen, 364.
194 Herrgottswissen, 244.
195 Leben Jesu II, 350.
196 Vgl. Die Erlösten, 22-29; Leben Jesu II, 297-467.

der Religionsstunde, wenn sie 'dran kam'."[197] Die Richtlinien, wie der Mensch glauben, wie er geläutert und fromm sein müsse, um das ewige Ziel zu erreichen, seien mit einem ungebrochenen Vertrauen in die Machbarkeit von Heiligkeit einzuüben versucht worden.[198] Auch er selbst habe am vorbild- und leistungsorientierten Streben nach Selbstheiligung teilgenommen, gesteht Wittig und faßt seine Kritik in einen fiktiven Dialog: „Sie wollten eine Zeitlang ein zweiter Aloisius werden. Was haben Sie da für Erfahrungen gemacht?" läßt sich Wittig vom König Kaspar befragen und antwortet: „Total mißglückt." Kaspar fährt fort:

„'Dann meinten Sie, auf dem Wege des hl. Augustin vorwärts zu kommen. Wie war dies?' 'Majestät, der erste Teil wäre mir ganz gut gelungen!' 'Und dann haben Sie es noch mit zwanzig andern Vorbildern versucht. Bald waren es berühmte Professoren, bald heilige Priester, bald gern gelesene Volksschriftsteller. Sie hatten gar keine Ruhe vor lauter Vorbildern. Nicht?' 'Ja, Majestät, bis mir der Gedanke geschenkt wurde, daß Gott ein Meister ist, der niemals die eigenen Werke kopiert; bis ich, ohne Rat, alles dem Rate Gottes überließ; bis ich, ohne Kraft, alles von der Gnade Gottes erwartete.'"[199]

Als Antwort auf eine überzogene Leistungsfixierung müsse dem Willen seine „Königskrone" entrissen werden, fordert Wittig; diese Entmachtung des Willens ist ein wesentliches Anliegen, dem er sich mit seinem Schreiben verpflichtet weiß. Eine Aszese, die einseitig auf Willensanstrengung und Selbstheiligung setze, fördere die Angst, den Anforderungen nicht genügen zu können. Die Fixierung auf das Gelingen und die Richtigkeit einer Handlung verdüstere das Gemüt und mache Willen und Erfolg zu Götzen.[200] Die Vergötterung des Willens sei für die Alumnen besonders problematisch hinsichtlich der Gestaltung eines leib- und beziehungsfreundlichen Lebensstils. In der tradierten Form priesterlicher Erziehung sieht Wittig daher auch wenig Hilfen zu einer tragfähigen Ausformung des Zölibatsversprechens. Wittig spottet über die rigoristische Enge, die den Priester zum ge-

---

[197] Mysterium der menschlichen Handlungen, 172.

[198] Vgl. Die Kirche im Waldwinkel, 79; Leben Jesu I, 324; II, 109, 279; Der Ungläubige, 175, 231; Mensch und Maschine, 179; Christgeburt, 42.

[199] Herrgottswissen, 144/5.

[200] Vgl. a.a.O., 179.

schlechtslosen Neutrum machen wolle, „Keuschheitsgürtel" verteile und in jeder Berührung Unmoralisches wittere; er klagt über die Seelenführung jener Beichtväter, die der erwachenden Sexualität des Jungen repressiv gegenüberstehen.[201] Wenn Wittig in den 20er Jahren vom Erwachen der eigenen Geschlechtlichkeit Zeugnis gibt, die Verliebtheit eines Mitalumnen schildert oder vom „Notwunder der Natur" berichtet, das in reinen Männergesellschaften bisweilen zu gleichgeschlechtlicher Liebe führe, finden sich diese Andeutungen in einem Klima, in dem sie als Tabubruch empfunden werden müssen.[202] In seinen Skizzen zum Leben Jesu wird die Entscheidung zur Ehelosigkeit mit der Passion Jesu in Verbindung gebracht. Die Alumnen, die sich auf die Priesterweihe vorbereiteten, hätten in dem Bewußtsein gelebt, daß es ihnen „ans Leben ging" und sie mit der Ehelosigkeit nicht nur auf einen peripheren Teil ihres Lebens verzichteten, sondern auf „etwas aus der Mitte, wo das Verzichten und Absterben ziemlich stark auf die Nerven geht und schmerzlich werden kann."[203] Für die achtzig gesunden, jungen Männer, „alle voll Lebenskraft und Lebensdrang", sei die Lebenshingabe in einer Glaubensverfolgung leichter gewesen als der Lebensverzicht der Ehelosigkeit, von dem sie gewußt hätten, „daß es ein immerwährender, immer wieder neu zu vollziehender Verzicht auf das Leben sein würde."[204] Gefragt nach der Berechtigung, mit der das „Verbrechen" der Unterbrechung des Lebens in seiner schönsten Entfaltung vorgenommen werden dürfe, bleibt für Wittig als einzig denkbare Option, es dürfe „nur um Gottes willen geschehen, von dem dieses Leben ist!" Wenn diese Maßgabe gelte, sei jedoch weiterzufragen: „Muß es um Gottes willen geschehen?"[205] Für sich persönlich bejaht Wittig diese Frage und weiß seine Antwort verwurzelt im Gedrängt-Werden durch die göttliche Führung. Doch auch prinzipiell erscheint ihm der Zölibat als eine für den Priester sinnvolle und aufbauende Lebensweise. Wittig sieht die Ehelosigkeit als Lebensverzicht in der Nachfolge Jesu, als „soziologische Notwendigkeit" in der Ergänzung zur Institution der Ehe, als

---

[201] Vgl. Leben Jesu I, 354/5.

[202] Vgl. a.a.O., 311-326; Vaterunser, 92-119; Höregott, 222-226.

[203] Leben Jesu II, 316/7.

[204] A.a.O., 319.

heilende Kraft, die aus inneren Quellen verheiratete und unverheiratete Menschen stärken könne.[206] Ohne den Verpflichtungscharakter des Zölibates aufzuheben, stellt Wittig jedoch auch eine Freiheit Gottes vom Gesetz fest. Bei aller kirchlichen Gesetzgebung sei zu bedenken, daß Gott den Menschen um des Lebens willen aus dem Gesetz herausführen könne - „und zwar nicht nur durch die im Gesetz selbst vorgesehenen Dispenstürlein."[207]

Unter das Leitwort der Führung Gottes stellt Wittig dann auch eine Frage, die ihn in seiner Zeit als Kaplan, Privatdozent und Professor begleitet. Für ihn wird zum bedrängenden Thema, wie der Versuch gelingen kann, die Lebensform der Ehelosigkeit und die Freundschaft mit Frauen widerspruchsfrei zu verbinden. Anders als die moralischen Institutionen seiner ihn skeptisch beargwöhnenden Umwelt vermag Wittig das Glück der persönlichen Verbundenheit nicht als verwerflich, ungeziehmend oder sündig zu betrachten.[208] In jeder Beziehung empfindet Wittig die Nähe und Sympathie anderer Menschen und das Geschenk gegenseitiger Bereicherung als Gabe Gottes und geht davon aus, daß sich auch die Begegnung mit Frauen und die in ihr erfahrene intensive Gemeinschaft der Führung Gottes verdanken.[209] Weil er jedoch auch vom Zölibat als der für ihn von Gott bestimmten Lebensform ausgeht, gelangt er in die Situation, zwei schwer in Einklang zu bringende Optionen als von Gott herbeigeführte Wirklichkeiten miteinander vereinbaren zu müssen. Das aus eigener Kraft leisten zu können, übersteigt seine Möglichkeiten. Sich in dem ständigen Balanceakt der Kraft Gottes anzuvertrauen, in dessen Wollen die spannungsvolle Konstellation ihren Ursprung hat, wird für ihn zu einer Herausforderung des Glaubens und des Vertrauens darauf, daß bei Gott kein Ding unmöglich ist.[210]

---

[205] A.a.O., 320.

[206] Vgl. a.a.O., 321/2; Höregott, 193, 197.

[207] Höregott, 202.

[208] Vgl. a.a.O., 245, 271/2.

[209] Vgl. a.a.O., 255.

[210] A.a.O., 240.

4. Priesterbilder

Wie die Konturen des katholischen Milieus durch die Schilderung einzelner Menschen sichtbar wurden, so ist auch das Priesterbild in den Erzählungen Wittigs geprägt durch viele Priesterbilder, die er in individuellen Lebensbeschreibungen ehrfürchtig und liebevoll, spöttisch und kämpferisch nachzeichnet. Bevor Joseph Wittig als Heranwachsender bei Pfarrer May das Pfarrhaus in Neugersdorf kennenlernt, erlebt er als Kind die Welt des Schlegler Pfarrhauses, in dem seine Tante als Pfarrhaushälterin arbeitet und das er so „von innen" kennenlernt. Als Student ist Wittig vertraut mit der Binnenwelt des Seminars; der Priester Joseph Wittig ist als Kaplan, Privatdozent und Professor Mitglied des Presbyteriums und kennt dessen Vorstellungen, Themen und Umgangsformen. Auch als Exkommunizierter und Verheirateter hat Wittig Kontakt mit Priestern: Freunde und Ratsuchende bevölkern sein Neusorger Haus. Mit der Erforschung der Glatzer Heimatgeschichte eröffnet sich ihm das Wirken von Klerikern in der Geschichte von Neurode und Schlegel. Wenn Wittig die liebenswürdigen oder skurrilen Eigenheiten Einzelner skizziert, bleibt sein Blick geprägt von grundsätzlicher Sympathie. *Franz Heinisch*, der „stille, sanfte Pfarrer, der unsagbar Geprüfte, der ein fressendes Krebsgeschwür am rechten Auge so still trug wie eine Braut ihre Rose, die ihr der Liebste ins Lockenhaar gesteckt hatte,"[211] wird von Wittig erinnert, ebenso der gastfreundliche *Julius Sdralek*, der den in Italien bis zum Erbarmen abgemagerten Wittig als Hilfskaplan väterlich aufnimmt und versorgt,[212] oder schließlich sein Mitkaplan in Lauban, „ein treuer und reiner Mensch mit nicht allzu starkem Eigenleben, aber noch ganz erfüllt von dem Leben und den Lehren des Priesterseminars, ein wandelndes Lehrbuch priesterlicher Aszese, aber in nettem, freundlichem Einband."[213] Die Schilderungen reichen vom Jungenpater bis zum altersweisen Pfarrer, von der Schmetterlingssammlung im Pfarrhaus bis zur unangemessen lauten Predigt eines Mitbruders.[214] Neben den Skizzen, die von Wertschätzung ge-

---

[211] Leben Jesu I, 117. - Vgl. Christgeburt, 55-57.

[212] Novemberlicht, 31.

[213] Höregott, 213.

[214] Vgl. Die Beschwörung des Basilius, 1120; Christgeburt, 61/2; Leben Jesu I,

prägt sind, finden sich in den Aufzeichnungen Wittigs allerdings auch Aussagen, die sich - ohne Namensnennung - gegen die Verkürzung und den Mißbrauch des „Priesterlichen" richten. Die Achtung des Einzelnen hindert Wittig nicht, mit oberflächlichen Zusammenkünften, überheblichen Seminaristen und arroganten Domherren, mit klerikalen Unglaubwürdigkeiten und Doppelbödigkeiten ins Gericht zu gehen.[215] In den Auseinandersetzungen der 20er Jahre erlebt Wittig die öffentliche Anfeindung durch andere Priester; er klagt über die „Lieblosigkeit und Verketzerungssucht des Klerus"[216], weiß um die provozierende Wirkung seiner Erzählungen auf eine Seelsorge, die auf Wirtschaftsfragen und Machterhalt konzentriert ist, und vermutet inmitten des Konfliktes, er habe unter dem Klerus nur noch drei bis vier „offene Freunde".[217]

Trotz dieser Negativerfahrungen äußert Wittig auch nach der Exkommunikation keine grundsätzlichen Vorbehalte gegen das Priestertum. Als Verheirateter bezieht er Position gegen Unterstellungen von priesterlicher Doppelmoral und Untreue.[218] Mit seiner Kenntnis des katholischen Priestertums bespricht Wittig einen 1933 erschienenen Roman, in dem mit nationalsozialistischer Polemik ein Gegensatz zwischen nationalem und klerikalem Menschen konstruiert werde: Die lateinischen Einsprengsel seien unpassend, die als Milieuskizze angelegte Geschichte sei „unwahrscheinlich" und einen Kaplan, der „so blödsinnig frömmelnd" rede wie der Protagonist des Romans gebe es „im ganzen Weltklerus von Deutschland nicht."[219] Gegen ungerechtfertigte Unterstellungen verteidigt Wittig das Priestertum, als er 1940 auf einem Seitenweg der Forschungen zur Chronik der Gemeinde Schlegel die Existenz des „Paterliebchens" Hedwig als bloßen Lesefehler nachweist und so den Spöttern auf die Doppelmoral des Klerus die historische Grundlage entzieht.[220] In der von Wittig diagnosti-

---

161; Herrgottswissen, 28; Der Ungläubige, 100/1, 273; Gold, Weihrauch und Myrrhe, 22-31.

[215] Vgl. Getröst, 74/5; Roman mit Gott, 68.

[216] Das Alter der Kirche III, 13.

[217] Brief an Karl Muth v. Christi Himmelfahrt 1922, in: Briefe, 32.

[218] Vgl. Höregott, 201.

[219] Rez. Joseph von Lauff, Die Heilige vom Niederrhein, 46.

[220] Vgl. Die „Hedwig" in der Schlegler Dorf-Chronik, 51-53.

zierten Krise des Priestertums geht es ihm darum, es von dem „Dreck und Speck" [221] zu befreien, der sich im Laufe der Zeit daran gesetzt habe; Wittig versucht das zu tun mit der Abwehr von Vorurteilen und Verdächtigungen, mit der Benennung von Fehlformen und der Schilderung glaubwürdiger Priester und - seit Anfang der 20er Jahre - mit einer theologischen Neubewertung des allgemeinen Priestertums: Allein eine Kirche, die das allgemeine Priestertum zur gelebten und bewußt ausgeformten Wirklichkeit werden lasse, sei lebendig und zukunftsfähig. [222] Zur Ausgestaltung dieses allgemeinen Priestertums versucht Wittig mit seinem erzählerischen Werk *und* seiner theologischen Forschung beizutragen.

IV. Theologische Wissenschaft

Joseph Wittig ist Professor für Kirchengeschichte, altchristliche Kunst und Archäologie an der Universität Breslau, renommierter Bearbeiter des Buches „Grundriß der Patrologie", eines Standardwerkes der Kirchengeschichte, für dessen Ausarbeitung man dem „ebenso umsichtigen wie gelehrten Verfasser seine aufrichtige Anerkennung nicht versagen" [223] könne; er ist Kenner des theologischen Fakultätsbetriebes, mit Erfahrungen als geschäftsführender Direktor und Dekan, als er beginnt, mit ungewohntem Sprachstil und vor allem mit direkter Provokation das Kollegium der Dogmatiker, Kirchenrechtler und Bibelwissenschaftler in Breslau und anderswo herauszufordern. Die belletristischen Versuche eines erzählenden Professors sind für seine Kollegen als dessen private Eigenart akzeptabel oder als pastorale Vermittlung der „eigentlichen" Theologie anerkennenswert. [224] Doch das von Wittig mit Nachdruck formulierte Ungenügen an der Theologie seiner Zeit sowie seine grundsätzlichen Anfragen an den Wissenschaftsbetrieb und seine Professorenkollegen werden zum Stein des Anstoßes. In den Auseinandersetzungen mit dem römischen Lehramt

---

[221] Aussichten, 211.

[222] Vgl. Das allgemeine Priestertum, 22-24; Leben Jesu II, 302-306.

[223] K. Kirch, Rez. Gerhard Rauschen, Grundriß der Patrologie, 149/50.

[224] E. Krebs, Joseph Wittigs Weg aus der kirchlichen Gemeinschaft, 247.

kann Wittig nicht auf breiten Rückhalt in seiner Fakultät oder an anderen Universitäten rechnen. Inmitten des Streites schreibt er bitter an *Karl Muth*: „... die Kollegen behandeln mich alle noch freundlich, - wie wir daheim das kleine Zicklein, bevor es am Osterfest geschlachtet werden sollte."[225]

1. Der Lehrer und Förderer: Maximilian Sdralek (1855-1913)

Der Mann, dem Joseph Wittig seine akademische Laufbahn verdankt und dem er neben seinem Vater und Pfarrer May lebensbestimmende Prägung zuerkennt,[226] ist der Breslauer Professor für Kirchengeschichte *Maximilian Sdralek*. Der Schüler *Hugo Laemmers* und *Franz Xaver Kraus'*, „ein Schlesier nach Leib und Seele"[227], kehrt nach einer kirchengeschichtlichen Professur in Münster, die er später als die „zwölf Jahre seiner ‚Münsteraner Verbannung'"[228] bezeichnet, 1896 nach Breslau zurück und übernimmt dort - protegiert von seinem Lehrer Laemmer, aber unter Widerstand einiger Mitglieder des Professorenkollegiums - eine dritte, zusätzlich errichtete „Ersatzprofessur" für Kirchengeschichte, in der er sich zunächst mit christlicher Literaturgeschichte und Archäologie beschäftigt. Erst als Hugo Laemmer 1897 zum Kirchenrecht wechselt, wird für seinen Schüler der Weg zum kirchengeschichtlichen Lehrstuhl frei, den er mit krankheitsbedingten Unterbrechungen bis zu seinem Tod im Jahr 1913 innehat.[229]

Sdralek verkörpert für Wittig den „feingebildeten" Weltmann,[230] eine „vornehme Erscheinung" mit „geistreicher Unterhaltungsgabe",[231] „jeder Zoll von ihm Würde, Leben, Eleganz."[232] Auffällig sei die Ordnungsliebe Sdraleks, seine „angeborene Korrektheit", mit der er „ohne in Pedanterie auszuarten" eine ruhige, sichere und zuverlässige Methode wissenschaftlichen Forschens entwickelt habe.[233] Mit dem Handwerkszeug einer wissenschaft-

---

[225] Brief an Karl Muth v. Christi Himmelfahrt 1922, in: Briefe, 32.

[226] Vgl. Toll-Annele, 99.

[227] Max Sdralek, 131.

[228] Ebd.

[229] Vgl. Maximilian Sdralek, 189.

[230] Max Sdralek, 130.

[231] Maximilian Sdralek, 187.

[232] Oberschlesische Köpfe, 635.

[233] Maximilian Sdralek, 180. - Vgl. Oberschlesische Köpfe, 635.

lich fundierten „historischen Methode" habe es Sdralek vermocht, sein Forschungsgebiet so zu vermitteln, „als hätte er alles mit eigenen Augen gesehen." Das war ein Leuchten auf Stirn und Augen, das war ein Leben um den Mund, das war ein Zauber über den Hörern!"[234] In dieser lebendigen Vergegenwärtigung historischer Ereignisse sei die Persönlichkeit Sdraleks zur Entfaltung gekommen: „Alle hingen an seinen ungewöhnlich lebhaften Augen, wenn er zu reden anfing. Es bedurfte nur einiger Worte, und schon waren die Hörer in den fernen Zeiten und Räumen, von denen er sprach. Greifbar rückten die historischen Gestalten nahe, so deutlich schilderte er ihre Charaktere und Bilder."[235] Dieses Darstellungsvermögen habe Sdralek jedoch nicht zum Schriftsteller werden lassen; seine literarische Tätigkeit sei mit seiner Münsteraner Zeit abgeschlossen gewesen und er habe eine „starke Abneigung gegen die den kirchengeschichtlichen Büchermarkt überschwemmende Veröffentlichungssucht"[236] gehabt. Vielmehr sei er zum *Lehrer* geworden, der „ganz in der Welt seiner Schüler"[237] gelebt, seine „Hilfsbereitschaft seinen zahlreichen Schülern und ihren wissenschaftlichen Arbeiten"[238] gewidmet und an ihnen einen „stillen, weitreichenden priesterlichen Einfluß"[239] ausgeübt habe. Hier sei seine eigentliche Wirksamkeit und Fruchtbarkeit zu sehen. „Hätte er nur Bücher geschrieben, so wäre er berühmt geworden, aber er wäre nicht lebendig geblieben," stellt Wittig im Nachruf auf seinen Lehrer fest und fügt hinzu: „Treffe ich einen seiner abertausend Hörer und nenne ich den Namen Sdralek, dann ist es eine Weile frischer, freudiger, freier um uns. Das ist mehr wert als Bücher, das ist Leben, welches bleibt und wirkt. 'Ja Sdralek!' Das ist gewöhnlich die Antwort auf den Namen."[240]

Zwischen die Zeilen dieser Würdigung gibt Wittig über die kirchenpolitisch brisante Position seines Lehres Auskunft. Dessen Verzicht auf Publikation und die Förderung seiner Schüler geschieht in einem Klima antimodernistischer Vorbehalte gegen die historische Erforschung der Kirchengeschichte. Vorsichtig umschreibt Wittig die Distanz seines Lehrers zur neuscholastisch dozierenden Mehrheit des Lehrkörpers. Sdralek habe für die Freiheit und den Fortschritt der theologischen Wissenschaft gestritten und sei „jahrelang das beleben

---

[234] Ebd.

[235] Maximilian Sdralek, 184.

[236] A.a.O., 185.

[237] Oberschlesische Köpfe, 635.

[238] Max Sdralek, 130.

[239] Maximilian Sdralek, 195.

[240] Oberschlesische Köpfe, 636.

de Element der stets zum Frieden geneigten Fakultät"[241] gewesen. Er habe bei Sdralek die „historische Methode" gelernt und hinsichtlich der Frage von Subjektivität und Objektivität von seinem Lehrer den Grundsatz übernommen, „daß auch die Berichte ganz voreingenommener Männer als historische Quellen willkommen seien, wenn sie nur die Voreingenommenheit offen eingestehen oder deutlich verraten."[242] Daß es bezüglich der Fragen von Diplomatie und Klugheit zu Differenzen zwischen Sdralek und seinem Schüler gekommen sei, bekennt Wittig nach seiner Exkommunikation. Als er mit seinen ersten Versuchen, in neuer Sprache die Mysterien Gottes in der Geschichte der Kirche zu verkünden, bei den Studenten „ins Gerede" gekommen sei, habe ihn sein Lehrer gewarnt: „Die Studenten seien dafür noch nicht reif und kämen zu leicht in Verwirrung. (...) Seiner Meinung nach, sagte Sdralek, genüge es vorläufig, daß sie ein tüchtiges, solides, exegetisches, kirchengeschichtliches, dogmatisches und moraltheologisches Wissen mit sich nähmen. Da hätten sie alles."[243] Trotz dieses Einspruchs ist es Sdralek, der mit seiner Form einer lebendigen Vergegenwärtigung seines Lehrstoffes und seinem Interesse an der persönlichen Entwicklung seiner Schüler einer Verabsolutierung des Rationalen entgegenwirkt und der mit seinem Bemühen, die kombinatorischen Fähigkeiten Joseph Wittigs wissenschaftlich fruchtbar zu machen, wesentlich zu dessen akademischem Profil beiträgt. Diese menschliche Autorität läßt Wittig auch in einer Zeit, in der er sich gegen den kalten Geist der Wissenschaft wendet, von seinem Lehrer positiv reden. Maximilian Sdralek bleibt für Wittig der akzeptierte väterliche Freund und Förderer.

2. Exkurs: Wittigs Berufung
an die katholisch-theologische Fakultät in Breslau

Hatte es schon bei der Rückkehr Sdraleks aus Münster nach Breslau Streit gegeben und war der Heimkehrende als „das Schoßkind ministerieller Fürsorge"[244] abgestempelt worden, so findet die Laufbahn

---

[241] Max Sdralek, 132.
[242] A.a.O., 176.
[243] Höregott, 42.
[244] Maximilian Sdralek, 189.

seines Schülers Joseph Wittig ebenfalls in einem konfliktträchtigen Klima statt. Die Dissertation Wittigs wird vom Breslauer Kardinal *Georg Kopp* 1902 mit vernichtender Kritik bedacht: Er könne in der Arbeit Wittigs über Papst *Damasus I.* „weder eine wissenschaftliche Methode noch eine Befähigung zu wissenschaftlichem Arbeiten" erkennen, schreibt Kopp an Professor *Ernst Commer*, und habe deshalb Sdralek zu sich zitiert, um ihm diese Kritik mitzuteilen.[245] Das wiederholte Bemühen Sdraleks, seinem Schüler die wissenschaftliche Laufbahn zu ebnen, stößt in den folgenden Jahren auf Widerstand innerhalb seiner Fakultät. Als der Dekan *Joseph Pohle* am 29. Juli 1908 seine Kollegen um ein kurzes Votum zur „Ernennung des Herrn Kaplan Dr. Joseph Wittig zum Extraordinarius für Geschichte der theologischen Literatur und für christliche Archäologie" bittet, äußert der Professor für neutestamentliche Exegese, *Joseph Sickenberger*, Bedenken. Nach Anmerkungen zur Personalsituation der Fakultät geht Sickenberger auf die wissenschaftlichen Leistungen des Vorgeschlagenen ein: „Dr. Wittig wird, wenn er seine ausgebildete Kombinationsgabe etwas mehr mäßigt, als er es in der Schrift 'Der Ambrosiaster Hilarius' getan hat, der altchristlichen Wissenschaft erhebliche Dienste leisten."[246] Mit seinem Vorwurf der „ausgebildeten Kombinationsgabe" greift Sickenberger die Kritik auf, die *Adolf Jülicher* angesichts Wittigs Ambrosiaster-Studie geäußert hatte. Wegen der „abenteuerlichen Kombinationen Wittigs" und der „Oberflächlichkeit, Verworrenheit und Keckheit dieser Studie", die nicht mehr sei als ein „Haufen von windigen Einfällen", könne er von dem Aufsatz „nichts Rühmliches sagen, als daß er geeignet ist, abschreckend zu wirken."[247]

---

[245] Georg Kopp, Brief an Ernst Commer v. 24.4.1902. – Vgl. dagegen die positive Würdigung der Dissertation Wittigs in: F. Diekamp, Rez. Joseph Wittig, Papst Damasus I., 373-374.

[246] Akten der katholisch-theologischen Fakultät betreffend der Anstellung der Professoren No. 12 Vol. II vom 9.10.1900 bis 27.3.1936, 144.

[247] A. Jülicher, Rez. Joseph Wittig, Der Ambrosiaster Hilarius, 551-52. - Die Kombinationsgabe Wittigs wird auch in späteren Besprechungen vermerkt, allerdings zum Teil mit positiver Akzentsetzung. So urteilt G. Krügers über Wittigs Studie zur Friedenspolitik des Papstes Damasus I.: Man sehe, daß Joseph Wittig auch bei seiner jüngsten Arbeit die „Lust am Kombinieren" nicht verlassen habe. Das führe zwar zu einem „verunglückten Anfang", bei dem Wittig wirklich glaube, „den Historikern den Star gestochen zu haben." Allerdings

Der Vorwurf Sickenbergers veranlaßt Sdralek, in einem Gegenvotum auf die kombinatorische Befähigung seines Schülers einzugehen. Zwar gelte es, junge Historiker vor allem in die historisch-kritische Arbeit einzuführen, doch stelle die Kombination „die Säule der historischen Forschung" dar und sei „die höchste Funktion historischer Arbeit, zu welcher Phantasie unerläßlich ist."[248] Daß Wittig seine Kombination durch sämtlich vorhandenen Daten auf ihre Richtigkeit hin zu kontrollieren verstehe, habe er auch in der genannten Ambrosiasterstudie hinreichend bewiesen: „In etwa 10 Jahren wird sie allgemein rezipiert sein; daß Wittig das Richtige 10 Jahre früher gesehen und erkannt hat, sollte man ihm nicht zum Vorwurf machen."[249]

Als Wittig am 27.10.1909 der Fakultät drei Themen zur Auswahl für die Probevorlesung vorlegt, reicht er - neben Vorträgen über die „juridische Grundlage der Christenverfolgungen im römischen Staate" und die „Bronzestatue des hl. Petrus im Vatikan" - als dritten Vorschlag die Problemstellung ein, die im Vorjahr zum Gegenstand der Auseinandersetzung zwischen Sdralek und Sickenberger geworden war: „Die Lehre von der methodischen Kombination in der historischen Forschung."[250] Dieser Vorschlag wird allerdings nicht aufgegriffen, Wittig hält vielmehr seine Antrittsvorlesung über „Die Bronzestatue des Apostelfürsten Petrus im Vatikan" und beschäftigt sich so mit einer Frage, die angesichts der allgemeinen Hochschätzung für christliche Archäologie im wissenschaftlichen Trend der Zeit liegt.

---

enthalte das Korpus der Arbeit „beachtenswerte Beobachtungen, die Nachprüfung verdienen und sicher finden werden" (G. Krüger, Rez. Joseph Wittig, Die Friedenspolitik, 45). Weitgehend positiv äußert sich F. Lauchert zu dem „an neuen Gesichtspunkten und Anregungen reichen Buche." Wittig habe die Chronologie der Friedenspolitik des Papstes Damasus „mit vielfach glücklichem Scharfsinn" neu zu ordnen gesucht - weil er seinen Standpunkt nicht wie in der einschlägigen Literatur üblich im Morgenland, sondern im Abendland genommen habe. Ob im einzelnen alle chronologischen Ansätze stichhaltig seien, werde die weitere Forschung zeigen. Allein: Wittig habe einen „sehr wertvollen Beitrag" zur Kirchengeschichte der zweiten Hälfte des 4. Jahrhunderts geliefert und dazu beigetragen, daß jetzt „manches neue Licht" auf diese Zeit falle (F. Lauchert, Rez. Joseph Wittig, Die Friedenspolitik, 14-17).

[248] Akten der katholisch-theologischen Fakultät betreffend der Anstellung der Professoren No. 12 Vol. II vom 9.10.1900 bis 27.3.1936, 154.

[249] Ebd.

[250] Katholisch-theologische Fakultät. Akten betreffend Habilitationen No. 11 Vol. II vom 22.4.1905 bis 1.4.1934, 98. - Vgl. a.a.O., 105.

Daß Wittigs Stellung im kirchlichen Bereich weiter umstritten bleibt, verdeutlicht eine Tagebuchnotiz *Anton de Waals* aus dem Jahr 1913. Der Rektor des Campo Santo in Rom, ein „ausgewiesener und anerkannter Archäologe"[251], der während seiner langjährigen Amtszeit das Priesterkolleg als Forschungs- und Begegnungsstätte prägt, schlägt in den Verhandlungen bezüglich seiner Nachfolge Joseph Wittig vor, den er in den Jahren 1904-1906 bei dessen Studienaufenthalt in Rom kennengelernt hatte. Dieses Votum scheitert jedoch am Widerstand des Breslauer Kardinals *Georg Kopp*, der die Ernennung Wittigs nicht akzeptiert.[252]

3. Entfremdung und Gegenentwurf

Seit Beginn der 20er Jahre setzt sich Wittig mit seinem Hineinwachsen in den Universitätsbetrieb kritisch auseinander und bewertet die Zeit seines Studiums und seiner Lehrtätigkeit mit zunehmender Schärfe als einen Prozeß der Entfremdung, des Glaubensverlustes und der Erstarrung. Die negative Einschätzung der Universitätswelt mündet 1946 in das Urteil, mit den theologischen Vorlesungen habe sich die staunenswerte Welt seiner Kindheit - eine smaragdgrün und rubinrot leuchtende Kugel - in einen Eiskristall verwandelt. Das unendlich Kleine und Zarte, das er in seiner Kindheit mit seinem Glauben zusammengebracht habe, sei im Studium der Abstraktion eines allmächtigen, allheiligen, allgerechten Gottes gewichen. Die Gewißheit eines sicheren und klaren Urwissens sei ihm an der Universität geschwunden: „Man hat dann nichts mehr im Herzen, sondern nur eine Summe von wissenschaftlichen und pseudowissenschaftlichen Meinungen, Hypothesen und Zweifeln im Kopf."[253] Es sei eine Zeit des Heimatverlustes gewesen, bei dem er „von der väterlichen Zimmermannswerkstatt und dem mütterlichen Webstuhl (...) weggerissen und in seltsam kalte geistige Regionen philosophischer Systeme geführt wor-

---

[251] E. Gatz, Anton de Waal, 97.

[252] A.a.O., 126. - E. Gatz bezieht sich auf eine Eintragung im Tagebuch Anton de Waals vom 24.11.1913 (in: A. de Waal, Chronik des Campo Santo (Tagebuch des Rektors Anton de Waal) 1896-1917, Archiv des Campo Santo Teutonico in Rom, Libro 70).

[253] Novemberlicht, 17. - Vgl. Roman mit Gott, 47/8; Michel Gottschlich, 52.

den" sei.[254] Prekär ist für Wittig, daß dieser Wegfall kindlicher Glaubensgewißheit nicht durch sein eigenständiges Fragen und Suchen geschehen sei, sondern durch ein autoritatives Eingefügtwerden in theologisch-philosophische Denkfiguren. Den inneren Entwicklungsmöglichkeiten der Studierenden sei keinerlei Beachtung geschenkt worden: „Wozu Gott selbst neunzehnhundert Jahre gebraucht hatte, das sollten wir in sieben Semestern fertigbringen."[255] Daß unter der Bedingung von Überforderung und Indoktrination nur „angelernte Theologie und angezogene Kirchlichkeit"[256] oder - wie er mit Rückblick auf den eigenen Lebensweg formuliert - „ramponierte" Persönlichkeiten entstehen können, ist für Wittig offensichtlich.[257] Zwar steht Wittig mit seiner Kritik an einer falschen Wissensvermittlung und am Ausbildungssystem neuscholastischer Prägung nicht allein; auch andere Theologen beklagen die von ihnen erfahrene Einengung und Bevormundung.[258] Doch während die „Verarbeitungsmodelle" anderer Professoren von den Utopien einer idealtypischen Ausbildung bis zu praktischen Ratschlägen für die gegenwärtigen Seminaristen reichen[259], wird die Infragestellung des Systems durch Joseph Wittig grundsätzlicher und in Inhalt und Tonfall provozierend. Ein entscheidender Vorwurf Wittigs an die Theologie lautet, daß sie lebensfremd geworden sei: „Die Theologen haben nur noch recht, aber das genügt nicht zum Leben."[260] Von der geheimnisvollen, staunenden, sich entwickelnden, liebenden Gotteswelt sei die Theologie meilenweit ent-

---

[254] Novemberlicht, 62. - Vgl. Vaterunser, 82.

[255] Leben Jesu II, 46.

[256] A.a.O., 48.

[257] Vgl. Der Ungläubige, 302.

[258] R. Guardini etwa schreibt im Rückblick: „Die Vorlesungen hielten sich ganz im Konventionellen. Von einer Heranbildung zu einem eigenen Urteil und lebendiger Verantwortungsfähigkeit war keine Rede; Autorität und Gehorsam waren nicht nur die Grundlage, sondern das Ganze. Wie es dann nicht anders sein kann, ruhte die Erziehung auf einem System des Mißtrauens und der Beaufsichtigung, das bis ins Einzelne ging" (R. Guardini, Berichte über mein Leben, 92). Wittigs Studienfreund F. Piontek wertet vor allem die Zeit im Alumnat als „Schule strengster Zucht und unablässiger Arbeit" sowie als „schwere Belastung" für die Seele (F. Piontek, Der Spediteur Ferdinand Piontek und seine Nachkommen, 4). - Zur Kritik M. Pribillas und A. Rademachers: vgl. T. Ruster, Die verlorene Nützlichkeit der Religion, 346-353.

[259] Vgl. T. Ruster, Die verlorene Nützlichkeit der Religion, 351.

[260] Höregott, 328.

fernt. Das Kleine, Zarte, Kaum-Sichtbare sei ihr ebenso fremd wie
der Überschwang der Gefühle, die Alltäglichkeit arbeitender Menschen oder der bohrende Zweifel: „Der wirkliche Mensch ist ihr unbekannt."[261] In den Elfenbeinturm geistiger Verarbeitung zurückgezogen habe die Theologie den Kontakt zum Leben verloren, sei sie in
ihren theoretischen Gedankengängen gefangen und unfähig zur Wahrnehmung des Nicht-Gedanklichen geworden. Sie habe Angst vor dem
„strömenden Leben" mit seiner Vielfalt und Unberechenbarkeit: „Die
Wissenschaft hat einen verdammten Zug, mit den Dingen fertig zu
werden, ehe noch Gott mit ihnen fertig wird; sie beseitigt die Dinge,
indem sie die Dinge so erklärt, daß man nicht mehr nach ihnen zu
fragen gezwungen ist".[262] Indem die Theologie sich im „dünnen geistigen Reiche"[263] ansiedele und die Sensibilität für die Sprache der
Natur ebenso verliere wie die Fähigkeit zur historischen Auffassung,
werde sie als Folge dieser Desensibilisierung mißtrauisch gegen alles,
was sich dem abstrakten Fassungsvermögen entziehe.[264] So verkomme
eine Theologie, die selbst- und siegessicher die Überraschungen und
Unwägbarkeiten einer außerwissenschaftlichen Wirklichkeit aus-
klammere und sich weigere, ihre Begrenztheit zu akzeptieren, zu einer unverstehbaren Sonderwelt. Akademische Literatur werde nur
noch für die Fachkollegen geschrieben. Das Ende des Entfremdungs-
prozesses sei eine in ihrem Denksystem eingeschlossene, um sich
selbst kreisende, vermeintlich allwissende Gotteslehre. Die Selbstim-
munisierung der Theologie für alles Leben jenseits denkerischer Ka-
tegorisierungen treffe sie in ihrem Kern, weil sie mit ihrer Lebensun-
kundigkeit gottesunfähig werde: „Gott ist uns zu bekannt geworden.
Wir haben ihn geistig verarbeitet, meinen wir. (...) Er ist uns keine
erschreckende und entzückende Offenbarung mehr."[265] Das Proprium
christlichen Glaubens sei nicht eine sachliche Information, die es zur
Kenntnis zu nehmen gelte, sondern ein personales Geschehen: „Jesus

---

[261] A.a.O., 144.

[262] Aus meiner letzten Schulklasse, 9. - Vgl. Die Erlösten, 78; Eine Leben Jesu-
Fälschung, 200.

[263] Der Ungläubige, 185.

[264] Vgl. Die Erlösten, 116; Leben Jesu I, 18/9; Aus meiner letzten Schulklasse,
10; Der Weg zur Kreatur, 147.

[265] Neue religiöse Bücher, 416. - Vgl. Höregott, 125; Leben Jesu II, 231.

wollte nicht den Historikern erscheinen, sondern seinen Jüngern."[266]
Die Auferstehung entziehe sich den Versuchen notarieller Beglaubi-
gung oder historisch-kritischer Beweisführung, und auch für die Dynamik der jungen Kirche gelte: „Was man damals schrieb, war gar
nicht dazu angetan, um Beweise oder Gegenbeweise zu liefern, sondern um das neue Leben weiterzugeben."[267] Die Theologie jedoch
habe mit ihrer Konzentration auf die Objekte des Glaubens den lebendigen Glaubensakt zu einem zweitrangigen Geschehen degradiert, bei
dem es nur um die intellektuelle Anerkennung bereits festgelegter
Wahrheiten gehe. Sie rekurriere allein auf die dogmatisch, moral-
theologisch und kirchenrechtlich bedeutsamen Mitteilungen und habe
darüber die Selbstmitteilung Gottes aus dem Herzen verloren: „O
Jesu, das habe ich mir schon oft gedacht, daß wir viel zu viel überle-
gen und viel zu klug sein wollen. Sieh, wir glauben doch recht wenig
daran, daß dein Leben und dein Geist in uns ist."[268] Nicht Verstehen,
sondern Anbetung, nicht Belehrung, sondern Erweckung wird für
Wittig zur adäquaten und primären Form christlichen Erkennens.
Diese Dimension der Erkenntnis gehe der Theologie mit der Fixierung auf die rechte Lehre verloren.
Eine Ursache für diese theologische Entfremdungsgeschichte sieht
Wittig in den Allmachtsphantasien, von denen das Christentum über-
listet worden sei.[269] Bereits in seinen frühen Erzählungen schildert
Wittig die inquisitorische Praxis einer auf Machterhalt fixierten Orthodoxie. Einfältig Glaubende werden der Ketzerei verdächtigt und
einer peinlichen Befragung unterzogen; Zulassungsbedingungen werden gestellt, Fragestellungen diktiert, Unwissende belehrt, Worte auf
die Goldwaage gelegt; Menschen werden unmündig gehalten und
selbst dem Herrgott Vorschriften gemacht.[270] Selbst die heiligen drei
Könige bekommen es auf ihrem Weg zur Krippe mit dem Tonfall der

---

[266] Leben Jesu II, 445.

[267] Die Kirche als Auswirkung und Selbstverwirklichung, 194. - Vgl. Leben Jesu
II, 428; Der Ungläubige, 125.

[268] Leben Jesu II, 157.

[269] Vgl. Höregott, 126.

[270] Vgl. Die Kirche im Waldwinkel, 15, 24; Aus meiner letzten Schulklasse, 9;
Die Wüste, 324/5; Der Ungläubige, 302/3; Höregott, 144/5; Siehe, ich verkündige, 1112; Briefe, 19.

fürstbischöflichen Prüfungskommission zu tun: „Ein wenig theologische Vorbildung ist heutzutage notwendig, wenn man das Geheimnis der Krippe recht verstehen will. Was wissen Ew. Majestäten zum Beispiel von der hypostatischen Union und von der Prädikatengemeinschaft?"[271] Hinter ihrer Oberflächensicherheit erweise sich jedoch eine auf Ausfragen und Denunziation bauende Theologie als ohnmächtig, im eigenen System gefangen und unfähig, dem überraschend „anderen" Gott theologisch zu entsprechen. Erzählend verdeutlicht Wittig diese Unfähigkeit im Osteraufsatz „Die Erlösten", indem er einen Dogmatik-Professor beschreibt, der mit einer absonderlichen Siegessicherheit vor sein Auditorium tritt.

„Er weiß, daß er recht hat. Er läßt seine Autoritäten aufmarschieren: Moses und die Propheten - sie haben schon ganz genau so gelehrt wie er -; Christus und die Apostel - kein Zweifel, daß sie sich seiner Meinung anschließen -; und dann die Kirchenväter - sie folgen dem kommandierenden Dogmatiker blindlings -; die Konzilien - trotz allem Widerstreit mußten sie immer am Schluß sagen, was der Dogmatiker für recht hält..."[272]

Mit dieser Karikatur nimmt Wittig eine bewußte Stilisierung vor. Dogmatiker, Moraltheologen und Kirchenrechtler, Religionspsychologen, Bibelwissenschaftler und Historiker werden vereinheitlicht, schablonenhaft dargestellt und in Allgemeinheit mit den von Wittig häufig verwendeten Interzessionen herausgefordert.[273] Der von Wittig stilisierte Typus eines wissenschaftlichen Theologen ist eine Kontrastdarstellung. Indem Defizite aufgezeigt und Verkürzungen oder Übersteigerungen offengelegt werden, erscheinen die eigenen Optionen und Entdeckungen in hellem Licht als *die* anzustrebende Alternative und er selbst - bewußt intendiert oder unbewußt akzeptiert - als Personifikation dieses Gegenentwurfes. Wittig wird gesehen und versteht sich selber als Bote einer ursprünglichen Erfahrungswelt, die der Theologie vorgelagert ist. Diese Welt bietet das kritische Potential, das die Selbstverständlichkeiten des Universitätsbetriebes in Frage zu stellen ermöglicht. Im erzählenden Erinnern an die „Heimat der

---

[271] Herrgottswissen, 132/3.

[272] Die Erlösten, 22/3.

[273] Vgl. Herrgottswissen, 132,143; Die Kirche im Waldwinkel, 24, 30; Die Erlösten, 22, 23, 30, 31, 116; Leben Jesu I, 30, 213; II, 55, 147, 231.

Väter" öffnet sich ihm diese Welt, in der Menschen staunen und entdecken, miteinander reden und fragen, voneinander lernen und miteinander beten: „Die primitivste Theologie meiner Eltern, wie sie auf der Ofenbank saßen und ihr Abendgebet sprachen, das ist rechte Theologie."[274] Anstatt über Glaubensinhalte und -objekte zu dozieren, wird über Glaubenshaltungen und Subjekte gesprochen. Wahrnehmen statt Bescheidwissen, Sinnlichkeit statt Systematik, Lebensgemeinschaft statt Wissensvermittlung, Infizieren statt Indoktrinieren sind die Optionen dieser Theologie, die dementsprechend eine andere sprachliche Form hat.[275] Indem Wittig erzählt und assoziiert, Dialoge und Predigten, konventionelle Passagen und satirische Sentenzen miteinander verbindet - manchmal überraschend Appositionen einstreut -, sprengt er das neuscholastische Systemdenken und bewirkt „eine Revolution theologischer Konventionen".[276]

4. Eine andere Form der Theologie?

Das Ungewöhnliche dieser Sprache führt zur Verunsicherung. Ist das, was Wittig schreibt, Erbauungsliteratur oder Theologie? Bedeutet sein Stil eine Abkehr von der Wissenschaft - oder sind die Schriften Wittigs Zeugnis einer neuen, anderen Form wissenschaftlicher Theologie? Wittig selbst ist in dieser Frage unentschieden. Einerseits geht er in Folge der lehramtlichen Angriffe und der Stilisierung zur Alternativfigur in deutliche Distanz zur Wissenschaft. Gegenüberstellend schreibt er: „Wissenschaft ist die Sprache des Geistes; meine Sprache aber ist das Erleben der Wirklichkeit."[277] Oder: „An meiner großen Liebe zur Bibel wird man längst erkannt haben, daß ich kein Bibelwissenschaftler bin. Diese Liebe würde mich davor zurückhalten, sie rein wissenschaftlich zu betrachten. Ich beschäftige mich mit ihr nur als Liebender."[278] Schon in der Auseinandersetzung um „Die Erlösten" zieht sich Wittig auf die Position des Erzählers zurück: Die

---

[274] Christgeburt, 129.

[275] Vgl. Leben Jesu I, 491; Höregott, 252; Aussichten, 135/6.

[276] B. Haunhorst, Dieser unser menschennaher Gott, 23. - Vgl. G. Filbry, Eine neue Sprache, 262.

[277] Höregott, 128.

[278] Das Buch der radikalen Wirklichkeit, 320.

ganze Aufregung um die dogmatische Richtigkeit seiner Schriften sei unverständlich, es handle sich nicht um wissenschaftliche Aufsätze, sondern „nur" um Beschreibungen des Lebens: Da er das Gebiet der dogmatischen Lehre nicht beschreite, sei seine Literatur mit den Mitteln der systematisierenden Neuscholastik nicht adäquat zu fassen.[279] Andererseits hält Wittig den Anspruch aufrecht, Theologe zu sein. In seiner Stilisierung zum Dichter erblickt er einen Versuch, seine Schriften in ihrem theologischen Gehalt ungefährlich zu machen. So zitiert Wittig in seinem Buch „Höregott" das Gedicht seines Freundes *Wilhelm Hellwig*, das dieser ihm zum 45. Geburtstag geschrieben habe. Hellwig greift ein zeitgenössisches Urteil über Joseph Wittig auf und reflektiert dann mögliche Konsequenzen dieses Urteils:

> „Er ist ein echte Dichternatur, / ein Stern der katholischen Literatur." - / Man liest dann so einiges, lächelt und richtet: / Nun ja! Hat alles sehr schön erdichtet! (...) / Und Deine Oberen schmunzeln und glänzen: / „Nun ja - poetische Lizenzen, / und Gott sei Dank nicht ernst zu nehmen; / er wird sich schon wieder zu uns bequemen."[280]

Bei aller Wissenschaftskritik liegt Joseph Wittig daran, als Theologe verstanden und ernstgenommen zu werden. Es geht ihm um eine Veränderung der Theologie: Er träumt davon, daß die Theologen „ein Ohr haben (...) für das freilich etwas leisere Rauschen anderer Erkenntnisquellen"[281]; er hofft auf eine Theologie, die die Welt mit ihrer Not und ihrem schöpferischen Reichtum wahrnimmt. „Die Schreibfedern der Theologen müssen viel feiner und weicher werden, und ihre Stimme leiser und zärtlicher."[282] Mit dem demütigen Wissen um den Wert und die Begrenzung des Kognitiven sei es möglich, der Sehnsucht der Studenten nach lebendigem Wissen zu entsprechen und eine wissenschaftliche Theologie zu treiben, die statt die Erkenntnisse zu vermehren das Erkennen fördere.[283] Während der Arbeit am „Leben Jesu"-Buch und den Auseinandersetzungen mit den kirchlichen Be-

---

[279] Vgl. Die Erlösten, 75-77.

[280] Höregott, 49.

[281] Aussichten, 118.

[282] Roman mit Gott, 189. - Vgl. Herrgottswissen, 45/6; Die Kirche im Waldwinkel, 30; Leben Jesu, 240.

[283] Vgl. Leben Jesu II, 1/2, 50/1; Schweigendes Warten, 477; Der Ungläubige, 275; Toll-Annele, 64.

hörden aktualisiert er das Handbuch der Patrologie und wiederholt zum Abschluß des Vorwortes die Aussage, die er bereits 1921 an das Ende seiner Einführungen gesetzt hatte: „Es lohnt sich jede Mühe und Sorge um unsere liebe, schöne Wissenschaft von den Vätern der Kirche."[284] Wittig leugnet seinen Professorentitel nach seiner Rückkehr ins „Volk von Neusorge" nicht,[285] nimmt mit Interesse an Ergebnissen wissenschaftlicher Forschung teil[286] und sucht nach Möglichkeiten, wieder in der akademischen Lehre tätig werden zu können.[287] Und bereits in der akademischen Lehrtätigkeit Wittigs zeigen sich Themen und Stilelemente, die neben der von Wittig angezeigten Diskontinuität eine Kontinuität im Wandel erkennen lassen. An Hand von Fragmenten aus den wissenschaftlichen Publikationen Wittigs und aus seinen Briefen an *Ferdinand Piontek* sollen im folgenden einige dieser Bezüge aufgezeigt werden.

Wittig richtet auch in seiner historischen Tätigkeit den Blick auf das Verbindende und Vergleichbare.[288] Die Struktur dieses - als „kombinatorisch" zu bezeichnenden - eigenen Arbeitsstiles verrät Wittig in seinen Besprechungen anderer wissenschaftlicher Werke. So wertet Wittig eine Arbeit über das Athanasische Glaubensbekenntnis als eine der glänzendsten Leistungen der historischen Quellenkritik, weil die Sicherheit meisterlich sei, mit der der Forscher nach den ersten tastenden Vermutungen vorwärts schreite und unter Berücksichtigung aller Anhaltspunkte zu einer klaren Beweisführung gelange: „Die historischen Indizien eilen ihm entgegen, um ihm dienstbar zu sein."[289] Das Entgegeneilen der Indizien hat für Wittig zur Voraussetzung, daß eine wissenschaftlich verantwortete Methodik verwendet wird.[290] Dann gehe es allerdings darum, auf neue Fragestellungen aufmerksam zu sein, Anstöße zu wagen und mutige Thesen zu riskieren: „Wenn ein Lehrbuch der Kirchengeschichte den Eindruck erweckt, als seien

[284] G. Rauschen, Grundriß der Patrologie (1926), X. - Vgl. G. Rauschen, Grundriß der Patrologie (1921), VIII.

[285] Die Haus-Chronik ist überschrieben: „Chronik des Professor Wittig-Hauses in Schlegel Kreis Neurode". Der „Stammbaum" wird von Wittig unterschrieben mit: „Joseph Wittig. Universitätsprofessor."

[286] Vgl. u.a. Rez. Ernst Simon, Das Werturteil im Geschichtsunterricht, 766-767; Rez. Karl Hönn, Konstantin der Große, 856-857.

[287] Vgl. Briefe 170, 183-190, 216; Haus-Chronik I, 62, 170; II, 11.4.1936; III, 3.8.1946; Der Papst Damasus, Martin Rade und ich, 307.

[288] Vgl. Filastrius, Gaudentius und Ambrosiaster, 50.

[289] Rez. Heinrich Brewer, Das sogenannte Athanasianische Glaubensbekenntnis, 468.

[290] Rez. August Rohling, Die Zukunft der Menschheit als Gattung, 1617.

alle seine Darstellungen gesichert, so wird es wenig anregende Kraft haben." [291] Viel interessanter als der Überblick über die gewonnenen Resultate sei der Einblick in die lebendige Forschung. In ihr seien ungewohnte Perspektiven und „selten begangene Wege" hilfreich. Hoch einzuschätzen sei es, erläutert Wittig, wenn nicht nur die Kirchengeschichte wahrgenommen werde, sondern auch der weltgeschichtliche Hintergrund „mit einigen Federstrichen" aufzeigt werde: „Je mehr man von dem Einfluß der Zeitgeschichte auf die literarischen Gestaltungen überzeugt ist, desto ausführlicher wird man diese Abschnitte wünschen." [292] Um den Prozeß der Glaubensentwicklung besser verstehen zu können, erscheine ihm eine stärkere Berücksichtigung der „kleinen Literatur" wichtig: Die Skizzen und Vorarbeiten, die als „Abfälle von den Schreibtischen der literarischen Persönlichkeiten" oder wegen ihrer anonymen Herkunft oft unberücksichtigt blieben, erzählen nach Ansicht Wittigs „von der Arbeitsmethode und den Arbeitsinteressen der kirchlichen Schriftsteller ebensoviel Intimes und Interessantes wie die großen Werke von den vollendeten Arbeitsleistungen." [293] Weiterhin sei zu fragen, wie es kommen konnte, daß die Sprache des alten Christentums so in Vergessenheit geraten sei. Es müsse „diese Sprache erst wieder verständlich gemacht werden", ehe man es wagen könne, „über manchen Lehrgehalt des ersten Christentums nur einigermaßen sicher zu urteilen." [294] Hilfreich sei auch der Versuch, mittels einer Stadtgeschichtsschreibung eine veränderte Perspektive der Geschichtsschreibung zu gewinnen. Zu lange sei der „enge Horizont" der Lokal- oder Provinzialgeschichten verachtet gewesen; die Kirchengeschichte sei gelockt gewesen von Bewegungen und Persönlichkeiten mit Weltgeltung, sei damit aber in eine Sackgasse geraten. Nur durch die Landes- und Ortskirchengeschichte sei ein Zugang zum vollen Verständnis des christlichen Altertums zu gewinnen. Das Christentum habe in jedem Land und an jedem größeren Ort „seine eigene Geschichte und sein eigenes Bild" gehabt. Die wissenschaftliche Bearbeitung dieser „durch die ganze Kirche ausgebreiteten Mannigfaltigkeit" sei eine der notwendigsten kirchenhistorischen Aufgaben. [295]

Die Ehrfurcht vor dem Gegenstand der kirchengeschichtlichen Forschung ist für Wittig ein Charakteristikum wissenschaftlicher Arbeit. Nicht einem neugierigen Enthüllungsbedürfnis werde der Zutritt zum Grab Petri gegeben, betont Wittig bezüglich römischer Ausgrabungen. Vielmehr gelte: „Die Ehrfurcht möchte diese Heiligtümer ver-

---

[291] Rez. H. Brück, Lehrbuch der Kirchengeschichte, 142.

[292] Rez. Otto Bardenhewer, Geschichte der altkirchlichen Literatur, 163.

[293] Ebd.

[294] Rez. Franz Joseph Dölger, ΙΧΘΥΣ. Das Fischsymbol in frühchristlicher Zeit, 1366.

[295] Rez. Victor Schultze, Altchristliche Städte und Landschaften, in: Theologische Revue 12 (1913) 573.

schlossen halten. Nur eine stille Besucherin will sie einlassen, die Sehnsucht nach Wahrheit."[296] In bildreicher Sprache schwärmt Wittig über ein kirchengeschichtliches Werk, bei dem er sich „aus einer Wüste von trockenen Namen, Zahlen und Büchertiteln" versetzt fühle „in ein blühendes Tal, an einen lebhaft dahinrauschenden Strom, der sich aus vielen Bächlein sammelt, denen der Verf. bis zu den Quellen nachgeht."[297] Sensibel reagiert Wittig auf die Sprache der von ihm besprochenen Autoren. Voll des Lobes ist er über ein Buch, in dem „jeder Satz nach der Erdscholle [riecht], auf der er gewachsen" sei: „Kein Wort ist darin, dem nicht eine wirkliche Erfahrung zugrunde läge."[298] Als Wittig Dekan wird, sorgt er sich um die Atmosphäre des Seminars. In gemeinsamer Arbeit mit seinem Bruder wird die Bibliothek neu möbliert, mit Buchauslagen und Wechselrahmen für Kunstdrucke versehen: „Das Seminar war bis zur Kriegszeit wenig einladend, obwohl eine Inschrift mit verblichener Tinte verkündigte, das seine Einrichtung 'konfortabel' sei. Geräte und Bücherkästen waren von möglichster Nüchternheit, unpraktisch und unschön über die Maßen," erläutert der Dekan Joseph Wittig 1918 im Rückblick auf die Geschichte der Fakultät.[299] Mit dieser Aufwertung des Seminars zur „Pflanzstätte" und der Schaffung einer diesem Charakter entsprechenden geistlichen Atmosphäre geht Wittig einem Bestreben nach, das ihn seit Beginn seiner Privatdozententätigkeit erfüllt: die Theologie aus der Sphäre des Nur-Wissenschaftlichen zu befreien. Im Vergleich von Pfarrei und Universität hatte er bereits 1911 dem Freund *Ferdinand Piontek*, der zu dieser Zeit Pfarrer von Köslin ist, die Einschätzung mitgeteilt: „Ihr Seelsorger könnt ja ohne Gnade überhaupt nichts. Da steht es bei uns anders. Bei uns ist sogar jede Gnadenmitwirkung schon verdächtig, und wir möchten zwischen Dom und Universität unsere Ströme immer umschalten."[300] Es könne im Theologiestudium weder um eine vom Glauben unabhängige Wissenschaftlichkeit gehen noch um den Versuch, „alle später im Amt brauchbaren

---

[296] Rez. Hartmann Grisar, Die römische Kapelle Sancta Sanctorum und ihre Schätze, 245.

[297] Rez. Gerrhard Loeschke, Zwei kirchengeschichtliche Entwürfe, 236.

[298] Rez. Bernhard Strehler, Lebenshemmungen und Kraftquellen, 1302.

[299] Die Breslauer Kath.-theol. Fakultät in den vier Kriegsjahren 1914-1918, 5.

[300] Brief an Ferdinand Piontek v. 29. 5. 1911.

positiven Kenntnisse den Studenten mitzuteilen. Da würde ja die Universität (mit 6/7 Semestern) zur ganz gemeinen Strafe. "[301] Sinn und Ziel des Universitätsunterrichtes müsse es vielmehr sein, die Studierenden zu befähigen, „mit geschärftem Blick und geläutertem Urteil und freiem Herzen" und unter Kenntnis der vorhandenen Hilfsmittel theologische Themen bearbeiten zu können.[302] Die Zukunft der Theologie und die Gestalt der katholischen Fakultät in Breslau rückt für Wittig nach dem Ende des Weltkrieges auch deshalb neu in den Blickpunkt, weil er sich inmitten einer Generation von jüngeren Professoren sieht, die in den vergangenen Jahren in die Fakultät hineingewachsen ist. Ohne sich auf die Vorsorge und Autorität der Älteren berufen zu können, sei man nun zu einer eigenen Verantwortlichkeit herausgefordert, schreibt Wittig an Piontek. Es falle ihm nicht leicht, sich in diese Verantwortungsposition inmitten eines hierarchischen Gefüges hineinzufinden: „Nur in der Kirche gibt es ja für uns noch Papst und Bischöfe. Da bleiben wir ewig jung und ohne Verantwortung für das große Ganze. So kann man sagen. Aber wie weit ist das richtig?"[303] Die Unruhe äußere sich besonders in der Ungewißheit über die Neuordnung der Verhältnisse der Fakultäten zu Staat und Kirche. Im Herbst 1920 berichtet Wittig, man erwarte mit „großer Spannung" diese Regelung, und es stehe zu erwarten, daß der Einfluß der Kirche auf die Fakultäten - besonders auf Berufung und Absetzung der theologischen Professoren - verstärkt werden solle. Damit sei eine „ungünstige Beeinflussung unserer Haltung zum übrigen Lehrkörper" zu befürchten; man habe deshalb *Joseph Sickenberger* zum Dekan gewählt, weil er am mutigsten „für die alten Rechte und Freiheiten der Fakultät"[304] einzutreten verspreche: „Ist es nicht seltsam genug, daß sich sogar Theologieprofessoren - kluge, gewissenhafte und echt priesterliche Männer - vor einer Verstärkung des direkten kirchlichen Einflusses auf die Angelegenheiten ihrer Fakultät fürchten?"[305]

---

[301] Brief an Ferdinand Piontek v. 23. 3. 1912.

[302] Ebd.

[303] Brief an Ferdinand Piontek v. 26. 3. 1920.

[304] Brief an Ferdinand Piontek v. 24. 8. 1920.

[305] Brief an Ferdinand Piontek v. 3. 11. 1920.

In dieser universitären Situation beginnt Wittig, das Wirken Gottes in der Welt und die Welt als Auswirkung Gottes zur Sprache zu bringen. Bewegt erzählt er seinem Freund von einem Aufsatz *Herman Schells*, der ihn wieder daran erinnert habe „daß unser Gott ein Gott der restlosen Tat ist, der seine Substanz unaufhaltsam in Aktivität umsetzt."[306] In seinen autobiographisch inspirierten Skizzen sucht Wittig dieser Wirklichkeit Gottes in diesem Leben zu entsprechen - nicht im Tone triumphalistischen Gottesaufweises, sondern in dem Bemühen, das Wirken Gottes im eigenen Leben zu begreifen und damit zu einer Bejahung dieses Lebens gelangen zu können. „Ich muß das glauben, was ich geschrieben habe, sonst fühle ich mich todunglücklich", schreibt Wittig an den Pfarrer von Köslin. „Von allen Seiten, auch von Köslin her, stürmt es auf mich ein: Ich solle noch dies tun, ich solle noch das tun, warum ich dies nicht tue, warum ich das nicht tue. Und all dies wirkt auf mich nicht wie eine Gewissenserforschung, sondern wie Gewissensvorwürfe."[307] Daher gelte es für ihn, sich im Glauben an das Wirken Gottes festzumachen und die „Gnade" immer mehr als maßgebliche „Lebensatmosphäre" zu entdecken.[308] Die Entfaltung der schriftstellerischen Begabung führt Wittig zu einer neuen Gestalt akademischer Lehrtätigkeit, die jedoch bald mit Unverständnis und Widerspruch konfrontiert wird. Im Januar 1920 klagt er dem Freund sein Leid und gesteht seine Unsicherheit:

„Segen scheine ich zu haben in meiner herkömmlichen Lehrtätigkeit, aber auch nur soweit als ich die in jenen [schriftstellerischen] Artikeln bemerkbare persönliche Art durchkommen lasse. Das tue ich, nachdem ich die steife Manier früherer Jahre fallen ließ, viel zu sehr, wie meine Kollegen wohl mit Recht sagen. Aber nur in diesem Falle fessele ich die Hörer vollzählig an meinen Lehrstuhl und sie sagen, daß sie von mir 'am meisten haben'. Aber sie tragen auch alles herum und verdrehen sehr vieles und bringen mich in den Ruf der Ketzerei. Manche Studenten sind zu dumm! Als Theologe wird man doch stark gedrängt, alle Eigenart zu begraben und ganz 'normativ' zu werden. Das bekomme ich manchmal recht satt."[309]

---

[306] Brief an Ferdinand Piontek v. 1. 12. 1915.
[307] Brief an Ferdinand Piontek v. 17. 1.1917.
[308] Brief an Ferdinand Piontek v. 4. 11. 1917.
[309] Brief an Ferdinand Piontek v. 30. 1. 1920.

Wittig ist die Brisanz der kirchenpolitischen Situation und seiner eigenen Stellung darin bewußt und weiß um die Bedenken seiner Mitprofessoren. Ein Kollege habe ihn gewarnt, daß man in Wittigs „religiösen 'Essais' eine Lächerlichmachung unseres Glaubens erblicken könnte." Wie eine Rechtfertigung fügt Wittig in den Bericht über die Publikationen die Zielvorgabe ein: „Ich kann keine Wissenschaft und keine Schriftstellerei mehr leiden, wenn man dabei nicht irgend etwas von Gott erfährt."[310]

V. Erfahrungen der Kriegszeit

Als Joseph Wittig 1915 unter Pseudonym seine erste Erinnerung aus der Kinderzeit veröffentlicht, ist es bezeichnend, wie er seine Skizze eröffnet: „Ich muß vom Kriege beginnen. Denn er ist Ausgangspunkt und Zielpunkt aller Gedanken seit dem Sommer. Er liegt dem Menschen so schwer im Sinne, nimmt sie so ganz gefangen, daß aus seinem Konzentrationslager schier kein Entweichen mehr möglich ist. Überall ringsum Stacheldraht."[311] Inmitten der Totalität des Kriegsgeschehens eröffnet sich Wittig bei einem Urlaub in seiner Neusorger Heimat eine überraschende Fluchtmöglichkeit. Im Elternhaus sei er dem Krieg „entwichen", und der Krieg selbst sei schuld daran gewesen: „Er war schuld, daß drei Tage lang keine Zeitung in das einsame Grafschafter Dörflein kam, von dessen 14 Häusern das zweitkleinste meins ist. Keine Zeitung, kein Extrablatt, drei ganze Tage, während Regen und Schnee und Sturm jeden Weg in die nächste Stadt versperren - da ist der Mensch doch geradezu physisch gezwungen, auf andere Gedanken zu kommen. Die Schneeflocken draußen haben mir die Richtung gewiesen."[312] In der erzwungenen Abgeschiedenheit taucht Wittig in die Welt seiner Kindheit und findet die alten Krippenfiguren seines Großvaters wieder. Diese Entdeckung wird von Wittig als Antwort auf die Gewalt des Kriegsgeschehens begriffen. Die Unbedingtheit des Krieges wird durchbrochen, der Erzähler entkommt auf

---

[310] Brief an Ferdinand Piontek v. 3.11.1920

[311] J. Strangfeld, Der schwarze, der braune und der weiße König, 76.

[312] Ebd.

dem Weg der Erinnerung und der Phantasie in eine andere Wirklichkeit. Diese Welt ist keineswegs unangefochten. Die Krippenfiguren, die er auf dem Dachboden findet, sind verstaubt oder zerbrochen. Einige sind nur noch in der Erinnerung vorhanden. Dennoch ergreift den Finder eine „Seligkeit des Auspackens."[313] Die beschädigte und dennoch glänzende Krippe wird zum Realsymbol: Zwischen den zerbrochenen Engelsflügeln und den Bruchstücken der Schafsherde liegt der braune König: Sein Arm, der früher nach den Sternen gewiesen hatte, ist abgebrochen; aber im anderen Arm, am Herzen des Königs, liegt das Gotteskind. Die Zeit strahlender Ungebrochenheit ist vergangen, die Mystik des Großvaters hat in der Gegenwart eine andere Gestalt als im Leben des vergangenen Jahrhunderts. Aber sie bleibt und wird erneut Zufluchtsort und Orientierungspunkt. In ihr eröffnen sich Bilder, die in der Krise des Weltkrieges Identifikationsmuster für den Glaubenden anbieten.

1. Der Weltkrieg (1914-1918)

Als 1914 der Krieg ausbricht, partizipiert Wittig zunächst an der nationalen Aufbruchsstimmung.[314] Doch weicht die Euphorie schon bald der Ernüchterung. „Ich kann manche Kriegsreden nicht mehr hören", schreibt Wittig bereits im März 1915. Den Krieg als Mittel zur sittlichen Vervollkommnung zu preisen, sei unangemessen. Wenn er den Krieg auch „als Verteidigung des Vaterlandes heilig halte", müsse er doch fragen, ob er nicht insoweit zur „Vanitas vanitatum" zuzurechnen sei, „als er mit unseren höchsten Gütern und mit dem tiefsten Grund und letzten Ziele unserer Seele nur wenig zu tun" habe.[315] Die Nachrichten von Gefallenen, die Angst um den vermißten Schwager, von dem es schließlich aus der Kriegsgefangenschaft ein Lebenszeichen gibt, die Verbundenheit mit den zum Kriegsdienst eingezogenen Theologiestudenten und die Sorge um die Familie des Freundes *Ferdinand Piontek*, von dem zwei Brüder im Weltkrieg getötet werden, finden sich in den Briefen Wittigs. Der Umbruch bleibt nicht äußerlich, sondern ergreift Wittig innerlich. Er fühle sich zu einer

---

[313] A.a.O., 80.
[314] Vgl. Brief an Ferdinand Piontek v. 27.10.1914; Getröst, 92.
[315] Brief an Ferdinand Piontek v. 15.3.1915.

„schrecklichen Urteilslosigkeit" verurteilt, schreibt er im Dezember 1915; die Urteile anderer Menschen, auf deren Sicherheit er bewundert geschaut habe, würden ihm zunehmend als Irrtümer deutlich.[316] Als Joseph Wittig 1917 Dekan der katholisch-theologischen Fakultät in Breslau wird, gewinnt der Heimaturlaub in Neusorge erneut initiierende Bedeutung. In den Weihnachtsferien entsteht dort der Plan zu einem Buch, in dem die Professoren, unterstützt vom Breslauer Kardinal *Adolf Bertram*, den „katholischen Theologiestudenten, die im Dienste des Vaterlandes unsere Hörsäle verlassen mußten, ein schlichtes Zeichen treuen Gedenkens senden."[317] Wittig schlägt in der von ihm beigesteuerten kurzen Skizze einen bezeichnend anderen Tonfall an als die zum Teil kriegsbegeisterten Beiträge seiner Kollegen.[318] Er umrahmt seinen eigenen Beitrag mit zwei Federzeichnungen, die Holzkirchen zeigen. Die eine steht von Bäumen umgeben, geheimnisvoll auf einer Lichtung, die andere ist von Schnee bedeckt, zwischen Kreuz und Friedhof an einer Dorfstraße gelegen. Mit Blick auf diese Kirchen jenseits des universitären Lehrbetriebes beginnt Wittig über das Verhältnis von theoretischem Schulalltag und fruchtbarer Lebensentfaltung nachzusinnen. Die Theologie sterbe, wenn sie nur „erforschte Fremde" bleibe, aber in ihr nichts zu spüren sei von dem Pneuma, das sich im geschichtlichen Werden des Christentums in allen Bedrängnissen und Widerständigkeiten offenbare. Unter dieser Perspektive sei das Kirchlein in „sonnendurchfluteter Waldeinsamkeit" wahrzunehmen. Es sei „mit all dem Göttlichen", das es erfülle und umgebe, ein „auserlesener Gegenstand intimster theologischer Forschung."[319] Denn wenn die schlichte Holzkirche durch das „fromme Beten der armen Waller" erfüllt werde, „die sich mit frohem Stolz als Mitglieder der großen Weltkirche des hl. Geistes fühlen", dann sei das eine „auch wissenschaftlich erfaßbare Spur des großen pneumatischen Werdens und Lebens."[320] Das weltvergessene Kirchlein sei „heiliger Mystik voll":

---

[316] Vgl. Brief an Ferdinand Piontek v. 1.12.1915.

[317] Zum Angebinde, 5.

[318] Vgl. etwa J. Pohle, Ist der Soldatentod fürs Vaterland ein wahres Martyrium?, 18; F. Wagner, Der Kriegsdienst als Vorschule zum geistlichen Beruf, 35-37.

[319] Aus Heimat und Ferien, 33.

[320] A.a.O., 34.

„In einem solchen Kirchlein sein und in Gott sein, seinen Atem spüren, seine Liebe trinken, sein allersüßestes Brot kosten, Kreuzesleid und Taborglück erleben, das alles sind für jene, die es erfahren wollten, Begriffe und Erlebnisse, die sich treffen und die sich decken. Die 'scintilla animae' der Mystiker entzündet sich an seinem Lämpchen."[321]

Ob Wittig auf dem Dachboden die verlorenen Krippenfiguren wiederfindet oder das Holzkirchlein als Ort der Gottesbegegnung vorstellt, seine Aufmerksamkeit richtet sich inmitten des Kriegsgeschehens ausdrücklich auf die „Mystik"[322]. In Gegenbewegung zu den Kriegserfahrungen erzählt Wittig von einer Innerlichkeit, die im Einfachen zu finden ist und die die Welt weit zu machen versteht - über die Begrenzungen des Kriegshorizontes hinaus. Die Theologie hat sich von diesen Erfahrungen belehren zu lassen. Sie verliert ihre Führungsrolle, wird zur Dienerin, die dem Geheimnis des Glaubens mit ihren wissenschaftlichen Mitteln allenfalls demütig folgen kann. Den Soldaten-Studenten das weltvergessene Gotteshaus als Ort der Gottesbegegnung vor Augen zu stellen ist eine Konkretisierung des Christseins, die die moralischen Ratschläge anderer Theologen weit hinter sich läßt. Es eröffnet die Aussicht auf ein Leben, das allein von der horchenden Gottesausrichtung geführt zu werden verspricht.

Im September 1918 verfaßt Wittig als Dekan der katholisch-theologischen Fakultät einen sechsseitigen Rückblick auf die „Breslauer katholisch-theologische Fakultät in den vier Kriegsjahren 1914-1918" und zeigt folgenreiche Akzentverschiebungen an einer der größten katholisch-theologischen Fakultäten Deutschlands auf. Mit der Schließung des Theologenkonviktes während des Krieges haben sich für die in Breslau gebliebenen Studenten, die nun Privatquartier suchen mußten, in Freundschaften mit anderen Studierenden, in der Erfahrung von Einsamkeit und beglückender Gemeinschaft neue Horizonte jenseits des gewohnten Konviktsalltages eröffnet.[323] Gleichzeitig habe sich die Gewichtung zwischen Fakultät und Konvikt verschoben: Durch das Fehlen des Konviktes erhalten die universitären Räu-

---

[321] Ebd.

[322] Vgl. Aus Heimat und Ferien, 34; J. Strangfeld, Der schwarze, der braune und der weiße König, 79.

[323] Vgl. Die Breslauer kath.-theol. Fakultät in den vier Kriegsjahren 1914-1918, 4.

me während des Krieges eine neue Relevanz. Die Zeit nach Kriegsende läßt eine spannungsvolle Weiterentwicklung erwarten hinsichtlich des Verhältnisses von Konvikt und Fakultät, hinsichtlich der „Pflanzstättenfunktion" des theologischen Seminars, hinsichtlich der Beteiligung der Theologen an den Reformen innerhalb der Studentenschaft. Im grenzüberschreitenden Dialog und im belebenden Miteinander von Theologiestudierenden und Kommilitonen anderer Fachbereiche wird von Wittig *der* Impuls für ein geistbewegtes Universitätsleben ausgemacht, der Bewegung in Friedenszeiten verheißt.[324] Unter dem Signum des Umbruchs und des Neubeginns stehen die Notizen Wittigs aus der unmittelbaren Nachkriegszeit. „Der Weltkrieg wird auch für die Kirchengeschichte eine neue Zeit bringen", vermutet Wittig in einer Besprechung zum Handbuch der allgemeinen Kirchengeschichte.[325] Mit dem Ende einer Epoche geht für Wittig in der Gesellschaft, aber auch in der Kirche und der Theologie Aufbruch und Infragestellung einher. Mit der grundsätzlichen Bereitschaft, sich auf eine bevorstehende neue Staatsform einzustellen, verbindet sich auch bei Wittig die Trauer über die im Untergang erlebten Verluste. Er schreibt an *Ferdinand Piontek*: „Was wird aus der Welt! Bist Du schon Demokrat geworden? Wie schwer ist es, die alte Erziehung loszuwerden. Und schmerzlich."[326] Der schmerzliche Abschied von der Monarchie verbindet sich mit der Scham über die Greuel des Weltkrieges. Unmittelbar nach Ende des Krieges merkt Wittig an, kein Geschehnis der Vergangenheit liege „so schwer und dunkel auf unserem Herzen und auf unserem Gewissen wie der Weltkrieg."[327] Es gelte, sich den Fragen zu stellen, die die Katastrophe des Krieges aufwerfe. Wittig bringt die Desillusionierung der Menschen in seinen Aufsätzen zur Sprache: Was wie Gold aussah, habe sich als wertloses Papier erwiesen, was mit gewalttätiger Macht imponiert habe, sei in Wirklichkeit Ohnmacht gewesen.[328] Am deutlichsten und schmerzlichsten treffe die Menschen die Frage nach der Schuld an dem maßlosen Elend: „Was haben wir getan; was haben wir angerichtet?" Als be-

---

[324] Ebd.

[325] Rez. Joseph Hergenröthers, Handbuch der allgemeinen Kirchengeschichte, 257.

[326] Brief an Ferdinand Piontek v. 20.10.1918.

[327] Das Mysterium der menschlichen Handlungen und Geschehnisse, 167.

stimmend für die Lebenssituation der Menschen sieht Wittig ihre Frage nach der Verantwortung für die Kriegsereignisse und ihren Wunsch, das Geschehene ungeschehen machen zu können. Auf diese Probleme sucht Wittig in seinen Erzählungen theologisch zu reagieren. Er ist sich dabei bewußt, daß das Zur-Sprache-Bringen des Evangeliums in dieser Situation vor die radikale Alternative gestellt ist, entweder unglaubwürdiges Geschwätz und Heuchelei oder befreiende Wahrheit zu sein. Maßgebliches Kriterium ist ihm die Bereitschaft, nur mit dem Authentischen, Gedeckten, Erfahrenen zu handeln, um nicht betrügerisch aufzutreten „wie eine freche Bettlerin, die nichts hat und nur von anderen lebt und doch mit Wohltätigkeit und Gnade prahlt - wehe wenn dies so wäre!"[329]

2. Das Land der Mitte

Die Wegweisung, die Wittig während des Krieges mit seiner Erinnerung an die Mystik des Großvaters und des Waldkirchleins gibt, kennzeichnet einen Weg, den er selber als Suchender und Betender beschreitet. Seine „Alltagsspiritualität"[330] nährt sich aus konkreten, regelmäßig geübten Frömmigkeitsformen; die ganzheitliche Religiosität Wittigs gründet in Riten, die er in der Tradition seiner Kirche vorfindet, und in einer kontemplativen Ausrichtung, die zur Grundlage seiner Theologie wird.[331] Betend entdeckt er eine Welt, die nicht dem Imperativ einer zu vollbringenden Leistung, sondern dem Indikativ des „Erlöst-*Seins*" entspringt. Aus dieser eigenen Erfahrung heraus will Wittig in den Zeitgenossen, die an der Peripherie des geistlichen Lebens weilen und nur mit religiösen Techniken vertraut sind, das „Mißtrauen gegen das Land der Mitte, das Land der heiligen Mystik"[332] abbauen und sie zum Aufbruch in dieses Neuland ermutigen. An *Karl Muth* schreibt er 1921 über seine Motivation, bei

---

[328] Vgl. Herrgottswissen, 242.

[329] J. Strangfeld, Vom Reiche Gottes, 236. - Vgl. Herrgottswissen, 54, 190, 242; Roman mit Gott, 9.

[330] M. Bußmann, Ansätze zu einer Alltagsspiritualität bei Joseph Wittig, 147.

[331] Vgl. u.a. Herrgottswissen, 28, 61, 83; Neue religiöse Bücher, 430; Leben Jesu I, 42-44; Laß den Mond am Himmel stehn, 242, 247; Die Wüste, 314; Der Ungläubige, 185, 272; Haus-Chronik I, 16, 97, 104, 211, 255, 307.

[332] Die Erlösten, 26. - Vgl. a.a.O., 54.

der Zeitschrift „Hochland" mitzuarbeiten: „Darum möchte ich gerne das Feuer in der Mitte pflegen, zugleich aber Wegweiser setzen, die zur Mitte hinführen."[333] Neben der *successio apostolica* kennt Wittig auch eine *successio mystica*, eine Reihung von Mystikern, die oft verborgen, bisweilen hell hervorleuchtend die Geschichte der apostolischen Sukzession begleiten.[334] Zu den bekannten zählt er den in die mystische Schule Christi gegangenen Paulus, einen „feinhörigen Mann", dessen kerniges Brot Wittig den billigen aktuellen Surrogaten vorzieht,[335] sodann den im Wunderland der Seele kundigen *Augustinus* und *Meister Eckehart*, mit dem er seit seiner Jugend vertraut sei. Die Schlesier *Angelus Silesius*, *Jakob Böhme* und *Hermann Stehr* werden ebenso genannt wie Wittigs Großvater *Johann Nepomuk Wittig*, Pfarrer *Heinrich May* oder *Martin Buber*.[336] In einer Erzählung beschreibt Wittig den Uhrmacher Heinrich Tiffe, für den die Menschen seiner Umgebung das Urteil finden: „Der hat es mit dem Herrgott!"[337] Für Joseph Wittig ist diese Benennung die kürzeste Beschreibung für den Mystiker. Ihn zeichnet kein esoterisches Sonderwissen aus, das ihn als Eingeweihten aus der Vielzahl der nicht Initiierten herausheben würde. Die Erfahrung der Mystiker trägt keine elitären Züge, erschließt sich nicht durch intellektuelle Bildung oder soziale Zugehörigkeit. Den einfachen Leuten aus Wittigs Glatzer Heimat steht die Gotteserfahrung ebenso offen wie den suchenden Städtern.[338] Sie hat für Wittig grundsätzlich mit allen Menschen zu tun, die vertraut werden möchten mit den „tief drinnen unter den Lehm- und Sandschichten ihrer Seele fließenden Quellen"[339] und die den Wunsch verspüren nach einer tragfähigen Annäherung an das sie innerlich Bewegende. Entscheidend ist für Wittig nicht ein sachlich mitteilbares Wissen über Gott, sondern eine

---

[333] Brief an Karl Muth v. 17.2.1921, in: Briefe, 21.

[334] Vgl. Hermann Stehr, 259, Herrgottswissen, 91.

[335] Vgl. Herrgottswissen, 128, 202; Die Erlösten, 54.

[336] Vgl. Der Ungläubige, 217; Aussichten, 91; Hermann Stehr, 259; Herrgottswissen, 88, 165; Martin Buber oder Das mächtige Dasein, 889.

[337] Die Kirche im Waldwinkel, 53.

[338] Vgl. Bergkristall, 98, 108-111; Getröst, 63-88. – Auch H. Tschöpe weist auf den „antielitären Charakter der Mystagogie Wittigs" hin (H. Tschöpe, Zwischen Argument und Sakrament, 183-185).

[339] Bergkristall, 41. - Vgl. a.a.O., 98.

der Erfahrung entspringende Wegweisung, die von den Pfaden, Gefährdungen und Haltungen der Reise erzählt. Wittigs Richtungsangaben zum Gebet haben mit „Ausrichtung" zu tun. Horchen, Schauen, Wahrnehmen, Gegenwärtig- und Anwesend-Sein sind Handlungen, die diese kontemplative Aktion des Gebetes kennzeichnen. Ermutigend versucht Wittig, seine Leser auf diesen Weg mitzunehmen. Das „Herrgottswissen" eröffne sich dem, der bereit sei, still zu werden und so zu horchen und zu schauen, wie er es als Kind in der Gegenwart *Heinrich Mays* gelernt habe: „Wenn es dunkel wurde, gingen wir weit hinein in die verschneiten Berge. Da war es so still, daß wir auch nicht mehr reden mochten. Da horchten wir beide..."[340] Es gehe beim Gebet darum, sich selber horchend und schauend wandeln zu lassen: „Gott macht aus seinen Betern keine Weltberühmtheiten. Aber er richtet ihre Füße zum Rechtgehen und bewegt ihre Hände zum Rechttun."[341] Wenn sich ein Mensch, der vor einer Aufgabe oder einer Entscheidung stehe, mit Gott im Gebet vereinige und sich nach dieser freien Ausrichtung auf Gott ans Werk begebe, könne er gewiß sein, daß die begonnene Handlung nicht nur Frucht eigenen Wirkens, sondern Werk Gottes sei.[342] Als dogmatischer Lehrsatz mit objektiver Gültigkeit wird diese Aussage vom Mitwirken Gottes im Tun des Menschen zur umstrittenen These; für den Beter Joseph Wittig ist sie plausible, eigener Praxis entspringende Grunderfahrung. Das Wissen um das „Mysterium der menschlichen Handlungen" entspringt dem Quellgrund eigener kontemplativer Erfahrung, in der „die Hände, die sich im Gebete falten, die eigentlichen Wurzeln des Menschenlebens" sind.[343] Mit diesem Wissen wird Wittig in den Nachkriegsjahren vor die Frage gestellt, ob und wie sich diese innere Glaubensgewißheit im theologischen Lehrgebäude zur Sprache bringen läßt: Ist mit dem Rückgriff auf die Lehre vom *concursus divinus* die innere Gewißheit des Betenden adäquat zu formulieren? Oder gilt es, Abschied von der objektiven Sprache neuscholastischer Theologie zu nehmen und in der Form der autobiographischen Erzählung die überströmende Dynamik

---

[340] Herrgottswissen, 165.

[341] Laß den Mond am Himmel stehn, 247. - Vgl. Die Kirche im Waldwinkel, 264.

[342] Vgl. Herrgottswissen, 220.

[343] Bergkristall, 75. - Vgl. Wenzel Böhm, 150.

des Gebetes zur Sprache zu bringen und die Grunderfahrung „lex orandi est lex credendi" verstehbar zu machen?[344] Die betende Aus-richtung auf den gegenwärtig wirkenden Gott und die sprachliche Vermittlung dieses Glaubens wird zu einem entscheidenden Thema der Auseinandersetzung um Wittigs Schriften in den 20er Jahren.

VI. Indizierung und Exkommunikation

Im dritten Band ihrer „Kapitel und Akten" zur Geschichte der Kirche dokumentieren *Eugen Rosenstock* und Joseph Wittig die Auseinander-setzung um die Schriften Wittigs bis zu seiner Exkommunikation. Die der Öffentlichkeit präsentierten Zeugnisse umfassen Wittigs Brief-wechsel mit Kardinal *Adolf Bertram*, die Korrespondenzen zur Erlan-gung des Imprimaturs für die Bücher „Kirche im Waldwinkel" und „Leben Jesu", die Vermittlungsversuche von Kollegen, die Stellung-nahmen der Professoren *Engelbert Krebs* und *Eugen Rosenstock* so-wie ein theologogisch-kanonistisches Gutachten, dessen Verfasser ungenannt bleiben.[345] Auch wenn die Dokumentation auf Erläuterun-gen Wittigs verzichtet, werden in ihr jene Perspektiven markiert, un-ter denen Wittig und Rosenstock den „Fall Wittig" wahrnehmen und öffentlich dargestellt wissen wollen. Neben dem *Verlauf* der Ausein-andersetzung (vgl. 1) geben die Quellenbände - ergänzt durch weitere veröffentlichte Schriften Wittigs und die Briefe, in denen er vor allem mit *Karl Muth* den Inhalt des Konfliktes bedenkt - Auskunft über die *Streitpunkte* (vgl. 2) und die *Personen* (vgl. 3), mit denen sich Joseph Wittig konfrontiert sieht.

1. Die Auseinandersetzung - dargestellt im Werk „Das Alter der Kirche"

„Vor dem Einbruch des Argwohns": unter dieser Überschrift veröf-fentlicht Wittig zum Auftakt der Quellensammlung einige Zeugnisse

---

[344] Die Kirche im Waldwinkel, 65.

[345] F. Herrenbrück und M. Gormann-Thelen nennen als vermutliche Verfasser: Matthias Laros, Robert Grosche und Otto Karrer (Vgl. F. Herrenbrück / M. Gormann-Thelen, Hinweise, 292).

der Wertschätzung, die Kardinal Bertram dem schriftstellerischen Werk Joseph Wittigs vor 1922 entgegengebracht habe.[346] Erst mit dem „Kampf um die ‚Erlösten'" - so der Titel des zweiten Kapitels - beginnt die Phase der Auseinandersetzung. Die Veröffentlichung des Osteraufsatzes läßt das Ansehen Wittigs bei seinem Bischof schwinden; Kardinal Bertram reagiert auf eine Beschwerde, die ihm anläßlich der Erzählung zugekommen ist, und ermahnt Wittig: „Ihre eigenartige Kunst zu plaudern und seelische Vorgänge zu zeichnen, heischt eine besonders zarte Kontrolle hinsichtlich der Ideen, die in Lesern geweckt werden, die nicht gleiche Werdegänge des Innenlebens durchgemacht haben und nicht gleich merken, wo bei Ihnen Übertreibung im Farbenauftragen unterlaufen ist."[347] Nach der Antwort Wittigs, der selbstbewußt seinen Aufsatz verteidigt und den bischöflichen Schutz vor dem Denunziantentum eifernder Pfarrer fordert[348], entzieht Bertram Wittig die Leitung der Marianischen Kongregation und verschickt an die Pfarrer des Bistums ein amtliches Zirkular, in dem er mitteilt, er habe Wittig wegen der „Entgleisung", die „weit über die Diözesangrenzen hinaus ernstesten Widerspruch" hervorgerufen habe, „auf das Bedenkliche und Verfängliche seiner Darstellung aufmerksam gemacht" und ihm die Leitung der Marianischen Kongregation entzogen.[349] Wittig sieht sich durch diese Reaktion veranlaßt, seinem Bischof eine Sammlung positiver Urteile über seinen Osteraufsatz zuzusenden und erneut darum zu bitten, dafür Sorge zu tragen, „daß der gute Name und die Wirksamkeit eines Priesters, der es bisher an Treue, Arbeitsfreude und guten Willen nicht fehlen ließ, nicht untergraben werde."[350] In die Kommunikation zwischen Bischof und Professor wird daraufhin Dompropst *Johannes Nikel* eingeschaltet, der Wittig im Namen des Bischofs um die Niederlegung des Amtes als Universitätsprediger bittet, ferner vom Mißtrauen Bertrams gegen die „religiös-pädagogische Betätigung" Wittigs berichtet und die Abgabe einer Erklärung nahelegt, in der Wittig die verfehlte

---

[346] Vgl. Das Alter der Kirche III, 9/10.

[347] A. Bertram, Brief an Joseph Wittig v. 18.4.1922, in: a.a.O., 10/1.

[348] Brief an Kardinal Bertram v. 20.4.1922, in: a.a.O., 11.

[349] A. Bertram, Amtliches Zirkular v. 1.5.1922, in: a.a.O., 12.

[350] Brief an Kardinal Bertram v. 16.5.1922, in: a.a.O., 13.

Form seines Osteraufsatzes eingestehe.[351] Die Niederlegung der Mitgliedschaft in der Fürstbischöflichen Prüfungskommission, die Wittig als Antwort auf diesen Brief anstrebt, weiß Nikel abzuwenden und Wittig zu der Mitteilung zu bewegen, es habe ihm „ferngelegen (...), den Wert der kirchlichen Bußdisziplin oder die Autorität des kirchlichen Lehramtes irgendwie anzugreifen". Die „von vielen hiesigen Geistlichen als verletzend und pietätlos empfundene Form" habe nichts anderes sein sollen als die Form früherer Herrgottsgeschichten, die die Herzen der Leser weit geöffnet und auch beim Kardinal „anfänglich großes Wohlwollen gefunden" habe.[352] Nach dieser Erklärung ist der Briefwechsel für ein halbes Jahr unterbrochen. Erst mit den Angriffen *Anton Gislers* in der „Schweizer Rundschau" wächst der Druck auf Kardinal Bertram, Wittig solle öffentlich seine Unterwerfung unter die Lehre der katholischen Kirche aussprechen. In einer von Dompropst Nikel entworfenen Form erfüllt Wittig am 21. Februar 1923 diese Forderung seines Bischofs.[353]

Das nächste Kapitel beginnt im Herbst 1923 mit einem Brief des Kardinalstaatssekretärs, Kardinal *Pietro Gaspari*, der Wittig über seinen Bischof eine *grave ammonizione* zukommen läßt. Der Tadel bezieht sich auf das Buch „Kirche und Wirklichkeit", das ohne *Imprimatur* der zuständigen kirchlichen Autorität erschienen sei. Wittig antwortet umgehend, nicht er, sondern *Ernst Michel* sei der Herausgeber des Aufsatzbandes; es müsse daher ein Irrtum vorliegen. Die zwei von ihm selbst beigesteuerten Aufsätze seien bereits vorher in Zeitschriften publiziert worden.[354]

Als er im Januar 1924 bei seinem Bischof anfragt, ob er davon ausgehen könne, daß Bertram Gaspari auf den Irrtum aufmerksam gemacht habe, erhält er den Hinweis, für eine Weiterleitung nach Rom müsse die Replik in Latein abgefaßt sein.[355] Anfang Februar sendet Wittig seinen lateinischen Einspruch nach Breslau - ohne von dort oder aus Rom eine Reaktion zu erhalten.

---

[351] J. Nikel, Brief an Joseph Wittig v. 6.6.1922, in: a.a.O., 13.

[352] Brief an Kardinal Bertram v. 16.6.1922, in: a.a.O., 18.

[353] Vgl. Brief an Kardinal Bertram v. 21.2.1923, in: a.a.O., 21/2.

[354] Brief an Kardinal Bertram v. 23.10.1923, in: a.a.O., 24.

[355] A. Bertram, Brief an Joseph Wittig v. 14.1.1924, in: a.a.O., 26.

Die Verhandlungen mit den kirchlichen Zensurbehörden in Köln, Augsburg und Passau, die sich in den folgenden Monaten anschließen, zeugen von der Vorsicht und Zurückhaltung, die den Schriften Wittigs zu dieser Zeit innerkirchlich entgegengebracht werden. Die „Kölnische Volkszeitung" muß auf Maßgabe des Kölner Kardinals *Karl Joseph Schulte* die Zusage für den Abdruck einiger Abschnitte aus dem „Leben Jesu"-Buch zurücknehmen; es sei nicht angemessen, einen „so erhabenen und wichtigen Gegenstand" derart „feuilletonistisch" zu behandeln.[356] Das Ordinariat in Augsburg gibt - nach einigen Korrekturen in der Titelgeschichte - die Genehmigung für das Buch „Die Kirche im Waldwinkel". Zum „Leben Jesu"-Buch schreibt der Generalvikar von Augsburg jedoch, er müsse sich weigern, dem Buche das Imprimatur zu erteilen, da „die ganze Art der Behandlung der sichtbaren Kirche" unangemessen sei: „Einzelkorrekturen vorzunehmen ist unmöglich."[357] Vom Passauer Bischof erreicht Wittig zunächst ein positives Signal für den Druck des Buches. Man habe „nichts darin gefunden (...), was zu einer Verweigerung des Imprimatur Grund bieten würde. Manches sei ja auffällig und könne mißverstanden werden, aber im großen und ganzen trete die kirchliche Korrektheit (...) doch so deutlich zutage, daß der gerechte und vernünftige Leser doch kaum anders könne, als auch solchen aufs erste verfänglich erscheinenden Stellen den richtigen Sinn zu unterlegen."[358] Doch nach Verhandlungen über die Veränderung einzelner Abschnitte kommt kurz vor Drucklegung des Buches die Nachricht aus Passau, man müsse die Vergabe des Imprimaturs aus formalen Gründen zurückziehen: Da das Buch lediglich in einer Druckerei des Bistums hergestellt werde, aber nicht in einem Verlag des Bistums erscheine, sei man für die Vergabe des Imprimaturs nicht zuständig. Außerdem - fügt der Bischof zum Abschluß des Briefes hinzu - sei er, je mehr und eingehender er sich mit „dem fraglichen Buche" beschäftigt habe, zu der Überzeugung gelangt, „daß eine Herausgabe desselben nicht wünschenswert sei."[359]

---

[356] K. J. Schulte, Brief an die Kölnische Volkszeitung v. 22.12.1923, in: a.a.O., 28.

[357] Generalvikar von Augsburg, Brief an Joseph Wittig v. 6.8.1924, in: a.a.O., 32.

[358] S. Felix, Brief an Joseph Wittig v. 25.10.1924, in: a.a.O., 41/2.

[359] Ders., Brief an den Verlag Kösel & Pustet v. 9.1.1925, in: a.a.O., 50.

Auf Bitte Kardinal Bertrams untersucht der Freiburger Dogmatikprofessor *Engelbert Krebs* im Herbst 1924 das religiöse Schrifttum Wittigs. Das Gutachten bescheinigt Wittig zunächst die „unverkennbar gute katholische Grundrichtung" seiner Schriften, meldet dann aber hinsichtlich der Freiheitslehre, der Sünden- und Rechtfertigungslehre und des Kirchenbegriffes inhaltliche Vorbehalte an und kritisiert schließlich den ironisierenden Stil Wittigs. Krebs schließt mit einem Vorschlag für eine von Wittig abzugebende Erklärung, in der dieser sich zu den genannten kirchlichen Lehraussagen bekennen und die durch seine Sprachform entstandene, von ihm unbeabsichtigte Verwirrung bedauern solle.[360] Wittig gibt daraufhin in einem Brief an Kardinal Bertram eine Erklärung ab, die sich im theologischen Teil an die Formulierungen des Freiburger Dogmatikers anlehnt, ihr aber eine Schilderung der bisherigen Auseinandersetzung aus der Sicht Wittigs vorherschickt. Daß er bereits zweimal „zu den im Wesentlichen gleichen Punkten" habe eine Erklärung abgeben und „immer wieder seine Ehrlichkeit versichern" müssen, sei ein Vorgang, der „einem rechten Manne unmöglich ehrenvoll erscheinen"[361] könne. Angesichts einer solchen „Behandlung, bei der Wohlwollen versichert und Mißwollen geübt"[362] werde, nehme er nicht mehr an, daß durch eine neue Erklärung viel zu verändern sei. Nach diesen Vorbemerkungen könne er sich „ohne irgendeine Einschränkung" zu den vom Gutachter aufgerufenen Aussprüchen des kirchlichen Lehramtes bekennen und bitte den Kardinal, der ein Verfahren von seiten des Apostolischen Stuhles angedeutet habe, „den vollständigen Text dieses Briefes, dessen geschichtlicher Teil mit dem dogmatischen eine Einheit bildet," an die entsprechende Stelle weiterzuleiten.[363] Diese Stellungnahme Wittigs bewegt Kardinal Bertram zu einem Antwortschreiben, in dem er sich gegen die Mutmaßungen Wittigs verwahrt, seine Verpflichtung betont, als kirchliche Autorität auf das „Bedenkliche" der Schriften aufmerksam zu machen und „Korrektheit der

---

[360] E. Krebs, Das religiöse Schrifttum Josef Wittigs. Gutachten vom dogmatischen Standpunkt aus auf Anfrage Sr. Eminenz des Herrn Kardinal von Breslau, in: a.a.O., 53-72.

[361] Brief an Kardinal Bertram v. 27.1.1925, in: a.a.O., 73.

[362] A.a.O., 76.

[363] A.a.O., 80.

Darstellung und Ausdrucksweise" anzumahnen. Zuletzt weist er erneut auf den Wunsch der römischen Behörden hin, man möge bei Eingaben die lateinische oder italienische Sprache verwenden.[364] Am 29. Juli 1925 indiziert das Hl. Offizium sechs Schriften Wittigs; am 3. August schickt Kardinal Bertram Joseph Wittig die Abschrift des Reskriptes zu - verbunden mit der Aufforderung, bis zum 15. Oktober die „Professio fidei nebst Jus jurandum Pianum de sinceritate fidei" vor dem Generalvikar abzulegen.[365] Wittig antwortet, er erkenne zwar grundsätzlich die Gewalt der Kirche an, ihren Gläubigen das Lesen glaubensfeindlicher Schriften zu untersagen, könne aber der in seinem Fall erfolgten Form keinesfalls zustimmen. Ihm seien keine Begründungen für das Verbot seiner Bücher mitgeteilt worden, so daß er die beanstandeten Stellen nicht verändern oder kommentieren könne; außerdem müsse er an der Gewissenhaftigkeit eines Amtes zweifeln, das auf bloße Denunziation hin die Herausgabe eines Buches verurteilt habe, das er nicht herausgegeben habe, und das diese ungerechtfertigte Maßnahme bis zum gegenwärtigen Zeitpunkt nicht zurückgenommen habe.[366] Da er kein Eidbrüchiger sei und sich nicht als solcher behandeln lasse, sei es ihm unmöglich, die geforderten Eide erneut abzulegen. Das bedeute nicht, daß er den Gehorsam verweigere, sondern daß das Geforderte schon geschehen sei „und in diesem Zusammenhang aus Gewissensgründen nicht wiederholt werden" könne.[367] Nach einem Verweis auf seine Erklärung vom Januar schließt Wittig den Brief mit einer persönlichen Kritik:

„Ich klage Ew. Eminenz offen an, daß Sie, von einigen Hetzern ängstlich gemacht, durch die ganze Reihe Ihrer Maßnahmen, die sich nach Skrupulantenart immer mehr verschärften, das jetzige Unglück mitverschuldet haben. Von meinem Bischof verlassen, war ich jedem Gekläff ausgesetzt, und um dem Gebell ein Ende zu machen, unterbindet man mir die Verkündigung des Evangeliums von der Barmherzigkeit Gottes. Wenn aus meiner Angelegenheit ein Ärgernis für das ganze katholische Volk wird, dann trage ich nicht den größten Teil der Schuld."[368]

---

[364] A. Bertram, Brief an Joseph Wittig v. 9.2.1925, in: a.a.O., 80-82.
[365] Ders., Brief an Joseph Wittig v. 3.8.1925, in: a.a.O., 82.
[366] Brief an Kardinal Bertram v. 4.10.1925, in: a.a.O., 84.
[367] A.a.O., 85.
[368] A.a.O., 85/6.

Zwischen Bertram und Wittig erlischt daraufhin die Kommunikation - bis zur amtlichen Ankündigung der Exkommunikation. Am 22. Mai 1926 wird Wittig eröffnet, er werde sich binnen einer Frist von zehn Tagen die Strafe der Exkommunikation zuziehen, wenn er sich weiterhin weigere, das Bekenntnis zum Tridentinum und den Antimodernisteneid abzulegen und zu erklären, er werde alle vom Hl. Offizium als Irrtümer beurteilten Teile seiner Schriften zurücknehmen.[369] In den Monaten zwischen Indizierung und Exkommunikation - Wittig hat inzwischen zunächst ein Urlaubssemester genommen und dann seine frühzeitige Emeritierung beantragt - bemüht sich der Dekan der katholischen Fakultät in Breslau, *Joseph Löhr*, in „Kollegialität und Freundschaft", Wittig zum Nachgeben gegenüber der römischen Forderung zu bewegen: „Machen Sie sich doch nicht unglücklich (...) und bringen Sie das Opfer auch im Interesse unserer Fakultät, ja aller deutschen Fakultäten."[370] Auch *Engelbert Krebs* versucht, Wittig zur Ablegung der Bekenntnisse zu motivieren: „Nehmen Sie die Eidesablegung und das Bekenntnis zum Tridentinum doch ruhig als das, was sie sind: feierliche religiöse Formen des ausführlichen Glaubensbekenntnisses - dann fallen Ihre Bedenken dahin."[371] Wittig entgegnet, ein „aktenmäßig zu registrierender Polizeiakt" sei etwas anderes als das Beten des Glaubensbekenntnisses; außerdem sei der Eid kaum geeignet, das entzogene Vertrauen wiederherzustellen. Wenn man eine „Entwicklung vom geschworenen Eide weg" annehme, müsse man fragen, wie lange denn ein erneuerter Eid Geltung habe: „Rom verkürzt die Intervalle in manchen Fällen schon auf *ein* Semester."[372] Alle Bemühungen, Wittig zum erneuten Ablegen der Bekenntnisse zu bewegen, scheitern. In seiner Antwort auf das von Kardinal Bertram mitgeteilte Ultimatum beharrt Wittig darauf, er werde selbstverständlich alle Irrtümer, die das Hl. Offizium nachweisen werde, widerrufen, warte allerdings schon acht Monate auf die Nennung dieser „Errores". Was er geschworen habe, bleibe geschworen; auf der Zurücknahme des ungerechtfertigten *grave ammonizione* müsse er beste-

---

[369] A. Bertram, Brief an Joseph Wittig v. 22.5.1926, in: a.a.O., 134.

[370] J. Löhr, Brief an Joseph Wittig v. 5.12.1925, in: a.a.O., 89.

[371] E. Krebs, Brief an Joseph Wittig v. 31.1.1926, in: a.a.O., 92.

[372] Brief an Engelbert Krebs v. 4.2.1926, in: a.a.O., 95.

hen. Da er aber wisse, daß diese Antwort „dem Übermut des römischen Amtes, das Bücher befehdet, ohne auch nur das Titelblatt genügend gelesen zu haben, keineswegs genügen wird," werde er sich nach Ablauf der angegebenen Frist für „exkommuniziert" halten: „Ich habe aber den Glauben, daß weder Feuer noch Wasser noch der Canon 2314 mich trennen kann von der Liebe Christi."[373]

2. Die Streitpunkte

Folgt man der Dokumentation, die Joseph Wittig im Werk „Das Alter der Kirche" von der Auseinandersetzung gibt, findet 1922 ein Wechsel statt von einer Phase uneingeschränkten Wohlwollens zu einer Zeit der Konflikte. Diese Sicht der Auseinandersetzung stellt *eine* von Wittig vorgenommene Rekonstruktion dar, neben der sich jedoch andere Lesarten Wittigs finden. Mit seiner kirchengeschichtlichen Lehre und seiner lebensgeschichtlichen Theologie sieht sich Wittig von Anfang an in einem Klima, das von Modernismusangst, Häresieverdächtigungen und vorsichtigen Absicherungen bestimmt ist. So berichtet er von der Warnung seines Lehrers *Max Sdralek* vor den Folgen einer Theologie, die das neuscholastische System hinter sich lasse.[374] In den Briefen an *Ferdinand Piontek* gesteht er 1920 beunruhigt den „Ruf der Ketzerei" ein, in den ihn seine neue Form der Theologie gebracht habe, und überlegt, ob er „diese Art von Schriftstellerei" besser aufgeben solle.[375] Nach einem skeptischen Blick auf die Situation der Kirche beendet Wittig am Ende des Jahres 1920 einen Brief an den Freund mit dem Geständnis: „Ich weiß bloß, daß ich es für das größte Unglück ansehen würde, nicht im Frieden mit der Kirche sterben zu können."[376] Schon bevor Wittig von *Karl Muth* zur Mitarbeit im „Hochland" gebeten wird und dort seinen Osteraufsatz „Die Erlösten" veröffentlicht, sieht Wittig also die Gefahr, der er sich mit seiner ungewohnten Form der Theologie aussetzt. Die Gefahr, als Modernist (miß-)verstanden zu werden, bleibt für Wittig in den kommenden fünf Jahren aktuell. Als Wittig im Dezember 1921 eine

---

[373] Brief an Kardinal Bertram v. 31.5.1926, in: a.a.O., 135.
[374] Vgl. Höregott, 42.
[375] Brief an Ferdinand Piontek v. 30.1.1920.
[376] Brief an Ferdinand Piontek v. 3.11.1920.

Besprechung an Muth sendet, hofft er, der von ihm publizierte Text könne manches andeuten, „was in anderer Form wohl wieder Anstoß erregen würde"[377]: Seiner Arbeit „Aedificabo ecclesiam" habe der Dogmatiker von Speyer „schon den Kampf angesagt", außerdem sammle ein oberschlesischer Integraler Material und Mitstreiter gegen diesen Aufsatz.[378] In seinen Notizen über die „Freiheit der Kinder Gottes" reagiert Wittig auf die intellektuellen Schwierigkeiten von Glaubenden in einem Klima, in dem schon das Fragen dem Häresieverdacht unterworfen sei.[379] Vorsicht scheint Wittig bereits vor der Veröffentlichung des Osteraufsatzes „Die Erlösten" geboten, den er als ein „Wagnis" einschätzt.[380] Er hoffe - schreibt Wittig nach seiner Korrektur des Aufsatzes -, daß nun genügend „Sicherungen" eingebaut seien, auf denen „die strengen Theologen (...) anhalten und ein wenig ausschnaufen" könnten.[381]

In diesem kirchlichen und theologischen Klima wird jeder Autor mit der Frage nach der Rechtgläubigkeit seiner Gedanken konfrontiert. Jede Formulierung, die von der gewohnten neuscholastischen Sprachgestalt abweicht, wird vor die Frage gestellt, ob sie damit (noch) auf dem Boden der kirchlichen Lehre stehe. Die Versicherung „Ich bin und bleibe katholisch"[382] und die Bereitschaft, „jeden Glaubenssatz der kath. Kirche zu unterschreiben"[383] werden von Wittig zwar mit Nachdruck betont und bilden seine unhintergehbare Grundoption. Sie werden jedoch durch das „andere" Schreiben Wittigs und sein Abweichen von der neuscholastischen Lehre, auf die die christliche Botschaft jener Zeit festgelegt ist, de facto konterkariert. Wittig vermag das kirchenamtliche Mißtrauen nicht zu beseitigen, wenn er beschwörend betont, daß er sich mit seiner ungewöhnlichen Form nicht von der inhaltlichen Grundlage entferne: „Wo sage ich, daß ich den Christenstand erlöst wissen will von Kreuz und Pein? Nirgends!"[384] Die

---

[377] Brief an Karl Muth v. 11.12.1921, in: Briefe, 24.

[378] A.a.O., 25. - Vgl. a.a.O., 28.

[379] Vgl. Von der Freiheit der Kinder Gottes, 91, 93.

[380] Die Erlösten, 69.

[381] Brief an Karl Muth v. 6.3.1922, in: Briefe, 27. - Vgl. Die Erlösten, 70.

[382] Brief an Kardinal Bertram v. 21.2.1923, in: Das Alter der Kirche III, 22.

[383] Höregott, 283.

[384] Die Erlösten, 114.

Lehrsätze zu Freiheit und Verantwortung, Sünde und Rechtfertigung, Kirchengründung und Autorität gelten für ihn nach der Maßgabe der hl. Schrift, des Apostolischen Glaubensbekenntnisses, des Tridentinums und des Vaticanums.[385] Im Namen seiner Katholizität nehme er jedoch in Anspruch, auch vergessene Schätze der Dogmatik ans Licht zu heben und neu zur Geltung zu bringen; die ihm vorgeworfene Einseitigkeit sei keine Verletzung der kirchlichen Lehre, sondern eine im Glauben begründete und um der Menschen willen notwendige Konkretisierung der christlichen Botschaft.[386]

Wie diese Ausformung der christlichen Botschaft geschieht, ist aus Sicht der Schultheologie ein wesentlicher Stein des Anstoßes. Wittig dokumentiert die Kritik an der Gestalt seiner Theologie: Er habe sich „in der Form vergriffen"[387], wird von *Dompropst Nikel* bemängelt. *Kardinal Bertram* äußert, man müsse Zweifel an der Korrektheit der Darstellung und an der Ausdrucksweise Wittigs haben.[388] Für *Kardinal Schulte* aus Köln ist das Schreiben Wittigs gekennzeichnet durch einen „Mangel an Pietät" und fehlende Klarheit: Der Autor vollziehe ein „Spiel mit gewagten, z.T. trivialen, skizzenhaft-belletristisch hingeworfenen Gedanken, von denen man nicht weiß, was der Verfasser (...) eigentlich damit will, von denen man aber sicher voraussehen kann, daß sie auf viele Leser religiös verwirrend wirken werden."[389] Die Folge sei eine „in den religiösen Auffassungen weiter Kreise entstandene Verwirrung"[390], angesichts derer Kardinal Bertram von Wit-

---

[385] Vgl. Das Alter der Kirche III, 77-80; Die Erlösten, 12.

[386] Vgl. Leben Jesu II, 24; Höregott, 282.

[387] J. Nikel, Brief an Joseph Wittig v. 6.6.1922, in: Das Alter der Kirche III, 13.

[388] A. Bertram, Brief an Joseph Wittig v. 14.1.1925, in: a.a.O., 52.

[389] K. J. Schulte, Brief an die Redaktion der Kölnischen Volkszeitung v. 22.12.1923, in: a.a.O., 28. - Diese Vorwürfe werden nicht nur von kirchenamtlich-offizieller Seite erhoben, sondern finden sich auch in den Anfragen zeitgenössischer Theologen. So fordert Josef Blasius Becker, auch der Dichter müsse „richtige philosophische und theologische Begriffe haben, sonst kann gerade er großes Unheil anrichten (...). Die ganze kirchliche Wissenschaft baut auf klare Begriffe auf." (J. B. Becker, Übernimmt Gott die Verantwortung?, 456). Wittig stelle „sehr kühne Behauptungen" auf, „die mit den nötigen Einschränkungen von einem theologisch gebildeten Leser zur Not einigermaßen richtig verstanden werden können, unserer Ansicht nach von den Laien nicht richtig aufgefaßt werden und nicht richtig aufgefaßt werden können"(a.a.O. 458).

[390] A. Bertram, Brief an Joseph Wittig v. 14.1.1925, in: a.a.O., 52.

tig „Ausdruckskorrektheit" und das Eingeständnis fordert, daß er die Verwirrung anerkenne, auch wenn er sie nicht bewußt angerichtet habe. Auf die Empfehlung des Dompropstes Nikel geht Joseph Wittig in seinem ersten Entschuldigungsbrief an Kardinal Bertram auf die als „verletzend und pietätlos empfundene Form" ein und erläutert, es schmerze ihn, zu sehen, daß die gewählte „Form die Empfindungen Ew. Eminenz und einer Anzahl meiner geistliche Mitbrüder" verletzt habe.[391] Diese Formulierung bildet ein diplomatisches Entgegenkommen Wittigs. In der Replik an Nikel, die dem Brief an Bertram vorausgeht, hatte Wittig bemerkt:

„Das Urteil über die Form wird immer subjektiv sein. Hervorragende katholische Literaten finden die Form meines Artikels als besonders geeignet, die katholischen Wahrheiten auch den Fernerstehenden wieder nahezubringen. Ich kann also nur bedauern, daß die von mir gewählte oder vielmehr die mir naturgemäße Form den Empfindungen meines Bischofs nicht entspricht."[392]

Gerade diese Form sei ein „Herold, der zum Aufhorchen zwingt"[393], äußert sich Wittig etwa zeitgleich gegenüber *Karl Muth:* „Eine rein historische Abhandlung würde zwar beruhigen, sonst aber nur dazu dienen, das eben noch Lebende und Aufregende in den betreffenden Schub unseres Antiquitätenschrankes zu bergen."[394] Das Anregende seiner Schriften hängt für Wittig ausdrücklich mit der von ihm gewählten *anderen* Form und Sprache zusammen, die im Gegensatz zu einer auf bloße Korrektheit bedachten Sprache zu trösten, zu motivieren und zu provozieren verstehe - und eben darum angemessen und „richtig" sei.[395] Während sich Wittig hinsichtlich der Inhalte in der Lage sieht, die Kongruenz seiner Aussagen mit den Lehrsätzen seiner Kirche nachzuweisen, bleibt angesichts der Gestalt seiner Theologie eine Kluft zwischen amtskirchlichen Vorbehalten und einer Formgebung, die Wittig als ihm gemäß und situativ zutreffend empfindet.

---

[391] Brief an Kardinal Bertram v. 16.6.1922, in: a.a.O., 18.

[392] Brief an Dompropst Nikel v. 8.6.1922, in: a.a.O.,15.

[393] Brief an Karl Muth v. Christi Himmelfahrt 1922, in: Briefe, 31.

[394] A.a.O., 32.

[395] Vgl. Brief an Kardinal Bertram v. 25.1.1925, in: Das Alter der Kirche III, 76.

Mit der anderen Form der Theologie geht allerdings implizit eine Neubestimmung des Verhältnisses von Leben und Lehre, von Geschichte und Theologie einher. Die Brisanz dieser Neuorientierung wird von Wittig ebenso wahrgenommen wie von der neuscholastisch ausgerichteten Theologie, die eine Verzerrung des christlichen Glaubens fürchtet. Das bischöfliche Ordinariat in Augsburg begründet seine Ablehnung des Imprimaturs für das Christus-Buch Wittigs: „Die Verbindung des Leben Jesu (...) mit einem Lebensroman muß als für viele Gläubige entweihend und irreführend betrachtet werden. Jesum 'erleben' hat modernistische Anklänge."[396] Die „Psychologisierung" und „Profanation des Lebens Jesu" mindere die göttliche Würde Jesu; die allzu irdische Zeichnung der Kirche und anderer theologischer Wahrheiten verkenne die Kirche in ihrer eigentlichen Dimension.[397] Diese Vorwürfe treffen Wittig in seinem Bemühen, die Wirklichkeit Gottes *in* der Welt wahrzunehmen. Gerade in der aufmerksamen Zuwendung zum Irdischen sieht er den Weg zur Begegnung mit Gott. Ohne Scheu und in Freiheit könne man sich dem „tatsächlichen Stand des Erlöstseins" zuwenden - weil Gottes Wille erkannt werden könne „auch aus allen Zulassungen und Schickungen, also aus dem realen Leben, aus der realen Geschichte, aus dem Leben, wie es ist, aus der ungeschminkten, wach gesehenen Wirklichkeit".[398] Kirchliche Versuche, sich mit Hilfe eines verweigerten Imprimaturs vor dem zu schützen, was „das Volk" redet, oder unter Berufung auf pädagogische Rücksichten vor den vorhandenen Konflikten die Augen zu verschließen, seien wenig sinnvolle Fluchtversuche.[399] Es sei zu beklagen, daß die weltzugewandte Dimension der Gotteserkenntnis denen offensichtlich verloren gegangen sei, die „wie Gisler durch lebenslange Beschäftigung mit einem systematischen Fach die Fähigkeit zur historischen Auffassung"[400] verloren hätten oder wie die „typisch römische Wissenschaft" glaubten, „der historischen Wirklichkeit erst das dog-

---

[396] Der Generalvikar von Augsburg, Brief an Joseph Wittig v. 17.9.1924, in: a.a.O., 40.

[397] Vgl. ebd.; Die Erlösten, 103.

[398] Die Erlösten, 65, 86.

[399] Vgl. Briefe, 57; Der Ungläubige, 279.

[400] Die Erlösten, 116.

.

matische Bett" bereiten zu müssen.[401] Die Frage nach dem Verhältnis von Leben und Lehre rückt angesichts der anderen Form der Theologie Wittigs in den Blickpunkt. Daß diese Verhältnisbestimmung auch eine Macht-Frage ist, zeigt der Blick auf die handelnden Parteien und Personen.

3. Die handelnden Personen

Mit der Zuspitzung des Konfliktes auf den Vorwurf einer irreführenden Sprache wird der Blick auf die Handelnden und eine problematische Interaktion gelenkt. Das Wort „irreführen" weist auf ein Kommunikationsgeschehen hin zwischen einem Führendem, einem Geführten und einem Dritten, der - mit eigenem Führungsanspruch - das Führen als Irreführen entlarvt.

Als Kirchengeschichtler bringt Joseph Wittig in das Aufeinandertreffen das Wissen um das spannungsvolle und konfliktträchtige Geschehen der Kirch-Werdung ein: „Die ganze Geschichte des Christentums ist nicht eine gradlinige, naturnotwendige Entwicklung aus dem Evangelium heraus, sondern eine Geschichte fortwährender Auseinandersetzungen."[402] Er erlebt diese Konfliktgeschichte in seiner theologischen Laufbahn, die sich bereits vor seiner Habilitation in einer Polarität von Bestärkung und Widerspruch vorfindet. „Gegen meinen bissigsten Gegner werde ich in den nächsten Wochen ein paar Seiten loslassen"[403], schreibt Wittig 1907 an seinen Bruder und bezieht sich auf eine Kritik *Adolf Jülichers*, der ihm „einen schweren Stein" auf seine akademische Laufbahn gelegt habe.[404] Als Wittig auf die Initiative *Max Sdraleks* dessen Lehrstuhl erhalten soll und die Bemühungen zunächst zu scheitern drohen, schreibt Wittig an seine Nichte über ein Gespräch mit Sdralek: „Inbetreff meiner Zukunft konnte er nicht viel Erfreuliches sagen. Meine Gegner sind einflußreich und stark."[405] Diese Polarität von wohlwollenden Freunden und skeptischen Geg-

---

[401] Festschriften zum Hieronymus-Jubiläum, 2.

[402] Um den Entwicklungsgedanken, 97.

[403] Brief an den Bruder August Wittig v. 26.8.1907.

[404] Der Papst Damasus, Martin Rade und ich, 306. - Zur späteren Aussöhnung mit Jülicher: vgl. Briefe, 171, 253, 265.

[405] Brief an die Nichte Katharina Wittig, ohne Datum.

nern verschärft sich zu Beginn der 20er Jahre. Wittig sucht nach Halt und Verständnis bei Freunden im Kampf mit einer schwer zu durchschauenden Gegnerschaft: „Ich fürchte nun, daß, wenn nicht schnell gehandelt wird, die gegnerische Seite die Kündigung des Passauer Imprimatur erreichen wird. Das Buch muß schnell heraus (...) wenigstens in der ersten Auflage (...), ehe die Quertreiber sein weiteres Erscheinen verhindern können."[406] Die „Gegnerschaft" bleibt in den Schilderungen unkonkret und gesichtslos. „Wenn ein Verleger den Versuch machte, für eines meiner Bücher das Imprimatur zu erbitten, erhoben sich überall unüberwindliche Widerstände, die im Kirchenrecht keinerlei Grundlage hatten", klagt Wittig gegenüber *Kardinal Bertram*.[407] Gerüchte über das bischöfliche Mißtrauen gehen um: „Sie sollen auf der Domstraße schon sehr beargwöhnt werden!"[408] Wittig rechnet damit, auf sein „sittliches Wohlverhalten" hin überprüft zu werden.[409] Eine Gesellschaft mit dem Namen „Fides et Veritas" schreibt im Februar 1926 an eine Studienassesorin, die als Verehrerin Wittigs gilt:

„Wir müßten (...) Ihre Anstellung mit allen Mitteln verhindern, wenn Sie nicht jede, schriftliche wie persönliche, Beziehung zu dem Schriftsteller und Universitätsprofessor Joseph Wittig sogleich einstellen, denn wir können es nicht dulden, daß seine alle Sitte und Moral, kirchliche und staatliche Autorität lockernden und den heiligen Glauben untergrabenden Lehren in unsere Schulen eingeschmuggelt werden."[410]

---

[406] Brief an Lulu Muth v. 23.11.1924, in: Briefe, 69. - Vgl. Briefe, 35, 44, 71.

[407] Brief an Kardinal Bertram v. 27.1.1925, in: Das Alter der Kirche III, 75.

[408] Das Filioque, 3.

[409] Brief an Karl Muth v. 13.3.1925, in: Briefe, 74.

[410] Gesellschaft „Fides et veritas", Brief an eine Studienassesorin v. 2.2.1926, in: Das Alter der Kirche III, 90. - Im März desselben Jahres hatte die Gesellschaft sich in einem Brief an Kardinal Bertram zum Kampf gegen Wittig angeboten: „Eure Eminenz erlauben huldvollst der Gesellschaft ‚Fides et Veritas', die sich dem Kampfe für den heiligen katholischen Glauben geweiht hat, beiliegend empörende Schrift Eurer Eminenz zu unterbreiten und auf die grosse Gefahr Wittigs und seines Kreises hinzuweisen, mit der Bitte, alle kirchlichen Machtmittel anzuwenden, um endlich diese Gefahr zu bannen. Wir werden vor keinem Mittel scheuen, Wittig, dessen Ansehen durch den Schein seiner Charakterfestigkeit überall in Deutschland, besonders in frommen protestantischen und jüdischen Kreisen immer mehr wächst, zu erledigen" (Gesellschaft „Fides et veritas", Brief an Kardinal Bertram v. 28.3.1926).

In dieser Situation zeigt sich Joseph Wittig bereit und befähigt zu Widerstand und Gegnerschaft. Man habe ihm bisweilen die zu große Weichheit seines Charakters zum Vorwurf gemacht, erklärt Wittig: „Aber man täusche sich nicht, der Eisenkern steckt drinnen!"[411] Er sei ein „echter Grafschafter Bauernschädel"[412], wohl eher einem „Bock" als einem „Lamm" Gottes zu vergleichen,[413] keineswegs bereit, sich mit „konzilianten Redensarten" abspeisen[414] oder aus seinen Schriften „Harmlosigkeiten" machen zu lassen.[415] Kampfesmutig und selbstbewußt geht Wittig in die Auseinandersetzungen der 20er Jahre - mit einer „Gegnerschaft" aus Einzelpersonen und Institutionen, verdeckt operierenden Denunzianten und öffentlich publizierenden Kontrahenten, polemischen Widersachern und abwägenden Vermittlern. In der Auseinandersetzung um den Osteraufsatz nimmt Wittig, um der „Agitation" des Professors *Krebs* entgegenzutreten, dessen briefliche Anfrage an die Theologie Wittigs auf, gestaltet sie mit eigenen Einschüben zu einem Dialog um und veröffentlicht sie als „Gespräch mit einem Dogmatiker"[416]. Unter der Hand wird aus der Verteidigung ein Angriff, der mit Repliken wie „Aha! Hier kommt das Hufeisen zum Vorschein!"[417] zur Kränkung des Kontrahenten beiträgt. Als der Jesuit *Friedrich Muckermann* nach einer ersten Anmahnung der „dogmatischen Irrtümer" in einem zweiten Artikel bemerkt, er habe dem bereits Gesagten nichts hinzuzufügen, kontert Wittig öffentlich: „Lieber Herr P. Muckermann, das glaube ich. Denn das dort Gesagte überschritt schon stark die Grenzen des nach dem 8. Gebot Erlaubten."[418] Die Polemik *Anton Gislers* gegen den *Luther redivivus* wird von Wittig als ein gegen seinen akademischen Lehrstuhl gerichteter „Sturm-

---

[411] Brief an Dompropst Nikel v. 8.6.1922, in: Das Alter der Kirche III, 15.

[412] Brief an Hans Franke v. 4.3.1926, in: Briefe, 92.

[413] Aussichten, 87.

[414] Brief an Karl Muth v. 6.6.1922, in: Briefe, 35/6.

[415] Brief an Karl Muth v. 6.2.1924, in: Briefe, 58.

[416] Vgl. Die Erlösten, 88-94; Briefe, 43. Den Namen Engelbert Krebs' nennt Wittig in seinem fiktiven Dialog noch nicht, sondern erst in den Büchern „Das Alter der Kirche" und „Höregott".

[417] Die Erlösten, 93. - Vgl. a.a.O., 90, 92; E. Krebs, Wittigs Weg aus der kirchlichen Gemeinschaft, 267.

[418] Die Erlösten, 103.

bock" eingeschätzt, dem es „die Beine abzuschneiden"[419] gelte. In seiner Replik wendet sich Wittig zunächst mit seinem Dank an Gisler, „den großen Modernistenbekämpfer, also einen Mann vom Fach": Er freue sich, daß Gisler durch die ausführliche Zitation der Ostergeschichte mithelfe, diese in der Schweiz bekannt zu machen. Doch dann nimmt Wittig die „Lügen" und „Unterstellungen" Gislers in den Blick, besteht darauf, er habe das von Gisler Behauptete so nie gesagt, und läßt in Interzessionen - „Caro, faß!!" - seinem Spott über die inquisitorische Absicht Gislers freien Lauf: „Nun machet das Kreuz, es wird ernst!"[420] Die Verletzungen brechen sich im Buch „Höregott", in dem Wittig auf die Auseinandersetzungen zurückblickt, in schärfster Polemik Bahn. Wittigs Protest richtet sich gegen die „überall aufmerksamen Augen" eines nervösen, machtgierigen, römischen Apparates;[421] er spottet über die „Jesuitenschüler", jene „armen Kerle", die sein Haus umstreifen und „lauter Trümmer" zu sehen vermögen[422], und polemisiert gegen die „Krebsiade" des Geistes: gegen jene „Attacken" seines früheren Kollegen, die dieser in Vorträgen in ganz Deutschland verbreite und die man auch in schriftlicher Form nachlesen könne: „Ich mache aber darauf aufmerksam, daß man nachher schier brechen muß vor Ekel."[423]

Engelbert Krebs macht in seinem Vortrag aus den Verletzungen, die ihm die Polemik Wittigs zufügt, keinen Hehl. In einer Einschätzung, die Wittig 1922 von ihm erbeten habe, habe er seinen Kollegen gewarnt vor dem „Spott, mit dem er andersdenkende Theologen entwerte", und in einem von Wittig nicht wiedergegebenen Teil des Briefes geschrieben: „So kann ich nur mit Sorge Sie bitten, achten Sie auf die sich hier anmeldende Verbitterung, die an die Stelle Ihres früheren kindlichen Frommseins tritt. Das ist die Sprache, wie sie immer bei beginnender Sondertümelei in der Kirche ertönt."[424]

Über seine ironischen Untertöne äußert sich Wittig im selben Jahr in einem Brief an *Dompropst Nikel*: „Über die Dogmatiker gespottet

---

[419] A.a.O., 113.

[420] A.a.O., 112-118.

[421] Vgl. Höregott, 45, 93, 98.

[422] Vgl. Höregott, 45, 47, 86, 91, 101.

[423] Höregott, 81. - Vgl. Höregott, 80-82, 93-98.

[424] E. Krebs, Wittigs Weg aus der kirchlichen Gemeinschaft, 266.

habe ich nur nach Meinung derer, die es nicht auseinanderhalten können, ob ein Schriftsteller Personen oder Dinge lachend oder ob er sie lächerlich macht."[425] Aus der Bejahung des Daseins heraus glaubt Wittig das Leben mit Freude, aber auch mit Widerstandskraft darstellen zu können. Die Entlarvung komischer Verdrehtheiten gehört für ihn zu diesem „lachenden" Schreiben. Wie dieses „Lachende" *ankommt*, ob es von den Beschriebenen als Lächerlichmachung empfunden wird, ist für Wittig eine zweite Frage. Ob Wittigs Versuch, den Vorwurf des Lächerlichmachens mit dem Hinweis auf seine gute Intention zu entkräften, hilfreich ist und der komplizierten Kommunikationssituation Rechnung trägt, kann bezweifelt werden. Die Auskunft, er nehme sich selbst von der „lachenden" Selbstbeschreibung nicht aus - „O ihr Herren, seid mir nicht böse! Wenn ihr meine Schriften kennt, so wisset ihr, daß ich mich selbst nicht schone. Und eine echte Menschlichkeit ist doch etwas sehr Köstliches."[426] - vermag die Beziehung ebensowenig zu verbessern wie die Veröffentlichung jener Zeugnisse, die die positive Wirkung seiner Schriften belegen sollen. Als Antwort auf den Vorwurf der vielfachen „Irreführung" sendet Wittig die Dankbriefe, die er von Lesern erhalten hat, an *Kardinal Bertram* und veröffentlicht sie später zusammen mit der Verteidigung des Osteraufsatzes. So sind etwa folgende Würdigungen wiedergegeben:

„Ich las und las immer wieder und wieder und fühlte mich wirklich wie eine Erlöste, besonders nach der Osterbeichte, zu der ich durch Ihren Aufsatz den Mut fand." - „Ich empfand Ihre Gedanken wie das Werk des barmherzigen Samariters und wie die Liebe des guten Hirten zu seiner Herde." - „Ach, warum zeigt mein Beichtvater, der doch auch ein würdiger Geistlicher ist, nie ein so menschliches Empfinden?" - „Hätten wir mehr solcher Seelsorger! Dann fände so mancher Mensch zurück zur Kirche."[427]

Das Bemühen, mit einer Dokumentation begeisterter Stimmen den Vorbehalten entgegenzutreten, wirkt kontraproduktiv. Die Skepsis gegenüber Wittig wird nicht entkräftet, sondern gefördert. Als einseitige Sympathiebekundungen können die Stimmen in einer Diskussion,

---

[425] Brief an Dompropst Nikel v. 6.6.1922, in: Das Alter der Kirche III, 14.

[426] Die Erlösten, 94. – Vgl. Leben Jesu II, 141.

[427] Die Erlösten, 120/1.

in der zwei Positionen gegenüberstehen, nicht zur Entschärfung des Konfliktes beitragen. Im Gegenteil. Indem sie die herkömmliche Pastoral mit der Theologie Wittigs kontrastieren, erwecken sie den Eindruck, Wittig stehe für eine andere Form von Glauben, Theologie und Kirche: „Schon ist innerhalb der deutschredenden Katholiken eine Gruppe von Wittiganhängern, die an die Gruppen der Kephaspartei, Paulus- und Apollopartei in Korinth erinnert", beklagt *Engelbert Krebs*. „Wittig freut sich seiner Anhängerschaft und führt sie als Kronzeugen für die Richtigkeit seiner Schreibweise auf."[428] Die Sorge über diese Parteiung verschärft sich für Krebs dadurch, daß Wittig den Eindruck vermittele, „daß eigentlich mit Ausnahme des hier zu vernehmenden Schriftstellers die ganze gegenwärtig vortragende Lehrerschaft in Schule und Kirche, auf Kanzel und Katheder, den Kern der Sache verloren hat".[429]

Für Wittig selbst ist die Gewißheit, eine neue oder andere Form christlicher Sprache gefunden zu haben, die wirksamer auf die Nöte der Menschen einzugehen und besser zu ihrer Erlösung beizutragen vermag, keinesfalls mit der Option einer Kirchengründung verbunden. Selbst wenn er bisweilen mit prophetischem Impetus auftritt,[430] sich darüber freut, er habe im Seminar „doppelt soviele Teilnehmer wie die anderen"[431], von der „Welle frischen Glaubens" erzählt, die aus seinen Büchern „über das ganze Land" gehe, oder unbekümmert von seiner „Lesergemeinde"[432] sprechen kann, steht für ihn ohne Frage fest, daß die Auseinandersetzungen *in* der Kirche und um dieser Kirche willen notwendig sind. Der Gedanke einer Sondergemeinde oder einer Kirchenspaltung ist ihm fremd; die Aussage „Ich bin und bleibe katholisch." gilt für ihn selbstverständlich. In einer Persiflage gibt er daher im Rückblick auf den Weg zur Exkommunikation die Befürchtungen Krebs' wieder und spottet darüber, er habe bereuen sollen, „daß sich in verschiedenen Städten Deutschlands richtige Wit-

---

[428] E. Krebs, Das religiöse Schrifttum Josef Wittigs, in: Das Alter der Kirche III, 69.
[429] Ebd.
[430] Vgl. Die Erlösten, 119; Höregott, 50.
[431] Brief an Karl Muth v. Christi Himmelfahrt 1922, in: Briefe, 33.
[432] Höregott, 283.

tignester zeigten, aus denen manchmal etwas auf die ehrwürdigen Köpfe der Bischöfe und Prälaten fiel."[433] Als Schlüsselfigur in den Auseinandersetzungen wird in der Dokumentation Rosenstocks und Wittigs der Breslauer Kardinal dargestellt. *Adolf Bertram* sieht sich mit Klagen und Vorwürfen aus seinem Bistum, Häresieverdächtigungen aus anderen Bistümern, Anfragen und Verwarnungen aus Rom, aber auch mit der kämpferischen Entschlossenheit seines Kirchenhistorikers konfrontiert, dem diplomatische Vorsicht und „pietätvolle" Zurückhaltung fremd sind, der vielmehr von seinem Bischof Unterstützung im Kampf gegen die Denunzianten und deren „Verketzerungssucht" fordert.[434] Die Vermittlungs- und Verteidigungsposition, die Wittig seinem Bischof zuweist, wird von diesem - so die Einschätzung Wittigs - nicht wahrgenommen. Wittig wisse nicht, ob und wie seine Briefe und Erklärungen vom Kardinal nach Rom weitergegeben werden. Es bleibe für ihn undurchschaubar, in welcher Weise Bertram im Hintergrund zum Scheitern von Imprimatur-Verhandlungen beitrage oder mit welchen Mitteln die Presse, Professorenschaft und Bistumsklerus von Seiten des Bischofs beeinflußt würden.[435] Bereits kurz nach der ersten bischöflichen Anfrage ist Wittig skeptisch hinsichtlich der Unterstützung, die er von Seiten Bertrams zu erwarten habe. Bitter schreibt er am 21.6.1922 an *Karl Muth*: „Dieser skrupulante Mann, der vor lauter Ängstlichkeit kaum die Wandlungsworte fertig bringt, würde sich nach meiner Verbrennung immer noch nicht beruhigen können. Bis jetzt hat er sich immer wieder noch etwas Neues ausgedacht. Aber mein Zorn soll nicht auf ihn kommen. Er tut mir mehr leid als weh."[436]

Der Ärger und die Wut über das undurchsichtige Dickicht eines kirchlichen Apparates, dem Wittig sich machtlos ausgeliefert sieht, konzentrieren sich auf die Person Bertrams. Die Vermittlungsversuche von Freunden und Kollegen scheitern. Auch nach der Forderung des Hl. Offiziums bezüglich einer erneuten Ablegung des Antimodernisteneides und des tridentinischen Glaubensbekenntnisses kommt es

---

[433] Höregott, 90.
[434] Vgl. Das Alter der Kirche III, 11, 13; Höregott, 47.
[435] Vgl. Brief an einen Kollegen v. 12.11.1925, 2.
[436] Brief an Karl Muth v. 21.6.1922, in: Briefe, 37.

zu keinem Gespräch zwischen Bertram und Wittig. Ob der Grund dafür beim bischöflichen Ordinariat oder bei Wittig liegt, bleibt in der Dokumentation „Das Alter der Kirche" undeutlich. Über einen Mittelsmann läßt Wittig dem Kardinal im November 1925 mitteilen, er halte wegen einer „starken Erregung" der Nerven eine persönliche Unterredung im Augenblick für nicht möglich.[437] Daß Wittig bereits 1924 nicht mehr auf das Verständnis oder die Vermittlungsbereitschaft seines Bischofs gehofft hatte, dokumentiert ein Brief, den er nach den gescheiterten Imprimatur-Verhandlungen an *Karl Muth* schreibt: „Das Netz ist also zugezogen; ich bin dem Kardinal Bertram ausgeliefert. Und der wird dafür sorgen, daß ich fortan nur im Gebetbuchstile schreiben kann, - solange ich es mir gefallen lasse und solange ich meine geistige Freiheit nicht jedem anderen irdischen Gute vorziehe."[438]

Als Wittig zur Eideswiederholung aufgefordert wird, betont er, das Zeugnis der Wahrheit dürfe nicht von äußeren Rücksichtnahmen abhängen und nicht durch persönliches Taktieren oder Nützlichkeitsdenken beeinflußt werden. Er müsse dem „Spruch des Gewissens" folgen und auch von Freunden Verständnis erwarten, „wenn ich nicht anders kann, als aus meiner Ehrlichkeit und aus meinem Glauben heraus zu tun, was ich als freies, kämpfendes Gotteskind tun muß."[439] An seinem Widerstand gegen eine Eideswiederholung festzuhalten und zu der von ihm niemals geleugneten Katholizität zu stehen, ist für Wittig ein Akt des Glaubens. Intellektuell nachvollziehbar möge seine nur aus dem Glauben verstehbare Weigerung kaum sein, doch sei sie für ihn unbedingt verpflichtend: „Es gibt Regionen, wo der Geist blind ist, der Glaube aber allein sehend. Durch solche Regionen hat Gott mein Leben geführt."[440] Daß die „Wiedergeborenen" zu der Freiheit befähigt sind, kühn und wagend ihren Weg zu gehen - auch wenn sie von denen, die ihre Erfahrung nicht teilen können, für Narren gehalten werden -, ist für Wittig die Grunderfahrung, die ihn auf seinem

---

[437] Brief an einen Kollegen v. 12.11.1925.

[438] Brief an Karl Muth v. 20.1.1924, in: a.a.O., 54.

[439] Brief an Karl Muth v. 5.10.1925, in: a.a.O., 81. - Vgl. a.a.O., 98.

[440] Höregott, 85.

Weg begleitet.[441] In diesem Selbstbewußtsein verbindet er seine kirchliche Leidensgeschichte mit dem Leben Jesu. Wie Jesus in der Auseinandersetzung mit den Pharisäern, müsse der religiöse Mensch Personen in Amt und Würden gegenübertreten, ihnen frei und offen die Wahrheit sagen, aber damit rechnen, daß er gekreuzigt werde.[442] Als ein weiteres biblisches Bild für seine Situation findet Wittig den Ruf Gottes an Abraham. In der Umbruchsituation, in der sich in der „Kreatur" eine neue Publikationsmöglichkeit abzeichnet, der Hausbau in Neusorge geplant wird, die Gefährtenschaft mit *Bianca Geisler* zur Grundlage neuen Lebens zu werden verspricht, vernimmt Wittig für sich die Herausforderung: „Zieh weg aus Deinem Land, in das Land, das ich Dir zeigen werde."[443] In der Gewißheit, diesem biblischen Gottesruf zu folgen, versteht er die Veränderung nicht nur als Abbruch, sondern auch als Aufbruch ins Neuland. So kann er seine öffentliche Erklärung nach der Exkommunikation schließen mit der Perspektive: „Wer mich fragt, was ich nun weiterhin zu tun gedenke, der bekommt die Antwort: 'Ich will täglich den Willen Gottes erfüllen, so wie er mir an jedem Tag offenbar wird.'"[444]

VII. Ehemann und Familienvater

Der Ausschluß aus der katholischen Kirche bedeutet für Joseph Wittig den Abschied von Breslau und die Rückkehr in seine Neusorger Heimat. Sein Leben ordnet sich neu, getragen von Menschen, die ihm über die Auseinandersetzungen hinaus die Treue halten oder jetzt in Beziehung zu ihm treten. Menschen aus der bürgerlichen Welt der Glatzer Heimat, briefliche Gesprächspartner aus nicht-katholischen Glaubensgemeinschaften und Besucher mit den verschiedensten Anliegen bevölkern die Welt Joseph Wittigs in Neusorge. Vor allem aber bringt die Neuordnung seines Lebens die Veränderung vom ehelos lebenden Priester zum Ehemann und Familienvater. Das Wit-

---

[441] Vgl. Wiedergeburt, 61, 63, 64.

[442] Vgl. Leben Jesu II, 141/2.

[443] Vgl. Briefe 86, 93, 97.

[444] Brief an Stephan Großmann v. Juli 1926, in: a.a.O., 105.

tighaus in Neusorge ist nicht die Eremitage eines zurückgezogenen Theologen-Dichters, um den es „immer stiller und einsamer"[445] wird, sondern für Joseph Wittig ein Ort reichhaltiger Kommunikation - mit Ehefrau, Kindern, Großfamilie, vielen Besuchern, gesellschaftlichen Beziehungen in Neurode und Schlegel und schließlich Briefpartnern von Sylt bis Freiburg. Anders als über seine Eltern und Großeltern oder über die Welt der Kinder-, Schüler-, Kaplans- und Professorenzeit erzählt Joseph Wittig jedoch von den Menschen dieser „neuen" Welt in seinen Büchern meist nur zurückhaltend. Findet die Beziehung zu *Bianca Geisler*[446] vom Kennenlernen bis zur Hochzeit in dem Buch „Höregott" noch einen ausführlichen literarischen Niederschlag, so nimmt die Darstellung des Familienlebens im Vergleich zur breiten Schilderung des Exkommunikationsgeschehens oder zum phantasievollen Ausschreiten der Kinderwelt einen geringen Umfang ein.[447] Aus dieser Zurückhaltung zu schließen, das dichterische Beschreiben seines Lebens sei für den Professor ein Ersatz für das gelebte Leben gewesen und mit der Gründung einer Familie und eines Hausstandes hinfällig geworden, oder zu mutmaßen, das Beschreiben vergangener Welten bedeute für Wittig eine Fluchtmöglichkeit vor der Realität des Jetzigen, das folgerichtig nicht zum Gegenstand des Erzählens werde, erscheint als zu kurz gegriffen. Denn schreibend begleitet Joseph Wittig auch das Familienleben. An jedem Sonntag gibt es eine Zeit, die der Haus-Chronik und den Büchern der Kinder gehört: Woche für Woche beschreibt Wittig in Stichworten die Ereignisse der letzten sieben Tage. Allein die Haus-Chronik, die er von 1927 bis 1949 aufzeichnet, umfaßt drei Bände mit insgesamt fast tausend handgeschriebenen Seiten. Fieberkrankheiten und Geburtstagsvorbereitungen, Wetterberichte und Gästelisten, Reisenotizen und politische Ereignisse, schriftstellerische Arbeiten und familiäre Konflikte werden von Wittig notiert und lassen das Alltagsleben der Familie aufscheinen.

---

[445] So die Stilisierung in einem Nachruf auf Joseph Wittig, in: A. Sauer, Joseph Wittig +, 13.

[446] Von Joseph Wittig – und auch von Anca Wittig - werden die Namen Bianca, Bianka, Anca und Anka wechselnd verwendet. Diesem Sprachgebrauch wird im folgenden entsprochen.

[447] Vgl. W. Dirks, Joseph Wittig, 823.

1. Anca Wittig

Zusammengeführt

Als Joseph Wittig im Sommer 1927 *Bianca Geisler* standesamtlich heiratet, wird der dogmatisch-theologische „Fall Wittig" zum Skandal. Die Hochzeit des katholischen Priesters gilt als Provokation und Sakrileg, eine Rückkehr in die katholische Kirche rückt mit diesem Schritt in weite Ferne.[448] Wird einerseits die Enttäuschung über diese Wendung des „Falls Wittig" geäußert, so entsteht andererseits die Vermutung, Wittig habe die inhaltlichen theologischen Streitigkeiten nur heraufbeschworen, um nach einer von vielen Zeitgenossen kritisierten Exkommunikation einen Grund zur Eheschließung zu haben. Das *„cherchez la femme"* bietet in den Augen mancher Beobachter einen plausiblen Schlüssel für die hartnäckige Widerständigkeit Wittigs.[449] Diese Mutmaßung scheint sich durch die Aufzeichnung des privaten Familienstammbaums auf den ersten Blick zu bestätigen. Als sich Joseph Wittig und *Bianca Geisler* kennenlernen, steht Wittig im Mittelpunkt der Auseinandersetzungen um „Die Erlösten" und ist mit Schwierigkeiten bezüglich des Imprimaturs für sein „Leben Jesu"-Werk konfrontiert. Der Konflikt um die Theologie Wittigs ist jedoch zu dieser Zeit von seinem Höhepunkt noch weit entfernt. Der 20. Januar 1924 hatte in die „Professorenstube" in Breslau einen Besuch gebracht, der für den Besuchten „wie ein Wunder Gottes" gewirkt habe:

---

[448] Vgl. die dramatische Darstellung Michael Pflieglers, in dessen Inszenierung die Nachricht von der Eheschließung mit Tränen, Gewittersturm und Revolution begleitet ist (vgl. M. Pfliegler, Joseph Wittig, 247), oder die Steigerungsformel des Niedergangs Wittigs, den Engelbert Krebs mit der Trias „exkommuniziert, verheiratet und sakrilegisch die Messe feiernd" beschreibt und zusammenfassend hinzufügt: „Es ist kein logischer Weg, den Wittig gegangen, sondern ein seelischer Irrweg, ein ungesunder seelischer Prozeß, an dessen Tiefpunkt wir hier mit Erschütterung und Schmerz als Beobachter stehen"(vgl. E. Krebs, Joseph Wittigs Weg aus der kirchlichen Gemeinschaft, 286-87).

[449] E. Krebs zitiert einen Brief, den ihm Wittig am 10.8.1926 geschrieben habe und darin entrüstet über die Gerüchte seiner Umgebung berichtet habe: „Draußen ist wüstes Gerede: Eine Frau sei Schuld an allem, ich habe die Bücher nur geschrieben, um von der Kirche los zu kommen und heiraten zu können etc." (vgl. a.a.O., 286).

„Wir wußten beide sogleich, daß wir zusammengehörten, kannten aber noch nicht die Wunderwege Gottes. Wir erlebten den ersten Frühling, und im Herbst schrieben wir uns von einem Häuslein in den Grafschafter Bergen, das uns gehören müßte. Als Gott mit den großen Schicksalsschlägen die Form meiner Welt zu sprengen begann, versprach sie mir (...), daß sie mich nicht allein lassen wolle, wenn ich Amt und Beruf aufgeben müsse. Ich plante also mein Haus auf sie hin.[450]

Die Eindrücke des ersten Besuches begleiten Wittig in seinem Schreiben. Als ihm *Hans Franke* einige Bilder für das gemeinsame Buch „Bergkristall" schickt, bemerkt Wittig zum Bild „Ruhe auf der Flucht" und dem darauf abgebildeten „heiligen Paar": „Wartend stehen die Berge, bis das schlummernde Geheimnis aufwache und durch ihre Schluchten wandere, neues Leben bringend."[451] Den Brief an Franke schreibt Joseph Wittig am 27. März 1924. Vier Tage später[452] wird er für einige Tage nach Habelschwerdt reisen und dort zum ersten Mal Anka Geisler in ihrem Elternhaus besuchen. Rein zeitlich ließe sich daher in der Tat ein ursächlicher Zusammenhang von neuem Verliebt-Sein und provoziertem Kirchenausschluß rekonstruieren. Doch stellt sich für Joseph Wittig das Geschehen anders dar. Ohne die Bedeutung des ersten Tages herabzumindern, der für die beiden ein „goldener Tag" bleibt und jährlich als persönlicher Festtag gefeiert wird[453], ist er doch eingeschrieben in eine noch offene Geschichte der Führung Gottes. Bereits in dem Brief an Franke deutet sich dieses Verständnis an; Wittig schickt seinem Freund mit jenen Zeilen einen Aufsatz, den er als Interpretation des Bildes vom heiligen Paar vorgesehen hat. Der „Bräutigam der Geistesbraut", der Zimmermann Joseph aus Nazareth, sei „der erste neue Mann" gewesen, ein Mann, der nicht im Gesetz seine Sicherheit gesucht habe, sondern im Geiste. Er sei „nicht allein nach dem Fleische, auch nicht nur nach dem Gesetze, sondern als Beauftragter des Geistes der Frau verbunden" worden.[454] Als ein gläubiges Geschehen - jenseits natürlicher oder gesetzmäßiger Kategorien - versteht Wittig die Verbundenheit des Paa-

---

[450] Haus-Chronik I, 8. - Vgl. Stammbuch, 97.

[451] Brief an Hans Franke v. 27.3.1924, in: Briefe, 61.

[452] Vgl. Stammbuch, 66.

[453] Vgl. Haus-Chronik I, 86; II, 14.1.1935.

[454] Bergkristall, 79. - Vgl. Briefe, 363.

res aus Nazareth; ähnlich wird er im Buch „Höregott" die Verbindung mit Anca beschreiben. Zwar sei es ihm bereits beim ersten Besuch und dem Blick in Ankas „strahlendes Antlitz" gewesen, als ob er „dieses Antlitz schon seit Ewigkeiten oder sehr langen Jahren gekannt und nur den Namen noch nicht gewußt hätte" und „als ob das Leben selbst" zu ihm gekommen sei.[455] Dennoch sei das Wunder ihrer Beziehung in den ersten Jahren ein Verborgenes geblieben. Es habe sich auch für die beiden zunächst in die Form der Freundschaft oder einer „guten Bekanntschaft" mit einer „persönlichen Verehrung" gekleidet. „In Gott" sei jedoch von Anfang an ein anderes Zusammensein gewesen:

> „Dort trafen wir uns beide. Wir lebten in jenem ersten Jahre viel mehr in Gott vereint als getrennt in der Welt. Wir (...) wollten nichts nach unserm eigenen Willen, und wenn uns die Seele ihre glückseligen Traumbilder zeigte - einmal sogar ein Häuslein in den Grafschafter Bergen; einmal sogar eine Wiege, von mir selbst geschnitzt für ein holdseliges Kindlein -, so trugen wir diese Bilder zu Gott hin und legten sie in seine Hand; wir dachten uns nichts vorsatzmäßig aus, wollten nichts und erstrebten nichts, außer täglich den Willen Gottes zu tun, ein jedes an seinem Ort. Gar nicht wußten wir, was Gott alles mit uns tun wolle, und wußten nur, daß alles gut sein werde, was er immer tue. Woher wir wußten, daß wir uns nie verlassen würden, das kann ich nicht sagen; nur daß wir es wußten."[456]

In Bianca Geisler findet Joseph Wittig die Frau, die wie er das Wagnis auf Gott allein setzt und bereit ist, „die Unmöglichkeiten der Welt in die Möglichkeiten Gottes" zu erheben.[457] Ohne sich einen Plan zu machen oder sich ein Versprechen zu geben, sei ihr gemeinsames Bestreben gewesen, die Welt mit dem „bereicherten Leben" ihrer Gemeinsamkeit und dem neuen Zustrom an Lebendigkeit zu erfüllen und „Gott mit tausendmal größerer Dankbarkeit und Freude (zu) dienen als je zuvor."[458] Wie sich seine zölibatäre Lebensform und die Verbundenheit mit Anca zusammenbringen lassen, habe für ihn in der Hand dessen gelegen, der ihn mit ihr zusammengeführt habe. Als er sich im Sommer 1925 vor die Alternative gestellt gesehen habe, ent-

---

[455] Höregott, 287/8.
[456] A.a.O., 293.
[457] A.a.O., 294.
[458] A.a.O., 295.

weder seinen Glauben zu verleugnen oder das Heimatrecht seiner Kirche zu verlieren, habe er das als eine allein von Gott her zu entscheidende Frage empfunden. Von Gott her habe er die rätselhafte Wegweisung erhalten, das kirchliche Exil auf sich zu nehmen und - wie Abraham - in das Land zu ziehen, daß Gott ihm zeigen werde. Die Bereitschaft Bianca Geislers, ihn auf diesem Weg zu begleiten, sei ein Geschenk Gottes gewesen. Ihrem „Ja" habe er die Kraft und die Freiheit verdankt, den Versuchungen des Unglaubens nicht nachzugeben.[459] So befremdlich dieser Weg für Außenstehende auch sein mag, für Joseph Wittig selbst ist sein (Kreuz-)Weg, der quer zur kirchlichen Gesetzmäßigkeit geht, kein Abfall vom Glauben. Er liegt in der Konsequenz einer horchenden Ausrichtung auf die Führung Gottes. Seine mit Bianca Geisler verbundene Lebensgeschichte ist für ihn eingeschrieben in seine Geschichte mit Gott - mit den Wandlungen und Umbrüchen, in die er von diesem Gott geführt wird. In der Konsequenz dieses Glaubens liegt es, daß der 22. Juni zugleich Tag der standesamtlichen Hochzeit und Tag der Erinnerung Joseph Wittigs an seine Primiz, seine erste hl. Messe als Priester, ist.[460]

Ähnlichkeiten und Anknüpfungen

Der Schritt in die neue Lebensform gilt nicht als Abbruch, sondern steht für Wittig in der Kontinuität gläubigen Gottvertrauens. Vor diesem existentiellen Glaubenshintergrund ist es mehr als ein literarisches Spiel, wenn Wittig versucht, seinen Glauben an die Gottesführung in Geschichten einzuschreiben, die ihm seine biblische und kirchliche Tradition zur Verfügung stellt. Den Hinweis auf das heilige Paar, den Wittig in seinem Brief an *Hans Franke* hatte anklingen lassen, nimmt er in seinem Werk „Höregott" wieder auf. Der Abend, an dem Anka zu ihm nach Neusorge kommt, wird zum „Heiligen Abend": Als er gemeinsam mit dem Freund *Wilhelm Hellwig* Anka

---

[459] A.a.O., 299/300.

[460] Das Zusammentreffen der beiden Termine - schreibt Joseph Wittig - sei zufällig gewesen, sei für ihn jedoch mehr als ein Zufall: „Denn in derselben Gotttesführung, in der ich zum ersten Male das Sakrament der Priesterweihe öffentlich verwirklichte, spendete ich der Braut das in seinem Ursprung mit der Priesterweihe einige Sakrament der Ehe und empfing es von ihr" (Höregott, 76).

vom Bahnhof abholt und sie schweigend durch die Nacht gehen - über ihnen zieht ein heller Stern, der leuchtet „heller als die Sterne sonst in der Nacht" - wagt der Freund den Vergleich: „Ihr geht wie Maria und Joseph auf dem Weg nach Bethlehem!", worauf er die augenzwinkernde Antwort erhält: „Und du, immer dienstbereiter und immer von mir geplagter Freund, bist wirklich der Esel, der unser Gepäck nach Bethlehem schleppt."[461] - Eine zweiter Vergleich, mit dem Joseph Wittig seine Ehe darstellt, wird durch die spöttische Kennzeichnung Wittigs als *Luther redivivus* ausgelöst. An die von Wittig-Kritikern vorgenommene Gleichsetzung Joseph Wittigs mit *Martin Luther* wird die mündliche Überlieferung angeknüpft, laut derer Bianca Geislers Familie zurückzuführen ist auf die Familie der *Katharina von Bora*, die Luthers Ehefrau wurde. Diese Anklänge und die Anfeindungen, die das historische Paar für die „neue Religion" zu erleiden gehabt hätten, werden von Joseph Wittig im Buch „Höregott" aufgegriffen und als Vorzeichen vor das „Stammbuch" des Sohnes *Johannes* gestellt: Auf die erste Seite klebt Wittig die Reproduktion eines Bildes von der Vermählung Martin Luthers mit Katharina von Bora.[462] - In einer dritten Anknüpfung schließlich findet sich Joseph Wittig eingeschrieben in die Familiengeschichte seiner Väter. In diesem Sinne gibt Wittig das Versprechen wider, das er Anka am Abend ihrer Ankunft in Neusorge gegeben habe: „Meine Väter haben immer den Willen Gottes getan und sind gesegnet worden. Ist es in Gottes Willen, daß du mein Leben teilst, so werde ich dir alle Ehre antuen, die meine Väter nach Gottes Willen den Gefährtinnen ihres Lebens antaten."[463] Ausdrücklich sieht sich Joseph Wittig im „Stammbuch" in die Kontinuität der Familiengeschichte gestellt: Die Männer der Wittig-Familie seien geprägt gewesen von „großer Frömmigkeit und Weichheit des Gemütes", sie seien keine Verstandes- oder Willensmenschen gewesen, sondern „Mystiker, ohne es zu wissen," und „Männer, die weinen können." Demgegenüber seien Kraft, Festigkeit und Weltzugewandtheit durch die Frauen in seine Familie gekommen:

---

[461] A.a.O. 303. - Vgl. als weitere biblische Anknüpfungen: „Es hat mich jemand berührt" (Höregott, 289); „Wie soll das geschehen, o Herr?" (Höregott, 308).

[462] Vgl. Stammbuch, 1; Haus-Chronik I, 7; Höregott, 297; Briefe, 309.

[463] Höregott, 304. - Vgl. a.a.O., 31.

„Die Wittige haben meist starke, wenn nicht körperlich, so doch seelisch und geistig starke Frauen geheiratet."[464] Mit seiner eigenen Ehe sieht sich Joseph Wittig in dieser Tradition: „Irgendwie wiederholt sich das Verhältnis von Johanna und Eduard Wittig in Bianka und Joseph Wittig."[465] Das „Grundstück" der Familientradition bietet Boden und Fundament, auf dem das Haus einer eigenen Familiengeschichte gebaut werden kann; das Lebenshaus der neuen Ehe muß nicht im luftleeren Raum konstruiert werden. Mit dem Einschreiben in die Familien-Geschichte eröffnet sich die Möglichkeit, für die radikal veränderten äußeren Gegebenheiten im Leben des Paares ein Koordinatensystem zu finden, in dem sie aufgehoben sind, verstanden werden können und Raum zur Entfaltung haben.

Inneres Befremden, offene Anfeindungen und Mahnung zur Zurückhaltung

Die standesamtliche Trauung sowie das öffentliche Bekenntnis zur Eheschließung und ihrer Vorgeschichte bringen Joseph Wittig das innere Befremden und auch offene Anfeindungen seiner Zeitgenossen ein. Besonders schmerzlich ist für Wittig das abweisende Verhalten von Ankas Vater *Hugo Geisler*, der die Verbindung seiner Tochter mit Joseph Wittig nicht akzeptieren kann, und die Reaktion *Karl Muths*, der nach der Eheschließung trotz des eindringlichen Werbens um Verständnis auf Distanz zu Wittig geht. Von 1927 bis 1930 herrscht Schweigen zwischen ihnen. Erst mit einem Besuch Muths in Neusorge wird im Dezember 1930 versucht, das Band der Freundschaft neu zu knüpfen. Dankbar bezieht sich Wittig in einem Brief vom 4.1.1931 auf diesen Besuch: Er habe immer gehofft, daß einige Stunden gemeinsamen Lebens zum Verständnis beitragen würden und daß das „Neusorger Leben" eine überzeugende Apologie für die eheliche Verbindung darstelle.[466] Weil Wittig Vertrauen in die Überzeugungskraft des gelebten Ehelebens hegt, hält er sich in den ersten Jah-

---

[464] Stammbuch, 48/9.

[465] A.a.O., 55.

[466] Brief an Karl Muth v. 4.1.1931, in: Briefe, 178. In der Haus-Chronik berichtet Wittig über den Besuch Muths und dessen „rührende Liebe und Teilnahme" und fügt hinzu: „Sein Besuch war für mich eine ebenso große Freude, wie die Aussöhnung mit unserem Vater an Epiphanie 1929" (Haus-Chronik I, 148).

ren mit der freimütigen Darstellung der Ehe nicht zurück.[467] Doch erweckt die Offenheit, mit der Wittig von dem lebendigen Evangelium im Neusorger Wittighaus Kunde gibt, nicht nur die erhoffte Zustimmung, sondern heftige Anfeindungen. Als peinlich, frivol und ungeziemend wird die öffentliche Selbstdarstellung empfunden. Auch freundschaftlich verbundene Menschen mahnen zur Diskretion. Mit *Martin Buber* war bereits 1927 eine briefliche Diskussion entstanden über einige Passagen in dem „Kreatur"-Aufsatz „Aus meiner letzten Schulklasse". Auf den Vorschlag Bubers, die Abschnitte über Anka Geisler, die zu diesem Zeitpunkt noch nicht mit Joseph Wittig verheiratet ist, zu streichen, antwortet der Autor, was er geschrieben habe, entspreche „ganz und gar dem gegenwärtigen Augenblick des schöpferischen Werdens."[468] Er wolle sich zwar in das Weglassen fügen, aber ein lückenloses Zeugnis sei es dann nicht mehr: „Mir erschien die Streichung, wenn ich sie vollzöge, als eine Verleugnung der tatsächlichen Zugehörigkeit Ankas zu mir und zu der ganzen Welt des Artikels; ich weiß aber, daß es etwas anderes ist, wenn meine beiden Mitherausgeber die Stelle streichen."[469] Bianca Geisler steht in des Diskussion auf Seiten der Kreatur-Mitherausgeber *Martin Buber* und *Victor von Weizsäcker*, auch sie plädiert für das Weglassen. Während des Schreibens am „Höregott" kommt es zur Auseinandersetzung zwischen Joseph und Anca Wittig „wegen einiger Stellen" im Buch.[470] Mit dem Beginn der 30er Jahre treten die Berichte über das eigene Ehe- und Familienleben in den öffentlichen Publikationen deutlich zurück. Erst mit dem Spätwerk „Roman mit Gott" wird von neuem ein Kapitel über die Ehe und ihre öffentliche Diskreditierung aufgeschlagen.[471]

---

[467] Vgl. vor allem das Buch „Höregott", in dem die Rekonstruktion der gemeinsamen Geschichte in einem Foto von Anka und Joseph Wittig am Kaffeetisch im Neusorger Haus mündet (Höregott, 304/5), aber auch die Aufsätze: Aus meiner letzten Schulklasse, Evangelische Ferienfahrt, Laß den Mond am Himmel stehn.

[468] Brief an Martin Buber v. 3.3.1927, in: Briefe, 116.

[469] Brief an Martin Buber v. 14.4.1927, in: a.a.O., 118.

[470] Vgl. Haus-Chronik I, 65.

[471] Vgl. Briefe 478; Roman mit Gott, 66-126.

Bleibendes kirchliches Ärgernis

War die Beschreibung des Kennenlernens und Zusammengeführtwerdens im „Höregott" ein Buchstabieren der geheimnisvollen Führung Gottes und zugleich eine Apologie gegen die Vorwürfe eines vermeintlichen Glaubensabfalls, so ist der „Roman mit Gott" gezeichnet von der schmerzhaften Verwundung, die Anka und Joseph Wittig von der Kirche erfahren. Fast zwanzig Jahre nach der standesamtlichen Hochzeit verlangt das Breslauer Ordinariat von Joseph Wittig, Frau und Kinder zu verlassen und in die zölibatäre Lebensform zurückzukehren. Die Bemühungen um die Aufhebung der Exkommunikation scheitern 1944/45 - glaubt man der Darstellung Wittigs - zuletzt nicht mehr an inhaltlichen Problemen mit der Theologie Wittigs, sondern die Hauptschwierigkeit liegt für das kirchliche Amt in der „mit dem Zölibat unvereinbaren Lebenshaltung" Wittigs[472]. Als *Kardinal Bertram* im Frühjahr 1944 durch eine schriftliche Eingabe aus dem Anhänger-Kreis Wittigs veranlaßt wird, bei Wittig nach dessen gegenwärtiger Stellung zur kirchlichen Lehre und zum persönlichen Lebenswandel anzufragen, teilt ihm Wittig am 13. März 1944 mit, die verpflichtende Stimme seines Gewissens sei unverändert geblieben. Er erlebe zwar schmerzlich die Sehnsucht nach einer Aufhebung der Trennung von der Kirche, aber wenn etwas geschehen solle, könne es nicht von ihm aus, sondern nur von der Kirche aus geschehen.[473] Aus Breslau sei daraufhin die Aufforderung gekommen, Wittig solle erklären, er nehme zurück, was das Hl. Offizium als der Glaubenslehre oder den kirchlichen Anforderungen nicht entsprechend erachte, ohne vorher eigensinnig eine Nennung der Irrtümer zu verlangen, und er solle die Verletzung der Zölibatspflicht aufgeben.[474] Wittig empfindet diese Bestimmung Bertrams als „kanonistischen Frost" und weist sie entschieden zurück.[475] Doch im Frühjahr 1945 nötigt sich Wittig, gezeichnet von Krankheit und Resignation, eine Erklärung ab, in der er das kirchliche Lehramt mit aufrichtigem Herzen anerkennt und sich seinem Spruch unterwirft, „besonders insoweit er die vom Lehramt

---

[472] A. Bertram, Brief an Joseph Wittig v. 9.3.1944, in: Roman mit Gott, 73.

[473] Vgl. Roman mit Gott, 73/4.

[474] Roman mit Gott, 81/2.

[475] Haus-Chronik III, 25.9.1944.

indizierten Bücher betrifft. "[476] Ferner erklärt er die Bereitschaft, der Forderung auf Wiederholung der kirchlichen Eidesleistung zu entsprechen. Im dritten Punkt seiner Erklärung weist er schließlich darauf hin, daß seine aus Gewissensgründen geschlossene Ehe „seit etwa drei Jahren infolge von Alter und Krankheit den Charakter eines rein geschwisterlichen Zusammenlebens angenommen" habe, das ganz im Dienst der katholischen Erziehung der Kinder stehe. Wittig empfindet diese Erklärung als die höchste ihm zumutbare Form des Entgegenkommens und hofft nun ernstlich auf eine Wiederzulassung zum sakramentalen Leben der Kirche, muß sich aber in dieser Erwartung getrogen sehen. Während der lehramtliche Bereich nicht mehr angesprochen wird, besteht der Breslauer Generalvikar auf der Trennung Wittigs von Frau und Kindern - und erhält von Anka und von Joseph Wittig in getrennten Gesprächen ein eindeutiges und nachdrückliches „Nein". Verletzt von der kirchenamtlichen Kälte gegenüber der von ihm abgerungenen Erklärung schreibt sich Wittig seine Wut und Enttäuschung von der Seele. Es müßten „verknöcherte Zölibatäre" sein, die ernstlich auf der lächerlichen Forderung bestehen könnten, er werde um eines Paragraphen des kanonischen Rechtes willen seine Frau und seine Kinder verlassen.[477] Hier zeige sich das „unmenschliche Antlitz" des heidnischen Gottes, der sich der Kirche bemächtigt habe, eines Dämons, der sich der sakramentalen Gnadengeschenke Jesu bemächtigt habe und nun danach trachte, die Seelen zu knechten und zu quälen.[478]

In den Gesprächen und Briefen, die Joseph Wittig im „Roman mit Gott" wiedergibt, wird ein äußerer Druck verständlich, der bis in die 40er Jahre über der Ehe liegt. Zwar läßt die Entschiedenheit, mit der sich Joseph Wittig auf die Seite seiner Frau und seiner Kinder stellt, es nicht an Deutlichkeit fehlen, dennoch schwebt die Sorge Anca Wittigs, ihr Mann lasse sich möglicherweise doch zum Aufgeben der Ehe überreden, als ständige Belastung über der Ehe. Unmutig nimmt Joseph Wittig diese Angst seiner Frau wahr, als er in das Schlegler Krankenhaus eingeliefert wird: „Ich weiß nicht, wie meine Frau dazu

---

[476] Roman mit Gott, 113.

[477] A.a.O., 116.

[478] A.a.O., 118. - Vgl. a.a.O., 120/1.

kam, soviel Mißtrauen in meine Standfestigkeit zu setzen und mir die Schurkerei zuzutrauen, daß ich mich von irgendwelchen Schwestern bereden ließe, sie zu verlassen."[479] Bei allem gegenseitigen Vertrauen bleibt die kirchliche Illegalität der Ehe eine andauernde und schmerzhafte Belastung der Beziehung.

Zwei Welten

„Menschliche Ehen sind ein kummervolles Institut."[480] Mit dieser Feststellung betreibt Joseph Wittig keine skeptische Herabminderung der Ehe, sondern beschreibt das mühselige und dann doch beglückende Zusammenfinden der Ehepartner. Wenn zwei Personen eins werden und zwei Welten sich ineinander fügen, geht das - so die Einschätzung Wittigs - meist „nicht ohne Blitz und Donner und nicht ohne Krach ab."[481] Unbeschwert glücklich seien meist nur die Zeiten, die zur Ehe führten. Die Ehe selbst habe es zu tun mit schärfsten Auseinandersetzungen und kümmerlichsten Versöhnungsversuchen, mit schmerzlichsten Entzweiungen und den „mit rührend gutem Willen immer wieder versuchten Vereinigungen. Erst ganz allmählich entsteht ein Friede, den man mit dem Worte Eheglück bezeichnen kann."[482] Das Wissen um dieses spannungsvolle Zueinanderfinden bringt Wittig mit in seine Ehe. Im 1924 erschienenen Buch „Bergkristall" hatte er in einer Erzählung über den Dissens in der Ehe seiner Großeltern die Mechanismen partnerschaftlicher Krisenbewältigung in seiner Neusorger Heimat vorgestellt. Der Großvater nörgelt, das lichte Weiß der Ehe verschwimmt in ein trübes Grau, die Großmutter leistet schweigenden Widerstand, kein versöhnendes „Ale, bis ock nemme biese!" vermag die Entfernung zu beheben. Erst als beim Aufbauen der Krippe das zerbrochene Jesuskind für das Paar zum Symbol ihrer Ehe wird, löst sich die Verhärtung und ein lichter Schein vermag von Neuem auf den Gesichtern der beiden zu leuchten.[483] Daß ein Paar von Gott zusammengeführt werde, verheiße ihm

---

[479] A.a.O., 95. - Vgl. Haus-Chronik II, 14.4.1942.
[480] Roman mit Gott, 156.
[481] Ebd.
[482] A.a.O., 157.
[483] Das geleimte Jesuskind, 14-17.

kein allzeit harmonisches Miteinander; vielmehr sei es gerade der Wechsel von Verlust und Wiedergewinn, von Abschied, Vermissen und Wiedersehen, der zum Eheglück beitrage.[484] 1946 schreibt Wittig einem unbekannten Freund, dessen Liebe zu seiner Frau einer merklichen Kühle gewichen war, er - Wittig - könne von der Treue zur Ehefrau nicht abgehen. Auch die eheliche Liebe habe „ihre Zeiten", die es zu respektieren gelte: „hochzeitliche Zeiten und Zeiten der Stille und Ruhe, ja sogar einer gewissen Entfremdung, einer Treue ohne Rausch, manchmal monatelang."[485] Als spannungsvoll-herausforderndes und zugleich beglückendes Miteinander beschreibt Wittig dann auch seine eigene Ehe. Die Begegnung der „beiden Welten" spiegelt sich wider in liebevoll-zärtlichen Beschreibungen[486], aber auch in Hinweisen, die von Dissonanzen Zeugnis geben. Die Ehe von Anka und Joseph Wittig stellt kein Kontrastprogramm dar, in dem - als Gegenüber zur konfliktträchtigen Kirchenbeziehung - eine schöne, heile Welt stilisiert würde; vielmehr deutet er Licht *und* Schatten an, eine je neu zu erringende und zu empfangende Lebendigkeit. Daß ihre Ehe kein Raum fragloser Gesichertheit ist, sondern ein im Glauben gründendes Wagnis, ist das Vorzeichen vor der Ehe von Anka und Joseph Wittig.[487]

Ein strittiger Punkt ist dabei die Schreibtischarbeit des „Wittigvaters." Hatte er im ersten Jahr nach dem Kennenlernen seiner zukünftigen Frau deren Nähe als Inspiration und als Zustrom neuen Lebens empfunden[488], so erfährt er auch die Vorbehalte, die Anca Wittig seinem Schreiben entgegenbringt. Er klagt, Anka sei oft nicht einverstanden mit dem, was er schreibe: zu provozierend und zu offenherzig, zu boshaft oder „zu katholisch" erscheinen ihr seine Artikel.[489] Seine Frau mahne zur Zurückhaltung bei der Veröffentlichung persönlich-familiärer Geschichten; die Skepsis gegenüber der Publikation des „Roman mit Gott" wird ihr zugeschrieben. Doch mehr noch als den Streit über die inhaltlichen Fragen lassen die Aufzeichnungen

---

[484] Vgl. Das Volk von Neusorge, 97.

[485] Brief an einen unbekannten Freund v. 16.7.1946, in: Briefe, 406.

[486] Vgl. Briefe, 463.

[487] Vgl. Stammbuch, 55.

[488] Höregott, 294-96.

[489] Vgl. Briefe, 229, 268, 306, 331; Haus-Chronik I, 65, 232.

Wittigs die Meinungsverschiedenheiten zwischen den Ehepartnern über den zeitlichen Umfang erkennen, den die Schreibtischarbeit im häuslichen Leben einnehmen dürfe. Joseph Wittigs Sehnsucht nach der Zurückgezogenheit der Studierstube kollidiert mit dem Interesse seiner Frau, ihren Mann bei den gesellschaftlichen Verpflichtungen des Professorenhauses beteiligt zu wissen. Die Reaktionen Wittigs auf das Drängen seiner Frau sind wechselnd, sie reichen von Verständnis bis zu gleichmütigem Zur-Kenntnis-Nehmen oder zu deutlicher Verärgerung.[490] Im März 1941 schreibt er an *Hans Franke*:

„Mir ist, als ob die Zeit nicht mir gehörte, sondern irgendeiner großen Arbeit, die ich noch vollbringen müßte, von der ich aber nur ganz vage Vorstellungen habe und die wahrscheinlich gar nicht zustande kommt. Anka beklagt sich oft bitter über diese Zeitgeizerei. Sie meint, der persönliche Verkehr von Mensch zu Mensch oder auch der briefliche Verkehr, besonders aber Beschäftigung und Spiel mit den eigenen Kindern sei wichtiger und fruchtbarer als all die literarischen Arbeiten, die ich dann doch nicht zwinge. Sie hat sicher recht, aber wie ein alter Säufer verfalle ich immer wieder der Leidenschaft."[491]

Neben das eigene Schuldbekenntnis setzt Wittig die Klage über die unablässige Besorgtheit Ankas - auch gerade hinsichtlich des gesellschaftlichen Kontaktes. Ärgerlich notiert Wittig in die Familienchronik: „Sonntag 14.7. fing bei uns mit großem Krach an wegen verzögerter gesellschaftlicher Gegenbesuche in Neurode - der damit endete, daß wir in der Sonnenhitze nach Neurode schlichen, um an zwei verschlossenen Türen Besuchskarten einzustecken."[492] Unwillig reagiert er auf das Drängen seiner Frau zu angemessenen Weihnachtssendungen und einer raschen Erledigung der Dankespost.[493] Er weiß, daß die überströmende Gastfreundschaft seiner Frau und ihre „Selbstlosigkeit ohnegleichen"[494] dazu beitragen, daß das Haus belebt ist von Gästen - „Wer käme nicht gerne zu Anka!"[495] Zugleich empfindet er die ständigen Besuche und die daraus entstehenden Verpflichtungen als eine

---

[490] Vgl. Briefe, 250, 314, 376.

[491] Brief an Hans Franke v. 26.3.1941, in: a.a.O., 352.

[492] Haus-Chronik II, 7.7.1935. - Vgl. a.a.O., 16.11.1937.

[493] Vgl. Briefe, 376/7.

[494] Stammbuch, 55. - Vgl. Briefe, 185, 249, 285, 297, 381, 383, 435.

[495] Brief an Rudolf und Luise Reich v. 11.9.1940, in: Briefe, 339.

Anspannung, aus der er sich nach der Ruhe seines Arbeitszimmers sehnt. Während es Anka gern habe, sich für andere „aufzuopfern", und einen „stärkeren Hang zur Geselligkeit" habe, genüge es ihm zum Leben, seinen Schreibtisch zu haben, „einen abendlichen Gang über die Felder und dann und wann einen Blick auf die Kinder".[496]

2. Familienleben

Familienchronik

Herbstwetter und sonnige Schneelandschaften, Schreinerarbeiten und Publikationsvorhaben, Vortragsreisen und Ferienfahrten, Kinderkrankheiten und Weihnachtsvorbereitungen, Honorarverhandlungen und Gästelisten finden sich in der Familienchronik und in den Büchern, die Joseph Wittig für seine Kinder *Johannes Raphael* (* 1929), *Bianca Maria Schnee* (*1931) und *Christoph Michael* (*1937) wöchentlich weiterführt. Das Leben der Familie Wittig ereignet sich nicht nur von Sonntag zu Sonntag im Haus am Erlengrund, auf den Wegen zwischen Kirchelberg und langem Grund, in Schlegel, Neurode oder anderswo; es findet - komprimiert, geordnet und reflektiert - ebenfalls statt in den schriftlichen Erinnerungen des Vaters. In den Tagebuchnotizen greift er Ereignisse aus der vergangenen Woche heraus, läßt sie in fragmentarischer Kürze anklingen und kombiniert diese Mosaiksteine zu einem facettenreichen Bild des Alltages im Wittighaus, das er mit Photographien illustriert. Zeichnet sich Wittigs Schreiben grundsätzlich durch eine „horchende Gegenwärtigkeit" aus, so sind die Chroniknotizen auch vom Gegenstand des Beschriebenen her „aktuell", sie werden ohne große zeitliche Distanz erinnert. Doch selbst die Unmittelbarkeit, mit der der Wahlsonntag neben den Ehekonflikt, die Sternkonstellationen neben das *veni sancte spiritus*, die

---

[496] Brief an Rudolf und Luise Reich v. 26.9.1935, in: Briefe, 249. - Eine typische Begebenheit ist - in der Erinnerung der Kinder - die Ankunft mancher überraschender Besucher in Neusorge. Während Anka Wittig mit der Begrüßung und Bewirtung der Gäste beschäftigt war, habe sie zusätzlich mit Nachdruck dafür sorgen müssen, daß ihr Mann sich endlich vom Schreibtisch erhebe und zu den Gästen komme. Wenn die vielen Bitten nicht gefruchtet hätten, habe ihr als letzte Ermahnung das Pochen mit einem Besenstiel unter den Fußboden des in der ersten Etage liegenden Arbeitszimmers gedient (Gespräch mit Bianca Prinz v. 2.1.1997 und Johannes Wittig v. 11.4.1997).

Winterhilfe neben die Erkrankung des Jungen gestellt werden - mit der also Ereignisse der vergangenen Woche scheinbar wahllos assoziiert und kombiniert werden, fügt sich in ein inneres Ordnungssystem. Es ist mehr als eine Zeitangabe, daß Joseph Wittig die Chroniken zumeist am *Sonntag* schreibt. Der Sonntag ist von Kindheit her der besondere Tag: der Tag, an dem der Vater zu Hause ist. Es ist in dem neuen Neusorger Haus der Tag, an dem in der Studierstube - nicht im Wohnzimmer - der häusliche Gottesdienst mit Gebeten aus dem Schott-Messbuch und mit dem Segen über Brot und Wein gefeiert wird; der Sonntag ist der geistliche Tag, an dem in derselben Studierstube die Ereignisse der vergangenen Woche eingeschrieben werden ins Buch des Lebens. Das geistliche Geschehen des sonntäglichen Schreibens ist dabei eingefügt in den Kreis des Kirchenjahres: Die lateinischen Namen der Sonntage oder ihr Ort im Jahreskreis werden häufig mitgenannt. Das familiäre Leben und die weiteren Begebenheiten im Neusorger Haus werden - in ihrer Fragmentarität, Vielfältigkeit und Offenheit - aufgehoben im Kontext des österlich bestimmten Lebens. Das Familienleben erhält seine christliche Signatur durch dieses sonntägliche Eingeschrieben-Sein, das mehr ist als eine Dokumentation abgelaufener Ereignisse. Wiederholt werden die beschreibenden Sätze Wittigs unterbrochen durch Gebetsfragmente wie „St. Raphael komm und heile ihn wieder...!"[497] oder „Das neue Jahr 1930 sei gesegnet im Namen des Vaters + , des Sohnes +, des heiligen Geistes +."[498] Der Inhalt der Bücher ist dabei weltlich-konkret, die Sprache ist nüchtern, einfach, von kurzen Sätzen geprägt. Sachinformationen stehen neben kurzen persönlichen Einschätzungen, Politisches und Privates mischt sich, Streit und Schwermut werden nicht verschwiegen. Gemeinsam bilden sie *einen* Kosmos, den es in horchender Gegenwärtigkeit wahrzunehmen gilt. An das Ende des ersten Bandes der Haus-Chronik setzt Wittig am 2. Oktober 1934 den Lobpreis: „Deo gloria sempiterna!"[499]

---

[497] Kinder-Chronik Johannes Wittig, 8.12.1935.

[498] Haus-Chronik I, 113.

[499] A.a.O., 342.

Die Kinder

„Gott muß ein Antlitz haben", schreibt Joseph Wittig 1933 an *Hans Franke* und fährt dann fort: „Gerne würde ich Dir auch einmal meine Kinder zeigen. Ich glaube, Du würdest auch als Maler eine Freude daran haben. Mir sind sie ein Wunder."[500] Die Freude über die lebenden Kinder und die Trauer über den Tod des Sohnes Höregott gehören für Joseph Wittig zu dem Mysterium des Menschen. Für sein erstes Kind hatte er eine Wiege gezimmert und auf deren Wänden das Bild der Muttergottes und ein Symbol der Dreifaltigkeit abgebildet. Wie die Ehe in Gottes Willen sei, so solle auch das neue Leben eingebettet sein in die Anwesenheit Gottes.[501] Doch zeigt sich das „Antlitz Gottes" als fremdes, das Wunder als dunkles. Höregott stirbt vier Tage nach der Geburt und wird an der Seite seines Großvaters *Eduard Wittig* beerdigt. Wenige Tage nach dem Tod seines Sohnes beginnt Joseph Wittig zu schreiben. Innerhalb weniger Wochen verfaßt er ein mehr als 400 Seiten umfassendes Buch, dem er den Namen „Höregott" gibt. Er versucht, diesem kurzen irdischen Leben seinen Ort zu geben, es zu würdigen in der Glaubensgeschichte seiner Eltern und es hineinzubuchstabieren in die Geschichte Gottes mit den Menschen. Schreibend gilt es nachzuvollziehen, „daß Gottes Hand hier am Werke war."[502] Das Buch wird zu einer Streitschrift, vom Schmerz und den Wunden Wittigs gezeichnet; es ist das einzige seiner Bücher, das er später nicht noch einmal neu auflegen lassen möchte.

Mit der Geburt des zweiten Sohnes Johannes und seiner Lebendigkeit leuchtet auch die andere Seite des „Antlitzes Gottes" auf und verändert die Welt des Erwachsenen. „Ich gehe oft bei ihm in die Schule vollkommener Sorglosigkeit," schreibt Wittig über seinen Sohn, „bin aber ein schlechter Schüler und beherrsche die Sache nur theoretisch."[503] So beobachtet er und schreibt über das Heranwachsen des Sohnes - „Johannes streift alles Ätherische ab und wird ein derber, pausbäckiger Junge"[504] - und seiner beiden Geschwister - „drei sehr

---

[500] Brief an Hans Franke v. 15.5.1933, in: Briefe, 224.

[501] Vgl. Haus-Chronik I, 82/3.

[502] Höregott, 410.

[503] Brief an Martin Rade v. 21.11.1930, in: Briefe, 170.

[504] Brief an Eugen Rosenstock v. 10.4.1930, in: a.a.O., 158.

lebhafte Kinder, toll im Radfahren, keck im Erklettern der Bäume, unüberlegt mit Holzaxt und Säge."[505] Er notiert sorgenvolle Gedanken angesichts von Krankheiten und Unfällen, Ungezogenheiten und Geschwisterkämpfen[506] und staunt über die Entdeckungen und Wahrnehmungen der Kinder: „Das Büblein erfreut uns täglich bei aller Wildheit durch seine Gescheitheiten, wie er die Welt erobert in seiner Sprache und seinem Tun, Wort für Wort, Handgriff für Handgriff."[507] In den Lebensweisheiten der Kinder erkennt er einen liebevollen Spiegel der Erwachsenenwelt - wenn etwa die vierjährige Tochter zu Weihnachten den Liedvers dichtet „Vater muß die Chronik schreiben, Mutter bäckt uns Pfefferkuchen, Christkind ist schon da."[508] oder ihr Bruder am Telephon den Vater imitiert: „Wie? Morgen abend wollen Sie schon das Manuskript haben? Das ist unmöglich. Ich kann es erst übermorgen schicken."[509]

Mit dem Phantasiereichtum der Kinder werden auch die biblischen Vergegenwärtigungen des Vaters aufgegriffen und weitergespielt. Die Marienfigur an der Wiesenweide ist die „Heile-Mama"; die Frage, ob das Christkind auch eine Schwester hat, ist für Johannes nach der Geburt seiner Schwester Bianca von selbstverständlicher Relevanz, und als er seine Medizin nicht einnehmen will, dient das Beispiel der Krippenfigur als positives Vorbild: als der schwarze König vom Hustensaft trinkt, nimmt auch der Junge davon.[510] Mit Freude beobachtet

---

[505] Christgeburt, 114.

[506] Vgl. Kinder-Chronik Johannes Wittig, 9.10.1932; 31.8.1933; Briefe 377; Toll-Annele, 110.

[507] Brief an Martin Buber v. 6.9.1932, in: Briefe, 214.

[508] Brief an Martin Rade v. Weihnachten 1935, in: a.a.O., 253.

[509] Kinder-Chronik Johannes Wittig, 3.3.1935. - Vgl. Briefe, 381.

[510] Vgl. Kinder-Chronik Johannes Wittig, Dezember 1931, 10.1.1932, 8.5.1932. - Die Krippe spielt in der Erinnerung der Kinder eine wichtige Rolle: sie sei ein bisweilen merkwürdiges Gemisch von Kitsch und Kunst gewesen, die wertvollen Krippenfiguren seien problemlos vereinbar gewesen mit selbstgebastelten Schäfchen oder der Figur des Schneewittchens, das sich - als Namensverwandte von Maria Schnee Wittig - jährlich an der Krippe gefunden habe. Alles, was die Kinder zur Krippe beisteuerten, sei willkommen gewesen. Die heiligen drei Könige, von denen jedem Kinde einer zugeordnet gewesen sei, hätten sich in den Tagen von Weihnachten bis Epiphanie auf den Weg durch das Wohnzimmer gemacht. In einer bibliodramatischen Szene habe der Vater, in seinem Sessel thronend, die Rolle des Königs Herodes übernommen, bei dem sich die Kinder den Weg zur Krippe erfragen mußten (Gespräche mit Bianca Maria

Joseph Wittig, wie sein Umgang mit Gott auf die Kinder abfärbt. Die Kinder-Chronik des Sohnes Johannes ist durchzogen von Notizen zu den religiösen Fragen und Bemerkungen des Jungen. Der Sohn weiß nach der Einschätzung des Vaters wohl, was diesem wichtig ist: Als nach einer Erkrankung des Jungen eine Linderung eingetreten sei und der Junge sich überlegt habe, ob die Medizin oder das Vorlesen aus der Bibel in ihm diese Besserung herbeigeführt hätten, sei er zu dem Schluß gekommen: „Dem Vater werde ich sagen, daß mich die Bibel gesund gemacht hat."[511] Immer wieder sieht sich Joseph Wittig mit seiner eigenen Kindheit konfrontiert - etwa wenn Johannes bei der Heimkehr von der Schule spielend am Straßenrand verweilt oder wenn er bei einer Aktion nachdrücklich betont, „daß er dies doch tun müsse."[512] Die Sorge darum, daß den Kindern das rechte Maß an Kontemplation erhalten bleibt und nicht zuviel Aktion zugemutet wird, ist einer der pädagogischen Streitpunkte in der Familie. Als die Kinder am 18.6.1938 mit ihrer Mutter nach Landeck fahren, notiert Joseph Wittig: „Vater war dagegen, weil die Kinder zuviel erleben und dadurch nervös und genußsüchtig werden und schwerer zu einem inneren Leben kommen. Mutter ist anderer Meinung. Hoffentlich hat sie recht."[513] Den Kindern soll die Möglichkeit gegeben werden, in den „Glauben der Väter" hineinzuwachsen. Als der Sohn Christoph den Berufswunsch äußert, Zimmermann werden zu wollen, wird diese Anknüpfung an die Familientradition dankbar wahrgenommen.[514] Joseph Wittig äußert das Empfinden, daß sein Leben auf seine Kinder übergegangen zu sein scheint. Als seine Lebensfreude in den 30er Jahren abnimmt, sind seine Frau und die Kinder *der* Grund, aus dem er noch einige Jahre leben möchte.[515] Mit einer Mischung aus Dankbarkeit und Sorge schreibt Wittig 1938 während eines Familienurlaubes auf Sylt: „Wer nicht beten kann, soll heiraten und Kinder haben, da wird er es schon lernen."[516]

Prinz am 2.1.1997 und Christoph Wittig v. 21.12.1998).

[511] A.a.O., Weihnachten 1935. - Vgl. Haus-Chronik II, 5.3.1941.

[512] Kinder-Chronik Johannes Wittig, 21.3.1933, 26.4.1936.

[513] A.a.O., 21.5.1938 (par. Haus-Chronik II, 15.6.1938).

[514] Vgl. Briefe, 381, 473.

[515] Vgl. Briefe, 245, 252, 467.

[516] Vom Warten, 44.

Nachbarschaft und Großfamilie

Nach seiner Rückkehr aus der Stadt hatte Joseph Wittig seine erste Erzählung dem „Volk von Neusorge" gewidmet. In Neusorge empfindet er sich nicht mehr *segregatus a populo*, weder klerikal ausgesondert noch kirchlich exkommuniziert, sondern als Professor eingefügt in die nachbarschaftliche Heimat und einen Freundeskreis in der Glatzer Umgebung.[517] Das neugebaute Haus wird zum Realsymbol dieses neuen Lebens: Finanziert mit den Geldern, die die Publikation der Erzählungen eingebracht haben, wird es in Eigenarbeit gebaut mit der maßgeblichen Unterstützung des Schwagers *Joseph Gebauer*, der sich für ein Vierteljahr von der Grube beurlauben läßt und die Rolle des Bauleiters übernimmt, und Handwerkern aus der Umgebung. Gewachsen „aus dem Volk" wird es schon bald zum literarischen Gegenstand und zum besonderen Haus.[518] Es fügt sich nach den Plänen seines Baumeisters in die Architektur der Gegend ein und ragt doch durch seinen spitzen Giebel aus dieser Welt heraus. Obwohl es auf dem Land gebaut ist, entbehrt es einer einsamen Zurückgezogenheit; im Nachbarhaus leben „Ochlo" und „Tati", der Schwager und Wittigs Schwester *Hedwig*, gemeinsam mit der unverheirateten Schwester *Agnes Wittig,* und im neuen Haus wohnen neben Joseph und Anca Wittig die Kinder, die Nichte *Liesel Gebauer*, die bei der Besorgung des Haushaltes hilft,[519] und nicht zu vergessen der Hund Hofwart.[520] Die Kinder wachsen auf in einer Nachbarschaft: Sie „sind in allen Höfen daheim, tummeln sich auf allen Wegen und Steigen, wundern sich höchstens, wenn sie einmal von einem Fleck vertrieben werden."[521] Der Osterfeldgang findet in großer Gemeinschaft statt.[522] Anca Wittig kann ihren Mann auf Vortragsreisen begleiten, weil die Kinder versorgt sind. Die Sorge um Publikationsmöglichkeiten oder neue Wege in den akademischen Dienst und damit verbunden die Gewißheit einer gesicherten finanziellen Lebensgrundlage bildet eine

---

[517] Vgl. Das Volk von Neusorge, 87.
[518] Vgl. Haus-Chronik I,1.
[519] Vgl. u.a. Briefe, 218, 299.
[520] Vgl. Toll-Annele, 3, 108-113.
[521] Das Volk von Neusorge, 100.
[522] Vgl. Volksglaube, Foto Titelumschlag.

bleibende Unsicherheit über die Dauer des Neusorger Lebens. Die ersten Jahre bieten aber weder das Bild einer tragischen Existenz noch einer ländlichen Idylle, sie zeigen vielmehr ein tragfähiges soziales Gefüge, in dem sich Joseph Wittig mit seiner Familie aufgehoben weiß.

VIII. Freund und Gesprächspartner

1. „Lieber Freund!"

Wenn Joseph Wittig einen Brief schreibt, beginnt er meist nicht mit dem Namen des Angesprochenen, sondern mit der Anrede „Lieber Freund", „Sehr verehrte, liebe Freunde!" oder „Hochverehrter, lieber Freund."[523] Wie ein Vorzeichen wird ohne zusätzliche Namensnennung die Anrede als Freund über das Geschriebene gesetzt. Dieser Auftakt erscheint keineswegs als Marginalie. In den Anfangsworten eröffnet sich vielmehr der Raum, in den das Weitere eingeschrieben wird. Anders als bei der bloßen Namensnennung spricht sich in der Kennzeichnung als Freund eine qualitative Bestimmung des Verhältnisses von Empfänger und Schreibendem aus. Mit der Ansprache wird ein Rahmen aufgebaut, in dem das Gespräch sich entfalten kann und der bereits von der Hoffnung auf Einverständnis geprägt ist. In seinem Briefwechsel mit *Ernst Simon* bittet Wittig den Gesprächspartner, die förmliche Anrede „Lieber Herr Doktor!" verändern zu können: „Wäre ich ganz wahrhaftig und unmittelbar und unbekümmert, wie ich es zu sein wünsche, so würde ich Sie mit Freund anreden, denn es ist doch nun einmal so, daß wir uns lieb gewonnen haben und einander nichts weniger als Herren sind und mehr Auditores als Doctores sein wollen."[524]

Die Ansprache als „Freund" kann sehr unterschiedlichen Menschen zuteil werden, sie beschränkt sich nicht auf Personen einer kirchlichen, politischen oder weltanschaulichen Richtung. Vom katholischen Benediktiner bis zum evangelischen Pfarrer-Ehepaar oder zum Ver-

---

[523] Vgl. Briefe, 19, 35, 65, 67, 204.
[524] Brief an Ernst Simon vom 25.6.1929.

treter einer deutschnationalen Religiosität, vom jüdischen Schriftsteller bis zum überzeugten Nationalsozialisten reicht die Spannbreite der Beziehungen Wittigs, die er in den Briefen oder in der Haus-Chronik als Freunde bezeichnet. „Ach, was habe ich für Freunde!" fügt Wittig mit ironischem Unterton in einen Text ein, in dem er die unkonventionelle Position eines (vermeintlich) ungläubigen Freundes darstellt.[525] Freundschaft kann für Wittig die jahrzehntelange Vertrautheit ebenso umfassen wie das kurzzeitige Kennenlernen oder gar den Bezug zu Menschen, die er nie persönlich kennengelernt hat, aber dennoch zu seinen Freunden rechnet.[526] Bei der Verschiedenheit seiner Freunde zeigt sich Wittig als ein vielseitig interessierter, offener Kommunikationspartner, dem Menschen unterschiedlichster Herkunft zu Vertrauten werden können. Leidvoll erlebt Wittig räumliche Distanz und innere Entfremdung, dankbar weiß er um den Trost und das Glück menschlicher Nähe und darum, wie gut es tut, jemanden zu haben, bei dem er sich aussprechen kann.[527] Er weiß um die Freundschaft als etwas, das nicht herstellbar ist, sondern als ein Geschenk empfangen werden will. Das Staunen über das „wundersame Netz von einem Menschen zum anderen"[528] und das Empfinden eines unmittelbaren Gleichklangs prägen Joseph Wittigs Rede von der Freundschaft. „Weil wir beide an derselben Gottesquelle schaffende Kraft tranken, haben wir uns lieb gewonnen", schreibt Wittig über ihre Freundschaft an *Hans Franke*.[529] Als *Martin Buber* und *Eugen Rosenstock* am 26.10.1930 in Neusorge zu Gast sind, notiert Wittig in das Haus-Tagebuch: „Es wurde ein schöner Abend in unserer Wohnstube. Buber sagte: 'Da sind wir wirklich in einer Stube, in der alles stimmt!' Tiefe Wahrnehmungen und Gespräche knüpften sich an dieses Wort."[530] Diese Stimmigkeit ist für Wittig ein wesentliches Merkmal von Freundschaft. Bezeichnend nennt Wittig in einigen Briefen die Anreden „Freund" und „Vater" zusammen: Beide Beziehungen haben es für Wittig zu tun mit der Erfahrung jener sonntägli-

---

[525] Weihnachtsbrief, 1005.

[526] Vgl. Volksglaube, 37.

[527] Vgl. Briefe, 219, 446.

[528] Brief an Marieluise Recke v. 1.4.1949, in: Briefe, 477.

[529] Brief an Hans Franke v. 2.12.1928, in: a.a.O., 136.

[530] Vgl. Briefe 167.

chen, paradiesisch-erlösten Welt. Im Einklang des wechselseitigen Gebens und Empfangens wird für Wittig die Erinnerung an diese Welt Gottes wachgehalten.[531] Daß die Hoffnung auf bleibendes Einverständnis und stimmige Gemeinschaft oft genug durchkreuzt wird, gehört für Wittig zu den Bedingungen des irdischen Daseins. Politische und kirchliche Mächte, der Tod der Freunde und innere Entfremdung sind einige Gründe auseinandergelebter Freundschaft. (Selbst-)Kritisch und hilflos setzt er sich 1932 in einem Brief an die Diakonissen *Marieluise Recke* und *Hedwig Bitterling* mit dem Ablauf vieler Begegnungen auseinander:

„Sehen Sie, ich muß soviele Menschen enttäuschen; soviele Besuche sind wahrhaft enttäuscht von mir; nach sovielen Besuchen schilt mich Anka, daß ich so und nicht anders sei, und das ist alles bitter für mich, viel bitterer als es jemand ahnt; auch Anka ahnt es nicht. (...) Sonst ist alles gewöhnlich so: Beim erstmaligen Besuche alles Kling-Klang-Gloria; beim zweiten Besuche nur eine schöne Erinnerung daran, die beim dritten vielleicht eine wehmütige ist."[532]

Immer wieder scheint es eine schmerzliche Erfahrung zu sein, daß die Verheißung des schöpferischen Anfangs sich nicht durchhalten läßt. Die ideale Ursprünglichkeit zerfließt, das Glück des paradiesischen Augenblicks weicht oft der enttäuschenden Alltagsrealität. Es sind nur wenige Freundschaften, die über Jahr(zehnt)e andauern. Einige von ihnen sollen - nach einem Rückblick auf die Freundschaften der Kinder- und Jugendzeit, des Studiums und der Kaplanszeit - im folgenden nachgezeichnet werden.

2. Freundschaft während Kindheit und Jugend

Die Kindheitsbilder Joseph Wittigs tragen vielfach Züge des Alleinseins. Sie zeigen den Jungen verträumt am Wegrand, phantasierend beim Ziegenhüten, die Landschaft durchstreifend, wandernd auf dem Schulweg ins Dorf Schlegel, konfrontiert mit raufsüchtigen Jungen und bellenden Hunden.[533] Gelegentlich wird von Freunden erzählt und

---

[531] Vgl. a.a.O., 161, 182.

[532] Brief an Marieluise Recke und Hedwig Bitterling v. 3.11.1932, in: a.a.O., 214/5.

[533] Vgl. Herrgottswissen, 4,10, 119, 183; Bergkristall, 32/3; Wenzel Böhm, 23,

das geschwisterliche Spiel sowie die schwesterliche Zurechtweisung erwähnt, dennoch ist die erinnerte Kindheit nicht primär von freundschaftlichen Begegnungen geprägt.[534] Ein seltenes literarisches Denkmal für eine im Kindesalter beginnende Freundschaft setzt Wittig einem Jungen, den er „Wenzel Böhm" nennt. Mit diesem habe er eine Freundschaft erlebt, die über einen geistigen Austausch hinaus „die ganze Seligkeit einer Freundschaft"[535] umfaßt habe: „Ach, wenn ich sagen könnte, wie schön es in den Tagen war, da Wenzel Böhm in Neusorge war!"[536] Als der 13jährige Joseph das Elternhaus verläßt und zum Gymnasium nach Breslau wechselt, bleibt inmitten aller Begegnungen eine Form der Einsamkeit. In seinen Skizzen über diese Zeit, die Wittig im Buch „Leben Jesu" zeichnet, erscheint er in der frühreifen Rolle des lernenden Erlösers.[537] Menschen aus der verrufenen Laurentiusgasse sind in Not oder Krankheit und gewinnen durch die Begegnung mit dem Jungen - und in ihm mit dem Göttlichen - eine neue Lebensperspektive. Er ist der Held dieser Jugendgeschichten, zwar nicht souverän oder allwissend, sondern so, daß er erst nach und nach in seine Rolle hineinfindet. Aber dennoch ist er der (einsame) Hauptdarsteller. Erzählungen über ebenbürtige Freundschaft mit wechselseitigem Geben und Nehmen oder Geschichten von gemeinsam bestandenen Schwierigkeiten finden sich aus dieser Lebensphase kaum. Auch die pubertären Fragen sind nicht Thema freundschaftlichen Austausches. Das Erwachen der Männlichkeit ist von Angst vor Befleckung, von rigider Beichtpraxis und - auf der Suche nach einem Ausweg - von privatem Bibelstudium begleitet. Zögernd und unsicher scheint Wittig nach eigenem Bekunden auch in den ersten Beziehungen zu Mädchen: den Blick auf sich selbst gerichtet und sorgsam auf die Richtigkeit seines Verhaltens bedacht.

29, 81; Die Kirche im Waldwinkel, 80.

[534] Vgl. Leben Jesu I, 2, 96-101; Herrgottswissen 97/8.

[535] Höregott, 225.

[536] A.a.O., 23.

[537] Leben Jesu I, 302.

3. Freundschaft mit Ferdinand Piontek

Die negative Stilisierung der Wissenschaft, die Wittig im Rückblick auf die Auseinandersetzungen der 20er Jahre vornimmt, läßt sein Studium der Theologie als Rückzug in eine menschenferne Bücherwelt und als Gegensatz zu freundschaftlichem Miteinander erscheinen.[538] Das Verbot von Partikularfreundschaften scheint das Seinige dazu beizutragen, menschliches Wachstum in Freundschaften zu verhindern. Beziehungslos verbringt Wittig seine Studienzeit jedoch nicht. Es sind zum einen väterliche Gestalten - *Heinrich May, Max Sdralek* und *Anton de Waal* -, die ihm während der Studentenzeit als Förderer freundschaftlich verbunden sind. Auch wenn öffentlich publizierte Zeugnisse über die Freundschaft mit Kommilitonen selten sind, beschreibt Wittig sich doch auf dem Weg in die Dogmatikvorlesung in eine theologische Diskussion unter Studenten verstrickt; im Campo Santo in Rom sieht sich Wittig „fröhlich und lachend", von vielen als Freund umworben und „von allen geliebt".[539] Die prägende Freundschaft während seines Studiums, der Kaplansjahre und seiner frühen Professorenzeit verbindet ihn mit *Ferdinand Piontek*, dem Sohn eines Speditionskaufmannes aus Ratibor, der nach einer Beurlaubung zum Promotionsstudium bei *Max Sdralek* (1905-1906) und Kaplanszeiten in Neu-Weißensee und Groß-Lichterfelde bei Berlin (1903-1905; 1906-1910) Pfarrer in Köslin (1910-1921) und dann Domkapitular in Breslau wird.[540] An die Zeit gemeinsamen Studiums schließt sich ein fast zwanzig Jahre dauernder Briefwechsel an. Die Briefe, die Wittig an den Gleichaltrigen sendet, begreift er als Refugien der Vertrautheit und Orten des Ringens, sie sind Zeichen ernsthaften Nachdenkens und verspielter Ironie, Dokumente brüderlicher Zurechtweisung und sensibler Selbstkritik und bilden einen Kontrast zur späteren Selbstdarstellung Wittigs.

---

[538] Vgl. Wenzel Böhm, 129.

[539] Höregott, 219. - Vgl. a.a.O., 225; Roman mit Gott, 115.

[540] Vgl. S. Kleymann, „Lasse dir nun den Brief ein Zeichen meiner Freundschaft sein...", 381-390. Während die Briefe Pionteks an Wittig als verschollen gelten müssen, sind die Briefe Wittigs von Piontek vor seiner Vertreibung im Erzbischöflichen Archiv in Breslau hinterlegt worden.

Herausgewachsen aus der kindlichen Beheimatung sehnt sich der junge Student in den Semesterferien nach der Nähe und dem Verständnis des Freundes. Ungeduldig erwartet er das Wiedersehen, ärgerlich kommentiert er die zu knappen Lebenszeichen des Freundes: „Wenn Du von einer so weiten Reise nicht mehr zu berichten weißt als vier kleine knappe Seiten, so wirst Du mir nicht zürnen, wenn mein Brief etwas dürftig ausfällt."[541] Um die Kontinuität der Freundschaft besorgt und zugleich von dieser Freundschaft zu beschwingter Leichtigkeit animiert, beginnt Wittig seine Briefe wiederholt mit liebevoll gesetzten Spitzen: „Lieber Freund! Ein Körnlein Boshaftigkeit hattest Du immer in Deinem Wesen. Aber diese Postkarte mit Rückantwort zeigt, daß man von einem Körnlein nimmer reden kann. Nein, in Blüte muß das einstige Körnlein stehen."[542] Wittig spottet über die Boshaftigkeit des Freundes - und ist in der Lage, mit gleicher Münze zu zahlen: „Ein kleiner Triumph war für mich Dein Brief wegen seiner Schreibmaschinenschrift. Vor kaum 1 ½ Jahren hast Du mich noch fast getadelt, daß ich mir eine Maschine zum Schreiben angeschafft hatte. Und jetzt sehe ich Dich selbst besiegt. Und dazu scheinst Du Dir schon eine recht tadellose Technik angeeignet zu haben. Ich muß Dich loben. Aber was wäre auf der Welt, was Ferdinand Piontek nicht fein machte, wenn er es einmal macht!"[543] Getragen vom grundlegenden Einverständnis versteht es Wittig, den anderen ebenso wie sich selbst augenzwinkernd in Frage zu stellen. „Du bist noch immer der boshafte Geselle von ehemals" schreibt er 1917, „ich wundere mich, daß ich mich noch sooft angetrieben fühle, Dir zu schreiben, da ich meistens nur an Leute schreibe, denen ich noch etwas vordozieren kann. Ich doziere nämlich wirklich gern, wenn ich jemanden erwische, der mir glaubt."[544]

Mit der Freiheit der Selbstrelativierung und mit aufmerksamer Zugewandtheit werden die verschiedenen Lebensbereiche erzählt. Der Studienaufenthalt Wittigs in Rom, seine Kaplanszeit in Lauban und Breslau, die universitäre Perspektivsuche, das Aufdecken der eigenen

---

[541] Brief an Ferdinand Piontek v. 10.9.1901.

[542] Brief an Ferdinand Piontek v. 4.11.1911

[543] Brief an Ferdinand Piontek v. 23.3.1912.

[544] Brief an Ferdinand Piontek v. 17.1.1917.

Unzulänglichkeiten und das Entdecken der unverwechselbaren Befähigung spiegeln sich in der Gegenwart des Freundes. Im Hin- und Hergerissenwerden zwischen Wissenschaft und Seelsorge wägt Wittig vor seinem Freund die Argumente ab, tendiert zur pastoralen Arbeit und findet dann doch den Weg zur Universität.[545] Forschungsergebnisse werden mitgeteilt, Arbeitsüberlastung und Fakultätsprobleme eingestanden, die Erfolglosigkeit und „lähmende Müdigkeit"[546] nicht verschwiegen. Durch Ferienbesuche ist eine Vertrautheit zur Familie des Freundes entstanden, die sich ebenfalls in den Briefen widerspiegelt - und nicht ohne Komplikationen bleibt. Als Ferdinand Piontek 1905 die Zuneigung seiner Schwester zu seinem Freund entdeckt, erfolgt eine entschiedene brüderliche Zurechtweisung, auf die Wittig einerseits mit Billigung reagiert, dann aber doch hinzufügt: „Nur laß Dich ruhig auch bitten, nicht allzu hart zu sein. Wir können nicht wissen, was in einem solchen Herzen vorgeht. Die Bitte Deiner Schwester, so rührend sie für mich ist, kann ich natürlich schon um Deinetwillen nicht erfüllen."[547]

Die Unterschiede der Reaktion - die Zurechtweisung Pionteks und die Verständnisbitte Wittigs - setzen sich in weiteren Briefen Wittigs fort. Wittig kann dem Freund ehrlich von sich selbst erzählen, seine Entdeckungen mitteilen und auch seine Mängel eingestehen. Er kämpft um das Verständnis des Freundes und konfrontiert ihn mit Anfragen:

„Mein lieber Freund! Deine letzte Karte muß ich mir aufheben. Sie ist ein kostbares Dokument: Was Du im persönlichen Zusammensein gar nicht, in Briefen sehr selten zeigst, das offenbarst Du auf Karten, nämlich so etwas wie Herzlichkeit. Schäme Dich nicht, denn es steht auch Dir gut. (...) Du hast von Gott herrliche Anlagen erhalten, vor allem Korrektheit, Zielsicherheit, ehernen Fleiß, und Du hast diese Veranlagung auch bei Deinen Freunden voraus. Du bist auch nicht zufrieden, wenn Dir Besserung versprochen wird, sondern drängst weiter - kurz gesagt, Du lobst mich zu wenig und tadelst mich zuviel. Und auf der letzten Karte hast Du mich einmal gelobt, und darum ist sie mir ein kostbares Dokument und hat mir wohlgetan."[548]

---

[545] Vgl. Brief an Ferdinand Piontek v. 1.11.1910.

[546] Brief an Ferdinand Piontek v. 1.3.1909.

[547] Brief an Ferdinand Piontek v. 19.3.1905.

[548] Brief an Ferdinand Piontek v. 2.11.1914.

Indem die Strenge des Freundes - als wenig lebensfördernd gerügt - angesprochen werden kann, legt sie sich über lange Zeit nicht als trennendes Hindernis zwischen die Freunde, sondern vermag Wittig sogar Kraft zu geben, die Fragen und Abgründe seines Lebens zur Sprache zu bringen. Diese Selbstkundgabe erscheint unter Theologen keineswegs selbstverständlich. Ist die Aufmerksamkeit, mit der Wittig sich wahrnimmt unzulässige Selbstbespiegelung? Ist die Sehnsucht, mit der er auf einen verständnisvollen Beichtvater hofft, der ihn „nicht mehr so hart beurteilt", eine Aufweichung der christlichen Morallehre? Es seien wohl die Leiden eines „Subjektivisten", vermutet Wittig 1913, die der objektiven Lebenshaltung des Freundes fremd seien.[549] Doch trotz dieser Fremdheit sucht und findet Wittig die kritische Instanz des freundschaftlichen Gegenübers. Sich mit dem Freund vergleichend - „Ich sehe Deinen Reichtum aus meiner Armut heraus. Ich habe nämlich eben wieder einmal ein Vierteljahr dem lieben Herrgott gestohlen. Wie ein Vagabund habe ich gelebt."[550] -, um das Gebet des Freundes wissend - „Ein Trost ist mir zu denken, daß Du noch mein abgedanktes Psalterium gebrauchst und von dem zerschundenen Büchlein manchmal zu einem Memento angeregt wirst."[551] - und mit dem Freund um Einverständnis kämpfend, sucht Wittig nach dem eigenen, unverwechselbaren Weg. In biblischer Anspielung vermag er seinen Brief vom 2. November 1914 verheißungsvoll zu beenden: „Nun segne mich, damit ich aufhören kann, mit Dir zu ringen." Das biblische Vorbild erhält am Ende dieses Ringens seinen (neuen) Namen, eine ihm entsprechende Bezeichnung und Beauftragung.

Als Ferdinand Piontek 1921 in das Breslauer Domkapitel berufen wird, schließt der Briefwechsel. Aus den weiteren Aufzeichnungen Wittigs lassen sich keine Anzeichen dafür erkennen, daß die räumliche Nähe mit einer vertieften inneren Anknüpfung einhergegangen wäre. Die Spannkraft der Freundschaft, in der Wittig zwanzig Jahre lang das eigene Leben zur Sprache bringen konnte, hält in den Auseinandersetzungen der 20er Jahre nicht an.

---

[549] Brief an Ferdinand Piontek v. 8.3.1913.
[550] Brief an Ferdinand Piontek v. 2.10.1915.
[551] Brief an Ferdinand Piontek v. 8.3.1913.

4. Die „Polyphonie der vom Geist Getroffenen" - Freundschaft mit Eugen Rosenstock, Hans Franke und Martin Buber

Drei „Werke" werden in den 20er Jahren von Joseph Wittig gemeinsam mit anderen veröffentlicht: die dreibändige Edition „Das Alter der Kirche" mit *Eugen Rosenstock*, das Gespräch zwischen Erzählung und Bild im „Bergkristall" mit *Hans Franke* und die Arbeit an der Zeitschrift „Die Kreatur" mit *Martin Buber* und *Victor von Weizsäkker*. Die Gemeinschaftswerke verdanken sich einem Zusammenkommen, das den Rahmen der Zusammenarbeit übersteigt und - in je eigener Weise - das konturiert, was Wittig und Rosenstock im Vorwort ihres Werkes die „Polyphonie der vom Geist Getroffenen" nennen.[552]

Eugen Rosenstock

Als *Eugen Rosenstock* und Joseph Wittig 1927 eine Sammlung ihrer Aufsätze veröffentlichen, fügen sie die Texte so zusammen, daß der Name des jeweiligen Verfassers zunächst verborgen bleibt. Erst am Ende des zweiten Bandes geschieht beinahe verschwiegen eine Zuordnung der Aufsätze zu dem jeweiligen Autoren. Während des Lesens der Bände sind Grenzziehungen und Einordnungen schwierig und es bleibt dem Spürsinn des Lesers überlassen, die Identität des jeweiligen Autoren auszumachen. Diese Form der Publikation ist mit Bedacht gewählt.[553] Wenn es wahr sei, daß nur in der „Polyphonie der vom Geiste Getroffenen" die Wahrheit zu finden sei, schreiben die beiden Herausgeber im Vorwort, „so hoffen wir, daß die Zweistimmigkeit dieses Buches ein Weg dazu ist, daß sich einmal alle Stimmen in demselben Geiste vereinigen."[554] Diese mehrstimmige Symphonie verdankt sich laut der Selbstskizzierung der beiden Freunde dem Zusammenkommen sehr unterschiedlicher Biographien. Bei aller Verschiedenheit des Großstadtkindes vom „Sohn des Akkerlandes", des Frankfurters vom Breslauer, des Juristen vom Theologen, des Forschers vom Seelsorger, des von außen an den Tisch der Kirche Gekommenen zu dem, der von innen zum Verstehen der Kir-

---

[552] Das Alter der Kirche I, 31.

[553] Vgl. Briefe, 90; Höregott, 73.

[554] Das Alter der Kirche I, 31.

236

che beiträgt[555], sei ihnen das Geschenk der *einen* Sprache zuteil geworden: „An der Tür trafen wir uns und wußten sogleich, daß wir Freunde seien, und das, was der eine von innen, der andere von außen gesehen hatte, klang zusammen in unserer Unterredung, so verschieden auch unsere Sprache war; es wurde eine Sprache."[556] Ausdrücklich nimmt Wittig in seiner Darstellung des von Rosenstock mit initiierten „Löwenberger Arbeitslagers" auf die Überwindung von Parteiungen und die Hinfälligkeit von Standesunterschieden im Angesicht des Krieges Bezug: Dem Freund seien im Krieg die Augen geöffnet worden für die Tatsache, „daß die Deutschen mehr vermögen als Parteifehde, Klassenkampf und Standeseigennutz; daß wenigstens kleine Gruppen Volkes werden können, in denen sich Angehörige aller Parteien, Klassen und Stände in friedlichem Zusammenleben und ruhiger Rede und Gegenrede, Hilfe und Gegenhilfe vereinigen."[557] In der Zeit des Friedens sei jenseits des Schreckens des Krieges diese Volkswerdung fortzuführen oder - mehr noch - neu anzustreben. Die Freundschaft weiß sich in diesem Kontext aufgehoben. „Wir erkannten," schreibt Wittig, „daß er schon fern von mir und weit vor mir erkannt, gesprochen und durchlebt hatte, was ich als Sprache meines Glaubens gesprochen, und daß auch er wiederum vieles aussprach, was ich als alten Besitz in mir getragen. Und vieles, was er gesprochen und geschrieben, durfte ich mit verwandeltem Wort wieder sagen, ehe ich noch sein Wort gehört und seine Schrift gelesen."[558]

Der Beginn der „ökumenischen Freundschaft"[559] von Wittig und Rosenstock fällt in das Jahr 1923, als der Soziologe und Jurist als Professor nach Breslau kommt. „Er sucht sehr meine Nähe," schreibt Wittig über den neuberufenen Professor an *Karl Muth*.[560] Diese persönliche Nähe ist von Beginn an mit Fragen nach der Glaubenswirklichkeit verknüpft. „Er sagte mir Vorgestern, daß er den ganzen Aufbau der katholischen Glaubenslehre bejahen müsse", fügt Wittig in dem Brief an Muth hinzu, um dann wohlwollend die Position Eugen

---

[555] Ebd.

[556] Das Alter der Kirche I, 29.

[557] Es werde Volk, 14. - Vgl. Es werde Volk, 12, 18.

[558] Höregott, 33.

[559] K. Hünerbein, Joseph Wittig und Eugen Rosenstock-Huessy, 17.

[560] Brief an Karl Muth v. 3.11.1923, in: Briefe, 49. – Vgl. Briefe, 55.

Rosenstocks anzudeuten: Es gehe diesem darum, nach der Stelle zu suchen, „wo die Wahrheit wirkliches Leben ist und nicht nur wie ein Fixstern *über* dem Leben leuchtet."[561] Die Frage Wittigs nach dem tatsächlichen Stand der Erlösung, die ihn in diesem Jahr ins Kreuzfeuer der Auseinandersetzung geraten läßt, ist mit dieser Suche Rosenstocks verwandt; die Wandlung der Kirche und das Werden des Volkes, die Wertschätzung der Kreatur und der „Glauben, daß die Allmacht Gottes erst beim Unmöglichen beginnt"[562], sind weitere Themen, die Wittig und Rosenstock verbinden.[563]

In dem sich zuspitzenden Konflikt Wittigs mit seiner Kirche steht Rosenstock dem Freund mit seinem Rat und seinen Einschätzungen zur Seite. Er stellt den Kontakt zwischen Wittig und *Martin Buber* her und wird damit zum Wegbereiter einer neuen Publikationsmöglichkeit für den Exkommunizierten. Als Wittigs Anwalt vertritt Rosenstock dessen Interessen bei Verhandlungen mit den staatlichen Behörden. Mit dem augenzwinkernden Bittruf „Hilfsbereiter Eugen, hilf"[564] wendet sich Wittig an den Freund und gibt ihm für die Verhandlungen im Ministerium Vorschußlorbeeren mit auf den Weg: „Ich vertraue fest, daß Du mein Engel bist, der mir den Weg frei macht."[565] Umgekehrt erklärt sich Wittig auf die Bitte des Freundes bereit, einen Bericht über das „Löwenberger Arbeitslager" zu schreiben; in einer Krise der Löwenberger Hoffnungen gilt es für Wittig, seinem Freund beim „Aufräumen" der zerbrochenen Illusionen und der mißbrauchten Zuneigung zu helfen.[566]

Als Eugen Rosenstock mit der Schrift „Religio depopulata" seinen Kommentar zum „Fall Wittig" vorlegt, läßt diese Unterstützung bei kritischen Zeitgenossen den Verdacht aufkommen, Rosenstock sei der

---

[561] Brief an Karl Muth v. 3.11.1923, in: Briefe, 50.

[562] Höregott, 333.

[563] Eine eingehende Würdigung der wechselseitigen Befruchtung der Themen und Inhalte der Werke Rosenstocks und Wittigs übersteigt den Rahmen der hier vorliegenden Arbeit. Hinweise finden sich bei: K. Hünerbein, Joseph Wittig und Eugen Rosenstock-Huessy, 17-24; R. Hermeier, Joseph Wittig. Dankesworte eines Lesers, 5-15; ders., Joseph Wittig als 'Lehrer des Volkes', 87-100.

[564] Brief an Eugen Rosenstock v. 4.1.1928, in: a.a.O., 125.

[565] Brief an Eugen Rosenstock v. 11.3.1926, in: a.a.O., 93.

[566] Brief an Eugen Rosenstock v. 10.4.1930, in: a.a.O., 157. - Vgl. a.a.O., 131,137.

eigentlich Verantwortliche für die Unnachgiebigkeit und Verbohrtheit Wittigs. Zum „*cherchez la femme*" habe sich - schreibt Wittig im Rückblick - in der öffentlichen Spekulation die Einschätzung gesellt, Rosenstock sei der „Verführer" seines „dümmeren Freundes": Der vor den Toren der Kirche Stehende habe seinen Freund auf eine Position geführt, die nicht innerhalb der Kirche habe sein können.[567] Dieser Vermutung tritt Wittig in seinem Buch „Höregott" mit Entschiedenheit entgegen. Rosenstock sei nicht sein „Treiber", sondern sein „Trost" gewesen, stellt Wittig fest und weist darauf hin, daß die indizierten Schriften bereits vor der Freundschaft mit Rosenstock geschrieben worden seien und daß die Mehrzahl der wichtigen Entscheidungen von ihm in Zeiten getroffen worden seien, in denen er sich mit Rosenstock nicht habe beraten können. Lediglich in Sachen Emeritierung sei ihm der Jurist ausdrücklich ein Ratgeber und Beistand gewesen.[568] Eugen Rosenstock reagiert auf diese Aussage verärgert. Was von Wittig als Verteidigung der Freundschaft gedacht war, kommt beim Freund als Distanzierung an. „Ich meinte bisher, in meinem Buche viel zu viel von Dir geredet zu haben." entschuldigt sich Wittig. „Na, aber wie man's macht, macht man's schlecht."[569] Daß am Himmel ungetrübten Einverständnisses in den kommenden Jahren Wolken der Differenzen und der Mißbilligung aufziehen, gehört mit zur Geschichte dieser Freundschaft. Auf gemeinsame Pläne Joseph Wittigs und *Karl Bornhausens* reagiert Rosenstock 1931 mit deutlicher Kritik.[570] Die tiefgreifende Not, die Rosenstock angesichts des Nationalsozialismus befällt und ihn zur Auswanderung nach Amerika zwingt, habe Wittig - wie er 1946 eingesteht – nicht richtig verstehen können.[571] Während der NS-Zeit überqueren einige mehr oder weniger verschlüsselte Botschaften den Atlantik.[572] Doch erst in den Briefen nach 1946 kann Wittig wieder versuchen, an die Innigkeit und Wärme des Anfangs der Freundschaft anzuknüpfen: „Denkst Du noch

---

[567] Brief an Eugen Rosenstock v. 10.1.1929, in: a.a.O., 138. - Vgl. Höregott, 70.

[568] Höregott, 70.

[569] Brief an Eugen Rosenstock v. 10.1.1929, in: Briefe, 138.

[570] Haus-Chronik I, 194.

[571] Vgl. Briefe, 423; Haus-Chronik I, 194, 198.

[572] Vgl. Briefe, 349; Brief an Eugen Rosenstock v. 15.11.1933.

an unsere gemeinsame Zeit in Breslau?", fragt Wittig.[573] Einen Bericht über die Ereignisse der Rekonziliation und den Stand der schriftstellerischen Tätigkeit schließt Wittig liebevoll: „Nun lache mich aus, aber denke mich auch aus, Deinen alten, von Dir angesteckten Ketzer Joseph Wittig!"[574] Wehmütige Erinnerung, Dank für die Hilfeleistung in Form von Paket- und Geldsendungen, vertraute Zwischentöne und die Sehnsucht nach dem Trost und dem Ratschlag des Freundes prägen die Briefe Wittigs aus der Göhrde; in den Abgründen von Ungewißheit und Selbstzweifel streckt sich der Bedrückte nach dem Urteilsvermögen und der Zuneigung seines Freundes aus: „Du allein auf dieser Welt vermagst den Sinn meines zerstörten Lebens aufzuzeigen; Du allein tust es, und es ist eine unsägliche Wohltat für mich."[575]

Hans Franke

In derselben Zeit, in der Eugen Rosenstock nach Breslau kommt, begegnet Joseph Wittig dem Maler *Hans Franke*. Wie Wittig stammt Franke aus der Grafschaft Glatz, lebt aber in Freiburg im Breisgau. Auf die Bitte seines Vetters, der in „Frankes Verlagsbuchhandlung" in Habelschwerdt Wittigs Erzählung „Das Schicksal des Wenzel Böhm" herausgibt, malt Franke für dieses Büchlein das Titelbild. Joseph Wittig reagiert mit überschwenglichem Dank auf dieses Bild, in dem er die ganze Geschichte, die er mit Worten nur unvollkommen beschrieben habe, lesen könne.[576] „Ich bin verträumt in Ihre Bilder," schreibt er in seinem zweiten Brief an Franke als Dank für eine Sendung aus Freiburg. „Das sind *meine* Bilder, so glaube ich zu sehen."[577] Die Begeisterung läßt das distanzierte „Lieber Herr Franke!" schon im zweiten Schreiben zur Anrede „Mein lieber Maler" werden, um im dritten Brief ins vertraute „Du" zu münden: „Lieber Freund! Deine Bilder sind angekommen und umspinnen mich schon ganz und gar - ach jetzt habe ich 'Deine' geschrieben, ganz unbewußt, aber es

---

[573] Brief an Eugen Rosenstock-Huessy v. 9./10. 11.1946, in: Briefe, 422.

[574] Brief an Eugen Rosenstock-Huessy v. 9.10.1946, in: a.a.O., 418.

[575] Brief an Eugen Rosenstock-Huessy v. 17.5.1947, in: a.a.O., 441.

[576] Brief an Hans Franke v. 28.9.1922, in: Briefe, 41. - Vgl. H. Franke, Joseph Wittig, 30.

[577] Brief an Hans Franke v. 15.11.1922, in: Briefe, 42.

soll nun so bleiben, wenn ich die Erlaubnis dazu erhalte. Wir sind ja beide Grafschafter Jungen und wollen uns doch keine Fremdheit und Vornehmheit vormachen."[578] Bei einem ersten Treffen mit Franke wird dieser für ihn eine Art „jüngerer Bruder" - begabt mit dem gleichen Phantasiereichtum:

„Wir hatten uns noch nie gesehen. Ich wußte nur von ihm, was er gemalt, und er von mir, was ich geschrieben. Und doch war er mir lieb wie ein jüngerer Bruder, der mir eigentlich immer gefehlt, da sich meine Mutter nach mir wieder auf das Mädchenkriegen eingerichtet hatte. Beide waren wir als Jungen aus der Heimat fortgekommen, er nach Süddeutschland, ich anderswohin, aber wir waren beide wie Spinnen, die immer durch einen zähen Faden verbunden bleiben mit dem Orte, von dem sie ausgehen. Und nun saßen wir einander gegenüber, schier Gesicht an Gesicht und staunten über das Wunder und die Gnade, daß der eine wie der andere noch ganz das Grafschafter Jungengemüt hatte, fuhren wohl beide, wie es solche Jungen tun, in die Tasche, um uns gegenseitig die verschiedenen Raritäten zu zeigen, die wir auf unseren Wegen durch die Felder des Lebens eingeheimst hatten."[579]

Die beiden „Grafschafter Jungen" beschließen bei diesem Treffen, ein gemeinsames Buch zu gestalten, das unter dem Titel „Bergkristall" erscheinen wird. Erzählungen Wittigs umranken Bilder Frankes, umspielen sie, gehen von ihnen aus, ohne sie erklären zu wollen: „Ich will nur so schreiben, wie Du gemalt hast," schreibt Wittig an Franke und bittet ihn, baldmöglichst die ausstehenden Bilder zu senden, damit sie in ihm arbeiten könnten.[580] Eigene Erlebniswelten und vermutete Horizonte des Malers werden von Wittig ineinander komponiert: „Dem Maler Hans Franke ging es in einer einsamen Stunde so wie mir", lautet der erste Satz des Buches.[581] Er wolle so schreiben, wie Franke gemalt habe, schreibt Wittig; dazu sei Zeit nötig, damit die Bilder in ihm arbeiten und er mit dem Maler „im Geiste vereinigt" sein könne; umgekehrt bittet er Franke, ihm mitzuteilen, welche Wegrichtung dessen Gedanken angesichts der Entwürfe Wit-

---

[578] Brief an Hans Franke v. 27.3.1924, in: a.a.O., 61. - Vgl. Bergkristall, 9; H. Franke, Joseph Wittig, 30.

[579] Bergkristall, 9/10.

[580] Brief an Hans Franke v. 27.3.1924, in: Briefe, 61.

[581] Bergkristall, 5.

tigs genommen haben.[582] Wenn Wittig nach Fertigstellung des Buches
den eigenen Anteil herabzumindern versucht und die Erzählungen
lediglich als „Begleitskizzen zu den Bildern von Hans Franke"[583] bezeichnet, hat das mehr die kirchenpolitische Funktion zur Umgehung
des leidigen Imprimatur-Verfahrens, als daß es der Einschätzung
Wittigs entspräche. „Für *unser* Buch hole ich kein Imprimatur ein."
In dieser Aussage läßt sich das Buch eher erkennen, als was er es
verstanden wissen will: als ein Gemeinschaftswerk, das sich der Begegnung und bereichernden Zusammenarbeit zweier Künstler verdankt und das Wittig 1941 als sein „schönstes Buch" bezeichnet.[584]
Mit dem Abschluß des Buches tritt die Beziehung zu Franke in ein
weiteres Stadium, das bis zum Tode Wittigs andauert. Es wächst eine
über fünfundzwanzig Jahre dauernde Brieffreundschaft. Franke und
Wittig werden sich nur noch zweimal wiedersehen: 1936 auf der
Nordseeinsel Sylt und nach 1946 in der Göhrde. Ihre entscheidende
Kommunikationsform ist der briefliche Austausch, kontinuierlich und
zu „heiligen Zeiten" gepflegt, persönlich, vertraut und in zärtlicher
Zuneigung geschrieben.[585] Im künstlerischen Schaffen verbunden, ist
ihnen auch das Glaubensgespräch über jene „dunklen Täler" möglich,
in denen es der Glaubenshilfe eines freundschaftlichen Trostes besonders bedürfe.[586] Ein Weihnachtsgeschenk, das Franke ihm gemalt
hatte, habe er, schreibt Wittig in seinem Dankesbrief, „gleich unter
das Kreuz geheftet, an dem wir unsere gemeinsamen Gebete verrich-
ten. So warst Du die ganze Zeit bei uns und betetest mit uns."[587] Er
selber ringe seit einiger Zeit um das Gebet, sei von Zweifel und Erschütterung bedrängt und getröstet durch das Wunder dieses Bildes:
„Ich freue mich innig, daß Du Deinen Glauben durch diese Zeit hindurch gerettet hast, und fühle mich selber dadurch gestärkt."[588]

---

[582] Vgl. Briefe, 62, 63.

[583] Brief an Lulu Muth v. 23.11.1924, in: a.a.O., 69.

[584] Brief an Helene Varges v. 12.12.1941, in: a.a.O., 363.

[585] Vgl. exemplarisch die Briefe an Hans Franke v. 4.3.1926 (Briefe, 91/2),
27.12.1927 (Briefe, 123/4), 28.12.1935 (Briefe, 254/5), 26.3.1941 (Briefe,
352-354) und 30.3.1949 (Briefe, 475/6).

[586] Vgl. Briefe, 66, 123, 137,

[587] Brief an Hans Franke v. 28.12.1935, in: a.a.O., 254.

[588] A.a.O., 255.

Martin Buber

Vermittelt durch *Eugen Rosenstock* findet Wittig in der Zeit, in der er aus der katholischen Kirche ausgeschlossen und ihm die katholischen Publikationsmöglichkeiten verschlossen zu werden droht, die Verbindung zu *Martin Buber*, der ihn gemeinsam mit dem evangelischen *Victor von Weizsäcker* um die Teilnahme an der Herausgeberschaft der jüdisch-christlichen Zeitschrift „Kreatur" bittet. Das Neuland, in das sich Wittig mit seiner Zusage zur Mitarbeit begibt, bietet ihm einen - zwar zahlenmäßig bescheidenen, aber inhaltlich interessanten - Ort zur weiteren Publikation. Wertschätzung und Bewunderung für den jüdischen Mitherausgeber durchziehen die Schriften Wittigs: Martin Buber sei von einer „ganz wunderbaren Einfachheit und Stille", ein „schlichter, freundlicher und einfacher Gefährte" und „einer der bedeutendsten Menschen unserer Zeit."[589] Bei der Lektüre der Bücher Bubers werde er wieder zum Schüler, der tagelang vor dem „Lehrstuhl" Bubers sitze;[590] beim Studium des Buches „Ich und Du" habe er neu erfahren, wie „durch Lesung eines Buches ein ganzes Menschenleben wie mit einem Schlag verändert werden" könne.[591] Das von Wittig meistzitierte außerbiblische Wort, das er als Überschrift über sein Leben schreiben möchte, ist der von Buber geschriebene Erntespruch zum 50. Geburtstag Wittigs:

„Gott ist ein großer Bauer, / er sät die Seelen hin, / fühl's Seele, fest im Schauer: / Sein Schreiten ist die Dauer, / sein Armschwung ist der Sinn. / Wir sinken in die Schollen, / wir reifen an das Licht, / tu's Seele, bang im Wollen: / Laß Deine Körner rollen / vor Gottes Angesicht."[592]

---

[589] Vgl. a.a.O., 151, 152, 409; Christgeburt, 26. - In den Jahren 1926-29 spricht Wittig den Mitherausgeber in der Briefanrede meist mit „Lieber Herr Buber!" an; erst nach dem Bericht über den Jerusalemaufenthalt und die dort vernommene „Standesbezeichnung" als „Freund Martin Bubers" wagt Wittig das vertraute Eröffnungswort „Lieber Freund!", das sich fortan - bei Beibehaltung des „Sie" - zwischen den beiden einbürgert.

[590] Vgl. a.a.O., 125, 188, 207.

[591] Das Geheimnis des „Und", 423. - Vgl. Briefe, 156; Martin Buber oder Das mächtige Dasein, 887-89; Rez. Hans Kohn, Martin Buber. Sein Werk und seine Zeit, 896-97.

[592] Vgl. Junge Christen, 1; Christgeburt, 26; Briefe, 160, 227.

Der Erde zugewandt in der Wirksamkeit und Wirklichkeit Gottes leben: Dieses Thema Bubers entspricht der theologischen Option Wittigs und bildet für sie die Basis für die gemeinsame „Kreatur"-Arbeit.[593] Staunend erlebt Wittig nach den kirchlichen Differenzen in Martin Buber einen Glaubenden, mit dem ihn kontemplative Einfachheit und theologisch eine „allernächste Nachbarschaft"[594] verbindet. Bei Buber erfährt er, was es heißen kann, ein „Erfahrer der Gottesbegegnung in der Wirklichkeit des Jetzt und Hier"[595] zu sein. Es gleicht einer autobiographischen Selbstskizzierung, wenn Wittig die Entwicklung des Gleichaltrigen beschreibt:

> „Gott war ihm aus einem Postulat des menschlichen Geistes, aus der 'Höchsten Idee', die Wirklichkeit geworden, die er als allem zu Grunde liegend wahrnahm. (...) Er nimmt nicht wahr wie andere Menschen, sondern was er wahrnimmt, ist ihm wirklich wahr, und so nimmt er es. Und in jedem Worte nimmt er den ursprünglichen Sinn wahr. Er horcht auf die Sprache der Völker, was er etwa erlausche von tiefstem, ursprünglichen Leben (...) Sein Geheimnis aber, und das Geheimnis des neuen Menschen, ist dies: Abkehr vom gesamten Leistungsunfug unserer Zeit: 'das echte Wirken ist nicht Eingreifen, nicht Auspuffen einer Macht, sondern das Insichverhalten, das mächtige Dasein'."[596]

Die Begegnung mit der Wirklichkeit der Kreatur wird zum bestimmenden Anliegen der Zeitschrift. Während Buber maßgeblicher Herausgeber und Kristallisationspunkt des Trios ist[597], ihm der Überblick über publikationswürdige Beiträge zugesprochen wird, er sich aber im Verfassen eigener Beiträge zurückhält, wird Wittig zu Aufsätzen inspiriert, in denen er seine Lebensgeschichte in der Schöpfungs-Wirklichkeit beschreibt. „Das Volk von Neusorge" erhält den Status des Glaubenszeugen; in seiner gegenwärtigen „Schulklasse" lernt

---

[593] Vgl. E. Petuchowski, Buber's Journal Die Kreatur, 769.

[594] Rez. Hans Kohn, Martin Buber. Sein Werk und seine Zeit, 897.

[595] Ebd.

[596] Martin Buber oder Das mächtige Dasein, 889.

[597] Hinweise zum Verhältnis Joseph Wittigs zu Victor von Weizsäcker sind spärlich. Im Gegensatz zur Vielzahl der Briefe Wittigs an Buber enthält der Brief-Band „Kraft in der Schwachheit" keine Briefe an Victor von Weizsäcker; die Bezüge in den Kreatur-Beiträgen Wittigs, die Bitten um Einschätzung zu eingesandten Schriften und die Berichte über die Buber-Besuche in der Haus-Chronik sprechen für eine intensivere Beziehung Wittigs zu Martin Buber als zu Victor von Weizsäcker.

Wittig beim Bau seines Hauses ein weiteres Kapitel der Schöpfungsgeschichte; das Wasser, die Wüste und der Mond am Himmel eröffnen den Zugang zu dieser staunend wahrzunehmenden Welt Gottes: „Daß wir uns nicht etwa verlaufen, indem wir von der Kreatur weglaufen auf transzendente Spiegelungen der Kreatur hinzu! Gott hat die Welt hier unten, die sichtbare wie die unsichtbare, geschaffen als unseren Weg zu ihm und als seine Wohnung bei uns!"[598] Als Wittig am 4.10.1930 das Wort „Pakad" an den Anfang eines Briefes an Martin Buber setzt,[599] ist ihm der Glaube an das Wirken Gottes in der Geschichte die Haltung, die Juden und Christen verbindet.

Das freundschaftliche Entdecken dieser Schöpfungs-Wirklichkeit läßt die Arbeit an der Zeitschrift zu einem geistlichen Ereignis - einem „spiritual event"[600] - werden. Als nach dreijährigem Erscheinen die „Kreatur" eingestellt wird, verbindet Wittig den Dank für das Miteinandersein mit der Hoffnung, daß die Teilhabe am Leben des anderen damit nicht beendet sei. In seinem Karfreitagsbrief schreibt er an Buber: „Ich hatte in all diesen Jahren einen unstillbaren Hunger, alles von Ihnen zu wissen, zu jedem Ding und zu jedem Ereignis und zu jeder Angelegenheit Ihre Meinung. (...) Ich weiß, daß es nach der Vollendung der 'Kreatur' noch ein Leben für uns geben wird. Es wird immer ein Ostertag sein, sooft wir uns wieder einmal begegnen, sei es in einer Arbeit oder in einem Briefe oder in einem Besuche."[601] In den folgenden Jahren schreibt Wittig Rezensionen zu Buber-Werken, bleibt dessen Schüler, knüpft in seinen Schriften an die Gedanken Bubers an; der Briefwechsel zwischen beiden dauert bis zur erzwungenen Auswanderung Bubers im Jahr 1937 an.

---

[598] Der Weg zur Kreatur, 140.

[599] Brief an Martin Buber v. 4.10.1930, in: Briefe, 165.

[600] E. Petuchowski, Buber's Journal Die Kreatur, 769. - Eine Untersuchung der wechselseitigen Inspiration und Rezeption der drei „Kreatur"-Herausgeber und der Bedeutung der „Kreatur" für das jüdisch-christliche Verhältnis der Weimarer Republik ist eine lohnende weiterführende Forschungsaufgabe. E. Petuchowski weist in ihrem Aufsatz darauf hin, daß in der Buber-Rezeption die Herausgabe der „Kreatur" weitgehend vernachlässigt worden sei (a.a.O., 768). Hinweise aus dem Freundeskreis der Herausgeber finden sich bei V. von Weizsäcker, Begegnungen und Entscheidungen, 25-31, und E. Rosenstock-Huessy, Ja und Nein, 107-118.

[601] Brief an Martin Buber v. 18.4.1930, in: Briefe, 159.

5. Freundschaft mit den Theologen und Publizisten Karl Muth, Martin Rade und Hermann Mulert

Bereits vor dem Weltkrieg (1914-1918), vor allem aber während der Weimarer Republik bietet eine Fülle von Zeitschriften Foren zu Diskussion und Auseinandersetzung. Allein in der evangelischen Kirche erscheinen im Jahr 1929 fast 2000 selbständige Blätter mit über 17 Millionen Exemplaren.[602] Joseph Wittig ist in dieser Zeitschriften-Kultur Deutschlands beheimatet. Die meisten seiner Erzählungen erscheinen, bevor sie in der gesammelten Edition eines Buches veröffentlicht werden, in Zeitschriften. So steht Wittig in brieflichem Kontakt mit den Schriftleitern oder Herausgebern der jeweiligen Periodika. Neben *Karl Jakubczyk*[603] („Katholisches Sonntagsblatt der Erzdiözese Breslau"), *Joseph Kühnel*[604] („Heliand"), *Ernst Thrasolt*[605] („Vom frohen Leben"), *Robert Karger*[606] („Guda Obend") und *Kurt Ihlenfeld* („Eckart") sind vor allem *Karl Muth* („Hochland"), sowie *Martin Rade* und *Hermann Mulert* („Die Christliche Welt") zu nennen. Mit Letzteren pflegt Wittig einen Briefwechsel, der über den publizistischen Bereich weit hinausgeht. Kirchliche und kirchenpolitische Themen sind ebenso Inhalt der Korrespondenz wie familiäre Neuigkeiten oder persönliche Selbstreflexionen. Dennoch bleibt das Gesicht der Freundschaft von der Eigenart der Zeitschrift geprägt. Um die Bedeutung der jeweiligen Freundschaft für Joseph Wittig verstehen zu können, ist bei Karl Muth und Martin Rade zunächst ein Blick auf die Zeitschrift notwendig.

Karl Muth

Mit seiner Zeitschrift „Hochland" hat *Karl Muth* „über Jahrzehnte hin ein hochqualifiziertes unabhängiges Forum offener geistiger Auseinandersetzung und christlichen Dialogs geschaffen, welches für viele gebildete, aber unter der Enge und Unbeweglichkeit des damaligen kirchlichen Systems leidende Katholiken mit Blick auf ihrer Kirche und deren künftige Entwick-

---

[602] D. Sattler, Martin Rade, 97.

[603] Vgl. Vom richtigen Leben und von Leo Weismantel, 113.

[604] Vgl. Briefe, 272.

[605] Ebd.

[606] Vgl. Guda Obend-Gruß, 150.

lung zu einem Zeichen der Hoffnung und Ermutigung wurde."[607] Diese
rückblickende Einschätzung steht im Einklang mit der Bilanz, die der Gründer und Herausgeber Muth 1927 anläßlich des 25. Jahrgangs der Zeitschrift
zieht. Das „Hochland" habe sich als ein Organ verstanden, „das über die
Förderung von Einzelinteressen hinaus den Versuch wagte, das Ganze unserer geistigen Wesenheit widerzuspiegeln."[608] In diesem Bemühen sei die
Zeitschrift notwendig auf Dialog ausgerichtet; die „Mehrstimmigkeit einer
Erörterung" sei Zeichen der inneren Lebendigkeit einer Zeitschrift, zugleich
wesentlicher Bestandteil der Wahrheitssuche. „Wenn mein Gegner nicht
recht hat, so ist damit noch nicht bewiesen, daß ich mehr recht habe als ein
anderer."[609] Der ökumenische Charakter des „Katholischen" zeige sich gerade darin, daß der Versuchung zur Einengung und Uniformität widerstan-
den und daß versucht werde, alles „heimzuholen und zusammenzuschließen
und dienstbar zu machen" - auch wenn es bisweilen befremdlich oder „frat-
zenhaft" scheinen möge.[610] Diese Offenheit für Dichtung und bildende
Kunst habe der Zeitschrift Widerspruch und Diffamierung, Verdächtigungen
und Herabwürdigungen eingebracht.[611] Dennoch müsse man nüchtern feststellen, daß sich die Kräfte nirgends so schnell erschöpften wie in der Ab-
wehrstellung und daß das „Sichverschanzen außerhalb der Zeit" notwendig
zu „innerer Verarmung und Unfruchtbarkeit" führe.[612]

Im Jahr 1921 hatte Karl Muth den Breslauer Kirchenhistoriker um
seine Mitarbeit gebeten. Im „Hochland" findet Wittig nun ein Forum
für seine Gedanken über das kirchliche Werden, in Muth einen Geistesverwandten, mit dem er sich in der Sehnsucht nach katholischer
Weite verbunden weiß und der ihn bei der Entfaltung eines eigenen
erzählend-wissenschaftlichen Stils zu inspirieren versteht.[613] Das Jahr
1921 sei „das schönste und fruchtbarste Jahr" seines Lebens gewesen,
dankt Wittig Muth zum Jahreswechsel für dessen Anteil an der produktiven Tätigkeit Wittigs.[614] Im März 1922 bespricht er mit Muth die
Idee, die vorwiegend im „Hochland" publizierten Aufsätze über das
Wachstum der Kirche als Buch unter dem Titel „Göttliches Werden.

---

[607] M. Weitlauff, „Modernismus literarius", 171.

[608] K. Muth, Bilanz, 2.

[609] A.a.O., 6.

[610] A.a.O., 8.

[611] Zum sog. „Katholischen Literaturstreit": vgl. M. Weitlauff, „Modernismus
literarius", 97-171; zur Geschichte des „Hochlandes": R. van Dülmen, Katholischer Konservatismus, 254-303.

[612] K. Muth, Bilanz, 5/6.

[613] Vgl. Briefe, 21, 23, 25, 31.

[614] Brief an Karl Muth v. 3.1.1922, in: a.a.O., 27.

Eine Sammlung von Skizzen und Besprechungen über die Entwicklung von Glauben und Kirche" zu veröffentlichen.[615] Die gegen Wittig gerichteten Angriffe nach den Aufsätzen „Aedificabo ecclesiam" und „Die Erlösten" werden von Wittig auch als Teil der Kampagne gegen das „Hochland" gewertet.[616] Detailliert beschreibt er die Verleumdungen und Verurteilungen sowie seine Absicherungsbemühungen.[617] Neben *Eugen Rosenstock* wird Muth für Wittig zum entscheidenden Rückhalt. Dankbar bemerkt Wittig, daß das „Hochland" mehr als genug für ihn getan und gewagt habe.[618] „Niemand versteht mich so wie Sie," schreibt er Muth im Oktober 1925, „wenn ich nicht anders kann, als aus meiner Ehrlichkeit und aus meinem Glauben heraus das zu tun, was ich als freies, kämpfendes Gotteskind tun muß."[619] Die Notwendigkeit, mit der sich Wittig zu seinem Handeln gezwungen sieht, führt allerdings auch zur Eintrübung der Freundschaft. Bereits die positive Reaktion Wittigs auf die Anfrage *Martin Bubers* zur Mitarbeit an der „Kreatur" läßt Spannungen zwischen Muth und Wittig aufscheinen;[620] die standesamtliche Hochzeit Joseph Wittigs mit *Anca Geisler* kann von Muth - trotz der eindringlichen Bitte Wittigs - nicht akzeptiert werden.[621] Als es nach dreijährigem Schweigen 1930 zu einem erneuten Beginn des Briefwechsels und dann zu einem Besuch Muths in Neusorge kommt, gesteht Wittig Muth, „daß Sie mir doch immer mehr als Freund waren; daß ich wohl das Wort Freund als Anrede gebrauchte, daß es aber etwas anderes deckte, etwas wirklich Väterliches. Und ich habe sehr darunter gelitten, daß ich es mehr als drei Jahre lang entbehren mußte. Ich habe damals das seit seinen Anfängen geliebte 'Hochland' abbestellt - das war mir schwerer als der Abschied von der Kirche, der mir schwer genug war."[622]

---

[615] Brief an Karl Muth v. 6.3.1922, in: a.a.O., 28. - Die geplante Publikation kommt inmitten der Auseinandersetzungen um den Osteraufsatz „Die Erlösten" nicht zustande, ein Großteil der von Wittig vorgeschlagenen Titel wird später in das Werk „Das Alter der Kirche" aufgenommen.

[616] Brief an Karl Muth v. 6.6.1922, in: Briefe, 36.

[617] Vgl. a.a.O., 24, 25, 26.

[618] Brief an Karl Muth v. 4.6.1926, in: a.a.O., 99.

[619] Brief an Karl Muth v. 5.10.1925 in: a.a.O., 81. - Vgl. a.a.O., 83.

[620] Vgl. a.a.O., 85, 87, 95.

[621] Vgl. a.a.O., 110, 114; Haus-Chronik I, 148.

[622] Brief an Karl Muth v. 6.8.1930, in: Briefe, 161.

Martin Rade

Wie das „Hochland" mit dem Namen Karl Muths ist die Zeitschrift „Christliche Welt" mit dem Namen *Martin Rades*[623] verbunden. 45 Jahre lang wirkt Rade als Herausgeber jener Zeitschrift, die in dieser Zeit „zum wichtigsten Organ des freien Protestantismus in Deutschland"[624] mit einem „erheblichen Einfluß auf Frömmigkeit, Kulturideale und politisches Selbstverständnis"[625] des protestantischen Bildungsbürgertums wird. Von *Karl Barth* als „Hauptarbeit" im Leben Rades gewertet,[626] von *Adolf von Harnack* als „Produkt und Spiegel" der Persönlichkeit Rades geschätzt,[627] gehört die Wochenzeitung zu den einflußreichsten Blättern des liberalen Protestantismus. Der Mitarbeiter *Heinrich Hermelink* wertet die „Christliche Welt" als Diskussionsforum zu einer „Aussprache über die Grenzzäune hinweg".[628] In der Auseinandersetzung mit dem Katholizismus sei daher an die Stelle einer Beschäftigung mit dem Katholizismus „zur richtigen Einschätzung der katholischen Gefahr"[629] die keineswegs selbstverständliche Anerkennung der Katholiken als Christen getreten und damit verbunden eine Suche nach „Zeugnissen für das im Katholizismus heute noch lebende Christentum."[630] So sei die „Christliche Welt" zu der Grundüberzeugung gelangt, daß der Katholizismus ist nicht nur „ein System" sei, „sondern die für Unzählige angemessene Religion und Form des Christentums."[631] Für dieses Anliegen, evangelischen Christen das Leben des Katholizismus plausibel zu machen, wird Wittig zum wichtigen Mitarbeiter. „An seinem ganzen Schrifttum war uns immer, so sehr wir das Evangelische in ihm liebten, ein besseres Verständnis des Katholischen das Wichtigste, was wir von ihm empfingen",[632] schreibt Rade im Rückblick auf die Mitarbeit Wittigs: „Soweit ich heute positiv zur katholischen Kirche stehe, verdanke ich das Joseph Wittig."[633]

---

[623] Vgl. zur Person und Wirksamkeit Martin Rades: A.C. Nagel, Martin Rade - Theologe und Politiker des Sozialen Liberalismus; J. Rathje, Die Welt des freien Protestantismus.

[624] C. Schwöbel, Einleitung, 12.

[625] F. W. Graf, Art. „Kulturprotestantismus", 231.

[626] K. Barth, Brief an Martin Rade vom 28.12.1931, in: K. Barth / M. Rade. Ein Briefwechsel, 250.

[627] Vgl. A. von Harnack, Lieber Freund!, 2.

[628] H. Hermelink, Die Auseinandersetzung der „Christlichen Welt" mit dem Katholizismus, 200.

[629] A.a.O., 194.

[630] A.a.O., 195.

[631] A.a.O., 199.

[632] M. Rade, „Christliche Welt" und Katholizismus, 55.

[633] M. Rade, Brief an Wilhelm Freiherr von Pechmann v. 13.2.1939; in: A.C. Nagel, Martin Rade, 292.

Wittig ist sich dieser Botschafterrolle ebenso bewußt wie der Zusammengehörigkeit von Zeitschrift und Persönlichkeit Rades. Alles, was in der „Christlichen Welt" geschrieben stehe, gelte als „von Martin Rade gesagt".[634] Indem die liberal-protestantische Zeitung für Wittig zum hauptsächlichen Publikationsorgan und zum „Leib- und Magenblatt"[635] wird, wird Rade für Wittig zum väterlichen Freund und zur geistlichen Autorität.[636] Wittig berichtet ihm über seine schriftstellerische Arbeit, stellt seine Rezensionen und Aufsätze zur Diskussion, erzählt von weiteren Publikationsvorhaben und erörtert kirchliche, politische und persönliche Fragestellungen;[637] er beschreibt seine Position „zwischen den Kirchen"[638] und beklagt, daß er von einigen Protestanten wegen seines zu losen Mundwerkes gerügt und als „zu liberal, zu naturhaft, zu erdhaft" und mit zu wenig „Abstand vom Herrn Jesus" abgelehnt würde.[639] Wiederholt ist die von Rade unterstützte Rückkehr Wittigs ins Universitätsleben - Bonn, Kiel und Marburg sind im Gespräch - Thema der Korrespondenz.[640] Die Zusammenarbeit mit dem Rade-Schüler *Karl Bornhausen* wird in ihrer Ambivalenz vor dessen Lehrer ausgebreitet;[641] über Rades Nachfolger in der Herausgabe der „Christlichen Welt", *Hermann Mulert*, zu dem Wittig in freundschaftlichem Briefwechsel steht, spricht sich Wittig ebenfalls mit Rade aus.[642] Während der zwanzig Jahre ältere Rade für Wittig Repräsentant des Protestantismus und theologische und menschliche Autorität bleibt, entwickelt sich mit Mulert eine „Freundschaft gleichaltriger Knaben".[643]

---

[634] Brief an Martin Rade v. 23.11.1928, in: Briefe, 133.

[635] Brief an Martin und Dora Rade v. 27.3.1934, in: a.a.O., 237.

[636] Vgl. a.a.O., 182, 189, 223.

[637] Vgl. a.a.O., 121, 144, 156, 159, 171, 216.

[638] Brief an Martin Rade v. 23.7.1938, in: a.a.O., 294. - Vgl. a.a.O., 239, 240, 273.

[639] Brief an Martin Rade v. 10.4.1930, in: a.a.O., 156. - Vgl. a.a.O., 145.

[640] Vgl. a.a. O., 167, 169, 172, 183, 190, 216, 269; Haus-Chronik I, 170; II, 11.4.1936.

[641] Vgl. Briefe, 133, 183, 190-193, 200, 212.

[642] Vgl. a.a.O., 237, 269, 281, 284.

[643] Brief an Karl Muth v. 14.9.1943, in: a.a.O., 384.

Hermann Mulert

Als *Hermann Mulert* 1932 die Herausgeberschaft übernimmt und eine neue Ära der „Christlichen Welt" beginnen soll, ist er nicht der Wunschkandidat seines Lehrers und Vorgängers Rade und wird in seinem Bemühen, in einer Zeit politischen Umbruchs die Grenzen der Publikationsmöglichkeit auszuloten, von diesem mit der nachdrücklichen Mahnung zu einer „klaren Linie" konfrontiert. „Mulerts Redaktionspolitik, die auf Ausgleich und Verständigung ausgerichtet war, stieß auf schärfste Kritik von seiten Rades, der schon im Januar 1933 seinem Nachfolger zu einem aggressiveren Kurs gegen das neue Regime riet."[644] Zwischen Wittig und Mulert ist von diesen Spannungen nichts zu spüren. Im Gegenteil. Einfühlsam nimmt Wittig die schwierige Situation des neuen Herausgebers wahr. „Wie schwer haben Sie es als Schriftleiter"[645], bemerkt Wittig 1934 und spart nicht mit Lob für gelungene Aufsätze Mulerts, mit dem ihn bald das freundschaftliche „Du" verbindet: „Du bist doch ein gewiegter Journalist und verstehst, den Raum zwischen den Zeilen gut auszunutzen."[646] In dieser Suche nach einer Sprache, die unter den Bedingungen nationalsozialistischer Repression einerseits verantwortet ist, andererseits die Publikationsmöglichkeiten nicht zunichte macht, verbindet Mulert und Wittig eine herzliche Sympathie. „Zwischen dem Hause Mulert und uns geht ein warmer und beglückender Ton", schreibt Wittig an Rade, nachdem er erste Briefe mit dem neuen Schriftleiter gewechselt hat.[647] Während Rade der väterliche Freund ist, empfindet Wittig bei Mulert „wie bei einem Bruder."[648] Mit Mulert über die alltäglichen Sorgen und publizistischen Vorhaben zu plaudern[649] und seine Nöte bei ihm abzuladen, tut Wittig gut. „Mußt dir nur eben gefallen lassen, daß ich mich manchmal bei dir ausspreche", schließt er eine briefli-

---

[644] C. Schwöbel, Einleitung, 52. - Vgl. J. Rathje, Die Welt des freien Protestantismus, 409-415, 490-492.

[645] Brief an Hermann Mulert v. 5.3.1934, in: Briefe, 234.

[646] Brief an Hermann Mulert v. 23.7.1938, in: a.a.O., 295. - Vgl. a.a.O., 259.

[647] Brief an Martin Rade v. 27.3.1934, in: a.a.O., 237.

[648] Brief an Martin Rade v. 3.1.1938, in: a.a.O., 284.

[649] Vgl. a.a.O., 277, 232, 278, 299, 310, 322, 333, 374.

che Situationsbeschreibung.[650] In ihrer persönlichen Verbundenheit bleibt die Freundschaft mit Mulert für Wittig Teil und Ausdruck jenes konfessionsübergreifenden Dialoges, in dem ihm in den 20er und 30er Jahren bei aller Unterschiedlichkeit der Personen Rade, Mulert und Bornhausen zu Gesprächspartnern einer liberalen protestantischen Theologie werden.[651]

6. Freund Bornhausen

Bevor Wittig Rade und Mulert kennenlernt, begegnet er mit *Karl Bornhausen* einem weiteren Vertreter der Marburger liberalen Theologie. Hatte *Karl Barth* 1909 in einem Brief an Martin Rade über den Schüler Rades und Studiengefährten Barths als „Freund Bornhausen" berichtet,[652] wählt Wittig dieselbe Kennzeichnung für den inzwischen in Breslau lehrenden Theologen.[653] „Mein Breslauer Kollege (und sehr lieber Freund), der 'liberale' (und doch tiefgläubige) evangelische Theologe" - stellt Wittig seinen Freund dem Schweizer Pfarrerehepaar *Reich* vor.[654] Er weiß Bornhausen als „heldenhaften Verfechter des deutschen Idealismus"[655], mit dem er neben seiner Gläubigkeit auch die Verwundung des Ausgeschlossenseins teilt: Bornhausen erscheint isoliert inmitten der evangelischen Fakultät in Breslau. Diese Isolation wird von Wittig sensibel wahrgenommen. „In Breslau ist es ihm unmöglich weiter zu leben. Er ist wirklich in höchster Not mit sich und der Welt",[656] berichtet er am 20.5.1931 und fügt keine zwei Wochen später hinzu:

„Bornhausens Schicksal liegt mir also viel mehr am Herzen als mein eigenes. Könnte ihn der Minister (im Bunde mit einer wirklich christlich barmherzigen Fakultät) nicht erlösen durch eine Berufung aus Breslau heraus, wo er alle Spieße gegen sein Herz gewendet hat und

---

[650] Brief an Hermann Mulert v. 25.3.1938, in: a.a.O., 291.

[651] Vgl. a.a.O., 371, 365.

[652] K. Barth, Brief an Martin Rade vom 20.8.1909, in: K. Barth / M. Rade, Ein Briefwechsel. 66. - Vgl. J. Rathje, Die Welt des freien Protestantismus, 411; H. Mulert, Bornhausen, 395-396.

[653] Vgl. Briefe, 133, 211, 233, 241; Haus-Chronik I, 207,211, 246, 248,302.

[654] Brief an Rudolf und Luise Reich v. 13.4.1931, in: Briefe, 184.

[655] Brief an Martin Rade v. 23.11.1928, in: a.a.O., 133.

[656] Brief an Martin Rade v. 20.5.1931, in: a.a.O., 190.

wo kein Spießer bedenkt, daß es ein lebendiges, im tiefen Herzen gläubiges, alle Schmerzen fühlendes, alle Liebe begehrendes Herz ist. Man darf doch diesen Menschen nicht einfach zugrunde gehen lassen!! Bornhausen ist leidenschaftlich, kämpferisch, ungerecht; er findet seinen Weg aus dem deutschen Idealismus in die unideale Wirklichkeit nicht; Kriegsverwundung und Gefangenschaftsleiden haben den Pendel seiner Uhr in Unordnung gebracht."[657]

Als Bornhausen seinen emeritierten Kollegen 1931 einlädt, mit ihm Seminare und Übungen zu gestalten, um „von allen Kollegen verlassen, wenigstens einen Freund zur Seite zu haben", nimmt Wittig diese Einladung an. In den Veranstaltungen zu „Augustinismus und Pelagianismus" und zur „Logik des Johannes Rehmke" wird Wittig inspiriert von „Leben und Macht" der Seminare und genießt das entbehrte Zusammensein mit den Studierenden. „Da war ich eben an der rechten Stelle."[658] Zugleich ist er bedrückt, daß es ihm kaum gelingt, „den Freund wenigstens für einige Stunden aus seinen Bitterkeiten herauszuziehen."[659]

Auf Drängen Bornhausens erklärt sich Wittig zur Mitarbeit an einer kirchenpolitischen Erklärung bereit, die unter dem Titel „Thesen 1931" veröffentlicht wird.[660] Die Hoffnung der Autoren richtet sich auf eine christliche Zukunft, „in der Volkstum und Vaterland zu den höchsten Gütern des Glaubens gehören." Erfüllt mit Skepsis gegen kirchenpolitische Trennungen liegt es den Unterzeichnern nach eigener Aussage fern, eine neuen Kirchenpartei zu gründen. Es gehe vielmehr darum, „das parlamentarische, durch ein veraltetes Denken gebundene Kirchentum zu überhöhen und zu verlebendigen *in einer Pflanzstätte bewusst christlichen und deutschen Glaubens als Gesinnungs- und Kampfgemeinschaft gegenüber allen unchristlichen und undeutschen Quälereien und Aussaugungen unseres Volkstums.*" Eine „Politik vom Glauben her" sei ebenso anzustreben wie eine Entpolitisierung und Entbürokratisierung der Kirche zugunsten eines Ausbaus der kirchlichen Glaubensaufgaben. Ferner gelte es, in der Nachfolge

---

[657] Brief an Martin Rade v. 1.6.1931, in: a.a.O., 191. - Vgl. H. Mulert, Bornhausen, 395.

[658] Brief an Rahel und Emanuel bin Gorion v. 23.11.1931, in: Briefe, 198.

[659] Brief an Martin Rade v. 20.5.1931, in: a.a.O., 190.

[660] K. Bornhausen / J. Wittig u.a., Deutsche Thesen 1931, 12. - Die folgenden Zitate entstammen dem Aufruf; die Hervorhebung findet sich im Original.

Christi „mehr durch viel Trübsale als durch falschen Frieden ins Himmelreich einzugehen".

Für diese Zusammenarbeit mit Bornhausen erntet Wittig scharfe Kritik, unter anderem von *Eugen Rosenstock* und von *Ernst Simon*. Auf dessen Einwände antwortet Wittig am 6. Juli 1932: „Ihre Kritik an den 'Deutschen Thesen', unter denen ich meinen Namen nie gerne gesehen habe, kommt mir ganz aus dem Herzen. Sie können freilich nicht wissen, wieviel Schärfe und Gefahr ihnen durch meine 'Mitarbeit' genommen worden ist. Aber dem Gericht verfällt mit Recht, was dasteht. Die Thesen sind übrigens, wie ich im voraus vermutete, schier unbeachtet geblieben, und ich habe auch Bornhausen gegenüber keinen Hehl gemacht aus meinen schweren Bedenken."[661] Trotz dieser Vorbehalte hält Wittig zu Bornhausen: „Seine Christustreue ist mir eine wahre Freude. Wenn wir zusammen reden, ist es, also ob nicht die geringste Verschiedenheit zwischen uns wäre. Und dann geht er wieder hin und hält Reden und Aufsätze von einer solchen Schärfe und von solchem Haß, als ob er ein ganz anderer wäre. Er hat außerordentliche Frische und oft eine große Lustigkeit, aber nicht den Humor, diese allerfeinste Gabe der Unterscheidung zwischen Wesentlichem und Unwesentlichem."[662] So komme es zu jenen „Bocksprüngen"[663], die der unerbittliche Ernst in der von Bornhausen und seinem Schülerkreis verantworteten Zeitschrift „Auf der Wacht" mache.[664] 1933 kommt es zu einer ernsten Verstimmung zwischen Wittig und Bornhausen. Er habe dem Freund, der zur Zeit „Führer des Breslauer Kampfbundes" sei und „dessen Taten sogar der Reichsleitung unbequem werden", „entschiedene Worte" schreiben müssen, „worauf es still geworden" sei zwischen den beiden.[665] Nach einer Versöhnung - Bornhausen sehe ein, daß Wittig ihm „zwar

---

[661] Brief an Ernst Simon vom 6.7. 1932.

[662] Brief an Martin Rade v. 16.5.1934, in: Briefe, 240.

[663] Ebd.

[664] Vgl. u.a. K. Bornhausen, Deutsches und Römisches Recht, in: Auf der Wacht 3 (1934) 57-60; ders., Die Stellung von Kirche und Staat zum Studium und Studenten der evang. Theologie, in: Auf der Wacht 4 (1935) 72-76; G. Walter, Zwiesprache, in: Auf der Wacht 2 (1933) 16; ders., Theologie und Kirche, in: Auf der Wacht 3 (1934) 68-70.

[665] Brief an Martin Rade v. 31.3.1933, in: a.a.O., 223.

schlecht, aber recht prophezeit habe"[666] – veröffentlicht Wittig 1934 weitere Artikel in Bornhausens Zeitschrift, wenn auch mit distanziertem Unterton.[667] Als Bornhausen jedoch für eine Entfernung des Alten Testamentes aus dem Kanon der Heiligen Schrift kämpft und in der Zeitung „Auf der Wacht" ein unverhohlener Antisemitismus Raum ergreift[668], bricht Wittig seine Mitarbeit an der Zeitschrift endgültig ab. „Wie sich Freunde verwandeln!" schreibt er Ende 1935 an *Hermann Mulert*, „Bornhausen wendet sich, wie es scheint, endgültig von mir ab, weil ich seine Donquichotterie gegen das A.T. nicht mitzumachen bereit war."[669] Zwar finden in den kommenden Jahren gelegentlich Begegnungen statt, aber der freundschaftliche Ton weicht.[670] Ohne die freundschaftliche Sympathie und die Solidarität angesichts der als lebensbedrohlich wahrgenommenen Isolation Bornhausens läßt sich die Beteiligung Wittigs an den „Deutschen Thesen 1931" nicht verstehen. Das Konglomerat inhaltlich vager Vorstellungen läßt Anknüpfungen an die von Wittig geteilten Gedanken der „Volkwerdung" in einer Parteiungen überwindenden „Gläubigkeit" möglich erscheinen. Angesichts antijüdischer Polemik ist jedoch eine Grenze erreicht, die auch freundschaftliches Mitgefühl nicht zu überwinden bereit ist. Daß Wittig es erdulden muß, daß die Freundschaft vom Schülerkreis Bornhausens als „deutsches Symbol" dargestellt wird und die beiden zu „Prototypen deutschen Glaubenslebens"[671] stilisiert werden, gehört zur Problematik dieser Freundschaft.

7. Nahe und ferne Freunde

Mit der Rückkehr nach Neusorge beginnt für Wittig keine Zeit weltabgewandter Zurückgezogenheit. Die Korrespondenz Wittigs bildet einen wichtigen Bestandteil freundschaftlicher Kommunikation, ein Strom von Gästen besucht ihn in Neusorge und in der Göhrde, zu Menschen der jeweiligen Nachbarschaft wachsen freundschaftliche

---

[666] Brief an Hermann Mulert v. 23.11.1933, in: a.a.O., 229.

[667] Vgl. Die Heiligen Drei Könige vom Hinterberg, 153/4.

[668] Vgl. K. Bornhausen, Heilige Schrift, 47.

[669] Brief an Hermann Mulert v. 18.11.1935, in: Briefe, 252.

[670] Vgl. Haus-Chronik II, 2.1.1938.

[671] Langer, Unser Bekenntnis zu Bornhausen, 149/50.

Verbindungen. Neben den bereits genannten Briefpartnern sind es vor allem die Malerin *Helene Varges* aus Westerland/Sylt und das reformierte Schweizer Pfarrerehepaar *Rudolf* und *Luise Reich*, mit denen Wittig laut Ausweis des Briefbandes über Jahre hin einen intensiven schriftlichen Austausch pflegt.[672] In der Haus-Chronik notiert Wittig die Vielzahl der Gäste, die das Haus in Neusorge bevölkern.[673] Die Liste reicht vom katholischen Pfarrer *Carl Reymann*, der in den 30er Jahren sein Priesteramt verläßt und von der Gründung einer deutschen Matthiaskirche träumt,[674] zu den Berliner Diakonissen *Marieluise Recke* und *Hedwig Bitterling*,[675] von Oberstudienrat *Reinhold Brüning*[676] zu den evangelischen Kirchenhistorikern *Karl Heussi* und *Hanna Jursch* aus Jena[677] oder dem evangelischen Pfarrer *Johannes Pietschke* und seinem Freund, dem Juristen und Schriftsteller *Friedrich Hielscher*.[678] Neben diesen Personen, die in der Chronik wiederholt genannt werden, finden sich unzählige Gäste, die zu einem kurzen Besuch nach Neusorge kommen, vor Verfolgung Zuflucht finden oder während Krieges per Zuweisung einquartiert werden. Vielfältige Freundschaft wächst zu Menschen, die in der Grafschaft Glatz und Schlesien beheimatet sind: zum Bergwerksdirektor *Hugo Krueger* aus Waldenburg und zu seiner Frau *Marie*,[679] die in der evangelischen Frauenhilfe Schlesiens tätig ist, zur evangelischen Pfarrerin von Wün-

---

672 Neben den Gesprächspartnern Wittigs, die durch die Herausgabe des Briefbandes öffentlich geworden sind, gibt es viele heute unbekannte Adressaten, so daß sich die gesamte Weite der freundschaftlichen Kommunikation Wittigs kaum nachvollziehen läßt und die Beschreibung dieses literarischen Feldes notwendig fragmentarisch bleibt.

673 Die im folgenden genannten Belegstellen bilden eine Auswahl, die ohne Anspruch auf eine Vollständigkeit ist, die angesichts der Häufigkeit und Selbstverständlichkeit der Besuche kaum zu ermitteln ist.

674 Vgl. Haus-Chronik I, 16, 113, 300; II, 14.4.1935, 2.9.1937, 12.4.1938, 5.12.1940; Briefe, 174, 200, 272; Betrifft Joseph Wittig, 1-2.

675 Vgl. Haus-Chronik II, 7.5.1938; 24.12.1939.

676 Vgl. u.a. Haus-Chronik II, 23.7.1943.

677 Vgl. Haus-Chronik II, 26.10.1942, 26.12.1942, 3.9.1943; Briefe, 383.

678 Vgl. Briefe, 250; Haus-Chronik I, 215, 238, 268, 320, 336; II, 12.5.1938, 9.8.1941, 23.8.1942; III, 12.11.1946.

679 Vgl. Haus-Chronik I, 101, 203; II, 21.10.1934, 28.11.1936, 11.7.1937, 12.2.1939; III, 3.8.1946.

schelburg, *Charlotte Döring*,[680] zum Arzt *Adolf Czech*[681] aus Charlottenbrunn, zum Rechtsanwalt und Notar *Wilhelm Schuppli* aus Bad Landeck[682] und zum Beamten *Otto Eitner* aus Breslau.[683] Aus Schlegel und Neurode werden neben dem Pfarrer von Schlegel, *Josef Kristen*,[684] vor allem der Arzt *Friedrich Keller*,[685] der Amtmann *Wilhelm Hellwig*,[686] die Lehrerin *Franziska Kammler*[687] und der Inhaber des Klambt-Verlages, *Walter Rose*,[688] genannt. Zwischen freundschaftlicher Verbundenheit und gesellschaftlicher Verpflichtung ereignet sich die Beheimatung in einem Beziehunsgeflecht, das weniger der Welt der Bergleute oder Handwerker, als vielmehr der bürgerlichen Mittelschicht zuzurechnen ist. Auch im Forsthaus in der Göhrde, in dem Familie Wittig nach ihrer Vertreibung 1946 beim Forstmeister *Lothar von Unruh* und dessen Frau *Lotte*, einer Freundin Anka Wittigs,[689] Unterkunft finden, sind mit den Pädagogen *Fritz Borinski*, *Werner Dietrich* und *Rudolf Lennert*, die an der Heimvolkshochschule Göhrde lehren, und Professor *Hans Wachtler*, der wie die Familie Wittig im Forsthaus Quartier gefunden hat, Menschen in unmittelbarer Umgebung, die inmitten der Flüchtlingssituation den intellektuellen Disput mit Joseph Wittig pflegen.[690] Vor dem Zimmer, in dem die Familie Wittig Quartier hat, „sammelte sich auf der Veranda viel Volk", notiert Wittig im April 1947 in die Haus-Chronik.[691] Der Abgelegenheit

---

[680] Vgl. Briefe, 375, 388; Haus-Chronik II, 27.7.1942, 14.8.1942, 31.12.1943, 20.11.1944; III, 9.3.1946.

[681] Vgl. Haus-Chronik I, 285; II, 14.2.1941.

[682] Vgl. Haus-Chronik II, 1.5.1937, 1.12.1937, 28.4.1938, 15.6.1938, 20.1.1940, 31.12.1943, 20.1.1944.

[683] Vgl. Haus-Chronik I, 288; II, 15.2.1935; 28.4.1938; 24.12.1939, 23.-30.4.1940; Brief an Maria Eitner v. 1.7.1945 u. v. 22.8.1946.

[684] Vgl. Haus-Chronik II, 14.4.1935, 16.3.1935, 18.6.1939.

[685] Vgl. Haus-Chronik II, 9.5.1937; Briefe, 277; Dr. Med. Friedrich Keller, ein Sänger der Grafschaft Glatz, 1-2.

[686] Vgl. Briefe, 48, 65, 400; Höregott, 1, 303; Haus-Chronik I, 33/4, 57, 86/7, 203; II, 20.1.1940, 20.1.1944, 20.11.1944.

[687] Vgl. Briefe, 320; Haus-Chronik II, 24.12.1937, 7.5.1938, 20.1.1940.

[688] Vgl. Briefe, 268, 391; Haus-Chronik II, 16.6.1937, 20.1.1940.

[689] Vgl. Haus-Chronik II, 20.5.1938; III, 10.8.1946; Briefe, 296, 299,431.

[690] Vgl. Haus-Chronik III, 16.12.1946, 7.3.1947, 22.6.1947, 22.11.1947; Briefe, 428, 441.

[691] Haus-Chronik III, 27.4.1947.

des Ortes zum Trotz ist auch das Leben in der Lüneburger Heide weniger von zurückgezogener Einsamkeit als von einer (Über-)Fülle von Begegnungen geprägt.

Für Joseph Wittig sind weder das Haus in Neusorge noch die Unterkunft in der Göhrde Eremitagen eines zurückgezogenen Theologen-Dichters; auch und gerade nach seinem Ausschluß aus der katholischen Kirche lebt Wittig in einer reichen Kommunikation. Mit seiner Offenheit für Menschen verschiedenster Herkunft wendet sich Wittig interessiert den unterschiedlichsten Themenbereichen zu. Wiederholt führen ihn Vortragsreisen, zu denen er vom Landesbischof *Walter Schultz* eingeladen wird, in die mecklenburgische Landeskirche;[692] in den 40er Jahren nimmt er interessiert und inspirierend an den Gedanken des „niederrheinischen Freundeskreises" um die katholischen Theologen *Johannes Hessen, Josef Thomé, Oskar Schroeder* und *Werner Keuck* teil.[693] Mit den evangelischen Theologinnen *Hanna Jursch* und *Charlotte Dörings,* die wiederholt nach Neusorge kommen, bespricht er deren Arbeiten und begutachtet in Gesprächen mit *Friedrich Hielscher* kritisch dessen Vorstellungen einer Heidenkirche.[694] Die Mitwirkung am „großen Gesellschaftsabend" im Hause *Schuppli* mit einer Lesung aus den Werken Wittigs[695] gehört ebenso zum Facettenreichtum der Freundschaften wie die „Sternstunden" mit *Otto Eitner,* der Wittig in die Welt der Astrologie einführt,[696] oder die gemeinsame Lektüre des Dschungelbuches mit seinem Professorenkollegen *Hans Wachtler* im Forsthaus der Göhrde.[697] Im Rückblick auf seinen siebzigsten Geburtstag schreibt er in einem Rundbrief an die Freunde, angesichts von Selbstzweifeln und Einsamkeit sei das Schönste, was er an seinem Geburtstag erlebt habe und wofür er von Herzen zu danken habe, die Erkenntnis, daß er „noch so viele und

---

692 Vgl. Briefe, 299, 300, 401; Novemberlicht, 13.

693 Vgl. Briefe an Werner Keuck v. 23.5.1947, 19.7.1949; Aus dem deutschen Katholizismus, 970-972. Zum „Rheinischen Kreis der Reformfreunde": vgl. U. Scharfenecker, Dr. Oskar Schroeder (1889-1974), 345-364.

694 Vgl. Haus-Chronik II, 12.5.1938.

695 Vgl. Haus-Chronik II, 1.12.1937.

696 Vgl. Haus-Chronik II, 15.2.1935. - Vgl. Brief an Eugen Rosenstock-Huessy v. 15.11.1933.

697 Gespräch mit Christoph Wittig vom 21.12.1998.

treue Freunde habe, sicher 'wie im Himmel also auch auf Erden.'"[698]
Die Notwendigkeit freundschaftlichen Zuspruchs bezieht sich wesentlich auch auf das schriftstellerische Wirken Wittigs, an dessen Wert und Gültigkeit er immer wieder zweifelt. Inmitten von Krankheit und Schwermut ist es für ihn lebensnotwendig, von Freunden in der Gewißheit bestärkt zu werden, mit seinen Schriften nicht vergessen oder bedeutungslos zu sein, sondern gehört und gebraucht zu werden. Dankbar schreibt er 1946 an *Marieluise Recke*: „Sie haben mir das Vertrauen in meine Schreiberei wiedergegeben: Wenigstens einer Seele geholfen zu haben."[699]

IX. Naturmystik und Okkultismus

1. Die „Theologie nach Neusorger Art" als Gegenentwurf

„Ach, manchmal schiebe ich alles Suchen und Forschen, alle meine Wissenschaft beiseite," erzählt Joseph Wittig in einer seiner autobiographischen Rückblenden. Dann sei er „wieder so, wie ich als Hütejunge auf den Weidewiesen unter dem Schlegler Vorwerk oder am Habichtshügel nahe der Buchauer Grenze war, ganz unmittelbar mit dem Himmel verbunden."[700] Naturerfahrung und Gottunmittelbarkeit gehen bei Joseph Wittig Hand in Hand. Das Erleben der Schöpfung ist für ihn der Mutterboden, aus dem seine Gläubigkeit aufwächst. Allerdings läßt der Stoßseufzer ahnen, daß diese Verbindung auch für Wittig gefährdet ist und unter den Druck wissenschaftlicher Plausibilität und in den Geruch einer naiven Frömmigkeit gerät, die als „primitive Religion" oder „religiöse Mystik" belächelt werde. Dennoch geht seine sehnsuchtsvolle Erinnerung an das Naturerleben der Kindheit über die nostalgische Proklamation eines „Zurück zur Natur" hinaus. Sommersonne und reifende Kornfelder, Bachstelzen und Fliegenschnäpper, Steine und Bäume, der Schäferhund und die alte Kiefer, Krähenhügel und Erlengrund sind für ihn bedeutsam in

---

[698] Haus-Chronik III, 9.1.1949.

[699] Brief an Marieluise Recke v. 31.12.1946, in: Briefe, 429.

[700] Toll-Annele, 70/1.

Vergangenheit *und* Gegenwart.[701] Die seit Kindertagen betriebene „Theologie nach Neusorger Art", bei der es dem Theologietreibenden gegeben werde, „unter den schönen Blumen an den noch viel schöneren Herrgott zu denken"[702], bleibt für Wittig zeitlebens relevant. Sie hat für ihn zukunftsweisende Bedeutung.

Nachdem der Mensch die Natur vergöttlicht und umschwärmt, naturwissenschaftlich erforscht und materiell ausgebeutet habe, gelte es nun, in ein neues Verhältnis zur Schöpfung einzutreten: „Vorwärts zur Natur!" sei die zutreffende, anzustrebende Perspektive.[703] *Wie* dieses neue Verhältnis aussehen werde, sei noch offen; auch er selbst sei noch unerfahren in dieser Form der Theologie. Aber er wisse, daß sie sich allein dem Menschen erschließe, der bereit sei, sich horchend auf die Sprache der Schöpfung, auf ihre Lebendigkeit, ihr Beten und Seufzen einzulassen und sich der Natur gegenüber als Lernender und Empfangender zu begreifen. Einem solchermaßen Erfahrendem werde die Stimme gegeben, von der Erde als „Sakrament" erzählen zu können.[704]

Neusorge ist für den in Breslau wohnenden Professor zunächst ein Ort schöpferischer Rekreation. In „Heimat und Ferien"[705] bieten sich Erholungspausen und Rückzugsmöglichkeiten aus dem Universitätsleben. Auch wenn das Leben im elterlichen Haus keine ländliche Idylle ist, sondern die „Ruhe auf dem Lande" von der Betriebsamkeit einer lebendigen Nachbarschaft erfüllt ist[706], bildet das Leben in Neusorge für den Heimkehrer ein Kontrastbild zum großstädtischen Ambiente Breslaus. Er freut sich über die „wunderbare Abendsonne", unter der er „auf dem Wasserstieglein und am Wiesenrand"[707] sein Brevier be-

---

701 Vgl. Herrgottswissen, 29; Die Kirche im Waldwinkel, 140; Bergkristall, 33; Der Weg zur Kreatur, 147; Aussichten, 9; Toll-Annele, 108-111, 169; Gold, Weihrauch und Myrrhe, 17; Christgeburt, 59; Briefe, 48, 110, 122, 322; Haus-Chronik I, 97.

702 Leben Jesu II, 61.

703 Aussichten, 10. - Vgl. Der Weg zur Kreatur, 149.

704 Vgl. Aus meiner letzten Schulklasse, 26; Wege zur Kreatur, 149; Laß den Mond am Himmel stehn, 242; Erschaffung und Fall der Engel, 12; Toll-Annele, 52.

705 Vgl. Aus Heimat und Ferien, 33/4.

706 Brief an Karl Muth v. 21.8.1923, in: Briefe, 48.

707 Ebd.

tet; er genießt es, in seinen „theologischen Ferienkursen"[708] bei Gräsern und Blumen in die Schule zu gehen. Im Dialog mit Steinen,
Pflanzen und Tieren verbinden sich liturgische Feste und gesellschaftliche Anspielungen, Ernsthaftes und Verrücktes, Vergangenes
und Gegenwärtiges zum großen Ineinander des Lebens. Das Trennende und Differenzierende fällt weg; verschobene oder verkürzte Perspektiven werden zurechtgerückt; der im Gras Liegende erfährt unter
dem Einfluß der lebendigen Kreatur Geborgenheit, Ruhe und Trost
und vermag es, in Tuchfühlung mit der Erde den Himmel neu zu entdecken.[709] Zwischen der verheißungsvoll-ursprünglichen Sonntagsruhe
der Schöpfung[710] und dem wissenschaftlichen Alltagsleben in der Universitätsstadt entsteht dabei ein wachsender Kontrast. Das Sitzen auf
dem Katheder hoch über der irdischen Bodenhaftung wird mit zunehmender Deutlichkeit als Entfremdung gespürt. Angesichts einer
erlebten Unzulänglichkeit der universitären Wissenschaft wird die
„Theologie nach Neusorger Art" zur Alternative gegenüber der als
vergeistigt und erfahrungsarm empfundenen neuscholastischen Theologie; die Erinnerung an die Quelle aus Kindertagen und das ferienhaft-beschwingte Erzählen der Gegenwart werden zum pointierten
Gegenentwurf.[711]

Joseph Wittig sieht dabei, daß seine Erzählungen als schöpfungstheologischer Gegenentwurf in der Gefahr stehen, die Natur als „Illustrationsmaterial" zu mißbrauchen und ihre Ursprünglichkeit in lehrhafter
Absicht zu verderben.[712] Aber er erfährt sich durch das machtvolle
Angesprochenwerden dieser Gefährdung entrissen: Im Erlengrund
erlauscht er „Geschichten und Weisheiten, die sich indes nicht in
Worte fassen lassen"[713]; im Hausgarten spricht er mit Astern und
Dahlien; mit Blick auf die Täler der Umgebung nimmt er staunend
wahr, wie sie ihre „Körbe öffnen" und ihre „Schätze ausbreiten".[714]

---

708 Herrgottswissen, 45.

709 Vgl. Michel Gottschlich, 5/6.

710 Vgl. Die Kirche im Waldwinkel, 140.

711 Vgl. Höregott, 124/5; Michel Gottschlich, 7.

712 Vgl. Der Weg zur Kreatur, 138; Aussichten, 299.

713 Brief an Karl und Lulu Muth v. 19.12.1926, in: Briefe, 110.

714 Vgl. Das Jesuskind und der Aeroplan, 408, 412; Herrgottswissen, 128, 153,
154; Das Filioque, 4.

Er kennt die zärtliche Begegnung mit Bäumen und weiß, was es heißt, sich an sie anzulehnen, sie zu umarmen, „die Wange an das kühle, seidene Silbergrau" des Buchenstammes zu lehnen und zu begreifen, „daß Erkenntnis am wenigsten eine Sache des Kopfes, sondern vielmehr des ganzen Körpers ist."[715] Die Worte, die er für die Sprache der Bäume finde, seien nicht Produkte seiner eigenen Überlegung, sondern wurzelten in einem Angesprochenwerden, bei dem ihm eine hörende und empfangende Rolle zukomme. Von der alten Kiefer in der Nähe seines Hauses erzählt Wittig: „Mit diesem Baum ist etwas. Oft, wenn ich an ihm vorübergehe, hält er mich an und tut einen Bann über mich. Als ob unter seinen weitragenden Ästen die Liebe wohnte und den Durchgang durch ihr Schloß und ihren Garten offen hielte, so ist es. Es ist auch wie eine Rede, aber mit Menschenworten nicht wiederzugeben."[716]

Zunächst sei es für ihn irritierend gewesen, von der vermeintlich unbelebten Kreatur angesprochen zu werden und zu spüren, wie sie sich durch diese Anrede von einer erforschbaren Sache zum lebendigen Gegenüber gewandelt habe. „Wenn ich früher meine Wanderwege ging und plötzlich vor einem Baum stillstand und zu ihm reden mußte und ganz deutlich Antwort bekam, überfiel mich eine Scham; ich meinte, es zieme sich nicht für einen Menschen meiner Art, sich solchen Begegnungen hinzugeben."[717] Indem er sich auf den Dialog mit dem Baum eingelassen und gespürt habe, wie dieser vom „Es" zum „Du" geworden sei, sei seine Haltung auch zu anderen Bereichen des Lebens verändert worden. Das staunende Verweilen angesichts des „mächtigen Daseins"[718] erneuert in Wittig das Vertrauen in die schöpferische Anwesenheit Gottes in dieser Welt. Der Grund-Satz der Schöpfungsgeschichte „Es war sehr gut" wird ihm beim Anblick des Schäfers in der Abendstimmung des Nachbarhügels zur erfahrenen Gewißheit. Die göttliche Weisung „Es werde" ist ihm nicht ein Akt vergangener Zeiten, sondern gegenwärtige Wirklichkeit. Er glaube nicht nur, daß Gott die Welt geschaffen habe, schreibt Wittig, son-

---

[715] Aussichten, 297.

[716] Der Weg zur Kreatur, 147. - Vgl. Toll-Annele, 42; Christgeburt, 59.

[717] Das Geheimnis des „Und", 423. - Vgl. Michel Gottschlich, 100/1.

[718] Vgl. Martin Buber oder Das mächtige Dasein, 889.

dern vielmehr „daß er sie schafft! Jetzt, und jetzt für mich! Sie ist nicht ein alter Klotz aus vorsintflutlichen Zeiten, sondern so, wie sie jetzt ist, so ist sie gerade jetzt für mich fertig geworden, ganz frisch und neu."[719] Ohne die Kreaturen zu Objekten seiner Betrachtung zu reduzieren, nimmt Wittig wahr, daß sie für die gegenwärtige Begegnung mit ihm geschaffen sind - ebenso wie er selber von der Vorsehung Gottes in dieses Zusammentreffen geführt wurde. In der Natur wird Joseph Wittig bestärkt in seinem Wissen um den *concursus divinus*: Hier ist für ihn jene von Gott initiierte und gegenwärtig andauernde Schöpfungswirklichkeit erfahrbar, die das Geschehen der Welt und das Leben des Einzelnen prägt.[720]

2. Natur und Übernatur

Eine eindeutige Unterscheidung zwischen Natur und Übernatur wird für Joseph Wittig zunehmend fragwürdig. „Lächerlich" sei die „sorgfältige Sortierung von Natur und Übernatur! Als ob nicht *alles* aus der Hand Gottes wäre!"[721] Gefährlich sei sie deshalb, weil man mit der Wertschätzung der Übernatur dazu neige, die Natur zu etwas Unbedeutendem zu degradieren und die Sakramentalität der Schöpfungswirklichkeit zu mißachten. Es sei fatal, den Zustand des „bloßen Geschaffenseins" lediglich als eine zu vernachlässigende Voraussetzung zu bezeichnen und das „Natürliche" mit einer Mischung von Spott und Beschämung beiseite zu räumen, um sich ungehinderter dem Bereich der Erlösung und der Heiligung zuwenden zu können. Es gelte um der Heilsbotschaft willen, gerade im Natürlichen das Übernatürliche zu entdecken und im vermeintlich Gewöhnlichen das Wunderbare zu erahnen: „Daß wir uns nicht etwa verlaufen, indem wir von der Kreatur weglaufen auf transzendente Spiegelungen der Kreatur hinzu! Gott hat die Welt hier unten, die sichtbare wie die unsichtbare, geschaffen als unseren Weg zu ihm und als seine Wohnung bei uns."[722] Um für diese verborgenen Wunder eine angemessene Sprache zu haben, bevorzugt Wittig die Bilder „Himmel" und

---

[719] Bergkristall, 126.

[720] Vgl. Leben Jesu I, 276; Herrgottswissen, 164; Michel Gottschlich, 99.

[721] A.a.O., 242.

[722] Der Weg zur Kreatur, 140. - Vgl. Christgeburt, 54.

„Erde". Erde und Himmel bilden keine Widersprüche, vielmehr bezeichnet der „Himmel" einen Zustand, der anfanghaft und fragmentarisch auf der Erde erfahren werden kann - gerade dann, wenn sich der
Mensch mit Aufmerksamkeit der Erde zuwendet und einerseits ganz
auf der Erde lebt, „aber doch nicht aus dem Himmel heraus" ist.[723]
Der Himmel geht nicht einfach in der Erde auf, ist jedoch auch nicht
grundsätzlich verschieden von ihr; er wird nicht zuteil als Frucht
menschlicher Leistung, sondern eröffnet sich dem als Geschenk, der
auf die Eigenanstrengung verzichtet und sich dem Empfangen dieses
Geschenkes überläßt.

Die Erde als Sakrament zu begreifen geschieht bei Wittig selbstverständlich im Horizont der biblischen Bildwelt und der volkstümlichen
katholischen Kultur. Natur und Kultur werden von ihm nicht als Ge-
gensätze empfunden. So sehr er in seiner kontemplativen Wahrnehmung der Natur unmittelbar vom mächtigen Dasein ergriffen wird, so
sehr ist Wittigs Naturerleben geprägt von den religiösen Riten des
Osterfeldganges und der Maiandacht, vom „Bildstöckl" im Baum auf
dem Hügel oberhalb des Hauses und den Nepomukfiguren an den
Flüssen und Bächen, vom Ölberg vor der Schlegler Kirche und den in
die Natur gestreuten Kirchen, Kapellen und Kreuzen. In dem jahrhundertelangen Glauben der Grafschaft Glatz sei das Wort Gottes wie
das Sonnenlicht „von der Erde eingesogen" worden: Die biblische
Botschaft lasse sich beim Lesen der heiligen Schrift, aber auch durch
das Gehen auf den Wegen der Grafschaft Glatz erfahren.[724] Dieses
Glaubensgespräch mit der Natur weiterzuführen, empfindet Wittig als
wichtigen Teil seiner gottgegebenen „Schreiber"-Aufgabe, bei der er
sich in Verbundenheit mit bildenden Künstlern sieht. So schreibt er an
Hans Franke: „Wie mag dem Maler das Herz klopfen, wenn er zu
seinem Pinsel greift, um die Erde zu malen, wie er sie gerade im
Heiligen Geiste sieht, wie sie gerade in diesem Augenblick für ihn
geschaffen ist!"[725] An der ehrfürchtigen Freude des Malers hat der
Schriftsteller teil, der mit Feder oder Schreibmaschine die Schöpfungswirklichkeit nachzeichnen darf. Die Frohe Botschaft der Kreatur

---

[723] Vaterunser, 65.

[724] Toll-Annele, 66. - Vgl. Vaterunser, 16; Aussichten, 11.

[725] Bergkristall, 126/7.

zu vernehmen und ihr im eigenen schöpferischen Tun Sprache zu verleihen, gehört für den Schreiber notwendig zusammen: Die kontemplative Schau und die schreibende Aktivität sind zwei sich bedingende Seiten des einen geistlichen Geschehens. Indem sich der Schreiber von der Kreatur berühren, sich von ihr etwas sagen und sich in seiner Wortsuche durch „die innersten Kräfte der Natur" erfüllen läßt, sind die in seiner Phantasie entstehenden Worte Teil der einen gemeinsamen Schöpfungswirklichkeit.[726] Die literarische Form, in der sich das Leben der Kreatur im Werk Joseph Wittigs widerspiegelt, beschränkt sich nicht auf eine einzige Ausprägung. Von der bilderreich ausgeschmückten Fabel bis zur prosaischen Situationsbeschreibung reicht die Bandbreite der Naturschilderungen. Mit Lust an der phantasievollen Gestaltung wird die Prozession der Tiere zum Abendgebet erzählt; ironisch nimmt Wittig im Gespräch des Zickleins mit seiner Mutter die gewohnten Plausibilitäten der Menschenwelt aufs Korn, so daß der zuhörende Hirtenjunge schließlich nicht mehr weiß, „welche Ordnung nun eigentlich in der Natur herrscht."[727] Die Aufzeichnungen in der Haus-Chronik nehmen die Naturbeobachtungen als einen Teil des Neusorger Lebens wahr und widmen ihnen - selbstverständlich eingebettet in die anderen Ereignisse des täglichen Lebens - kontinuierliche Aufmerksamkeit. Die Notizen lassen ein Ineinander von weltpolitischen und privaten Ereignissen aufscheinen, die - zunächst voneinander unabhängig scheinend - zu einem Kosmos verwoben sind.[728] So notiert Wittig am 2. April 1933: „'Judenboykott'! Passionssonntag 1933. Wir sind alle fiebrig. Kopfschmerzen. Draußen unfreundlich."[729] Wie beim Ineinanderfügen der Fragmente in der Haus-Chronik werden auch in den Jahreskreisspielen biblische Figuren, politische Andeutungen, heimatkundliche Beobachtungen und die personifizierte Schöpfung als Teil eines Lebensganzen gemeinsam auf die Bühne gebracht. Der Rahmen der Spiele wird dabei vom Lauf der Natur vorgegeben: Er orientiert sich vom „Vorfrühlings- oder Faschings-

---

[726] Der Weg zur Kreatur, 151.

[727] Bergkristall, 33. Vgl. Herrgottswissen, 63;

[728] Vgl. Haus-Chronik Haus-Chronik I, 194; I, 211; II, 3.10.1934; II, 28.1.1937; II, 24.12.1937; II, 5.8.1939; II, 1.5.1941.

[729] Haus-Chronik I, 261.

spiel" bis zum „Mitt-Winter-Spiel" am Zyklus der Jahreszeiten. Für die Bühne des Herbstspieles konzipiert Wittig eine Raumaufteilung, in der die Zuschauer zwischen Sommer- und Wintersonnenbahn, Tenne, Wald, Weide und Kartoffelfeld sitzen; Sonne und Orion, St. Andreas und St. Michael, Kartoffelklauber, Hütejungen und Reisigleute agieren unter der Leitung von Hausvater und Hausmutter als Darsteller auf der Bühne rund um die zuschauenden Hausgenossen. Im Schlußdialog wird die Entsprechung von himmlischem und irdischem Geschehen hymnisch besungen: Während Andreas sein Erdenkreuz verklärt am Firmament entdeckt, nimmt der Orion auf der dunklen Erde den Widerschein seines Sternbildes wahr. Im Entdecken dieser Gleichheit werden trennende Entfernungen überwunden und der „Sinn" und das „Geheimnis" des Daseins erahnt.[730] Das „Spiel zum Erntefest" schließt mit dem Lied „In dieser Nacht sei Du mein Schirm"; Rattenfänger und Bauernleute, Mutter Erde und die Garbenbinder, Roggenmuhme und Kornbär beenden ihr heiliges Spiel mit einem „Gute-Nacht-Lied", das sie unter den Schutz Gottes und seiner Heiligen stellt.[731]

3. Modische Naturschwärmerei?

Im Juni 1928 erhält Joseph Wittig Besuch von einem Photographen, der im Auftrage des Leopold-Klotz-Verlages Aufnahmen von Wittig in seinem Haus und seiner ländlichen Umgebung machen soll. Eine der Ablichtungen, die an diesem Sommertag entstehen, zeigt Joseph und *Anca Wittig* auf der Veranda ihres Hauses, gemeinsam mit ihrem Schäferhund Hofwart, einem barfüßigen Jungen und einem Mädchen, Kindern aus der Verwandtschaft, denen die erdverbundene Gesundheit ins Gesicht geschrieben steht. Der Blick geht über die Balkonbegrenzungen hinaus in die Schönheit und Weite der offenen Neusorger Landschaft.[732] Ins Bild gebracht wird der aufs Land zurückgekehrte Professor, der inmitten von Volkstum, Natur und Familie einen Lebensgrund gefunden hat, welcher sich als Alternative zur komplizierten, entfremdeten, wissenschaftlichen Welt erweist. Das Image Wit-

---

[730] Vgl. November- oder Spätherbstspiel, 1, 18.

[731] Vgl. Das Spiel zum Erntefest, 15.

[732] Das Bild ist eingeklebt in die Haus-Chronik: vgl. Haus-Chronik I, 64.

tigs als Gelehrter, der sich aus der Weltstadt ins ländliche Domizil zurückzieht, ist kaum ohne den „grünen" Trend in den Weimarer Reformbewegungen zu verstehen, der das „Wunschbild Land" dem „Schreckbild Stadt" gegenüberstellt, die Einfachheit und Ursprünglichkeit des Naturerlebens als Alternative zu einer als unzureichend erlebten Wissenschaft und einer als krankmachend empfundenen Technisierung propagiert.[733] Doch so sehr die Beliebtheit Wittigs im Horizont dieser sehnsuchtsvollen Rückkehr zu Natürlichkeit und Ursprünglichkeit zu sehen ist, so wenig eignet er sich als Aushängeschild einer grünen Renaissance. Als ein junger Philologiestudent nach einigen Tagen des Besuches im Hause Wittig wieder abgereist ist, notiert Wittig in seine Haus-Chronik, Anka und er seien „froh, wieder allein zu sein und uns von dem Idealismus des Jungen erholen zu können. Er ist seit drei Jahren Rohkostler, außerordentlich empfindsam, mag kein Examen machen, träumt sich aber schon als Professor der Religionswissenschaft."[734] In einer Betrachtung zum Sonnengesang des hl. Franziskus erläutert Wittig, jenseits von „modischer Naturschwärmerei" oder romantisierender „Sentimentalität" gehe es darum, sich „trotz aller Not" von der Schöpfung zu einem Lied inspirieren zu lassen.[735] Für Wittig bedeutet die Zuwendung zur Kreatur keineswegs die Ausblendung der notvollen Wirklichkeit. Er erfährt den Trost der Kreatur *inmitten* des Leidens: Dunkelheit, Schwermut und Bedrängnis sind Wirklichkeiten, inmitten derer sich durch das Erleben der Schöpfungswirklichkeit eine Pforte öffnet, „durch die ein Weg zum Heile führt."[736] Die Gefahr einer naturschwärmerischen Ausblendung der „Not des Tages" sieht Wittig deutlich. Wo sie geschehe, werde „bittere Enttäuschung" die Folge sein. Dennoch sei es gerade das Vorhandensein von jenen nicht zu verachtenden „kleinen Lichtern", das inmitten des Leides tröste und auf jenes „Sonnenleben" hoffen lasse, welches dem Winter nicht mehr erliegen könne.[737] Die heilende Kraft der Schöpfungserfahrung

---

733 Vgl. F. Sengle, Wunschbild Land und Schreckbild Stadt, 448,450; U. Linse, Ökopax und Anarchie, 76, 107.

734 Haus-Chronik I, 35.

735 Der heilige Troubadour, 10.

736 A.a.O., 11.

737 Vgl. Mitt-Winter-Spiel, 4, 8.

wird von Wittig im Zusammenhang mit der von ihm erlebten Gebrochenheit und Bedrückung gesehen. Die *Conditio humana* mit ihrem Seufzen und ihrer Einsamkeit, ihrer Sehnsucht und ihren Tränen ist im Naturerleben nicht beseitigt, sondern aufgehoben und entlastet. Die Kreatur wird zum Zufluchtsort, der vom tröstenden Schöpfer Zeugnis gibt. In einer Hommage an seinen Schäferhund Hofwart schreibt Wittig, nicht nur er selber, sondern auch die anderen Familienmitglieder hätten sich in Stunden der Not bei dem Hund eingefunden: „Wir gehen auch zum Herrgott, aber was können wir dafür, daß wir seine Ruhe und Stille, seine Sanftheit und seinen Trost gerade bei dem Hunde finden."[738]

Die helfende Kraft der Schöpfung liegt für Wittig auch darin begründet, daß sie der menschlichen Disposition entzogen ist. Alle neuzeitlichen Machbarkeitsbemühungen reichen nach seiner Einschätzung an die machtvolle Wirklichkeit der Schöpfung nicht heran. Der Natur sei eine Kraft zu eigen, derer der Mensch nur bedingt „Herr" werden könne; sie sei eine Macht, die vom Menschen umworben, respektiert und nur auf diesem Wege in Dienst genommen werden wolle. Ob Gegenstände zu Beiständen werden oder dem Menschen dauerhaften Widerstand leisten, ist für Wittig nie endgültig auszumachen.[739] Bereit zu einer helfenden Unterstützung des Menschen seien die anderen Kreaturen nur dann, wenn man sie in ihrer Eigenart und Eigengesetzlichkeit ernst nehme. Dieser Respekt umfaßt für Wittig zum einen das Wissen um die Macht und Wildheit der Schöpfung und damit das Wissen um die Macht und Wildheit dessen, der diese Schöpfung ins Dasein ruft.[740] Zum anderen beinhaltet er das Eingeständnis des Menschen, das Geheimnis der Kreaturen bestenfalls fragmentarisch begreifen zu können. Ob der Mensch einem undurchschaubaren Dickicht rettungslos ausgeliefert ist oder ob in und über diesen Mächten und Gewalten die ordnende Hand Gottes erfahrbar wird, ist eine der entscheidenden Glaubensfragen in den letzten Lebensjahren Wittigs.

---

[738] Toll-Annele, 111. – Vgl. Dankesbrief für die Glückwünsche zum 70. Geburtstag, in: Haus-Chronik III, 9.1.1949.

[739] Für den Aufsatz „Aus meiner letzten Schulklasse" wählt Wittig bei der Wiederveröffentlichung im Buch „Der Ungläubige" den Titel „Widerstände und Beistände" (vgl. Der Ungläubige, 24-61).

[740] Vgl. Der Ungläubige, 104; Höregott, 151.

4. Geheimnisvolle Mächte

„Es gibt in der Schöpfung Gottes Kräfte, die sich verstecken; die anonym bleiben, und sich mit aller List gegen das Gesehen- und Genannt-Werden wehren."[741] Joseph Wittig weiß um die Anwesenheit von Mächten und Gewalten, Wesen und Unwesen, die das menschliche Leben umgeben und es bestimmen. Sie seien „wie unterirdische Wasseradern tief unter dem Erdboden"; ohne etwas von ihnen zu wissen, laufe der Mensch darüber hinweg und werde doch mächtig von ihnen beeinflußt.[742] Beim Bau seines Hauses wird Joseph Wittig mit einigen dieser Kräfte konfrontiert, die aufhaltend und fördernd in das Geschehen des Hausbaus eingreifen und die Bauleute vor die beunruhigende Frage stellen: „Was ist denn dies, das uns so mächtig widersteht?"[743] Leicht sei man geneigt, über jene Phänomene, die sich nicht rational erklären ließen, hinwegzugehen: „Sie sind zu wenig von unserer Art; sie sind unbequem; sie entziehen sich dem Experiment; sie lassen sich nicht erklären; sie sind - o pfui! - beinahe okkult, haben wenigstens 'so etwas Mystisches' an sich."[744] Während sie in vergangenen Zeiten ein Begriff gewesen seien, habe die Neuzeit kein Verhältnis mehr zu ihnen und ihrer geheimnisvollen Wirkmacht. Doch allein in einem Zurückgewinnen dieses Verhältnisses, allein im Wahrgenommen- und Angesprochenwerden können die Mächte nach der Einschätzung Wittigs aus der Position des feindlichen Gegenübers befreit werden. In den Bereich des „Du" geholt, werden sie zu dienstbaren Geistern, aus Widerständen werden sie zu Beiständen.[745] Jenseits der Welt des Verstehbaren findet Wittig einen Kosmos merkwürdig-unerklärlicher Ereignisse: von der geheimnisvollen Unverträglichkeit von Gegenständen bis zum psychosomatischen Zusammenhang vom Zustand des Hauses und der Befindlichkeit des Körpers.[746] Dank seines Freundes *Otto Eitner* findet sich Wittig in die

---

[741] Aus meiner letzten Schulklasse, 13.

[742] Aussichten, 24. - Vgl. Leben Jesu I, 293; Erschaffung und Fall der Engel, 12.

[743] Aussichten, 21.

[744] A.a.O., 10.

[745] Vgl. Aus meiner letzten Schulklasse, 22/3.

[746] Vgl. Leben Jesu II, 373; Der Weg zur Kreatur, 153/4; Vaterunser, 49, 52; Briefe, 117; Novemberlicht, 19.

Welt der Astrologie hinein.[747] Eitners Einschätzung, daß der Bewegungsrhythmus der Planeten maßgeblichen Einfluß auf das irdische Geschehen habe, wird von Wittig geteilt und in die eigene Erfahrungswelt hineinbuchstabiert.[748] Traumhaft schöne Sternkonjunktionen und klare Mondnächte lassen in der Haus-Chronik Beglückendes aufscheinen, das Saturn-Zeichen wird zur Kennzeichnung familiärer Konfliktsituationen eingesetzt, das Kriegsgeschehen im Horizont des astrologischen Makrokosmos betrachtet.[749] Am 12.1.1940 schreibt Wittig an *Helene Varges* vom „Gottvaterstern Jupiter", von der erwarteten Wiederkehr des Sternes von Bethlehem und der 1942 bevorstehenden Begegnung von Uranus und Saturn und fügt hinzu: „Das alles ist sehr spannend und aufregend für uns, die wir für die Astrologie doch ein wenig mehr als ein hochmütiges Lächeln haben."[750]

Mehr als herablassenden Spott hat Wittig auch für die von *Hermann Swoboda* entwickelte Lehre vom Sieben-Jahres-Rhythmus. Für die eigene Lebensgeschichte und die biographischen Stadien im Leben seiner Freunde kann Wittig die Gesetzmäßigkeit von Sieben-Jahres-Abschnitten nachvollziehen und seine Vita in diesem zeitlichen Koordinatensystem rekonstruieren.[751] Eine geheimnisvolle Macht entdeckt Wittig bei der Erforschung von „Volksglaube und Volksbrauch in der Grafschaft Glatz" in magischen Quadraten, Zauberkreuzen und volkstümlichen Präventivmitteln gegen Krankheiten und böse Geister. In seinem 1939 erschienenen Werk über die Bräuche der Grafschaft stellt er als Chronist Hinweise zum christlichen Jahreskreis neben Berichte über Hexen und Zauberer, gezeichnete Menschen und übersinnliche Kräfte, über Ahnungen, Anzeichen und die Kraft heilender Maße, Zahlen und Buchstaben. Die zurückhaltend eingefügten Kommentare - „Was sollen wir nun zu dem allen sagen? Steckt irgendeine

---

[747] Vgl. Haus-Chronik II, 15.2.1934, 28.1.1937.

[748] Vgl. O. Eitner, Von Jahr zu Jahr, 17. - Die Ausführungen Eitners zu den Sternkonstellationen bilden die Seiten 5-19 der Ausgabe „Guda Obend" im Jahr 1942; ihnen folgt auf den nächsten Seiten eine Betrachtung Joseph Wittigs über: Zauberquadrate in der Grafschaft Glatz, 21-27.

[749] Vgl. Briefe, 323, 355; Haus-Chronik II, 6.2.1939; 5.8.1939; 8.10.1939; 19.11.1939; 26.12.1942; 15.11.1943.

[750] Brief an Helene Varges v. 12.1.1940, in: Briefe, 323.

[751] Vgl. Aussichten, 34, 36; Briefe, 227; Volksglaube, 77; Novemberlicht, 54.

Wahrheit und eine Kraft in den magischen Quadraten?"[752] - enthalten sich der ausdrücklichen Kritik, zeigen vielmehr Respekt vor den Vorstellungen und Erfahrungen, die in dieser Lebenskunde verborgen sind. In seinem 1948 erschienenen Buch „Novemberlicht" wagt er sich in „drei Skizzen über Allerseelen, Totensonntag, okkulte Erfahrungen und den Auferstehungsleib" an parapsychologische Phänomene heran. Der Spuk im Haus des Neffen *August Wittig* in Fridolfing, das geheimnisvolle Spielen einer Orgel in der nächtlichen Kirche, die Empfänglichkeit photographischer Platten für die Ausstrahlung Verstorbener oder die unerklärliche Verletzung des Schreibers während seiner Arbeit an diesen Vorträgen sind einige Mysterien, von denen Wittig zu berichten weiß - ohne sich dabei sicher zu sein, ob er damit „an die Grenze des Sagbaren, des Taktes und des sogenannten guten Geschmacks gegangen" sei.[753] Die Schwierigkeit, von der Anwesenheit der Toten adäquat zu sprechen, liegt für Wittig weniger darin begründet, daß sich das Unbeweisbare dem rationalen Diskurs entziehe: „Sicher und unwidersprechbar" sei nichts, was sich auf die Ewigkeit beziehe.[754] Problematisch sei die Rede von Erfahrungen mit Verstorbenen deshalb, weil es aus Respekt vor den Verstorbenen nicht statthaft sei, ihre Ruhe „aus Neugierde oder Schaudersucht" zu stören, wie das in manchen spiritistischen Zirkeln üblich sei.[755] Die okkulten Erfahrungen bleiben undurchschaubar, ungeordnet und fragmentarisch. Sie entziehen sich notwendig dem systematisierenden Zugriff, desavouieren die überhebliche Einschätzung, man könne das Leben in den (Be-)Griff bekommen, lassen jedoch das Leben erahnen als ein Ereignis, das sich machtvoll am Menschen vollzieht.

---

[752] Volksglaube, 34.

[753] Novemberlicht, 35. - Vgl. a.a.O., 19, 20-22, 29, 32-34, 39; Ein Waisenschicksal vor 100 Jahren, 85.

[754] Novemberlicht, 27.

[755] A.a.O., 36/7.

XI. Politik

Zu den unterschiedlichen Menschen, die zu Joseph Wittig Kontakt suchen, zählt der Drechsler *Friedrich Muck-Lamberty*. Als er 1929 Beziehung zu Wittig aufnimmt, reagiert dieser zunächst positiv auf die Umwerbung und ist begeistert von der Schöpfungsverbundenheit Muck-Lambertys,[756] stellt dann jedoch ernüchtert fest, offensichtlich gehe es Muck-Lamberty nur darum, ihn „für die nationalistische Bewegung gewinnen." In einem Brief an *Martin Buber* berichtet Wittig von dieser Begegnung und fügt dann fragend hinzu: „Bin ich denn so unklar, daß soviele meinen, ich könnte mich von meinem Weg abbringen lassen?"[757]

Joseph Wittig findet sich zwischen den Stühlen: zwischen den Kirchen, zwischen Christen und Atheisten, zwischen bekennenden und „deutschen" Christen, zwischen jüdischen und nationalsozialistischen Freunden.[758] In seiner Zwischenposition reagiert Joseph Wittig auf die Anfragen seiner Gesprächspartner situativ und in einer problematischen Widersprüchlichkeit, die sich der eindeutigen Zuordnung entzieht. Die politische Einstellung Joseph Wittigs zur Weimarer Republik und zum erstarkenden Nationalsozialismus soll daher zunächst an Hand einzelner Textfragmente dargestellt werden.

1. Pfingststurm oder Rebellion?
Politische Stellungnahmen von 1927 bis 1934

Zu den grundlegenden Erfahrungen Joseph Wittigs während der Weimarer Republik gehören einerseits die Konfrontation mit einer als reglementierend empfundenen Kirche, andererseits die Teilnahme an den Aufbruchsidealen der Jugendbewegung und die erlebte Freiheit der freundschaftlichen Grenzüberschreitung, die in den „Una-Sancta"-Hoffnungen einer aus der Kirche herausgeborenen Gesellschaft ihre umfassende Perspektive erhalten. Für Wittig ist als Kirchengeschichtler evident, *daß* Kirche und Gesellschaft einem andauernden Veränderungsprozeß ausgesetzt sind. *Wie* eine neue Form der

---

[756] Brief an Martin Buber v. 6.6.1929, in: a.a.O., 143/4.
[757] Brief an Martin Buber v. 3.7.1929, in: a.a.O., 146.
[758] Vgl. Aussichten, 123; Briefe, 145.

(Glaubens-)Gemeinschaft aussehen kann, versucht Wittig in Aufsätzen gegen Ende der 20er Jahre zu bedenken. Im Bild des Meister-Schüler-Verhältnisses nimmt er 1927 den Wachstumsgedanken auf, der ihn in seinen ekklesiologischen Überlegungen zu Beginn der 20er Jahre beschäftigt hatte, und überträgt ihn nun auf die politischen Verhältnisse. Die Demokratie sei die Meisterprobe der Monarchie: „Des Königtums höchster Ruhm ist die Demokratie, die seine Monarchie ablöst. Die Zeit des Königs ist erst dann wirklich vorüber, wenn seine Untertanen königlich geworden sind."[759] Weit entfernt von einem sehnsuchtsvollen Zurückblicken auf die Zeiten der Monarchie weiß Wittig mit diesem Bild seine Zustimmung zur gegenwärtigen Staatsform auszudrücken und zugleich seine Zurückhaltung ihr gegenüber zu erklären. Das Ziel der demokratischen Umformung - ein königliches Volk - sei noch nicht erreicht, die Stunde der Demokratie noch nicht da. Schaue man in die Journale und Illustrierten, blicke den Betrachter nicht „das mündig gewordene deutsche Volk" an, sondern ein „Völkchen", das seine Meisterschaft versuche durch „Rekordleistungen im Laufen, Springen, Fliegen, Tanzen, Ringen, schier als ob die früheren Ideale der Zirkuswelt die Ideale des deutschen Volkes geworden wären."[760] Die andere Qualität, die sich Wittig von einem königlichen Volk in einer demokratischen Staatsform wünscht, bringt er mit der Bezeichnung „priesterlich" in Verbindung.[761] Wenn es in der Demokratie gelinge, zu einem Volk mündiger Menschen zu werden, das die Banalität des „Völkchens" übersteigt und sich über parteipolitische und religiöse Unterschiede hinweg als eine Größe begreife, übersteige das eine rein weltliche Dimension: das „Volk" müsse „als religiöse Tatsache erkannt werden."[762] Ohne näherhin die Form des werdenden Volkes bestimmen zu können, bleiben allgemeingültige Zuschreibungen bestimmend - wie die Überwindung der Scheidungen oder ein Leben aus der Tiefe und das Warten auf eine noch offene Zukunft: „Wie weit, wie weit ist es noch bis ans Ziel? Und wir

---

[759] Der Advent des Demokraten, 366.

[760] A.a.O., 367.

[761] A.a.O., 368.

[762] A.a.O., 369.

dachten, die Nationalversammlung in Weimar sei schon der Geburtstag unserer Republik! Sie war nur die erste Bewegung."[763] 1928 bittet *Eugen Rosenstock* seinen Freund um eine Geschichtsschreibung des „Löwenberger Arbeitslagers". Die Darstellung dieser Arbeitsgemeinschaft, an der neben Rosenstock unter anderem der Student *Helmuth James von Moltke* mitwirkt und die später als ein Initium für die Beratungen des Kreisauer Kreises gesehen wird,[764] veranlaßt Wittig erneut zu einem Loblied auf die Überwindung von Parteiungen und den Anfang einer umfassenden Volk-Werdung. Bei der Zusammenarbeit in Löwenberg sei deutlich geworden, „daß die Deutschen mehr vermögen als Parteifehde, Klassenkampf und Standeseigennnutz; daß wenigstens kleine Gruppen Volkes werden können, in denen sich Angehörige aller Parteien, Klassen und Stände in friedlichem Zusammenleben und ruhiger Rede und Gegenrede, Hilfe und Gegenhilfe vereinigen."[765] Bedeutsam sei, daß sich auch die Wissenschaft habe berühren lassen von der „schreienden Volksnot": Sie habe den rein akademischen Rahmen verlassen und auf die Hilfeschreie von „Fleisch und Blut" gehört, die mehr gewesen seien als „irgendwelche sehnsuchtskranken Ideale"; sie sei eine andere geworden in der Erfahrung jener Arbeits-Gemeinschaft, die sich in Löwenberg zwischen „Arbeiterschaft", „Bauernschaft" und „Universität" ereignet habe. Die Folgen dieser Grenzüberwindung seien kaum absehbar: „Wie hier unsere Neusorger Bauernfelder, so werden es auch die Fabriksäle und die Auditorien der Universität spüren, daß ein anderer Schritt über ihren Boden geht. Keine von den drei Mächten darf mehr den ganzen Menschen an sich ziehen; der ganze Mensch gehört ins Volk."[766] Diese Volk-Werdung sei weder durch ministerielle Erlasse noch durch politische Taktik herzustellen oder irgendwie anders „von außen" zu initiieren. Jenseits aller Machbarkeit liege der „Volkskeim" vielmehr „in der Seele" der Menschen. Allerdings sei es eine zu bestehende Herausforderung, „ihn aus der Seele heraus zu gesunder Entwicklung hervorzulocken und zu rechter Formung anzuhal-

---

[763] Ebd.

[764] Vgl. C. Illian, Freiheit in konkreter Verantwortung, 340-342.

[765] Es werde Volk, 14. – Vgl. a.a.O., 12, 18.

[766] A.a.O., 39.

ten."[767] Die Beschreibung des Löwenberger Geschehens mündet damit in eine Utopie von Volk-Werdung: Bestärkt durch die Erfahrung eines gelungenen Anfangs könne für die Teilnehmer des Löwenberger Arbeitslagers das „Volk" zum inspirierenden Gegenbild zu einer Gesellschaft sozialer Abgrenzung und Isolierung werden.

Die Verknüpfung von konkreter Erfahrung und utopischem Entwurf unternimmt Wittig auch in der szenischen Darstellung des „Mitt-Winterspiels", die er im Herbst 1932 für den Jugendhof in Hassitz entwirft.[768] Zum Auftakt skizziert der Spielleiter die Ausgangssituation: „In der Welt will nichts mehr stimmen, / streiten alle wider alle; / nirgends will ein Sinn aufglimmen! / Anders ist's in unserer Halle."[769] Pointiert wird das Jahreskreisspiel als Gegenentwurf zur gesellschaftlichen Realität begriffen. Im Hineingehen in das Drama von Licht und Dunkel, von Dämonie und Klarheit wird nach Zukunftsperspektiven gesucht. Der biblische Dialog des Königs Herodes mit den drei Magiern spiegelt die Kontraste der politischen Wirklichkeit. Herodes personifiziert den korrupten, geld- und machtgierigen Arbeitgeber: „Mit bißchen Schieben und Rationieren / kann ich die ganze Welt regieren."[770] Die streikenden Arbeiter werden von ihm unverhohlen bedroht und lächerlich gemacht. Für sie wird die Prophetie vom neuen Herrscher zur Verheißung: Als Kaspar, Melchior und Balthasar sind sie nicht mehr nur morgenländische Wanderer, sondern die „Leute vom Hassitzer Arbeitsdienst", die mit dem Wissen um die Geburt des Lichtes Christi dem Arbeitgeber-Herodes selbstbewußt entgegenzutreten vermögen.[771] Die Erfahrung der Winter-Wende, die ihnen in ihrem Zusammenwirken in Hassitz zuteil geworden ist, nehmen sie mit auf den Weg in ihren Alltag: „Was uns in Hassitz neugeboren, / das geben wir nie und nimmer verloren. / Wir retten es, und folgt auch dahinter / ein grausamer, arbeitsloser Winter."[772]

---

[767] A.a.O., 30.

[768] Vgl. R. Poppe, Erinnerung an Joseph Wittig, 368.

[769] Mitt-Winter-Spiel, 3.

[770] A.a.O., 10.

[771] A.a.O., 13.

[772] A.a.O., 16.

Angesichts des erstarkenden Nationalsozialismus bittet der Verleger *Leopold Klotz* evangelische Autoren um eine Stellungnahme zu der Frage, ob und wie die als „Freiheitsbewegung"[773] auftretenden Nationalsozialisten vor dem Forum des evangelischen Glaubens bestehen können. Ausdrücklich geht es Klotz in seiner 1932 veröffentlichten Sammlung „Die Kirche und das dritte Reich" darum, die verschiedenen Richtungen des evangelischen Glaubenslebens zur Sprache kommen zu lassen. Von entschiedenem Widerspruch über vorsichtige Zustimmung bis zu nachdrücklicher Unterstützung reichen die Optionen der beteiligten Theologen. Zu dieser kontroversen evangelisch-nationalsozialistischen Verhältnisbestimmung wird der letzte Beitrag geschrieben von Joseph Wittig, der im Vorwort des Verlegers fraglos eingereiht wird in die Gruppe der evangelischen Kirchenvertreter.[774] Wittig nimmt zunächst die Begeisterung und die Gläubigkeit der jungen Generation wahr und knüpft an seine Erfahrungen mit der Jugendbewegung an. Er sehe die „Augen der jungen Menschen", ihr „unbegrenztes Vertrauen" und ihre Hoffnung auf einen Weg in die Freiheit und weigere sich, einer Einordnung dieses Aufbruchs in das Reich der Dämonie zuzustimmen.[775] Zu sehr habe er selber den Glauben als eine „wilde Kraft" beschrieben und sich danach gesehnt, von ihm mit unmittelbarer Gewalt ergriffen zu werden, als daß er nun lediglich skeptisch urteilen könne. Das Heilsame des Aufbruchs sehe er darin, daß die Fixierung auf Vernunft und Klugheit durchbrochen werde und Intelligenz und Berechnung, Verstand und Willen als nicht hinreichend zur Erlösung des Menschen begriffen würden. Durch „erdbebengleiche Stöße" werde die bisherige Sicherheit in Frage gestellt. Die Suche nach dem „neuen Urgrund" sei zwar unvollkommen und unausgereift, deshalb aber doch nicht zu verurteilen: „Sie sagen Jugend, sie sagen Blut, sie sagen deutsches Wesen, nordische Art; sie sagen sogar Chaos, Sturheit; sie möchten sagen: Gott, Glaube, wenn diese Namen nicht schon im Lexikon der bankrott erklärten Kräfte ständen und von diesen entleert worden wären. Sie sagen lieber lä-

---

[773] L. Klotz, Vorwort des Herausgebers, in: Die Kirche und das dritte Reich. Fragen und Forderungen Deutscher Theologen, Gotha 1932, 5.

[774] Vgl. L. Klotz, Vorwort des Herausgebers, 6.

[775] Sie können uns nichts versprechen, 135.

cherliche Namen als mißbrauchte Namen."[776] An der Erfahrung des Glaubens als ergreifenden, überraschend-verändernde Macht habe auch das politische Geschehen Maß zu nehmen. Er könne nicht sagen, „ob die Nationalsozialisten von dieser Seite kommen", allerdings sei ihm deutlich, daß „die Retter des Volkes" allein aus dieser Gläubigkeit kommen müßten.[777] Sobald die Nationalsozialisten sich als Partei verständen, mit Klugheit taktierten oder mit Versprechungen würben, sei diese Kraft diskreditiert: „Wenn sie von Gott kommen, können sie uns nichts versprechen, außer daß sie den Willen Gottes erfüllen werden, den unerforschlichen und unaussprechlichen."[778] Muß Wittig mit dieser Stellungnahme ein unreflektierter Umgang mit einer inhaltslos aufgefaßten „Gläubigkeit" zugeschrieben werden und seine Erklärung als Solidaritätsadresse an die nationalsozialistische Bewegung gewertet werden? In seiner Freundschaft mit *Karl Bornhausen* und in den Begegnungen mit seinem Schülerkreis wird Wittig zu weiteren Aussagen veranlaßt, die diese Einschätzungen nahezulegen scheinen. Mit einem Flugblatt sorgt die Fachschaft unter Inspiration von Bornhausen-Schülern im Frühjahr 1934 für Unruhe am evangelisch-theologischen Fachbereich in Breslau:

„Was sucht ihr in euren stickigen Hörsälen, in euren überfüllten Instituten und Seminaren? Das Leben ist aus diesen Gehäusen entwichen. Wen betet ihr an in den dunklen Winkeln der Kirchen hinter geschlossenen Türen? Oeffnet Eure Augen und seht: Gott ist euch dort nicht nah. Er ist dort, wo der Pflüger den harten Grund pflügt, wo der Steinklopfer Steine bricht. Er ist mit ihnen in Sonne und Regen und wo sein Kleid bedeckt ist mit Staub. Legt ab eure Talare und eure Scheinheiligkeit und kommt herab zu eurem Heiland auf den Erdboden eures Volkes!"[779]

In der Zeitung des Bornhausen-Kreises „Auf der Wacht" nimmt Joseph Wittig zu diesem Flugblatt Stellung. Zwischen der Verbundenheit mit seinen Kollegen, deren „Sturm der Entrüstung" er nachvollziehen könne, und dem Verständnis für die „feurigen Zungen" der

---

[776] A.a.O., 137.

[777] Ebd.

[778] Ebd.

[779] Auf der Wacht 3 (1934) 83. – Zur Auseinandersetzung um das Flugblatt: vgl. M. Boge, Rebellion, 79-81; G. Walter, Grosse Unruhe an der Breslauer Fakultät, 81-82; ders., Zu den Vorgängen an der Breslauer Fakultät, 95-96.

Studenten wendet sich die Sympathie Wittigs schließlich den Aufbegehrenden zu, und er wirbt um Verständnis für die Studenten und ihr undiplomatisches Vorgehen.[780] Wittig nimmt in seiner Replik auf den Studenten-Aufruf vor allem die aufbrausende Impulsivität der Jungen und ihre Forderung nach einer glaubhaften Verbundenheit von Handeln und Lehre auf und knüpft damit sowohl an die eigenen Schriften zu Beginn der 20er Jahre als auch an die Erfahrungen in Löwenberg und Hassitz an. In anderen Beiträgen zur Zeitschrift „Auf der Wacht" rückt für ihn die Hoffnung auf eine nationale Verwirklichung der „Una-Sancta"-Utopien in den Mittelpunkt. Das Wort „Nationalsozialismus" fällt jedoch nicht; ohne parteipolitische Festlegung spricht Wittig vom „neuen deutschen Reich". In den Umbrüchen einer Volk-Werdung ist ihm daran gelegen, das Christliche dieses Geschehens zur Geltung zu bringen - auch gegen eine anders geartete Selbstinterpretation der treibenden Kräfte Deutschlands: „Das Unchristliche, das in unserem Lande jetzt einen ziemlich starken Lärm macht - es ist eben aufgeregt, und man kann das verstehen!"[781] Seine interpretatorischen Bemühungen erscheinen ihm notwendig, weil er fürchtet, daß die Volkwerdung sonst ihrer christlichen Grundlage beraubt werde. Ob ihm in diesem Bemühen Erfolg beschieden ist, erscheint Wittig bereits 1934 fraglich. In seiner letzten Erzählung für die Zeitung „Auf der Wacht" im Dezember 1934 erzählt er, er sei bei der Lektüre dieser Zeitschrift - „im Herzen zwei Dutzend Ja und das halbe Dutzend Nein, die sich in heutiger Zeit immer bei der Lesung von Zeitschriften einsippen"[782] - durch den vorzeitigen Auftritt der heiligen drei Könige unterbrochen worden. Die drei Jungen beginnen eine zunächst komisch anmutende Aufführung. Als das Spiel der Jungen jedoch völlig durcheinander gerät, fügt Wittig mit einem Seitenblick ein: „Ein bißchen Kirche wird doch das deutsche Christentum nötig haben, damit es nicht zu sehr ausser Facon kommt."[783]

Mit diesem Artikel endet Wittigs Mitarbeit an der Zeitung „Auf der Wacht". Die Hoffnung auf eine religiöse und völkische Einigung ist

---

[780] Vgl. Pfingststurm oder Rebellion?, 85.

[781] Weihnachten 1933, 4.

[782] Die heiligen Dreikönige vom Hinterberge, 153.

[783] A.a.O., 154.

278

mit der Entzweiung von bekennender Kirche und Deutschen Christen fern gerückt, die Euphorie in der Erwartung des „Pfingststurmes" ist verflogen. Die gemeinsam mit *Eugen Rosenstock* erträumte „zukunftsschwangere Gestalt der 'Gesellschaft' mit einem hohen Auftrag von Gott"[784] scheint ebenso weit entfernt wie die mit *Karl Bornhausen* proklamierte „christliche Zukunft, in der Volkstum und Vaterland zu den höchsten Gütern des Glaubens gehören."[785] Trotz dieser Veränderung läßt sich die Haltung Wittigs jedoch nicht dahingehend vereinfachen, seine anfängliche Hoffnung auf Volkwerdung und Konfessions-Überwindung sei einer enttäuschten Skepsis gegenüber dem Nationalsozialismus gewichen. Daß seine politische Einstellung vielschichtiger und widersprüchlicher ist, läßt sich an weiteren Zeugnissen aus den Jahren 1930-1939 ablesen.

2. Tagespolitische Momentaufnahmen

Joseph Wittig - ein Oppositioneller?

Unmittelbar nach der Machtergreifung der Nationalsozialisten führen sich die neuen Machthaber mit einer Hausdurchsuchung bei Wittig ein, die dieser in einem Brief an *Martin Rade* nur als „Groteske" bezeichnen kann.

„Drei Mann hoch mit Revolvern und Gummiknüppeln. Da der eine schon manchmal zu mir kam, um über mancherlei religiöse Dinge zu sprechen, vermeinte ich, er käme mit Freunden zum gleichen Zweck. Aber nein, es sei bekannt geworden, daß führende Kommunisten in meinem Hause bei Tag und bei Nacht aus- und eingingen. Als der junge Mann meinen Worten keinen Glauben schenkte und mich zur Wahrhaftigkeit ermahnte, wurde ich ungemütlich, führte aber die Drei in mein Arbeitszimmer, weil sie eben doch Haussuchung halten müßten. Verlegen vor meinen vielen Büchern ersuchten sie mich, alles Kommunistische selber auszuliefern. Ich zeigte ihnen die Bibel; das andere müßten sie selber suchen. Anka brachten ihnen Thrasolt's 'Vom frohen Leben'. Da gaben sie das Suchen auf."[786]

---

[784] Vom richtigen Leben und von Leo Weismantel, 117.

[785] Deutsche Thesen 1931, 12.

[786] Brief an Martin Rade v.31.3.1933, in: a.a.O., 222. - Vgl. a.a.O., 219, 221; Haus-Chronik I, 258/9.

In der Skizzierung des „Antrittsbesuches" der nationalsozialistischen Macht werden Grundlinien des politischen Koordinatensystems in Neusorge deutlich: Die überschaubare und vertraute Nachbarschaftswelt wird konfrontiert mit den ungeklärten Umständen, die zur Hausdurchsuchung führen und die auch nach Beschwerde und Nachforschung Wittigs mysteriös bleiben. Das bewaffnete Auftreten der Machthaber läuft sich tot in einer Mischung aus Überforderung und Dilettantismus; an Stelle des Gespräches (auch) mit Nationalsozialisten treten Anfeindung und Auseinandersetzung. Als nach dem Abzug des Durchsuchungskommandos der vierjährige *Johannes* die Ahnung äußert: „Ich weiß, daß etwas Böses kommt"[787], erscheint das dem Vater als zutreffende Deutung. Im Sommer 1933 kommt es zu einer „merkwürdigen Hetze"[788] gegen Wittigs Madonnenspiel. Das „deutschvölkische Christusbekenntnis", das Wittig im Oktober 1934 vor etwa hundert Volksschullehrern hält und in dem er „den Namen Christi als unerläßliche Vorbedingung für eine Volkskunde" bezeichnet, führt bei einem Teil der Zuhörer zu lautstarkem Widerspruch.[789] Diese Momentaufnahmen lassen bei Joseph Wittig weniger auf Begeisterung und Aufbruchsstimmung als auf Zurückhaltung und besorgte Skepsis schließen. Auf die Nachricht von der erzwungenen Emeritierung *Hermann Mulerts* und den Umbau der Fakultät reagiert Wittig sarkastisch: „'Die ganze Fakultät umgebaut'! Da bin ich ja begierig, was das für ein Bau werden wird."[790]

Die bei der Hausdurchsuchung geäußerte Unterstellung, Wittig habe Kontakt zu Kommunisten, entbehrt nicht eines historischen Anknüpfungspunktes. Im Hause Wittigs, das als einziger Neusorger Haushalt neben bürgerlichen Blättern eine sozialdemokratische Zeitung abonniert,[791] sind beispielsweise im Sommer 1930 zwei Besucher aus dem Kreis der Wiener „Religiösen Socialisten" zu Gast, von denen Wittig berichtet, daß sie mühsam für die Reise nach Neusorge gespart hätten und daß ihre Anhänglichkeit ihm „wirklich wohlgetan" habe.[792] Die

---

[787] Kinder-Chronik Johannes Wittig, 4.3.1933. - Vgl. Briefe, 222.

[788] Haus-Chronik I, 271.

[789] Vgl. Haus-Chronik II, 3.10.1934.

[790] Brief an Hermann Mulert v. 18.11.1935, in: Briefe, 252.

[791] Vgl. a.a.O., 176.

[792] Brief an Rudolf und Luise Reich v. 4.9.1930, in: a.a.O., 163.

grenzüberwindenden Begegnungen der 20er Jahre werden von ihm im Rückblick auch beschrieben als Durchbruch zu einem „Kommunismus und Kollektivismus, gegen den der politische Kommunismus und Kollektivismus nur ein Schattenspiel ist."[793] Diese von Wittig anfanghaft erfahrene Gemeinschaft entzieht sich einer fixierenden Einordnung in parteipolitische Programme. Bezeichnenderweise bleibt sein Sprechen vom „werdenden Volk" in nationalsozialistischer Zeit verdächtig. Als Wittig 1933 fordert, das Volk dürfe nicht als Produkt einer kirchlichen oder staatlichen Zusammenführung gesehen werden, sondern müsse „von sich aus" Volk sein,[794] bringt sein Artikel der publizierenden Zeitschrift ein halbes Jahr Druckverbot ein. Zu den Entgrenzungserfahrungen der 20er Jahre gehört ein neugewonnenes Verhältnis zu anderen Religionen. Wittig vermag auch im Leben eines *Mahatma Gandhi* gottgegebene Führerschaft zu entdecken[795] oder in der islamischen Gläubigkeit staunend das „Wunder von Männlichkeit und Mündigkeit" wahrzunehmen.[796] Vor allem aber läßt die Weitung der Horizonte ein jüdisch-christliches Verhältnis entstehen, das in der Entdeckung der Kreatur nicht vom Trennenden bestimmt ist, sondern vom gemeinsamen Wissen über jene „Tiefe im Leben, wo eine Freundschaft möglich und – weit mehr – unausschlagbar ist."[797] Der nationalsozialistischen Hetze zum Trotz dauern die Freundschaften zu *Martin Buber, Ernst Simon* oder *Emanuel bin Gorion* über das Jahr 1933 hinaus an; die Münchener Jüdin *Hanna Hitze* findet in Neusorge für einige Zeit eine rettende Unterkunft.[798] Ärgerlich äußert sich Wittig über die Kompromißbereitschaft der evangelischen Kirche, mit der sie unter anderem die Amputation des Alten Testamentes zulasse.[799] Nach der Emigration Bubers zitiert

---

[793] Vom richtigen Leben und von Leo Weismantel, 118.

[794] Vgl. Toll-Annele, 34.

[795] Vgl. Lehre und Tat, 83.

[796] Die Wüste, 324.

[797] Aussichten, 129.

[798] G. Pachnicke nennt den Namen Hanna Hitzes in den Anmerkungen des Briefbandes als Ergänzung zur Aussage Wittigs gegenüber dem Schweizer Ehepaar Reich, man habe Verfolgte unter Todesgefahr versteckt, aber in den Briefen und Aufzeichnungen davon nichts mitteilen können (vgl. Anmerkung zum Brief an Rudolf und Luise Reich v. 2.3.1947, in: Briefe, 436.)

[799] Vgl. a.a.O., 243.

Wittig Worte des Freundes, ohne dessen Namen zu nennen, und transportiert so die gemeinsame Glaubenswelt subversiv in die Zeitschrift „Positives Christentum".[800] Bei einem Schulungsabend kommt es zur Auseinandersetzung Wittigs mit dem Redner, durch dessen christentumsfeindliche Polemik sich Wittig herausgefordert sieht: „Der Gekreuzigte an der Wand vebot mir das Schweigen."[801] Wittig wagt die Konfrontation und erläutert dem Redner: „Was Sie jetzt gesagt haben, ist nicht wahr. Ich bin schon mehr als sechzig Jahre Christ und weiß da besser Bescheid."[802]

Antisemitische Passagen und „nationaler Kitsch"

Dennoch finden sich auch in den Schriften Wittigs Aussagen, die vom Antisemitismus in Deutschland infiziert sind. Das gilt etwa, wenn er das Volksbrauchtum in der Grafschaft Glatz darstellt und in seine Beschreibung des Johannisfestes die Bemerkung einfügt: „Johannes ist vom deutschen Volke zu einem so echt deutschen Manne gemacht worden und er hat den Juden so gründlich die Wahrheit gesagt, daß sein Name keine Schande ist."[803] Vollkommen der nationalsozialistischen Ideologie entsprechend ist die Beschreibung der „letzten vier Jahre", mit der die „Chronik der Stadt Neurode" abgeschlossen wird. Hinsichtlich der kulturellen Veränderung seit 1933 wird vom Autoren der Chronik festgehalten:

„Fremdes Blut und fremder Geist mußten aus dem Körper des deutschen Volkes und des deutschen Landes ausgesondert werden. (...) Unaufhaltsam griff der Kampf um die Sicherung der Führerschaft und der Volksgemeinschaft auch auf das weltanschauliche Gebiet über, auf dem der jüdische Geist einen besonders starken Einfluß gewonnen hatte. In der Literatur, Kunst und Musik gelang die Ausschaltung dieses Geistes verhältnismäßig rasch. Schwerer war es, das kirchliche Leben auf dem Boden deutscher Führerschaft und körperlicher wie geistiger Rassereinheit zu erneuern und der kirchlichen Spaltung des deutschen Volkes zu begegnen."[804]

---

[800] Junge Christen, 1.

[801] Brief an Marieluise Recke v. 25.1.1938, in: Briefe, 286.

[802] Roman mit Gott, 65.

[803] Volksglaube, 65.

[804] Chronik der Stadt Neurode, 524.

Selbst wenn diese Passage der Neuroder Chronik eine von den Nationalsozialisten durchgesetzte Übernahme der Parteidoktrin ist, ist sie
doch veröffentlicht unter dem Namen Joseph Wittigs. Doch so befremdlich dieser Abschnitt auf dem Hintergrund der Verbundenheit
Wittigs mit jüdischen Freunden erscheint, noch unverständlicher und
geradezu widersinnig mutet der Kommentar an, mit dem er *Martin
Buber* von der Chronik berichtet: „Da dieses Werk ganz im Geiste
unserer Kreaturarbeit steht, hätte ich es Ihnen gerne zugesandt."[805]
Muß diese Widersprüchlichkeit als Ausdruck eines fehlenden Reali-
tätsbezuges des Neusorger Theologen gewertet werden? Gibt es irgendwelche Erklärungsmöglichkeiten für diese Aussage? Wittig versteht sein Schreiben an der Neuroder Chronik ausdrücklich als Anknüpfung an die „Kreaturarbeit", weil er sich in der Zuwendung zur
konkreten Geschichte mit jenem „dritten Testament"[806] in Berührung
weiß, das ihm zur Offenbarung der Gegenwart Gottes in der geschaf-
fenen Welt wird. In der Arbeit an der Chronik kommt er in Berührung mit dem Schöpfungsereignis der Neuroder Geschichte. Dieser
Kontakt wird zum erlösenden Refugium. Er sei mit dieser Arbeit
„wie auf einem sicheren Schifflein über die Wellen und Untiefen" des
Jahres gekommen, schreibt Wittig im Rückblick.[807]
Nachdem Wittig zu Beginn der nationalsozialistischen Herrschaft
vermutet hatte, er werde nichts mehr schreiben können, da er die geforderte „Gottlosigkeit", eine „Vermeidung aller Nachklänge religiöser Sprache",[808] nicht mitmachen könne, erscheint ihm die Bitte um
das Schreiben der Stadt-Chronik oder die Einladung zu öffentlichen
Vorträgen keinesfalls selbstverständlich. Die dauernde Gefährdung
des religiösen Schrifttums durch ein Verdikt der Zensoren zwingt
Wittig in seiner Suche nach Publikationsmöglichkeiten zu ständiger
Vorsicht und taktischer Schläue.[809] Wittig sieht sich zum Gebrauch

---

[805] Brief an Martin Buber v. 7.1.1937, in: Briefe, 264.

[806] Vgl. Christgeburt, 128.

[807] Brief an Martin Rade v. Weihnachten 1935, in: Briefe, 254. – Vgl. Haus-
Chronik II, 25.12.1936; Brief an Eugen Rosenstock v. 1.3.1936, in: Briefe,
256.

[808] Brief an Emanuel bin Gorion v. 17.3.1933, in: a.a.O., 219. - Vgl. a.a.O., 341,
342.

[809] Vgl. die Herausgabe des Buches: Es war einmal in Schlesien, 1-17.

einer Sprache gezwungen, die mit „nationalen Kitsch"[810] versehen ist.
Ob er selbst diese Einfügungen vornimmt oder ob seine Artikel von
anderen verändert werden, bleibt offen. Eine Betrachtung, die er
1938 unter dem Titel „Der Pfingstgeist" an die Redaktion der Zeitung
„Der Hausfreund" sendet, erscheint unter der Überschrift „Der neue
Geist" und enthält – wie Wittig auf dem Rand seiner Zeitungsausgabe
handschriftlich vermerkt – eine Fassung, die „von der Schriftleitung
nationalsozialistisch überarbeitet" ist.[811]

In den Erzählungen aus den 30er Jahren, die im Buch „Toll-Annele
will nach Albendorf" zusammengefaßt sind, finden sich einige dieser
opportunen Einfügungen. Wittig singt Hymnen auf die gegenwärtige
Auferstehung Deutschlands, bei der das deutsche Volk die Grabestore
gesprengt und das Osterfest aktualisiert habe.[812] Hitler wird mit diesem österlichen Aufbruch in Verbindung gebracht; Wittig denkt an
„das Auge des Führers, wie es ostersonnenhell blickt, wenn es sich
zu einem Kinde senkt und in ihm das junge Deutschland, das
Deutschland seiner Hoffnungen, seiner Kämpfe und Siege sieht, das
deutsche Ostern!"[813] In die Nacherzählung der Emmaus-Geschichte
geht die Trennschärfe verloren. Der Leser weiß kaum: Ist hier von
Jesus oder von Adolf Hitler die Rede? Jesus habe das Wort „Mußte
nicht all das geschehen?" ausgesprochen in einer Art und Weise,

> „wie wir es schon oft von dem Führer unserer Nation gehört haben, so
> daß uns der alte Klang neu geworden ist. Und als er es ausgesprochen
> hatte, da begann die Ostersonne auch in die Herzen der Vorösterlichen
> zu leuchten. Ein Strahl nach dem anderen drang in die Herzen der Vo-
> rösterlichen. Kleinglauben wurde zu Großglauben, Unverstand zu Ver-
> stand, und auch die langsame Fassungskraft erfaßte allmählich das gro-
> ße Muß des göttlichen Menschen."[814]

Können diese Äußerungen Wittigs als Zugeständnisse an die herr-
schende Ideologie gewertet werden, die um der Drucklegung willen
eingeflochten sind? Produziert Wittig damit jene „Lächerlichkeiten",

---

[810] Brief an Joseph Bernhart v. 19.2.1934, in: a.a.O., 233.

[811] Der neue Geist, in: Der Hausfreund für Stadt und Land 96 (1938) 1; mit hand-
schriftl. Anmerkung.

[812] Vgl. Toll-Annele, 129, 137.

[813] A.a.O., 133.

[814] A.a.O., 134/5. – Vgl. a.a.O., 54, 57, 97, 154.

als die er rückblickend den Versuch der NS-Propaganda bewertet, Worte Jesu in den Mund Hitlers zu legen?[815]

Zwar können die Passagen als „nationaler Kitsch" aus dem Text gestrichen werden, ohne daß der Fluß der Erzählung spürbar unterbrochen wird.[816] Allerdings liegt die Verknüpfung von nationalistischem Pathos und christlicher Auferstehungshoffnung insofern auf der Linie des narrativen Grundansatzes Wittigs, als daß er auch hier dem literarischen Ineinanderbuchstabieren von biblischer Botschaft und gegenwärtiger Wirklichkeit treu bleibt. Das Leben Jesu, das sich nicht nur in der Geschichte Palästinas, sondern auch in der Geschichte Deutschlands ereignet, ist für Wittig in den politschen Anspielungen nicht auf die individuelle Welt beschränkt, sondern wird auch für den gesellschaftlichen Bereich zur Geltung gebracht. Damit wird jedoch die Frage nach der Brisanz des Ineinanderblendens und nach den Kriterien des Zusammenbringens provoziert - ebenso wie die Frage nach der politischen Sachkenntnis oder der Naivität des Autoren.

Politische Naivität

Wittig selbst sieht die Problematik seiner politischen Aussagen in seiner politischen Unkenntnis und seiner Stellung als „radikaler Nichtpolitiker"[817] begründet. Auch wenn in der Haus-Chronik die politischen Geschehnisse vom Reichstagsbrand bis zu den Kriegsvorbereitungen ihren Niederschlag finden[818], gilt doch, daß die Ereignisse der unmittelbaren Umgebung die Aufmerksamkeit Wittigs stärker beanspruchen als die Politik. Exemplarisch für die Priorität, die Wittig der Neusorger Alltagswirklichkeit gegenüber den großen politischen Fragen einräumt, ist die Antwort, die er bereits 1929 auf eine Anfrage der Zeitschrift „Böttcherstraße" abgibt. Die Schriftleitung der Bremer Zeitschrift hatte ihn gebeten, einen Beitrag zu einer Reihe über das Thema „U.S.A. und Europa" zu liefern. In seiner Antwort neigt

---

[815] Vgl. Roman mit Gott, 66.

[816] Bei der Wiederveröffentlichung einiger Erzählungen aus dem Buch „Toll-Annele" in der Ostersammlung „Getröst" (1994) wurde dieser Weg gewählt, allerdings ohne die Auslassungen anzugeben.

[817] Brief an Eugen Rosenstock v. 4.1.1928, in: Briefe, 125.

[818] Vgl. Haus-Chronik I, 143, 258, 261, 331; II, 12.3.1935, 12.2.1939, 22.8.1939, 1.11.1939.

Wittig zunächst dazu, seine Mitarbeit abzusagen; das Thema sei zu schwer für ihn und gehöre nicht in den Bereich der Dinge, nach denen sein Geist zu fragen bestimmt sei. Dennoch habe die Frage auf ihn eine geradezu gewalttätige Wirkung gehabt und ihn in einen inneren Dialog gezwungen:

„Ich begegnete ihr mit dem Einwand, dass mein Fragengebiet nicht die U.S.A. und Europa, sondern vielmehr Erde und Himmel, Mensch und Gott, Kirche und Religion, Katholizismus und Protestantismus seien. Ich bekomme zur Antwort, auch bei U.S.A. handele es sich um ein Jenseits, das nach dem Diesseits mit tausend Armen greift und vom Diesseits aus in tausend Notwendigkeiten gesucht wird."[819]

Nachdem Wittig sich in diesem Gedankengang der Jenseitigkeit Amerikas nähert und den Versuch unternimmt, die politische Wirklichkeit in religiösen Metaphern begreifen zu wollen, bricht er seinen Brief nach zwei Seiten überraschend ab und läßt seinen Entwurf unvollendet. Aus seinen Überlegungen sei klar zu erkennen, daß er nichts Druckreifes beizutragen habe. Das sei auch wohl darin begründet, daß Bremen vor den Toren Amerikas liege; Neusorge jedoch liege weitab und habe „natürlich andere Sorgen und andere Aufgaben als die Frage nach den U.S.A. und Europa."[820]

Blickt man auf die Notizen Wittigs aus der NS-Zeit zurück, ist seine Zurückgezogenheit in Neusorge keineswegs eine apolitische Idylle. In den Aufzeichnungen der Haus-Chronik und der Kinderbücher spiegelt sich der familiäre Alltag unter den Bedingungen des Nationalsozialismus wieder.[821] Das Leben ist auch in der Grafschaft Glatz nicht unberührt von der nationalsozialistischen Macht: SA-Truppen bewachen die Eingänge jüdischer Geschäfte, der Rundfunk bringt abends die neuesten Proklamationen Hitlers unters Volk; die Eröffnung der Volksbildungsstätte in Glatz, bei der Wittig aus seinen Werken liest, wird mit dem „Sieg-Heil" auf den Führer und dem gemeinsamen Gesang des Horst-Wessel- und des Deutschland-Liedes beendet.[822] Wittig sieht sich genötigt, zum „Blockhelfer für Neusorge und Kirchelberg"

---

[819] Brief an die Schriftleitung der „Böttcherstrasse" v. 7.7.1929, 1.

[820] A.a.O., 3.

[821] Vgl. Kinder-Chronik Johannes Wittig, 23.7.1933, 2.7.1935, 27.10.1935, 30.8.1939.

[822] Vgl. Haus-Chronik II, 12.3.1935.

und damit zum Mitglied in der NSDAP zu werden. Wenn er im Rückblick entschuldigend zu verstehen gibt, ihm sei erst später deutlich geworden, daß seine aus der Verantwortung für die Nachbarschaft übernommene Blockhelfertätigkeit auch eine Parteimitgliedschaft bedeutet habe[823], er sei somit versehentlich und unwillentlich in die NSDAP geraten, wird diese Entschuldigung – nimmt man sie denn als eine Aussage ernst, die über einen Bagatellisierungsversuch hinausgeht – die Frage nach dem Realitätsbezug und der politischen Naivität des Theologen verschärfen müssen.

3. Kritische Anfragen

Ferner nötigen die politischen Stellungnahmen Wittigs zu kritischen Anfragen an zwei zentrale Topoi seiner Theologie: an die Rede vom Volk sowie von der Verantwortung des Menschen. Mit seinen Erzählungen hatte Joseph Wittig Aufteilungen und Abgrenzungen zu überwinden und zur Volkwerdung beizutragen versucht. Im Horizont der nationalsozialistischen Politik wird deutlich, daß Wittigs Rede vom Volk zwar für eine Utopie steht, aber – wo eine Konkretisierung wie im Löwenberger Arbeitslager fehlt – in hohem Maße ideologieanfällig ist. Das gilt zumal dann, wenn von der Volkwerdung nicht im Modus der Erwartung und des Suchens, sondern in der Form der Bestätigung gesprochen wird. Auch wenn von Wittig eine Grenzen überwindende Gemeinschaft angestrebt wird, bleibt seine Rede vom Volk faktisch doch eingegrenzt auf das deutsche Volk. So wird nach dem Ende des Zweiten Weltkrieges seine Klage weniger durch die von Deutschen begangene Zerstörung und durch die Vernichtung des jüdischen Volkes bewirkt, sondern vor allem durch die schmerzhaft erlittene Niederlage der Deutschen: „Mein Volk war besiegt, mein Land von Feinden besetzt und gequält."[824]
Im Rückblick auf die Jahre des „Dritten Reiches" äußert Wittig 1947 vorsichtige Selbstkritik. Wie Mose sich mit Gott in die Bergeinsamkeit des Sinai zurückgezogen habe und dabei die Gefährdung seines Volkes beim Tanz um das goldene Kalb nicht richtig habe einschätzen

---

[823] Vgl. Roman mit Gott, 63-64; Haus-Chronik II, 25.4.1937, 16.6.1937, 20.6.1937, 8.3.1939.

[824] Roman mit Gott, 9.

können, so sei auch er auf den Bergen seiner Einsamkeiten „derart umhüllt vom Licht und Duft jener Gottesgärten der Liebe" gewesen, daß er nicht habe sehen können, wie sein Volk „sich allmählich abwandte von dem einzig wahren Gott und falsche Altäre zu umtanzen begann."[825] Wenn Wittig auch eingesteht, er habe den widergöttlichen Tanz des Volkes um das goldene Kalb nicht realisiert, so distanziert er sich doch insgeheim von dem Volk, zu dem er in den 20er Jahren zurückzukehren bestrebt und zu dessen Aufbau er beizutragen bemüht war, und verweigert implizit seine Mitverantwortung für die vom deutschen Volk ausgehende Destruktivität. Das Schuldeingeständnis bleibt halbherzig und vage.

Auch grundsätzlich erscheint Wittigs Antwort auf die Frage nach der *Verantwortung* des Menschen angesichts des Nationalsozialismus problematisch. Seit 1919 hatte Wittig nach Wegen gesucht, wie das Desaster des verlorenen Krieges im Horizont der christlichen Botschaft zu verstehen sei.[826] Die Auseinandersetzung mit dem „Geist des Widerchristentums", mit dem „Zusammenbruch aller sittlichen Ordnung" und einer „gewalttätigen Macht, deren innerstes Wesen Ohnmacht war",[827] hatte ihn zur Frage nach der Wirkmächtigkeit Gottes in der Geschichte provoziert. Mit seiner Neuentdeckung der Lehre vom *concursus divinus* hatte er versucht, die Anwesenheit Gottes angesichts der Umbrüche der Geschichte und der Erfahrung der Gottesfinsternis verstehen und aussagen zu können. Die Problematik dieses kirchlich umstrittenen Ansatzes wird in dem Moment manifest, als Wittig ihn angesichts des Nationalsozialismus zur Geltung zu bringen sucht. Wenn Wittig im September 1934 eine Beschreibung der unübersichtlichen Ereignisse mit dem Fazit beschließt: „Bei meiner Geschichtsauffassung, daß nichts geschieht sine concurso divino, komme ich freilich zu einem starken Ja gegenüber dem Geschehenden, immer mit dem Bemühen, meine Seele nicht an die Welt zu verlieren"[828], muß er sich befragen lassen, ob er damit nicht einer fatalistischen Weltsicht das Wort redet. Wenn Wittig die unheilvolle Dynamik der

---

[825] Christgeburt, 105.

[826] Herrgottswissen, 54.

[827] A.a.O., 242.

[828] Brief an Reinhold Brüning v. St. Michael 1934, in: Briefe, 243.

„Mächte und Gewalten"[829] beschreibt, die Ohnmacht des Menschen eingesteht und in der Destruktivität allein auf die Macht des unbegreiflich wirkenden Gottes hofft, sieht er zwar schon früh hellsichtig das bevorstehende Unheil, der Aufruf zum engagierten Handeln oder zum Widerstand und das Vertrauen in die Gestaltungskraft des Menschen wird ihm jedoch – zunehmend von Krankheit und Depression gezeichnet – unmöglich.

Bereits in den ersten Jahren der nationalsozialistischen Herrschaft hatte Wittig seine Ahnung von Mächten und Gewalten in der Geschichte „Toll-Annele will nach Albendorf"[830] in das Bild eines Unwetters gezeichnet, mit dem die dörfliche Idylle konfrontiert wird. In der Geschichte eines Dorfes wird das Grundsätzliche sichtbar: die tödliche Macht des Hinweggerissen- und Entwurzelt-Werdens, die durch keine menschliche Anstrengung aufzuhalten ist. Die Einschätzung Wittigs, die Unbegreifbarkeit Gottes lasse sich zuletzt nur betend aushalten,[831] ist jedoch letztlich weniger geprägt von der Übermacht der politischen Geschehnisse als von den Erfahrungen der persönlichen Dunkelheit in jener Depression, die Wittig in den letzten Jahren seines Lebens erleiden muß.

XII. Dunkelheit

„Verzweifeltes und verfluchtes Leben!", notiert Wittig in die Haus-Chronik: „Ich bin sehr gedrückt und traurig." Oder: „Ich bin wie umbaut: es kann nichts herein und nichts hinaus. Drinnen brennt ein trübes Licht. Selten formt sich ein Gedanke."[832] Lähmung und Müdigkeit, Zweifel und nachlassende körperliche Kräfte sind seit Beginn der 40er Jahre Themen der Briefe Wittigs. Krankenhausaufenthalte und Medikamentenabhängigkeit, Lebensbedrohung und Plünderung, Flucht und Zukunftsunsicherheit prägen das Schreiben und lassen es

---

[829] Vgl. Das Spiel zum Erntefest, 8, 9, 13; Vom Warten, 26, 32, 93.

[830] Toll-Annele, 5-29.

[831] Vgl. Briefe, 226.

[832] Haus-Chronik III, 5.3.1948; 4.4.1948; 7.10.1947.

zum Stoßseufzer - „Ach!"[833] - und zum Hilferuf aus innerer und äußerer Not werden. Im „Roman mit Gott" terminiert Wittig den Zusammenbruch seines Lebens und die Verdunkelung seiner Seele in den Jahreswechsel 1940/41. Er mutmaßt, man werde den Wandel später aus seinen literarischen Arbeiten nachweisen können.[834] Jenseits dieser Zäsur und des von Wittig erlittenen Lebensumbruchs - „Ihr einst so sonniger, arbeitsfroher, jetzt ganz verdunkelter, kraftloser, ja geistloser Joseph Wittig" schreibt er 1946 als Nachtrag zu einem Brief seiner Frau[835] - bezeugen die Schriften Wittigs jedoch bereits für die Zeiten vor 1940 Phasen von Dunkelheit, Lähmung, Müdigkeit und Einsamkeit. Während Wittig diese frühen Erfahrungen nur andeutet, vermag er später ohne Scheu vor Gesichtsverlust von seiner Not Zeugnis zu geben und sich schreibend nach Glaubensperspektiven auszustrecken.

1. Stunden der Einsamkeit

Während Wittig die schwierige wirtschaftliche Situation seines Elternhauses nicht verhehlt,[836] deutet er die „einsamen Stunden" der Breslauer Zeit[837] nur an: Beiläufig erwähnt er die einsamen Spaziergänge durch die nächtliche Stadt, die dem jungen Studenten Frieden zu spenden vermögen, und den Mut des Lehrers *Max Sdralek*, seinen Schülern die „Talgründe" und „Ölberggärten dunkler Fragen" nicht vorzuenthalten.[838] Ohne weitere Erläuterung nennt Wittig die „sehr schweren Tagen des Winters 1906/07"[839] oder das Jahr 1912, in dem er jenen Gott, der „den Katastrophen der Welt" nahe sei, in seinem persönlichen Leid erlebt habe.[840] Der Weg von Schlegel nach Neurode wird für den in der Heimat weilenden Professor zum Ort von gro-

---

833 Vgl. Briefe, 308, 400, 405, 414, 425, 426, 448, 478; Engel und Zeichen, 269; Roman mit Gott, 10, 89, 93, 106, 107; Gold, Weihrauch und Myrrhe, 10; Christgeburt, 95.

834 Vgl. Roman mit Gott, 106/7.

835 Brief an Rudolf und Luise Reich v. 19.6.1946, in: Briefe, 425.

836 Vgl. Christgeburt, 38.

837 Haus-Chronik III, 26.8.1944.

838 Vgl. Engel und Zeichen, 269; Oberschlesiche Köpfe, 635; Toll-Annele, 153.

839 Novemberlicht, 23. - Vgl. Christgeburt, 129.

840 Vom Warten, 70.

ßer Einsamkeit, Traurigkeit und unaussprechlicher Not: „Wohl überall habe ich schon die Einsamkeit gespürt, aber nirgends so deutlich und so greifbar wie in meiner Heimat während der Ferien. (...) Die Einsamkeit ist nicht etwa nur ein bloßes Fehlen, ein bloßes Nichts. Sie ist vielmehr etwas. Sie kann sein wie ein gewaltiges Meer, in dem alles untergeht."[841] Jenseits dieser Andeutungen von Erschütterungen, traurigen Stunden und Bedrängnissen, die fast ausnahmslos den Publikationen der späteren Jahre entstammen, finden sich in den Erzählungen Joseph Wittigs keine konkreten Hinweise. In den Briefen an Verwandte und Freunde finden sich jedoch Aussagen, die neben dem Glück und der Erfüllung des Schreibers auch die Schattenseiten seines Lebens ahnen lassen. 1908 schreibt Joseph Wittig angesichts ungewisser Zukunftsaussichten an die Familie seines Bruders *August Wittig*: „Der liebe Gott traut mir zwar ziemlich viel zu im Lebensschicksal, aber er hat mir auch ziemlich starken und frohen Mut gegeben, alles zu ertragen. (...) Je mehr ich in das Leben hineinschaue und je mehr ich mich durch seine Schwierigkeiten hindurchkämpfe, glaube ich umso fester, daß eine gründliche Frömmigkeit und treue Anhänglichkeit an Gott der beste Lebensweg und die froheste Lebensart sind."[842] Die „drückende und lähmende Müdigkeit" der vergangenen Zeit sei geschwunden, schreibt er 1909 an *Ferdinand Piontek*[843] und gibt in den kommenden Jahren sowohl von seiner Schaffenskraft als auch von seiner Verzagtheit und seinen Selbstzweifeln Zeugnis: „Die drängenden Arbeiten haben mir oft sehr wohl getan u. mein Gemütsleben frisch erhalten. Aber zuletzt griffen sie mich doch so an, daß es um die Widerstandskraft meiner Seele nicht gut bestellt war."[844] In den 20er Jahren ist es vor allem *Karl Muth*, dem Wittig seinen Verlust an Lebendigkeit klagt. „Ich bringe die lähmende Müdigkeit nicht los, die mich immer bald nach meiner Heimkehr von der Frühmesse befällt. Mit großer Anstrengung habe ich endlich wieder einmal ein neues Kapitelchen für mein Buch

---

[841] Leben Jesu I, 447. - Vgl. Toll-Annele, 166/7.

[842] Brief an die Schwägerin und die Nichte v. 24.11.1908.

[843] Brief an Ferdinand Piontek v. 1.3.1909.

[844] Brief an Ferdinand Piontek v. 8.3.1913. - Vgl. u.a. die Briefe an Piontek v. 2.4.1912; 29.5.1916; 30.1.1920.

geschrieben", schreibt Wittig im August 1923[845] und gesteht im November, daß er „das ganze Jahr über einer fast ununterbrochenen Müdigkeit und Lähmung bei sonst gesundem Körper unterliege."[846] Trotz der Nähe der Freundschaft zu *Martin Buber* weiß Wittig um die „ungeheuerlichen Fernen", die auch zwischen Freunden nur mühsam zu bannen seien, und auch in einem Brief an *Martin Rade* werden die hellichten Momente dankbar als Kontrast zur jener Dunkelheit wahrgenommen, die dem Schreiber „allzu sehr" vertraut ist.[847] In den Briefen Wittigs spiegelt sich somit keine heile Welt, in der er unberührt von Dunkelheiten lebte. Die Freundschaften und das Frohgemüt werden als verdankt erfahren – und als bedroht und keineswegs selbstverständlich erlebt.

2. Vertrieben und heimatlos, krank und schwermütig

Diese Erfahrung nimmt während des Zweiten Weltkrieges zu. Seelisches und körperliches Leiden, politische und familiäre Bedrängnis berühren sich und werden in der Haus-Chronik und in den Briefen nebeneinander genannt. Der Verlauf der Kriegsfront, Fliegerangriffe und Einquartierungen, der Tod von Männern aus der Nachbarschaft und die Einberufung der Jugendlichen als letzte Reserve spiegelt sich in den Kriegsaufzeichnungen der Haus-Chronik wieder.[848] In der Familie des Nachbarn sterben 1942 innerhalb eines Monats Sohn und Schwiegersohn; der 14jährige Sohn *Johannes* und der 66jährige Schwager *Joseph Gebauer* werden 1944 eingezogen. Breslau ist zerstört, in der Grafschaft Glatz wächst die Ungewißheit über die Zukunft. „Alles ist voll Angst vor den Russen. Kofferpacken, Fluchtgedanken", notiert Wittig am 17.1.1945.[849] Auch in seiner häuslichen Umgebung schlagen sich Bangigkeit, Mißverständnisse und Bitterkeit nieder. Erinnerungen an „glückselige Tage der Freundschaft", ermutigende Vortragsreisen oder das von den Kindern gesungene Morgen-

[845] Brief an Karl Muth v. 21.8.1923, in: Briefe, 48.

[846] Brief an Karl Muth v. 3.11.1923, in: a.a.O., 51. - Vgl. a.a.O., 49, 63, 74.

[847] Brief an Martin Rade v. 8.9.1930, in: a.a.O., 164.

[848] Vgl. Haus-Chronik II, 3.8.1942; 6.9.1942; 26.1.1943; 23.7.1943; 21.9.1943; 29.3.1944; III, 31.7.1944; 19.8.1944; 26.8.1944; 8.10.1944; 29.10.1944.

[849] Haus-Chronik III, 17.1.1945.

lied „Lobt froh den Herrn, ihr jugendlichen Chöre" durchbrechen die Notizen der Verstimmung und Verzagtheit.[850] Müdigkeit, Bluthochdruck, Altersstar, Lähmungserscheinungen und Rückenschmerzen sind einige Krankheitssymptome, die Wittig in die Haus-Chronik notiert, ferner immer wieder die Schlaflosigkeit, deren Bekämpfung ihn zur Medikamentenabhängigkeit führt.[851] Mit den körperlichen Leiden verbunden sei die Dunkelheit, die seine Seele ergreife; an Werk und Leben zweifelnd werde er in unvorstellbare Bitterkeiten geführt: „Schwermut, Verzagtheit, Nervenunruhe, Phanodorm-Mißbrauch, somnambule Bewußtlosigkeiten in der Nacht zum Schrecken Ankas, die mich mit Mühe in mein Schlafstüblein zurückbringt (...) Ach, ich zerstörtes 'Bildnis'!"[852]

Traumatisch steht Wittig die Zerstörung und Erniedrigung vor Augen, die er nach Kriegsende durch russische und polnische Plünderer erleiden muß.[853] Auf dem Krankenlager von Pistolenschüssen bedroht, hilflos angesichts der Angriffe auf Frau und Kinder, seiner Habseligkeiten beraubt und mit seiner Familie machtlos dem Hunger ausgeliefert, sieht sich Wittig einer sich steigernden Dämonie ausgesetzt: „Vielleicht wird die Waldesnacht noch viel schwärzer; vielleicht verwandelt sie sich in Grabesnacht und die Beklommenheit steigt dir bis zum Halse hinauf und würgt dich."[854] In dieser Situation erreicht Wittig die Nachricht von seiner Wiederaufnahme in die Kirche. 1944 hatte er sich angesichts der drohenden Todesgefahr zu neuen Versuchen einer Aussöhnung mit *Kardinal Bertram* veranlaßt gesehen, aber

---

[850] Vgl. u.a. Haus-Chronik II, 6.3.1942; 20.10.1942; 26.12.1942; 31.7.1943; 3.9.1943; Silvester 1943; 26.1.1944; III, 27.9.1944.

[851] Vgl. Haus-Chronik II, 14.2.1941; Ostermontag 1942; 10.5.1942; 20.7.1942; 27.7.1942; 14.8.1943; 21.10.1943; 24.12.1943; 10.1.1944; 8.3.1944; III, 15.7.1944; 26.8.1944; 1.10.1944; Briefe, 386,

[852] Brief an Helene Varges v. 13.3.1944, in: Briefe, 392. - Vgl. Haus-Chronik II, 24.12.1943; 10.1.1944; 4.2.1944; 13.2.1944; 8.3.1944; III, 15.7.1944; 19.8.1944; 1.10.1944; 8.10.1944; 21.10.1944; 20.11.1944; 24.12.1944; Briefe, 395, 396, 401, 402.

[853] Vgl. Roman mit Gott, 9, 84,127-29; Briefe, 402/3; Gold, Weihrauch und Myrrhe, 89; Christgeburt, 10; Haus-Chronik III, 27.5.1945; 3.6.1945; 10.6.1945; 30.7.1945; 21.8.1945; 26.2.1946; 29.3.1946; Brief an Maria Eitner v. 1.7.1945.

[854] Roman mit Gott, 177.

der „kanonistische Frost"[855], den er als Antwort auf seine Bemühungen wahrgenommen hatte, hatte ihn die Hoffnung auf die ersehnte Versöhnung aufgeben lassen. Im März 1946 - man erwartet die gewaltsame Räumung von Schlegel - wird Wittig ein Schreiben des Kapitelvikars *Ferdinand Piontek* übermittelt, er sei von der Exkommunikation befreit.[856] Die Gründe für die überraschend Entwicklung bleiben für Wittig bloße Spekulation. Dankbar nimmt er wahr, daß er in die kirchliche Heimat zurückkehren kann, daß er in der Kommunion die Gemeinschaft mit dem „schwach und ohnmächtig" gewordenen Gott erfahren darf, daß er nach der Flucht, die die Familie zunächst nach Altena in Westfalen führt, dort das „reiche kirchliche Leben" spüren darf und bereits während des Krankenhausaufenthaltes eine erste Erzählung für die katholische Zeitung „Der Dom" schreiben kann.[857] Publikationspläne und Hoffnungen auf die Rückkehr an eine Hochschule, Anknüpfen an alte Freundschaften und neue Begegnungen erfüllen den Genesenden im Forsthaus in der Göhrde, in dem die Familie im August 1946 Zuflucht findet. Zugleich geben die Schriften Wittigs Zeugnis von der Bedürftigkeit: Wittig klagt über Lärm und räumliche Enge, muß zum Bittsteller werden für fehlende Kleidung und Rauchwaren, ist von finanziellen Sorgen geplagt und vom Heimweh nach Neusorge gequält: „Das Haus steht jetzt ganz vereinsamt und verwüstet am Erlengrunde. Meine schönen Bücher und Manuskripte liegen im Haufen zerrissen und zertreten auf den Fußböden und Treppenstufen. Mein ganzes Leben hat der Herrgott vernichten lassen."[858] Die Schwermut der Jahre 1944 bis 1946 kehrt wieder; als „trüb und müde" erleidet Wittig viele Tage in der Göhrde.[859] „Ich erkenne mich immer mehr als Ruine meiner selbst und kenne oft meinen treuen Herrgott nicht wieder", schreibt er im Okto-

---

[855] Haus-Chronik III, 25.9.1944; Briefe, 397.

[856] Vgl. Haus-Chronik III, 9.3.1946; Briefe, 416; Roman mit Gott, 220.

[857] Vgl. Haus-Chronik III, 31.7.1946; 3.8.1946; Briefe, 408; Roman mit Gott, 221, 226, 227; Christgeburt, 97.

[858] Brief an Marieluise Recke v. 7.11.1947, in: Briefe, 448. - Vgl. Haus-Chronik III, 10.8.1946; 20.10.1946; 12.11.1946; 16.12.1946; 21.11.1947; Briefe, 409, 479; Brief an Carl-Maria Griffig v. 29.6.1946; Brief an Eugen Rosenstock-Huessy vom 5.9.1946; Christgeburt, 77, 90.

[859] Vgl. Haus-Chronik III, 10.8.1946; 25.8.1946; 29.9.1946; 11.5.1947; 7.10. 1947; 4.4.1948.

ber 1946 an Pater *Chrysostomus Dahm*: „Manche kommen noch fragend zu mir, aber mein Geist ist nicht mehr wendig genug. Ich bin zum Mythos geworden."[860] Zwar gelingt die Neuauflage einiger Erzählungen, doch der Erhalt des Imprimaturs für das „Leben Jesu"-Werk stößt erneut auf Schwierigkeiten. Trotz seiner Rekonziliation fühlt sich Wittig „in keiner Weise anerkannt" und erblickt darin einen Grund seiner „Apathie und Unfruchtbarkeit".[861] Ob der Versuch von Freunden und Kollegen wie *Karl Adam* oder *Victor von Weizsäcker*, in Wittig die Enttäuschung über die kirchenamtliche Zurückhaltung zu mildern, von Erfolg gekrönt ist, muß fraglich bleiben.[862] Unsicher wägt Wittig die Publikation seines Manuskriptes zum „Christlichen Atheismus" ab, das erst nach seinem Tod in teilweise entschärfter Form veröffentlicht wird.[863] Vier Wochen vor seinem Tod schließt Wittig einen Brief an *Werner Keuck*, dem er einige seiner aktuellen theologischen Gedanken erläutert hatte: „Du brauchst aber nicht zu fürchten, dass ich daraus ein neues Buch machen will. Es würde das Schicksal meines ärgerlichen Manuskriptes über den Gottesbegriff haben, das ich nun endgültig beiseite gelegt habe. Es ist das Wahrste, was ich je geschrieben habe, aber nicht für die Kirche der Wahrheit zu gebrauchen. Jetzt ist der Ärger und der Kummer aus der Welt geschafft. Am liebsten ginge ich auch aus der Welt."[864]

3. „... dass der Himmel wieder sein Schweigen bricht!"[865]

Die Zeiten der Einsamkeit und der Not sind nach Einschätzung Wittigs von großer Bedeutung für sein Schreiben. Seine Geschichten seien ihm gerade in den vielen „traurigen Stunden" „zu Dutzenden" eingefallen, oft sei entweder eine schwere körperliche Arbeit oder „ein bitteres Leiden" an der Entstehung der Erzählungen beteiligt

---

[860] Brief an Pater Chrysostomus Dahm v. 5.10.1946, in: Briefe, 412/3.

[861] Vgl. Brief an Eugen Rosenstock-Huessy v. 14.11.1947.

[862] Vgl. K. Adam, Brief an Joseph Wittig v. 19.11.1946; V. v. Weizsäcker, Brief an Joseph Wittig v. 4.11.1946.

[863] Eine Untersuchung zu den Kürzungen wird z. Zt. vorgenommen von C. Löhr.

[864] Brief an Werner Keuck v. 19.7.1949.

[865] Zeit des Schweigens, 8.

gewesen.[866] Nicht allein auf die Abfassung des Buches „Höregott", das Wittig wenige Tage nach dem Tod seines Sohnes zu schreiben beginnt, bezieht sich daher die Äußerung: „Wir schreiben unsere Bücher (...) um eine Bedrängnis von uns zu werfen und anderen zu helfen, von derselben Bedrängnis Erlösung zu erhoffen."[867] Wittig wertet sein Schreiben als einen Versuch, in der Unbegreiflichkeit dessen zu leben, was ihm als unberechenbares Widerfahrnis zukommt. „Irrational" ist die unverstehbare, zerstörerische Kraft, die die Hoffnung des Menschen auf Glück konterkariert; „irrational" ist aber auch das Festhalten des Menschen an dieser Hoffnung, welche inmitten der Nacht das Hell-Lichte zu sehen erwartet.[868] Beide Seiten des „irrationalen Lebens" finden sich im Schreiben Wittigs wieder. Schreibend begibt er sich in eine „himmlische" Kontrastwelt: „Ich fand in der Nacht keinen Schlaf trotz Phanodrom (...), setzte mich an die Schreibmaschine und begann die Skizze 'Der Himmel'."[869] In einer „elenden" Woche habe sich in ihm der Satz „Kein Mensch kann lange Zeit ohne Wunder leben." eingenistet und ihn schließlich zu einer Geschichte geführt, der er dann den bezeichnenden Titel „Was schönes" gibt.[870] Als er 1943 einen Beitrag „über das schreckliche Schweigen des Himmels in dieser Zeit" verfaßt habe, sei ihm - berichtet Wittig später - während des Schreibens „wieder leichter zu Mute" und „klarer denn je" geworden, daß er weder sein Leben, noch seine Familie oder sein Haus in Ordnung und Frieden halten könne „ohne die beständige, freilich im einzelnen kaum bemerkbare Wachsamkeit, Hilfeleistung und Stellvertretung unsichtbarer Mächte."[871] - Im Beitrag selbst, einem Gespräch zwischen dem Ich-Erzähler und einem „Pater Prior", ist weniger von Leichtigkeit und Klarheit, als von einem Geflecht unlösbarer Fragen über die Anwesenheit Gottes in dieser Welt zu spüren. Die Gesprächspartner stehen ratlos vor der Frage, ob nicht das Vertrauen der Beter auf das „Schirmdach des Höchsten" und die „Obhut der Engel" angesichts

---

[866] Höregott, 10; Gold, Weihrauch, Myrrhe, 91.
[867] Aussichten, 86/7.
[868] Christgeburt, 129.
[869] Haus-Chronik II, 21.10.1943. Vgl. Der Himmel, in: Christgeburt, 106-115.
[870] Vgl. Haus-Chronik II, 29.3.1942; Ostermontag, 1942.
[871] Brief an Hedwig Bitterling v. 5.3.1943, in: Briefe, 380/1.

der Schrecken von Stalingrad ad absurdum geführt worden sei; „hohnlachend" habe die Wirklichkeit des Krieges das Psalmwort von den „behütenden Engeln" der Lüge überführt. Am Ende des Gespräches bleiben nur das Wahrnehmen des Weinens und die sehnsüchtige Bitte, „dass der Himmel wieder sein Schweigen bricht! Dass er wieder aus seinen Fernen und Unsichtbarkeiten hervortritt!"[872] Um die erlittene Gottesferne auszuhalten zu können, sucht Wittig in Neusorge und in der Göhrde nach Erklärungen und Deutungsmustern. Mit Bildern vom schnitzenden Herrgott, der am Menschen „herumoperiert"[873], vom kämpfenden Gegner, dem sich der ringende Mensch nicht einfach unterwerfen darf,[874] vom armen und ohnmächtigen Gott, der in seiner Niedrigkeit erst vom leidenden und machtlosen Menschen begriffen wird,[875] und schließlich vom verwerfenden und strafenden Gott, dessen unverstehbares Wirken ausgehalten werden muß,[876] bringt Wittig seine Gotteserfahrungen zur Sprache. Seine Armseligkeit möchte er als Mission verstehen und als stellvertretendes Leiden begreifen und denkt an den Spruch eines alten Grafschafters: „'s Kranksein is a a Omt, dam ma troi bleim muuß, oan moancher muuß's fer viele andre versahn!"[877] Träume voller Traurigkeit und Tränen deutet er als Zeichen des nahegekommenen Retters.[878] In Schwächezuständen und Verzagtheit erfährt er seine vollständige Verwiesenheit auf Gott: „Gott muß ein Wunder an mir tun, um mich zu retten. Ich selbst kann mir nicht helfen."[879] Er versuche, dem Zerbrechen der gewohnten Gebetsformen zu trotzen und „kurze Worte der Anbetung und Ergebung"[880] zu finden. Weihnachten bleibe ihm nur, mit den Schafen seine Kümmernisse und Dunkelheiten zur Krippe zu bringen und sich an den Strohhalm zu klammern, auf dem das

---

[872] Zeit des Schweigens, 8.

[873] Vgl. Gold, Weihrauch und Myrrhe, 88

[874] Vgl. Briefe, 318.

[875] Vgl. Roman mit Gott, 84, 85, 94, 146,177; Novemberlicht, 30.

[876] Vgl. Briefe, 389, 402, 448; Haus-Chronik III, 21.4.1948; Brief an Eugen Rosenstock-Huessy vom 6.12.1946.

[877] Volksglaube, 83. - Vgl. Briefe, 387.

[878] Vgl. Haus-Chronik II, 1.4.1941; 29.3.1942.

[879] Vgl. Haus-Chronik III, 15.7.1944.

[880] Vgl. Haus-Chronik III, 21.10.1944. - Vgl. a.a.O., 25.8.1946.

Christkind gebettet sei.[881] In den Tagebuchnotizen beklagt er die Gottverlassenheit und bricht sie in Bittgebeten und Sehnsuchtsrufen auf: „Jetzt erwarten wir die Schupplifreunde aus Landeck. Möchte auch der Herrgott mit ihnen kommen! Es ist schrecklich, wenn der Herrgott nicht bei uns ist. Komm, Herr! Komm, Vater! Bleib bei uns."[882] Wiederholt bittet Wittig seine brieflichen Gesprächspartner um deren Fürbitte und hofft mit dem - keineswegs floskelhaften - Wunsch „Beten Sie für mich!" auf Glaubensverbundenheit über die eigene Gebetsunfähigkeit hinaus.[883] Das Leben Joseph Wittigs ist in der Nachfolge des Leben Jesu nicht nur in den letzten Lebensjahren geprägt von dem paradoxen, „irrationalen" Bemühen, in der Ungläubigkeit gläubig auszuharren, in der Abwesenheit Gottes seine Anwesenheit zu glauben und in der Passion Erlösung zu finden.[884] „Untätig, tief verzagt, ohne Leben und Glauben, so verbringe ich den Tag", schreibt Wittig 1944 aus der Entziehungskur in Altheide und fügt hinzu: „So wolle Gott auch dies segnen!"[885]

---

[881] Vgl. Briefe, 471.

[882] Haus-Chronik III, Silvester 1944. - Vgl. Haus-Chronik II, 26.10.1942; III, 31.7.1944; 3.8.1945; 29.9.1946.

[883] Vgl. Briefe, 389, 400, 413, 448, 461, 474, 477.

[884] Vgl. Roman mit Gott, 214.

[885] Brief an Hermann und Elisabeth Mulert v. 15.6.1944, in: Briefe, 396.

Sechstes Kapitel

Theologische Entscheidungen

I. Das Leben Gottes und das Leben der Menschen

Am 6. Oktober 1918 schreibt Joseph Wittig an seinen 18jährigen Neffen *August Wittig*, der in Begriff steht, Theologie zu studieren:

> „Ja der Friede und das neue Deutschland! Wie zittert die Hand, wenn ich diese Namen schreiben soll! Was für ein Schicksal werden diese Namen für uns und unseren Beruf und unsere Kirche anzeigen? Ist es Freude oder Angst, was jetzt das Herz einklemmt, so daß es fast zu schlagen aufhört? Gott schreitet wieder als Schöpfer durch die Welt. Bergen wir uns in seine Mantelfalten; da ist es ruhig und sicher!"[1]

Die Frage nach dem Wirken Gottes in der Geschichte stellt sich für Joseph Wittig angesichts der Krisis der Weltgeschichte und der Umbrüche der persönlichen Lebensgeschichte. In den Ambivalenzen des Lebens nach Gott als dem Grund der Geschichte zu suchen, wird für ihn zur lebensentscheidenden Frage. *Erzählend* sucht Wittig der Gottesbeziehung der Menschen nachzugehen und das Leben Gottes im Leben der Menschen zu verstehen (vgl. 1). In den Veränderungen der Lebenswelt wird für Wittig erfahrbar, daß Gott - beglückend und befremdlich - *anders* ist und daß er, indem er je neu zum Anderen wird, den Menschen zum Anderswerden herausfordert und befreit (vgl. 2). Die Ambivalenz von verheißungsvoller Offenheit und beängstigender Unvorhersehbarkeit läßt Wittig danach fragen, wie Gott im geschichtlichen Geschehen wirkmächtig anwesend ist. Der Glaube an den Schöpfer-Gott wird für Wittig - in der Wiederentdeckung des *Concursus divinus*-Gedankens - zur lebensermöglichenden Perspektive (vgl. 3). Daß mit dem Wort „Glauben" ein *Beziehungsgeschehen* von unvorhersehbarer Dynamik und ungeahnten Konsequenzen gemeint ist, ist für Wittig in der Beschreibung seiner Gottesbeziehung grundlegend (vgl. 4). Von Gott zu sprechen, heißt für Wittig, von

---

[1] Brief an den Neffen August Wittig v. 6.10.1918.

Gottes Geschichte mit den Menschen zu erzählen – und von der „Bekanntschaft"[2], die Gott mit dem Menschen Joseph Wittig hat.

1. Herrgottsgeschichten

Joseph Wittig erzählt von Webern, Zimmerleuten und Dorfjungen und ihrem „Herrgottswissen von Wegrain und Straße",[3] von den Fragen, die sie umtreiben, von den Entdeckungen, die sie machen, von ihrem alltäglichen Glück und ihrer überströmenden Sehnsucht, vom Leben Gottes in der menschlichen Geschichte. Fiktive Gestalten und reale Personen sind in den Erzählungen kaum zu unterscheiden.

Da ist zunächst Joseph Wittigs Schwester, die vierjährige Anna, die sich nicht trösten lassen will in ihrer Suche nach der „Tante Marie", und die dem Bruder Jahre später zum Vorbild der eigenen Sehnsucht wird.[4] Oft habe er zwar schon gemeint, erzählt Wittig, daß er den Herrgott gefunden habe, doch nach einer Weile sei in ihm von neuem der Ruf nach dem anderen Herrgott laut geworden. Immer wieder habe er erfahren müssen und können: „Unerfaßbar, unaussprechlich ist er, und wer sich etwa einbildet, daß er ihn erfaßt habe und daß er mit irgendeinem Worte sein Wesen aussprechen konnte, der ist im Irrtum. Gott ist nicht das Gegenteil von dem, was uns unsere Eltern und Lehrer über ihn gesagt haben, aber er ist so unendlich viel mehr, daß es nicht einmal ausreichen würde, wenn man sagen wollte 'Er ist ganz anders.' Da kann man nur anbetend dastehen und ganz stille sein."[5] - Daß die Begegnung mit dem „anderen Gott" zu einem Prozeß schmerzlicher Enttäuschung werden kann, wird für Wittig in der Bekehrungsgeschichte des sterbenskranken Glatzer Steinmetzes anschaulich.[6] „Lassen Sie mich in Ruhe, ich glaub an Euren Herrgott nicht mehr!" habe dieser den Geistlichen beim Krankenbesuch entgegengeschleudert.[7] Nach all dem, was er erlitten habe, könne er nicht an einen guten Gott glauben, bringt der Steinmetz vor, die Rede vom guten Gott sei eine Unwahrheit. Der Kaplan, Joseph Wittig, bestärkt den Kranken in seinem Widerspruch: „Werfen Sie doch weg, was Ihnen an der Lehre vom guten Gott falsch erscheint, und nehmen sie Gott wie er ist. Er wäre ja gar nicht Gott, wenn er

---

[2] Leben Jesu I, 71.

[3] Vgl. Herrgottswissen von Wegrain und Straße. Geschichten von Weber, Zimmerleuten und Dorfjungen.

[4] „Der unbekannte Gott" - veröffentlicht 1924 im Buch: Die Kirche im Waldwinkel, 236-256.

[5] Ebd.

[6] „Der Steinmetz von der Sandinsel" - veröffentlicht 1924 im Buch: Bergkristall, 100-111.

[7] A.a.O., 104.

gut nach ihrem Sinne und nach Ihrem Verständnis wäre, und wenn Sie bestimmen und fordern könnten, wie gut er sein müsse."[8] Im Gebrauch des Wortes „gut" reiche man nicht heran an die Katastrophen und Schmerzen des menschlichen Lebens und erfasse nicht den Bereich der „verheerenden Tätigkeit Gottes"[9]. Sprachlich auf der Güte Gottes zu insistieren, sei weder angemessen noch hilfreich. Erst ein Wahrnehmen Gottes, das auch liebgewordene Vorstellungen durchbreche, ermögliche eine heilsame Lebenswahrhaftigkeit. - In einer gewöhnlich-glaubenden Welt können Menschen, die es mit dem „anderen Gott" zu tun bekommen, als befremdlich oder gar als ungläubig gelten. So geschieht es mit dem Berginvaliden Benedikt Geyer, der in seiner Schlegeler Umwelt als „Ungläubiger" gilt.[10] Von Gott zu reden, erscheint ihm unangemessen. Bestärkt wird er in seinem Glauben an die Unnennbarkeit Gottes an dem Tag, an dem der Dorfpfarrer während der Predigt einen Schlaganfall erleidet und nicht mehr weiter sprechen kann. Der kirchenamtliche Verkünder, der sonst alles über Gott zu wissen meint, verstummt plötzlich. Diese Sprachlosigkeit wird für Benedikt Geyer zur Offenbarung: „Das war die volle Wahrheit, deren Unbegreiflichkeit durch kein menschliches Denken und Reden eingeschränkt werden kann. Das war die Stille, in der das Unaussprechliche vernehmbar war."[11] Bei dem neuen Pfarrer findet der „Ungläubige" Verständnis für seine Form der Gläubigkeit. Dem Vorwurf der Dorfbewohner, Benedikt Geyer halte nicht viel vom Herrgott, weil er nicht viel über ihn rede, begegnet dieser Pfarrer mit der Frage, welches der zehn Gebote denn fordere, man solle möglichst viel vom Herrgott reden. Nach dem Tode des Berginvaliden hält er eine Predigt, in der er zwischen Menschen unterscheidet, denen die Erkenntnis der Barmherzigkeit Gottes gegeben sei, und den Menschen, die Gottes Unbegreiflichkeit fühlten. Manchen habe Gott gegeben, führt er aus, „daß sie sein Dasein so sicher wissen, wie sie ihr eigenes Dasein wissen; anderen aber hat er es gegeben zu erkennen, daß er nicht so da ist, wie wir Menschen da sind. Jene nennen sich Gläubige, diese aber nennen sich gar nicht, aber ihr nennt sie Ungläubige. O wollet dies nicht tun!"[12] - Nicht nur die Konfrontation mit seiner gläubigen Umwelt, auch die überraschende Veränderung des eigenen Glaubensbildes spiegelt sich in den „Herrgottsgeschichten" Joseph Wittigs. Der Weg, den Michel Gottschlich[13] träumend, Geige spielend und mit seiner großen Nase den Geruch der Welt wahrnehmend zurücklegt, wird zum Ort, an dem sich sein Verhältnis zum Leben und zum lebendigen Gott wandelt. Um dem drohenden Verlust des dörflich-heimatlichen Milieus durch Verstädterung und Industrialisierung zu entgehen, verläßt Michel Gottschlich das elterliche Haus und begibt sich auf Wanderschaft. Seine idyllisch anmutende Geborgenheit in Gott - „Von der Erde getragen und

---

[8] A.a.O., 108.

[9] A.a.O., 107.

[10] „Der Ungläubige" - veröffentlicht 1928 in: Der Ungläubige, 85-105.

[11] A.a.O., 98.

[12] A.a.O., 106.

[13] Michel Gottschlichs Wanderung: Veröffentlicht 1931.

vom Himmel zugedeckt, war Michel wie ein Vöglein, das in der einen Hand Gottes ruht und von der anderen zugedeckt ist."[14] – geht ihm auf dem Weg verloren. Mit seiner Geige zerbricht das Gerüst der bisherigen Gewißheiten. Es sei gar nicht wahr, fährt es Michel durch den Sinn, daß er an Gottes Führung glaube. Was er bisher für seinen Glauben gehalten habe, sei nur der unzulässige Versuch, der Not zu entkommen. Für Michel Gottschlich bedeutet die Krise eine Wandlung, bei der Gott freundlich zuschaut: „Es waren ja nur einige Vorstellungen des Glaubens, die mit der Zeit absterben müssen, weil sie jeglichem neuen Zustrom des Glaubens den Weg versperren."[15] – Mehr als zehn Jahre später, zu Beginn der 40er Jahre, beginnt Joseph Wittig: „Ich möchte nun endlich wissen, was es mit Gott ist. Ich bin jetzt schon über vierundsechzig Jahre alt und habe manches erfahren, so daß ich kaum mehr danach frage; es ist mir klar geworden. Aber was es mit Gott ist, scheint mir immer fragwürdiger zu werden, freilich in dem fast verlorenen Sinne von fragwürdiger: meines Fragens immer würdiger und werter, da ich danach fragen muß als meinem höchsten und letzten Gute."[16] Inmitten des Schreckens einer vermeintlich gottverlassenen Welt nimmt Wittig die zweifelnde, heilsbegierige, sehnsüchtige Frage nach dem abwesenden Gott wahr - und beginnt, vom krummen Apfelbaum im Garten seines Elternhauses zu erzählen, von seinem Vater, der mit ihm unter diesem Baum vom Herrgott spricht, und von seinem Taufpaten, dem skeptischatheistischen Steiger-Seffe, der die Existenz Gottes leugnet. Die Erinnerung an den Disput mit dem Steiger-Seffe verdeutlicht Wittig, daß sein persönliches Wachstum von beiden Erbschaften geprägt sei: vom Wissen, daß „Gott ist", welches er durch die Stimme seines Vaters erfahren habe, und vom Wissen „Gott ist nicht", für das sein Patenonkel Glaubenszeuge sei.[17]

Im Blick auf die fünf geschilderten „Herrgottsgeschichten" aus drei Jahrzehnten werden charakteristische Akzente der Gottes-Rede Joseph Wittigs deutlich. Immer sind Lebensgeschichten Ausgangspunkt und Grundlage der Erzählung. In ihnen stellt sich die Frage nach Gott. Es ist nicht in das Belieben des Menschen gestellt, diese Frage zu wählen. *Sie stellt sich.* Sie drängt sich auf - hineinverwoben in das Geflecht von Leidenserfahrung und Glücksempfinden. Sie stellt sich in einem christlich geprägten Milieu, das jedoch von Rissen, Umbrüchen, Infragestellungen gekennzeichnet ist. Pfarrer und Gottesdienst, Sakramente und Glaubensgespräche zeigen das Umfeld eines kirchli-

---

[14] A.a.O., 27.

[15] A.a.O., 66.

[16] Unter dem krummen Apfelbaume, 1. - Das bisher unveröffentlichte Manuskript enthält keine Jahresangabe, für die Zeit der Verfassung kann die Zeit zwischen 1942 und 1944 angenommen werden.

[17] A.a.O., 4.

chen Milieus an, allerdings ist der Kosmos unhinterfragter Katholizität zerbrochen. Es finden sich Menschen, die mit der Frage nach Gott ringen oder sich in Abgrenzung zur traditionellen Glaubenswelt ausdrücklich als Atheisten bekennen. Sie leben in einer Atmosphäre, die Ungleichzeitigkeit und Widersprüchlichkeit kennt, aber doch wie selbstverständlich von der Frage nach Gott bewegt ist. Ihr, der religiösen Frage, kommt in allen Herrgottsgeschichten lebensentscheidende Bedeutung zu. Das Nachsprechen traditioneller Antworten genügt nicht mehr, die sich aufdrängende Gottesfrage fordert die Protagonisten der Erzählungen zu Wanderungs- und Wandlungswegen und zu neuen Perspektiven heraus. Diese Entdeckungen können für denjenigen, dem sie sich eröffnen, und erst recht für diejenigen, die von außen an der Suche partizipieren, befremdlich wirken, ungläubig erscheinen oder in ihrer paradoxen Sprache geradezu widersinnig klingen. Vorgegebene Schablonen einer klassifizierenden Einordnung werden durchbrochen, doch öffnet sich darin ein Freiraum für die Andersartigkeit des lebendigen Gottes.

Wittigs Tonfall ist weniger verteidigend als werbend und nach Gesprächspartnern suchend. Diese werden gerade unter denen angesprochen, die aus den Denkmustern und Begriffsschablonen traditioneller Gottesrede ausgebrochen sind oder auszubrechen suchen. Wittigs erzählender Glaubenskommunikation kommt dabei eine doppelte Ausrichtung zu: Er weiß sein Schreiben einerseits seelsorglichen Zielen verpflichtet und sieht etwa die Erzählung „Der Ungläubige" im Kontext des pastoralen Themas des „'Unglaubens' der Männerwelt"[18] verortet. Andererseits bergen seine Herrgottsgeschichten für ihn die Möglichkeit, die Umbrüche, Andersartigkeit und Offenheit der *eigenen* Lebenssituation und Gottesfrage zur Sprache zu bringen. Auch wo Wittig nicht ausdrücklich als handelnde Person auftritt, läßt er Ereignisse der eigenen Biographie durchscheinen. In Michel Gottschlich etwa spiegelt sich das eigene Gesicht (mit einer langen Nase), die eigenen Vorlieben (träumend im Gras zu liegen und in den Himmel zu schauen) und die eigenen Gedanken (Gott ist anders, nicht berechenbar, gegenwärtig in der Mitte des Lebens) wider. Meist ist die Identifikationsfigur männlich, nachdenkend, wandernd, in weiter-

---

[18] Brief an Karl Muth v. 26.7.1925, in: Briefe, 79.

führende Gespräche verstrickt oder vor eine überraschende Entscheidung gestellt und trägt damit die Züge dessen, der sich in diese Personen hineinschreibt. So geben die „Herrgottsgeschichten" Zeugnis von einem Menschen, dem sich in den Umbrüchen der ersten Hälfte des 20. Jahrhunderts die Frage nach Gott aufdrängt als die Frage nach dem Geheimnis des eigenen Lebens.

2. Beglückend und erschreckend anders

Durch die geschilderten Herrgottsgeschichten zieht sich als Kontinuum die Erfahrung der Andersartigkeit Gottes. Das Anders-Sein und Anders-Werden hat in der Veröffentlichung der ersten Erzählbände einen verheißungsvollen Klang. Wenn Wittig in der Zeit nach dem Weltkrieg (1914-1918) die „Auflösung der alten Welt" wahrnimmt, möchte er dazu beitragen, im Glauben an den „anderen Gott" den Aufbruch in eine neue Welt zu wagen.[19] Statt jammernd und klagend um die Erhaltung des Bisherigen zu betteln, gelte es die Augen dafür zu öffnen, daß der Herrgott Altes beiseite werfe und einen Schritt weitergehe. Um sich diesem Neuen zu öffnen, sei ein lebendiger, eigener Glaube notwendig, der demütig, anbetend und sehnsuchtsvoll am Leben Gottes teilnehme.[20] „Alles, was aus Gott ist, ist ewig jung."[21] Daß Anderes und Ungewohntes wächst, klingt für den Glaubenden verlockend. In der Begegnung mit dem lebendigen Gott wird Ungeahntes möglich und die Eindimensionalität des Berechenbaren gesprengt. Gegen alle Festlegungen werden Alternativen möglich: Wittig selbst kann ein „Anderer" werden, der eine andere theologische Sprache spricht als die gewohnte, der ein anderes Profil entwikkelt als seine Berufskollegen und der - inmitten der Aufbruchssehnsucht der Jugendbewegung[22] - einer unbekannten Zukunft interessiert und furchtlos entgegengeht: „Heute bin ich Gottes Kind, und kein Gestern und kein Morgen kümmert mich. Ich habe genug zu schauen,

---

[19] Vgl. Herrgottswissen, 244/5.

[20] Vgl. a.a.O., 246.

[21] Leben Jesu I, 470.

[22] Ausdrücklich bringt Wittig später diesen Aufbruch mit der Jugendbewegung in Verbindung (vgl. Roman mit Gott, 10, 69, 171, 174).

was Gott mir heute ist."[23] Bis in die 30er Jahre hinein wird sich für Wittig mit der Erfahrung der Andersartigkeit Gottes die Freiheit zu einem eigenen, überraschend anderen Leben verbinden. Im Juli 1931 schreibt er *Marie* und *Hugo Krueger* nach einem Besuch die Widmung:

„'Lebt der alte Gott noch?' / fragen manche. Und wir sagen: 'Nein!' / Niemals gab es einen alten Gott, / denn Gott ist ewig jung / und immer neu / und immer unerhört / und immer Überraschung! / Mach auf dein Herz, damit du ihn erkennst, / wie er heute ist, und suche / nichts Gestriges als Gott. / O Kirche, werde jung an jedem Tag, / sei immer Neues Testament, / denn sieh: das Alte ist vergangen. / Du Kirche, die uns jetzt verband / im Freundeshause, du warst jung / warst schön, warst Glück und Friede, / und Jesus war bei uns, / Gastgeber und Gast."[24]

Mit seiner Rede vom befreiend anderen Gott weiß sich Joseph Wittig in Widerspruch zu festlegenden Definitionen. Kritisch nimmt er Absicherungsversuche im Katholizismus der 20er Jahre wahr: „Gott ist uns zu bekannt geworden. Wir haben ihn geistig verarbeitet, meinen wir. (...) Er ist uns keine erschreckende und keine entzückende Offenbarung mehr."[25] Der Versuch, Gottes habhaft zu werden, zerstöre die Begegnung mit ihm. Alle Versuche, sich (vor) Gott zu sichern, indem man ihn zu einer berechenbaren Größe degradiere, seien unzulässig und zum Scheitern verurteilt: „Wir können es manchmal schon schlecht ertragen, daß die Kirche ihre Indifferenz gegen eine uns liebgewordene Regierungsform erklärt. Wir schaffen eine christliche Kultur, und es ist so, als ob wir uns einbildeten, daß diese nun auch in Einzelheiten der Weg Gottes für eine weitere Zukunft sein werde."[26]

Gegen eine überraschungsfreie Festlegung Gottes anzugehen, erkennt Wittig als seinen Glaubensauftrag. Schreibend wird er - ähnlich wie *Karl Barth*, dessen Römerbrief-Kommentar er in dem genannten Ar-

---

[23] Leben Jesu II, 124.

[24] Widmung im Exemplar „Das Alter der Kirche" für Marie und Hugo Krueger, in: Das Alter der Kirche I, 2. - Vgl. Bergkristall, 126; Leben Jesu I, 470; II, 124; Höregott, 208; Briefe, 169.

[25] Neue religiöse Bücher, 416. - Vgl. auch: Leben Jesu II, 442; Die Wüste, 328; Höregott, 38.

[26] Neue religiöse Bücher, 424.

tikel bespricht - zum Propheten des geheimnisvollen und überraschend-anderen Gottes.

Vom überraschend anderen Gott zu sprechen, bedeutet für Joseph Wittig unter anderem, die religiöse Sprache ihrer Erhabenheit zu berauben. Wittigs Bestreben, die „schaudervollen Gräben" komplizierter Distinktionen zu überspringen und verlassene Orte als „Herrgottswinkel" auszumachen, findet Ausdruck und Form in menschlich gezeichneten Gottesbildern.[27] Mit verspielt-hintersinnigen Zuschreibungen stellt Wittig seinen Gott als einen sehr irdischen Kommunikationspartner dar – und enthebt ihn einer Bescheid wissenden Überzeitlichkeit. Augenzwinkernd erzählt Wittig von den Breslauer Hedwigsschwestern, die mit Gott ein Abkommen getroffen haben: „Sie hatten beim Eintritt ins Kloster mit Gott abgemacht, daß er ihnen seinen Willen (...) durch den Mund der Oberin offenbare. Und Gott hatte stillschweigend zugestimmt."[28] Im Schöpfungsbericht, wie er von Wittig nacherzählt wird, sieht die soeben erschaffene Eva ihren Schöpfer vor sich stehen und erkennt ihn: Er ist „geschmückt mit allen dreizehn Eigenschaften, die im Katechismus stehen."[29] Wenn Wittig in dieser Form von Gott spricht, geschieht das nicht mit dem Ziel eines Lächerlich-Machens, sondern aus liebevoller Vertrautheit heraus. Wittig vermag deshalb alltäglich *über* Gott zu sprechen, weil er im Gebet alltäglich *zu* ihm zu sprechen gelernt hat.

Auf Grund einer Sprache, die als befremdlich und unangemessen beurteilt wird, sieht sich Joseph Wittig mit dem Sicherheitsstreben eines Geistes konfrontiert, der die Andersartigkeit der Theologie Wittigs als Bedrohung für den christlichen Glauben empfindet. Neben dem Beglückend-Beseligenden erfährt Wittig das Wagnis, das ihm als Schreiber dieses anderen Gottes abverlangt wird. Er empfindet den Ausschluß aus der katholischen Kirche als Konsequenz eines Schreibens, für das der Diktierende Mitverantwortung trägt. Damit zurechtzukommen, ist die Herausforderung, die Wittig in den kommenden Jahr(zehnt)en zu bestehen hat und die zum Signum seiner gläubigen

---

27 Vgl. Bergkristall, 101; Super aquas, 128; Höregott, 166; Das Jesuskind und der Aeroplan, 506.

28 Leben Jesu I, 281.

29 Der Ungläubige, 204. - Vgl. Die Kirche im Waldwinkel, 140; Was ein einziger Priester kann, 36.

Existenz wird.[30] Die Begegnung mit dem erschreckend anderen Gott findet ihren sprachlichen Niederschlag vor allem in einem Buch, für das Wittig zeitweilig den Titel „Christlicher Atheismus"[31] vorsieht. Im Sommer 1945 notiert Wittig in Tagebuchform:

„Was ist mit mir? Bin ich wahnsinnig geworden? Es wäre kein Wunder. Seit Jahren bin ich nicht mehr recht gesund, seit einem halben Jahre ausgesprochen gemütsleidend, infolge einer falsch geführten Herzspritze gelähmt am linken Arm, verkrüppelt an der linken Hand, voller Nervenschmerzen am ganzen Körper, das Augenlicht getrübt, seit fünf Monaten den Feind im Lande, mein Haus siebenmal geplündert, keinen Rock mehr zum Anziehen, kein Hemd zum Wechseln, kaum mehr ein Topf oder Säcklein Vorrat in der Speisekammer, der Tisch aufs äußerste mager, die Kinder schon böse vor Hunger, wir Alten selber hungrig, nach der Mahlzeit nicht viel weniger als vor der Mahlzeit!"[32]

Die erlittene Andersartigkeit Gottes ist *der* Ausgangspunkt, von dem aus Joseph Wittig 1945 seinen „Roman mit Gott" zu schreiben beginnt. Die Tage sind „durchstürmt" von der Frage nach Gott, Wittig empfindet sich als an Leib und Seele zerschlagen, entbehrt der Nähe hilfreicher Freunde, tröstender Gottesboten und des beruhigenden Pfeifentabaks, vermag nicht mehr zu beten und den „treuen Herrgott" nicht mehr wiederzuerkennen.[33] Mit der Absicht, seine Mitmenschen von einem irreführenden Gottesbegriff zu erlösen, beginnt Wittig eine schriftstellerische Abrechnung mit einem unzureichenden Gottesbegriff.[34] Mit polemischer Schärfe nimmt er eine Gegenüberstellung von heidnischem „Gott" und christlichem „Vater" vor. „Gott" als *ens a se*, als An-und-für-Sich-Seiendes, ist für Wittig ein Produkt scholastischer Philosophie und kasuistischen Gesetzesdenkens, Verkörperung einer allmächtigen, allgewaltigen und allheiligen Instanz, die sich mit dämonischem Zerrgesicht der Gnadenschätze Jesu bemächtigt habe

---

[30] Vgl. Laß den Mond am Himmel stehn, 236; Der Ungläubige, 104, 233; Höregott, 151, 409; Christgeburt, 104.

[31] Beilage zu Frage 118, 2. – Wittig notiert diesen Titel in eine handschriftliche Auflistung seiner Publikationen. An wen sich der Fragbogen richtet, von dem nur dieses handschriftliche Fragment erhalten ist, konnte bisher nicht geklärt werden.

[32] Roman mit Gott, 13.

[33] A.a.O., 4. - Vgl. a.a.O., 84, 92, 106, 107.

[34] Vgl. a.a.O., 9, 11, 15, 31.

und die Menschen unbarmherzig für ihre Ziele mißbrauche.[35] Die Briefe, die Wittig zu Beginn der 40er Jahre mit bischöflichen Ordinariaten wechselt, die Ratschläge, die er von vermeintlichen Freunden erhält, werden zur Kennzeichnung dieses unbarmherzig-kalten Gottes eingefügt. Schmerzvoll bricht in Rückblicken auf das eigene Leben in Wittig das Empfinden auf, verführt und mißbraucht worden zu sein, in die Fänge eines Systems geraten zu sein, das im Namen „Gottes" und seiner alles erklärenden und alles wissenden Plausibilitäten das Proprium des Christlichen zu bestimmen beansprucht. Mit dem Übergang vom Kind zum Erwachsen habe sich die staunenswerte Welt smaragdgrüner und rubinroter Kugeln für ihn in einen kalten Eiskristall verwandelt: „Jenes unendlich Kleine, Zarte, Liebliche, das mich umflatterte wie ein goldener Falter und das mein Großvater als Christkindlein für seine große Weihnachtskrippe aus Lindenholz geschnitzt hatte, war zu einem Zeus von Otricoli, zu einem allmächtigen, allheiligen, allgerechten Gott geworden." Plötzlich sei ihm ein „strenger, rächender Gott" begegnet. „Und ich Esel merkte den Unterschied nicht; oder ich hielt die smaragdgrüne und rubinrote Kugel für Poesie, für ein Erzeugnis meiner kindlichen Phantasie, den Eiskristall jedoch für die pure Wahrheit. Sprach doch auch alle Logik, die man auf Universitäten lernt, zugunsten des Eiskristalls."[36] Die Emanzipation von diesem herzlosen Felsbrocken eines menschenfernen *ens a se* habe er neu mit Blick auf die Hinfälligkeit und Bedeutungslosigkeit „Gottes" in der Geschichte Jesu gelernt. Die alles entscheidende Größe sei für Jesus nicht „Gott", sondern der menschennahe „Vater im Himmel", der ganz *anders* sei als der heidnische „Gott".[37] In der Nachfolge Jesu seien die ersten Generationen der Christen daher als Atheisten gebrandmarkt worden. Diesem kirchengeschichtlichen Faktum könne kaum genug Bedeutung beigemessen werden. Die junge Christenheit habe „eine Tat ungeheurer Revolution vollbracht, indem sie den Gottesbegriff der damaligen Menschheit ablehnte" und statt dessen vom „lebendigen Gott" gesprochen habe, den sie allein zu Jesus Christus in Beziehung gebracht habe. Verhängnisvoll sei gewe-

---

[35] Vgl. a.a.O., 17, 18, 118, 174.

[36] A.a.O., 47/8.

[37] Vgl. a.a.O., 22/3, 131, 175, 176.

sen, daß sie den Namen „Gott" nicht ganz abgelehnt und statt dessen allein den Namen „Vater" verwandt habe. So sei im Christentum eine Renaissance des alten Gottesbegriffs möglich geworden.[38] Auch Joseph Wittig beschränkt sich nicht auf den Namen „Vater" und meidet den Begriff „Gott" nicht mit letzter sprachlicher Konsequenz. Mehr als auf die sprachliche Unterscheidung kommt es ihm auf die unüberbrückbare Verschiedenheit dessen an, was mit den Begriffen „Gott" und „Vater" bezeichnet wird. Dialog und Kompromiß sind ausgeschlossen; es bleibt nur die Wahl zwischen den sich widersprechenden Alternativen. Zur Skizzierung seines Werkes schreibt Wittig am 9.10.1946 nach Fertigstellung des Manuskriptes an *Eugen Rosenstock-Huessy*: „Absage an den scholastischen Gottesbegriff, ausschließliche Hinwendung zum Vaterbegriff Jesu und zum Liebenden des Hohenliedes als den einzigen adäquaten Gottesbegriff, stark autobiographisch, im Zorn geschrieben, im Frieden fortgesetzt, z. Z. gar nicht zu veröffentlichen - aber es soll meine stärkste Arbeit sein; wird jetzt in Marburg durch die Maschine gejagt."[39]

Die Gesichtszüge, die das Vaterbild Joseph Wittigs prägen, werden in der Kennzeichnung des himmlischen Vaters kaum explizit ausgeführt. Ob der Vater streng oder nachgiebig, mutig oder ängstlich ist oder durch andere Eigenschaften geprägt ist, bleibt unbestimmt. Wenn es im „Roman mit Gott" Attribute für den „himmlischen Vater" gibt, zielen sie in die Richtung auf das Niedrige und Armselige:

> „Nicht allmächtig, nicht allheilig, nicht allweise, nicht allgerecht, sondern unendlich klein und zart und schwach, flatternder als der goldene Falter und zerstörbarer als der Farbenstaub auf dessen Flügeln. Ich kann gar nicht sagen, wie tief ich in das unendlich Kleine und Schwache vordringen möchte, um eine 'adäquate Vorstellung' - wie die Dogmatiker zu sprechen belieben - dessen zu vermitteln, was sich mir als Gott geoffenbart."[40]

Durch die Erfahrung der eigenen Erniedrigung - Wittig empfindet sich als unbedeutend, verachtet und gedemütigt, er hat den Eindruck, nicht mehr beten und nichts mehr sagen zu können, ihm „reißen die

---

[38] A.a.O., 132.
[39] Brief an Eugen Rosenstock-Huessy, in: Briefe, 417.
[40] Roman mit Gott, 20/1.

Fäden immer wieder ab, kräuseln sich, verfilzen sich"[41] - sei die Schranke durchbrochen, die ihn vom richtigen Gottesbegriffes getrennt habe.[42] In der Niedrigkeit vernimmt er die Seligpreisung; in ihr lebt er in der Gegenwart und spricht von der Nähe des kleinen, schwachen, ohnmächtigen, unbedeutenden, armen Gottes.[43] Der Schmerz der Schwachheit wird dadurch für Wittig nicht aufgehoben: Verärgert reagiert er auf fromme Sprüche und leere Phrasen, deren vertröstende Stimme er nicht hören mag. In dieser Ohnmacht wird für ihn deutlich, daß Dornenkrone und Kreuz zum wahren Gottesbegriff gehören, daß Armut und Ohnmacht Zeichen der Gotteskindschaft sind. Schwankend zwischen Trost und Resignation, Vertrauen und Bitterkeit streckt er sich aus nach dem, von dem er glaubt: „Dieser unser menschennaher Gott hat alles durchgemacht, was wir im Leben durchzumachen haben."[44] Der menschennahe Gott trägt die Gesichtszüge des Vaters. In ihm wird die Zuwendung dessen erfahrbar, der den Sohn kennt, der „Israel, seinen Jungen,"[45] zärtlich bei der Hand nimmt und mit ihm nach Hause geht.

3. Concursus divinus

Die Theologie Joseph Wittigs basiert auf der Überzeugung, daß die Geschichte des menschlichen Lebens nicht ohne das Wirken Gottes zu verstehen ist. Die Weichenstellungen fallen nicht zufällig, sondern verdanken sich der Hand Gottes, die helfend, rettend, aber auch zerstörend in das menschliche Leben eingreift.[46] Gott sucht die Menschen heim, führt sie zusammen und reißt sie auseinander, „schnitzt" und „operiert an ihnen herum".[47] Gott läßt sich für sein Handeln kein Gebiet abstecken und sich durch keine Schranken eingrenzen, er wirkt auch dort, wo der Mensch weder mit ihm rechnet, noch ihm die

---

[41]   Roman mit Gott, 14.

[42]   Vgl. a.a.O., 53, 84, 92-94, 165.

[43]   Vgl. a.a.O., 18, 23, 25, 27, 28, 31, 87.

[44]   A.a.O., 25.

[45]   Bergkristall, 111.

[46]   Vgl. Leben Jesu I, 297; Höregott, 75, 150, 267; Michel Gottschlich, 90.

[47]   Vgl. Die Heimsuchungen Gottes, 272; Leben Jesu I, 448; Das Jesuskind und der Aeroplan, 500; Gold, Weihrauch und Myrrhe, 88; Roman mit Gott, 93; Christgeburt, 61.

Initiative überlassen möchte.[48] Die Rede von der „Vorsehung", der „Führung" und dem „Wirken" Gottes durchzieht wie ein roter Faden die Schriften Wittigs: Sein Leben erscheint ihm wie „eine ununterbrochene Kette von Gottesführung."[49] In der Kommunikationsform des Briefes wird Wittigs Glaube an das Wirken Gottes in seiner Geschichte besonders spürbar. Bereits 1911 schreibt Wittig an *Ferdinand Piontek*: „Oft empfinde ich eine höhere Gewalt, welche Maß und Erfolg und Zeit und Wohl meiner Arbeit bestimmt. Indes das kann Einbildung sein, und noch dazu eine sehr gefährliche. Aber der Gedanke: ‚Gott führt' ist mir doch ein großer Trost."[50] Im Weihnachtsgruß an *Hans Franke* blickt Wittig auf das Jahr 1927 zurück: „Allmählich ordnet sich wieder mein Leben mit Hilfe meiner lieben Anka, die mir der Herrgott im Sommer zur Lebensgefährtin gegeben hat. Das war ja auch ein Wunder, das all unser Denken und Wollen überstieg; nach außen zwar eine ganz gewöhnliche, von der Welt genügend besprochene Heiratsgeschichte, innerlich aber eine von den Führungen, die ganz im Lichte liegen."[51] Im März 1933 schreibt Wittig an *Martin Rade* zur politischen Situation: „Oft ist es mir, als sei alles dazu gekommen, daß wir noch gläubiger werden und die Wirklichkeit Gottes noch deutlicher erfahren. Schutz und Führung Gottes sind doch Realitäten."[52] Die Umgestaltung des Lebens in ein gesegnetes Dasein wird ebenso mit dem Wirken Gottes in Verbindung gebracht wie die Erkrankungen, die er als Boten Gottes versteht, und die Hilflosigkeit, in der er tiefer die sorgende Nähe Gottes erkennt.[53] Er erfährt - wie er 1938 an *Karl Josef Friedrich* schreibt - eine vollkommene „Ohnmächtigkeit des Menschen gegenüber Gott, an die ich früher nie hätte glauben mögen; die Erkenntnis, daß ich vielmehr in Gottes Hand bin,

---

[48] Vgl. Die Heimsuchungen Gottes, 273; Die Erlösten, 86; Bergkristall, 88; Wiedergeburt, 21; Der Ungläubige, 108, 317; Michel Gottschlich, 106; Vaterunser, 91.

[49] Höregott, 52. - Vgl. Gedanken vor der Priesterweihe, 168; Herrgottswissen 41, 160; Leben Jesu I, 511; Höregott, 50, 72, 240, 267, 283, 295; Aus meiner letzten Schulklasse, 12, 13, 16; Laß den Mond am Himmel stehn, 236; Aussichten, 80; Christgeburt, 92, 120.

[50] Brief an Ferdinand Piontek v. 4.11.1911.

[51] Brief an Hans Franke v. 27.12.1927, in: Briefe, 123.

[52] Brief an Martin Rade v. 31.3.1933, in: a.a.O., 223.

[53] Vgl. a.a.O., 107, 126, 165, 168, 228, 243, 280, 350, 353, 390, 430, 467.

als ich je hätte glauben mögen."[54] Der Vorsehungsglaube, dieses „Schiff, das über das dunkelste und stürmischste Meer trägt"[55], prägt eine Geschichte dankbaren Empfangs und schmerzlichen Entbehrens. Dieser Glaube eröffnet Wittig ein qualifiziertes Verhältnis zur (eigenen) Geschichte: Sie ist Handschrift Gottes, die es in der ehrfürchtigen Zuwendung zum Leben mitzubuchstabieren gilt. Das Nachdenken über das „Mysterium der menschlichen Handlungen und Geschehnisse" - die Frage, wie Gott in der menschlichen Geschichte initiierend und bewirkend, zulassend und duldend beteiligt ist - nimmt in der theologischen Arbeit Wittigs eine zentrale Stelle ein und ist zugleich Ansatzpunkt schärfster kirchenamtlicher Kritik. Um die Argumentation Wittigs nachvollziehen zu können, gilt es zwei Voraussetzungen zu erinnern, in die sich Wittig mit seiner Reflexion des *Concursus divinus*-Gedankens hineingestellt sieht.

Als ein Zeitzeichen registriert Wittig, daß auch das religiöse Leben durch die Plausibilitäten von Machbarkeit und Leistung bestimmt sei. Gerade die braven Christen quälten sich in einem unaufhörlichen Kampf mit ihren Fehlern und Versuchungen. Man sei beherrscht von der Angst, nicht genug getan zu haben, erfüllt von dem Wunsch, dieses oder jenes rückgängig und anders machen zu können, und ganz auf das richtige Tun und Handeln konzentriert. „Wollen", „Machen" und „Tun" seien zu entscheidenden Kategorien christlichen Lebens geworden. Doch die Furcht, den Anforderungen nicht genügen zu können, verdüstere das Gemüt und mache den Willen und den Erfolg zu Götzen.[56] Das Leiden an der Überforderung der Willensanstrengungen könne aber dann zum Heilsereignis werden, wenn es zum Sich-Verlassen auf das Wirken Gottes führe: „Es ist eine Erlösung für den Menschen, daß er nicht Gott sein muß, sondern daß er sich als Geschöpf wiedererkennen und auf Gottes Werke warten darf. Alles andere ist Verzweiflung für ihn."[57] Das kreatürliche Vertrauen auf den göttlichen Schöpfer wird für den Menschen zur Befreiung: Wahrheiten leuchten auf, Kräfte werden tätig, Wege öffnen sich. Im Ge-

---

54 Brief an Karl Joseph Friedrich v. 22.6.1938, in: a.a.O., 293.
55 Brief an Hans Franke v. 27.12.1927, in: a.a.O., 123.
56 Vgl. Herrgottswissen, 179; Die Kirche im Waldwinkel, 71/2.
57 Schweigendes Warten, 478. - Vgl. Der Ungläubige, 128, 221.

gensatz zum Gemachten steht das Empfangene, Gewordene, Gesegnete. Das Sprechen vom Handeln Gottes im Geheimnis der menschlichen Handlungen hat für Wittig ausdrücklich den Charakter der Gegenrede: Die *Concursus divinus*-Lehre bildet für ihn den Widerspruch gegen eine als ungenügend empfundene Lebensoption.

Einen zweiten biographischen Hintergrund des *Concursus divinus*-Gedankens bildet die Problematik des zölibatären Lebens. Ungeschützt schildert Wittig in seinem Buch „Höregott" seine Versuche, die Lebensform der Ehelosigkeit und die vertraute Beziehung zu Frauen miteinander in Einklang zu bringen. Im Gespräch mit einer Freundin hofft er: „Gott hat uns zusammengeführt; Gott wird uns beieinander lassen oder wird uns trennen, wie er will. Wenn er uns trennt, werden wir auch ohne einander leben können. Ich mag Ihnen nur das Eine sagen: Bei Gott ist kein Ding unmöglich, und ich mag ihm weder ängstlich noch frech in seine Werke hineinpfuschen."[58] In der Widersprüchlichkeit von zwei Optionen, die schwer miteinander zu vereinbaren sind, versucht Wittig, in dem Vertrauen auf Gottes unbegrenzte Möglichkeiten Halt zu finden. Doch jeder Versuch, die Spannung von Ehelosigkeit und Freundschaft mittels dieser Hoffnung aufrechtzuerhalten, scheitert. Als die Frauen in der Distanzierung und Trennung den einzig möglichen (Aus-)Weg sehen, streckt sich Wittig angesichts der Verlusterfahrung noch stärker nach dem Glauben an das Wirken Gottes aus: „Ich erschrak über das Mysterium des Lebens. Ich hatte gar nichts mehr als allein den Glauben, daß alles nach Gottes Willen gehe."[59]

Erst 1945/46 - nach zwanzig Jahren Ehe - vermag Wittig die Unvereinbarkeit seiner Verliebtheit und seiner Ehelosigkeit festzustellen: „In Lauban hat mich die Liebe überfallen, und zwar wie einen ganz 'Tumben Knaben'. Ich erkannte sie gar nicht und sah gar nicht, wie sie meinem zölibatären Vorhaben widerstritt."[60] In der Situation des Überfalls, in der er damit konfrontiert wird, daß etwas an ihm und in ihm geschieht, bei dem Wille und Verstand nicht (mehr) die Hauptrolle spielen können, beginnt Wittig, über das Wirken Gottes in der

---

[58] Höregott, 240.

[59] A.a.O., 258.

[60] Roman mit Gott, 209.

menschlichen Lebensgeschichte zu reflektieren: zuerst 1916 im He-
liand-Aufsatz „Das Riesengebirge"[61], dann ausführlicher im „Mysterium der Menschlichen Handlungen und Geschehnisse"[62] und der
nach Auseinandersetzungen über diesen Aufsatz notwendigen Erläuterung „Gottes Hand über meiner Hand"[63], schließlich in dem ebenfalls
heftige Kontroversen auslösenden Osteraufsatz „Die Erlösten".[64]
Ausdrücklich werden diese Aufsätze in einem inneren Zusammenhang
gesehen und im Rückblick mit der Frage nach der Gestaltung zölibatären Lebens verbunden.[65] Mit Hilfe des gestaltenden Rückgriffs auf
ein Kapitel traditioneller Theologie versucht Wittig, eine für ihn tragfähige Lebens- und Glaubensorientierung zu gewinnen – die dann
auch anderen hilfreich zu werden verspricht.

Als Junge habe er, erzählt Joseph Wittig 1916, mit Schlamm und
Steinen das „Riesengebirge" nachgebaut. Über Nacht sei die ange-
fangene Arbeit durch den unerwartet einsetzenden Frost und den ersten Schnee wunderbar vollendet worden. Über dieses Werk des
Herrgotts, der als Baumeister hinter der überraschenden Fertigstellung gesehen wird, beginnt der Junge mit seinem Vater zu philosophieren. Wittig ist - wie sein Vater - erfüllt von der festen Gewißheit,
daß der Herrgott alles machen und erreichen könne, was er wolle:
„Was er will, das wird; und was wird, das will er."[66] Er steht damit
aber vor der Frage nach dem Sinn der menschlichen Arbeit. „Warum
müssen die Menschen so viel arbeiten? Der liebe Herrgott könnte
doch alles viel leichter und schöner allein machen."[67] Seine Antwort
bringt der Vater ins Bild der handwerklichen Arbeit: Zwar habe er
die Handwerksarbeiten auch allein vollbringen können, habe aber
seine Freude an der Mitarbeit seines Sohnes gehabt: „Er freute sich,
daß ich Lust hatte an seinem Werke. Er freute sich, daß ich ihn ver-

---

[61] J. Strangfeld, Das Riesengebirge, 14-21; im Folgenden zitiert nach: Herrgottswissen, 167-179.

[62] Das Mysterium der menschlichen Handlungen und Geschehnisse, in: Heliand
10 (1919/20) 161-86; im Folgenden zitiert nach: Herrgottswissen, 180-223.

[63] Gottes Hand über meiner Hand, 349-354.

[64] Die Erlösten, in: Hochland 19,2 (1922) 1-26; im Folgenden zitiert nach: Meine
Erlösten in Buße, Kampf und Wehr, hg. v. Franz Jung, Münster 1989, 14-59.

[65] Vgl. Höregott, 266, 271.

[66] Herrgottswissen, 173.

[67] A.a.O., 171.

stand. Er freute sich, daß mein Arm immer stärker und mein Blick immer sicherer wurde. Und er ahnte wohl, daß meine Liebe zu ihm in diesen Stunden gemeinsamer Arbeit mit jeder Stunde größer wurde."[68] Ähnlich sei es im Verhältnis des Menschen zu Gott. Es komme nicht auf den Erfolg einer Handlung an, sondern - wie beim Gebet - auf das „Gotterfreuende", die „Tendenz und Symbolik", den „Goldgehalt" der Arbeit, ihren „inneren Reichtum an Demut, Geduld und Treue" und ihre „gottverähnlichende Kraft".[69] Weil kein berechenbarer Zusammenhang zwischen geleisteter Arbeit und dem Kommen des Gottesreiches bestehe, gelte es, sich in christliche Indifferenz einzuüben und die den Erfolg vergötzende Ergebnisfixierung zu entmachten. Das Entscheidende des Handelns liege in der Ausrichtung auf Gott; den Erfolg gebe er nach dem freiem Ermessen seiner Gnade.

Auch im Aufsatz über das „Mysterium der menschlichen Handlungen und Geschehnisse" geht es Wittig darum, den Machbarkeitskult zu überwinden und das Erfolgsdenken zu durchbrechen. Es gelte, den Sinn auf Gott zu richten, sich im Gebet mit Gott zu vereinigen, dann zu handeln und das Ergebnis der Handlung Gott zu überlassen.[70] Angesichts der Katastrophe des Weltkrieges befragt Wittig darüber hinaus den menschlichen Wunsch, jene Handlungen ungeschehen machen zu wollen, die als mißglückt oder sündig empfunden werden. Es sei zwar verständlich, wenn man das als schrecklich Erlebte des individuellen und des gesellschaftlichen Lebens revidieren wolle. Aber nicht das Geschehene an sich sei sündig, sondern allein die falsche innere Ausrichtung: „Wir hätten bei dieser und bei jener Handlung unseren Sinn nur auf Gott richten, unseren Willen mit Gottes Willen vereinigen sollen! Das allein, das wir das nicht getan haben, ist der Anteil unserer Schuld."[71] Die falsche Gesinnung sei zu bereuen, aber das Geschehene selbst könne und müsse nicht ungeschehen gemacht werden. Denn das Geschehen entspringe dem Willen Gottes, in dem alle Handlungen und Geschehnisse des menschlichen Lebens gründeten. Um diese Aussage plausibel zu machen, greift Wittig - mit Er-

---

[68] A.a.O., 174.

[69] Vgl. a.a.O., 176, 178, 179.

[70] Vgl. a.a.O., 220.

[71] A.a.O., 191.

zählungen aus der eigenen Lebensgeschichte, biblischen Zitaten und theologischen Argumentationsgängen - die Lehre vom *concursus divinus* auf.

In historischer Rückblende skizziert Wittig zunächst den von *Pelagius* ausgelösten Streit um die Mitwirkung Gottes im menschlichen Handeln und nimmt, indem er an die Streitschrift des *Hieronymus* gegen die Pelagianer anknüpft, Position auf Seiten der Anti-Pelagianer. Man könne nichts tun - nicht schweigen oder reden, essen oder fasten, lachen oder weinen - wenn Gott nicht dabei mitwirke.[72] Dieses göttliche Wirken sei vergleichbar mit der Hilfe, die der Knabe Joseph Wittig einem Weber beim Schieben seiner Karre geleistet habe, ohne daß dieser die Unterstützung bemerkt habe. Wie der Weber den Karren nicht allein gezogen habe, sondern schließlich beim Umsehen die Hilfe entdeckt habe, so habe auch er selbst, wenn er sich in seinem Leben nach dem Herrgott umgesehen habe, entdecken können, daß Gott ihn nichts habe allein tun lassen. Und Wittig nimmt ein weiteres Bild auf: „Immer sah ich die Hand Gottes über meiner Hand, so wie einst meines Vaters Hand, als ich noch vor Beginn der Schulzeit schreiben lernte, über meiner kleinen Hand und seinen Finger an meinem Schieferstift."[73] Bei diesem Miteinander ist kaum zu unterscheiden, wer führt und wer geführt wird. In der folgenden Argumentation Wittigs wandelt sich die Rolle Gottes: Er wird von dem, der unterstützende Hilfe gibt, zu dem, von dem die Initiative ausgeht. Alles, was geschehe, sei im Willen Gottes begründet. Auch die Zulassung sei ein Wollen, denn was Gott zulasse, müsse er auch zulassen wollen. „Das Weltgeschehen ist Gottes Sache und ich wüßte nicht, warum es notwendig sein sollte, daß dem Menschenwillen die Entscheidung überlassen werde, ob etwas geschehen soll oder nicht."[74] Selbst die Tötung anderer Menschen könne nicht geschehen, wenn Gott das nicht (zulassen) wolle. Die Geschichte unter dieser Perspektive zu betrachten, ist für Wittig weder Abschieben der Verantwortung noch Aufforderung zum Fatalismus. Der menschliche Wille könne sich frei entscheiden, *wie* er sich an dem gottgewollten Geschehen beteilige: „Das Wesen unserer Freiheit besteht also nicht darin, daß wir nun ganz frei auf der Erde herumwirtschaften dürfen, sondern darin, daß wir Mitwoller oder nicht Mitwoller Gottes sein können."[75] Hinsichtlich des Menschen komme es allein auf die gute Intention und die richtige Ausrichtung an. Ob und wie etwas werde, liege allein in Gottes Hand. Überraschend vermöge Gott es, auch die vermeintlich sündigen Handlungen in den „von der Liebe gezeichneten Plan der göttlichen Weltregierung" aufzunehmen.[76] Während der von menschlicher Willensstärke geprägten gegenwärtigen Welt diese Gewißheit fremd sei, sei in der

---

[72] A.a.O., 182.

[73] A.a.O., 188.

[74] A.a.O., 191.

[75] A.a.O., 191/2.

[76] A.a.O., 193.

Bibel und von den Worten seines Vaters die schöpferische Wirksamkeit
Gottes zu lernen. „Wenn Jehova nicht bauet das Haus, vergebens arbeiten
daran die Bauleute! Wenn Jehova nicht die Stadt bewacht, vergebens wachet
der Wächter!"[77], liest Wittig in den Psalmen. „Das hat alles so kommen
müssen", lernt er von seinem Vater. Sein Vater habe damit nicht einen blin-
den Zufall, sondern die Führung des Herrgotts gemeint.[78] Auch die theologische Tradition sei von der Tatsache der unmittelbaren Mitwirkung Gottes
bei allen menschlichen Handlungen überzeugt: „Alle erkennen die geheimnisvolle Verbindung des Göttlichen und Menschlichen in dem, was auf Erden getan wird. Und sie sehen keineswegs im Menschen die Hauptursache
von dem, was sie tun, sondern in Gott."[79]

Trotz dieser von Wittig wahrgenommenen *sententia communis* vermutet er Kritik und Fragen hinsichtlich der Unterscheidung von Erst-
und Zweitursache, von Mitwirkung und Gnade, von Tat und Gesinnung. Wittig versucht auf diese Fragen vorbeugend zu antworten,
indem er in Erläuterungen, die er als Streitgespräche konzipiert, das
als befreiend und beglückend erfahrene Grundmotiv variiert: Gott
wird gesehen als Herr der Geschichte, die Geschehnisse als in seinem
Wollen begründet, der Mensch als verantwortlich für die innere Ausrichtung, aber nicht für das äußere Geschehen. Es werde den Menschen, der an das Mysterium des *concursus divinus* glaube, schmerzen, wenn sein Wille in Richtung auf Gott geschwankt habe. Ansonsten werde er aber sagen können: „Gott hat alles so geschickt, Gott
hat alles so gewollt, es hat alles so kommen müssen!" Und er werde
„allen Druck und alle Last abschütteln und mit neuer Hoffnung in die
Zukunft gehen."[80]
Bald nach der Drucklegung des Artikels kommt es zu Diskussionen,
Anfragen und Widersprüchen, die Wittig in seinen Einschüben schon
vorhergesehen hatte. Bewegt durch diese Reaktionen schreibt Wittig
die Erläuterung „Gottes Hand über meiner Hand. Eine Antwort auf
viele Fragen." In dieser Replik wiederholt er zunächst die Absicht, er
habe „keine neue Doktrin aufstellen" wollen, sondern „nur den lieben
alten katholischen Glauben predigen" und zeigen wollen, „wie nahe
und stark Gottes Hand in allen unseren Geschehnissen ist", um so

---

[77] A.a.O., 201.

[78] A.a.O., 196.

[79] A.a.O., 204.

[80] A.a.O., 222.

falsche Reue und Unruhe zu bannen und die Menschen zu befreien zu einer innerlichen Entscheidung für oder wider Gott.[81] Er habe aufzeigen wollen, daß wahre Reue in der Gesinnungsänderung und nicht in der Änderung geschehener Tatsachen bestehe. Daß diese Botschaft mit ihrer befreienden Kraft vernommen wurde, belegt Wittig mit Hinweis auf die Erfahrungen jener Leser, die im Anschluß an die Lektüre Trost, Ruhe und Klarheit gefunden haben und neu auf die Suche nach Gott gehen konnten. Wittig fügt angesichts dieser von ihm zitierten Erfolgsmeldungen hinzu: „Das wollte ich, daß die Menschen entzündet würden, immer mehr von Gott zu wissen."[82]

Dieser missionarische Impetus kennzeichnet auch den 1922 veröffentlichten Osteraufsatz „Die Erlösten", in dem Wittig die Lehre vom *concursus divinus* aufgreift und mit Blick auf Beichte und Vergebung zuspitzt. Gegen den Kampf und die Quälerei des religiösen Lebens, gegen die Betonung von Willenspflege und Selbstverantwortlichkeit, gegen Skrupulösität und Sündenangst sei die Überzeugung zu setzen: „Die Erlösung besteht darin, daß man guten Willen hat, nicht den heroisch starken Willen, sondern den einfachen, menschlich schlichten, aber auf Gott gerichteten guten Willen; alles andere tut die Gnade Gottes."[83] Aus diesem Wissen lasse sich für die Menschen ein verändertes Selbstbewußtsein gewinnen: Als freie Gotteskinder seien sie der Schreckensherrschaft eines moralischen Rigorismus entkommen und in der Lage, voll Dankbarkeit und in neuer Freiheit aufzujubeln.[84] Diese frohe Botschaft erlösend zu verkünden, ist die Aufgabe, zu der sich Joseph Wittig - im Gegenüber zu den Dogmatikern, Moraltheologen und Kirchenrechtlern - berufen sieht. Die dankbaren Reaktionen seiner Leser bestärken ihn in der Überzeugung, daß seinem Versuch Erfolg beschieden worden ist. Wittig schildert die Auswirkungen des Osteraufsatzes in Form eines Reiseberichtes über die Fahrt der Erzählung durch Deutschland: Auf dieser Reise, die keine Vergnügungsreise, sondern eine Missionsreise gewesen sei, habe sie viele Menschen gesehen, die „voll Verlangen nach jeglicher Heilsbotschaft,

---

[81] Gottes Hand über meiner Hand, 349.

[82] A.a.O., 352.

[83] Die Erlösten, 34/5. - Vgl. a.a.O., 32, 33, 36.

[84] Vgl. a.a.O., 46.

318

voll Empfindsamkeit und Entschiedenheit" gewesen seien, aber oft weit entfernt von dem Wissen gelebt hätten, „daß wir Gottes Willen, also auch sein Wesen, nicht nur aus den Geboten zu erkennen vermögen, sondern auch aus allen Zulassungen und Schickungen, also aus dem realen Leben, aus der realen Geschichte, aus dem Leben wie es ist, aus der ungeschminkten, wach gesehenen Wirklichkeit."[85] Für alle Aufsätze, in denen Wittig die Lehre vom (Mit-)Wirken Gottes bedenkt, gilt, daß er keine eigene Lehre aufstellen möchte, sondern bestrebt ist, den Schatz des katholischen Glaubens neu zur Geltung zu bringen.[86] Dennoch ist diese Theologie von Anfang an eine Kontrast-Theologie. Die zeitgenössischen theologischen Erklärungsmuster werden als defizitär empfunden und mit einer anderen Perspektive konfrontiert. Diese Sichtweise wird in dem Moment notwendig, in dem Teile des bisherigen religiösen Selbstverständnisses unter dem Druck persönlicher Umbrüche und gesellschaftlicher Erschütterungen ins Wanken geraten. Die Ausrichtung auf persönliche Heiligung oder erfolgreiche Laufbahn erscheint Wittig als nicht mehr tragfähig. Die Betonung von Willenskraft und Verantwortung ist angesichts der machtvollen Eigendynamik des Lebens nicht mehr hilfreich; ein fordernd-bewertender Gott wird für Joseph Wittig zur Qual. Von Kindheit an ist Wittig im Glauben an einen in der Geschichte handelnden Gott beheimatet. Den Glauben seines Vaters (und seiner Väter) vermag er als den Glauben der Bibel und als verdrängten Glauben der Kirche wiederzuentdecken. Ganz auf das Wirken Gottes zu vertrauen, sich auf ihn auszurichten und in diesem Glauben getrost zu sein, ist für Wittig die lebensermöglichende Neu- und Wiederentdeckung: „Ich muß das glauben, was ich geschrieben habe, sonst fühle ich mich todunglücklich."[87] Das Sich-Hineinschreiben in diese Wirklichkeit eröffnet ihm wieder „volles Leben" aus Gott, das ihm „schier unmittelbar"[88] zuströmt. Sich glaubend der Wirksamkeit Gottes anvertrauen zu können, von Sündenqual und Erfolgsdruck befreit zu werden und auch die Abgründe geschehenen Lebens als Teil

[85] A.a.O., 86.

[86] Vgl. Die Kirche im Waldwinkel, 72-73, 162-67, 222; Leben Jesu I, 266, 455/6, 507; II, 119; Briefe, 467.

[87] Brief an Ferdinand Piontek v. 17.1.1917.

[88] Höregott, 271.

des gottgegebenen Daseins annehmen zu können, sind Erfahrungen, die sich für Wittig mit der Rede vom *concursus divinus* verbinden.

Mit diesen Konnotationen stellt sich die Frage nach Standpunkt und Zielrichtung, von denen aus eine Theologie formuliert wird. Daß ein und dieselbe theologische Aussage je nach Kommunikationssitation und Intention verschiedene Bedeutungen erhalten kann, läßt sich an der *Concursus divinus*-Lehre Wittigs ablesen. Sie kann verstanden werden als Versuch, theologische Engführungen zu entlarven und das „Mehr-" und „Anders-Sein" des Glaubens im Namen des lebendigen Gottes zur Geltung zu bringen. Sie kann jedoch auch zu einer festschreibenden Aussage werden, die Gott als die allwirkende Ursache alles Geschehens behauptet. In dieser Gestalt wird sie den Widerspruch provozieren (müssen), das „Mysterium der menschlichen Handlungen" lasse sich in dieser Einseitigkeit nicht festschreiben, sondern sei wiederum ganz anders als beschrieben. Wenn die *Concursus divinus*-Lehre, die in der persönlichen und gesellschaftlichen Krisensituation für Wittig zum Hoffungspotential mit befreiendem Charakter wird, unter dem Signum der wiederentdeckten Wahrheit allgemeingültig vorgetragen wird, muß sie sich nach ihren Begrenzungen und Einseitigkeiten fragen lassen. Die Schwierigkeit einer konstruktiven, auf ergänzende Bereicherung ausgerichteten theologischen Diskussion läßt sich an den Auseinandersetzungen um die *Concursus divinus*-Lehre Joseph Wittigs ablesen.

4. Glaubende Gotteskindschaft

Vom Wirken Gottes in der menschlichen Geschichte zu sprechen, gibt Fragen auf hinsichtlich der Rolle, die der Mensch spielt. Der menschliche Glaube gerät in den Blick und damit die Frage, welche Haltungen und Dispositionen eine gläubige Ausrichtung ermöglichen oder erschweren. Idealtypisch charakterisiert wird die Person eines Glaubenden in der Erzählung vom „Glaubensboten".[89]

Der über Land ziehende Uhrmacher Heinrich Tiffe ist vertraut mit dem Kunstwerk ineinandergreifender Rädchen; wandernd achtet er aufmerksam auf das kunstvolle Werk der Welt Gottes. Immer schaut er aus, was jetzt der

---

[89] Der Glaubensbote, in: Das Heilige Feuer 10 (1922/23) 226-235; im folgenden zit. n.: Die Kirche im Waldwinkel, 30-53.

Wille Gottes für ihn sei. Er ist davon überzeugt und wartet sehnsüchtig darauf, daß Gott einmal etwas besonders Großes von ihm verlangen werde. Als er auf seiner Wanderung ein Stück bedrucktes Papier findet, das er mit untrüglicher innerer Gewißheit als die ersehnte Botschaft erkennt, liest er zwischen Inseraten und Lokalnachrichten die unvollständige Überschrift „Die Glaubensboten...“. In einer Dorfkirche sinnt er nach, was das denn heiße: ob ein Glaubensbote jemand sei, der den Glauben bringe oder der vom Glauben geschickt werde? Gesprächsfetzen fallen ihm ein und spinnen sich weiter, aber erst, als er draußen vor der Kirche sein Brot essen will, wird er wie verwandelt: „War es Licht? Es war ganz licht. Aber es war auch eine große Kraft, wie ein Antlitz, das sieht; wie ein Mund, der spricht; wie ein Arm, der führt. Es war wie ein Leben, dem nur noch die äußere Gestalt fehlte und es war, als wollte dieses lebendige Wesen fortan Heinrich Tiffes Gestalt annehmen. Es war ein Einzug...“[90] Tausendstimmig klingt es in ihm nach: „Das ist der Glaube!“ Und zugleich weiß er, daß er zum Pfarrer gehen muß, um sich in seiner Armseligkeit Hilfe zu erbitten. Im Pfarrhaus entspannt sich - im Anschluß an den Bericht des Uhrmachers - ein Gespräch zwischen dem Pfarrer und dem Kaplan darüber, was der Glaube sei. Der Pfarrer qualifiziert das von Heinrich Tiffe Erfahrene als fromme Einbildung, definiert den Glauben nach dogmatischer Schulmeinung als Für-wahr-Halten der von Gott geoffenbarten Wahrheit und ist skeptisch gegenüber einem Glaubensbegriff, der den Glauben als eine den Menschen beherrschende Gewalt ansieht: „Der Glaube ist nicht irgendeine religiöse Stimmung, sondern eine intellektuelle Zustimmung. Bei dem Mann da drinnen war es doch nichts weiter als eine religiöse Stimmung.“[91] Der Kaplan hält dagegen, die vom Pfarrer vorgenommene Glaubensdefinition sei eine gegen *Friedrich Schleiermacher* gerichtete, aber nicht auf den Uhrmacher anzuwendende dogmatische Wahrheit. Sie beziehe sich auf den subjektiven Glauben, für den objektiven Glauben gelte anderes. In diesem Bereich aber sei die Erfahrung Heinrich Tiffes angesiedelt. Gott selber dringe in die Seele ein, bewohne sie und belebe sie mit seinem eigenen Leben, bleibe aber trotz dieser Lebensverbindung mit der Seele absolute Objektivität: „Nicht alles, was in der Seele ist und was aus der Seele kommt, darf als rein subjektiv mindergeachtet werden. In der Seele kann die absolute Objektivität wohnen und wirken und dann ist es eben eine gläubige Seele.“[92] Etwas in der Argumentation des Kaplans überwältigt den Pfarrer und läßt ihn, der sonst durch Aktivität im sozial-karitativen Einsatz und durch korrekte Amtlichkeit alles ergreift, ergriffen sein und begreifen, daß der Glaube „das wahre göttliche Leben im Menschen sei.[93] Als der Uhrmacher sich auf den Weg machen will, wird ihm vom Kaplan weiterführend eröffnet, daß der Glaube zwar den Menschen mit unwiderstehlicher Gewalt überfallen könne, aber doch auf eine Antwort des Menschen warte, die in etwa laute:

---

[90] A.a.O., 45.
[91] A.a.O., 50.
[92] A.a.O., 51.
[93] A.a.O., 51.

„Ja, ich will gern dein Bote sein und dein Knecht." Mit dieser täglichen Glaubenserneuerung macht sich Heinrich Tiffe auf den Weg und die Menschen, die ihm begegnen, spüren: „Der hat es mit dem Herrgott!"[94]

In seiner Dramaturgie aus dem Jahr 1923, dem Jahr nach der Publikation des Osteraufsatzes „Die Erlösten", verdeutlicht Wittig die theologischen Rahmenbedingungen und Positionen, in denen er sich mit seinen Gedanken zum Glauben vorfindet. In der Welt des tradierten Katholizismus hat jemand etwas erfahren, das ihn aus der Bahn der gewohnten Üblichkeiten herauswirft. Mit dem Reichtum der Erfahrung wird ihm seine Armseligkeit bewußt. Beim Versuch, das Ihn-Ergreifende mitzuteilen, erlebt er die Schwierigkeit, sich verständlich machen zu können, und gerät in die Kontroverse theologischer Bewertung. Daß die Theologie innerhalb ihres Denksystems einen Ort für die Glaubenserfahrung findet, sich ihr demütig unterordnet und ihr mit seelsorglicher Sensibilität eine hilfreiche Wegweisung zu geben vermag, läßt die Geschichte zu einem glücklichen Ende kommen. Der erträumte Ausgang der Erzählung kann als ein Gleichnis für den Wunsch Wittigs gewertet werden, wie Heinrich Tiffe mit dem eigenen Glauben (kirchlich) anerkannt zu werden und wie der Kaplan mit seinem theologischen Wissen anderen zur (kirchlichen) Anerkennung ihres Glaubens verhelfen zu können und der amtlichen Kirche mit Sympathie und Widerstandskraft diese Horizonterweiterung zu ermöglichen.

Diese Interpretation wird plausibel mit Blick auf weitere Glaubensaussagen Wittigs. Mit einer Fülle von Bildworten[95] versucht er zu beschreiben, was und wie der Glaube ist: Er ist souverän, lebendig und unabhängig. Er geht durch die Welt, verfolgt und führt die Menschen, vollbringt Wunder, ist freiwillig und zwingend, läßt es keimen, wachsen und wuchern, ist eine urwüchsige, wilde Kraft, „einem Bauernjungen ähnlich mit roten Backen, mit frischen Augen, mit starken Armen, einem Sturme ähnlich, welcher weht, wohin er will, welcher Tauwetter bringt und den Winter vertreibt, welcher die Bäu-

---

[94] A.a.O., 53.

[95] Vgl. Herrgottswissen, 141, 226, 229, 237, 246; Die Kirche im Waldwinkel, 101, 118, 154; Neue Einblicke, 588, 589, 590, 595; Wiedergeburt, 36,41; Leben Jesu I, 248; II, 5, 412, 428, 429, 434; Höregott, 85, 141, 157, 159, 160, 366, 370; Michel Gottschlich, 83; Toll-Annele, 91, 126; Christgeburt, 44.

me im Walde bricht und die Dächer von den Häusern reißt."[96] Wie eine dunkle und undurchsichtige Gewalt wirkt er ungebärdig, weiterdrängend und überflutend, kann aber auch zart und beseligend licht sein, schön und wunderbar. Wie Gott selbst ist er immer anders: Er ist nicht gepachtet von einer Religionsgemeinschaft, nicht gebunden an Gesetz und Ordnung, er läßt sich nicht notariell beglaubigen und nicht definierend in Worte fassen. Wo er zu Rechtfertigung oder Erklärung gebraucht wird, entzieht er sich; wo er in Systeme eingepaßt und in vielbändigen Summen zusammengefaßt werden soll, widersetzt er sich:

„Brillen und Nasenklemmer haben sie ihm mehr als ein Dutzend aufprobiert, klassische, philosophische, historische, kritische, ja sogar theologische, (...) und ich meinte manchmal, er sehe tatsächlich besser und weiter durch die eine oder andere Brille, bis ich zu der Einsicht kam, daß der Glaube keine Brille braucht und mit seinen eigenen Augen mehr sieht als durch die feinst geschliffene philosophische und best gefaßte theologische Brille."[97]

Überblickt man die Zuschreibungen, fällt ihre Dynamik und Lebendigkeit auf. Das Wort „Glaube" beschreibt keinen Zustand, sondern eine Bewegung. Als drängende Kraft trifft der Glaube auf Menschen, die von ihm ergriffen, angerührt, beunruhigt werden und sich seiner Aktivität gegenüber in einer passiven Rolle befinden. Nicht die Menschen erscheinen als die Handelnden, sondern der Glaube handelt an und in ihnen. Er ist der Initiator dessen, was geschieht. Wie sich diese Initiative ereignet, entzieht sich weitgehend dem menschlichen Wissen und Wollen. Der Glaube ist für Joseph Wittig nicht subjektives Empfinden des Menschen, sondern objektives Geschehen, das sich am Menschen ereignet. Daher muß der Glaube als geheimnisvolle Wirksamkeit vor Vereinnahmung und Engführung geschützt werden. Ihm eignet die Paradoxie, daß er einerseits danach drängt, vom Menschen zur Sprache gebracht zu werden, andererseits aber nicht adäquat in Worte gefaßt werden kann, sondern ein „Mysterium" bleibt. Indem er als „Mysterium" den Menschen ergreift, wandelt er den Menschen selbst in ein Geheimnis, das nicht berechnet, erklärt

---

[96] Herrgottswissen, 226.

[97] A.a.O., 227.

oder eingeordnet werden kann. Für den Menschen erwächst daraus die Freiheit, sich der Verfügbarkeit durch alles, was nicht „Glaube" ist, entzogen zu wissen. Allerdings wird der Mensch auch der Unbedingtheit des Glaubens ausgeliefert und von einer Herrschaft abhängig, die sich nicht auf Teilbereiche des Daseins beschränkt, sondern das Ganze des Lebens umfaßt. Für den Menschen gilt es, sich der Leitung des Glaubens in freiwilliger Zustimmung anzuvertrauen oder sich ihr mit freier Entschiedenheit zu widersetzen. Diese Freiheit gilt trotz der Ungewißheit des Menschen darüber, ob und wie seine Bejahung und sein Widerstand von der Dynamik des wirkenden Glaubens bestimmt werden.

Die mit dem Wort „Glaube" verbundenen Beschreibungen legen es nahe, ihn mit „Gott" oder mit „Leben" gleichzusetzen.[98] Wie der Glaube ist auch das Leben des Menschen ein Mysterium: „Der Mensch ist bisher selten als Mysterium erkannt worden; man rechnet ihn im Alltag seltsamerweise ganz zu den Selbstverständlichkeiten und macht sich keine Gedanken darüber. Aber einmal werden wir ihn als Wunder erkennen..."[99] Den Schlüssel zur staunenden Anerkennung dieses Wunders bietet das Selbstverständnis des Menschen, Sohn oder Tochter Gottes zu sein. Den Titel „Sohn Gottes" nicht ängstlich auf Jesus Christus zu beschränken, sondern an die „wahrhafte Geburt des Menschen aus Gott" zu glauben, ist für Joseph Wittig weder blasphemisch noch verrückt, sondern von der frühen Kirche über die Mystiker bis zur Gegenwart bezeugte Lehre der Kirche.[100] Diese Gotteskindschaft habe ihren Grund nicht in einem ethisch vorbildlichen, (vermeintlich) heiligmäßigen Lebenswandel, sondern im Wunder des Schöpfungsgeschehens und der „Vater"-Botschaft Jesu. „Gott wollte sein Ebenbild auf die Erde säen. Wie die Sonne sich in jedem Meer und See und Strom und Bach widerspiegelt, wie sie ihr Bild hinabsät auf Meer und See, Strom und Bach, so wollte Gott sich Ebenbilder auf der Erde schaffen."[101] Als Kind Gottes sei der Mensch

---

[98] Vgl. Leben Jesu II, 412; Höregott, 166/7, 387; Roman mit Gott, 197; Steh auf, Junge, 1.

[99] Aussichten, 97.

[100] Vgl. Wiedergeburt, 55,70; Leben Jesu I, 17/8, 91; Aussichten, 95; Roman mit Gott, 173.

[101] Christus, das Saatkorn Gottes, 70.

Spiegel des göttlichen Glanzes und „wandelnde Gestaltung der Sichtbarkeit Gottes."[102] Gott sei im Menschen, im Urgrund seiner Seele, und leuchte im Leben seiner Kinder auf.[103] Wenn dieses Licht nicht gesehen werde, liege das daran, daß es viel unscheinbarer sei, als oft angenommen werde:

„Weil die Menschen meinen, das Heilige und Göttliche müsse immer gleich leuchten und unendlich fromm und brav sein, so vermögen sie es auf der Erde gar nicht zu erkennen. Sie gehen daran vorüber und haben nichts davon. Insbesondere merken sie an einem Grafschafter Jungen nichts Heiliges und Göttliches, wenn es sich nicht zufällig um ein Musterkind handelt. Daß bei der Taufe die ganze heilige Dreifaltigkeit von dem Jungen Besitz genommen hat und nun wirklich in ihm wohnt, niemand denkt daran, weil die Strahlen fehlen, weil das Gesicht öfters ungewaschen ist, weil die Füße nicht in heiligmäßiger Gravität einherschreiten - und weil die Beine in Hosen stecken. (...) Schade, daß ihr so sehr dumme Vorstellungen habt. Ihr würdet sonst das Heilige und Göttliche öfters sehen, sogar in Hosen und Hemdsärmeln."[104]

Mit der Verzeichnung des Heiligen werde die alltägliche Gewöhnlichkeit gottfern gemacht und ihrer Würde beraubt. Die Rede von der Göttlichkeit des Menschen habe daher nichts mit einer Verherrlichung strahlender Übermenschen zu tun, sondern mit der Fähigkeit, die Wirklichkeit, so wie sie sei, als Gabe Gottes, als Gabe seiner selbst, begreifen zu können.[105]

Wie man es vermag, den Namen „Gott" mit dem Mysterium des menschlichen Lebens in Verbindung zu bringen, ist für Wittig eine weitere Frage. Sie kann je nach menschlicher Lebensgeschichte sehr unterschiedlich ausfallen und macht in ihrer Mannigfaltigkeit das bunte Spektrum von „Gläubigkeit" aus. „Jedes Dorf hat seinen eigenen Herrgott, oder in jedem Dorfe sieht der Herrgott anders aus"[106], zitiert Wittig die Weisheit eines alten Pfarrers. Auch was bisweilen als Atheismus bezeichnet werde, sei *eine* Form der Beziehung zu Gott, die zwar befremdlich erscheinen möge, aber deshalb noch nicht zu verurteilen sei. Für die als leugnend, spottend, beten-wollend,

---

[102] Aussichten, 98.

[103] Vgl. Der Ungläubige, 289; Aussichten, 95; Weihnachtsbrief, 1005.

[104] Leben Jesu I, 110/1.

[105] Vgl. Die Erlösten, 86; Der Ungläubige, 122, 172.

[106] Christgeburt, 61.

wartend, suchend beschriebenen „Ungläubigen" gelte, *daß* sie in einer Beziehung zum Mysterium des Lebens stehen.[107] Wiederholt nimmt Joseph Wittig in seinen Rezensionen diese vermeintlich ungläubigen Positionen in den Blick. So beobachtet er 1931 am Dichter *Jakob Schaffner*, dieser könne manchmal „sehr Unreligiöses sagen, aber er sagt es immer so, wie es das Leben mit sich bringt; er füllt das Leben nicht mit mehr Göttlichem oder Religiösem, als es sich aus sich selbst offenbart. Und dies ist nicht immer das von den Frommen erwünschte Maß."[108] Intensiv setzt sich Wittig 1934 mit seinem Landsmann, dem Dichter *Hermann Stehr*, auseinander und zeichnet dessen Weg nach, der durch die Führung durch die „Gewalten seiner Seele" in eine Richtung gegangen sei, „die nicht mehr alle verstehen konnten."[109] Aber Stehr habe Teil am Strom der *successio mystica*, in ihm brenne ein seltsames Feuer und – fügt Wittig in provozierender Zuspitzung hinzu – was wie Gotteslästerung klinge, sei doch in Wirklichkeit Gebet. Wenn Stehr sich jetzt der katholischen Kirche (wieder) genähert habe, könne nichts diesen Schritt erfolgreicher rückgängig machen, als eine öffentlichkeitswirksame Vermarktung seiner „Heimkehr".[110] In der Besprechung einer Studie zu *Basilius dem Großen* beklagt Wittig schließlich, daß den Christen das moderne Leben außerchristlich bleibe, weil niemand es von seiner Außerchristlichkeit zu erlösen verstehe. Es gelte, wie Basilius den Dialog mit außerchristlichen Werten der gegenwärtigen Zeit zu wagen, mit dem Ziel, sie zu „taufen", zu „erlösen" und sie als Dialogpartner in die Kirche einzuführen. Die Homilie des Basilius würde, mutmaßt Wittig 1930, die Überschrift tragen: „An die Jünglinge, wie sie wohl aus der modernen Literatur oder auch aus den Büchern der Sozialisten oder Kommunisten Nutzen ziehen können."[111]

Zum Glauben zu kommen geschieht für Wittig in der Begegnung von Menschen, die es wie der Uhrmacher Heinrich Tiffe „mit dem Herrgott haben". Die Gottesbeziehung Anderer mitzuerleben und an dem

---

[107] Vgl. Bergkristall, 108; Leben Jesu II, 438/9; Das Jesuskind und der Aeroplan, 492.

[108] Überwindung und Heimkehr, 261.

[109] Hermann Stehr, 258.

[110] Vgl. Hermann Stehr, 365.

[111] Die Beschwörung des Basilius, 1119.

Klima zu partizipieren, ist für Wittig *die* Form der Mystagogie. Wie sein Vater ihn an seiner Gottesbeziehung habe teilnehmen lassen[112] und sich so im Jungen die eigene Form der Gläubigkeit ausgeprägt habe, so erlebe Wittig bei seinem eigenen Sohn, daß dieser sehr ernst nach dem Herrgott frage, „weil er wohl merkt, daß der Vater da einen Umgang habe."[113] Ähnliches erfährt Wittig bei einem Freund, der sonst an der Auferstehung zweifele, aber in der Gegenwart Wittigs von dessen Glauben angesteckt werde und sagen könne: „Wenn dieser mein Freund da ist, glaube ich an die Auferstehung."[114] Im Selbstbewußtsein gläubiger Ausstrahlung mag Wittig gar zum Auftakt einer Meditation über das Weihnachtsevangelium des Lukas den Satz formulieren, unter seinen Lesern gebe es „viele, die mir mehr glauben als dem Lukas."[115] Und Wittig fügt hinzu:

„Lieber Sankt Lukas, der du die wundersamste, heiligste und tröstlichste Weihnachtsgeschichte niedergeschrieben hast, die ich je gehört und gelesen, du wirst mir nicht zürnen und auch denen nicht zürnen, die lieber mir als dir glauben. Du hast die Geschichte auch nicht gesehen, sondern hast sie dir erzählen lassen; die Katholiken sagen: von der Muttergottes selber; die Gelehrten sagen: von den Hirten, die sich an den Wachfeuern solche Geschichten erzählten."[116]

Joseph Wittig weiß sich in einem lebendigen Traditionsprozeß stehend. Wenn er gegen eine Überbetonung der Glaubensinhalte Bedenken anmeldet und den Akt des Glaubens hervorhebt,[117] wenn er betont, Christus habe vom Glauben meist ohne Objekte gesprochen und der Katechismus der Märtyrer und frühchristlichen Missionare sei ebenfalls nicht sehr groß gewesen,[118] dann gilt es jedoch zu berücksichtigen, daß Wittig selbstverständlich in der Welt einer profilierten Gläubigkeit lebt. Die Herrgottsgeschichten handeln im Katholizismus des Glatzer Landes und der Breslauer Stadtmilieus. Die Atmosphäre

---

[112] Vgl. Im Anfang, 293.

[113] Brief an Martin Buber v. 1.8.1932Briefe, 208.

[114] Toll-Annele, 62.

[115] Siehe, ich verkündige euch, 1111.

[116] A.a.O., 1112.

[117] Herrgottswissen, 229.

[118] Vgl. a.a.O., 141, 226; Die Erlösten, 26; Leben Jesu I, 425; Der Ungläubige, 174; Aussichten, 203; Roman mit Gott, 197; Briefe, 21.

ist geprägt von Kirchen und Pfarrern, Kreuzen und Marienfiguren, abbildenden und liturgischen Vergegenwärtigungen, in denen sich die Inhalte des Glaubensbekenntnisses verkörpern. Daß die Biographie Wittigs in das Leben Jesu eingeschrieben werden kann, setzt die Vertrautheit Wittigs mit dem biblischen Text voraus; dazu, daß ihm biblische Worte und Bilder einfallen können, bedarf es einer Kenntnis, die auch mit intellektueller Aneignung zu tun hat. Mit dem Glauben *an* die Gotteskindschaft des Menschen, *an* die Führung Gottes, *an* den schwachen und mit-leidenden Gott nimmt Wittig inhaltlich geprägte Theologumena auf und läßt sie für sich bedeutsam werden.[119] Ein inhaltsleeres Glaubensverständnis ist Joseph Wittigs Sache nicht. Allerdings sieht er die gewordenen Gestaltungen des Glaubens als Prägungen, die allein vom Primat des schöpferisch handelnden Gottes abhängig sind. Auch die Inhalte haben sich befragen zu lassen, ob und wie sie Freiraum eröffnen für den je größeren und anderen Gott, oder ob und wie sie in einer verabsolutierten Form zu Götzen mutieren können, die sich an die Stelle Gottes setzen und den Menschen daran hindern, Gottes Ruf zu folgen.[120]

5. „Gott in uns oder Gott über uns?"[121] -
Perspektiven der Gottesrede Wittigs

Joseph Wittigs Theologie sei ein „mißlungener Versuch, seine rein psychologisch bedingte Lehre vom Vertrauen auf Gottes Führung auch philosophisch-dogmatisch auszudrücken."[122] Mit dieser Einschätzung kennzeichnet *Erich Przywara* 1925 die Gottesrede Joseph Wittigs. Verunglückt sei die Lehre Wittigs deshalb, weil sie geprägt sei durch eine „konsequente Vereinseitigung des 'Gott in uns'" und eine „fast übermütige Vernachlässigung des 'Gott über uns'."[123] Neben der vertrauenden Hingabe an das Allwirken Gottes sei die „schlichte, unverkrampfte Verantwortung des persönlichen Eigenwir-

---

[119] Vgl. Bergkristall, 126/7; Wiedergeburt, 66; Höregott, 258.

[120] Vgl. Das Jesuskind und der Aeroplan, 412.

[121] E. Przywara, Gott in uns oder über uns?, 341.

[122] Ders., Zum Indexdekret, 474.

[123] Ders., Gott in uns oder über uns?, 357.

kens"[124] unaufgebbar, die bei Wittig vorhandene Fixierung auf das Wirken Gottes werde der christlichen Gotteslehre nicht gerecht.

Inwiefern die Kritik Przywaras an der Gottesrede Wittigs treffend ist, hängt von der Lebens- und Sprachsituation des Kritisierten ab. In der Tat ist Joseph Wittigs Gottesrede insofern einseitig, als sie eine Kontrast-Theologie zu einem „Gott des fixen Begriffes"[125] bildet. Sie hat den Charakter einer kritischen Gegenrede. Das Unzureichende einer neuscholastischen Gotteslehre, die Wittig angesichts persönlicher, kirchlicher und gesellschaftlicher Krise als defizitär erscheint, läßt ihn nach lebensrelevanten, tragfähigen Alternativen der Gottesrede suchen. Der theologische Satz vom *concursus divinus* und das autobiographische Erzählen von Lebensgeschichte(n) hängen für ihn ursprünglich zusammen: Mit ihnen sucht Wittig nach einer Lebensmöglichkeit angesichts der als ungenügend empfundenen Fixierung auf Gesetz und Willen, Reinheit und Erfolg. In seinen Herrgottsgeschichten gibt Wittig vom Wirken Gottes in der Geschichte Zeugnis - von einer Wirklichkeit, die sein Leben beglückend und befremdlich anders werden läßt. Wittig schreibt seine Lebensgeschichte als Geschichte des Ergriffen- und Geführt-Werdens, als Geschichte, in der ihm Gott zum Anderen, zum Vater, zum Schwachen wird, als Geschichte, in der er selbst zum Anderen, zum Vater, zum Schwachen wird.

Die Rede von einem „Gott, den nicht wir ergreifen, sondern der uns ergreift,"[126] gründet dabei - ebenso wie beispielsweise bei *Karl Rahner*, der in seiner Studienzeit ebenfalls von der neuscholastischen Theologie geprägt ist - zunächst in einer Situation der Abgrenzung und der Gegenrede: „Der Gott des fixen Begriffs gegenüber dem Gott der stets wachsenden Erfahrung als einer lebendigen, unendlichen,

---

[124] E. Przywara, Katholizismus der Kirche, 262. - Ähnlich äußert sich P. K. Kurz in seiner Sichtung des Werkes Wittigs: „Gottunmittelbarkeit im Herzen, wird die Vernunft von keinem Erschrecken machenden oder mit zu verantwortendem politischen Kontext gestört. Da gibt es nichts zu bedenken. Keine garstige Fremde stört gefühlvolle Nähe" (P. K. Kurz, Gott in der modernen Literatur, 149). Oder: „Das sind rührend kindliche, für einen gebildeten Erwachsenen kaum zulässige 'naive' Gefühle. (...) Bei aller Frömmigkeit fehlt solchem Bewußtsein der Wille zum Erwachsenwerden, die kritische Wahrnehmung von Welt, die Entwicklung eines differenzierten Bewußtseins" (a.a.O., 152).

[125] K. Rahner, Einübung priesterlicher Existenz, 23.

[126] A.a.O., 24.

unbegreiflichen, unsagbaren Wirklichkeit und Person, dieser Gott des fixen Begriffes ist eines dieser Götzenbilder, das wir vermutlich immer wieder auch bei uns entdecken können."[127] Sobald aber Wittig zum Wegbereiter einer neuen Theologie stilisiert wird und unter den Druck der amtskirchlichen Beargwöhnung gerät, steht auch seine Gottesrede in der Gefahr, zu einem „fixen Begriff" zu werden. Dieses Dilemma macht die theologische Kommunikationssituation problematisch. So sehr Wittig sich persönlich durch seine glaubende Gottesbeziehung in einem befreiten und zugleich anspruchsvollen Verhältnis zur gegenwärtigen Wirklichkeit erfährt; so sehr ihn sein Gottesverhältnis dazu befähigt, dem Glück *und* dem Leid, das der Schöpfer in der kreatürlichen Welt bereithält, antwortend zu begegnen; so sehr für ihn Gott „das unausdenkbare, unaussprechbare Geheimnis des 'Gott in uns und über uns'"[128] ist, so deutlich ist auch, daß eine in der Sprache der Sehnsucht und des Gebetes geschriebene Kontrast-Theologie dort in Widerspruch zu sich selbst gerät, wo sie unter dem Anspruch steht - oder unter den Anspruch gestellt wird -, allgemeingültig und normativ zu sein.

In seinem Erzählen ist die Theologie als Versuch, die Gottesbeziehung des Menschen zur Sprache zu bringen, in die konkrete(n) Lebensgeschichte(n) eingeschrieben. Das katholische Milieu, der Vater und die Mutter, krisenhafte Um- und Einbrüche, Wegmotive, Naturbilder, Konfrontationen, Auseinandersetzung und Exkommunikation gehören zum Gottesbegriff Joseph Wittigs. Joseph Wittigs Rede von Gott will nicht zeitlos verstanden werden: Sie ist historisch und zeitbedingt, notwendig einseitig, ergänzungsbedürftig und (wertvolles) Fragment einer umfassenderen Geschichte. Indem Joseph Wittig die Glaubensgeschichte(n) seiner Lebens- und Gottessuche erzählt, schreibt er die unendliche Geschichte vom Leben Gottes mit seinem

---

[127] A.a.O., 22/3. - Wie Karl Rahner sucht Joseph Wittig mit wachem Sensorium für die verschiedenen Ausprägungen von Gläubigkeit den Blick für die Anwesenheit Gottes auch in vermeintlicher Ungläubigkeit zu weiten. Für eine ausführliche Untersuchung wäre der Vergleich von Karl Rahners Rede vom „anonymen Christen" und Joseph Wittigs Rede vom vermeintlich ungläubigen Gläubigen lohnend. Beide Positionen können als Antwort auf eine Theologie gelesen werden, die sich in Abgrenzung zur Unübersichtlichkeit der Moderne um eine eindeutige Unterscheidbarkeit von „gläubig" und „ungläubig" bemüht.

[128] E. Przywara, Gott in uns oder Gott über uns?, 362.

Volk fort. Wie diese Lebensgeschichte in den Horizont der jüdisch-christlichen Tradition eingeschrieben ist und am Offenbarungs-Charakter der biblischen Schriften teilhat, wird im folgenden zu untersuchen sein.

II. Das Buch der radikalen Wirklichkeit und die Wahrheit des Menschen

1. Die unendliche Geschichte Gottes mit den Menschen und die Autorität der Bibel

Das Christentum ist eine Buchreligion. Es ist als Erinnerungs- und Erzählgemeinschaft fundamental verwiesen auf die in *dem* Buch, der Bibel, tradierten Glaubens- und Lebenszeugnisse. Mit dieser von Wittig geteilten Feststellung erheben sich jedoch Fragen nach der Art und Weise der Normativität der Bibel. In welcher Weise ist die Bibel als historisch bedingtes Dokument überzeitlich gültig? Wie verhält sich eine mit der Kanonisierung vorgenommene Fixierung auf eine bestimmte Zahl von Büchern zu den Urkunden einer lebendig weitergehenden Glaubensgeschichte? Gilt die unverbrüchliche Norm *„sola scriptura"* oder die dogmatische Maßgabe einer *„sola ecclesia"*? Für Joseph Wittig ist das „Buch der radikalen Wirklichkeit"[129] hineinverwoben in den Glaubensprozeß einer Traditionsgemeinschaft mit ihrem Werden und Wachsen, ihrer Erstarrung und ihren Aufbrüchen. Die Bibel ist verortet in dieser Glaubensgeschichte: „Schrift und Kirche machen nicht den Glauben, sondern sind Produkte des Glaubens, den Christus als neuen Lebensodem dem Plasma der Menschheit eingehaucht hat."[130] Die Bibel ist für Wittig Teil und Ausdruck dieser Lebensgeschichte, aber nicht ihr erschöpfender Abschluß oder fundamentalistisch betonierter Kerker für die Wahrheit: „Die Christenheit wußte seit ihren ersten Zeiten, daß die Evangelien nicht den ganzen Geist Jesu erschöpft haben, daß dieser vielmehr in seiner ganzen Fülle nicht im geschriebenen Wort, sondern im gläubigen Herzen der

---

[129] Vgl. Das Buch der radikalen Wirklichkeit, 294-334; Novemberlicht, 37.
[130] Neue Einblicke, 587.

Christenheit lebe. "[131] Die unendliche Geschichte Gottes mit den Menschen läßt sich in ihrer Mannigfaltigkeit in allen Büchern der Welt nicht einfassen oder abschließen; die geschriebene Bibel ist für Wittig *ein* Abschnitt im großen ungeschriebene Evangelium vieler Gläubender.[132] Sie kann und will nicht fragmentarisch isoliert sein, sondern fortwirken und weitergeschrieben werden - in ein Evangelium, „das nicht bloß bis zur Himmelfahrt Christi, sondern bis zur Himmelfahrt der ganzen Menschheit reicht."[133] In diesem Lebensprozeß hat die Autorität der Bibel für Wittig zu tun mit ihrer *Auctoritas*, ihrer fördernden, inspirierenden, zu mündigem Christsein befreienden Kraft. Eine biblisch fundierte theologische Sprache könne aus der Bibel heraus reden, ohne sie als Zitatenreservoir oder Argumentationspotential zu mißbrauchen.[134] Weil es die *eine* ungeteilte Gottesgeschichte mit den Menschen ist, in der sich biblische Personen und gegenwärtige Menschen bewegen, sind die tradierten Erfahrungen und die errungenen Sprachformen für Wittig eine Orientierung, die nicht vom Hier und Jetzt wegweist, sondern den Blick notwendig hinlenkt auf die eigene Gegenwart.[135] Eine biblisch verantwortete Theologie habe sich danach fragen zu lassen, ob sie in der Bibel das Wagnis aufmerksamer Zeitgenossenschaft und eine diesem Wagnis entsprechende Rede gelernt habe. Diese Verortung der Bibel im Kontext einer Traditions- und Hoffnungsgemeinschaft von Glaubenden nimmt der biblischen Botschaft für Wittig nichts von ihrer Würde und Maßgeblichkeit, von ihrer Dynamik und Ausstrahlung. Gerade weil er um das lebendige und spannungsreiche Miteinander von kanonisierten biblischen Schriften, theologisch bedeutsamen Fortschreibungen und gegenwärtiger Lebenserfahrung weiß, ist für Wittig evident, „daß das Evangelium eine Kraft ist, die nicht unbedingt von beamteten Menschen beherrscht wird, sondern, selbst Herrscherin, auch unbeamtete Menschen zum Dienst erwecken

---

[131] Aussichten, 31. - Vgl. a.a.O., 159.

[132] Vgl. Das Wunder der Nähe, 1, 7; Leben Jesu I, 6; Toll-Annele, 158; Christgeburt, 61.

[133] Toll-Annele, 73.

[134] Vgl. Das Buch der radikalen Wirklichkeit, 329.

[135] Vgl. Höregott, 106.

kann."[136] Die Bibel als Quellbuch ist ihm Potential für nicht zu erschöpfende Ressourcen an Lebensweisheit und Lebenskraft. Wittig erfährt sie als Buch, das erfüllt ist von Energie: „Sie schreibt nicht bloß über das Pulver, sondern ist selbst Explosivstoff."[137] Aus der biblischen Überlieferung lernt Joseph Wittig, Worte, Bilder und Verstehenshorizonte für die eigene Existenz zu finden. Hier begegnet ihm eine Sprache, die nicht banal oder oberflächlich ist, sondern mehrschichtig und transparent auf Unsagbares hin. Die Bibel ist ihm Lehrmeisterin einer „Wundersprache"[138], in der eindimensionale Verkürzungen aufgebrochen werden und die Hintergründigkeit von Wirklichkeit gespürt und wachgehalten werden kann. Die heilige Schrift bietet Wittig einen Fundus von Identifikationsfiguren und Gegenbildern, in die er Unsicherheit und Einsamkeit, Erfüllung und Glück seines Lebens hineinschreiben, sich ihnen annähern und sie anfanghaft verstehen kann. Im Hineinversetzen in die biblischen Personen erhält der mit ihnen verwandte, in derselben „radikalen Wirklichkeit" wurzelnde Mensch einen Interpretationsrahmen, in dem er die Abgründe und Hoffnungen seines Lebens als zur Geschichte Gottes mit den Menschen gehörenden Teil begreifen kann. Das Provozierende der Bibel liegt für Joseph Wittig darin, daß sie nicht normierte Muster vorgibt oder legalistische Korrektheit fordert, sondern in die vielgestaltige, oft widersprüchlich scheinende, unberechenbare, immer gegenwärtige „radikale Wirklichkeit" des lebendigen Gottes ruft. Ihre befreiend-ermutigende Kraft gründe darin, daß sie dem Menschen helfe, für das Vielgestaltige, Widersprüchliche und Unüberschaubare des eigenen Lebens Bilder und Worte zu finden und sie im Kontext einer Glaubensgeschichte aufgehoben zu wissen. Wenn Wittig insistierend die einem Lehrsatz ähnliche Behauptung „Ohne Bibel kann kein Mensch sich selbst verstehen"[139] wiederholt, ist damit nicht

---

[136] Aussichten, 149.

[137] Das Buch der radikalen Wirklichkeit, 302. - Vgl. Herrgottswissen, 54; Wiedergeburt, 65; Christgeburt, 30.

[138] Toll-Annele, 4. - Vgl. a.a.O., 60; Novemberlicht, 37. In die biblische Sprachschule gegangen, kann Wittig die Bibel als „Mutter aller meiner Bücher" bezeichnen - freilich nicht ohne dann sarkastisch hinzuzufügen: „Vielleicht ist das keine große Ehre für sie, denn manche halten meine Bücher für mißraten" (Das Buch der radikalen Wirklichkeit, 318).

[139] Das Buch der radikalen Wirklichkeit, 333.

eine definierende Festschreibung humaner Existenz gemeint. Vielmehr wird die biblische Welt betrachtet als ein dem Menschen Ausrichtung gebender Lebensraum.

Der produktive Überschuß biblischer Texte in ihrer Mehrdeutigkeit stellt für Wittig kein Defizit, sondern ein Reservoir dar, dessen Reichtümer je neu zu heben sind: „Gewiß hat Christus unter dem Worte Gottes zunächst das gemeint, was seine Jünger und Hörer darunter verstehen konnten (...). Aber er hat auch das gemeint, was in späterer Zeit bei tieferem Verständnis des Christentum sinnende und betrachtende Menschen in seinem Worte finden konnten."[140] In der Annäherung an den mehrfachen Schriftsinn sind für den Historiker und Dichter Joseph Wittig die Forschung der historisch-kritischen Exegese, eine allgeorisch-typologische Schriftauslegung und eine künstlerisch-kreative Interpretation unterschiedliche, aber miteinander vereinbare Zugangswege zum Verständnis der Bibel. Als Professor für Kirchengeschichte liegt Wittig an einem fundierten Verständnis des biblischen Kontextes. Man benötige - neben der Sprachkenntnis - das Wissen um die kulturellen Horizonte und situativen Bedingtheiten: „Der Priester, der ein neuer Paulus werden soll, muß mit Paulus in Jerusalem, Athen und Rom gewesen sein, um zu wissen, wie Paulus in Berlin predigen würde."[141] Doch die historische Vergewisserung dürfe sich nicht in einer Fixierung auf das Etikett „streng historisch" beschränken. Biblische Wahrheit erschöpfe sich nicht in historischer Faktizität. Gegen historisierende Verengung der biblischen Botschaften sei auf einer literarischen Texten eigenen Wahrheit zu bestehen, die weiter sei als der unmittelbare Wortsinn. In Liedern besungen und in Bildstöcken dargestellt, in Legenden variiert und von der Erde eingesogen erschließe sich das Evangelium in Dimensionen, die den alphabetischen Wortsinn und die einmalige historische Situation um ein Vielfaches übersteigen. Wenn Wittig auf der Relevanz des *sensus spiritualis* neben dem *sensus litteralis et historicus* beharrt, plädiert er damit nicht für ein allein Eingeweihten zugängliches Sonder- oder Herrschaftswissen. Vertiefungen und Verknüpfungen, Assoziationen und Aktualisierungen entstehen in der persönlichen Be-

---

[140] Christus, das Saatkorn Gottes, 71.

[141] Leben Jesu II, 2.

rührung mit der Bibel, sie vollziehen sich in der Schriftbegegnung der einzelnen Menschen, sowohl der Gebildeten als auch des „einfachen" Volkes. Durch den scheinbar banalen Kontext, in den das biblische Geschehen gestellt wird, erscheint es in neuem Licht. In ihm erhalten vermeintlich abgegriffene Erzählungen Lebensnähe zurück, ohne dabei zu Platitüden degradiert zu werden. Keine dem Alltag entspringende Frage gilt als zu unbedeutend. Wie großzügig oder bescheiden sind die Geldverhältnisse in Nazareth? Ist mit übergekochter Milch und angebratenem Fleisch zu rechnen, wenn die Bewohner des Dorfes zum Jakobsbrunnen eilen?[142] Wenn die Suche nach und das Spiel mit Entsprechungen und Ähnlichkeiten substantielle Bestandteile biblischer und nach-biblischer Tradition sind, stellt sich erneut und verschärft die Frage nach Beliebigkeit oder Eindeutigkeit der heiligen Schrift. Ist mit der Bibel „alles zu machen"? Läßt sich alles hineinlesen? Ist sie der subjektiven Willkür der Lesenden ausgesetzt? Gibt es Vereinnahmungen, die mit der Wahrheit der Bibel unvereinbar sind? Wer stellt diese Inkompatibilität fest? Es ist Joseph Wittigs Sache nicht, die Verbindlichkeit der Bibel theologisch zu begründen. Sie steht für ihn außer Frage. In der Berührung mit der Bibel werde ihm, schreibt Wittig im Zentrum seiner Ausführungen über das „Buch der radikalen Wirklichkeit", schreckhaft und beseligend spürbar, *„daß wir es mit Gott tun haben. Ich bitte diese sieben Worte noch einmal zu lesen, und noch einmal, leise, laut, lauter! Ich bitte sie aller Phrasenhaftigkeit zu entkleiden, auch aller Frömmelei, bis sie in ganz nackter Schreckhaftigkeit oder Seligkeit dastehen."*[143] Ihre Eindeutigkeit findet die biblische Botschaft für Wittig allein im abenteuerlichen Kommunikationsprozeß zwischen Text und Leser - in der Gegenwart des lebendigen Gottes. Ihre Schärfe gewinnt sie nicht in einer vom Lesenden unabhängigen, un- oder überpersönlichen Allgemeinverbindlichkeit, sondern ihre Deutlichkeit eröffnet sich - nur und je neu - dem mit der biblischen Botschaft in der „radikalen Wirklichkeit" Gottes Lebenden. Ihre klare Bestimmtheit und Unbedingtheit gewinnt sie für ihn, indem er sich von ihr ansprechen läßt. Anspruch und Ansprache sind konkret und situativ.

---

[142] Vgl. Herrgottswissen, 80; Leben Jesu I, 242.

[143] Das Buch der radikalen Wirklichkeit, 300.

Lange Vertrautes erhält im gläubigen Lebensprozeß plötzlich Bedeutung: „Dreimal hatte ich diese biblische Geschichte in der Schule lernen müssen, und jetzt erst war sie mein Evangelium."[144] Die machtvolle Direktheit biblischer Sprache, die Zugehörigkeit zur Traditions- und Lebensgemeinschaft der Kirche und die Unmittelbarkeit persönlicher Gotteserfahrung bilden für Wittig eine Trias, in der das Wort Gottes für den aufmerksam gegenwärtigen Menschen erfahrbar und wegweisend wird.

2. Offenbarung

Wie kann eine Erinnerungs- und Erzählgemeinschaft die Normativität ihrer Ursprungsgeschichte sichern? Lassen sich diese Glaubens- und Lebenszeugnisse als unaufgebbare und unhintergehbare Grundlagen beschreiben, die sich qualitativ von dem Nachfolgenden dadurch unterscheiden, daß sie „Offenbarung" sind, während das Weitererzählen als Auslegung, Bewährung oder Übersetzung der definitiv abgeschlossenen Offenbarung betrachtet wird?

Joseph Wittig bringt das Theologumenon vom „Abschluß der Offenbarung" nach seiner Indizierung und Exkommunikation in Verbindung mit kirchlichen Allmachtsphantasien und amtlicher Ängstlichkeit vor dem Überraschend-Unberechenbaren des lebendigen Gottes. In einem System des Mißtrauens, der Beaufsichtigung und eines geforderten Gehorsams immunisiere sich die römische Theologie vor der Begegnung mit dem lebendigen Gott: „Sie lehrt, daß die Offenbarung mit dem Tode des letzten Apostels abgeschlossen sei; richtige Offenbarung darf es von da an überhaupt nicht mehr geben; die Theologie hat gerade genug damit zu tun, die bis dahin erfolgte Offenbarung geistig zu verarbeiten."[145] In polemischer Zuspitzung fragt Wittig, um welche Form von Wahrheit es sich bei göttlicher Offenbarung handele: um eine kognitiv wahrnehmbare, sachliche Aussage oder um die (weitererzählbare) Geschichte der Menschen mit Gott (und darin um die Geschichte Gottes mit den Menschen). Ist göttliche Offenbarung eine apologetisch zu verteidigende Lehre oder ein die Lebensgeschichte umfassendes Ereignis? Kritisch bemerkt Wittig mit Blick auf

---

[144] Leben Jesu I, 351.

[145] Höregott, 144/5.

die römische Theologie: „Nur die Lehren, nicht das Leben, nicht all die Menschenschicksale und Völkerschicksale in der Heiligen Schrift sind ihr Offenbarungen Gottes."[146] Daß jedoch eine auf objektive Allgemeinverbindlichkeit pochende Lehre ebenfalls der subjektiven Begrenztheit unterliege, auch wenn sie das nicht wahrhaben wolle, ist für Wittig evident und wird von ihm mit bissiger Schärfe entlarvt: „Ein Buch wie der *Ecclesiastes* oder der Prediger, ein Lied wie das Hohelied Salomons darf nun Gott auf keinen Fall mehr eingeben; das wäre ja total gegen die kirchlich approbierte Moraltheologie des heiligen Alphons von Liguori, in dessen Gehirn nichts von der herrlichen Freiheit der Kinder Gottes Platz hatte." [147]

Für Joseph Wittig ist die Offenbarung nicht auf eine tradierbare Botschaft oder auf sachliche „Prophezeiungen" einzuschränken;[148] sie hat zu tun mit einer eigenen Form von Wirklichkeitswahrnehmung. Wenn Wittig es als Grundlage für seine Philosophie bezeichnet, daß „die sichtbare Welt nicht anderes sei als Mitteilung, Vorstellung, Offenbarung"[149], wird die Begegnung mit dieser Welt zum Offenbarungsgeschehen und die Wahrnehmung der Gegenwart zur Gottesbegegnung. „Offenbarung" wird von einer begrifflichen Mitteilung zu einer das Lebensganze des Wahrnehmenden bestimmenden Erfahrung. In einer 1923 unter dem Titel „Wiedergeburt" veröffentlichten Betrachtung zum Dialog von *Cyprian* und *Donatus* entfaltet Wittig dieses Offenbarungsverständnis. Er spricht den Bischof von Karthago an:

„O Cyprian, du lebtest mitten in den Wahrheiten. Sie hassen schon das Wort Erleben. (...) Sie fürchten, daß die objektive, über alles Erleben erhabene Offenbarung, durch die starke Betonung des persönlichen Erlebnisses gefährdet werde. Die Menschen, die das Wort Erlebnis aus dem alten Sprachgut der Religion hervorziehen, können leicht in Gefahr kommen, nur noch das glauben zu wollen, was sie innerlich erlebt haben, nicht aber das, was Gott durch seine Boten und zuletzt durch seinen eingeborenen Sohn geoffenbart hat und was er uns durch seine Kirche zu glauben befiehlt. Die Furcht ist berechtigt, aber was nützt sie? Es bleibt doch einmal dabei, daß jeder echte Glaube ein Lebensakt ist, nicht nur ein bloßes Fürwahrhalten. Gott hat nie seine Wahrheiten

[146] A.a.O., 145.
[147] A.a.O., 146.
[148] Vgl. Leben Jesu II, 159, 178.
[149] Herrgottswissen, 155.

und Gebote mechanisch diktiert, sodaß sie einfach als religiöse Tradition von Hand zu Hand weitergegeben werden könnten. Jede Offenbarung Gottes war ein Erlebnis der Menschen. Nicht von Buch zu Buch, nicht von Mund zu Mund, sondern von Leben zu Leben geht der wahre Weg göttlicher Wahrheit, weil diese nicht Wissenschaft ist, sondern Leben."[150]

In den Auseinandersetzungen mit der zeitgenössischen Theologenzunft sucht Wittig die Nähe des Kirchenvaters. In der Gegensätzlichkeit von objektiver Offenbarung und subjektivem Erleben ist die Option Wittigs deutlich: Weil Glauben mehr ist als Sachverhalte anerkennende Rechtgläubigkeit, ereigne sich Offenbarung im „Leben".

Deutlich erkennbar ist in der Argumentation Wittigs deren apologetische Struktur: Die Verkürzung der Rede von Offenbarung auf mechanisch-diktiertes Wissen wird aufgezeigt und abgelehnt, ohne näherhin zu umschreiben, wie denn der „von Leben zu Leben" gehende Weg beschritten werden kann. Einer im Zuge des Antimodernismus verordneten Herabminderung des „Erlebens" gilt der Widerspruch Wittigs. Sie muß als Hintergrund seiner Äußerungen gesehen werden und bedingt auch seine Zurückhaltung im Verwenden des Wortes „Offenbarung", das in der antimodernistischen Apologetik mit objektiv normiertem Wissen in Verbindung gebracht wird. Daß die starke Betonung des „Erlebens" den kognitiven und sprachlichen Bereich des Menschen nicht ausschließt und nicht eine amorphe Ungegenständlichkeit meint, ist für Wittig evident. Botschaft *und* Begegnung, Wort *und* Wahrnehmung, Tradition *und* Gegenwärtigkeit sind in der Theologie Wittigs eng miteinander verknüpft.

3. Wahrheit und Wirklichkeit

„Als Kirchenhistoriker habe ich die Aufgabe zu beobachten",[151] schreibt Wittig zum Beginn seines Osteraufsatzes „Die Erlösten" und gibt damit programmatisch die Blickrichtung seiner kirchenpolitischen Herausforderung an: „Nicht den dogmatischen Begriff (...) wollte ich behandeln, sondern den tatsächlichen Stand des Erlöstseins."[152] Ge-

---

[150] Wiedergeburt, 40/1.
[151] Die Erlösten, 9.
[152] A.a.O., 65/6.

genüber einer Tendenz zum Konditionalen, zum „Hätte", „Sollte" und „Wäre", sei die aufmerksame Zugewandtheit zur Gegenwart zu üben: „Der Mann soll der Wirklichkeit die Stirne bieten und nicht vor ihr fliehen, weder in das Reich der Poesie, noch in Spiel und Gesellschaft, noch in das Reich einer Religion, die ihn von der Front der Wirklichkeit wegzöge. Denn die Wirklichkeit ist Gottes Wille; in ihr stehen und fallen, im Glauben an Gott, das ist die wahre Religion."[153] In dem vermeintlich Gewöhnlichen des täglichen Lebens, den Blumen und Bäumen, Menschengesichtern und Krippenfiguren, Widerständen und Armseligkeiten erfährt er Offenbarungen dieser göttlichen Wahrheit: „Ich habe ja auch schon Holz gespalten und Lindenholz angeschnitzt und habe dabei die Wahrheit gefunden!"[154] In der Beschreibung seiner Studierstube im Neusorger Haus ist etwas von der „plötzlichen Offenbarung" zu spüren, in der ihm das Arbeitszimmer - „umgeordnet und umgeschaffen" - zur Wirklichkeit wird:

> „Es war wie in dem Augenblicke, in dem der Tanzmeister die Hand schon emporgehoben hält als Zeichen zum Tanz, und im ganzen Saale ist der Atem angehalten. Mein Gott, die alten Kirchenväter dort im Schrank, die dicken Bände des Herderschen Kirchenlexikons, die stolzen, feinen Bände der Realenzyklopädie für protestantische Theologie, Wilperts Katakombenmalereien und Mosaiken und Gemälde der altchristlichen Kirchen Roms waren mit hineingerissen in die Stimmung (...) -- Weil eine Menschenhand mitten in die Natur und Notwendigkeit der Arbeitsstube eine kleine, bauchige, schimmernd klare Kristallvase mit drei rotvioletten Alpenveilchen und ein wenig Spargelgrün gestellt hatte."[155]

In dieser Momentaufnahme läßt sich ahnend die Erfahrung einer plötzlich veränderten Wahrnehmung nachvollziehen. Das selbstverständlich Vorhandene wird zur realen Wirklichkeit. Im Raum verändert sich nichts - und doch ist in diesem Augenblick der Wahrnehmung alles anders. Daß dieses Ergriffensein von einer überraschend anderen Sichtweise sich der Herstellbarkeit entzieht, vielmehr Macht über den Menschen hat und ihn in Bann zieht, gehört für Wittig zur

---

[153] Der Ungläubige, 304. - Vgl. Die Erlösten, 60; Wiedergeburt, 36; Bergkristall, 108; Leben Jesu II, 388; Höregott, 77, 128, 212; Die Himmelskönigin, die Hexe Udali und Rübezahl, 233.

[154] Novemberlicht, 60. - Vgl. Leben Jesu I, 10; Der Ungläubige, 122.

[155] Der Ungläubige, 62.

Erfahrung dieser sich befreiend eröffnenden Wirklichkeit; er weiß, „daß die Wahrheit nach dem Menschen greift, daß sie ihn absichelt vom Boden, auf dem er bisher gestanden (...), so daß die Wahrheit nicht Besitz des Menschen, sondern der Mensch Besitz der Wahrheit wird, ganz ergriffen von ihr".[156] Der Wahrheit ist eine Macht zu eigen, die Joseph Wittig wortgleich dem Evangelium zuschreibt: Sie ist herrschend, in Dienst nehmend und von lebensverwandelnder Kraft. Und wie beim Umgang mit der Heiligen Schrift bedarf es auch hier der richtigen Disposition. Offenheit und Einfachheit gelten Wittig als für die Wirklichkeitswahrnehmung fundamentale Haltungen.[157] Außerdem sei die Bereitschaft notwendig, nicht zu beurteilen. Die einfache, wertfreie Zugewandtheit zu dem, was ist, ist die Bedingung und das Ereignis einer der irdischen Wirklichkeit entsprechenden Gläubigkeit.

Indem es zur Sprache gebracht wird, wird das Erleben der Gegenwart dem Raum der Unmittelbarkeit enthoben und in Zusammenhänge gestellt. Der Einfältigkeit des Wahrnehmens ist eine unendliche Mehrdeutigkeit des Verstehens, Begreifens, Interpretierens, Erzählens und Handelns zugeordnet. Gegen die Fixierung auf eine vermeintliche Eindimensionalität der Wirklichkeit besteht Wittig - im Inhalt und in der Form seiner Theologie - auf der Vielschichtigkeit der Wirklichkeit. Er kennt das „doppelte oder dreifache oder vierfache Schauen"[158] und weiß zugleich, daß viele seiner Mitmenschen meinen, es könne nur eine Sichtweise die Wahrheit treffen. Wo nur eine Sichtweise die Wahrheit treffe, treffe sie die Wahrheit „mitten ins Herz, so daß sie zu Tode getroffen wird."[159] Ein Geschehen beinhaltet für Joseph Wittig unzählige Implikationen und will in dieser Unerschöpflichkeit ausgelotet werden. Die Subjektivität ist dabei nicht Defizit, sondern Ermöglichung. Auf der Bühne der persönlichen Wahrnehmung und Interpretation begegnen sich Bilder, Erlebnisse, Gedanken, die sich zu einem einmaligen, unverwechselbaren Interpretament zu-

---

[156] Bergkristall, 24.
[157] Vgl. Siehe ich verkündige euch, 1114.
[158] Das Jesuskind und der Aeroplan, 428.
[159] Ebd.

sammenfügen und als solches wahr sind.[160] Im Horizont subjektiver Weltanschauung können Steine reden, Holzfiguren sich emporrecken, Kindheitserinnerungen gegenwärtig werden und weit entfernte Menschen anwesend sein. Wittig durchkreuzt eine exklusive Option für Objektivität und Rationalität und bringt das Irrationale, Erfundene und Gedichtete als Form der Wahrheit zur Geltung: „Es wird sich (...) mancher schütteln vor dem Schleier der Subjektivität, den ich über das Ganze gebreitet habe. Obwohl das Subjektive oft wahrer ist als das Objektive, schreien doch fast alle Menschen nach Objektivität."[161] Die Wahrheit der Subjektivität in dem nüchternen Wissen, daß zur Erkenntnis von Wahrheit immer die Interpretation von Wirklichkeit gehört. Wahrheit sei nicht voraussetzungslos; der Blickwinkel, aus dem heraus etwas gesehen werde, mache es wahr. Wittig beschreibt diese Erfahrung mit Blick auf „Liederdichter und Musiker". Sie „sind keine Wahrheitsfanatiker, darum sind sie so umgängliche, liebenswürdige Menschen. Und der Gesang macht merkwürdigerweise alles wahr, was er singt, wie der Glaube alles wahr und wirklich macht, was er glaubt."[162]

Das bedeutet für Wittig nicht, daß die Imagination des religiösen Phantasierens zum alleinigen Prinzip wird. Ein frommer Autismus ist nicht seine Zielperspektive. Die aufmerksame, zugewandte Begegnung und die intellektuelle Anstrengung sind nicht zu vergessende Teile der Wahrheitserkenntnis Wittigs. Aufmerksames Dasein in der gegenwärtigen „Wirklichkeit" und kreatives Verknüpfen der verschiedenen „Wirklichkeiten" finden bei Joseph Wittig ihre Verbindung im Prozeß der literarischen Tätigkeit. Im Schreiben löst sich der Widerspruch auf, wie man denn ganz gegenwärtig und zugleich in anderen Zeit- und Raumebenen sein könne. Indem der horchende „Schreiber Gottes" die Gegenstände und Bilder, Assoziationen und Interpretamente als in ihm vorhandene Wirklichkeit wahrnimmt, zur Sprache bringt und darin selber wahr wird, wird für ihn das Schreiben zum Offenbarungsgeschehen. Das Zur-Sprache-Bringen des Erlauschten steht unter dem Anspruch des Erzählenden, „um der Wahr-

---

[160] Vgl. Leben Jesu I, 370; Vaterunser, 22-24; Die Wüste, 308; Laß den Mond am Himmel stehn, 238.

[161] Christgeburt, 94.

heit willen"[163] so und nicht anders reden zu müssen - sei es angenehm oder unangenehm, gelegen oder ungelegen.

Eine der grundlegenden Lehren, die der junge Joseph Wittig bei *Heinrich May* lernt, ist die Verachtung der Unwahrheit. Das Gebot „Du sollst nicht lügen!" wird dem Jungen schon beim ersten Besuch als unbedingte Maßgabe vorgestellt; Wittig erzählt, „wie mir dieser junge Kaplan zum ersten Male die Augen geöffnet hat über die allergrößte Sünde dieser Welt, über die alltägliche Lüge, aus welcher alles Unglück der Welt entsteht," und wie May alles darangesetzt habe, im Laufe der Zeit die Unwahrheit „auszurotten".[164] Diese Pädagogik trifft den Jungen besonders hart, weil er - phantasiebegabt, träumerisch veranlagt, in inneren Dialogen und ersonnenen Geschichten lebend - die Lüge nicht als etwas Verwerfliches, sondern etwas Anzustrebendes ansieht: „Ich hörte den Männern ums Leben gern zu, wenn sie erzählten und logen und schier Unübertreffliches zu wissen und leisten zu können oder geleistet zu haben behaupteten."[165] Dieses fabulierende Bauen von Luftschlössern steht nun im Gegensatz zur Mahnung, nicht zu lügen. Die Spannung dieser beiden Ausrichtungen wird Wittigs Schreiben begleiten. Der Aufforderung zur absoluten Ehrlichkeit entsprechend rezitiert er als einen Trinkspruch, der in den Deckel des von *Max Sdralek* vererbten Bierkruges eingraviert ist: „Heraus mit dem Wort, wenn es wahr ist! Hinunter mit dem Trank, wenn er klar ist!"[166] Freimütig, glaubwürdig und bestimmt gelte es, für die erkannte Wahrheit einzutreten und Dinge beim Namen zu nennen - auch und gerade in Fragen des Glaubens. Vom Ungläubigen dürfe nichts anderes erwartet werden, als daß er aufrichtig von seinem Unglauben spreche und damit seine Wahrheit bekenne, von den Verkündigern sei eine Sprache frommer Redensarten unbedingt zu meiden, und auch von der Gebetssprache sei Aufrichtigkeit zu fordern, so daß in ihr nicht Lügen zum Gebet gemacht würden:

---

[162] A.a.O., 125.
[163] Aussichten, 32.
[164] Leben Jesu I, 156.
[165] A.a.O., 180.
[166] Brief an Karl Muth v. 3.11.1923, in: Briefe, 49.

„Da ist zum Beispiel (...) das berühmte Memorare des heiligen Bernhard: 'Gedenke, o gütigste Jungfrau, daß es auf Erden nie gehört worden ist, daß jemand, der zu dir seine Zuflucht nahm und dich um deinen Beistand anflehte, von dir verlassen worden sei...' Da ist eine dikke Lüge zum Gebet gemacht. Tausend Bitten und Anrufungen an Maria bleiben unerhört, selbst wenn ich nur meine eigenen rechne."[167]

In den kirchlichen Auseinandersetzung wird die Wahrheitsliebe für Joseph Wittig folgenreich. Wittig, der sich im Bild eines dickköpfigen Bauernschädels vortrefflich gemalt sieht, weigert sich, aus taktischer Klugheit oder politischem Kalkül Zurückhaltung zu üben. Die Anfrage aber, ob um des Inhaltes willen Sprachformen der Diskretion und des Schweigens notwendig seien, läßt ihn nicht unberührt. Er sei, erzählt Wittig, vor der Veröffentlichung seines Buches vom „Leben Jesu" gewarnt worden „vor dieser Art, vom Leben zu schreiben", weil er, indem er „des Lebens innersten Nerv aufdecke, das Leben nicht fördere, sondern töte."[168] Wittigs Reaktion auf diese Anfrage ist schwankend. Nachdenklich fragt er: „So kann ich doch von meinem eigenen Leben nicht schreiben, was ich will, wofern es nur wahr ist?"[169] Obwohl sich Wittig schließlich zu der Gewißheit durchringt, der aufrichtig von seinem Leben Erzählende dürfe vertrauen, „daß die Wahrheit allein für sich sorgt"[170], bleibt der Eindruck eines abwägenden Überlegens. Es bleibt die Suche nach einem Erzählen, das nicht mit der messerscharfen Differenzierung arbeitet, sondern phantasievoll Raum öffnet für das Aufleuchten des Geheimnisses; nach Worten, die nicht oberflächlich dahingesagt sind, sondern hintergründig und weiterführend sind; nach einer Sprache, die nicht danach sucht, recht zu haben, sondern danach trachtet, Leben zu wecken. Mit Sympathie beschreibt er die Einstellung eines Schlegeler Pfarrers, der den Zuhörern rät: „Nehmt es an; die Wahrheit steckt drin, aber bildet euch nicht ein, daß ihr sie bis aufs Hemd ausziehen könnt. Laßt der Wahrheit ihre Keuschheit!"[171]

---

[167] Roman mit Gott, 29. - Vgl. Leben Jesu I, 60, 413; II, 137; Aussichten, 32; Roman mit Gott, 73, 89, 195.

[168] Überwindung und Heimkehr, 254.

[169] Ebd.

[170] A.a.O., 258.

[171] Der Ungläubige, 100. - Vgl. Bergkristall, 8; Neue religiöse Bücher, 416; Super Aquas, 127; Der Ungläubige, 204, 215; Höregott, 328; Toll-Annele, 47, 150.

4. Fragen und Ausblicke

„Wir haben die Aufgabe, Jesu Geschichte fortzuschreiben, indem wir die unsere in sie einschreiben, indem wir unsere großen und kleinen stories geschenkter, versuchter, gescheiterter Nachfolge im Lichte der Geschichten und der Geschichte Jesu und der Geschichte Gottes mit ihm und uns lesen und leben. Dann werden unsere stories und unsere Story transparent auf die Wirklichkeit des in unseren Geschichten behandelten und handelnden Jesus Christus und Gottes hin."[172] Diese von Edmund Arens formulierte Grundlegung einer narrativen auto-biographischen Theologie mutet wie eine fortschreibende Interpretation der Theologie Joseph Wittigs an. Auch wenn Wittig nicht zum „Kirchenvater für narrative Theologie" stilisiert werden soll, ist die Aufmerksamkeit und Entschiedenheit zu würdigen, mit der er eine definitorisch-festlegende Sprache als unangemessen für die Beschreibung der göttlich-menschlichen Wirklichkeit entlarvt und eine adäquate Form christlichen Schrift- und Selbstverständnisses zu finden versucht, indem er seine Lebensgeschichte in die unendliche Geschichte Gottes mit den Menschen „einschreibt".

Dieses Einschreiben ist mehr als die transformierende Auslegung oder situative Anwendung einer einmal ergangenen Offenbarung, deren propagierter „Abschluß" im Verdacht einer absichernden Machtpolitik steht. In der Spur jüdischer Glaubenstradition, für die die Offenbarung am Sinai ohne die spannungsreiche Aktualisierungskette der mündlichen Tora ein „nutzloser Monolith"[173] bliebe, wird mit Wittigs narrativer Selbstthematisierung die Frage nach der qualitativen Andersartigkeit von kanonisiert erzählter und nachbiblisch berichteter Offenbarung virulent.[174] Die Evidenz der Einzigartigkeit und Verbindlichkeit der biblisch tradierten Botschaft läßt sich für Wittig nicht losgelöst von der Begegnung mit diesen Texten, gleichsam „an und für sich" beweisen. Sie gewinnt Plausibilität in subjektiver Erfahrung und wird narrativ weitergeschrieben. So erzählt Wittig von jenem offenen Kommunikationsgeschehen, in dem biblische Botschaft und wahrgenommene Gegenwart miteinander ins Spiel gebracht werden

---

[172] E. Arens, „Wer kann die großen Taten des Herrn erzählen", 21/2.

[173] K. Müller, Bedingungen einer Erzählkultur, 37.

[174] Vgl. J. B. Metz, Glaube in Geschichte und Gesellschaft, 192.

und in dem sich für den Menschen in seiner (Lebens-)Geschichte menschliche Wahrheit und göttliche Wirklichkeit eröffnen. Daß die vielschichtige Wirklichkeit der Geschichte differierenden Deutungsmöglichkeiten unterliegt und der nach (s)einem Verstehenshorizont suchende Mensch notwendig darauf angewiesen ist, sich zu (re)konstruieren, ist für den phantasiebegabten Wittig kein Mangel, sondern Ermöglichung eines „Wahrwerdens", das die Gegenwart wahrnimmt und sie im Horizont der als „radikalen Wirklichkeit" bezeichneten Glaubensperspektive so erlebt, daß sie nicht nur zur Deutung, sondern zur Realität wird. Der Sprache, mit der von diesem Erleben Zeugnis gegeben wird, ist eine paradox wirkende Doppelgesichtigkeit zu eigen: Während sie einerseits darauf bedacht ist, klar, aufrichtig und eindeutig zu sein, hat sie zugleich nach Formen zu suchen, die Mehrdimensionalität in Worte zu bringen.

Mit der Beschreibung der für Joseph Wittig maßgeblichen Selbstwahrnehmung im Lichte der göttlichen Wahrheit stellt sich die weiterführende Frage, wie denn diese Wirklichkeit „inhaltlich" zu beschreiben ist. In einem Blick auf die Christologie Wittigs ist daher zu fragen, wie sich das Leben Joseph Wittigs ändert, wenn er sich in die Geschichte des Lebens Jesu einschreibt? Wie geschieht im Einschreiben in die Jesus-Geschichte(n) ein Joseph Wittig herausfordernder und verändernder Kommunikationsprozeß (vgl. III.)? Zu fragen bleibt ferner, mit welcher Berechtigung und in welcher Form eine die persönliche Wertschätzung übersteigende Begründung maßgeblicher Normen christlichen Glaubens sinnvoll und möglich ist. Gerade weil Wittig die biblische Botschaft eingefügt weiß in die Tradition der unendlichen Geschichte Gottes mit den Menschen und damit die Perspektive eines *„sola scriptura"* relativiert, wird die Rolle der *ecclesia* entscheidend. Im beschriebenen Geschehen der Wahrheits-Findung ist die Rolle des Einzelnen betont. Ob und wie Wirklichkeitsbestimmung eine gemeinschaftliche Komponente hat und es eine gemeinsame „Wahrheit" gibt, die mehr ist als die Summe subjektiver Selbstbestimmungen, bleibt offen. Wie wird in der Ekklesiologie Wittigs das Ineinander von kontextabhängigen „Dogmen-Geschichten"[175] und der sich in den Konsenstexten aussprechenden verbindlichen Wahrheit

---

[175] G. Fuchs, „Ein Abgrund ruft den anderen", 68/9.

formuliert? Unter welchen Voraussetzungen kann es - jenseits eines absichernden Bestrebens - sinnvoll sein, die Unterscheidung von „Offenbarung" und „Auslegung" beizubehalten? Von der Struktur der Theologie Wittigs schließt sich eine spannungsreiche Verwobenheit der Wirklichkeits-Wahrnehmung auch im gemeinschaftlichen, kirchlichen Bereich nicht aus. Wie sich die Sensibilität für Selbstthematisierung im Rahmen des kirchlichen Kommunikationsgeschehens äußert und auswirkt, wird im Kontext einer Reflexion über die Ekklesiologie Joseph Wittigs zu untersuchen sein (vgl. IV).

III. Leben Jesu in Palästina, Schlesien und anderswo

„Der Jesus von Nazareth, der als Messias auftrat, die Sittlichkeit des Gottesreiches verkündete, das Himmelreich auf Erden gründete und starb, um seinem Werke die Weihe zu geben, hat nie existiert. Sie ist eine Gestalt, die vom Rationalismus entworfen, vom Liberalismus beklebt und von der modernen Theologie in ein geschichtliches Gewand gekleidet wurde."[176] Mit diesem Fazit blickt *Albert Schweitzer* 1906 auf die „Geschichte der Leben-Jesu-Forschung" zurück. Auch wenn man die Leben-Jesu-Forschung als „einzigartig große Wahrhaftigkeitstat"[177] würdigen müsse, erläutert er in seiner Untersuchung, könne man doch nicht umhin, den Versuch einer objektiven Rekonstruktion des historischen Jesus als gescheitert zu werten:

„Es ist der Leben-Jesu-Forschung merkwürdig ergangen. Sie zog aus, den historischen Jesus zu finden, und meinte, sie könnte ihn dann, wie er ist, als Lehrer und Heiland in unsere Zeit hineinstellen. Sie löste die Bande, mit denen er seit Jahrhunderten an den Felsen der Kirchenlehre gekettet war, und freute sich, als wieder Leben und Bewegung in die Gestalt kam und sie den historischen Menschen Jesus auf sich zukommen sah. Aber er blieb nicht stehen, sondern ging an unserer Zeit vorüber und kehrte in die seinige zurück."[178]

Der befremdliche und rätselhafte, in der eschatologischen Ausrichtung seiner Zeit lebende Jesus könne nicht durch geschichtliche Er-

---

176 A. Schweitzer, Geschichte der Leben-Jesu-Forschung, 620.

177 A.a.O., 621.

wägung, sondern durch eine Erkenntnis des gemeinsamen Wollens bedeutsam werden. Und so schließt Schweitzer seine Untersuchung über die Leben-Jesu-Forschung:

„Als ein Unbekannter und Namenloser kommt er zu uns, wie er am Gestade des Sees an jene Männer, die nicht wußten, wer er war, herantrat. Er sagt dasselbe Wort: Du aber folge mir nach! und stellt uns vor die Aufgaben, die er in unserer Zeit lösen muß. Er gebietet. Und denjenigen, welche ihm gehorchen, Weisen und Unweisen, wird er sich offenbaren in dem, was sie in seiner Gemeinschaft an Frieden, Wirken, Kämpfen und Leiden erleben dürfen, und als ein unaussprechliches Geheimnis werden sie erfahren, wer er ist...“[179]

Zwanzig Jahre nach deren Erstveröffentlichung blickt *Eugen Rosenstock* in seiner Verteidigungsschrift für Joseph Wittig auf die epochenprägende Forschung Schweitzers zurück. Dezidiert habe er aufgezeigt, daß die „natürliche Biographie" immer eine „subjektive Milieuschilderung vom Biographen aus" sei. Mit diesem Werk sei die Überbewertung der natürlichen Leben-Jesu-Forschung „erledigt", und Schweitzer selbst habe konsequent „zur Besiegelung dieser Erledigung die weltlich-ärztliche Mission am Kongo erwählt, dem unerkennbaren Christus zu dienen."[180] Doch auch der Weg, den Joseph Wittig mit seinem „Leben Jesu"-Buch beschritten habe, sei in der Konsequenz des Werkes Albert Schweitzers zu sehen.

1. Relationale Christologie

Joseph Wittig ist vier oder fünf Jahre alt, als er seinen elf Jahre älteren Bruder zu Handwerks- und Malerarbeiten auf den nachbarlichen Bauernhof begleitet. Phantasiebegabt betrachtet der Junge das vom Bruder frisch gestrichene Kruzifix, holt sich in einem unbeobachteten Augenblick rote Farbe und beginnt, die Wundmale mit üppig triefender Intensität nachzumalen. Als der ansonsten als gütig und milde charakterisierte Bruder die Stube betrit und die künstlerische Arbeit

---

[178] A.a.O., 620.

[179] A.a.O., 629.

[180] E. Rosenstock, Religio depopulata, 124.

entdeckt, bedenkt er den Jüngeren mit Ohrfeigen. Dieser schreibt: „So begann sich mir das Leben Jesu zu offenbaren."[181] Jesus Christus und Joseph Wittig: Hinter jedem der beiden Namen verbirgt sich eine Lebensgeschichte. Die beiden Personen haben in den Erzählungen Joseph Wittigs miteinander in einer Beziehungsgeschichte zu tun, in der sich - wechselseitig - in der Gestalt des einen das Wesen des anderen entfaltet. Die Aussagen Joseph Wittigs zu Jesus Christus sind Verhältnisbestimmungen, keine Zustandsbeschreibungen. Der Facettenreichtum, die Offenheit und die Widersprüchlichkeit gehören notwendig zu einer solchen relationalen Christologie, in der die Vielfalt des Zwischenmenschlichen aufgehoben ist.

Vielfältige Gesichter

Auf den ersten Blick scheint zwischen der Geschichtlichkeit des Joseph Wittig und der des Jesus Christus eine unaufhebbare Andersartigkeit zu liegen. Joseph Wittig ist *ein* Mensch. Bei aller Diskontinuität und Mehrdimensionalität seiner Lebensgeschichte kann ihm doch eine umschreibbare, historische Zugehörigkeit zugeordnet werden: geboren 1879 als Sohn von *Johanna* und *Eduard Wittig* in Neusorge... Das von Wittig beschriebene Leben Jesu entzieht sich dieser historischen Eindeutigkeit. Die Erscheinungsweisen, in denen Jesus Christus von Joseph Wittig wahrgenommen wird, sind vielfältig. Mit dem Namen Jesus Christus wird zwar auch die biblisch überlieferte Lebensgeschichte *eines* konkreten Menschen in Verbindung gebracht, doch sind damit die Personifikationen nicht erschöpft. Unbefangen und selbstverständlich spricht Wittig von der realen Gegenwart Jesu Christi im eucharistischen Brot: „Ich sah den Heiland als kleine weiße Hostie, wie sie im Speisekelch des Tabernakels lag."[182] Nicht nur die sakramentale Gegenwart ist für den in der katholischen Frömmigkeit beheimateten Wittig eine wirkliche Anwesenheit Jesu Christi, auch die Vergegenwärtigung Jesu in geschnitzten und gemalten Kreuzen und Krippenfiguren ist mehr als nur eine Funktion abbildender Reproduktion. Vom geschnitzten Krippenkind erzählt Wittig: „Ja, freilich war es nur ein Kindlein aus Lindenholz, und niemand hätte sagen

---

[181] Leben Jesu I, 67.
[182] Die Kirche im Waldwinkel, 218.

mögen, es sei der Herrgott selber. Aber es ging doch eine Art Konsekration oder heilige Wandlung vor sich, sobald das kleine Kind auf sein Spitzendecklein gelegt wurde. "[183] Angesichts der biblischen Figuren spielen sich Begegnungen und Dialoge nicht als erinnernde Reflexionen von Vergangenem, sondern als sehr präsentisches Geschehen ab: „Wo ist der neugeborene König der Juden? Er ist draußen im Vorzimmer, in meinem Kuriositätenschrank. "[184] Weitere Gegenwartsformen Jesu Christi sind seine Existenz in anderen Menschen, sein Weiterleben in der Kirche, seine Anwesenheit im persönlichen Nachsinnen und Beten des einzelnen. Eine Reduktion auf *eine* historisch erforschbare Person faßt für Joseph Wittig nicht dessen Universalität. Gerade in der unendlich mannigfaltigen Gestalt Jesu Christi zeigt sich nun aber das Geheimnis des eigenen menschlichen Lebens. Indem Joseph Wittig in Beziehung zu diesem vielgestaltigen Jesus Christus lebt, partizipiert er an dessen Mysterium. Die Grenzen des Festgelegten, Eindeutigen und Faktischen verschwimmen:

„Ach, wie schön war es, als ich Gott in Jesus Christus erkannte! Da dachte ich: 'Ich möchte ihm gleich etwas von meiner Frühstücksschnitte geben.' Und siehe, er saß als armer hungernder Handwerksbursche am Straßenrand, und ich gab ihm gleich die ganze Schnitte, obwohl sie schon ein wenig angebissen war. Und er aß! Da wollte er auch mir zu essen geben, sich selber! Und ich erkannte ihn in der kleinen weißen Hostie, die mir der Priester auf die Lippen legte. "[185]

Durch seine Kommunikation mit Jesus wird Joseph Wittig der Eindimensionalität enthoben. Das Vertraute - Frühstücksschnitte, Handwerksbursche und Hostie - fügt sich wie im Traum zu einer neuen Wirklichkeit. In der Gestalt Jesu Christi, wie sie in der katholischen Frömmigkeit tradiert ist, findet die Phantasiewelt Joseph Wittigs ihren inspirierenden Förderer und der nach sich suchende Joseph Wittig die Freiheit, sich nicht auf ein festlegendes „So und nicht anders" einschränken zu müssen, sondern sich je neu als Geheimnis erzählen zu können.

---

[183] Herrgottswissen, 90.

[184] Herrgottswissen, 132. - Vgl. Die Kirche im Waldwinkel, 197; Leben Jesu I, 59.

[185] Die Kirche im Waldwinkel, 254/5. - Vgl. Die Kirche im Waldwinkel, 219; Leben Jesu II, 249.

Verhältnisbestimmungen im „Leben Jesu"-Buch

Die Fülle verschiedener Gesichter führt zu einer Vielzahl unterschiedlicher Relationen, in denen sich Jesus Christus und Joseph Wittig befinden. Es ist Wittig wichtig zu betonen, daß Jesus Christus
nicht als *ens a se* existiert, nicht als freischwebend-verbindungsloses
Konstrukt, sondern als lebendige Persönlichkeit.[186] Nicht in der Aneignung eines verstehbaren Systems, sondern im Abenteuer der konkreten Begegnung erweist Jesus sich für den ihm begegnenden Menschen als der, der er für diesen Menschen ist. Besonders die Betrachtungen zum „Leben Jesu in Palästina, Schlesien und anderswo"
sind durchzogen von Verhältnisbestimmungen zwischen Joseph Wittig
und Jesus Christus. Eine erste Verknüpfung läßt sich als *Nebeneinander* umschreiben. In abwechselnder Reihenfolge erzählt der Autor
über die beiden Personen, denen eine ähnliche Aufmerksamkeit und
eine vergleichbare Seitenzahl zuteil wird. Es wird auf zwei Bühnen
„gespielt": Auf der einen findet eine frei nacherzählte Komposition
der biblischen Evangelientexte statt, auf der anderen werden die Erlebnisse und Eindrücke des heranwachsenden Glatzers Joseph Wittig
geschildert. Oft ohne Überleitung sind Geschichten und Gesprächs-
fragmente, Landschaftbeschreibungen und Reflexionen collagenartig
nebeneinander gefügt und - in diesem ständigen Wechsel - *miteinander* verwoben. Gemeinsam bilden sie einen neuen Kontext, ohne den
keine der beiden Viten adäquat zu verstehen wäre. Das Muster des
Verwebens und der Verknüpfung im Miteinander der Texte ist durch
Ähnlichkeit und *Gleichheit* bestimmt. Nicht Differenz oder Fremdar-
tigkeit, Widerspruch oder Feindschaft sind die Knotenpunkte, sondern
das Identische im Leben von Jesus Christus und Joseph Wittig. Wie
ein roter Faden zieht sich Wittigs Einschätzung „Und doch war etwas
gleiches"[187] durch die Erzählungen. Bei der näheren Beschreibung,
wie denn dieses „etwas gleiches" aussieht, variiert Wittig zwischen
der Vorstellung von zwei miteinander zum Verwechseln ähnlichen
Personen - deren Leben vom Grundakkord des Evangeliums, der als
Vorzeichen vor dem Leben steht, über das Erwachen des „Heiligen"

---

[186] Vgl. Ein Brief von Joseph Wittig, 122; Die Kirche als Auswirkung und Selbstverwirklichung, 195; Roman mit Gott, 24.

[187] Vgl. Leben Jesu I, 252, 331, 440, 503, 504; II, 295.

im Menschen bis zur heilenden Begegnung mit anderen und schließlich dem Erleiden des Kreuzes führt - und der Verschmelzung der
beiden zu einer Person. Joseph Wittig ist der Autor dieser Evangeliums-Geschichte. Er läßt
seinen Namen auf den Umschlag des Buches und als Überschrift über
die „Hochland"-Aufsätze drucken. Er ist es, der zusammenfügt und
verbindet, interpretiert und anfragt und den beiden ihre Rollen zuweist. Zugleich erfährt er sich als abhängig, beauftragt, konfrontiert
mit einer inneren Notwendigkeit, die sich seiner Selbstmächtigkeit
entzieht. Er versteht sich als Schreiber im Auftrag eines anderen,
dessen Name als Autor des Geschriebenen mitgelesen werden muß.
Der Name Jesu steht im Titel über dem Werk. Er steht allein, zwar
erweitert um die den historischen Bezug überschreitenden Ortsangaben, aber ohne den Namen Joseph Wittigs, dessen Leben doch auch
erzählt wird. So scheint es sich nicht um zwei Lebensgeschichten,
sondern nur um eine zu handeln. In der Geschichte Joseph Wittigs
findet die Geschichte Jesu statt. „Nicht mehr ich lebe, sondern Christus lebt in mir."[188] Dieses paulinische Selbstverständnis christlicher
Existenz bildet für Wittig die maßgebliche biblische Grundlage seiner
christologischen Autobiographie: „Deutlicher als je war ich mir bewußt, daß ich und Jesus nicht zwei, sondern eins seien."[189]
Eine logisch stringente Unterscheidung zwischen Einheit und Ähnlichkeit zu finden, versucht Joseph Wittig nicht. Ort und Zeit verlieren ihre Macht, logische Erklärungsmuster verblassen, Grenzen rationaler Plausibilität werden übersprungen, verschiedene Persönlichkeiten vereinigen sich in einem Menschen und Kraftströme wirken
geheimnisvoll und lebendig weiter. In diesem Beziehungsgeflecht
kann Wittig die Lehre und das Leben, die Geschichte und die Gegenwart, das verwandtschaftliche Gegenüber und die ihn, Wittig, innerlich bewegende Kraft Jesu zusammenbringen. So kann er sich erzählend an die überlieferten Worte und Berichte halten und zugleich eine
diese Texte übersteigende Dynamik ins Zentrum stellen. „Hat uns
Christus nur Lehren gebracht, die sogleich tot sind, wenn sie aus dem
warmen Munde kommen, oder hat er uns Leben gebracht, das so-

---

[188] Leben Jesu I, 8.
[189] A.a.O., 432. - Vgl. Novemberlicht, 48.

gleich wachsen und sich entwickeln muß, Leben, das nicht nur Apostelbeine und Predigerlippen bewegt, sondern alles, auch den erkennenden Menschengeist, die betenden Hände, den wegweisenden Finger?"[190] Mit Blick auf die in ihm wirkende Gegenwart Christi werden Zeit, Ort, Kleidung und andere Umstände zu Zufälligkeiten.[191] Dennoch sind für den schreibenden Joseph Wittig die *accidentia* faktisch keineswegs gleichgültig. Sie bilden den Fundus an Stichworten, mit denen er assoziativ die Viten parallelisiert. Erzählerisch bleiben es doch zwei miteinander verwobene, ineinander hineingeschriebene, aber nicht einfachhin identische Lebensgeschichten. Es bleibt eine Spannung von Parallelisierung und Wesenseinheit, von Nebeneinander und Ineinander, von Zwei und Eins.

Die Menschlichkeit Jesu und die Botschaft vom Vater

„Biblische Verhältnisse"[192] findet *Friedrich Heer* - und mit ihm andere Biographen Joseph Wittigs - am Neusorger Ursprungsort Wittigs und nennt als erstes den Zimmermannsberuf von *Eduard Wittig* und das Spinnen und Weben *Johanna Wittigs*. Heer begibt sich damit in die Sprach- und Bildwelt des von ihm beschriebenen Wittig, der das aus der Überlieferung der Legenden stammende Ambiente als wichtigen Teil des „historischen" Jesus wahrnimmt und erinnert. Von entscheidender Bedeutung ist für Wittig, daß Jesus „Sohn des Zimmermanns" ist: „Ich halte den Zimmermann Joseph von Nazareth für einen heilsgeschichtlich hochbedeutsamen Mann, wie ihn bisher noch kein Dogmatiker erkannt hat."[193] Mit der Person Josephs verbinden sich für Wittig vor allem zwei Aspekte: das Wissen um die *Menschheit Jesu* und die christliche *Botschaft vom Vater*.

Wittig wird nicht müde, die Menschheit Jesu zu betonen. In seinem Werden sei Jesus den Bedingungen menschlichen Wachstums unterworfen, in seinem Reifen und Lernen sei er auf die Hilfe, Nähe und Gläubigkeit anderer angewiesen. Mit Entschiedenheit wendet sich Wittig gegen „die weit verbreitete häretische Meinung (...), daß Jesus

---

[190] Um den Entwicklungsgedanken, 98.

[191] Vgl. Leben Jesu II, 250-252.

[192] F. Heer, Joseph Wittig, 98.

[193] Roman mit Gott, 138. - Vgl. Leben Jesu I, 123-125.

schon bei der Geburt alles Wissen und alles Göttliche vom Himmel brachte und wenig oder nichts aus dem frommen Elternhause."[194] Als erdverbundenen, widersprüchlichen und sich entwickelnden Menschen zeichnet Wittig Jesus Christus. Die Gedanken des Mannes aus Nazareth entstammen, so die Beobachtung Wittigs, der Alltagswelt der einfachen Menschen: „Jesus ließ sich, wenn er lehrte, auf den Erdboden nieder oder auf eine Ruderbank, die ja auch kaum über die Wasserfläche emporragt, und es ist wohl zu verstehen, daß seine Lehre auf den Stühlen und auf den Kanzeln manchmal eine ganz andre wird."[195] Es sei keine allumfassend-endgültige Sprache, in der Jesus spreche. Sie kenne Offenheit, Entwicklung und eine Fragwürdigkeit, die zum Widerspruch herausfordere.[196]

Der lernende Mensch Jesus bedarf der Begleitung. Er findet sie im „frommen Elternhaus", besonders in Joseph. „Wie unendlich lieb und gut muß der Zimmermann Joseph zu dem jungen Jesus gewesen sein, daß dieser seine Theologie auf den Vaterbegriff gründen konnte!"[197] Die Erinnerung an den Zimmermanns-Vater hängt zusammen mit der Botschaft vom himmlischen Vater, die für Wittig *das* Thema im Leben Jesu ist: „Niemand kann Gott als himmlischen Vater erkennen, der nicht einen guten irdischen Vater hatte. So verdanken wir vielleicht der Väterlichkeit des Zimmermanns von Nazareth den innersten, goldenen Kern der christlichen Verkündigung: das Evangelium von der Vaterschaft Gottes."[198] Bereits Anfang der 20er Jahre hatte Wittig die „Erkenntnis des Vaters" als Mittelpunkt aller Lehren Christi gesehen und damit jenes Motiv angezeigt, das seine Schriften -

---

[194] Roman mit Gott, 139. - Vgl. a.a.O., 135, 139; Wandlungen des Glaubens, 5.

[195] Michel Gottschlich, 7.

[196] „Wie ein gewöhnlicher Mensch widersprach sich Jesus in seinen Reden. Bald sagte er, wir sollen nicht viel Wort beim Gebet machen, der himmlische Vater wisse von allein, wessen wir bedürfen; bald sagt er: 'Alles, was ihr vom himmlischen Vater erbitten werdet, wird euch geben' - ach, um wieviel ist der himmlische Vater schon gebeten worden, und er hat es nicht gegeben. Wie ein gewöhnlicher Mensch verspricht Jesus und hält nachher nicht, was er versprochen hat. Wie ein gewöhnlicher Mensch glaubt er an eine baldige Vollendung der Welt und wollte dann auf den Wolken wiederkommen in großer Macht und Herrlichkeit, aber er kommt ja nicht, obwohl wir armen Menschen schon nahezu 2000 Jahre auf ihn warten" (Roman mit Gott, 143).

[197] Roman mit Gott, 170.

[198] Wandlungen des Glaubens, 5.

kontinuierlich wiederholt und immer neu entdeckt - begleitet. Jesus habe kaum das Wort „Gott" verwendet, sondern immer vom „Vater im Himmel" gesprochen: „Sicherlich ist die Verkündigung des Vaters die Herzensmitte des Erlösungswerkes Jesu."[199] Die Suche nach dem Vater, die vertrauende Hinwendung zum Vater, das Leben in der Gegenwart des Vaters: Jesus Christus und Joseph Wittig müssen - wie es Wittig in Anklang an das Lukasevangelium formuliert - „in dem sein, was ihres Vaters ist."[200] Indem sich der Blick zuerst und zuletzt auf den „himmlischen Vater" richtet, wird Jesus Christus zum Vermittler, Wegbegleiter und Anführer. Er ist nicht der Endpunkt des Weges. Die christozentrische Religion habe sich - so Wittig - damit auseinanderzusetzen, daß Jesus Christus richtungsweisender Mittler sei: „Christus ist gekommen, um uns den Vater kund zu tun, damit wir den Vater durch den Sohn erkennen."[201] In dieser Hinordung auf den Vater wurzelt für Wittig die Verwandtschaft der Menschen mit Jesus Christus. Sohn eines himmlischen Vaters zu sein, wird für Joseph Wittig die - in Jesus Christus eröffnete - entscheidende Grundlage menschlicher Existenz. Der biblisch tradierte Jesus Christus ist mit dem Gott- und Vatersucher Joseph Wittig in brüderlicher Verwandtschaft verbunden. Daher läßt sich für Wittig das Prädikat „Sohn des himmlischen Vaters" nicht exklusiv auf Jesus Christus begrenzen. Die „Gotteskindschaft" sei vielmehr eine allen Glaubenden zukommende Bezeichnung: „O elende Demut! O feige Ängstlichkeit, es könnte den Würden und Rechten des eingeborenen Sohnes Gottes Abtrag geschehen. Wir machen die Gabe Gottes, das Leben Gottes in uns, verächtlich, aus Angst der Ehre Gottes zu schaden."[202] Das Selbstverständnis der Christen als „Kinder Gottes" hat für Wittig Folgen: Wenn es die entscheidende Grundlage ist, Sohn oder Tochter Gottes zu sein, werden damit andere Theologumena relativiert. Beispielsweise ergibt sich für die Stellung des Priestertums aus dem Primat der Gotteskindschaft eine neue Bedeutung:

---

[199] Roman mit Gott, 23. - Vgl. Die Kirche im Waldwinkel, 70; Leben Jesu I, 123; Briefe, 437; Wandlungen des Glaubens, 5; Roman mit Gott, 22.

[200] Leben Jesu I, 109, 136.

[201] Der Ungläubige, 273.

[202] Wiedergeburt, 56. - Vgl. Aussichten, 95; Roman mit Gott, 216.

„Für Jesus war Gott sein Vater, Vater auch aller, die sein Wort annahmen. *Sohnschaft* war für Jesus die Verbindung mit Gott. Sohnschaft
sollte auch für alle Seinigen die Verbindung mit Gott sein. Diese Sohnschaft führt näher und unmittelbarer an Gott heran, als es jemals ein
Priestertum vermochte. Die Sohnschaft schloß den alten Priestergedanken in sich ein, übertraf ihn aber unendlich."[203]

Freundschaft mit Jesus Christus

Die Beziehung zu Jesus Christus erschöpft sich für Wittig nicht im
Nebeneinander, in ähnlichen Grunderfahrungen oder vergleichbaren
Viten. Jesus Christus wird als Dialogpartner und angesprochener
Freund auch zum Gegenüber für Joseph Wittig. Unvermittelt wechselt
Wittig in seinen Erzählungen in die direkte Anrede, erläutert seine
Gedanken in Gesprächen mit dem Heiland, erfährt die herausfordernde Ansprache des gegenwärtigen Jesus Christus. „Es *ist* etwas mit
Jesus, mit seiner persönlichen Nähe und Freundschaft," schreibt Wittig 1941 an *Helene Varges*. „Jüngst brannte es mir heiß aufs Herz,
daß wir ihn eigentlich gar nicht im Vollsinn des Wortes lieben. Wir
lieben seine Lehre, seine Macht, seine Ehre, aber nicht ihn selber.
Wer hat noch außer einigen Gebetsformeln und Liedertexten ein Liebeswort für den unendlich Liebenswerten? Wer eine Zärtlichkeit?"[204]
Unter diesem Eindruck formuliert er einen Artikel für die Zeitschrift
„Eckart", den diese unter dem Titel „Ein Brief von Joseph Wittig.
Neusorge/Schlegel, 12. Februar 1941" veröffentlicht. Leidenschaftlich erzählt er vom johanneischen Liebesverhältnis zu Jesus, von der
umstürzenden Erfahrung der geheimnisvollen Gegenwart und der beglückenden Freundschaft mit Jesus, auch vom Schmerz darüber, daß
die persönliche Zuwendung von ihm in Kindertagen zwar mit großer
Intensität gelebt worden, aber mehr und mehr in Vergessenheit geraten sei. Selbstkritisch fragt Wittig: „Lebten wir nicht tatsächlich ein
'Christentum ohne Christus'? Nicht, daß wir unser Christentum nicht
ständig auf Jesus bezogen hätten, nicht, daß wir nicht an ihn geglaubt,
für seinen Namen gekämpft, uns in allem auf ihn berufen hätten!
Aber wir wurden uns seiner persönlichen Nähe nicht bewußt; er war

---

[203] Das allgemeine Priestertum, 23/4.
[204] Brief an Helene Varges v. 17.2.1941, in: Briefe, 350.

uns wie ein ferner Gott."[205] - Die Reaktionen auf den ihn innerlich sehr bewegenden Artikel, den er in eine Reihe mit seinem Osteraufsatz „Die Erlösten" stellt, irritieren Wittig. Was ihn atemlos und staunend sein läßt, scheint bei anderen kaum Resonanz zu finden.[206] Daß Wittig ergriffen wird, in große emotionale Berührung gerät, daß sich die Worte ins Gebet wandeln oder die Sprache plötzlich abbricht, ereignet sich wiederholt in der schriftstellerischen Tätigkeit Joseph Wittigs.[207] Diese Sprach-Handlungen sind von anderer Qualität als die spielerischen Transformationen, in denen Wittig lebende oder fiktive Persönlichkeiten anspricht und unvermittelt ins Kommunikationsgeschehen einbezieht. Während Wittig dort souveräner Erzähler und Regisseur bleibt, wirkt er hier berührt, getroffen, überwältigt von einem Ereignis, das ihm im Schreiben widerfährt. Das Abbrechen der Sätze und das Nicht-Hinreichende aller stilistischen Elemente gehören zu dieser Schreiberfahrung. Wittig scheut sich nicht, das Eingeständnis persönlicher Erschütterung zu veröffentlichen. Es ist ihm Zeugnis für das, was sich kaum deskriptiv wiedergeben, sondern nur lesend miterleben läßt - und die Beziehung zu Jesus Christus zuinnerst ausmacht.[208] So wird Wittig in einer nach 1946 geschriebenen Osterbetrachtung beim Nachdenken über das Geheimnis der Auferstehung unvermittelt aus der Bahn geschleudert: „'Kommt, lasset uns anbeten!' Ich möchte aufhören zu schreiben. Was ist mein schwaches Wort..."[209] Eine Ahnung des Unsagbaren unterbricht den Sprachfluß. Sie weckt in ihm überwältigende Ergriffenheit und zugleich tiefe Depression: „Ich sehe das Zeitungsblatt, das dieses Wort wiedergibt, in den starken Händen der Männer meiner Heimat. Keine Hand bebt oder zittert, nicht einmal eine Frauenhand. Niemand spürt, welche Gewalt mit dem Evangelium in unseren Alltag gekommen ist. Jesus! Jesus! Welche Gewalt und welches Leben!"[210] Das Ergriffen-Werden und das Erschrecken über Unvollkommenheit und Nichtigkeit sind miteinander verwoben: „Wir stehen schwächlich und verächtlich

---

[205] Ein Brief von Joseph Wittig, 121/2. - Vgl. Leben Jesu I, 330-339.

[206] Vgl. Briefe, 357/8.

[207] Vgl. Leben Jesu II, 243/4.

[208] Vgl. Von der Kraft Christi, 238.

[209] Christgeburt, 30.

[210] Ebd.

mitten in dem großen, prahlerischen Leben der Welt. Wir wissen, daß diese Welt ihre herrlichsten Kräfte dem Evangelium verdankt. Wir aber schämen uns des Evangeliums und tun schrecklich verschämt. Wir zittern vor jeder Todesdrohung, wir spüren nur unsere Schwäche und Verfallenheit."[211] Wenn sich hier Traurigkeit im verallgemeinernden „Wir" äußert, ist sie bei Wittig weniger eine verallgemeinernde Klage über die Ungläubigkeit der Zeit als ein Ausdruck abgrundtiefer Resignation, die Wittig in der persönlichen Beziehung zu Jesus Christus erfährt. Es sind Melancholie *und* Hingabe, Erfüllung *und* Niedergeschlagenheit, Erfahrung von intimer Nähe *und* Leiden unter tiefer Distanz, die Joseph Wittig in seinem Leben mit Jesus Christus erlebt. Sie heben sich nicht gegenseitig auf, sondern bedingen einander, gehören und wachsen zusammen. Es persönlich mit Jesus zu tun zu haben, bedeutet für Wittig keinen Rückzug in eine schöne heile Welt, sondern eine wachsende Sensibilität für das Kreuz der Wirklichkeit, für die Spannbreite und das Unfaßbare, die Widersprüche und das Widerfahrnis des Lebens.

2. Erlösung

Wenn sich die grundsätzliche Frage „Wer ist Jesus Christus?" in die konkrete Frage „Wer ist Jesus Christus für mich?" und damit verbunden zur Anfrage „Wer bin ich in der Beziehung zu Jesus Christus?" wandelt, wird die soteriologische Suche danach, wie sich in dieser Beziehungsgeschichte für einen Unfreiheit, Ausweglosigkeit und Schuldverstrickung erfahrenden Menschen ein Raum der Freiheit eröffnet, zum zentralen Thema. Die Lehre von der Erlösung ist essentieller Bestandteil einer als Beziehungsgeschehen verstandenen Christologie und mehr als eine nachgeordnete Entfaltung der Christologie hinsichtlich der Wirkungen der Wesensdefinition Jesu. Wenn jetzt der Blick auf das befreiende Potential der Christusbeziehung gelenkt wird, ist damit kein zeitliches Nacheinander intendiert, sondern lediglich eine veränderte Perspektive der einen Beziehung. Während der Blick bisher auf das Verhältnis der beiden Partner gerichtet war, zielt die soteriologische Perspektive auf das Weltverhältnis, das

---

[211] Ebd. - Vgl. a.a.O., 11.

in dieser Beziehung gewonnen wird und den Menschen zu einem neuen Umgang mit den „Mächten und Gewalten" befreit.

Mächte und Gewalten

Als Inschrift für das Grab Joseph Wittigs auf dem Friedhof in Meschede haben seine Angehörigen den Auftakt eines in der Grafschaft Glatz vielgesungenen österlichen Liedes gewählt und damit auf einen Grundakkord hingewiesen, der Wittigs Schriften durchklingt. „Getröst, getröst! Wir sind erlöst." [212] Die freudige Gestimmtheit des Liedes täuscht über die Abgründe des Daseins nicht hinweg. Grauen und Schmerzen, Sünde, Grab und Todesnacht sind die Wirklichkeiten, angesichts derer im Lied der Jubel über Auferstehung und Erlösung gesungen wird. Mit Blick auf diese „Mächte und Gewalten" erhält der österliche Lobpreis den Charakter des „Dennoch". Er wird gesungen als Widerspruch gegen die vernichtende Dynamik des Todes. In ihm wagen die Singenden die Zuwendung zur Gegenwart und zur Welt im Angesicht des Todes. Das Osterlied will und kann nur als Antwort auf den Karfreitag gesungen werden. Ebenso läßt sich die - an dieses Lied anknüpfende - Verkündigung Joseph Wittigs nicht ohne die leidvolle Erfahrung der Mächte und Gewalten begreifen. Wenn auch die Schriften Wittigs eine Ausblendung von Härte, Schwere und Todesnähe nahezulegen scheinen, so ist sein Osterjubel ohne die Erfahrung dieser Wirklichkeit nicht zu verstehen. Von den Einsamkeitsstunden der Kindheit bis zur Depression des Vertriebenen, von den innerlichen Zerreißproben angesichts der gesellschaftlichen Umbrüche bis zur äußeren Erniedrigung ist Wittig mit der Dynamik jener „Mächte und Gewalten" konfrontiert. An ein (über-)mächtiges Dasein ausgeliefert zu sein und in den Strom des Leben geworfen zu sein, ist eine Erfahrung von einer solchen Stärke, daß sich darin das Vertrauen auf die eigene Kraft und Willensanstrengung als unzulänglich erweist. In die Gewalt des Todes wird - im individuellen und im gesellschaftlichen Bereich - von Wittig das „Dennoch" der göttlichen Wirklichkeit „hineingesungen". Die Hoffnungsperspektiven und theologischen Schwierigkeiten, die damit verbunden sind, lassen sich

---

[212] F. Jung (Hg.), Kath. Kirchenlieder aus der Grafschaft Glatz, 36. - Vgl. Die Erlösten, 14-16; Getröst, 3; Tröst mir mein Gemüte, 95.

in dem 1932 entworfenen „Mitt-Winterspiel" ablesen: jener dramatischen Inszenierung für den Jugendhof in Hassitz, in der Wittig angesichts der Kontraste von Licht und Dunkel nach befreienden Horizonten sucht.

Bevor die Spieler und Gäste in einer liturgischen Prozession den heiligen Ort der Spielhandlung betreten, schildert ein Spielleiter die Situation: „In der Welt will nichts mehr stimmen", ist der skeptische Grundton seiner Beschreibung. Die Gegenwart sei geprägt vom Streit aller gegen alle, dem Verlust einer sinnvollen Zukunftsperspektive und schließlich der Ungleichzeitigkeit von ersehnter Harmonie und bleibender Not. Das Wort „Sonnennähe" stehe wie zum Spott im Kalender. In dieser Situation wird das Spiel zur Alternative. Es soll Teil eines verändernden Neuanfangs sein, zu dem der Spielleiter die Gäste einlädt: „Dieser Not Gewalt zu brechen, / laßt uns in die Halle eilen, / laßt uns unsre Not besprechen, / denn ‚Besprechen', das heißt heilen."[213] Im Wort, im Zur-Sprache-Bringen, ist Heil zu finden. Die Ambivalenz des Weltgeschehens auf die Bühne zu bringen, nimmt ihm seine Über-Mächtigkeit. Die Not des Menschen mit der „Magie" des Wortes sichtbar, hörbar und vernehmbar zu machen, trägt für Wittig dazu bei, die Dämonie der Mächte zu entzaubern. Mit dieser Grundperspektive hebt ein Spiel an, das in den Bildern von Licht und Dunkel, Sonne und Winter um die Geburt des Erlösers und die Bedrohung durch Herodes kreist. Allerdings bleibt dieses Spiel nicht ohne Anfragen. So wird die Tragfähigkeit des Glaubens an das „neugeborene Sonnenleben" in Frage gestellt, als ein Zwischenrufer einwirft: „Sollen wir mit Weihnachtszauber/ unsrer Nöte spotten lassen? / Freunde kommt! Dann gehn wir lieber / wieder auf die kalten Straßen." Der Hausvater stimmt dem Einspruch zu: „Recht gesprochen! Lieber klaren / Blicks die Not des Tages grüßen / als den wundersamsten Rausch mit / bitterer Enttäuschung büßen!" Der Vorbehalt gegen ein Überspielen der Not und den Rückzug in eine idyllische Weihnachtswelt sowie der Wille, sich der Not aufrecht zu stellen, werden vom Hausvater - und damit von Wittig - unterstützt. Es gilt zu einer Gläubigkeit zu finden, die den Erwachsenen zum Stehen in den Härten des Lebens und zum Widerstand gegen Fluchttendenzen befähigt. Daß mit diesem Vorbehalt das Spiel nicht hinfällig wird, bringt der Einspruch der Hausmutter zur Geltung: „Freund! Verzeih den kleinen Lichtern, / daß sie uns hier trösten wollten. / Ist wohl manches Licht auf Erden, / das wir nicht verachten sollten."[214] Gerade die nüchterne Wirklichkeitswahrnehmung führt Wittig zur Wertschätzung jener Lichter, in denen das Zukünftige verheißungsvoll aufscheint. Die Zuschauer werden in einen aktualisierenden Rückblick hineingenommen, in dem biblische Botschaft und Erfahrungen des Hassitzer Arbeitsdienstes miteinander - auf eine verheißungsvolle Zukunft hin - erinnert werden. Wenn am Ende des Spieles Winter und Antichrist ausgetrieben

---

[213] Mitt-Winterspiel, 3.

[214] A.a.O., 4.

werden und der Mörder Herodes und der zynische Arbeitgeber vom Thron gestoßen werden, leuchtet darin eine Zukunftsperspektive auf, die in den Erfahrungen des gemeinsamen Arbeitens in Hassitz schon anfanghaft Wirklichkeit geworden ist.

Das „liturgische Spiel" bestärkt die Hoffnung darauf, daß Gerechtigkeit und Friede auch das letzte Wort behalten und das Schwache stärker ist als jede Todesmacht.[215] Freudig erzählt Joseph Wittig von den bestärkenden Folgen des Hassitzer Jahreskreisspieles. Vierzehn Tage nach dem gemeinsamen Spiel seien einige Akteure zu ihm gekommen, um ihm zu sagen, daß sie nun inmitten des Elends der Arbeitslosigkeit getroster seien, weil sie erlebt hätten: „Wir können auch in unserer Lage Feste feiern."[216]

Die Bejahung des Daseins in erwachsener Gläubigkeit

Jenseits der Frage, ob und wie das Ensemble von biblischen Bildern, naturreligiöser Terminologie und nationaler Gesinnung angemessen zusammengebracht werden kann, lassen sich am skizzierten Mitt-Winterspiel Konturen der christlichen Soteriologie in der Perspektive Joseph Wittigs ablesen. Ohne damit die Bedeutung der kommenden Welt schmälern zu wollen, geht es Wittig um die Lebensmöglichkeit in dieser von Licht und Schatten gezeichneten Welt. Man dürfe vor den Fragen und Problemen dieser Welt nicht in die Geborgenheit eines wohligen Weihnachtsglaubens oder illusionärer Zukunftsträumereien fliehen wollen. Erlösung hat für Wittig nicht mit Vertröstung zu tun, sondern mit der Befähigung zu einem erwachsenen Selbststand, zum Feststehen-Können in dieser Welt. Um sich dem Dasein stellen zu können, braucht es für Wittig einen Grund, auf den man sich stellen kann: „Wenigstens manchmal muß der Nebel unserer Wirklichkeit zerreißen und das Himmelsblau dahinter sichtbar werden.(...) Aber wir brauchen Himmelsblau unter uns und um uns, damit wir unsere wandernden Füße darauf setzen, damit wir darin handeln und leben können."[217] Das Bild vom aufbrechenden Nebel und durchbre-

---

[215] A.a.O., 18.

[216] Wir dürfen auch heute noch Feste feiern, 2. – Vgl. Deutsches Brauchtum im Jahreslauf, 179/80.

[217] Das Buch der radikalen Wirklichkeit, 330/1.

chenden Himmelsblau nimmt die Frage auf, wie angesichts der Mehrdimensionalität von Wirklichkeit ein christlicher Realismus gewonnen werden kann.[218] Der Zugang zum Horizont, in dem erkannt werden kann, was „eigentlich" Leben ist, werde durch Jesus Christus eröffnet. Jesus habe „das ursprüngliche Verhältnis der Menschen zu Gott als ihrem Vater" wiederhergestellt; durch ihn sei es - betont Wittig - auch ihm selber möglich, „in Gott meinen wirklichen und wahrhaftigen Vater zu sehen und mich danach zu benehmen."[219] Diese Perspektive entbehrt - anders als das Wort „himmelsblau" nahelegen könnte - einer vordergründigen Idyllik. Der neu aufgerissene und doch der Welt zugehörige Horizont werde gerade vom Kreuztragenden und das Kreuz der Wirklichkeit aushaltenden Christus geschaffen. Der gekreuzigte Jesus habe ihn, schreibt Wittig, „vom Fluch des falschen Idealismus und allem 'So soll es sein' erlöst."[220] Mit Blick auf den Gekreuzigten gelte es zu begreifen, daß der Augenblick, in dem „das wunderbare Kleid des Glaubens" zerreiße und nur die Gottverlassenheit bleibe, die „Stunde der Erlösung" sei.[221] Wo in der Nachfolge Jesu das - auch im Angesicht des Kreuzes durchgehaltene - „Vater unser" zur Lebenswirklichkeit eines Menschen werde, setze sich „Erlösung" fort und werde der einzelne Mensch als Kind Gottes zum „Erlöser" der Welt.[222] Das Kreuzesgeschehen sei mehr als ein einmaliges historisches Geschehen. Es sei hingeordnet auf die gegenwärtige Wirklichkeit. Wie in die Passionsbilder seit je her die gegenwärtigen Leiden eingezeichnet worden seien, gelte es, das Kreuz und den Vaterglauben Christi in der eigenen Wirklichkeit zu begreifen. Angesichts der Entfernung von Kreuzen aus den Schulzimmern, die man als „Kreuzabnahme" werten könne, sei deshalb für die Gegenwart zu erwarten: „Jetzt werden andere drankommen; jetzt werden wir vielleicht drankommen; wir hängen ja schon am Kreuze!"[223] Einzelne, Gemeinschaften und sogar Völker können zu Kreuzträgern und Abbildern des *Christus patiens* werden. Erlösung

---

[218] Vgl. Wandlungen des Glaubens, 1.

[219] Vom Warten, 80.

[220] Leben Jesu II, 388. - Vgl. Die Erlösten, 65.

[221] Leben Jesu II, 408/9.

[222] Vom Warten, 80/1.

[223] Volk am Kreuz, 131.

sei für sie darin zu finden, mit Blick auf Jesus das Kreuz weder zu verharmlosen, noch zu verklären, weder es zu suchen, noch ihm zu fliehen, sondern im Glauben an den Vater dem Kreuz der Wirklichkeit begegnen zu können und so zur Erlösung der Welt beizutragen. Dieses mit Christus verbundene Stehen in der Wirklichkeit befähigt nach Wittig nicht nur zur Konfrontation mit den „Mächten und Gewalten", die *von außen* an den Menschen herantreten, sondern es befreit auch zur Begegnung mit den *inneren* Abgründen. Die biblische Botschaft als „Steckla blooer Himmel" zu vernehmen, lasse auch und gerade für den sündig Gewordenen die liebevolle Gottesfrage hörbar werden: „'Mei Kend, woas hoot's?'"[224] und eröffne ihm Bekenntnisfreiheit angesichts der Bedrängnis der eigenen Schuld.

Bekenntnisfreiheit

Fleischliche Gelüste beschäftigen den Jungen Joseph in drei Episoden, die Wittig aus seiner Kindheit und Jugend erzählt. Es geht um die Wurst, als er mit seiner Großmutter auf Wallfahrt geht und nach der Andacht ein Paar Wiener Würstchen erhält. Eines davon darf er essen, das andere aber soll er für seine Schwestern als Mitbringsel bewahren. Auf dem langen Heimweg wird aus dem ansehnlichen Wurststück ein immer kleiner werdender Rest, den der Junge zu Hause peinlich-verschämt seinen Schwestern präsentiert.[225] In einer zweiten Erzählung sitzt er in der winterlichen Stube, denkt an das Sortiment von Leberwürsten im Fleischergeschäft - und daran, daß ihm im Gegensatz zu den begüterten Schulkameraden das Glück des Wurstessens verwehrt sei. Er entschließt sich, heimlich vom Geld seiner Mutter zu nehmen, um sich solch ein Festmahl gönnen zu können. Doch die Gewissensnöte über das gestohlene Fünfzigpfennigstück bedrängen ihn. Er legt die Münze in eine Ecke der Wohnung, „findet" sie und bringt sie der Mutter zurück.[226] Als er - in einer dritten Episode - nach der Nachmittagskirche ins Pfarrhaus von Neugersdorf zurückkehrt, kann er sich dem überwältigenden Geruch, den die Wurst im Gewölbe des Hauses verströmt, nicht entziehen und erliegt

---

[224] Das Buch der radikalen Wirklichkeit, 333.

[225] Leben Jesu I, 48-54.

[226] Herrgottswissen, 107.

nach einer Zeit des Ringens seiner Sehnsucht nach diesem Wurststück. In der Beichte erfährt er die wohlwollende Vergebungsbereit-
schaft und Absolutionsgewalt des Pfarrers, von dem es heißt, „er lä-
chelte dabei." [227]
An diesen Skizzen aus der kindlich-jugendlichen Erfahrungswelt lassen sich die Horizonte entdecken, aus denen heraus Wittig in seinem
persönlichen Lebensbereich über Schuld und Vergebung spricht. Er
nimmt den konkreten Alltag mit dessen verwirrendem Ineinander von
Entbehren und Genießen, von Selbstvergessenheit und mißbrauchtem
Vertrauen, von Gewissensnot und Versöhnungsstrategien, vorgegebenen Normen und persönlicher Verantwortung in den Blick. Wittig
vermeidet einseitige Schuldzuweisungen und beschönigendes Herun-
terspielen, versagt sich einfache Lösungen, er zeichnet das menschliche Leben in seiner Ambivalenz und Vielschichtigkeit. Dieses Leben
zur Sprache bringen zu können und sich selber mit seiner geheimnisvollen und zwiespältigen, offenen und beglückenden Geschichte thematisieren zu können, birgt für Wittig auch im persönlichen Bereich
„Erlösung". Erzählend geschieht eine befreiende Selbstdistanzierung,
schreibend nimmt Wittig als aufmerksamer Betrachter einen Standort
gegenüber der eigenen Geschichte ein. Der durch ein kreatives Wech-
selspiel von innerer Wahrnehmung und geschriebenem Bekenntnis
geprägte Prozeß der Selbstthematisierung läßt Erlösung insofern erfahren, als er das distanzlose Ausgeliefertsein an das Geschehen aufhebt. Das Selbstbekenntnis gründet in einem der Eigenmächtigkeit
entzogenen, göttlichen Auftrag. Es wird deshalb als legitime Weise
erfahren, sich mit der eigenen Geschichte beschäftigen zu können und
sich in dieser Auseinandersetzung von einer grundsätzlichen Bejahung
getragen zu wissen. Daher fehlt dem Schuldbekenntnis in den angegebenen Belegstellen jede Strategie der Selbstverleugnung. Der von
sich Erzählende erliegt weder dem Zwang zur Selbstrechtfertigung
(„Ich bin's nicht gewesen"), noch einer depressiv-resignativen Selbst-
verurteilung (“Ich bin an allem Schuld"). In Freiheit geschieht
schreibende Selbstreflexion. Nüchtern weiß Wittig, daß sich kein
Mensch selber die Lossprechung erteilen kann. [228] Dankbar erfährt er,

---

[227] Leben Jesu I, 202/3.

[228] Rez. Eugen Kühnemann, Mit unbefangener Stirn, 611.

daß er das auch nicht braucht, sondern sich in gläubigem Vertrauen auf die uneingeschränkte, vernunftübersteigende und leistungsunabhängige Bejahung Gottes verlassen darf. In dieser Bekenntnisfreiheit werden objektive Katalogisierungen relativiert. Wie etwas relevant wird, entscheidet sich im Akt des Bekenntnisses. Vermeintlich Belangloses kann für den Bekennenden von höchster Bedeutsamkeit sein, mutmaßlich Entscheidendes kann dagegen in seiner Wahrnehmung und Interpretation nebensächlich werden. Indem Wittig sich von Gott her berufen und befähigt weiß, seine eigene unverwechselbare Geschichte zu schreiben, wächst der Widerstand gegen Institutionen und Menschen, die festlegende Zuschreibungen vornehmen. Die befreiende Subjektivität der Selbstthematisierung schließt für Wittig jedoch die Tatsache nicht aus, daß er sich in einem komplexen Umfeld von sozialen Bezügen, Normen und Traditionen befindet. In den erwähnten Erzählungen spielen die großmütterliche Autorität, die Armut der Familie, die intensive Arbeit der Mutter, die Institution der Beichte, das in der Erziehung vermittelte Wissen um den Wert des Eigentums und das Unrecht des Diebstahls entscheidende Rollen. Diese kontextuelle Verwobenheit des Menschen wird in der Selbstreflexion nicht ignoriert, sondern aufmerksam und im Konkreten zur Geltung gebracht. Indem das autobiographische Schreiben Wittigs sich der Anerkennung eines abstrakten *ens a se* verweigert und auf die konkrete Beziehungsgeschichte zwischen Jesus und Joseph Wittig rekurriert, wird auch der „Welt" der Charakter eines allmächtig-unfassbaren *ens a se* genommen, ohne daß der Mensch damit auf ein rein innerliches, von allem Äußeren unabhängiges Wesen reduziert würde. Im autobiographischen Schreiben wächst Wittigs Gespür für das diffizile Geflecht von Motiven, das das „Mysterium der menschlichen Handlungen" bestimmt. Er erlebt sich als gedrängt *und* handelnd, zurückhaltend *und* überwältigt, nachdenkend *und* unvernünftig, mit Lebenshunger *und* Zerstörungswut. Vernunfterkenntnis und Willensanstrengung bestimmen für ihn nur einen Teil der Wirklichkeit und haben keinen exklusiven Geltungsanspruch. Erlösung eröffnet sich nicht im Bescheid-Wissen und Richtig-Machen, sondern zuerst und zuletzt in der glaubenden Ausrichtung auf den lebendigen Gott.

Die Diagnose zur Situation der Erlösten

Scharfsichtig und provozierend nimmt Joseph Wittig auf diesem Hintergrund die Beichtpraxis seiner Zeit ins Visier. Es gehe ihm nicht darum, eine neue Lehre aufzustellen, sondern seine Beobachtungen zum „Stand des Erlöstseins"[229] mitzuteilen. Und diese von Wittig registrierte Situation ist prekär. Sie ist geprägt von Leistungsdruck und Herzensangst, von lähmender Isolierung und Schuldfixierung, von einem Schisma zwischen der Rede von Erlösung und einer unerlösten Wirklichkeit. Im Milieu des dörflichen Lebens in Neusorge hatte die Beichte eine mit dem Überliefern von Wertvorstellungen und der Anleitung zu einem christlichen Lebenswandel gegebene Plausibilität. Mit dem frühlingshaften Aufbrechen der winterlich-harten Erde und den vielfältigen sozialen Formen von Vergebung war ein tragfähiges Umfeld für Katechismus und Beichte gegeben. Doch stellten sich - so erinnert sich Wittig - schon damals Fragen, schienen Widersprüche auf. Wittig sieht sich und seine Schulkameraden, wie sie mit der Botschaft von der Erlösung kaum etwas anfangen können. Sie wissen nicht, wovon sie denn erlöst werden sollten. Nur im Vorbeiziehen an der alten Schule erhält das Lied plötzlich Sinn und sie singen inbrünstig-spöttisch: „Getröst, getröst, wir sind erlöst."[230] Für den Jungen folgt daraus eine Legion von Fragen, die er sich insgeheim stellt oder mit den Mitschülern erörtert: Meint der Satz „*Wir* sind erlöst" den Gegensatz von erlösten Christen und unerlösten „Heiden" in Afrika und China, die es mit Hilfe des „Kindheit-Jesu-Vereins" christlich zu machen und zu erlösen gilt? Aber was ist dann mit dem „alten Zobel", der sonntags immer in der Kirche war und sich dennoch erhängt hat? Was bedeutet das Wort „Wir sind erlöst" für die fluchenden Fuhrknechte, den vagabundierenden Handwerksburschen, die mit einem Buckelkorb beladene alte Weberin?[231] Schließlich: Wenn die Sünde die Voraussetzung für die Erlösung ist, kann dann der von der Sünde Erlöste nicht mehr sündigen? Warum braucht man dann die Beichte? In diesen Kinderfragen sieht Wittig „uralte, unzufriedene,

---

[229] Die Erlösten, 65.
[230] Vgl. a.a.O., 15.
[231] A.a.O., 16-20.

verrottete Fragen aus den Tiefen der Menschheit" aufsteigen und, weil sie nicht hinreichend beantwortet werden, weiterwirken.[232] Diese Kinderfragen verschärfen sich im städtischen Kontext Breslaus nach der Jahrhundertwende. Ein Teufelskreis nehme die Katholiken gefangen: Ein rigoristisches Gesetzeswerk entlarve den Menschen als erlösungsbedürftigen Sünder, der in dieser Sündigkeit gefangengehalten und kleingemacht werde. Eine aufmerksame Selbstthematisierung, in der die Ambivalenzen des eigenen Lebens zur Sprache gebracht, vor dem liebevollen Gericht Gottes ausgehalten und auf einen Neuanfang hin kritisch gesichtet und geordnet werden könnten, falle damit aus. Wirkliche Umkehr - im Sinne einer Gesinnungsänderung zu einem freien, verantworteten Christ-Sein - werde mit der aktuellen Beichtpraxis zumeist verhindert. Um der Erneuerung des Bußsakramentes und des in ihm enthaltenen befreienden Potentiales willen erzählt Wittig Leidensgeschichten von Menschen, die die Institution der Beichte als Ort der Lebensverneinung und der Unmündigkeit erfahren. Eine unkundige Fixierung auf die „unkeuschen Handlungen" des Jugendlichen bewirke - wie Wittig an der eigenen Lebensgeschichte nachzeichnet - eine lähmende Angst und verhindere ein Heranreifen zum Erwachsenen.[233] Die Überbewertung der Willensanstrengung und die Konzentration auf gesetzliche Regeln zeugten von einer Skepsis gegen das schöpferische Werk Gottes und trügen zur Abkehr von der Kirche und ihren Vertretern oder zu einer bleiernen Traurigkeit der Bleibenden bei. „Es ist so als hätte Jesus gesagt: 'Mein Joch ist hart und meine Bürde ist zentnerschwer.'"[234] Mit Gespür für die komplexen Zusammenhänge von Schuld und Sünde entwirft Wittig Gegenbilder von Menschen, denen ein gläubiger Umgang mit ihrer Schuld möglich wird und die in kritisch-liebevoller Selbstwahrnehmung aufzuatmen lernen. Dem kranken Steinmetz verhilft das ehrliche Eingeständnis seiner Gottesfragen zu einem Weiterfragen, das schließlich die eigenen Anteile an dem geschehenen Unglück ebenso wahrzunehmen versteht wie das „von außen" kommende, erlittene Leid.[235]

---

[232] A.a.O., 20.

[233] Leben Jesu I, 317-320.

[234] Die Kirche im Waldwinkel, 66.

[235] Bergkristall, 100-111.

Zwei Holzfäller führt das Erleiden einer „schwereren Sünde" und die Erfahrung ihrer Vergebung - in den Augen des Pfarrers, der von ihnen erzählt - zu einem „tieferen Glauben" als die vermeintlich tadellos lebenden Dorfbewohner.[236] Dem unter der Hartherzigkeit des Beichtvaters mutlos Gewordenen, der in seiner Niedergeschlagenheit mit Selbstmordgedanken spielt, wird der lebenspraktische Ratschlag, nicht auf die eigene Schuld fixiert zu sein, sondern sich der konkreten Not der Welt zuzuwenden und diese mit dem Gottesgeschenk der eigenen Kraft lindern zu helfen, zur Rettung.[237] Indem Wittig das voraussetzungslose Ja Gottes zum Menschen als *die* Voraussetzung christlichen Selbstbekenntnisses zur Geltung bringt[238] und die Selbstthematisierung als Möglichkeit sieht, das eigene Leben im Lichte dieser unbedingten Bejahung anzunehmen, zu reflektieren und zu gestalten, geht es ihm nicht darum, die Beichte abzuschaffen oder die christliche Rede von der Erlösung zu desavouieren, sondern sie zu ermöglichen und ihr zu der ihr innewohnenden Kraft und Wirkung zu verhelfen. Mit dieser positiven Ausrichtung wird Wittigs Ausformulierung der Erlösungslehre allerdings zur Kritik an den konkreten Mißständen der Beichtpraxis und fordert neben überschwenglicher Zustimmung entschiedene Gegenwehr heraus. Sie führt zu einer Auseinandersetzung, die sich auch als eine Debatte über Form und Möglichkeit menschlicher Selbstthematisierung innerhalb der katholischen Kirche lesen läßt. Der Subjektivismus-Vorwurf gegen die autobiographische Erzählweise Wittigs im „Leben Jesu"-Werk und der Verdacht der Demontage des Beichtinstitutes durch eine Aushöhlung der objektiven Normen zugunsten der persönlichen Lebensbegleitung hängen thematisch eng zusammen - und eröffnen die theologische Frage nach der Bedeutung der Glaubensgemeinschaft und ihrem Verhältnis zum Glaubensleben des Einzelnen. Sie lassen danach fragen, *wie* Jesus Christus in der Kirche erlösend, befreiend und lebensstiftend weiterwirkt.

---

[236] Die Erlösten, 38.

[237] Leben Jesu II, 354-355.

[238] Vgl. Die Erlösten, 34; Die Kirche im Waldwinkel, 69; Wiedergeburt, 32; Schweigendes Warten, 478.

IV. Kirchen-Geschichte

Die Kirchenbilder auf den beiden Buchtiteln sprechen Bände. Auf dem einen Umschlag findet sich im Prachteinband das Bildnis des hl. Petrus. Umschmückt von Ornamenten und festlich gestaltet wird das „Papsttum" präsentiert und seine „weltgeschichtliche Entwicklung und Bedeutung in Wort und Bild dargestellt."[239] Das andere Titelbild zeigt das Foto einer kleinen Prozession von Männern, Frauen und Kindern. Joseph Wittig führt die kleine Gruppe beim Osterfeldgang an. Im Hintergrund sieht man das Haus der Familie Wittig, das wie ein Wahrzeichen mit ins Bild gehört. „Volksglaube und Volksbrauch in der Grafschaft Glatz" trägt dieses Buch als Überschrift. Es erläutert „Fünfunddreißig Kapitel aus der Arbeit des Neuroder Volksbildungswerkes".[240] Zwischen der Veröffentlichung der beiden Bücher liegen 25 Jahre und eine vielschichtige Beziehung, die Joseph Wittig mit seiner Kirche verbindet. Auf den ersten Blick erscheint es naheliegend, in den Bildern „Papsttum" und „Hauskirche" die Brennpunkte einer persönlichen und theologischen Entwicklung zu sehen, die Wittig vom Repräsentanten einer Papst-, Welt- und Machtkirche zum Vorsteher der kleinen Gemeinschaft einer Hauskirche oder zum Botschafter für ein „Volk Gottes unterwegs" werden läßt. Doch trifft diese kontrastartige Gegenüberstellung der beiden Bilder - als Ausgangsort und Zielpunkt - nur unzureichend die Ekklesiologie Joseph Wittigs. Die Katholizität einer Weltkirche wird für ihn mit der Exkommunikation nicht irrelevant, die Rolle der Hauskirche wird nicht erst mit dem Ausschluß aus der römisch-katholischen Kirche bedeutsam. Spannungsvoll zeichnen beide Bilder gemeinsam die Ekklesiologie Joseph Wittigs. „Papsttum" und „Hauskirche" vereinen dabei in sich - bei aller Unterschiedlichkeit - das Moment der sichtbaren Gestalt. Sie sind konkrete, sinnlich faßbare Größen. Die Ekklesiologie des Kirchenhistorikers Joseph Wittig beschreibt und reflektiert Kirche als geschichtliches, gewordenes und veränderbares Gebilde. Wittigs Ekklesiologie ist Kirchen-Geschichte. Sie ist die historisch er-

---

[239] Das Papsttum. Seine weltgeschichtliche Entwicklung und Bedeutung in Wort und Bild dargestellt (1914).

[240] Volksglaube und Volksbrauch in der Grafschaft Glatz. Fünfunddreißig Kapitel aus der Arbeit des Neuroder Volksbildungswerkes (1939).

forschbare Geschichte seiner Kirche und zugleich seine - des Autoren
- Geschichte mit und in der Kirche. Sie ist eingeschrieben in die Auf-
und Umbrüche seines Lebens, hineingestellt in ein komplexes Gefüge
individueller, gesellschaftlicher, kirchenpolitischer Faktoren. Seine
Kirche ist ihm kein neutraler Gegenstand, der sich als Gegenüber
distanziert behandeln ließe, sondern maßgeblicher Teil der eigenen
Biographie. „Von der Kirche bin und habe ich alles, was ich bin und
habe. Ohne sie wäre ich wahrscheinlich nur ein kümmerlicher Tisch-
lermeister von Schlegel"[241], schreibt Wittig 1943 an *Helene Varges*.
Schon 2 ½ Jahre zuvor hatte er bekannt: „Ich war immer und bleibe
immer ein streng (wenn auch nicht ein strenger) kirchlicher Mensch.
Daß ich dabei meine volle persönliche Freiheit zu wahren imstande
bin, habe ich mehr als genügsam bewiesen (...) Ich liebe sie, obwohl
sie mich nach einem unbegreiflichen Ratschluß Gottes aus ihrem irdischen Bereich ausgeschlossen hat."[242] Wie enttäuschte und gekränkte
Liebe sich in bitterem Sarkasmus Bahn bricht, läßt sich ebenfalls in
den Schriften Wittigs ablesen: „Mein Gott, die heilige Mutter Kirche
muß in ihrer zärtlichen Liebe zu den Ihrigen doch die Möglichkeit
haben, ein widerspenstiges Kind verhungern zu lassen."[243] Als Betei-
ligter schreibt er leidenschaftlich, gekränkt und glaubend über seine
Kirche. Die Frage, wie Wittig seine eigene Kirchen-Geschichte zum
Thema macht, wird zum Verständnis der Ekklesiologie Wittigs ebenso zu berücksichtigen sein wie sein Glaube an das Wirken Gottes in
der Geschichte.

1. „Diese weiten Räume" -
Ekklesiologische Entwürfe Wittigs bis Mitte der 20er Jahre

Vom Wachstum der Kirche

Die Fragen nach der Entstehung der Kirche, nach ihrer Initiierung
durch Jesus Christus, nach ihrer Legitimierung durch eine göttliche
Gründungsurkunde, nach dem Verhältnis der Botschaft Jesu zu den
verschiedenartigen Ausprägungen der Kirche durch die Jahrhunderte

---

[241] Brief an Helene Varges v. 3.2.1943, in: Briefe, 378.

[242] Brief an Helene Varges v. 28.9.1940, in: a.a.O., 340/1.

[243] Höregott, 71. - Vgl. Das Jesuskind und der Aeroplan, 412.

ihres Bestehens geben den Kirchenhistorikern des beginnenden 20. Jahrhunderts zu denken. In Auseinandersetzung mit aktuellen historischen und theologischen Entwürfen - *John Henry Newmans* Werk über den Entwicklungsgedanken erscheint 1922 in deutscher Übersetzung, *Adolf von Harnack* veröffentlicht 1923 mit seinem Marcion-Buch eine Monographie zur Geschichte der Grundlegung der katholischen Kirche - entwirft Wittig seine ekklesiologische Konzeption. Das Verhältnis von Gründung und Wachstum der Kirche rückt in den Mittelpunkt seiner Aufmerksamkeit.[244] Bereits 1913 hatte Wittig seine Geschichte des Papsttums programmatisch eröffnet:

„Ich beginne das Papsttum zu schildern in der Zeit, da es ausgesät wurde. Darum erwarte niemand, daß er es sogleich in der ganzen Macht und Herrlichkeit erblicken werde, welche in späteren Jahrhunderten mit seinem Namen verknüpft waren. Macht und Herrlichkeit, ja sogar der Name des Papsttums gehört späteren Perioden an. Und es bedarf eines sehr feinen historischen Sinnes dafür, das Wesen des Papsttums, im Samenkorn schlummernd und leise keimend, in der apostolischen Zeit zu finden."[245]

Das Bild vom Saatkorn, in dem ansatzhaft das Kommende enthalten ist, ohne jedoch offen sichtlich zu sein, wird von Wittig in den kommenden Jahren variiert[246] und markiert seine Position zwischen zwei gegensätzlichen zeitgenössischen Vorstellungen. Während einerseits der Gedanke vertreten werde, die Kirche sei in ihrer gegenwärtigen Verfassung mit allen Einzelheiten von Christus gegründet und damit unveränderbar bis ans Ende der Zeiten, stehe auf der anderen Seite

---

[244] Aedificabo ecclesiam (Hochland 18 (1921) 257-282), Die Kirche als Auswirkung und Selbstverwirklichung der christlichen Seele (Die Tat XIV (1922-23) 13-33), Neue Einblicke in die Entwicklung der christlichen Religion (Hochland 20,1 (1922-23) 580-600), Um den Entwicklungsgedanken (Hochland 22,1 (1924/25) 81-102). - An Adolf von Harnack sendet Wittig am 11. Juni 1921 seinen Aufsatz „Aedificabo ecclesiam" - „zum Zeichen seiner großen Verehrung und der aufrichtigen Dankbarkeit für die Fülle neuer Erkenntnisse"; der Aufsatz sei „ein den kirchlichen Verhältnissen angepaßter Versuch, die wichtigsten dieser Erkenntnisse dem katholischen Volke zu vermitteln. Möge er auf beiden Seiten richtig verstanden werden und das Vorwärtsschreiten von Erkenntnis zu Erkenntnis auch durch alle Dunkelheiten hindurch ein wenig fördern!" (Brief an Adolf von Harnack v. 11.7.1921, in: Briefe, 24).

[245] Das Papsttum, 7.

[246] Vgl. Christus, das Saatkorn, 69; Bergkristall, 117, 121; Die Kirche als Auswirkung und Selbstverwirklichung, 189, 196; Leben Jesu II, 464.

die Charakterisierung der Kirche als eines geschichtlichen Erzeugnisses, das nicht auf Jesus zurückzuführen sei. Wittig sieht die katholische Geschichtswissenschaft als Vermittlerin zwischen diesen Positionen. Sie halte daran fest,

„daß die Kirche in ihrer Idee, ihrem Wesen und ihrer Kraft und in ihren allerersten historischen Anfängen ein Werk Christi ist, daß aber die äußerliche Erscheinung der Kirche, daß Bewußtwerden des Gedankens, das Offenbarwerden des göttlichen Willens zur Kirche, der Aufbau und Ausbau - oder besser: das organische Wachstum - den Gesetzen der historischen Entwicklung unterliegt, so zwar, daß auch dieses historische Werden als ein Werk oder vielmehr als Erscheinungsweise des lebendigen Christus aufzufassen ist."[247]

Die Entstehung der Kirche lasse sich nicht in der Vergangenheitsform beschreiben. Die Kirche sei immer noch im Entstehen begriffen. Das Wort „Aedificabo ecclesiam", das von der Dogmatik als Gründungsurkunde bezeichnet werde, sei in Zukunftsform formuliert: „Ich *werde* die Kirche bauen". Jesus Christus deute damit nicht auf einen einmaligen, kurzfristig vollendbaren Akt der Kirchengründung hin: „Christus sagt nicht, *wann* er seine Kirche auf den Felsen bauen werde."[248] Der Kirchbau sei nicht ein abgeschlossenes Werk der Vergangenheit, sondern ein lebendiger Prozeß in Vergangenheit, Gegenwart und Zukunft, der sich dem „wahrhaften Logos-Christus" als dem „Wirker der Geschichte" verdanke.[249] Die Kirche sei ebenso wie die (von ihr kanonisierte) heilige Schrift Werk Christi und Frucht des Glaubens: „Schrift und Kirche machen nicht den Glauben, sondern sind Produkte des Glaubens, den Christus als neuen Lebensodem dem Plasma der Menschheit eingehaucht hat."[250] Indem das Werden der Kirche abhängig sei von der „inneren Autorität des Glaubens"[251], entziehe es sich in seinem „Keimen und Wuchern und Wachsen" einer systematisierenden und „jätenden" Gelehrtenhand, die mit historischen Rückführungen die Legitimität der Kirche zu beweisen suche.[252]

---

[247] Aedificabo ecclesiam, 259.

[248] A.a.O., 259.

[249] A.a.O., 260.

[250] Neue Einblicke, 587.

[251] A.a.O., 589.

[252] A.a.O., 588. - Vgl. Leben Jesu II, 42.

Mit der Metapher von der Kirche als eines sich entfaltenden Saat-
korns will Wittig Verständnis für die Zusammengehörigkeit verschiedener Entwicklungsstadien wecken. Was beim punktuellen Hinschau-
en unzusammenhängend erscheine, gehöre in Wirklichkeit zusammen.
Das Verbindende - und Verbindliche - dieser Wachstumsstadien möge
„von außen" nicht sichtbar sein, mache aber das Wesen der Kirche
aus. Es läßt sich für Wittig mit dem Begriff „Leben" oder „Wachsen" umschreiben, aber auch mit „Christus" oder „Glaube" übersetzen. Eine Kirche, die ihr Werden mit diesem Bild darstellt, entkommt
nach Wittig der prekären Vorstellung, daß allein in der lückenlosen
argumentativen Verknüpfung mit ihrem Ursprung im historischen
Jesus ihre Legitimität zu finden sei. Sie sei daher befreit, die einzelnen geschichtlichen Ereignisse aus ihrer jeweiligen Zeit heraus zu
beurteilen.[253] Sie habe diese Freiheit, weil sie ihren „Ursprung" in
dem *gegenwärtig* aus der Hand Gottes empfangenen Leben habe. Das
Bild vom Wachstum ermöglicht es Wittig, eine eigenständige Form
der Kirche in der Gegenwart wahrzunehmen, die sich doch in Verbundenheit mit dem Anfang befindet und weiterwächst in eine ungeahnte Zukunft.

Mit diesem zeitlichen Perspektivwechsel erhält das Bild einen neuen
Akzent. Aus dem Wachstumsgedanken, der Kontinuität, Tradition
und Autorität in der werdenden Kirche argumentativ zu sichern vermag, wird die Herausforderung zu einer Wandlungsgeschichte, in die
der „Glaube" die jetzige Gestalt der Kirche hineinführt und zu einer
neuen Ausprägung umgestaltet. Aus der Verteidigung nach „außen"
wird ein Appell nach „innen", der zur Offenheit für die verändernde
Kraft Christi motivieren will.[254] Man könne sich die Kirche als „die
gegenwärtige Daseinsform Christi (...) nicht lebendig genug, nicht
modern (d.h. gegenwärtig) genug vorstellen" und dürfe daher nicht
das lebendige Wachstum hindern und versuchen, „geradezu ängstlich
alles Historische zu konservieren."[255] Mit dem Blick auf die zukünftige Kirchwerdung drängt sich die Frage nach den Kriterien auf, die
der anstehenden Veränderung zu Grunde liegen. Dem Bild vom kei-

---

[253] Vgl. Aus den Steinen der Wüste, 381.

[254] Vgl. Allgemeines Priestertum, 23.

[255] Aedificabo ecclesiam, 282.

menden und aufsprossenden Leben ist die Frage nach einer bewußten Entscheidung und nach den ihr zu Grunde liegenden Maßstäben fremd. Wittig ist sich daher der Grenze der Wachstumsmetapher bewußt und betont, ihm erscheine das Wort von einer natürlichen „Entwicklung" unangemessen: Das organische Wachsen der Kirche sei keine evolutionistische Entwicklungsgeschichte. Die Geschichte des Christentums sei keine geradlinige oder naturnotwenige Entwicklung, sondern „eine Geschichte fortwährender Auseinandersetzungen."[256] Wie mit diesen Kontroversen die geschichtliche Gründung der Kirche verstehbar ist und in produktivem Streit die Konturen der Kirche als Antwort auf die Herausforderung der jeweiligen Zeit wachsen, erläutert Wittig im Aufsatz „Aedificabo ecclesiam" an Hand einer Darstellung des zweiten Jahrhunderts. Kritisch bezugnehmend auf *Adolf von Harnacks* Marcion-Untersuchung zeigt Wittig auf, wie sich Lehrentwicklung und Leitungsstrukturen der Kirche in den Notwendigkeiten des zweiten Jahrhunderts herausbilden.[257] Die katholische Kirche reduziere sich, anders als die Kirche des *Marcion*, nicht auf eine „Schriftkirche", sondern behalte den Charakter einer „Überlieferungskirche". Die Dokumente des Glaubens - von der kanonisierten heiligen Schrift bis zu der in kurzen Symbolen formulierten „apostolischen Überlieferung" - bedürften der „Übersetzung" und der lebendigen Erklärung: „Nur ein dauernd lebendiges, aus lebendigem Geist schöpfendes Lehramt kann das Fundament einer lebendig wachsenden Kirche sein."[258] Daß eine geistgeführte, an den Ursprungszeugnissen orientierte Überlieferungskirche in einem ständigen Prozeß der Auseinandersetzung stehe, verdeutliche sich sehr bald am spannungsvollen Verhältnis von Autoritäts- und Liebeskirche. Der ursprüngliche Gedanke, daß die „Autoritätskirche" nicht eine Herrschaft der Rechtsansprüche und Machtmittel verkörpert, sondern auf der „Autorität der Liebe"[259] basiere, sei dauernd gefährdet und müsse - wie

---

[256] Um den Entwicklungsgedanken, 96/7. - Vgl. Aussichten, 96.

[257] Vgl. Das Papsttum, 18.

[258] Aedificabo ecclesiam, 273.

[259] A.a.O., 276.

durch den Brief des *Irenäus von Lyon* an Papst *Viktor* zu belegen sei -
je neu erinnert werden.[260]
Aus der Geschichte überzeitliche Kriterien zur Lösung kirchlicher
Konflikte zu finden, unternimmt Joseph Wittig nicht. Der Bestand der
Überlieferungskirche hängt für ihn von der lebendigen Gläubigkeit
ihrer Glieder ab. Diese sei weder durch Anweisungen der Leitung
noch durch Forderungen der Reformer herbeizuführen, sondern müsse resultieren aus der lebendigen Ganzheit des Leibes Christi: „Im
Herzen jedes einzelnen Christgläubigen ist der Keim dieses Wachstums, die Kirche ist eine Selbstauswirkung der Seele."[261] Diese Entfaltung zu fördern, ist ein Anliegen der Kirchenlehre Wittigs.

Die Kirche als Auswirkung und Selbstverwirklichung
der christlichen Seele

Joseph Wittig schließt sein Buch vom Leben Jesu mit einer Pfingstse-
quenz: „Und als zum Pfingstfest der Heilige Hauch vom Himmel gekommen war (...), zur selben Zeit, da der erste Sommerwind die befie-
derten Körnlein der Frühlingsblumen über Rain und Straße trägt, da
überschritten die Apostel die Grenzen des heiligen Landes und trugen
das Evangelium vom Leben Jesu in die ganze Welt. Und einer trug es
auch über den Sudetenkamm nach Schlesien, und einer setzte davon ein
Reislein in mein Herz, und ich mußte davon erzählen."[262] Befruchtet
durch das Wachstum der Kirche, das sich im Wirken der Apostel und
den Schritten anderer Glaubensboten konkretisiert und dem Wehen
des sommerlichen Pfingsthauches verdankt, vollzieht sich das
Wachstum des persönlichen Glaubens. Das Empfangene drängt danach, sich fortzupflanzen. Wittig „muß davon erzählen", so daß der
Glaube auch in anderen aufblühen kann. Dieses Anliegen Wittigs
prägt sein Schreiben bereits vor Beginn seiner autobiographisch-
narrativen Erzählungen. 1909 nimmt Joseph Wittig an einer Versammlung teil, deren Mitglieder über die Zukunft der „Friedens-
Blätter" beraten und sie in die Zeitschrift „Heliand" umwandeln. In
der ersten Ausgabe unter neuem Titel berichtet Wittig über „Unsere

---

[260] A.a.O., 281.
[261] A.a.O., 282.
[262] Leben Jesu II, 464.

374

Versammlung in Breslau" und ihre Intention. Als ein Zeitzeichen des gegenwärtigen Katholizismus sei festgestellt worden: „Wir haben soviel Apologetik und Streit in religiösen Dingen und sowenig Festigkeit und Freudigkeit im Glauben. Wir sind vielleicht mehr beschäftigt mit dem Abwehren nach außen als mit dem Aufbauen nach innen."[263] Mit der Polemik nach außen könne man zwar das Unrecht des Gegners beweisen, fährt Wittig in seinem Besprechungsprotokoll fort, damit werde aber die eigene Person nicht besser oder gottgefälliger. Eine aufbauende Stärkung der Katholiken „von innen" sei dringend geboten: „Wir wollen uns mühen, unter unseren Katholiken die Verwirklichung des ganzen katholischen Ideals zu pflegen, unsere Glaubensgenossen zu möglichst hoher, reiner, würdiger Auffassung und Übung der ganzen katholischen Lehre zu erheben."[264] Das, führt Wittig aus, könne nicht allein durch nüchterne Argumentation geschehen, sondern bedürfe der inneren Mächtigkeit: „Die Religion muß so gelehrt werden, daß man fühlt: Hier spricht ein Mensch, der alles erlebt hat."[265] Wenn es gelinge, diesen Ton zu treffen, werde die neue Zeitschrift ihren Weg finden.

Joseph Wittig beteiligt sich an der Wegsuche des „Heliand", indem er für den zweiten Jahrgang 1910/11 eine kirchengeschichtlich-erzählende Abhandlung über „Kaiser Julian den Abtrünnigen" beisteuert und seinen Aufsatz mit folgenden Worten beginnt: „Glücklich ist der Mensch, dem die Religion in seinen Kindheitstagen als eine lichte, beglückende, alles verklärende, alles versprechende Macht entgegentritt, seine Augen erhebt zu einem guten Vater über den Sternen, sein Herz erfüllt mit der Gewißheit der Gottesnähe und Gottesgüte, seine Schritte lenkt zu den frommen Altären, glücklich, wem die Religion entgegentritt in wahrhaft religiösen, gottinnigen Persönlichkeiten."[266] In diesem Auftakt nimmt Wittig die Erinnerungen an die eigene Kinderwelt (noch) verschlüsselt zum Ausgangspunkt seines Schreibens und läßt ein Bild entstehen, das kirchlich-institutionelle Größen („Altar"), menschliche Vorbilder („Persönlichkeiten") und

---

[263] Unsere Versammlung in Breslau, 27.

[264] A.a.O., 26.

[265] A.a.O., 29.

[266] Kaiser Julian der Abtrünnige, 239.

die Wirklichkeit Gottes („Gottesgüte", „Vater") als aufeinander bezogene Teile des Bildes zusammenfügt. Gemalt ist das Bild im einzelnen Menschen, dessen Person („Herz", „Augen") von diesem Ineinander geprägt und „glücklich" verwandelt wird. Mit diesem Auftakt skizziert Wittig ein Kontrastbild zur Erfahrungswelt des Kaisers *Julian*, dem die Religion als „finstere, gewalttätige, blutige Macht"[267] entgegentritt, und vor allem als Gegenpol zu einer Vorstellung, die in der Religion eine von der Einzelpersönlichkeit unabhängige Institution sieht. Hintergründig formuliert Wittig, es sei schwer verständlich, „daß in den weiten Grenzen des römischen Reiches die Religion nicht als persönliche Beziehung zu Gott, sondern als Staatsform und Staatsbesitz und Staatsrecht galt (...). Ebenso schwer verständlich ist die begleitende Tatsache, daß die Religion des römischen Staates nur äußeren, rein gesetzlichen Gehorsam, keine innere Zustimmung verlangte, und daß man dieses Verhältnis immer noch Religion nennen konnte."[268] Was hier auf der Projektionsfläche geschichtlicher Wirklichkeit dargestellt wird, trägt für Wittig durchaus die Konturen der zeitgenössischen kirchlichen Situation. Sein Engagement richtet sich nur sekundär darauf, die kirchliche „Staatsform" zu reformieren. Ihm geht es um die Stärkung der „persönlichen Beziehung zu Gott". Von dieser Absicht sind seine Bemühungen getragen, seinen wissenschaftlichen Fundus in populäre Sprache zu übersetzen und für das Glaubensleben anderer Christen fruchtbar zu machen.[269] Auch die zunächst unter Pseudonym veröffentlichten Erzählungen streben dieses Ziel an. Diese angezielte Pflege des religiösen Lebens[270] erweist sich als folgenreich - auch für die kirchliche Amtsstruktur. In der Sorge um die lebendige Gläubigkeit wird Wittig konfrontiert mit Fragen, die dem Verhältnis von einzelnem Christen und kirchlicher Autorität gelten: „Besitzen die kirchlichen Gebote für jeden Menschen Notwendigkeit?", „Besteht eine Verpflichtung, an die Dogmen zu glauben?" oder „Darf bei der Weiterentwicklung der menschlichen Kultur auch

---

[267] Ebd.

[268] Ebd. - Vgl. Das Papsttum, 5.

[269] Vgl. In diesem Zeichen wirst Du siegen, 267.

[270] Vgl. J. Strangfeld, Ein neuer Klang, 379.

376

der Vorstellungsinhalt der Religionswahrheiten sich ändern?"[271] Wittig wertet die Fragen, die trotz des vermeintlich häretischen Klangs „richtige Lebensfragen"[272] seien, als Ausdruck der grundsätzlichen Frage nach der „Freiheit der Kinder Gottes". In dieser Grundfrage eine starke Abneigung gegen Kirchengebote und Dogmen zu sehen und als Antwort mit Nachdruck auf deren Notwendigkeit und Einhaltung zu pochen, ist für Wittig keine angemessene Reaktion. Aber auch eine Diskreditierung der institutionellen Kirche oder des verpflichtenden Dogmas kommt für Wittig nicht in Betracht. Um die Gläubigkeit der Kinder Gottes und die geformte Struktur der Amtskirche zusammenbringen zu können, entwirft er das Konzept von einer Kirche, die für ihn die „Auswirkung und Selbstverwirklichung der christlichen Seelen" ist. Rückblickend erläutert er 1929 den Ansatz, den er fast ein Jahrzehnt zuvor entworfen hatte:

„Ich hatte mir die Kirche, in der ich lebte, dargestellt als eine Auswirkung und Selbstverwirklichung der christlichen Seele. Aus dem neuen, in die Menschheit eingedrungenen Gottesleben, aus gläubig gewordenem Fleisch und Blut sah ich die kirchliche Gemeinschaft werden, sah sie aus Jesus herauswachsen wie Reben aus dem Weinstock, sah sie Formen und Ämter bilden aus den innersten Kräften ihres Lebens heraus, wahrhaft aus Gott heraus, in dem sie lebte. Ich konnte in keiner anderen als in einer also gewordenen Kirche leben."[273]

In der Formulierung des Rückblicks erscheint die vom Glauben initiierte Kirchwerdung einfach, gradlinig und geradezu demokratisch: Aus dem Glauben der Einzelnen bildet und entfaltet sich die kirchliche Gemeinschaft mit ihren Ämtern und Strukturen, abhängig ist dieses Werden allein von der Kraftquelle Gott. In den Darstellungen der Aufsätze „Von der Freiheit der Kinder Gottes" und die „Kirche als Auswirkung und Selbstverwirklichung der christlichen Seele", in denen er die Gedanken zuerst entwirft, ist die Bezogenheit von persönlichem Glauben und kirchlicher Institution jedoch wechselseitiger und komplexer, als der Rückblick aus dem Jahre 1929 vermuten läßt. In den Aufsätzen erläutert Wittig: Wer vom Glauben ergriffen sei, der werde von ihm umgeschaffen - und zwar derart, daß der Glaubende

---

[271] Von der Freiheit der Kinder Gottes, 92.

[272] A.a.O., 91.

[273] Erschaffung und Fall der Engel, 3.

alles, was je von der Kirche befohlen, erklärt oder definiert werden könne, schon als sittliche Forderung oder Glaubensbesitz in sich habe. Dann könne der Glaubende „Gebot und Definition mit Sehnsucht erwarten und mit Freude begrüßen" als eine von der ganzen Glaubensgemeinschaft vollzogene, autoritätsvolle Bestätigung dessen, was schon seit der Taufe in seinem Inneren sei. „So neugeschaffen, erfüllen wir in voller Freiheit die Gebote und glauben wir ohne jeden Zwang das verpflichtende Dogma."[274] Wo der Glaube wirke, gebe es keinen Konflikt zwischen dem Erkennen und Wollen der Seele und dem Erkennen und Wollen der Gemeinschaft. Von den „wundersamen Klängen dieser Harmonie"[275] gebe vor allem das Leben der frühen Kirche Zeugnis.[276] Die Seele und die Kirche haben für Wittig so „unmittelbar miteinander zu tun", daß die Kirche als „Verkörperung der vollchristlichen Seele"[277] bezeichnet und beispielsweise auch der mittelalterliche Papstkönig als eine Schöpfung dieser Seele angesehen werden kann.[278] Trotz der so geprägten Stellung des Papstes habe dieser aber „kein anderes Leben erhalten als das letzte Glied der hörenden Kirche."[279] Er habe nur andere Vollmachten und Aufträge erhalten. Es seien Vollmachten, die auf das Mündigwerden aller hinzielten.[280] Damit werde die Kirche nicht subjektiver Beliebigkeit preisgegeben, denn das ganze neue Leben der Seele - Glaube, Hoffnung und Liebe - sei „durchaus objektiv" und etwas „absolut Wahres und Wirkliches".[281] Es sei jedoch nichts Machbares, sondern allein von der freien Initiative Gottes abhängig. Die Kirche werde erneuert, wenn „wieder einmal eine neue Flut göttlichen Lebens in die Seelen strömt, und von diesen in die Kirche und von der Kirche wieder in die Seelen, sei es, daß sie hervorbricht aus der Seele eines Heiligen, sei es, daß ein Papst wieder einmal verschlossene Türen öffnet. Wir

---

[274] Von der Freiheit der Kinder Gottes, 94.

[275] Die Kirche als Auswirkung und Selbstverwirklichung, 191.

[276] Vgl. a.a.O., 193.

[277] A.a.O., 195.

[278] A.a.O., 196.

[279] A.a.O., 202.

[280] Vgl. a.a.O., 203.

[281] A.a.O., 207/8.

können nichts tun als warten."[282] Begeistert und sehnsüchtig schließt Wittig im Wissen darum, daß das flutende Glaubensleben ganz Gottes Sache sei, und läßt seinen Aufsatz in den gebetsförmigen Ruf münden: „Nun komme aber nicht nur der Strom, sondern das ganze Meer des göttlichen Lebens und überflute unsere Seelen, daß sie zusammenfließen in 'eine, heilige, katholische und apostolische Kirche'!"[283] Wenn der Schlußakkord der Überlegungen Wittigs auch getragen ist von überströmenden Pathos, kann doch der Argumentationsgang nicht darüber hinwegtäuschen, daß das im Aufsatz skizzierte Kirchenkonzept auf eine leidvoll erfahrene Diskrepanz zu reagieren sucht. Der Ausgangspunkt ist vergleichbar mit der Spannung, die Wittig beim Nachdenken über den *concursus divinus* bewegt. Wittig sieht sich konfrontiert mit zwei Optionen, die für ihn beide legitim sind und die es zusammenzuhalten und miteinander in Einklang zu bringen gilt. Wie in der Frage des Zölibates - zwischen bejahter Ehelosigkeit und der ebenfalls positiv bewerteten vertrauten Beziehung mit Frauen - für ihn nur die Hoffnung darauf bleibt, daß für Gott nichts unmöglich sei, wird in ähnlicher Form hinsichtlich des Verhältnisses von persönlichem Glauben und kirchlicher Institution allein der „Glaube" oder das „göttliche Leben" als das gesehen, was das spannungsreich oder widersprüchlich Erfahrene zusammenhalten kann.

Die Eigenart des Versuches Wittigs erhält ihre Brisanz im Vergleich mit der Position der neuscholastischen Theologie, wie sie beispielsweise in der Stellungnahme *Engelbert Krebs'* zum Ausdruck gebracht wird. Krebs sieht in der Kirche vor allem das von Christus begründete, immerwährend authentische Lehramt, das Christus mit dem Geist der Wahrheit unterrichtet und mit Wundern bestätigt habe. Die Menge der ursprünglich ungläubigen Menschen sei „durch die gemeinschaftsbildenden Mächte der Kirche – Lehr-, Priester- und Hirtenamt – eingegliedert [worden] in den Leib Christi" und habe „dadurch die gemeinschaftsbildenden Gnaden und Offenbarungsweisheiten" empfangen.[284] Der vom gesellschaftlichen Liberalismus geprägte neuzeitliche Mensch vermöge das Göttliche nur im *gemein*schaftsbildenden Geist", nicht aber in *gesellschafts*bildenden Kräften" zu sehen, die allenfalls als „notwendiges Übel" oder „menschliches Stützwerk" anerkannt würden. Die Rede vom „mündigen" Christen sei meist geprägt von dieser Skepsis gegenüber der sichtbaren Kirche und ihren Repräsentan-

[282] A.a.O., 206.

[283] A.a.O., 210. - Vgl. Von der Freiheit der Kinder Gottes, 96.

[284] E, Krebs, Joseph Wittigs Weg aus der kirchlichen Gemeinschaft, 239.

ten. Doch sei darauf zu bestehen, daß „Gehorsam" und „Unterwerfung" Wesensbegriffe katholischer Religiosität seien. Die demütige Unterordnung unter die Hirtensorge und Lehrgewalt der Amtsträger der Kirche sei „die Grundlage der Gemeinschaft. Denn sie verbindet die Seelen in der Übereinstimmung des Denkens und der Liebe."[285] Wer auf Grund der Forderungen seines „Eigengeistes" in einen Konflikt mit der autoritativen Leitung gerate, dem seien ruhige Besinnung, „Liebe zur Einheit und Opferkraft der Demut" geraten: „Liebe und Unterordnung, - Unterordnung in Liebe und um der Liebe willen, - beides muß im katholischen Geist vereinigt sein. Darauf beruht die Einheit und die unzerstörbare Kraft der Kirche, beruht die Heiligkeit ihrer Glieder."[286] Die Spannung zwischen subjektiver Gläubigkeit und kirchlicher Amtsautorität wird von Krebs als liberale oder reformatorische Fehlform diskreditiert. Der zeitgenössischen Skepsis gegen das Institutionelle der Kirche begegnet er mit dem Hinweis auf deren Göttlichkeit und der Mahnung zu Gehorsam und Unterwerfung.

In diesem Licht wird die Brisanz des Ansatzes Joseph Wittigs deutlich. Indem er die Autorität des Glaubens über Einzelperson *und* Institution stellt, führt er eine neue Kategorie in die polare Gegenüberstellung ein. Eine (immer im Werden begriffene) Kirche verdankt sich in ihren wechselseitigen, komplexen Bezügen der Macht des „göttlichen Lebens", also einer Dynamik, auf die sie sich berufen darf, die aber zugleich ein nicht vereinnahmbares Korrektiv bleibt. Daß mit der Berufung auf den - in subjektiver Gläubigkeit *und* kirchlicher Autorität anwesenden - gegenwärtigen Christus die Polarität zwischen beiden Seiten nicht gelöst wird, sondern zu einer - allein im Glauben zu vollziehenden - Auseinandersetzung herausfordert, ist für Wittig mit Blick auf die historischen Entwicklungsprozesse offensichtlich. Konkrete Vorschläge für diese Kommunikation bietet er nicht. Er ist dennoch von der Hoffnung getragen, daß „Ungeahntes", „Neues" und „Anderes" wachse - in einer individuellen *und* institutionellen Kirche. Es entbehrt nicht der Tragik, daß diese vermittelnde Schrift eine *grave ammonizione* erhält und später indiziert wird.

---

[285] A.a.O., 240.
[286] A.a.O., 241.

Die Kirche im Waldwinkel

„Diese verdammte Unterscheidung zwischen weltlich und geistlich", klagt Wittig 1921, „wird uns noch viel schaden."[287] Und er erläutert seinen von historischen Erfahrungen getränkten Traum und seine Wahrnehmung der gegenwärtigen Kirche:

„Ursprünglich waren die gottesdienstlichen Versammlungen eigentlich Vereinsversammlungen, bei denen wohl alle Nöte der Gemeinde besprochen wurden, Armendienst, Gemeindedisziplin, Vorsteherwahl, Mission, Vorgänge in anderen Gemeinden (...). Je mehr die Gemeindeversammlungen auf die liturgische Feier und die offizielle Kunstpredigt eingeschränkt wurden, desto mehr verlor die Kirche Leben. In einzelnen Dorfkirchen war noch vor einigen Jahrzehnten der Pfarrgottesdienst die Dorfsynode. Die Leute gingen gern in die Kirche, da sie das lebendige Bewußtsein hatten, es handele sich auch um ihre Angelegenheiten. Lachen Sie nicht! Es ist doch etwas daran. Ich will es nicht als Ideal hinstellen, daß ein Pfarrer, der noch lebt, vor der Predigt seiner Gemeinde mitteilte, er habe drei Ferkel zu verkaufen - es war in Altenwalde O/S. Aber diese Sakralisierung der Pfarrgemeindeversammlung mit fremdpathetischer Ansprache, fremden Gewändern, fremder Sprache, fremden Gesten - da muß der Glaube schon ganz wunderbar groß sein, wenn das Gemeindeleben als wirkliches Zusammenleben wie in einem Leibe überhaupt noch nicht erstarrt und erstorben ist. Ich kann es gut verstehen, daß die Leute mit mehr Liebe im Wirtshaus, im Verein, zusammensitzen als in der Kirche."[288]

Der Ferkelverkauf im Gottesdienst, das Wirtshaustreffen als gleichsam liturgische Versammlung - die Bilder, die Joseph Wittig von der Ortskirche zeichnet, lassen sie als eine sinnenfällige Größe erscheinen. Schon seit Beginn seiner theologischen Tätigkeit ist die Kirche für Wittig ein mit Sinnen wahrnehmbares Gebilde. Sie ist erfahrbar in der Gemeinschaft lebendiger Menschen und den Gebäuden aus Steinen. Als „Monumente der Erlösungshoffnung"[289] beschreibt Wittig in einer 1906 erschienenen Festschrift die altchristlichen Skulpturen: Wein- und Kornernte, Hochzeits- und Hirtenszenen, Fisch- und Taubenbilder gesellen sich zu den biblischen Hoffnungsbildern von Daniel in der Löwengrube, dem „Meeresdurchgang" der Israeliten, von Aposteldarstellungen und Abbildungen christlicher Lehrer. Grabstät-

---

[287] Brief an Karl Muth v. 11.12.1921, in: Briefe, 25.

[288] Ebd. - Vgl. Brief an Ferdinand Piontek vom 3.11.1920.

[289] Die altchristlichen Skulpturen, 47.

ten und Basiliken, Statuen und Fresken stehen im folgenden Jahrzehnt im Blickpunkt der Abhandlungen des (zukünftigen) Professors für christliche Archäologie.[290] Kirche konkretisiert sich für Wittig im Sichtbaren, Greifbaren und Begehbaren. „Diese weiten Räume", begeistert er sich über die St. Bonifaz-Kiche in München: „Wer da hineinkommt, spürt ganz deutlich, daß sich sein Brustkasten hebt. Er muß tief atmen, muß sein ganzes Inneres weit machen, um bestehen zu können vor der Gewalt des weiten Raumes."[291] Angesichts dieser Weite sei es verständlich, daß die auf *Bonifatius* zurückgehende Kirche „keine enge deutsche Nationalkirche wurde, sondern die über unsere ganze Erde ausgespannte katholische Kirche."[292]

Daß „Kirche" nicht nur in der Geschichte der Kirchbauten, sondern durch alle Epochen in menschliche Lebensgeschichte eingeschrieben ist, ist für den Kirchenhistoriker Joseph Wittig evident. Papst *Damasus*, Kaiser *Julian* und *Basilius* der Große, *Bonifatius*, der Breslauer Domherr *Robert Spiske* und *Vincenz von Paul* sind einige Personen, denen Wittig seine historischen Studien widmet. Die Papst-Geschichte ist ebenso wie der Grundriß der Patrologie an Persönlichkeiten und an ihren Auseinandersetzungen und Kämpfen, Schriften und Ideen orientiert, auch die Nachrufe und Würdigungen von Kardinal *Georg Kopp* und Professor *Max Sdralek* zeigen eine Kirchengeschichte in Lebensbildern auf.[293] Wittigs Ekklesiologie beschreibt das kirchliche

---

[290] Vgl. S. Soteris und ihre Grabstätte. Hagiographische und topographische Notizen; Die Katakomben von Hdrumet in Afrika; Die Basilika des hl. Cornelius; Am Grabmal des Aberkios (1905); Die Entdeckung zweier altchristlicher Basiliken in Tunesien (1906); Der Cinctus Gabinus an der Bronzestatue des Apostelfürsten im Vatican (1912); Die Geschichte der Petrusbronze in der Peterskirche in Rom (1913); Festgabe zur Konsekration der neuen Kirche in Lomnitz OS.; Die Pfalzkapelle der mittelalterlichen Päpste und ihre Heiligtümer (1917); Auf dem Wege zur Disputa Raffaels (1918).

[291] Der Ungläubige, 194. - Der Bericht über den Besuch in der St. Bonifaz-Kirche findet sich im (nach der Exkommunikation erschienen) Buch „Der Ungläubige" inmitten von Kirchenbeschreibungen (Czenstochau, St. Hedwig in Trebnitz, San Agnese in Rom), die bereits 1924 - also vor der Exkommunikation - veröffentlicht wurden. Der Aufsatz über St. Bonifaz, dessen Abfassung unsicher ist, wird von Wittig in die Reihe dieser Betrachtungen gestellt und kann daher auch hier als Zeugnis für die Kirchenbilder vor der Exkommunikation gelten.

[292] Ebd.

[293] Vgl. Papst Damasus I. (1902/03); Der Ambrosiaster „Hilarius" (1906); Filastrius, Gaudentius und Ambrosiaster (1909); Kaiser Julian der Abtrünnige (1911); Die Friedenspolitik des Papstes Damasus; In diesem Zeichen wirst du

Leben im päpstlichen Rom ebenso wie die Kirche im Glatzer Waldwinkel. Sie reicht von den Kirchenvätern der Patrologie bis zum Alten in jener armseligen „Kirche im Waldwinkel", dem er Anfang der
20er Jahre eine Erzählung widmet. Wittig erzählt hier in der Ichform
von einem Theologiestudenten, der sich im Nebel des Glatzer Berg-
landes verirrt. Überraschend stößt er auf eine Hütte, die von einem
alten Mann bewohnt wird. Der skurril wirkende Einsiedler heißt seinen Gast willkommen und murmelt, während er den Wanderer be-
wirtet und seine Ziegen versorgt, unaufhörlich ein Gemisch von
volksfrommen Assoziationen:

> „Eine heilige katholische Kirche, wenn zwei oder drei in meinem Na-
> men versammelt sind. Sei ock schön willkommen, mein Herrgott Jesus
> Christus, und bleib bei uns, denn es will Abend werden und der Tag
> hat sich geneigt. Ja, Schecke, friß, friß, ich habe Besuch, wir sind
> heute eine heilige katholische Kirche, Gemeinschaft der Heiligen. Geh
> rum, Ziege! Wo ist denn die Gelte? In der Heiligen Schrift ist's ja mit
> Brot und Wein, aber es wird auch mit Brot und Milch gehen. Die
> Schecke steht, da muß ich Ziegenmilch nehmen. Sooft ihr dies tut, so
> sollt ihr es zu meinem Angedenken tun."[294]

Im Gespräch zwischen dem Studenten, der mit inquisitorischer Genauigkeit die Rechtgläubigkeit der vorgetragenen Ideen prüft, und
dem Alten, der „mit hundert Sprachfehlern und zweihundert Denk-
fehlern, aber mit dem rechten Blick"[295] Theologie treibt und den Jungen schließlich für sich einnimmt, eröffnet sich das Herausfordernde
der Kirchenperspektive Wittigs. Auf den Verdacht des Studenten, mit
der Rede von einer „Kirche im Waldwinkel" werde die Bedeutung
der universalen Kirche in Frage gestellt und einem unzulässigen Par-
tikularismus das Wort geredet, antwortet der Alte, das sei keineswegs
seine Absicht. Er erkenne selbstverständlich die Autorität des Papstes
und der Bischöfe an, doch möchte er darauf bestehen, daß auch im
Waldwinkel wirklich die Kirche zu finden sei. Sie realisiere sich

---

siegen! (1912); Das Papsttum (1913); Max Sdralek; Konstantin und Bonifatius;
Georg Kardinal Kopp (1914); Vincenz von Paul (1920); Ein Apostel der Karitas. Der Breslauer Domherr Robert Spiske und sein Werk (1921); Aus den
Steinen der Wüste. Zum Gedächtnis des hl. Hieronymus und der Anfänge der
katholischen Kultur (1921).

[294] Die Kirche im Waldwinkel, 11.

[295] A.a.O., 18.

überall dort, „wo sich die Menschen wegen Christus liebhaben"[296], und werde konkret in Gastfreundschaft und Tischgemeinschaft, bei Brot und Milch, in einem Zusammensein, bei dem die ganze Welt zur Danksagung werde.[297] *Wie* universale Kirche und „Kirche im Waldwinkel" miteinander zu tun haben und aufeinander einwirken, bleibt in der Erzählung unbestimmt. Indem das Verhältnis offen bleibt, entsteht ein Raum für Mutmaßungen und Befürchtungen. Diese werden dadurch gefördert, daß sich Wittig mit dem Waldwinkel-Einsiedler auf „Was wäre wenn?"-Überlegungen einläßt:

> „Und wenn auch einmal alle Gotteshäuser und Kapellen einstürzten und alle Meßgewänder verbrannten und alle Bischöfe und Priester sterben täten, so wäre es nicht schade, wenn bloß noch ein paar Menschen einander liebhätten und einander helfen täten um des Namen Jesu willen, dann wäre das doch die richtige heilige katholische Kirche."[298]

Die Befürchtung, es sei Wittig an der In-Frage-Stellung der institutionellen Kirche gelegen, wird durch solche phantasievollen Überlegungen gefördert. Wo die Verhältnisbestimmung von institutioneller und individueller Kirche unsicher erscheint, muß die Charakterisierung der Kirche als Liebesgemeinschaft in Jesus Christus bei den Vertretern der Institution Argwohn über die Gründung einer Sonderkirche provozieren, der durch die Kritik, die Wittig an den Mißständen und Unzulänglichkeiten vorbringt, noch verschärft wird. Die Rede vom „allgemeinen Priestertum" trägt ebenfalls zum Konflikt bei.

Das allgemeine Priestertum

Mit Nachdruck setzt sich Wittig zu Beginn der 20er Jahre für die theologische Wiederentdeckung der Rede von der „Gotteskindschaft" aller Christen ein. Jesus, argumentiert Wittig, „war Sohn Gottes, also tausendmal mehr als Priester Gottes. Und wenn er 'denen, die ihn aufnahmen, die Macht gab, Kinder Gottes zu werden', gab er ihnen

---

[296] A.a.O., 13.

[297] A.a.O., 21.

[298] A.a.O., 13/4. - Indem der Alte in seinen Überlegungen eine Passage aus der Predigt des Neugersdorfer Pfarrers zitiert, die er bei einem der seltenen Besuchen im Nachbardorf gehört habe, wird Heinrich May mit dieser vorsichtigen Andeutung auch als Inspirator für die Ekklesiologie Joseph Wittigs benannt.

eine Macht, in der alle Priestermacht eingeschlossen und tausendmal übertroffen war."[299] In der Vollmacht der Kinder Gottes liege alles Priesterliche eingeschlossen. Mit dieser Umwertung tritt Wittig der gängigen Deduktion des allgemeinen Priestertums aus dem „eigentlichen" Amtspriestertum entgegen und stellt ironisch die dogmatischen Winkelzüge zur Degradierung des „uneigentlichen" Priestertums in Frage.[300] Die Kirche habe ihren lebendigen Ursprung in der Entdeckung und Realisierung der Gotteskindschaft und des Priestertums jedes einzelnen Christen. Nur eine Kirche, die das allgemeine Priestertum nicht nur als verborgenen Schatz still und heimlich bewahre, sondern es zur gelebten und bewußt ausgeformten Wirklichkeit werden lasse, sei zukunftsfähig. Wittigs Blick richtet sich auf Menschen, die von der Freiheit der Kinder Gottes geprägt sind und priesterlich leben. Von ihnen gibt er in seinen Erzählungen Zeugnis. Das Amtspriestertum hat für Wittig stellvertretend, hinführend und fördernd Anteil an diesem umfassenden Priestertum. Nur aus dem Stoff einer „Kirche von lebendigen Steinen" kristallisiere sich das besondere Priestertum heraus; es sei „ganz anders" - „wie der Bergkristall ganz anders ist als der Quarz"[301] -, doch ohne das allgemeine Priestertum nicht denkbar. Mit Bildern von organischem Wachstum und wechselseitiger Bezogenheit umschreibt Wittig das Ineinander des Lebens, das durch eine definitorische Trennschärfe zerstört würde: „O Leben, was für Geheimnisse birgst du in deinem Wesen! Aus formlosem Stoff werden feingeformte Kristalle, aus knorriger Rute weiße Blüten, aus Menschen Priester und aus einem traurigen Gerichtsprozeß, aus einer blutigen Hinrichtung wird die heilige Meßfeier, das reine Speiseopfer des Neuen, ewigen Bundes! O wie muß man sehen lernen, um dies zu sehen!"[302]

Kampf mit dem Unglauben der Institution

Jenseits solcher (Gegen-)Bilder des Staunens geben viele Charakterisierungen, mit denen Wittig Anfang der 20er Jahre die Kirche be-

---

[299] Das allgemeine Priestertum, 24.

[300] A.a.O., 22/3.

[301] Leben Jesu II, 305.

[302] Ebd. - Vgl. Leben Jesu II, 302-306; Das allgemeine Priestertum, 41.

schreibt, eine eher düstere Perspektive wieder. Es sei bei Christen kaum Kummerlosigkeit und Freiheit, sondern die Mühsal von Lasttieren zu beobachten. Moral und Recht seien an die Stelle einer glaubwürdigen Lebensbezeugung getreten. Die Liturgie sei zur Hierurgie geworden. Statt des starken Lebens der verfolgten Kirche gebe es nun das schwache göttliche Leben in einer Zeit des Ausgleichs zwischen Kirche und Staat. Man sei nicht darum bemüht, Religiosität zu wekken, sondern begnüge sich mit religiöser Bedürfnisbefriedigung. Der kirchliche Kassenstand gelte als Maß für die Lebensfähigkeit einer Idee, die lebendige Verbundenheit mit anderen sei der individuellen Frömmigkeit gewichen.[303] Das Leiden an einer unzulänglichen Kirche spitzt sich in der Konfrontation mit denen zu, die Macht und Verantwortung in der Kirche verkörpern. Vermag Wittig zunächst noch augenzwinkernd die Wandlung der alten Sandale des Apostels zur brokatenen Seidenpantoffel des Papstes zu kolportieren, so beklagt er in zunehmendem Maß die Allmacht einer herrschenden Instanz, der er sich ohnmächtig ausgeliefert sieht. Während des Kampfes um das *Imprimatur* für sein „Leben Jesu"-Buch schreibt Wittig 1924 an *Karl Muth*: „Jetzt bin ich wirklich davon überzeugt, daß es in der katholischen Kirche so bestellt ist, daß ein sonst ziemlich gebildeter Mensch ohne raffinierte Vorsicht kaum eine Seite schreiben kann, wenn er nicht ein siebenfaches Anathema riskieren will."[304] Getragen von dem Selbstbewußtsein, mit seinem Glauben Teil der katholischen Kirche zu sein, erfährt er die (rechtliche) Kirche als lebensbedrohendes Gegenüber, das seine Ausdrucksmöglichkeiten einschränkt, ihn seiner Lebensgrundlage beraubt, ihn ausstößt und (mund-)tot macht. Er erlebt seine Kirche als Ort, an dem die traumhafte Wirklichkeit des neuen Glaubensfrühlings mit der frostigen Kälte und dem ängstlichem Reglement des Unglaubens konfrontiert wird, und als Institution, in der er nicht mehr plausibel machen kann, daß seine Kritik nicht einer ihm unterstellten Fundamentalopposition, sondern der leidenschaftlichen Liebe zu dieser Kirche entspringt.

---

[303] Vgl. Die Kirche im Waldwinkel, 65, 66; Bergkristall, 94; Neue religiöse Bücher, 424; Leben Jesu II, 144, 224, 329, 371; Das Volk von Neusorge, 103; Der Ungläubige, 301; Aussichten, 79.

[304] Brief an Karl Muth v. 23.4.1924, in: Briefe, 63.

2. Unterwegs zu einer größeren Katholizität

„Una Sancta" -
Die aus der Mutter Kirche herausgeborene Menschheit

„O wie schön wäre es, wenn die ganze Erde unter dem Lichte des christlichen Glaubens stände!" träumt Wittig 1915 bei einem Vortrag vor der St. Petrus-Claver-Sodalität über die „verlorene Kirche" in Afrika.[305] Der missionarische Impuls, die Kirche als weltumspanndes Heilswerk zu fördern, müsse die „tapferen Christusstreiter"[306] der katholischen Kirche zum Kampf um die Rückeroberung des verlorenen Erdteils für Christus motivieren.[307] Fraglos wird in dieser Ansprache Wittigs die „Una Sancta" in der Gestalt der katholischen Kirche gesehen. Dennoch besteht Wittig bereits im Jahr der zitierten Missionspredigt darauf, daß zur „großen religiösen Verständigung" im deutschen Volk mehr als die „Erzielung von Einzelkonversionen" notwendig sei: Es sei die „Lossagung von allem Pharisäismus" und „die Hebung des religiösen Lebens in unseren eigenen Kreisen" anzustreben, ferner eine „scharfe Beobachtung und Anerkennung der unter Andersgläubigen wirksamen Gottesgnaden und geduldiges Warten auf die von Gott festgesetzte Stunde, in der die Liebe erwacht."[308] Die missionarische Bekehrung *und* die innerkirchliche Umkehr sind bewegt von einer Dynamik des Wachstums und des Aufbruchs. Für die Kirche sei nicht das Sichern von Positionen angemessen, sondern die Veränderung in neue, unbekannte Dimensionen hinein. Damit ist eine Spannung zwischen der sichtbaren Kirche in ihrer gegenwärtigen Gestalt und der größeren, *werdenden* Kirche im Kirchenbild Wittigs schon vor seiner Exkommunikation enthalten.[309] Nach seinem Ausschluß aus der katholischen Kirche entfaltet Wittig diesen Gedanken. Es gebe ein Wachstum über die Kirche hinaus, das seinen Ursprung in Gottes Wirken habe.[310] Das Bildwort von der Kirche als „Mutter" verdeutliche dieses Wachstum. Jede Mutter müsse ihr Kind zunächst

---

[305] Ludwig Uhlands Gesang, 5.

[306] A.a.O., 16.

[307] Vgl. a.a.O., 23.

[308] J. Strangfeld , Ein neuer Klang, 380.

[309] Vgl. J. Strangfeld, Vom Reiche Gottes, 239.

[310] Höregott, 343.

aus ihrem Schoß, später aus ihren Armen und schließlich aus ihrem Hause entlassen: „Wenn die Kirche wahrhaft Mutter sein will, so muß sie sich in der Mütter Schicksal schicken. Sie muß nicht das Letzte und Endgültige auf Erden sein wollen."[311] Sie müsse, führt Wittig aus, die Begrenztheit ihrer „Dienstzeit"[312] anerkennen und bestrebt sein, das empfangene Gottesleben weiterzugeben, und zwar so, daß sie über sich hinauswachse und zu einer „im Glauben erlösten Menschheit" führe.[313] Die dem Bildwort von der „Mutter Kirche" innewohnende ekklesiologische Selbstrelativierung übersetzt Wittig in seine kirchenpolitische Gegenwart. Jene „Tochtergestalt", die dem Schoß der Kirche entstamme und dieser ihr Leben verdanke, nun aber dabei sei, der Kirche zu entwachsen, sei bereits deutlich zu erkennen. Sie habe „die Tore Roms gesprengt" und sei „den Weg in die zu erlösende Welt gegangen", um in erwachsener Eigenständigkeit dort das von der Mutter empfangene Leben weiterzugeben.[314] Der Name *Ecclesia* komme der Tochter nicht mehr zu, denn sie sei keine Kirche im alten Sinn des Wortes. Mit dem Namen *Una Sancta* versuche man tastend, der erwachsen werdenden Tochter einen eigenen Namen zu geben.[315] Wie sich ihre Gestalt entfalten werde und die Tochter in der Vollreife ihres Lebens aussehen werde, liege allein bei Gott, dessen Wirken sie sich verdanke.

Mit jener Wachstums-Metapher, mit der Wittig als Kirchengeschichtler Kontinuität und Veränderung der Kirche zur Sprache bringen konnte, ist ihm im Buch „Höregott" neben der Würdigung eines dem göttlichen Wirken entspringenden, außerkirchlichen Glaubenslebens eine Abrechnung mit der wachstumsverweigernden Engherzigkeit, der Angst und dem Machtgebaren seiner Mutterkirche möglich. Im gegenwärtigen Zustand sei diese zu einer ökumenischen Katholizität unfähig. Sie wolle keine „Vereinigung", sondern fordere „unbedingte Unterwerfung."[316] Die „Katholische Aktion", in der von der Weite und Freiheit der Kinder Gottes keine Spur zu finden sei, die

---

[311] A.a.O., 345.

[312] Brief an Rudolf Reich v. 5.9.1929, in: Briefe, 147.

[313] Höregott, 403.

[314] A.a.O., 361.

[315] A.a.O., 376.

[316] A.a.O., 375.

Gesellschaft „Fides et veritas", die die Unterordnung unter die kirchliche Autorität mit Repressionsmitteln erzwingen wolle, oder die Aussagen kirchlicher Amtsträger, die in Vorträgen Sympathie für eine harte Bestrafung bei Glaubensverstößen äußerten, drücken für Wittig das Einheitsverständnis eines römischen Geistes aus, „der die Drohung mit dem Tod und körperlicher Gewalt als ein Mittel zur Erhaltung und Förderung der kirchlichen Einheit" ersonnen habe.[317] Zwar bekenne die römische Kirche feierlich ihren Glauben an das Kommen der „Una Sancta", weise aber „mit aller Höflichkeit des zwanzigsten Jahrhunderts, aber auch mit aller mittelalterlichen Verachtung der Ketzer" die konkreten Bemühungen zurück. Mit der noch schmerzenden Verletzung eines von der Mutter gekränkten Sohnes bringt Wittig seine eigene Enttäuschung und sein Leiden am Zustand der Mutter zum Ausdruck und gibt es in allen Ablösungsprozessen nicht auf, sehnsüchtig auf ihre größere Lebendigkeit zu hoffen: „O Mutterkirche, die du auch mir, deinem verstoßenen Sohne, Mutter warst und Mutter bleibst, auch wenn ich niemals mehr zurückkehre in dein Haus, tue deine Augen auf, durchbrich die Schleierhaut deines Geistes (...); erkenne, daß Gott weiter ist als du, und sieh, wie er in einer neuen Gestalt wirksam ist".[318]

Die Rede von der „freien Tochter" ist für Wittig mehr als ein Begriff der Abgrenzung. Wittig findet ökumenische Freundschaften und zukunftsweisende Formen der Glaubenskommunikation, die ihm zu Anfängen der „Una Sancta" werden. In der Zuwendung zur „Wirklichkeit" oder zur „Gegenwart" hat sowohl die Grenzüberschreitung, die zwischen Joseph Wittig und *Eugen Rosenstock-Huessy* stattfindet, als auch die Glaubenssuche in der Zeitschrift „Die Kreatur" ihren Ursprung und ihre Ausrichtung. Mit *Martin Buber* und *Victor von Weizsäcker* stellt Wittig der ersten Ausgabe das programmatische Wort voran, die Zeitschrift wolle von der Welt so reden, daß ihre Geschöpflichkeit erkennbar werde.[319] „Ökumene", als Anfang des be-

---

[317] A.a.O., 360.

[318] A.a.O., 351/2.

[319] Vgl. M. Buber / V. v. Weizsäcker / J. Wittig, Vorwort zur Zeitschrift „Die Kreatur" 1 (1926/27) 2. - Die Untersuchung der inhaltlichen Verbundenheit und Verschiedenheit zwischen der ökumenischen Zuwendung zur Kreatur in den 20er Jahren und der „Bewahrung der Schöpfung", wie sie in den 80er Jah-

ginnenden Säkulums, findet für Wittig und seine christlichen und jüdischen Gesprächspartner nicht primär im Ringen um die Lösung
konfessioneller Streitfragen statt. Institutionelle Gewordenheiten und
inhaltliche Unterschiede spielen in der gemeinsamen Arbeit weniger
eine Rolle als die Suche nach jenem verschlossenen oder vergessenen
Weg zur Kreatur. Rosenstock-Huessy erinnert sich, daß ihm Joseph
Wittig mit Hinweis auf die katholischen Segensriten über Salz und
Wasser den Sinn geöffnet habe für das im „liturgischen Denken" ge-
schehende Ansprechen der Kreatur:

> „Wenn Kreatur zur Kreatur spricht, dann gilt: cor ad cor loquitur.
> Erst dann sind wir von unseren geistigen Götzen gereinigt worden.
> (...) Wenige Leute begreifen dies als das Gesetz unseres geistigen Le-
> bens; die Liturgie lebt dieses Gesetz. Unser Herz ragt nämlich aus der
> Schöpfung der ganzen Welt in uns hinein und schwingt daher mit allen
> Wellen des Kosmos. Mit dem Herzschlag dringt der ganze Leib des
> Lebens auf uns ein."[320]

Wenn Wittig vom Volk von Neusorge oder vom Bau seines Hauses
erzählt, von den Widerständen und Beiständen berichtet, über Bäume
und Wege, Pflanzen und Tiere nachsinnt, sich der Stadtchronik von
Neurode zuwendet, ist das - vom Selbstverständnis des Schreibers her
- der Versuch, sich von der kreatürlichen Wirklichkeit und dem in ihr
wirkenden Schöpfer ansprechen zu lassen, das Seufzen und den Jubel
der Kreatur wahrzunehmen und mit seinen Worten zu artikulieren.
Mit diesem Bemühen sieht sich Wittig auf dem Weg zu jener Gläubigkeit, die im wörtlichen Sinn katholisch ist, zu einer die kreatürliche Welt umfassenden, universalen Ökumene.[321]
Das Anerkennen der eigenen Geschöpflichkeit und die Begegnung mit
den Mitkreaturen bestärkt Wittig in seiner Ansicht, daß die Wirksamkeit Gottes vom menschlichen Verstehen dieses Wirkens unabhängig
ist. Gott wirke auch dort, wo er nicht wahrgenommen werde. Das
habe auch Folgen für die Heraufkunft eines neuen Säkulums. Sie geschehe zwar weitgehend nicht mehr im Namen Gottes, ereigne sich

---

ren - inspiriert durch Victor von Weizsäckers Neffen *Carl Friedrich von Weiz-*
säcker - im konziliaren Prozeß angestrebt wird, wäre eine lohnende weiterführende Forschungsaufgabe.

[320] E. Rosenstock-Huessy, Liturgisches Denken, 487/8.

[321] Vgl. Der Weg zur Kreatur, 157.

aber nicht ohne dessen Wirkmacht. Es liegt Wittig daran, die als un-
kirchlich geltenden Zeitgenossen nicht mit dem Negativ-Prädikat einer defizitären Gläubigkeit zu versehen, sondern zu einer positiven
Würdigung ihrer Glaubensform - der kreatürlichen Mitwirkung am
Schöpfungswerk Gottes - zu gelangen. Er dürfe dankbar erleben,
schreibt Wittig, „wie stark das Leben Gottes in der nicht-christlichen
und nie christlich werdenden Welt pulst".[322] Wie Kriterien entwickelt
werden können, an Hand derer sich die Weiterarbeit an der Erde als
Gottes Plan entsprechend oder als gegen Gott gerichtet erweist, wie
also die Unterscheidungsmerkmale zwischen „Sakralbau" und
„Turmbau zu Babel"[323] aussehen, wird eine Frage sein, zu der Wittig
durch das Erstarken des Nationalsozialismus genötigt wird.

Überkonfessionelle Begegnungen
und konfessionelle Schwierigkeiten

Neben atheistischen Zeitgenossen und Glaubenden verschiedener Religionen[324] werden vor allem Gläubige der evangelischen Kirchen wichtige Glaubensgesprächspartner. Unbekümmert um kirchenamtliche
Vorbehalte sucht Wittig die Nähe von geistesverwandten protestantischen Freunden und die Publikationsmöglichkeit in evangelischen Zeitschriften. Der Aufforderung zur Konversion begegnet er ablehnend. Er
weigere sich anzuerkennen, daß der ganze „Raum Gottes mit Kirchen
und kirchlichen Gemeinschaften ausgefüllt" sei und ihm nach dem
Verweis aus dem katholischen Kirchenraum nur der Übertritt in eine
andere Kirche oder ein Platz „zwischen Tür und Angel" bleibe.[325] Er
könne Konfessionswechsel nicht leiden, „in diesem Sinne" habe er
„keine Konfession."[326] Für Wittig ist es vielmehr die Zielperspektive, in
eine größere Katholizität hineinzuwachsen, zu der für ihn unabdingbar
die Begegnung mit den evangelischen Glaubensgeschwistern gehört.
Im August 1928 - jenem Jahr, in dem *Pius XI.* in der Enzyklika „Mor-
talium Animos" den Katholiken verbietet, an ökumenischen Zusam-

---

[322] Höregott, 366. - Vgl. a.a.O., 341, 344, 367.

[323] Vgl. a.a.O., 343.

[324] Vgl. Lehre und Tat, 83-83; Aussichten, 95/6.

[325] Höregott, 339.

[326] Brief an Hermann Mulert v. 5.3.1937, in: Briefe, 271. - Vgl. a.a.O., 142.

menkünften teilzunehmen, und jene Nichtkatholiken, die sich weigern, „der Lehre und Leitung des Stellvertreters Jesu Christi zu unterwerfen und ihm zu gehorchen", als „irrende Schäflein außerhalb des einen Schafstalls Christi"[327] kennzeichnet - reist Wittig gemeinsam mit *Martin Rade* und *Heinrich Hermelink* zu dem von *Nathan Söderblom* einberufenen „Weltkongreß für Frieden und Freundschaft der Kirchen" nach Prag. In der Begegnung mit der protestantischen Welt sieht er sich zu einer veränderten Wahrnehmung der evangelischen Kirche herausgefordert. Er erinnert sich an die „Jungenzeit" als „Zeit des tapferen Streites" in der „Kontroverse zwischen Katholisch und Evangelisch"[328] und einer Phase, in der er „noch ein rechter Fanatiker in konfessionellen Dingen"[329] gewesen sei. Im Dialog mit evangelischen Christen wird für Wittig eine Profilierung der Kirchen deutlich, die bei bleibender Unterschiedlichkeit eine Akzeptanz für die Ausformung der anderen Kirche kennt. Das geschieht etwa, wenn Wittig in der protestantischen Zeitschrift „Die Christliche Welt" die evangelische Kirche mit einem „kultivierten Hausgarten" vergleicht und ihr den katholischen „Wald" gegenüberstellt, „in dem viel Gefährliches und Häßliches und Wildes" wachse.[330] Wittig nutzt die Publikationsmöglichkeit protestantischer Zeitschriften und nimmt die Rolle dessen ein, der im evangelischen Raum katholische Gläubigkeit (re)präsentiert und zu einer veränderten Wahrnehmung seiner Kirche beitragen möchte.[331] Auf die fragende Aussage *Martin Rades* „Wenn man nur mehr von der katholischen Kirche wüßte!" entwirft Wittig sein Bekenntnis zur katholischen Kirche: „Ich halte die katholische Kirche für die eines wichtigen, des reformatorisch-protestierenden Elementes beraubte wahre Kirche Christi, zu der auch das protestierende Element weiterhin gehört und auch immer wieder zurückstrebt, da es selbst zwar eine Notkirche, nicht aber eine Dauerkirche bauen kann."[332] Die Reaktionen auf Wittigs Treuebekenntnis zur katholischen Kirche sind ambivalent. Einerseits scheint

---

[327] Zit. n. P. Neuner, Kleines Handbuch der Ökumene, 74.

[328] Überwindung und Heimkehr, 260.

[329] Christgeburt, 68.

[330] Volksfrommes Brauchtum und Kirche, 442.

[331] Vgl. H. Hermelink, Die Auseinandersetzung der „Christlichen Welt" mit dem Katholizismus, 199-201.

[332] Brief an Martin Rade v. 16.5.1934, in: Briefe, 239/40.

es Akzeptanz zu finden und die ökumenische Kommunikation nicht zu beeinträchtigen. So erinnert sich Wittig 1946, er habe in den Kirchen der Reformation nicht trotz seiner Katholizität, sondern als katholischer Theologe Gehör gefunden. Bei seinen Vortragsreisen, bei denen er auf Einladung des Mecklenburgischen Landesbischofs *Walter Schultz* „im dunklen Kleid des katholischen Theologen mitten in lutherisches Land" gekommen sei, habe er keinen Hehl aus seiner Liebe und seiner Treue zur katholischen Kirche gemacht und doch „überall unendlich viel Liebe und Verständnis" gefunden: „Es war, als ob die deutsche Glaubensspaltung, die Reformation, endgültig liquidiert, als ob über das ganze deutsche Land die 'Una sancta ecclesia' vom Himmel heruntergekommen wäre."[333] Andererseits erfährt Wittig in den evangelischen Kirchen auch kritische Anfragen und ausdrückliche Ablehnung. Das „katholische Kolorit" seiner Werke stoße in der protestantischen Welt auf Unverständnis, klagt er. Seine Schriften seien „den Katholischen zu evangelisch, den Evangelischen zu katholisch."[334] Als ein evangelischer Verlag eine Geschichte als „zu katholisch" ablehnt, erwägt Wittig enttäuscht, seine Mitarbeit an anderen evangelischen Sammlungen einzustellen: „Die Protestanten wollen nur die Rosinen meiner Schriftstellerei abklauben. Das Brot, auf das es mir ankommt, mögen sie nicht. Sie wollen nur bei mir ein wenig auf der Sonnenseite liegen, erschrecken aber baß, sobald sie merken, daß ich meinen katholischen Glauben ernst nehme."[335]

Hauskirche

Die Zuwendung zur Kreatur und die konfessionsübergreifende Gemeinschaft wird konkret in der Neusorger „Hauskirche". Im Kleinen wird - gegen die rigoristische Enge einer zu universaler Weite berufenen Kirche - die Größe des katholischen Glaubens zu leben gesucht. In den zweiten Band der Haus-Chronik klebt Wittig ein Bild des Malers *Josef A. Pausewang*, in denen vor der Kulisse des Wittig-Hauses die Krippe gezeichnet ist, und ein Gedicht der evangelischen Pfarrerin

---

[333] Roman mit Gott, 54.
[334] Brief an Hermann Mulert v. 5.3.1937, in: Briefe, 271. - Vgl. a.a.O., 229, 268.
[335] A.a.O., 269.

Charlotte Döring, in dem sie das in die Schöpfung eingebettete „Haus im Wiesengrund" besingt:

> „Fromme Menschen leben dort / Gott zu Lob und Ehr'; / trauen seinem heilgen Wort, / suchen sonst nichts mehr. / Ave, ave, ave Maria. (...) / Heilig, heilig ist dies Haus / dem, der hingeführt; / Gottes Güte leuchtet draus, / Hilfe ward verspürt. / Ave, ave, ave Maria."[336]

Trotz des kirchlichen Charakters der Neusorger Gemeinschaft intendiert Wittig jedoch nicht die Gründung einer Alternativkirche. Auch wenn *Carl Reymann* in Neusorge vom Entstehen einer deutschen Matthias-Kirche träumt und für diese Kirchengründung Joseph Wittig als heimlichen Bischof in Anspruch nimmt oder *Friedrich Hielscher* nach Riten für seine „Heidenkirche" sucht und so Gäste bei Wittig Heimatrecht finden, die bei ihm zum Bau von alternativen religiösen Gemeinschaften inspiriert werden, geht es Joseph Wittig keineswegs um die Bildung einer Sonderkirche. Das in Gastfreundschaft offene Haus will - der „Kirche im Waldwinkel" entsprechend - keine Sonderkirche sein, sondern weiß sich verbunden mit der größeren Glaubensgemeinschaft über den Waldwinkel hinaus. Angesichts des vom Kirchenrecht im CIC 1917 ausgesprochenen Verbotes an die Gläubigen, mit einem Exkommunizierten irgendeine Form der Gemeinschaft zu pflegen[337], betrachtet Wittig die Hausgemeinschaft als eine Art „Notkirche", in der er - seiner kirchlichen Beheimatung beraubt - gläubig (über)leben und seinen Kindern das Hineinwachsen in den „Glauben der Väter" ermöglichen kann. Als Gemeinschaft, die nicht nur Glück und Bestärkungen, sondern auch Einengung und Gefährdung mit sich bringt, ist auch der Hauskirche eine Ambivalenz zu eigen, angesichts derer Wittig je neu nach den Glaubensperspektiven für das gemeinsame Leben fragt.

3. Gekreuzigte Volkskirche

Im Jahr 1939 hält Wittig Rückblick auf seine Vorstellungen zum Verhältnis von Volk und Kirche: „Ich habe zuzeiten gemeint, das Volk

---

[336] Das Gedicht von C. Döring (vom 19.9.1940) findet sich vor der ersten Seite in Bd. II der Haus-Chronik; die Bilder J. Pausewangs im selben Band unter den Daten 3.5.1942 und 27.7.1942.

[337] Vgl. G. Ziebertz, Berthold Altaner, 61.

könne überhaupt die Funktion Kirche übernehmen, so daß ich nicht mehr großen Wert legte auf die Institution Kirche."[338] Nun müsse er jedoch eingestehen, daß das nicht zu verwirklichen sei. Die Zeit, in der er das „Wachstum über die Kirche hinaus" mit gesellschaftlichen Aufbruchsbewegungen habe in Verbindung bringen können, sei vorbei. Ohne das Gerüst der Institution Kirche gerate das „volksfromme Brauchtum" aus den Fugen: „Nur weil es eine Kirche gab, die das Evangelium als Quelle heiligen Volkstums streng und treu bewahrte, konnte sich volksfrommes Brauchtum weit über die Fassung dieser Quelle hinaus entfalten."[339]

In den letzten Jahren der Weimarer Republik hatte Wittig auf eine Überwindung des Trennenden, Abgrenzenden und Unterscheidenden auf dem Weg zu einer größeren Katholizität gehofft und die „wirkende Einheit" eines Volkes als „religiöses Werk" betrachtet. Wenn ein „Volk" wachse, das mehr als ein beziehungsloses Nebeneinander von Parteiungen, Gruppierungen und Einzelpersonen sei, müsse es als „religiöse Tatsache" gesehen werden. Die „Volksformung" werde zum „Morgengottesdienst eines jeglichen Geschichtstages."[340] Aufmerksam betrachtet er 1928 die von *Eugen Rosenstock* inspirierten Löwenberger Arbeitslager: Bauern, Arbeiter und Studenten seien zusammengekommen: „Forstleute und technische Hochschüler standen neben Juristen, Theologen, Volkswirten und Philologen."[341] Ohne die Spannungen in der Arbeitsgemeinschaft zu überspielen, feiert Wittig „eine ganz außergewöhnliche Kraft des Zusammenschlusses" in jenem lebendigen Geist, „der aus Not und Arbeit und aus der Liebe zu Fleisch und Blut eines werdenden Volkes ausging und wie von selbst zu einer einzigen Flamme zusammenschlug."[342]

Aus dieser Sichtweise heraus fehlt Wittig 1933 eine entschiedene Abwehrhaltung gegenüber dem Nationalsozialismus. Zum Luthertag 1933 stellt Wittig fest, daß nicht die „Religion" das Jahr bestimmte, sondern das „Volk" und die „Nation" prägende Begriffe seien und durchaus mit einem religiösen Anspruch verwendet würden. Er selbst

---

[338] Volksfrommes Brauchtum und Kirche, 442.

[339] Ebd.

[340] Der Advent des Demokraten, 369.

[341] Es werde Volk, 19.

lehne diesen Anspruch nicht ab, denn er könne „das deutsche Volk nicht anders sehen als das, was man sonst Kirche nennt."[343] Es dürfe daher nicht sein, daß sich mit der Feier des Lutherfestes die „Gespaltenheit des Volkes" vertiefe: „Sowohl als Deutsche wie auch als Christen können wir die Kirchenspaltung als Volksspaltung nicht mehr lange ertragen. Alles heiße Bemühen um die Einheit des Volkes wäre vergeblich, wenn diese Spaltung bliebe."[344] Es ist für Wittig evident, daß die Machtergreifung der Nationalsozialisten mehr ist als ein rein politisches Geschehen. Sie ist für ihn ein Umbruch mit religiösen Konsequenzen. Doch nach einem kurzen Hinweis darauf, daß Hitler offenbar „nicht die Ausdehnung solcher Unbedingtheit auf das religiöse Gebiet" wünsche, wendet sich Wittig dem Lutertag und dem Verhältnis von evangelischer und katholischer Kirche zu, ohne weiter auf den Nationalsozialismus einzugehen. Das evangelische Deutschland könne nicht „ohne Luther in irgendeine völkische und kirchliche Einheit einziehen." Die katholische Kirche sei deshalb aufzufordern, den Reformator zwar nicht zum Heiligen zu erheben, aber ihm die Ehre zu geben, mit der ihn Gott in seinem Volk geehrt habe. Mit Nachdruck wirbt Wittig bei den Katholiken um Weitherzigkeit;[345] die evangelischen Christen bittet er, „noch eine Weile ihren Protestantendienst getreu zu tun und noch nicht heimzukehren", bis die Heimat besser bereitet sei und die Kirche „auch die heilsgeschichtliche Notwendigkeit der lutherischen Reformation" anerkenne, die im Stillen bereits „von allen wissenden deutschen Katholiken eingestanden" werde.[346] Doch man brauche einen langen Atem: „Kirchenwunden heilen langsam, da sind vierhundert Jahre gar keine Zeit."[347]
Das Drängen der Zeit und die Mahnung zur Geduld, die Anerkennung des religiösen Charakters der „Volkwerdung" und der nüchterne Aufweis der ökumenischen Schwierigkeiten, die selbstverständliche Rede von der Rückkehr der Protestanten in die katholische Heimat und die ebenso selbstverständliche Rede von der in *Martin Luther*

---

[342] Ebd.

[343] Ebd.

[344] Gedanken eines Ostiarius zum Lutertag 1933, 341.

[345] Ebd.

[346] A.a.O., 342.

[347] Ebd.

wirkenden göttlichen Kraft machen die Gedanken des „Türhüters"
Wittig zu widerständigen Überlegungen. Eine Identifizierung des
„werdenden Volkes" mit der nationalsozialistischen Bewegung oder
ein Plädoyer für die Bildung einer deutschen Nationalkirche kann dem
Aufsatz nicht entnommen werden. Das Bemühen um Einheit und die
Arbeit an der Gestaltung der Welt wird von Wittig sowohl gegen
kirchliche Verurteilung und Vereinnahmung, aber auch gegen staatliche oder parteipolitische Herrschaftsansprüche in Schutz genommen.
1933 betont Wittig, es reiche nicht, nur dort ein Volk zu sein, wo
man von Staat oder Kirche zusammengetrieben werde: „Wir müßten
aber doch von uns aus Volk sein."[348] Mit staatlichen Zwangsmaßnah-
men läßt sich Wittigs Vorstellung der „Volkwerdung" nicht vereinbaren; jenseits der NS-Propaganda sieht Wittig bereits zu Beginn der
30er Jahre die „Volkwerdung" in einer Perspektive, die er mit dem
Titel „Volk am Kreuze" überschreibt.[349]
„Das Kreuz geht wieder um im Deutschen Volk"[350] - stellt Wittig vor
der nationalsozialistischen Machtergreifung fest. Paradoxerweise sei
die Wirklichkeit des Kreuzes - allen Verdrängungsversuchen zum
Trotz - gerade durch die aufkommende Popularität des Hakenkreuzes
unübersehbar: Gerade dort, wo die Kreuze von den Wänden entfernt,
das Bildnis des Meisters weggenommen und die heilsspendende Vorstellung der abgebildeten Kreuzwege beseitigt würden, gelte es, sich
der Perspektive zu stellen, daß an die Stelle der entfernten Kreuze die
Kreuze anderer Menschen treten werden. Die Einsamkeit angesichts
des Kreuzes sei das Signum dieser Prüfung; um so notwendiger sei
es, sich nach der gläubigen Hoffnung auszustrecken, daß auch diesem
Kreuzweg die Verheißung gelte: „Via crucis est via salutis."[351] Die
Konkretisierung dieses Gedankens kann nach 1933 öffentlich nur
noch angedeutet werden, wird aber in den Briefen Wittigs deutlich.
Die Neutralität des Staates gegenüber den Kirchen sei eine vorüber-
gehende. Man dürfe sich darüber keine Illusionen machen, daß nicht
nur diese oder jene Kirche, sondern das ganze Christentum „in großer

---

[348] Brief an Hermann Mulert v. 23.11.1933, in: Briefe, 229.
[349] Volk am Kreuz, 121-134.
[350] A.a.O., 122.
[351] A.a.O., 124.

Gefahr" sei.[352] Das „Mysterium des Blutes Jesu" werde vom „Mythus des arischen Blutes verdrängt".[353] In dieser Situation wird die Teilhabe am Kreuz und der Auferstehung Christi für Wittig zum Signum der christlicher Existenz und zum Ort ökumenischer Verbundenheit.[354] Die Gemeinschaft mit dem verfolgten Christus und die Verbundenheit mit den verletzten Gliedern des Leibes Christi seien nicht voneinander zu lösen. In der gemeinsamen Teilhabe am Kreuz Christi werde die Trennung der christlichen Kirchen aufgehoben, so daß die äußere Bedrohung „alle Christen aneinander schmiedet."[355]

Ob die Abgründigkeit und Destruktivität des Daseins ausgehalten und wie sie mit einem glaubenden „Dennoch" konfrontiert werden können, ist für Wittig nicht von vornherein ausgemacht. Falsch sei es jedoch, angesichts des auferlegten Kreuzes vor allem nach der eigenen Schuld zu fragen. Das Erleiden der notvollen Kirchensituationen lasse sich nicht durch innerkirchliche Schuldvorwürfe kompensieren. In seinem Zeitungsartikel „Junge Christen" stellt Wittig 1939 die kausale Verknüpfung von Leiden und Schuld in Frage. Dabei nimmt er zunächst die zeitgenössischen Beobachtungen zur Lage der Kirche auf. „Ist nicht das Zeitalter der Kirche vorbei?" werde von vielen gefragt: „Sind nicht schon die Minen gelegt, um den letzten Brocken der Kirche zu sprengen? Hat sich die junge Nation nicht längst einen anderen Mythos erkoren und empfindet den angebotenen Dienst als Belästigung?"[356] Angesichts der Perspektive, daß der Kirche der lebendige Nachwuchs fehle und es Jahre „ohne christliche Jugend" geben könne,[357] sei es naheliegend zu verzweifeln und mit Redensarten wie „Die Kirche hat versagt!" oder „Die Pfarrer haben versagt!" nach Sündenböcken zu suchen. Das sei jedoch kurzschlüssig und unzureichend, denn es gebe Dinge, wie die Aussaat des Wortes und die Lebendigkeit der Kirche, die sich Gott ausdrücklich selbst vorbehalten habe.[358]

---

352 Brief an Rudolf und Luise Reich v. 14.3.1934, in: Briefe, 236.
353 Ebd.
354 Vgl. Briefe, 238; Vom Warten, 30, 32, 87.
355 Brief an Martin Rade und Frau v. 27.3.1934, in: Briefe, 238.
356 Junge Christen, 1. - Vgl. Briefe, 256.
357 Junge Christen, 1.
358 A.a.O., 2.

Problematisch erscheint das Zusammenbringen von Wirksamkeit Gottes und Kirchen-Geschichte hinsichtlich der Konsequenzen, die die (pseudo-)religiöse Volk-Werdung für das jüdische Volk mit sich bringen. Zwar gibt es für Wittig angesichts des Kreuzweges keine Trennung zwischen Juden und Christen. Die Verbundenheit der 20er Jahre steht für ihn auch während der nationalsozialistischen Herrschaft nicht in Frage. Das „Zusammenschmieden", das Wittig für die christlichen Kirchen betont, gilt für ihn auch hinsichtlich der jüdisch-christlichen Gemeinschaft.[359] Aber selbst wenn festzustellen ist, daß Wittig keine Klassifizierungen angesichts des Leidens vornimmt und die Ausgrenzung der Juden nicht mitvollzieht, bleibt zu fragen, ob die ungleich größere Bedrohung, mit der die Juden konfrontiert sind, nivelliert wird und – mit der Übertragung der *Concursus divinus*-Theologie in den politischen Bereich – die Mitverantwortung der Christen an der Vernichtung der Juden faktisch ausgeblendet wird.

Die sehnsüchtige Hoffnung auf das Wirken Gottes inmitten der Erfahrung von Heimatlosigkeit und Schwermut bestimmt das Kirchenbild Wittigs in seinen letzten Lebensjahren. Zwar weiß sich Wittig solidarisch verbunden mit den augeplünderten, vertriebenen und in der Fremde lebenden Schlesiern, die er mit seinen Betrachtungen und Erinnerungen zu bestärken sucht, zwar nimmt er in der Göhrde Zeichen der Freundschaft, ermutigende Gesten und unterstützendes Gebet wahr, aber die Hoffnung auf eine Glaubensgemeinschaft gottverbundener Menschen, die ihn im „Frühling" der 20er Jahre erfüllt hatte, ist nicht bestimmend für sein Kirchenbild. Wittig äußert Skepsis gegenüber einer ungläubigen Welt, zweifelt am eigenen Werk und fürchtet, die wichtigen Wahrheiten vertändelt zu haben.[360] Er wehrt sich gegen eine Verharmlosung des Lebens und gegen die laute und lärmende Geschäftigkeit auf dem Marktplatz.[361] Das Erleiden der

---

[359] Das Wissen um eine Verbundenheit in der Gefährdung durch die Nationalsozialisten teilt Wittig mit anderen Katholiken. W. Damberg weist auf eine nach 1933 einsetzende neuartige Entwicklung hin, bei der sich die Katholiken unter der Situation der nationalsozialistischen Bedrohung „in eine Nähe zu den Juden gerückt [sahen], die sie zuvor überhaupt nicht in dieser Form wahrgenommen hatten" (W. Damberg, Katholiken, Antisemitismus und Ökumene, 57). Bei Joseph Wittig ist eher von einer bleibenden Verbundenheit auszugehen.

[360] Christgeburt, 29.

[361] A.a.O., 59.

Gottverlassenheit in einer säkularisierten Welt ist an die Stelle der freudig wahrgenommenen Kirchengemeinschaft oder Volkwerdung getreten. Der „Wiederaufbau des Tempels", den er in einem Vortrag vor evangelischen Pfarrern erhofft, meint nicht eine kirchliche Restitution, sondern die persönliche Auferweckung des mit Christus gestorbenen Menschen.[362]

4. „Kirchen-Lerner"

Von der Papstgeschichte bis zur Hausgemeinschaft zieht sich das Thema „Kirche" durch die Schriften Wittigs. Ohne das Beziehungsgefüge einer gläubigen Gemeinschaft ist seine Theologie nicht zu denken, ohne die Sinnlichkeit der Kirchbauten und Kommunitäten seine Ekklesiologie nicht zu verstehen. Die Kirchenbilder Wittigs lassen sich jedoch nicht in einer ekklesiologischen Gesamtkonzeption subsumieren. Wittig bleibt ein „Kirchen-Lerner", der dialogisch auf die Fragestellungen der zeitgenössischen Wissenschaft, auf die gesellschaftlichen Entwicklungen und die innerkirchlichen Orientierungsbemühungen zu reagieren sucht und der nur als solcher - in der jeweiligen situativen Bedingtheit seiner Aussagen - eine „Kirchen-Lehre" weiterzugeben vermag. Die Themen, die sich ihm stellen und denen er sich theologisch zu stellen sucht, sind dem entsprechend vielfältig. Von der Geschichtswissenschaft wird er mit der Frage nach der historischen Verbundenheit der Kirche mit Jesus Christus und der Legitimität der kirchlichen Lehrentwicklung konfrontiert. Durch die pastorale Situation rücken für ihn die Fragen nach dem Verhältnis von gläubigem Subjekt und institutioneller Kirche und nach der Ergänzung von allgemeinem Priestertum und kirchlichem Amt ins Blickfeld. Die ökumenische Fragestellung oder die Verhältnisbestimmung von Kirche und Welt drängen sich Wittig - besonders nach seiner Exkommunikation - in überkonfessionellen Freundschaften und politischen Umbrüchen auf. Bisweilen versuchen Wittigs Aussagen über die Kirche Widersprüchliches zusammenzuhalten, bisweilen geben sie sich betont einseitig. Manche Aussagen werden von Wittig selbst zu späterer Zeit angefragt. So weicht seine optimistische Weltsicht einer tiefen Depression. Gerade in ihrer situativen Bedingtheit

---

[362] Novemberlicht, 41-73.

sind Wittigs Kirchenbilder von großer Verbindlichkeit. Indem er sich von Anfragen so zu denken geben lassen kann, daß sowohl verbindende Überbrückungen als auch exponierte Einseitigkeiten das Ergebnis sein können, durchbricht er den Rahmen eines neuscholastischen Ordnungsgefüges, in dem sich ekklesiologische (In-)Frage-Stellungen durch die Einordnung in ein gegebenes theologisches System beantworten lassen. Mit der Subjektivität seiner Antwortversuche weiß sich Wittig auf Dialog, Ergänzung und Widerspruch angewiesen. Sich den jeweiligen Anfragen zu stellen und den Mut zu ungewohnten Antworten zu haben, hat für Wittig nicht das Aufgeben der kirchlichen Verbundenheit zur Folge, sondern ist geradezu angewiesen auf eine kommunitäre Form der Wahrheitssuche - eine „Polyphonie der vom Geiste Getroffenen"[363] - und verlangt nach einer gesamtkirchlichen Relativierung der individuellen Positionen. An den Reaktionen des kirchlichen Amtes ist als „Grundproblem des neuzeitlichen und modernen Katholizismus" abzulesen, „daß es ihm nicht gelungen ist, die Vermittlung zwischen Institution und Tradition einerseits und gläubiger Subjektivität andererseits, die spätestens seit der Reformation zum dringenden Problem geworden war, als Problem ernst zu nehmen oder gar zu lösen".[364] In dieser Spannungssituation bringt Joseph Wittig zur Geltung, daß diese „Vermittlung" weder das alleinige Ergebnis intellektueller Anstrengung sein kann, noch durch kirchenamtliche Ordnungsrufe oder Repressionsmaßnahmen erzwungen werden kann. Sie ist für Wittig Geschenk des Glaubens und Wunder des Wirkens Gottes. Daß Wittigs keinesfalls kirchenfeindlicher „Vermittlungsversuch" von einer Schultheologie, die vom Beharren auf einem überzeitlichen System bestimmt ist, abgelehnt wird und der Autor mit dem Einsatz der institutionellen Repressionsmaßnahmen konfrontiert wird, hat für ihn zur Folge, daß er zu einem *sentire cum ecclesia* geführt wird, das sich im Erleiden der Wirklichkeit des Kreuzes konkretisiert.

---

[363] J. Wittig / E. Rosenstock, Vorwort, in: Das Alter der Kirche I, 31.
[364] J. Werbick, Kirche, 349.

Siebtes Kapitel

„... und lerne, von dir selbst im Glauben zu reden".
Konturen der autobiographischen Theologie
Joseph Wittigs

I. Joseph Wittig und die Krise der Moderne

Die autobiographische Theologie Joseph Wittigs ist eingeschrieben in die Theologiegeschichte des 20. Jahrhunderts als ein Antwortversuch auf die Herausforderung der Moderne. An Hand einer römischen Positionsbestimmung und eines Schlaglichtes auf die gesellschaftliche bzw. kulturelle Situation im Deutschland des beginnenden 20. Jahrhunderts soll im folgenden zunächst - auf Wittig hin focussiert - der Kontext skizziert werden, in dem der theologische Ansatz Joseph Wittigs seine Dignität und Brisanz erhält.

1. Eine katholische Verhältnisbestimmung zur Moderne und ihre Folgen

Mit der Enzyklika „Pascendi dominici gregis" nimmt *Papst Pius X.* 1908 Stellung zur Theologie der sogenannten „Modernisten" und gibt damit seine Richtungsangabe für den Weg der Kirche im beginnenden 20. Jahrhundert vor.[1]

Wie ist das Verhältnis von Subjektivität und Objektivität? Welche Bedeutung hat die (Lebens-)Geschichte für die Theologie? Mit welchen Kriterien läßt sich Wirklichkeit bestimmen? Auf Grund der um sich greifenden Ungewißheit über diese Fragen sieht Pius X. die Kirche und den Glauben in einer Situation höchster Gefährdung. Mit dem Modernismus sei innerhalb der Kirche eine Bedrohung gewachsen, die sich als „Zusammenfassung aller Häresien" bezeichnen lasse und als „Quintessenz aller Glaubensirrtümer", die es je gegeben habe.[2] Besonders gefährlich sei der Modernismus deshalb, weil er die christliche Lehre nicht von außen treffe, sondern von innen bedrohe. Indem die Axiome der modernen Wissenschaft von (vermeintlich) katholischen Theologen akzeptiert würden, werde Hand an die Wurzel der Kirche gelegt und der christliche Glaube der Beliebigkeit preisgegeben.[3] Im

---

[1] Vgl. O. Weiß, Der Modernismus in Deutschland, 14-20.

[2] Pius X., Pascendi dominici gregis, 83.

[3] A.a.O., 5.

„Taumel ihres hochmütigen Wissensdünkels" und „in wilder, zügelloser Jagd nach Neuem" werde die apostolische Überlieferung, das kirchliche Lehramt und das bewährte neuscholastische System von den Modernisten vergessen; statt dessen würden „Lehren zu Hilfe gerufen, die eitel und nichtig und ungewiß sind und die Billigung der Kirche nicht haben."[4] Mit der Übernahme der Methoden der Geschichtswissenschaft werde beispielsweise eine Entwicklung der Kirche und ihrer Lehre behauptet und damit die Unveränderlichkeit des Dogmas in Frage gestellt. Mit der Unterscheidung zwischen dem historischen und dem nachösterlichen Jesus oder dem Versuch, sich subjektiv in Christus hineinzuversetzen und ihn als unter den Gesetzen des Lebens stehend zu begreifen, trage man dazu bei, ihn „in blasphemischer Frechheit zu einem bloßen armseligen Menschen herab[zu]drücken."[5] Gegen diese Versuche der Modernisten, die Theologie historisch oder philosophisch zu begründen, müsse betont werden, daß die Wissenschaft der Theologie nicht vorzuschreiben habe, was zu glauben sei. Vielmehr habe sie die Vorgabe der Theologie „in vernünftiger Unterweisung anzunehmen" und „in kindlicher Demut zu verehren".[6] Daher sei die scholastische Philosophie und Theologie in der Ausprägung des hl. *Thomas von Aquin* mit Nachdruck zur Geltung zu bringen.[7] Mit allen Mitteln müsse verhindert werden, daß an den Klerikalseminaren und Universitäten junge Menschen „von der schlechten Atmosphäre angesteckt" würden und sich daran gewöhnten, „mit einer Ungebundenheit zu denken, zu reden und zu schreiben, wie sie einem Katholiken schlecht ansteht."[8] Wenn die Geschichte der Kirche mit historischer Perspektive begutachtet werde, werde das ihrem Charakter nicht gerecht, sondern untergrabe den Glauben an die göttliche Setzung der Kirche. Es gehe nicht an, einen Zwiespalt zwischen Tradition (des Amtes) und Fortschritt (der Laienschaft) zu behaupten und dann Mittel und Wege zu suchen, „um die kirchliche Autorität mit der Freiheit der Gläubigen auszusöhnen."[9] Von der kirchlichen Autorität dürfe zugunsten einer vermeintlichen „Freiheit der Gläubigen" nicht abgerückt werden. Die Unbedingtheit der Lehre lasse sich nicht ins Bedingte ziehen. Der Subjektivierung des objektiven Glaubensgutes müsse mit Entschiedenheit begegnet werden. Es sei nichts anderes als Stolz, wenn „in verwegenem Selbstgefühl die eigene Person als Norm für alles"[10] betrachtet und deshalb gefordert werde, die Autorität müsse sich mit der Freiheit abfinden. Da der Stolz „der kürzeste und sicherste Weg zum Modernismus" sei, müsse die erste Aufgabe des kirchlichen Lehramtes sein, den „stolzen Menschen entgegenzutreten, sie in den unbedeutendsten und unscheinbarsten Ämtern zu

---

4 A.a.O., 23.

5 A.a.O., 5.

6 Vgl. a.a.O., 27, 31, 39, 41, 43.

7 A.a.O., 99.

8 A.a.O., 97.

9 A.a.O., 47. Vgl. a.a.O., 69.

10 A.a.O., 89.

beschäftigen, um sie desto tiefer herabzudrücken, je höher sie sich erheben, und auch, damit sie in ihrer niedrigen Stellung weniger Schaden anzurichten vermögen."[11] Von *allen* sei „Wachsamkeit" und „Festigkeit" in der Verfolgung der „modernistischen Clique" gefordert und erhöhte Vorsicht vor jenen „Kindern der Finsternis", die mit „hinterlistigen Kunstgriffen" die „Lebenskraft der Kirche zu brechen" suchten, die es aber „äußerst gewandt und schlau" vermieden, ihr Gedankengut in einem klar umrissenen System darzustellen, sondern vielmehr ihre Lehren „stets nur vereinzelt und aus dem Zusammenhang gerissen vorzutragen" pflegten, um so „den Schein des Suchens und Tastens zu erzeugen".[12] Wer vom Modernismus angesteckt sei - „wer heimlich oder offen dem Modernismus zugetan" sei und die Modernisten lobe oder ihre Fehler entschuldige, wer „die Scholastik, die heiligen Väter und das kirchliche Lehramt" bemängele oder der kirchlichen Autorität „in irgend einem ihrer Vertreter den Gehorsam" verweigere; wer ferner „in der Geschichte oder der Archäologie oder der Exegese Neuerungen" suche oder die kirchlichen Disziplinen vernachlässige und die profanen vorziehe - müsse vom Lehramt ferngehalten oder, falls er bereits angestellt sei, „entfernt" werden.[13] Das Verfahren zur Erlangung der kirchlichen Druckerlaubnis sei zu verschärfen und in jedem Bistum eine antimodernistische Aufsichtsbehörde einzurichten. Priesterversammlungen seien nur dann zu dulden, wenn sie sich keine „Usurpation kirchlicher Autorität" anmaßten und sich nicht mit „Modernismus, Presbyterianismus oder Laizismus" beschäftigten.[14] Schließlich werde den Bischöfen zur Pflicht gemacht, dem Apostolischen Stuhl alle drei Jahre „gewissenhaft und unter Eid" Bericht zu erstatten über die in dem Rundschreiben getroffenen Anordnungen.[15]

Mit der Enzyklika „Pascendi dominici gregis" initiiert Pius X. am Anfang des 20. Jahrhunderts eine Krisenintervention angesichts der von ihm empfundenen Bedrohung der Kirche durch die Moderne. Die Frage nach der Geschichtlichkeit des Christentums und nach der Normativität seiner Botschaft, nach dem Verhältnis von Lehre und Leben wird in ihrer Brisanz thematisiert und beantwortet mit dem unbedingten Bestehen auf dem Primat der „objektiven Lehre" - in der vom Lehramt verkündeten Form. Angesichts der Herausforderung der Moderne wird eine Theologie verordnet, die deduktiv und prinzipiell zu denken hat. Das Individuelle ist nicht in seiner geschichtlichen Einmaligkeit aufzufassen, sondern „als das letzte Glied einer

---

[11] A.a.O., 91.
[12] A.a.O., 7.
[13] A.a.O., 103.
[14] A.a.O., 113.
[15] A.a.O., 119.

404

Kette von Unterscheidungen, die vom allgemeinsten und höchsten Begriff des Seins absteigt."[16] Die Einschätzung, daß eine auf die Enzyklika folgende Theologie „zur objektivistisch verkümmerten Lehre" geworden sei und „nicht selten wie die zum System gewordene Berührungsangst vor dem unbegriffenen Leben"[17] gewirkt habe, oder die Frage, ob dem inkarnatorischen Charakter der christlichen Botschaft mit einer solchen Zuordnung angemessen entsprochen werde, sind aus Sicht der Enzyklika als typisch modernistische Kritik zu bewerten. Auf die Beliebigkeit und Orientierungslosigkeit der Moderne wird mit dem Beharren auf der Objektivität eines Glaubenssystems geantwortet, das gerade in seiner Geschichtslosigkeit geschichtsträchtig zu sein verspricht. In ihrem Widerstand gegen die Überformung der christlichen Lehre durch das moderne Leben trifft die Enzyklika eine „fundamentalistische Option" gegenüber jenen Differenzierungs- und Individualisierungsprozessen, „die seit der europäischen Aufklärung geschlossene religiös-metaphysische Weltbilder zersetzen und jene Bezugssysteme relativieren, in denen Eindeutigkeit erreicht und Entschiedenheit gelebt werden kann."[18] Eine Verhältnisbestimmung, die jenseits bloßer Abwehrmaßnahmen die differenzierte Wahrnehmung eines spannungsvollen Dialoges zwischen Leben und Lehre zu leisten vermöchte und dem Leben damit einen positiven Wert für die Lehre zumißt, ohne damit zu einem konturlosen Aufgehen der Lehre in ein allgemein verstandenes „Leben überhaupt"[19] beizutragen, ist in der kirchenamtlichen Verlautbarung (noch) nicht vorgesehen. Vielmehr geraten theologische Entwürfe dort, wo sie versuchen, geschichtliche Bedingtheit ernst zu nehmen und die Subjektivität der menschlichen Existenz zur Geltung zu bringen, in ein Klima ängstlicher Beargwöhnung und ausdrücklicher Repression. Da im Sendschreiben kein einziger Name genannt wird, kann jeder gemeint sein. So wird - für Joseph Wittig folgenreich - dem Aufspüren von Modernisten ausdrücklich Tür und Tor geöffnet.[20]

---

[16] W. Dirks, Das Defizit des deutschen Katholizismus, 29.

[17] J. B. Metz, Karl Rahner - ein theologisches Leben, 307.

[18] J. Werbick, Die fundamentalistische Option, 139.

[19] W. Sparn, „Die Religion aber ist Leben", 15, 39.

[20] Vgl. M. Weitlauff, „Modernismus literarius", 148-171.

2. Die Suche nach Fixpunkten und tragfähigen Orientierungsmustern

Die Veröffentlichung der Enzyklika fällt im Wilhelminischen Deutschland in eine Ära, die im Rückblick als „Zeitalter der Nervosität" gekennzeichnet wird.[21] Die Jahrzehnte um die Jahrhundertwende erscheinen als eine Epoche der forcierten Veränderung in allen Lebensbereichen, als Periode eines rapiden Wandels im technischen, ökonomischen, kommunikationstechnischen Bereich, als eine Zeit, die den Menschen ein hohes Maß an Mobilität und Veränderungsbereitschaft abverlangt, mit einer Flut von Herausforderungen und Reizen faszinierend und gefährlich erscheint und zu einer Stimmungsgemengelage von Kraftgefühl und Zukunftsangst, „Untergangsstimmung und Fortschrittsglauben"[22] führt. Mit dem Weltkrieg (1914-1918) erfährt dieser Umbruch eine weitere Verschärfung. Die Kriegsniederlage wird als „Kulturschock" erlebt: „Patriotische Vaterlandsverteidiger waren ausmarschiert, Abgemusterte, Entlassene, Invaliden, Zerbrochene, Desperados, Meuterer, Revolutionäre aber auch 'im Felde Unbesiegte' kehrten heim."[23] Unter den Erfahrungen von Not, Hunger und Gewalt werden bisher tragfähige Handlungsmuster hinfällig. Das „auswendiggelernte Antwortnetz [wird] als zu engmaschig und klein" empfunden.[24] Der Wechsel von der konstitutionellen Monarchie zur parlamentarischen Demokratie bringt eine Veränderung der Staats- oder Regierungsform mit sich und fördert eine „bis in die letzten Winkel der Gesellschaft spürbare Veränderung der Lebenswelt."[25] Es kommt zu einer „Explosion der Moderne", angesichts derer die individuellen und kollektiven Moralsysteme und Denkmuster in die Krise geraten. „Urbanisierung, Motorisierung und Informatisierung der Gesellschaft, (...) psychohistorische, moralische und ästhetische Erneuerungsschübe" nötigen der Kultur der Weimarer Republik eine „intellektuelle Anpassungsleistung größten Ausmaßes" auf. Es gilt, „in der Flut moderner Aktualitäten intellektuelle Fix-

---

[21] J. Radkau, Das Zeitalter der Nervosität, 1.

[22] F. Herre, Jahrhundertwende 1900. Untergangsstimmung und Fortschrittsglauben.

[23] C. Hepp, Avantgarde, 157. - Vgl. H. Lutz, Demokratie im Zwielicht, 92/3.

[24] A. Heller, „Du kommst in die Hölle...", 48.

[25] K. Nowak, Geschichte des Christentums in Deutschland, 207.

punkte aufzurichten, von denen aus Überblick, Verständnis, Widerstand, Kritik möglich" sind.[26]

In diesem Klima „der kollektiven Verunsicherung, der Glaubenslosigkeit und Glaubensbereitschaft, der Massenhysterie und Wundersehnsucht"[27] sieht sich die katholische Kirche dazu prädestiniert, jene „Fixpunkte" aufzuweisen, die den Verwirrten Halt und Orientierung zu geben vermögen. Mit ihrer „reichgegliederten Binnenstruktur" wirkt sie „innerlich fester gefügt" als die protestantische Kirche und „nicht permanent auf kulturelle Außenlegitimation angewiesen".[28] Weniger vom politischen Umbruch verstört als der Protestantismus ist ihr ein Selbstbewußtsein zu eigen, das sich exemplarisch in den Worten des Kölner Kardinals, *Karl Joseph Schulte*, widerspiegelt: Bei der Ankunft des ersten deutschen Pilgerzuges in Rom schildert Schulte dem Papst, „daß alle Blicke in Deutschland sich vertrauensvoll zum Vatikan richteten, wo das Papsttum im Unterschied zu so vielen verschwundenen Dynastien sich unerschütterlich erhalten und als Fels des Glaubens, Zentrum der Einheit, Wächter der Ordnung, Apostel des Friedens und der Liebe bewährt habe."[29] Dem Katholizismus als Ordnungsgefüge ist eine Faszination zu eigen, die auf zahlreiche Intellektuelle anziehend wirkt. Wenn der katholischen Kirchenkultur bereits während der 20er Jahre von protestantischer Seite ein Mangel an Offenheit für die neu aufgebrochenen religiösen Kräfte der Zeit vorgeworfen wird - der Katholizismus habe sich der „Erschütterung vom Ewigen her am entscheidenden Punkte ferngehalten" und das Ewige statt dessen an eine bestimmte, zeitliche Größe gebunden[30] - scheint diese Kritik durch die Lebendigkeit und Dynamik des Katholizismus der 20er Jahre konterkariert zu werden. Hat der christliche Glaube nicht seine „Nützlichkeit"[31] als überzeitliches Ordnungsgefüge und damit seine Modernität in der Krisensituation einer Explosion der Moderne erwiesen? Daß - dem kulturellen Erfolg ka-

---

[26] P. Sloterdijk, Weltanschauungsessayistik und Zeitdiagnostik, 310.

[27] H. Schulze, Gesellschaftskrise und Narrenparadies, 20.

[28] K. Nowak, Geschichte des Christentums in Deutschland, 211.

[29] K. Scholder, Die Kirchen und das dritte Reich, 15.

[30] K. Nowak, Geschichte des Christentum in Deutschland, 221 (mit Hinweis auf die Kritik P. Tillichs).

[31] T. Ruster, Die verlorene Nützlichkeit der Religion, 392.

tholischer Theologen Weimars zum Trotz - eine gleichberechtigte Verhältnisbestimmung von Lehre und Leben noch aussteht und das Verhältnis des Katholizismus zur Moderne ein brisantes Thema bleibt, wird deutlich an den alarmiert-nervösen Reaktionen, die Wittig angesichts seiner theologischen Kriseninterventionen erfährt.

3. Joseph Wittig - ein Modernist?

Als Joseph Wittig in den Auseinandersetzungen um seine Schriften mit dem Vorwurf konfrontiert wird, er sei ein Modernist, kann er dieser Anschuldigung nur mit Unverständnis begegnen. Seine biographischen Erzählungen und theologischen Abhandlungen scheinen von Konturen geprägt, die von seiner Distanz zu Grundoptionen der Modernisten zeugen. Gegen die Forderung nach einer Voraussetzungslosigkeit der Wissenschaft hatte er deren Angewiesenheit auf den Glauben der Kirche betont und beklagt, daß bei Wissenschaftlern bisweilen „jede Gnadenmitwirkung verdächtig" sei.[32] Die Optionen Wittigs zeichnen sich nicht durch ein Plädoyer für wissenschaftliche Rationalität, sondern durch die Suche nach einer glaubenden Wirklichkeitsbestimmung aus; nicht durch Spott über die altertümlichen Formen der Volksfrömmigkeit, sondern durch Wertschätzung für die Traditionen der katholischen Kultur; nicht durch ein Vertrauen auf die Verheißungen technischen Fortschritts, sondern durch die Suche nach naturverbundener Ursprünglichkeit. Mit diesen Werten partizipiert Wittig in einer Zeit des „Bruchs mit der ungeliebten Moderne"[33] an der „Modernität der Antimoderne."[34] Wittig unter diesen Prämissen als „Modernisten" zu beschreiben, erscheint als unzutreffend.[35] Anders stellt sich der Sachverhalt jedoch dar, vergleicht man den theologischen Entwurf Wittigs mit jener Darstellung der modernistischen Häresie, wie sie in der Enzyklika „Pascendi dominici gregis"

---

[32] J. Wittig, Brief an Ferdinand Piontek vom 29. Mai 1911.

[33] U. Bröckling, Katholische Intellektuelle in der Weimarer Republik, 42.

[34] U. Haß, Vom „Aufstand der Landschaft gegen Berlin", 344.

[35] In seiner Untersuchung zur Geschichte des Papsttums wertet Wittig „Pascendi dominici gregis" zurückhaltend positiv. Er sieht sie in ihren Kernaussagen vor allem auf Italien und Frankreich gerichtet und nimmt ausgleichend Stellung angesichts der Gefährdung der Kirche zwischen Auflösung und Erstarrung (vgl. J. Wittig, Das Papsttum, 182-186).

vorgenommen wird. Wittig sucht nach Wegen, die es ihm in seiner Arbeit als Kirchenhistoriker und im Erzählen der eigenen Lebensgeschichte(n) ermöglichen, die Geschichte in gläubiger Weise ernstzunehmen - ohne damit für das Primat einer voraussetzungslosen Rationalität zu plädieren. Er wendet sich in einer Weise der Welt, der Geschichte oder dem Leben zu, daß diese nicht erst zu nachgeordneten Wirkungsfeldern oder Anwendungsgebieten einer vorher formulierten Lehre werden, sondern - in einer spannungsvollen Korrelation - an der Lehrentwicklung teilnehmen. Damit kehrt er sich ab vom Primat der objektiven Lehre über das von der Lehre zu bestimmende Leben. Wenn Wittig seine Lebensgeschichte(n) als Glaubensgeschichte zur Sprache bringt, ist ihm die Brisanz dieses Unterfangens durchaus bewußt. Die theologischen Inhalte und kirchenpolitischen Folgen der antimodernistischen Sendschrift sind Wittig seit Beginn seiner wissenschaftlichen Laufbahn selbstverständlich vertraut. Zwar war es an der katholisch-theologischen Fakultät in Breslau nach der Veröffentlichung der Enzyklika zu keiner Auseinandersetzung gekommen, da die Mehrheit der Professoren die von Rom gewünschte neuscholastische Methode praktizierte.[36] Eine Minderheit allerdings hatte sich in die innere Emigration zurückgezogen: Zu ihr gehört Wittigs Lehrer *Max Sdralek*, ein Schüler des als Modernisten beargwöhnten *Franz Xaver Krauss*.[37] Sdraleks Warnung an seinen Schüler Wittig hinsichtlich der Folgen eines Abweichens von der vorgeschriebenen neuscholastischen Methode, Wittigs Selbstkennzeichnung als „Subjektivist"[38] oder seine Bemerkung, seine „persönliche Art" in der Gestaltung der Vorlesungen bringe ihm den „Ruf der Ketzerei"[39] ein, geben Zeugnis von der brisanten Situation, in der sich Wittig mit seiner theologischen Neuorientierung von Anfang an befindet. Als Wittig 1915 für seine erste Erzählung den Untertitel „Ein religiöses Erlebnis"[40] wählt, begibt er sich sprachlich genau in das von der Enzyklika verurteilte modernisti-

---

36 Vgl. E. Kleineidam, Die Katholisch-theologische Fakultät, 82.

37 Vgl. G. Ziebertz, Bertold Altaner, 72; J. Köhler, Jedins „Geschichte des Konzils von Trient", 106.

38 J. Wittig, Brief an Ferdinand Piontek vom 8.3.1913.

39 J. Wittig, Brief an Ferdinand Piontek vom 30.1.1920.

40 J. Wittig, Der schwarze, der braune und der weiße König. Ein religiöses Erlebnis, 76.

sche „Erleben". Wenn Wittig im Bild vom „Wachstum" die Kontinuität in der Veränderung der Kirche zum Ausdruck bringt und von der Einfühlung in die Person Jesu Christi Zeugnis gibt, muß das im Sinne der Enzyklika in der Tat als modernistisch gelten. Eine Indizierung dieser Schriften und eine Exkommunikation ihres Verfassers ist auf der Grundlage von „Pascendi dominici gregis" folgerichtig.

4. Schreiben angesichts der Krisenerfahrung

Als Grundhaltung der Modernisten macht *Papst Pius X.* deren Stolz aus. Die Möglichkeit, daß die Suche nach neuen Antworten nicht intellektuellem Hochmut entspringt, sondern einem Leiden an den Unzulänglichkeiten bisheriger Antwortversuche, vermag er bei jenen als Modernisten gekennzeichneten Theologen nicht wahrzunehmen. Wenn sich das System der neuscholastischen Theologie gerade dadurch auszeichnet, daß es in ihm keine Unsicherheiten, Anfragen oder Krisen gibt, muß es als Zeichen hochmütigen Unglaubens gewertet werden, wenn man sich - wie Joseph Wittig - mit der Fragwürdigkeit des Lebens und mit dem Zerbrechen gesellschaftlicher, kirchlicher und persönlicher Sicherheiten konfrontiert sieht, ohne dafür im vorgegebenen theologischen System Antworten finden zu können. Ob das ein Grund ist, warum Wittig die Krisenerfahrung, auf die er schreibend zu reagieren sucht, zunächst nur zögernd und kaum ausdrücklich thematisiert, muß offen bleiben. *Daß* Wittigs biographische Selbstvergewisserung nicht losgelöst vom Erleiden individueller und kollektiver Infragestellungen zu verstehen ist und in mehrfacher Hinsicht der Krise entstammt, läßt sich - zwischen die Zeilen der Erzählungen geschrieben, in privaten Aufzeichnungen angedeutet oder in späteren Texten erinnert - seinen Aussagen entnehmen.

Bereits in seiner Kaplanszeit sieht Wittig Brüche im katholischen Milieu des pfarrlichen Seelsorgesystems und des Vereinswesens, die für ihn auf eine grundsätzliche Krise der Pastoral hindeuten. Das ungeklärte Verhältnis von sozialer und seelsorglicher Arbeit in der Tätigkeit des Klerus deuten eine Krise im Selbstverständnis der Priester an, die durch eine Überforderung der Seelsorger in Folge des Priestermangels und eine zunehmende gesellschaftliche Abneigung gegen das „Priesterliche" verschärft wird. Die Entfremdung der Arbeiterschaft und der Männerwelt vom Glauben beunruhigen Wittig und lassen ihn fragen, wie eine Gottesrede möglich ist, die auch außerhalb des katholischen Milieus verstanden wird. In seiner wissenschaftlichen Arbeit leidet er an der Diskrepanz zwischen persönlicher Gläubigkeit und theologischer Systematisierung, in der weder die neuscholastische, noch die historisch-kritische Methode tragfähige Brücken zu bauen vermögen. Der zölibatäre Lebensstil wird mit seiner Zuneigung zu Frauen konfrontiert, so daß Wittig zwischen diesen beiden von ihm bejahte Wirklichkeiten in eine Zerreißprobe gerät, die er weder mit Willensanstrengung noch mit Verdrängungsmechanismen zu lösen vermag. Die Defizite der praktizierten aszetischen Ausbildung werden auch angesichts der Lähmung und Schwermut manifest, die Wittig seit seiner Studienzeit wiederholt erleidet. Zwischen Herkunft aus ärmlichem Elternhaus und Professorenexistenz, dörflichem Milieu und Großstadt, konstitutioneller Monarchie und parlamentarischer Demokratie verändern sich die Rahmenbedingungen, in denen sich Joseph Wittig mit seinem Leben vorfindet und ihn nach Maßstäben für seine Wirklichkeit fragen lassen. Auch wenn Wittig neben den Umbrüchen und Fragen auch von Erfahrungen des Haltes und der Stabilität Zeugnis gibt - etwa von der Förderung durch *Heinrich May* und *Max Sdralek*, von der Freundschaft mit *Ferdinand Piontek*, von Gottesdienst und Naturerlebnis, von der wissenschaftlichen Profilierung oder der Akzeptanz, die er für sein pastorales Wirken erfährt -, entspringt sein lebensgeschichtliches Erzählen (zunächst) eher der Frage als der Behauptung, eher der Selbstvergewisserung als der Selbstdarstellung. Zum Ausgangspunkt und zum „Kanon" einer lebensgeschichtlichen Theologie wird nicht das „geschmäcklerisch gewählte" Leben, sondern „das aufgedrängte, das unbequeme" und frag-würdig gewordene Leben.[41]

Als Antwort auf eine antimodernistische Erstarrung und eine durch die Revolution der Moderne bedingte Auflösung der Statik bisheriger Plausibiliäten kehrt Joseph Wittig erzählend in das „Land seiner Väter" zurück. Die schöpferische Regression verschafft ihm inhaltlich, formal und später auch materiell eine Lebensgrundlage. Erzählend findet er eine Zuflucht seiner Kindheit wieder. Sein Phantasiereich-

---

[41] J. B. Metz, Glaube in Geschichte und Gesellschaft, 200.

tum ermöglichte ihm als Kind - und ermöglicht ihm jetzt als Erwachsener -, angesichts einer Welt, die durch eigene Kraft nicht zu ändern ist, eine Gegenwelt zu entwerfen. Als Junge entdeckt er jenseits von Armut und Einsamkeit eine andere Wirklichkeit, durch die das vermeintlich Reale seine Mächtigkeit verliert. Als Professor entgeht er schreibend einer von Festlegung und Lähmung, Veränderung und Ungewißheit geprägten Welt und findet jene andere Wirklichkeit, die er als „radikale Wirklichkeit" auszumachen versteht. Als Schreiber verläßt er eine auf objektive Normativität beruhende Wirklichkeitsbestimmung und begibt sich in die subjektive Welt phantasievollen Erzählens, deren Realität von den objektiven Maßstäben nicht erfaßt wird und die daher als unwirklich gilt. In ihr vermag er Halt und Ausrichtung zu finden in einer Weise, die nicht von beharrendem Insistieren, sondern von verheißungsvoller Offenheit geprägt ist. Im erzählenden Zurückgehen in die Welt seiner Kindheit findet Wittig einen Horizont, der nicht im romantisierenden Rückblick auf eine untergegangene Welt, sondern in einer zukunftsträchtigen Übernahme dieser volksfrommen Kommunikationsstruktur beruht. Für Wittig ist evident, daß eine Wirklichkeitsbestimmung, die sich auf Definition und Meßbarkeit beruft, in ihrer Objektivität defizitär ist. Da auch der Glaubende seine Wirklichkeitswahrnehmung mit definitorischer Festschreibung nicht angemessen zur Sprache bringen kann, wird es zur Glaubensaufgabe des jeweiligen Einzelnen und der konkreten Gemeinschaft, biblische Erzählungen, christliche Tradition und gegenwärtige Situation je neu miteinander in Verbindung zu bringen. Das gilt gerade in einem gesellschaftlichen Kontext, der durch Auflösung und Wandel geprägt ist. In seinem ersten Erzählband nimmt Wittig ausdrücklich Bezug auf den kulturellen Umbruch, der von ihm als Veränderung der vertrauten Statik in eine ungeahnte Dynamik wahrgenommen wird.

Die erzählende Wirklichkeitsbestimmung Wittigs wird mit Anfragen konfrontiert. Entschärft er in seinem Spiel mit biblisch-volksfrommen Assoziationen die Radikalität der christlichen Botschaft? Trägt die Verknüpfung der Lebensgeschichte Jesu mit der Biographie Wittigs zur Profanisierung Jesu Christi bei? Wird der unbedingte Wahrheitsanspruch der Beliebigkeit preisgegeben, die Brisanz der Wahrheitsfrage mit dem Versuch der Wirklichkeitsbestimmung umgangen und die Suche nach universalen Geltungsansprüchen mit der Flucht ins Individuelle beantwortet? Zieht sich Wittig in einen „narrativen Schonraum"[42] zurück und weicht so der Härte eines argumentativen Diskurses zwischen historisch-kritischer Forschung und gläubiger Rationalität aus? Muß daher nicht festgestellt werden, daß Joseph Wittigs Auflösung der Wirklichkeit „der Wille zum Erwachsenwerden, die kritische Wahrnehmung von Welt, die Entwicklung eines differenzierten Bewußtseins" fehlt?[43]

Für Joseph Wittig ist grundlegend, daß die biblisch tradierte Botschaft ihre Verbindlichkeit nicht „an und für sich" gewinnt, sondern daß sie in der Nachfolge zur Lebenswahrheit des Glaubenden wird. Wittig weiß um das Wahrwerden des Menschen in jener konkreten Nachfolgegeschichte, in welcher ihm Gott zum lebendigen Gott wird. Das lebenslange Bemühen, der alles bewirkenden Initiative Gottes schreibend zu entsprechen, ist weder naive Plauderei noch eigenmächtige Wortgewandtheit, sondern hörendes Vernehmen des sich ereignenden Gottes und damit Akt des Glaubens. In der Ergriffenheit von Gott gewinnt das Reden über Gott für Wittig höchste Verbindlichkeit - auch und gerade dann, wenn er auf für ihn selbst überraschende Wege geführt oder mit unlösbaren Widersprüchen konfrontiert wird. Im Schreiben seiner Lebensgeschichte(n) konturiert Wittig eine „Theologia viatorum" - ein „offenes System, das sich nie schließen läßt, da es immer wieder von der Liebessprache Gottes durchkreuzt wird."[44]

Seine Existenz als „Schreiber Gottes" bedeutet für Wittig nicht die behagliche Zurückgezogenheit in einen narrativen Schonraum, sondern wird zur Herausforderung in je neue Krisen- und Entscheidungssituationen. Der Ausschluß aus seiner Kirche, das Leben zwischen den kirchlichen und politischen (Lehr-)Stühlen, Schreibunfähigkeit und Schwermut und schließlich die Vertreibung aus seiner Heimat sind Ereignisse, denen Wittig ausgesetzt wird und mit denen er sich durch seinen Gott konfrontiert sieht. Indem Wittig Fragmente der eigenen Lebensgeschichte erinnert, geht es ihm daher nicht darum, eine historisch zuverlässige Quellensammlung zu präsentieren. Viel-

---

[42] H. Zirker, „Narrative" Geborgenheit in einer problematisierten Welt?, 733.

[43] P. K. Kurz, Gott in der modernen Literatur, 152.

[44] M. Schneider, Theologia viatorum, 223.

mehr sind die Geschichten, in die hinein er sich erzählt, auf die Gegenwart zielende Orientierungen. Mit Hilfe der erinnernden Rückkehr in die eigene Geschichte werden Koordinatensysteme konturiert, die Wege für zukunftsträchtiges Weiterleben weisen. Die Diskrepanz zwischen ereigneter und erinnerter Geschichte entspringt dabei weniger dem Versuch einer bewußten Irreführung, sondern der Rekonstruktion der Vergangenheit mit Blick auf die Gegenwart. Besonders die Erinnerungen an Um- oder Aufbrüche der Lebensgeschichte haben an dieser interpretativen Funktion teil. Gerade hier sind manche von späteren Lesern als historisch gewerteten Berichte in ihrem Charakter als auf die Gegenwart gerichtete „Verarbeitungsleistung"[45] ernstzunehmen.

Exemplarisch wird die interpretative Funktion an der Frage nach der Wissenschaftlichkeit seiner Theologie und nach dem Beginn des amtskirchlichen Mißtrauens deutlich. Wittig stellt wissenschaftliche und nachwissenschaftliche Ära pointiert gegenüber. Die Zeit der Wissenschaft wird als Phase der Entfremdung, die nachwissenschaftliche Periode als Zeit der Gläubigkeit beschrieben. Mit dieser Kontrastierung entspricht er weniger dem Bedürfnis nach historischer Exaktheit als der Konturierung jener „ursprünglichen" Theologie, die sowohl die neuscholastische als auch die historisch-kritische Theologie hinter sich gelassen hat. Diese Schwarz-Weiß-Kontrastierung wird durch Hinweise auf die Kombinationsgabe des Studenten Joseph Wittig relativiert; auch die Reformversuche des jungen Professors lassen eine Gegenüberstellung in eine Phase ungläubiger Wissenschaftlichkeit und eine Zeit nach- oder unwissenschaftlicher Gläubigkeit in ihrer historischen Faktizität fragwürdig werden. Als interpretierende Rekonstruktion muß auch gelten, wenn Wittig den Konflikt, der zu seiner Exkommunikation führt, mit der Publikation des Osteraufsatzes „Die Erlösten" im Jahr 1922 beginnen läßt und eine Zeit uneingeschränkter Akzeptanz mit einer Phase des Mißtrauens und der Diffamierung kontrastiert. Schon die frühen Erzählungen führen zur Beargwöhnung, sein persönlicher Stil bringt ihn in Häresieverdacht, und bereits 1920 teilt er *Ferdinand Piontek* seine Sorge mit, es könne zu einer Situation kommen, daß er nicht im Frieden mit der Kirche sterben

---

[45] W. Schelling, Erinnern und Erzählen, 421.

414

werde. Wird die kontrastierende Rekonstruktion unter dem Gesichtspunkt historischer Genauigkeit gelesen, wird sie als irreführend zu qualifizieren sein. Anderes gilt, wenn sie als erzählerische Konstruktion von Verstehenshorizonten gesehen wird: Der Gegensatz von Zugehörigkeit und Ausgeschlossensein kann in seiner Radikalität und Absurdität nur in der Form der Zuspitzung und Kontrastierung angemessen zum Ausdruck gebracht werden. Diese Akzentuierung ist weniger eine adressatenbezogene Stilisierung als ein authentisches Zeugnis der Selbstwahrnehmung des Autors. Sie wird nicht nur im öffentlich publizierten „Alter der Kirche" vorgenommen, sondern findet sich auch in dem Text, den Wittig - privat - in den Grundstein seines Neusorger Hauses einmauert.

An dem erzählerischen Versuch, für das vielschichtige Leben Interpretationsrahmen zu finden, hat die Rezeption biblischer Geschichten entscheidenden Anteil. Wenn Wittig in seinem Erzählen das Leben Jesu mit dem eigenen Leben zusammenbringt, geht es ihm hinsichtlich beider Leben weniger um geschichtliche Genauigkeit denn um den Horizont, der sich im Leben als „Sohn Gottes" eröffnet. Im Bericht über den Anfang der Partnerschaft mit *Bianca Geisler* wird die Anknüpfung an die Bilder von Maria und Joseph zur Möglichkeit, das Gottgewollte und -geführte dieser Beziehung auszudrücken. Die Wahrheit auch dieser Darstellung liegt - trotz jener Verpflichtung zur Wahrhaftigkeit, die er als grundlegend für sein Schreiben empfindet - im Aufweis eines Horizontes, in dem sein Handeln verständlich und folgerichtig erscheint. Die Frage, ob diese Rechtfertigung primär vor dem eigenen, inneren Forum oder im Angesicht eines - wie immer gearteten - Adressatenkreises geschieht, wird im folgenden mit ihren Konsequenzen zu bedenken sein. Hinsichtlich des Wahrheitsgehaltes seiner Schriften ist die Unterscheidung für Wittig nebensächlich. In den privaten Chroniken benennt er die publizierten Bücher als angemessene Quellen und mißt ihnen einen authentischen Charakter zu. Ebenso deutlich ist für ihn als Historiker und Schriftsteller jedoch auch, daß zu dieser Authentizität das Wissen um ihre Subjektivität hinzugehört. So leitet Wittig ein Kapitel des „Leben Jesu"-Buches mit einem Eingeständnis ein, das implizit als hermeneutischer Horizont für das ganze Buch gelesen werden kann:

„Erinnerungen verweben sich. Losgerissen von ihrem ursprünglichen Zusammenhange, gleiten die Fäden durch die Spätsommerluft, legen sich dem Wanderer über Stirn und Brust, zerteilen sich, verknüpfen sich, überspinnen Weg und Steg. Wie soll ich im Spätsommer noch wissen, welche Fäden ich mit dem Weichensteller auf der Laurentiusgasse gesponnen habe, da ich unterdes bei so vielen anderen Kranken saß und mit ihnen von alledem redete, was Jesus den Kranken getan!"[46]

Die Wahrheit der autobiographischen Erzählung hängt nicht an ihrer historischen Faktizität. Sich und anderen den Charakter der Rekonstruktion einzugestehen, nimmt ihr nichts von ihrer Würde als wahre Geschichte. Wahr ist sie, indem sie das Leben in seiner Qualität als „wahres Leben" zur Sprache bringt.

5. Das Erzählen als Handlungsgeschehen und die Rolle der Kommunikationspartner

Wittig erinnert sich - und erzählt anderen. Die beiden Handlungen, die miteinander verwoben und doch voneinander verschieden sind, konturieren eine vielschichtige, bisweilen komplizierte Kommunikationssituation. Bereits in seinen ersten „Herrgottsgeschichten" nennt er die zwei Intentionen, die ihn bei dieser neuen Form theologischen Schreibens bewegen. Einerseits vermag er mittels der Erinnerung der Ausweglosigkeit der gegenwärtigen (Kriegs-)Situation zu entfliehen und für das eigene Leben Verstehens- und Handlungsmöglichkeiten zu gewinnen. Andererseits nimmt er an - und wird darin von seinem Publikum schon früh bestärkt -, daß die Mitteilung dieses erinnernden Wiederentdeckens anderen Menschen in ihrer Lebens- und Glaubenssuche hilfreich sein könne. Auch wenn er in der Gewißheit schreibt, daß der Öffentlichkeitscharakter dem Wahrheitsgehalt des Geschriebenen keinen Abbruch tut, verändert sich damit doch das Sprachgeschehen. Exemplarisch deutlich wird das an der von Wittig geäußerten Option, einen *Weg* finden zu wollen, auf dem erfahren werden kann, daß die Welt erlöst *ist*. In der innerpersönlichen Perspektive ist das Zusammenbringen dieser beiden Intentionen konsequent, denn in gläubiger Ausrichtung auf den schöpferischen Vater zu einem Einverständnis mit der eigenen Wirklichkeit kommen zu können und sagen

---

[46] J. Wittig, Leben Jesu I, 370.

zu können, „Wie es ist, so habe ich es lieb"[47], bedeutet für ihn im Geschehen dieser Erkenntnis (anfanghaft) Erlösung zu erfahren. Dieses Erlösungsgeschehen wird im Akt des Schreibens je neu als Geschenk erfahren. Damit wird die Vermittlung im Hinblick auf die angenommene Leserschaft schwierig. Die in gläubiger Wirklichkeitszuwendung erfahrene Erlösung läßt sich nur indirekt „vermitteln", indem andere erzählend inspiriert werden, sich selber auf den Weg zu machen und in eigener Ausprägung - und möglicherweise mit anderen Ergebnissen - dem nachzugehen, was der Autor entdeckt hat. Sobald die Erzählungen jedoch nicht als Antrieb zu einer eigenen, unvertretbaren Bewegung gläubiger Lebenssuche genommen werden, sondern zu einer Lehre mit quasi objektiver Gültigkeit werden, verändern sich die Rahmenbedingungen. Ob die autobiographische Darstellung andere zur Wahrnehmung der eigenen, sehr unterschiedlichen Lebensgeschichte inspiriert oder ob sie die Lesenden auf ein biographisches Muster festlegt, bleibt (zunächst) offen und entscheidet sich in der Rezeptionsgeschichte.

Zahlreiche Dokumente der Wittigrezeption lassen nun erkennen, daß die Befreiung, die Wittigs Zeitgenossen durch sein Erzählen erfahren, darin besteht, daß er zum Gegenbild der erlittenen Starrheit des neuscholastischen Systems wird. Er wird zum Repräsentanten des Protestes gegen eine unmenschliche Bußpraxis und zur Identifikationsfigur, die das auf sich zieht, was an Unmut in der Luft liegt und auf direktem Wege nicht ausgetragen werden kann. Als befreiend wird erfahren: „Da ist einer, der sagt, was wir fühlen und denken." Da das kirchliche Lehramt in einer Atmosphäre des Freund-Feind-Denkens, wie sie sich in den Gegenüberstellungen von „Pascendi dominici gregis" widerspiegelt, gefangen ist, ist es zu einer differenzierten Analyse, die zwischen den Schriften Wittigs und deren Wirkungen zu unterscheiden weiß und - gerade hinsichtlich der Rezeption der Schriften - die vielfältigen Ursachen innerkirchlicher Suchbewegung wahrnimmt, nicht in der Lage. Wenn Wittig aufgefordert wird, bei aller Integrität, die ihm persönlich zugestanden werde, doch die verwirrenden Folgen seiner Schriften zu bedenken, wird die Diskrepanz zwischen Intention und Auswirkung zwar wahrgenommen, allerdings

---

[47] J. Wittig, Leben Jesu II, 388.

wird die Verantwortlichkeit hinsichtlich der Konsequenzen allein Wittig zugeschoben. Der amtskirchliche Argwohn über die Errichtung einer Sonderkirche findet in den Schriften Wittigs keine Grundlage. Die Sorge, die positive Resonanz könne zum Separatismus führen, spiegelt die Angst vor Machtverlust, das Erschrecken über das Zerbrechen einer geschlossenen katholischen Einheit und die Unfähigkeit wieder, mit der faktischen Andersheit in den eigenen Reihen umzugehen.

Allerdings liegt auch Wittigs Stärke in dieser Auseinandersetzung weder im diplomatischen Geschick noch im Gespür für die komplizierten Kommunikationsbedingungen. Die Berufung auf die eigene Gewissenspflicht - so richtig sie ist - trägt noch nicht zur Entschärfung schwieriger Gesprächssituationen bei. Wenn das, was von Wittig lachend gemeint ist, beim Angesprochenen lächerlich-machend ankommt, ist das nicht nur ein Problem des Empfängers. Und auch als Wittig den Vorwurf, eine große Zahl von Menschen seien durch seine Schriften irregeleitet, mit der Veröffentlichung der Dankesschreiben beantwortet, die er von jenen Menschen erhalten habe, vermag das nicht zur Überwindung des Mißtrauens beizutragen. Wittig begibt sich damit vielmehr in eine Position, die seiner eigenen Intention entgegensteht. Hatte er die Richtigkeit des Geschriebenen grundsätzlich nicht aus der Akzeptanz bei anderen abgeleitet, sondern aus der hörenden Gegenwärtigkeit und der Suche nach einer dieser Wirklichkeit entsprechenden Rede, beginnt er unter Rechtfertigungsdruck, die Richtigkeit mit positiven Rückmeldungen zu begründen - und damit von der Nützlichkeit seiner Schriften her zu argumentieren. War sein lebensgeschichtliches Erzählen grundsätzlich nicht vom Ansinnen geprägt, die Nützlichkeit der Religion nachzuweisen und aufzuzeigen, wie eine dem Leben vorgegebene Lehre das Leben bei konsequenter Anwendung positiv zu prägen versteht, so werden seine Erzählungen nun faktisch zu einer neuen Lehre - zwar zu einer neuen, einer anderen, einer lebenszugewandten Lehre, aber eben doch zu einer Lehre, deren Nützlichkeit sich mit Hilfe der zustimmenden Rückmeldungen aufweisen läßt. Indem die Frage zur Behauptung und die Erzählung zum Argument wird, unterliegen auch die inhaltlichen Aussagen anderen Maßstäben. So muß sich zum Beispiel die Lehre vom *concursus divinus*, die als Hoffnung auf das Allwirken und die Führung Gottes

die gläubige Lebensgrundlage Wittigs und die Wurzel seiner lebensgeschichtlichen Erzählungen ist, nach ihren theologischen Implikationen befragen lassen - etwa nach dem Verhältnis von Wirksamkeit
Gottes und menschlicher Verantwortung. Daß die theoretische Diskussion dieser Frage der Intention Wittigs nicht gerecht wird - und er
ihr nicht gerecht wird - macht eine Tragik dieser mißlungenen Verständigung aus.

Wie die Glaubenskommunikation in Gemeinschaft fruchtbar werden
kann, erweist sich für Wittig in Freundschaften, die - jenseits der
kirchlichen Auseinandersetzung und Abgrenzung - in den 20er Jahren
wachsen. Die Polyphonie gemeinsamen Nachdenkens und anknüpfen-
den Schreibens ereignet sich in einem Aufgreifen von Gedanken, einem Einfühlen in Bilder, einem Dialog, der das andere und den anderen so zu verstehen sucht, daß er nicht abschließend verstanden wird,
sondern aufschlußreich für die eigene Lebensgeschichte zu sein vermag. Die Fruchtbarkeit der Begegnungen mit *Eugen Rosenstock*,
Hans Franke oder *Martin Buber* darf - ebenso wie die Fruchtbarkeit
der Familiengründung - durchaus als Kontrapunkt zur Erstarrung des
Verhältnisses Wittigs zu seiner Kirche gesehen werden. Daß mit der
Erfahrung dieses Dialoges und in der Freiheit, nicht auf die Denkmuster und Sprachformen eines Milieus festgelegt zu sein, eine Unfest-
gelegtheit einhergeht, auf Grund derer Wittig Anfang der 30er Jahre
den Verheißungen des Nationalsozialismus nicht mit entschlossener
Ablehnung entgegentritt, gehört zu jener „Verstricktheit" in Geschichte, die jetzt im Konkreten zu betrachten sein wird.

6. Zur Zeitbedingtheit der Theologie Wittigs

Indem sich Joseph Wittig der Geschichte zuwendet, ist er in Geschichte verstrickt. Wenn im Folgenden die Kontextualität bezüglich
des geistigen Klimas und der kulturellen und politischen Entwicklungen angedeutet werden soll, kann es nicht darum gehen, die Verwobenheit Joseph Wittigs in die Strömungen der Weimarer Republik mit
auch nur annäherndem Anspruch auf Vollständigkeit aufzuzeigen.[48]

---

[48] Eine weiterführende kirchengeschichtliche Untersuchung wäre hier notwendig
und sinnvoll. In ihr wäre beispielsweise auch nach der Rezeption Wittigs in der
Jugendbewegung oder bei katholischen Intellektuellen zu fragen.

Allerdings mag bereits in dieser Skizze sichtbar werden, wie sehr Wittig in die Kontexte seiner Zeit verwoben ist. Der Mutmaßung der Unzeitgemäßheit der Theologie Wittigs kann nur zugestimmt werden, wenn der gesamten Kultur Weimars - als eines in sich heterogenen Gebildes von Plausibilitätskonstruktionen - der Charakter der Unzeitgemäßheit zugesprochen wird.

Die Aufsätze Wittigs werden publiziert inmitten der facettenreichen Zeitschriftenkultur Weimars. Das „Hochland", das mit bis zu 10.000 Exemplaren eine der am weitest verbreiteten Zeitschriften des deutschen Katholizismus ist, wirkt während der Weimarer Zeit „mit großer Breitenwirkung und Aktualität"[49] an der Aktivierung sich emanzipierender Laien und der Wiederbegegnung von Kultur und Kirche mit. Die „Christliche Welt", in der Wittig nach seiner Exkommunikation publiziert, ist trotz der geringeren Auflagenzahl eines der wichtigsten Organe des Protestantismus in Deutschland. Mit den Herausgebern beider Zeitschriften, *Karl Muth* und *Martin Rade*, begegnet Wittig Publizisten, denen die Fähigkeit zu eigen ist, „Wandlungen der gesellschaftlichen, kirchlichen und theologischen Situation wahrzunehmen und sie durch Repräsentanten"[50] in ihren Zeitschriften zu Wort kommen zu lassen. Die Inspirations- und Motivationskraft beider Männer für das schriftstellerische Wirken Wittigs ist nicht zu unterschätzen und wird von Wittig ausdrücklich wahrgenommen. Mit Muth verbindet Wittig das schmerzliche Erleiden des amtskirchlichen Antimodernismus, mit dem das „Hochland" im sogenannten Literaturstreit konfrontiert wurde. „Angesichts einer nahezu vollendeten Klerikalisierung der Kirche und damit einhergehenden geistigen Abschnürung (und Aushungerung) im Zuge des Ersten Vatikanums und der 'Modernisten'-Bekämpfung hat Karl Muth als tiefgläubiger, gleichwohl weltoffener katholischer Laie ungeachtet innerkirchlicher Pressionen und Hindernisse durch seine Zeitschrift 'Hochland', und indem er ihr die besten Kräfte als Mitarbeiter zuzuführen verstand, über Jahrzehnte hin ein hochqualifiziertes unabhängiges Forum offener geistiger Auseinandersetzung und christlichen Dialogs geschaffen, welches für viele gebildete, aber unter der Enge und Unbeweglichkeit

---

[49] R. van Dülmen, Katholischer Konservatismus, 254.

[50] C. Schwöbel, Art. Paul Martin Rade, 93.

des damaligen kirchlichen Systems leidende Katholiken mit Blick auf ihre Kirche und deren künftige Entwicklung zu einem Zeichen der Hoffnung und der Ermutigung wurde."[51] In einem expandierenden Büchermarkt findet Literatur, die als „nicht kunsthaft" gilt, großen Anklang. Eine „geradezu beängstigende Zahl an Autobiographien"[52] erscheint und feiert Massenerfolge. Auch die Abkehr von der Stadt mit ihrer Kompliziertheit, Unübersichtlichkeit und technischen Entfremdung hin zum Landleben, das Einfachheit, Ursprünglichkeit und Echtheit verheißt, wird vom Publikum gerne mitvollzogen.[53] Joseph Wittig liegt daher mit seinen Büchern - in der persönlich-narrativen Färbung und in der Beschreibung des Glatzer Volkstums – so sehr im literarischen Trend, daß bis 1931 eine sechsbändige Gesamtausgabe veröffentlicht wird und sich Wittig über den florierenden Absatz seiner Bücher freuen kann. Den Marktgesetzen gehorchend, trägt die öffentliche Präsentation und Diskussion des „Falls Wittig" zur Popularität des Autors bei.[54]

Ein Grund für die „Durchsetzung der 'faktographischen' Literatur"[55] wird im Wunsch nach Orientierung angesichts einer radikal verändert erscheinenden Wirklichkeit gesehen. „Eine Generation, die noch mit der Pferdebahn zur Schule gefahren war, stand unter freiem Himmel in einer Landschaft, in der nichts unverändert geblieben war als die Wolken und unter ihnen, in einem Kraftfeld zerstörender Ströme und Explosionen der winzige, gebrechliche Menschenkörper."[56] Was es um dieses Menschenleben sei, wird mithin nicht mit (vermeintlich) akademischer Distanziertheit gefragt; vielmehr entstammt die Frage einer existentiellen Krisenerfahrung, die - deutlicher als in der katho-

---

[51] M. Weitlauff, „Modernismus literarius", 171.

[52] E. Schütz, Autobiographien und Reiseliteratur, 549/50.

[53] Vgl. U. Haß, Vom „Aufstand der Landschaft gegen Berlin", 340/1; C. Hepp, Avantgarde, 75/6; F. Sengle, Wunschbild Land und Schreckbild Stadt, 458/9; H. Bausinger, Zwischen Grün und Braun. Volkstumsideologie und Heimatpflege nach dem Ersten Weltkrieg, 215-229.

[54] F. Herrenbrück / M. Gormann-Thelen führen in ihrer Bibliographie zum „Fall Wittig" allein 120 Titel auf, die zwischen 1925 und 1928 auf die Indizierung Joseph Wittigs reagieren. Vgl. E. Rosenstock / J. Wittig, Das Alter der Kirche, neu hg. v. F. Herrenbrück u. M. Gormann-Thelen, III, 392-399.

[55] E. Schütz, Autobiographien und Reiseliteratur, 551.

[56] W. Benjamin, Gesammelte Schriften, Bd. II, 2, Frankfurt 1977, 439.

lischen Theologie - in der evangelischen Theologie wahrgenommen wird. Zwischen den Zeiten zu stehen, erscheint als Signum der Gegenwart, auf die Krisis theologisch zu reagieren, als Gebot der Stunde. Wenn *Martin Rade* als liberaler Theologe formuliert, die moderne Theologie sei „an einem toten Punkt angekommen"[57], greift er damit jenen Impuls auf, aus dem *Karl Barth, Friedrich Gogarten* und andere jene dialektische Theologie entwerfen, die - in Abgrenzung zur sogenannten liberalen Theologie - von dem Bewußtsein getragen ist, „eine radikale Wende in der Theologie herbeigeführt zu haben und am Anfang einer neuen Ära der Theologiegeschichte zu stehen."[58] Das Empfinden einer Wendezeit und die damit verbundene Gegenüberstellung von alt und neu, Aufbruch und Erstarrung, findet sich in der katholischen Kirche ausdrücklich in jenen Gruppen wieder, die unter dem Kennzeichen der „liturgischen Bewegung" oder „Jugendbewegung" Wege in Kontinuität und Neuanfang suchen.[59] „Sich ganz in die neue Zeit hineinzustellen, ohne sich von der Tradition abzuschneiden," und mit innerer Weite die Spannungen zwischen diesen beiden Polen auszuhalten, wird als eine Zielperspektive der katholischen Jugendbewegung in der Phase „epochalen Umbruchs" gewertet.[60] Obwohl von der außerkirchlichen bündischen Jugend in Ausrichtung und Leitbildern deutlich unterschieden, partizipiert die katholische Jugendbewegung an übergreifenden Formen und Ausprägungen. Zu ihnen gehört - neben Emotionalität und Unbedingtheit, „Wahrhaftigkeitspathos und Authentizitätsdrang"[61] und dem Bewußtsein eines besonderen Auftrages, zu dem man sich berufen weiß - die hohe Wertschätzung der Erfahrungsdimension.[62] Nicht das rational

---

[57] M. Rade, in: An die Freunde der Christlichen Welt 80 (1925) 882.

[58] C. Schwöbel, Einleitung, 46. - Vgl. K. Scholder, Die Kirchen und das dritte Reich, 53-58.

[59] Zur Verbindung Joseph Wittigs mit der Jugendbewegung (in Schlesien): vgl. H. Fuhrich, Der Heimgarten, 33/4; A. M. Kosler, Einige Ziele und Wege der Jugendbewegung in Schlesien, 29,42,44. Ferner: H. Hoffmann, Jugendarbeit in Schlesien nach dem ersten Weltkrieg, 15-17; R. Jokiel, Aus der Geschichte des Quickborn in Schlesien, 18-28; M. Hansel, Zur Arbeit von Hochland-Lioba in Breslau, 57.

[60] U. Bröckling, Katholische Intellektuelle in der Weimarer Republik, 58.

[61] A.a.O., 38.

[62] Vgl. P. Schröder, Die Leitbegriffe der deutschen Jugendbewegung, 44, 96.

Erdachte, sondern das in Fahrt und Lager, in Gruppenabenden und Gottesdiensten gemeinschaftlich Erlebte ist wesensbestimmend und von unmittelbarer Prägkraft. Eine Folge ist, daß die Evidenz der Erfahrung Außenstehenden kaum zu erklären ist, weil sie sich eben in der Erfahrung selbst mitteilt. Zwischen der hochgespannten jugendlichen Erwartung einer neuen und besseren Zukunft, die in den Bundes-Erfahrungen schon anfanghaft Wirklichkeit ist, und einer „ausgeprägten Unzufriedenheit angesichts der täglich erfahrbaren konkreten Krisensituation"[63] spannt sich eine Erwartungshaltung aus, in der Leitbegriffe wie „Reich" oder „Volk" oder „Bund" mit der Unschärfe eines jugendlichen Pathos' zu verheißungsvollen Perspektiven werden. Die Wichtigkeit des Erlebens und die Evidenz des Erlebten, die Klage über die Kälte der Ratio und die Wertschätzung der Ergriffenheit, der Vorrang des Glaubensaktes vor dem Glaubensinhalt, die Bedeutung einer Gemeinschaft, die nicht institutionell gefügt, sondern organisch gewachsen ist, und schließlich die zukunftsorientierte Hinwendung zu Natürlichkeit und Ursprünglichkeit sind Topoi der Jugendbewegung, die in den Schriften Wittigs wiederzufinden sind. Ausdrücklich sieht sich Wittig mit seinem Erzählen in diesem Kontext beheimatet. Wenn von Kritikern die Exkommunikation Wittigs mit einer römischen Warnung vor den ausufernden Bewegungen des deutschen Katholizismus verbunden wird, läßt sich damit zwar keine unmittelbare kausale Verknüpfung dokumentieren, wohl aber eine in den Augen der Zeitgenossen vorhandene Verwobenheit Wittigs mit der Jugendbewegung. Signifikant erscheint dann, daß nahezu zeitgleich mit dem Kirchenausschluß Wittigs eine Disziplinierung der katholischen Jugendbewegung mittels stärkerer Kontrolle angestrebt wird.[64]

Mit Begriffen wie „Volk" oder „Reich", „Bund" oder „Ergriffenheit", die über den Bereich der Jugendbewegung hinaus gesellschaftliche Akzeptanz verbuchen, verbindet sich eine Gemengelage von Erwartungen und Vorstellungen, die sich in ihren Konnotationen schwer differenzieren lassen und eindeutige Erklärungsmuster und Zuordnungen konterkarieren. Wenn Joseph Wittig Anfang der 30er

---

[63] A.a.O., 45.

[64] F. Heinrich, Die Bünde katholischer Jugendbewegung, 46.

Jahre Vorbehalte gegen eine pauschale Verurteilung der nationalsozialistischen Bewegung äußert, ist dieses Plädoyer durch die Entgrenzungserfahrungen der 20er Jahre ermöglicht. Nach seinem Kirchenausschluß findet sich Wittig im Kontext eines ökumenischen Aufbruchs, der das Zeitalter der Distanzierungen hinter sich zu lassen bemüht ist. Wittig partizipiert an der Suche nach einer dialogischen, ökumenischen Grenzüberwindung, die von Seiten der katholischen Kirche während der Weimarer Zeit kaum geteilt wird. Im Gegensatz zu einem katholischen Interesse am Judentum - wie es sich in der Unterstützung der „Amici Israel" zeigt[65] - ist die mutige Mitarbeit an den ökumenischen Zusammenkünften mit anderen christlichen Konfessionen untersagt. Da dem Katholizismus von evangelischer Seite ebenfalls massive Vorbehalte entgegengebracht werden, findet sich Wittig als Grenzgänger in einem Zwischenland, das gleichermaßen unbegangen und verheißungsvoll erscheint. In Solidarität mit den kirchlich-distanzierten, aus der Mutter Kirche „hinausgeborenen" Menschen, in den Erfahrungen einer Zusammenarbeit, wie sie mit *Martin Buber* und *Victor von Weizsäcker* in der gemeinsam herausgegebenen Zeitschrift „Die Kreatur" geschieht, oder in der Verheißung einer Volkwerdung, wie Wittig sie in seinem Beitrag über die von *Eugen Rosenstock* initiierten Arbeitslager in Löwenberg beschreibt, findet sich Wittig in einer Position, in der er sich der grundsätzlichen Abwehrhaltung der katholischen Kirche gegenüber dem Nationalsozialismus nicht mehr anzuschließen vermag.[66] In der „Una Sancta"-Hoffnung gründend ist Wittigs Haltung zum politischen Geschehen von der Erwartung einer Zeitenwende, der Sehnsucht nach einer Überwindung der gesellschaftlichen Spaltungen und religiösen Trennungen geprägt. Seine Position ist damit vergleichbar mit der Perspektive des Münsteraner Kirchenhistorikers *Joseph Lortz,* der „im Nationalsozialismus die Möglichkeit sah, durch die Betonung des nationalen Gedankens die konfessionelle Spaltung wenigstens praktisch zu überbrücken."[67] In der Krise um *Karl Bornhausen* und seinen Schülerkreis weigert sich Wittig, der in der Auseinandersetzung so-

---

[65] M. Poorthuis / T. Salemink, Katholieke kerk en zionisme in het interbellum, 156-158.

[66] Vgl. H. Schulze, Weimar, 342/3.

wohl einen Generationenkonflikt als auch ein Krisenphänomen ausmacht, das Aufbegehren pauschal als „Revolution" zu verurteilen.[68]
Das Verständnis für die Studenten um Bornhausen führt Wittig jedoch
nicht zu einer vorbehaltlosen Zustimmung zum Nationalsozialismus.
Offenheit und Skepsis sind miteinander verwoben, angesichts der
Machtergreifung der Nationalsozialisten werden Vorbehalte spöttisch
und sarkastisch geäußert. Dennoch gehört zum widersprüchlichen und
nicht auf einen Nenner zu bringenden Bild auch, daß Wittig in einer
von Repression gekennzeichneten Publikationssituation in seinen späteren Schriften mehrdeutige Einschübe vornimmt oder vornehmen
läßt. Der schriftstellerische Weg Wittigs verläuft zwischen äußerer
Anpassung und innerer Emigration sowie einer von ihm selbst einge-
standenen Naivität hinsichtlich politischer Fragestellungen; er zeigt
eine Alltagsgeschichte, in der Wittig je neu auf die Ambivalenzen zu
reagieren und sie gläubig zu bestehen versucht.

Die skizzenhafte Kontextualisierung Wittigs im gesellschaftlichen,
politischen, kulturellen und religiösen Zeitgeschehen wäre detailliert
weiterzuführen. Festzuhalten bleibt hier, wie sehr Wittig in den Rahmenbedingungen und Fragen seiner Zeit agiert und auf sie in Anknüpfung und Widerspruch reagiert. Die Theologie Joseph Wittigs ist zeitbedingt und will zeitbedingt sein. In ihrer Zeitgebundenheit - und
nicht in einer zeitlosen Immergültigkeit - kommt dieser autobiographischen Theologie ein paradigmatischer Charakter zu.

Nach der historischen Einordnung, die in diesem Kapitel vorgenommen wurde, soll im folgenden versucht werden, die autobiographische
Theologie Joseph Wittigs mit Perspektiven gegenwärtiger Theologie
ins Gespräch zu bringen, Herausforderungen seines theologischen
Ansatzes für heutige Theologie zu bedenken und Anknüpfungspunkte
aufzuzeigen, die zunächst überraschend erscheinen mögen. So läßt

---

[67] W. Damberg, Kirchengeschichte zwischen Demokratie und Diktatur, 153.

[68] H. Schulze stellt im Rückblick fest: „Was eine ältere Generation, in den Glei-
sen der spätbürgerlichen Aufklärung befangen, dem Nationalsozialismus vor-
warf, das Irrationale, das Unreife, das Eklektizistische, gerade das sprach die
Jugend an. (...) Die NSDAP war eine Volkspartei, eine Jugendbewegung, ein
fast religiöses Phänomen, vor allem eine Krisenerscheinung - in einer Krise allerdings, die wesentlich tiefer reichte als der Einbruch der wirtschaftlichen
Konjunktur, die vor allem eine Sinn-, eine Wertekrise war" (H. Schulze, Weimar, 344).

etwa die bibliodramatische Aktualisierung biblischer Geschichte(n) überraschende Parallelen mit Wittigs biblischer Selbstthematisierung erkennen. Wenn - mit dem Wissen um einen zeitlichen Positionswechsel - einige Wegweisungen für eine christliche Theologie der lebensgeschichtlichen Wirklichkeitszuwendung skizziert werden, ist ihnen eher ein aufschließender Gesprächs-, denn ein abschließender Definitonscharakter zu eigen.

II. Theologie der erzählten Lebensgeschichte(n)

„Da legte mir der Glauben die Bibel in die Hände und sprach: 'Nimm und lies - und lerne, nicht nur von Gott und göttlichen Dingen, sondern auch von Dir selbst im Glauben zu reden!'"[69] Joseph Wittig zeichnet mit dieser Aussage - in freier Anknüpfung an die Berufungsgeschichte des *Augustinus*[70] - einige Elemente christlicher Selbstthematisierung nach. Der Glaube ist Initiator des autobiographischen Erzählens. Was in der von ihrem Leben erzählenden Person geschieht, ist nicht subjektivistische Willkür, sondern entspringt einer Initiative, die sich *an ihr - durch den Glauben* - ereignet. Sie weiß sich gedrängt, beauftragt und herausgefordert (vgl. 1). Ihr wird dazu mit der Bibel ein Hilfsmittel an die Hand gegeben, das sie zum eigenen Lernen herausfordert und damit auf einen Weg lockt, dessen Gehen sich durch Bestimmtheit und Offenheit gleichermaßen auszeichnet (vgl. 2). So kommt der Mensch zu sich in ein Verhältnis, und er findet sich in einem Beziehungsgeschehen zu seinem Gott. Das Verhältnis des Redenden zu sich selbst ist sowohl von einer Gegenüberstellung von erzählendem und erzähltem „Ich" gekennzeichnet wie auch von der Einheit dieses „Ich". Ebenso ist die Beziehung des Menschen zu seinem Gott geprägt von der paradoxen Erfahrung, daß Unterschiedenheit und Einheit diese Beziehung gleichermaßen und gleichzeitig konturieren (vgl. 3).

---

69 J. Wittig, Höregott, 106.
70 Augustinus, Confessiones, XII, 29.

1. Die Verbindlichkeit der Subjektivität

Die Furcht vor dem Verlust christlicher Identität ist fast ein Jahrhundert nach dem Erscheinen der Enzyklika „Pascendi dominici gregis" nicht obsolet geworden. Gerade weil im Zweiten Vatikanischen Konzil eine „Abkehr von pauschaler antimodernistischer Weltablehnung zu einer differenzierten Einschätzung und Zuwendung 'zur Welt'"[71] vollzogen wurde, bleibt die Frage dringend, wie es gelingen kann, „neue Formen eines lebensweltlich relevanten Glaubens ohne diesen totalisierenden Horizont [eines geschlossenen Weltbildes] zu etablieren."[72] In einer deutschen bzw. westeuropäischen Gesellschaft, die von einem pluralen Ensemble von Lebensstilen, Weltanschauungen und Geltungsansprüchen bestimmt und zugleich von einer umfassenden Enttraditionalisierung geprägt ist, scheint der christliche Glaube von der Gefahr bedroht, daß die Verbindlichkeit der christlichen Botschaft der absoluten Unverbindlichkeit weicht. Auf einem Markt weltanschaulicher Möglichkeiten mit der dort herrschenden Unübersichtlichkeit und in einer als zwiespältig erfahrenen Weltgeschichte mag es eher zeitgemäß erscheinen, verbindliche Normen mit Eindeutigkeit zur Geltung zu bringen und sich um die „Revitalisierung einheitsstiftender sozialer Milieus"[73] zu mühen, als individueller Freiheit und christlicher Subjektivität das Wort zu reden. Sind diese nicht für jene Unverbindlichkeit verantwortlich, in der nichts mehr objektive Geltung beanspruchen kann? Ist unter ihrem Primat nicht jene Situation eingetreten, in der „das kunterbunte Durcheinander der Allgemeinurteile und Rezepte in Wahrheit Ausdruck völliger Ratlosigkeit ist"?[74]

Angesichts dieser Anfragen ist mit Blick auf die theologische Lebensbeschreibung Joseph Wittigs zu lernen, daß und wie im christlichen Glauben Subjektivität und Verbindlichkeit komplementär miteinander wachsen können. Die Normativität des Glaubens eröffnet sich für

---

[71] F. X. Kaufmann, Zur Einführung: Probleme und Wege einer historischen Einschätzung des II. Vatikanischen Konzils, 28. - Vgl. zum Folgenden: J. Werbick, Die fundamentalistische Option, 139-52.

[72] F. X. Kaufmann, Probleme und Wege, 25.

[73] A.a.O., 31.

[74] L. Löwenthal, Die biographische Mode, 363.

Wittig in einem unverwechselbaren Angesprochensein, das in unabdingbarem Maße verbindlich ist. Die Inanspruchnahme manifestiert sich in der Erfahrung, „daß die Wahrheit nach dem Menschen greift" und daß sie „nicht Besitz des Menschen [ist], sondern der Mensch Besitz der Wahrheit wird, ganz ergriffen von ihr."[75] Die Wahrheit des Glaubens kommt dort verbindlich und ergreifend zur Geltung, wo Menschen sich von der Wirklichkeit des lebendigen Gottes ergreifen lassen und „sie für ihr Leben bedeutsam werden lassen - mit ihr und in ihr leben wollen, ihre 'Zeugen' sein wollen."[76] Christliche Identität wächst im Gehen jenes unvertretbaren Glaubensweges, der seine Verbindlichkeit dadurch gewinnt, daß der Mensch ihn wählt, ihm zustimmt und sich für ihn entscheidet und so weniger von der Angst vor dem „Chaos der Beliebigkeit"[77] bestimmt ist als vom Vertrauen in das verbindliche Ja Gottes.

Als Lebenswahrheit gewinnt die christliche Botschaft Bestimmtheit und Verbindlichkeit in der Situation der Krisis, in der bisherige Erklärungs- und Verhaltensmuster als unzulänglich erfahren werden. Indem Wittig - von der Entwicklung eines erzählenden Schreibstiles, seinem Ja zur Mitarbeit am modernismusverdächtigen „Hochland", seiner Weigerung einer erneuten Ablegung des Antimodernisteneides, seinem Entschluß zur Ehe mit *Bianca Geisler* bis zum Wagnis unterschiedlichster Freundschaften - je neu zu Entscheidungen genötigt wird, die ihn aus dem Rahmen des Gewöhnlichen hinausführen und deren Konsequenzen unvorhersehbar sind, konkretisiert sich für ihn das Berufungswort Gottes an Abraham: „Zieh weg aus Deinem Land, in das Land, das ich dir zeigen werde." Die verbindliche Freiheit des Heraus-Geführtwerdens gründet mit der Unbehaustheit, zu der sie nötigen kann, in einer Entscheidung, die ihre Freiheit im Hören gewinnt. Gerade wenn sich „die Identität des Christlichen nicht eigentlich an einem überzeitlichen Weltlogos festmacht, sondern an dem Weg, den Gott zu den Menschen geht und *mit ihnen* gehen will"[78],

---

[75] J. Wittig, Bergkristall, 24.

[76] J. Werbick, Vom entscheidend und unterscheidend Christlichen, 27. - Vgl. E. Jüngel, Wertlose Wahrheit, 1.

[77] J. Werbick, Vom entscheidend und unterscheidend Christlichen, 56.

[78] A.a.O., 61.

erhalten die Bedingungen, unter denen dieser Weg verläuft und angesichts derer die Entscheidungen zu treffen sind, Bedeutsamkeit. Der Anspruch des Weges wächst in der Aufmerksamkeit für das Angesprochensein. „Der Glaube wächst im inneren Widerhall."[79] Es gilt auf das zu achten, was im Menschen Resonanz findet. Biblische Botschaft, kirchliche Gemeinschaft, wissenschaftliche Forschung, menschliche Freundschaft, gesellschaftliche Situation, kreatürliche Inspiration und individuelle Begabung bilden als Resonanzraum *eine* Welt. Im Wahrnehmen dieser beziehungsreichen und spannungsvollen Welt, die durch die Erinnerung an Vergangenes ebenso geprägt ist wie durch die Hoffnung auf Zukünftiges, eröffnet sich die Konkretheit des eigenen Glaubensweges. Mit den Stichworten vom *concursus divinus*, der „Führung" oder des „Gedrängt-Werdens" wird von Wittig eine Vorgegebenheit thematisiert, die die menschliche Verantwortlichkeit nicht aufhebt, sondern zu einer im Hören gründenden, freien Wahl herausfordert. Die Entscheidung gewinnt ihre Freiheit nicht jenseits oder trotz der Gegebenheit der Welt, sondern *in* der Begegnung mit dem, was als Wirklichkeit wahrgenommen wird. Dieser „Gegenwärtigkeit"[80] ist ein passiver, empfänglicher Charakter - für den vielgestaltigen *Gegenstand* der Wahrnehmung - ebenso zu eigen wie eine aktive, handelnde Seite - im *Akt* der Wahrnehmung. Berufung und Entscheidung bilden zwei Seiten *eines* Geschehens, Gottesbegegnung und Selbsterfahrung sind im Wahrnehmen der Gegenwart untrennbar miteinander verbunden.[81] Wenn Wittig der Schöpfung Resonanzraum gibt, indem er den - gegenwärtigen - Widerhall schöpferisch zur Sprache bringt, partizipiert er im Schreiben an der göttlichen *creatio ex nihilo*. Damit wird theologisches Denken und lebensgeschichtliches Erzählen vom aktuellen Vollzug her zum Nachfolgegeschehen. Christliche Glaubenslehre wendet sich nicht nur dem Leben zu, sondern *ist* Lebensakt und Glaubensgeschehen. Die Rich-

---

[79] P. Brook, Das offene Geheimnis, 64. - Die Gedanken des Theaterregisseurs Brook können mit Gewinn als theologische Herausforderung gelesen werden (vgl. K.H. Bieritz, Spielraum Gottesdienst. Von der „Inszenierung des Evangeliums" auf der liturgischen Bühne, 69-101).

[80] P. F. Schmid, „Gegenwärtigkeit", 151-200. Im Dialog mit Martin Buber, Emmanuel Levinas und Carl Rogers entwirft Schmid eine theologische Grundlegung der „Gegenwärtigkeit".

[81] Vgl. F. Jalic, Kontemplative Exerzitien, 32-38.

tigkeit einer theologischen Lehre hängt in dieser Konsequenz nicht nur davon ab, ob und wie Orthodoxie und Orthopraxie inhaltlich aufeinander bezogen sind und die Theologie als „reflektierte Nachfolge"[82] *a posteriori* auf eine geschehene Ergriffenheit durch die christliche Botschaft reagiert, sondern auch, mit welcher Haltung - oder Frömmigkeit - sie betrieben wird. Wittigs Kritik am Graben zwischen Universität und Dom, Wissenschaft und Gnade, Lehrstuhl und Altar richtet sich weniger auf ein gestörtes Verhältnis zwischen Professorenschaft und kirchlicher Hierarchie, sie bezieht sich nicht nur auf das inhaltliche Defizit einer als lebensfern empfundenen Lehre, sondern zielt auch auf ein Selbstverständnis einer Theologie, die ihre Lehre und ihre Wissenschaft nicht als Nachfolgegeschehen oder „priesterliche" Tätigkeit versteht.[83]

Wenn die Richtigkeit einer Aussage nicht allein im Inhalt, sondern auch in der hörenden Haltung begründet ist, bedeutet das keineswegs die Trennung von Inhalt und Haltung. Gerade weil beide für Wittig wesentlich zusammengehören, leistet er Widerstand gegen den Alleinbewertungsanspruch der von außen kommenden Maßstäbe - gleich ob sie religionskritischer oder amtskirchlicher Herkunft sind. Vermag die Orthodoxie einer Theologie im Vergleich mit anderen theologischen Optionen zu behaupten oder zu bestreiten sein; für eine Kriteriologie zur Bestimmung der theologischen Orthopraxie reichen Systematisierungen rationaler oder neuscholastischer Herkunft nicht aus. Es stellt sich die Schwierigkeit ein, mit objektiven Kategorien die Orthopraxie einer Theologie zu beweisen. Allenfalls lassen sich Bedingungen und Auswirkungen einer Theologie, die sich als Nachfolgegeschehen versteht, als Wegangaben schildern. Joseph Wittig nimmt einige solcher Richtungsangaben vor: Es gilt, mit wachem Interesse für das Jetzt-Begegnende anwesend zu sein und mit Zärtlichkeit und Ehrfurcht mit dem Wahrgenommenen umzugehen. Wahrhaftigkeit und Furchtlosigkeit, Dank und Staunen sind als weitere Haltungen theologischer Orthopraxie zu nennen. In ihnen gründet die hörende „Ermächtigung zum Sprechen."[84] Diese theologischen

---

[82] M. Schneider, Theologie als Biographie, 18.

[83] J. Wittig, Pfingststurm oder Rebellion, 84.

[84] S. Klein, Hören als Ermächtigung zum Sprechen, 288.

Tugenden entziehen sich der argumentativen Beweisführung, bedürfen aber der gewissenhaften *revision de vie* der jeweiligen Theologen. Ob für einen Glauben, der als inspirierende Macht verstanden und weniger von den inhaltlichen Aussagen her betrachtet wird, ein objektives Instrumentarium zur Bestimmung seiner Wirkmacht zu finden ist, ist fraglich. Der Versuch, die befreiende Wirkung einer Theologie empirisch nachzuweisen, kann schwer der Gefahr entgehen, den Dank für das Geschenk des inspirierenden Weiterwirkens zu instrumentalisieren und ihn damit seiner Größe zu berauben.

2. Im biblischen Lebensraum

Auch wenn Joseph Wittig - als Reaktion auf eine neuscholastische Reduktion des Glaubens - den Akt des Glaubens so pointiert hervorhebt, daß der Inhalt gleichgültig zu werden scheint, ist die Botschaft des Glaubens für ihn de facto keinesfalls sekundär. Inhaltlich bestimmt ist das lebensgeschichtliche Erzählen Wittigs durch die biblische Botschaft und die - in der Selbstoffenbarung Gottes gründende - vielfältige Ausformung der biblischen Botschaft in der Tradition der kirchlichen Gemeinschaft. *Daß* Bibel und Tradition für den christlichen Glauben von grundlegender Bedeutung sind, wird von Wittig vorausgesetzt. Diese Bedeutung wird weder in Frage gestellt noch argumentativ begründet. Mit Nachdruck wehrt sich Wittig gegen die antisemitische Verkürzung des Alten Testamentes, die von *Karl Bornhausen* und seinem Schülerkreis vorgenommen wird. Als Zeugnisse der Offenbarung Gottes in der menschlichen Geschichte und als Dokumente einer von Gott initiierten Glaubensgeschichte ist die biblische Tradition nicht (nur) historisches Faktum, sondern maßgeblich für die gegenwärtige Gestalt des Glaubens. *Wie* auf diese Quellen Bezug genommen wird, *mit welchen Folgen* sie für den Glaubenden Verbindlichkeit bekommen, ist die Frage, die Wittig beschäftigt. Sie ist weniger eine akademische als eine lebenspraktische Frage; sie zielt auf die Horizonte, die sich für ihn in der Begegnung mit Bibel und Tradition eröffnen, und das Selbstverständnis, mit dem er in diesen Horizonten leben darf. Indem Wittig wieder und wieder biblische und eigene Lebensgeschichte(n) miteinander ins Gespräch bringt, gewinnen sowohl Bibel und Tradition als auch das eigene Leben Profil.

Lehrgebäude als Lebensraum

Für Wittig verdanken sich biblische Botschaft und christliche Tradition - ebenso wie das Leben und der Glauben des einzelnen Menschen - der schöpferischen Initiative Gottes. Mit dieser Herkunftsbeschreibung werden sie relativiert, ihrer Absolutheit beraubt und in Beziehung gebracht. Sie sind *abhängig* von Gottes schöpferischem Tun. Zugleich ist ihnen unüberbietbare Würde zu eigen, da sie Ausdruck und Zeugnis des *göttlichen Lebens* sind. An dieser Würde hat die Glaubensgeschichte des einzelnen Menschen gemeinsam mit den in Bibel und Tradition überlieferten Glaubensgeschichten teil. Wittig räumt - mit katholischer Selbstverständlichkeit - neben der Bibel der Glaubens- und Dogmengeschichte der Kirche maßgebliche Verbindlichkeit ein; zugleich bringt er, indem er Bibel und Tradition als Frucht des Glaubens betont, das evangelische *„Sola fide"* zur Geltung. Mit dem theologischen Lehrsatz vom Abschluß der Offenbarung wird für Wittig die Normativität des biblischen Ursprungs ausgesagt, nicht aber das Ende der schöpferischen Selbstmitteilung Gottes. Wenn er die eigene Lebensgeschichte als Weiterschreibung des Evangeliums zur Sprache bringt, geht es ihm nicht darum, den Wert der biblischen Botschaft zu mindern; vielmehr will er die Würde des gottgeschenkten Lebens zur Sprache bringen. Der Vorwurf, er profanisiere so das Evangelium, wird seinem Anliegen nicht gerecht. Ihm liegt nicht an einer Profanisierung der heiligen Schrift, sondern an einer Darstellung des alltäglichen Lebens im Lichte des Evangeliums. Wittig geht damit das „Wagnis einer aktiven interpretatorischen Fortsetzung und Neu-Setzung des Überlieferungsprozeßes"[85] ein. Er versteht die Bibel nicht als Lehrformel, die es affirmativ anzuerkennen gilt, sondern als *Lehr*gebäude, das zum bewohnten *Lebens*raum werden will. Die Wahrnehmung der Architektur und Inneneinrichtung dieses Gebäudes bleibt vom subjektiven Blickwinkel des Bewohners abhängig; Aufmerksamkeit und Ehrfurcht, Neugierde und Unbefangenheit sind die notwendigen Bedingungen auch für die Begegnung mit der biblischen Tradition. In biblischer Gegenwärtigkeit gilt es, „zur selben Zeit in

---

[85] G. M. Martin, Sachbuch Bibliodrama, 37.

zwei Welten zu sein"[86] und im Textraum der Heiligen Schrift ebenso präsent zu sein wie im Resonanzraum der eigenen Empfindungen und Gedanken, Erinnerungen und Erwartungen - „ein Ohr nach innen gekehrt und eines nach außen."[87] Zu welchen Folgen diese Begegnung führt, ist zunächst offen. Welche Facetten der biblischen Botschaft bedeutsam werden und welche Seiten des eigenen Lebens in neuem Licht erscheinen, ist noch nicht ausgemacht, wenn sich Wittig mit seinem Leben in den biblischen Textraum begibt; ob Ruhe oder Erschütterung, Zuflucht oder Herausforderung, Trost oder Provokation die Konsequenzen sind, erweist sich erst im Lauf der Begegnung. „Den virtuellen Formen in einem großen Text sind keine Grenzen gesetzt."[88] Allein die Weite einer vielschichtigen Textannäherung vermag der Bedeutung der heiligen Schrift zu entsprechen. Die Ausformungen der biblischen Botschaft in Enzykliken und theologischen Traktaten, in Volksliedern und Legenden, in Kunst und Literatur dürfen und müssen daher als Räume des biblischen Lehrgebäudes wahrgenommen werdem, die zu Lebensräumen und zu Anfängen einer weiterführenden Tradition werden wollen. Neben dem verantworteten Umgang mit den Ergebnissen historisch-kritischer Forschung darf und muß auch das spielerische Ausschreiten des Textes stehen. Ausdrücklich knüpft Wittig an die biblischen Rollenspiele an, die er als Kind mit seinen Geschwistern - und als Erwachsener mit seinen Kindern - inszeniert. In der erzählenden Dramatisierung wird die Bibel zum „Spielraum"[89], der weit mehr ist als eine Dekoration oder ein freundliches Ambiente zur Gestaltung der eigenen Geschichte.

In der Bildwelt der Grafschaft Glatz

In seinem biblischen Erzählen ist Joseph Wittig geprägt von der Katholizität seiner Glatzer Heimat.[90] Die im Zuge der Rekatholisierung

---

[86]   P. Brook, Das offene Geheimnis, 49.

[87]   Ebd.

[88]   A.a.O., 78.

[89]   H. Andriessen / N. Derksen, Lebendige Glaubensvermittlung im Bibliodrama, 54.

[90]   Neben der Glatzer Volksfrömmigkeit wäre vor allem die Christusmystik des Breslauer Johannes Scheffler, genannt Angelus Silesius (1624-1677), für den die Einheit mit Christus Grunderfahrung seiner geistlichen Theologie ist -

geschaffene „Kultur des Barockkatholizismus" mit Marienverehrung, Heiligenkult und Wallfahrtswesen bleibt in der Grafschaft Glatz über Jahrhunderte prägend.[91] Mit „mannigfachen sinnlichen Ausformungen" vermochte sich in der „gegenreformatorisch provozierten und geförderten 'Religion populaire'" eine Glaubenswelt zu entfalten, die als Abgrenzung zum Protestantismus initiiert wurde, aber auch zum Kontrast einer „triumphalistisch in gewaltigen 'Summen' kondensierten Theologie" wurde.[92] In den „Heiligtümern", die inmitten der Natur das Gnadenleben ins Bild bringen, bilden Sinn und Sinnlichkeit keine verschiedenen Welten. An Wegränder oder in Wohnstuben gestellt, bringen sie dort das Wunder der menschlichen Glaubensgeschichte(n) zum Ausdruck und ermöglichen eine alltägliche Identifikation mit der Mutter des neugeborenen Kindes, dem stillschweigenden Geistlichen, der begleitenden Großmutter oder dem leidtragenden Gekreuzigten. Der künstlerische Wert, mit dem Maria, Johannes Nepomuk, Anna oder Jesus dargestellt werden, ist eher unerheblich. Die saubere dogmatische Unterscheidung zwischen Gottessohn und heiligen Gotteskindern steht ebensowenig im Zentrum dieser *religion populaire* wie die historische Präzision. Die biblischen Figuren werden in die Lebenswelt hineingestellt als Vergegenwärtigung des Heilsgeschehens - und im Gegenzug findet eine selbstverständliche Hineinnahme der Glatzer Gegenwart in die biblische Darstellung statt. In der Albendorfer Kirche, *dem* Wallfahrtsort der Grafschaft Glatz, ist in die Kuppel die Begegnung Marias und Elisabeths gezeichnet. Sie findet statt vor dem Hintergrund der Albendorfer Wallfahrtskirche. Die Krippen von *Longinus Wittig*, die einen hohen Bekanntheitsgrad über die Grenzen der Grafschaft Glatz hinaus verzeichnen, stellen neben die biblisch tradierten Begebenheiten Momentaufnahmen aus dem Leben der Grafschaft: Der läutende Einsiedler, die wandernden Handelsleute, Dorfjungen und Tiere gehören mit in dieses Ineinander des Lebens. Wittig nimmt diese Form der Bibelrezeption in seinen

---

„Wenn ich bin Gottes Sohn / wer es dann sehen kann, / Der schauet Mensch in GOtt / und Gott im Menschen an."(Angelus Silesius, Cherubinischer Wandersmann II, 3) - in ihrer Verwandtschaft zur Theologie Joseph Wittigs in einer weiterführenden Untersuchung zu bedenken (vgl. A.M. Haas, „Christusförmig sein". Die Christusmystik des Angelus Silesius, 178-206).

[91] A. Herzig, Reformatorische Bewegungen und Konfessionalisierung, 227.

[92] A. M. Haas, „Christusförmig sein", 179.

Erzählungen auf. Hier findet er - innerhalb seiner katholischen Tradition - das Grundmuster, das er in seiner biblischen Vergegenwärtigung der *familiaridad con Dios*[93] narrativ weiterführt. Ausdrücklich weiß er sich in der Spur seines krippenschnitzenden Großvaters und dessen frommer Souveränität. Die Bedeutung der Volksfrömmigkeit läßt sich in der Perspektive Wittigs nicht auf eine Funktion der kirchenamtlichen Indoktrination reduzieren. Das von Bildern und Riten ausgehende Potential erweist sich als animierend für eine Glaubenspraxis, die eine rein mechanische Inkorporation in eine dogmatisierte Gesetzesreligiosität übersteigt und Widerstand zu leisten vermag gegen die Vereinseitigung der christlichen Religion zu einem bloßen Gedankenkonstrukt oder einer reinen Tugendlehre.[94]

Liturgische Prägung

Das biblische Erzählen Joseph Wittigs trägt liturgische Züge. Nachdem Wittig in seinem Christusbuch den Tod Jesu erzählt hat, fügt er in den Text einen Querstrich ein. Erst dann fährt er - wie nach einer Pause - fort: „Wenn der Priester am Palmsonntag und in der Karwoche das 'Leiden unseres Herrn Jesu Christi' liest und zu den Worten kommt, die Jesu Tod verkündigen, da kniet er schweigend nieder und ist ganz still."[95] Das Anhalten der liturgischen Feier wird erinnert und sprachlich abgebildet - und in das Dennoch des österlichen Lebens überführt. Der Priester erhebt sich; „das Leben muß weitergehen. Wir dürfen nicht beim Tode Jesu ewig stehen bleiben. Das Leben, das aus diesem Tode entstanden ist, reißt uns weiter. Um dieses Lebens willen ist Jesus gestorben."[96] Das Unbegreifbare eines Lebens nach dem Tod wird in der Liturgie erfahrbar. Wittig knüpft an diese gottesdienstliche Ausgestaltung der Passion an und enthebt seine Bibelrezeption einer vermeintlichen Historisierung. In der Liturgie und im Schreiben geschieht dieselbe Vergegenwärtigung. Daher ist Wittigs Schreiben nicht nur hinsichtlich der Anknüpfung an die Karlitur-

---

[93] H. Dopf, Musik und Kirchenlied in der Pastoral der Jesuiten, 375.

[94] Vs. M. Klöcker, Katholisch - von der Wiege bis zur Bahre, 377-79; A. Heller, „Du kommst in die Hölle...", 31-33.

[95] J. Wittig, Leben Jesu II, 412.

[96] Ebd.

gie liturgisch geprägt. Seine Erzählungen sind eingebettet in den Jahreskreis, die Briefe knüpfen an heilige Zeiten an, die Chroniken werden strukturiert vom Wechsel von Sonntag und Werktag. Die Schreibstube ist im Neusorger Haus der Ort der sonntäglichen Gottesdienstfeier. *Eugen Rosenstock* erzählt, er habe von Wittig gelernt, wie in der katholischen Liturgie die Kreatur zum lebendigen, ansprechbaren Gegenüber werde. Er überschreibt daher einen Wittig gewidmeten Aufsatz mit dem Titel: „Liturgisches Denken."[97] Die Ansprache der Kreatur in Segensgebeten, die Feier einer universalen, kosmologischen Verbundenheit und die Aufhebung der Schwerkraft von Raum und Zeit sind Wesensmerkmale christlichen Gottesdienstes, die das Werk Joseph Wittigs prägen. Wenn die Liturgie sich beschreiben läßt als ein Geschehen, bei dem in „heiliger Gleichzeitigkeit" eine „Verschränkung der Zeiten, der Räume, der Bilder, der Handlungsebenen"[98] geschieht und die Menschen so mit dem Geschick Jesu verbunden sind, daß die Präsenz Jesu Christi im Leben der Glaubenden zeichenhaft Wirklichkeit wird, kann das lebensgeschichtliche Schreiben Wittigs als liturgisches Geschehen und „sakramentale Sprache" verstanden werden.[99]

Relativierung von Raum und Zeit

Diese schreibende Vergegenwärtigung unternimmt Wittig in einer Zeit, in der mit Telefon und Radio, Bahn und Auto entfernte Welten zusammenrücken und vorgegebene Distanzen aufgehoben werden:

> „Von den Kraftwagen sagt ein die großen Wellen der Geschichte überschauender Mensch, daß ihre Erfindung nun endlich Raum und Zeit überwunden und aus mächtigen Trennungswällen in schmale Furchen verwandelt habe, die schier nicht mehr zu spüren sind. Mühelos und geschwind wie im Traum wird der Mensch im Kraftwagen von einem Ort an den anderen versetzt. Es liegt kaum mehr eine nennenswerte Zeit zwischen den Orten und kein Raum mehr zwischen den Zeiten. Die ganze Welt kommt in einen anderen Aggregatzustand."[100]

---

97 E. Rosenstock-Huessy, Liturgisches Denken.
98 K. H. Bieritz, Spielraum Gottesdienst, 92.
99 H. Tschöpe, Zwischen Argument und Sakrament, 120.
100 J. Wittig, Die Wüste, 309.

Mit der Entwicklung der Relativitätstheorie und der Entdeckung der Kernspaltung[101] verändert sich die Statik von Makro- und Mikrokosmos. Joseph Wittig nimmt auf diese paradigmatischen Veränderungen ausdrücklich Bezug. In ihrem Horizont gewinnt das Ineinanderblenden von biblischer und gegenwärtiger Geschichte für Wittig neue Plausibilität. „Zeit, Raum, Materie nicht mehr beziehungslos - verschiedene Dinge, sondern im Grunde ein und dasselbe, vielleicht gar ein und dasselbe Nichts, jedenfalls ganz einander bedingend und voneinander abhängig bleibend, das kann mich geistig berauschen," schreibt Wittig als Überlegung zu *Albert Einsteins* „Theorie von Zeit und Gleichzeitigkeit" im Geburtstagsbrief an *Ferdinand Piontek* und fügt mit Blick auf das konkrete Leben hinzu: „Es ist doch alles anders als wir es sehen. Was mögen wir erst anders sein! Vielleicht etwas viel Höheres, das jetzt nur in Knechtsgestalt verborgen ist und die große Sünde tut, daß er diese Knechtsgestalt für sein Wesen hält und sich demgemäß benimmt."[102] Gemeinsam versetzen Albert Einsteins Relativitätstheorie und die Muttergottes von Albendorf die Welt in einen anderen Aggregatzustand und öffnen den Zugang zu einer Wirklichkeitswahrnehmung, in der die objektiven Festlegungen und die Übermacht rationaler Plausibilitätstrukturen aufgebrochen sind und der Glaubende aus einer „gefängnishaften Eindeutigkeit" in eine „sehende Mehrdeutigkeit"[103] geleitet wird.

Wittig reagiert am Anfang des 20. Jahrhunderts auf eine Entwicklung, die am Ende dieses Jahrhunderts mit einer Explosion der Kommunikationstechnik eine absolute räumliche Flexibilität verheißt. „Die Möglichkeiten der technischen Reproduzierung von Wirklichkeit" läßt eine „bisher gängige Unterscheidung von Realität und Fiktion obsolet werden."[104] Von Joseph Wittigs erzählendem Weg in der „radikalen Wirklichkeit" ist zu lernen, daß es neben der aufmerksamen Zugewandtheit zur gegenwärtigen Wirklichkeit notwendig des vertrauten Umgangs mit den Geschichten und Horizonten der Bibel, dem „Buch der radikalen Wirklichkeit", und den christlichen Symbolen und Sa-

---

[101] J. Wittig, Von der Kraft Christi, 235; ders., Christgeburt, 104.

[102] J. Wittig, Brief an Ferdinand Piontek vom 3.11.1920.

[103] G. M. Martin, Predigt als „offenes Kunstwerk", 51.

[104] D. Morat, Simulation und Wirklichkeit, 33. - Vgl. R. Siebenrock, Umgang mit der Wirklichkeit, 228; C. Wessely, Virtual Reality, 239.

kramenten bedarf. Obwohl - oder gerade weil - sie selber einem Traditions- und Wachstumsprozeß unterworfen sind, bilden sie für Wittig die Grundlage schöpferischer Bibelfortschreibung und gläubiger Selbstvergewisserung. Die Rekonstruktion der eigenen Lebensgeschichte im Lichte des Evangeliums bedarf der Traditionsrahmen und der „Biographiegeneratoren", die von der Glaubensgemeinschaft bereitgestellt werden.[105] In seiner Kritik an der Fehlentwicklung der Beichte und seinem Hinweis auf die Krise der Kommunikationsstruktur des Pfarreien- und Vereinswesens stellt Wittig warnend die Gefährdung dar, denen er diese Rahmenbedingungen unterworfen sieht.

Zeugnis oder Bekenntnis?

Mit der Suche nach Traditionsrahmen verbindet sich die Frage nach der Bedeutung der christlichen Gemeinschaft und ihres Bekenntnisses. Wenn die Grenzen zwischen Traum und Wirklichkeit fragwürdig werden, bedarf der Mensch, um nicht in seiner Phantasiewelt verlorenzugehen, einer mitmenschlichen Kommunikation, in der die eigene Wahrnehmung mit anderen Sichtweisen geteilt wird. Der Vater *Eduard Wittig*, der die träumerische Perspektivsuche seines Sohnes korrigierend unterstützt, der Freund *Ferdinand Piontek*, vor dessen kritischem Urteil Wittig seine Pläne ausbreitet, die Herausgeber *Karl Muth* und *Martin Buber*, die das Schreiben Wittigs aufmerksam begleiten, oder seine Frau *Anca Wittig* sind einige Personen, die im Dialog mit Joseph Wittig zur kommunikativen Rückbindung seiner Wirklichkeitswahrnehmung beitragen. Gemeinsam mit *Eugen Rosenstock* äußert Wittig zur Einleitung des gemeinsamen Werkes die Ansicht, „daß nur in der Polyphonie der vom Geist Getroffenen die Wahrheit ist."[106] Wenn sich das *Glaubenszeugnis* Joseph Wittigs auch auf den Dialog mit anderen angewiesen weiß, ist es trotz dieses Gemeinschaftsbezuges von einer Form des *Glaubensbekenntnisses* zu unterscheiden, in der sich die Übereinstimmung der kirchlichen Gemeinschaft ausdrückt. Edmund Arens unterscheidet die beiden kommunikativen Handlungen „Bezeugen" und „Bekennen". Während das Bezeugen auf ein Überzeugen des Gesprächspartners abzielt, kommt

---

[105] A. Hahn, Identität und Biographie, 137.
[106] J. Wittig / E. Rosenstock, Das Alter der Kirche I, 31.

im Bekennen ein von einer Gemeinschaft erzielter Konsens zur Sprache. „Bezeugen" und „Bekennen" sind als kommunikative Handlungen in der Praxis der Jünger und der urchristlichen Gemeinde verwurzelt; beide gelten als „Handlungen des Glaubens, in denen sich der christliche Glaube in heutigen Kontexten und im Blick auf gegenwärtige Adressaten artikuliert. Im kerygmatischen-missionarischen, diakonischen, prophetischen und pathischen Bezeugen sowie im gottesdienstlichen, lehrenden und situativen Bekennen geht es elementar um Christopraxis."[107] Nimmt man diese Differenzierung auf, ist das autobiographische Schreiben Joseph Wittigs als *bezeugende* Sprachhandlung zu werten. Mit der Person des Bezeugenden untrennbar verbunden, ist sie notwendig fragmentarisch. Diese Einseitigkeit ist jedoch nicht als Defizit, sondern als Möglichkeit zur Ergänzung anzusehen. Als Glaubenszeugnis verstanden ist die „Ich"-Botschaft Joseph Wittigs darauf ausgerichtet, andere zur eigenen Stellungnahme zu bewegen und sie zu ermutigen, „selbst 'ich' zu sagen, statt in reine Affirmation - 'ich auch' - oder pure Kritik - 'ich nicht' - hineingetrieben zu werden."[108] Damit ist das lebensgeschichtliche Zeugnis Joseph Wittigs zu unterscheiden von den Bekenntnissen und Dogmen, die als „Konsenstexte" das Selbstverständnis und die Identität der christlichen Gemeinschaft ausdrücken.[109] Problematisch erscheint es, wenn - wie in der Wittig-Rezeption von Verehrern und Kritikern geschehen - die bezeugende Sprechhandlung als Bekenntnis gelesen und das Glaubenszeugnis Wittigs, das notwendig fragmentarisch, aber in seiner Subjektivität verbindlich ist, als Konsenstext interpretiert wird und ihm damit eine Normativität abverlangt wird, die er weder erbringen kann noch will. In der Auseinandersetzung um seine Schriften mußte Wittig selbst neu lernen, daß sein Glaubenszeugnis „nicht aggressiv verteidigter und den 'anderen' bestrittener Wahrheitsbesitz [ist], sondern die Faszination eines Weges; eines Weges, der in den Fußspuren Jesu Christi ein Weg zur Vollendung des Menschen bei und durch Gott zu werden verspricht."[110]

---

[107] E. Arens, Grundlagen einer theologischen Handlungstheorie, 232.

[108] G. M. Martin, Predigt als offenes Kunstwerk, 56.

[109] E. Arens, „Wer kann die großen Taten des Herrn erzählen?", 23.

[110] J. Werbick, Vom entscheidend und unterscheidend Christlichen, 71.

3. Lebensgeschichte als Begegnungsmystik

„Erzähle dich selbst!"[111] In Kurzform kann so die Aufforderung zu einem narrativen Selbstverhältnis lauten. An die Stelle des Orakelspruches „Erkenne dich selbst" tritt die Empfehlung zum erzählerischen Entwurf des eigenen Daseins. Geht das Projekt der Selbsterkenntnis oder der *Selbstfindung* von der Vorgegebenheit eines Selbst aus, das es im Rückblick auf die eigene Lebensgeschichte zu rekonstruieren gilt, so basiert der Versuch der *Selbsterfindung* auf der Überzeugung, daß diese Lebensgeschichte und damit die Identität des Menschen erst im Akt des Erzählens Gestalt gewinnt. Mit beiden Zugängen zur eigenen Lebensgeschichte verbinden sich Fragen. Hinsichtlich der Selbstfindung ist zu fragen: Läßt sich eine vorgegebene Identität des Menschen behaupten, die in der Rekonstruktion der Lebensgeschichte definitiv zu erkennen wäre? Beim konstruktivistischen „Erzähle dich selbst!" erscheint die Lebensgeschichte verheißungsvoll offen. Fragwürdig ist hier jedoch, ob eine solche Selbsterfindung die menschliche Sehnsucht nach einer Bestimmtheit, die seine Eigenentwürfe übersteigt, zu erfüllen vermag. Wenn Selbstfindungs- und Selbsterfindungsbemühungen als gegenwartsorientierte Handlungen betrachtet werden, die darauf hinzielen, Orientierungsrahmen zu bieten und Handlungsmöglichkeiten zu eröffnen, stellt sich ferner die Frage, ob und wie sie diese Aufgabe erfüllen können. Unter welchen Bedingungen und mit welchen Grenzen vermag die (re-)konstruierte Lebensgeschichte für die Identität des Menschen einzustehen? Ist sie ein tragfähiger, Halt gebender Interpretationsrahmen, der zur Stabilisierung des Individuums hilft? Oder ist sie eine funktionalisierte „Vergegenständlichung" der Lebensgeschichte und ein - aus mangelnder Selbstliebe und Angst vor Identitätsverlust resultierender - Reflex, der eine „Selbstbeziehung als praktische Beziehung im Sinne einer internen Interaktion"[112] verwehrt?

Auf dem Hintergrund dieser Fragen gewinnt das von Joseph Wittig praktizierte lebensgeschichtliche Schreiben Bedeutung. Während der zweiten Hälfte seines Lebens - von 1915 bis 1949 - bringt Wittig in

---

[111] D. Thomä, Erzähle dich selbst, 8.
[112] A.a.O., 166.

seinen Schriften Momente der eigenen Lebensgeschichte zur Sprache. Auch wenn die Ausformungen der autobiographischen Zeugnisse variieren und von der situativen Anknüpfung bis zum Lebensroman, von der Kindheitserinnerung bis zur Gegenwartsskizze, von der öffentlichen Publikation bis zum privaten Tagebuch reichen, so begleitet das erzählende Selbstverhältnis doch kontinuierlich den Lebenslauf Wittigs. Zu schreiben bedeutet für Joseph Wittig, sich dem Leben zuzuwenden und sich zugleich von ihm zu distanzieren. Wittig sieht sich - angesichts vielfältiger Krisenerfahrung - konfrontiert mit dem Ereignischarakter eines Lebens, dessen Vitalität er in das Bild des fortreißenden Stromes bringt. Erzählend vermag er sich ans Ufer des Lebensstromes zu begeben und einen Standpunkt zu gewinnen, der vor dem bloßen Mitschwimmen und der Macht des Fortgerissen-Werdens bewahrt. Schreibend begibt sich Wittig ins Gegenüber zum eigenen Leben, kommt zu einem Verhältnis zu sich selber, entgeht der Eindimensionalität. Die erzählerische Distanz zur eigenen Lebensgeschichte hat allerdings folgenreich Anteil an dieser Geschichte. Wittigs Erzählen führt ihn zu lebensentscheidenden Veränderungen. Mit seinem Schreiben greift er ins Leben ein, provoziert die Auseinandersetzung und überschreitet Sprachgrenzen. Die Position, aus der er sein Leben betrachtet und beschreibt, ist kein unabänderlicher Standpunkt, sondern eine je neu einzunehmende Sichtweise. Erzählend findet er Handlungsspielraum und Entscheidungsmöglichkeiten; schreibend wird es ihm möglich, daß er „auf die Herausforderung des Irritierenden nicht nur nach den internalisierten Mustern reagiert, sondern sich selbst (...) antwortend ins Spiel bringt und in diesem Spiel Alternativen riskiert."[113] Damit „erfährt er sich selbst als ein Ich, das nicht einfach von den Gegenständen bestimmt und formiert ist, sondern zu ihnen sich in Beziehung setzt; als Person, die sich von dem in der Wirklichkeit Wirklichen angehen läßt und in der Antwort auf es sich selbst verwirklichen kann; als Person, die sich in Beziehung setzt und in Beziehung erfährt, zuletzt und zutiefst in Beziehung zu dem, der die Wirklichkeit letztlich 'bestimmt'."[114]

---

[113] J. Werbick, Glaubenlernen aus Erfahrung, 121.
[114] Ebd.

Das Schreiben hat als Akt des Lebens Teil an der Dynamik, die Wittig in seinem Leben wahrnimmt. So gilt für das Schreiben wie für das Leben, daß Wittig es in einer ihm vorgegebenen göttlichen Initiative gegründet sieht. In seiner Gottesbeziehung findet sich das Zugleich von Differenz und Identität, das das Verhältnis von Leben und Schreiben konturiert, wieder. Für Wittig ist Gott einerseits ein Gegenüber, das beglückend und befremdlich „anders" ist - wie das Leben. Gleichzeitig ist er Initiator des Weltgeschehens, der in allem, was geschieht, innerlich anwesend ist - also auch im Schreiben. In Anknüpfung an die Lehre vom *concursus divinus* führt Wittig alles Geschehen auf die schöpferische Initiative Gottes zurück und sucht nach Wegen, auch das Zerreißende und Abgründige dankbar annehmen zu können. Die aufmerksame Zuwendung zu allem Lebendigen wird zur Gottesbegegnung. Ob die Lebensgeschichten der Vorfahren erinnert werden oder das Neusorger Familienleben in die Haus-Chronik eingeschrieben wird: in der schreibenden Wahrnehmung und Darstellung wird das Leben - dank seiner kreatürlichen Verdanktheit, nicht auf Grund menschlicher Gestaltungsweisen - als „wahres Leben" erkannt. Insofern die Welt Kreatur ist und die Menschen Kinder Gottes sind, ist in ihnen ihr göttlicher Ursprung präsent. Diese Spannung zwischen Anwesenheit des Schöpfers in der Schöpfung und bleibender Verschiedenheit von Gott und Welt läßt sich kaum widerspruchsfrei aussagen. Daß auch Joseph Wittig nicht zu einer konsequenten Sprachregelung findet, läßt sich an der Mahnung „Nimm und lies" ablesen. Mit der Aufforderung, „nicht nur von Gott und göttlichen Dingen", sondern von sich selbst zu reden, wird die Differenz von Gott und Mensch vorausgesetzt. Zugleich ist die gläubige Selbstthematisierung gerade dadurch bestimmt, daß es sich beim menschlichen Leben um ein „göttliches Ding" handelt.

Mit den Gottesbildern „Vater" und „Schöpfer" nimmt Wittig zwei Metaphern auf, in denen die biblische Tradition das Verhältnis von Gott und Mensch zur Sprache bringt. Beide Bilder zeigen Gott in Relation zum Menschen. Der Vater ist Vater in Beziehung zu seinen Kindern; der Schöpfer ist Schöpfer im Verhältnis zu seinen Geschöpfen. Mit Nachdruck weist Wittig darauf hin, daß es zum Wesen Gottes gehört, zu seinen Geschöpfen und Kindern ein Verhältnis zu haben, und daß die biblische Botschaft kein beziehungsloses *ens a se* kennt, sondern die „Vaterschaft" Gottes und damit die Bezogenheit Gottes auf die Geschichte seines Volkes glaubt. Den Bildern vom „Vater" und vom „Schöpfer" ist in der Bibelrezeption Wittigs gemeinsam, daß sie die Zeugung und Weitergabe des Lebens zur Sprache bringen und aus der Perspektive des „Kindes" oder des „Geschöpfes" die Verdanktheit, Gewordenheit und den Ursprung des eigenen Lebens zum Ausdruck bringen. Sich als „Kind Gottes" zu verstehen, verheißt in biblischer Tradition eine Zugehörigkeit zu Gott als Vater und eine Lebenshaltung des Sich-Öffnens, des Annehmen-Könnens und sich Schenken-Lassens.[115] Die schreibende Begegnung mit der Lebensgeschichte und der Glaube an Gott, der im Menschen und gegenüber zum Menschen ist, bilden dieselbe spannungsvolle Struktur ab. An ihr hat auch die Beziehungsbestimmung teil, in der sich Wittig zu Jesus Christus sieht. Anknüpfend an das Pauluswort „Christus lebt in mir" bringt Wittig eine „Christusförmigkeit"[116] oder eine lebensgeschichtliche „Kon-Präsenz"[117] mit Christus zur Sprache. Sie übersteigt eine verstandesmäßige Aneignung der Lehre oder die Nachahmung des moralischen Vorbildes Jesu Christi. Die Lebensgeschichte Wittigs ist eingeschrieben in das Leben Jesu, beide Geschichten werden zu einer Geschichte, die Wittig unter der Überschrift „Leben Jesu" erzählt. Dennoch führt der Glaube Wittigs an die Präsenz des Auferstandenen im eigenen Leben nicht zur Auflösung der Differenz zwischen Jesus Christus und Joseph Wittig. Jesus Christus begegnet Wittig als Freund, als Vorbild, als Gesprächspartner und damit als Gegenüber. Die Christusbeziehung ermöglicht eine „Spiegel-Kommunikation", in der Jesus Christus „zwischen projektiven Ein-Bildungen und wirkmächtigen Ur-Bildern wirklicher Realität"[118] zu unterscheiden hilft und im Zeichen des Kreuzes zu einer Bejahung des Daseins in erwachsener Gläubigkeit befreit. Wie im Anschauen des Spiegelbildes das angesehene Gegenüber und die sehende Person zwei Größen bilden und doch eine Einheit sind, so ereignet sich in der Beziehung zu Jesus

---

[115] Vgl. P. Müller, In der Mitte der Gemeinde, 379, 382.

[116] A. M. Haas, „Christusförmig sein", 178.

[117] M. Schneider, Theologie als Biographie, 16.

[118] G. Fuchs, „In uns allen...", 5.

Christus Gegenüber und Einheit gleichzeitig. Der Blick auf das spiegelbildliche Ineinander der beiden Lebensgeschichten ist für Joseph Wittig folgenreich: Er wird der Eindimensionalität des Daseins enthoben, zur Begegnung mit Gott als dem „Vater" geführt und zur Wahrnehmung der „radikalen Wirklichkeit" im Hier und Jetzt herausgefordert. Damit wird in der aufmerksamen Zuwendung zum gegenwärtigen Leben für Joseph Wittig jene „situative Erfahrungsweisheit des Wanderpredigers" Jesus aus Nazareth konkret, „die alles offen ließ, auf Plausibilität setzte - und ansonsten optimistisch mit Gottes Verläßlichkeit und Großzügigkeit rechnete".[119]

Die Form, in der Wittig Selbstverhältnis, Gottes- und Christusbeziehung sieht, hat Folgen für die Frage nach Selbstfindung und Selbsterfindung. Wittig wendet sich dem Leben zu, tritt in eine Beziehung ein. Das Verhältnis zum eigenen Leben kann daher als „Begegnungsmystik"[120] gekennzeichnet werden. Eine narzißtische Selbst-Bespiegelung wird dadurch überwunden, daß sich der Betrachtende nicht in sich selbst verkrümmt, sondern befreit ist zur *Begegnung* mit dem empfangenen, (vor-)gegebenen Leben. Die Selbst-Begegnung kann so zum begnadeten Geschehen werden. Als Schöpfung Gottes ist die eigene Lebensgeschichte zwar bestimmt, aber bestimmt in ihrer Unauslotbarkeit und Unerschöpflichkeit. Ihr Geheimnischarakter ist nicht ein zu überwindendes Defizit, sondern die grundlegende Wesensbestimmung. Im notwendig unabgeschlossenen *Geschehen* der erzählenden Lebenszuwendung findet der Imperativ „Erzähle dich selbst!" daher seine Erfüllung. Ein christliches Selbstverhältnis im Sinne Wittigs ist damit weder „Selbstfindung" im Sinne einer Rekonstruktion der Lebensgeschichte, noch die „Selbsterfindung" einer beliebig konstruierbaren Biographie, sondern die *Begegnung* mit der unendlichen Geschichte des eigenen Lebens – und darin Begegnung mit dem lebendigen Gott, dessen schöpferischer Initiative sich dieses Leben verdankt.

Notwendig gehört es dabei zur „theologia viatorum", daß in ihr - je nach Alter oder Lebenssituation des Menschen - jeweils andere „Ge-

---

[119] M. Ebner, Jesus - ein Weisheitslehrer?, 426, 430.

[120] J. Sudbrack, Christliche Begegnungsmystik, 141.

sichter Gottes"[121] aufscheinen. Wenn Gott nicht in logischer Schlußfolgerung *begriffen* werden kann, sondern sich offenbart in der Begegnung mit Menschen, die sich von ihm *ergreifen* lassen, bleibt er -
gerade in der Konkretheit der persönlichen Beziehung - „ein unver-
fügbares Geheimnis, das der Mensch niemals ausloten und ergründen
kann."[122] In diesem Sinne wird von Wittig als grundlegende Glaubenserfahrung benannt, daß Gott „anders" ist. Dieser überraschenden
Andersartigkeit sind auch die Metaphern unterworfen, mit denen
Wittig das Verhältnis von Gott und Menschen beschreibt. In ihrer
Vielschichtigkeit verlangen sie danach, je neu konkret zu werden, in
ihrer Fragmentarität ergänzt, in jeweils andere Welten hineinbuchstabiert zu werden.[123] So wandelt sich der Klang, den die Formulierung
dieses Anders-Sein Gottes in der Lebensgeschichte Wittigs erhält. Er
reicht von dem Dank für die befreiende Andersartigkeit Gottes, die
jedes menschliche Bescheidwissen und jede Festlegung konterkariert
und es dem Menschen ermöglicht, selber überraschend anders zu sein
und einengende Fixierungen zu durchbrechen, zu einem Erleiden der
Andersartigkeit Gottes, dessen Bild befremdlich und verdunkelt ist
und der vor allem mit seiner Finsternis in der Dunkelheit des Leidenden gegenwärtig ist. Auch die Färbung der Metapher von Gott als
„Vater" wird bestimmt vom Kontext, in dem das Bild aufscheint. In
Verbindung mit der Glaubensgeschichte gebracht, darf und muß sich
die Wirkung dieses Gottesbildes mit Einsprüchen und Widerständen
konfrontieren lassen. So kann gefragt werden: Wird in einer kindlichen Abhängigkeit vom Vater der fehlende Wille zum Erwachsenwerden und Eigenständig-Sein deutlich? Wird mit der Berufung auf
den Willen des Vaters die Eigenverantwortung des Kindes geleugnet?
Mit welchen Konsequenzen werden von Wittig die Erinnerung an den
eigenen Vater und dessen passiv anmutende Gottergebenheit mit dem
himmlischen Vater in Beziehung gebracht? Wittig beschreibt seinen
Vater in der Welt sonntäglichen Friedens und gläubigen Vertrauens,
abgründige Züge und dunkle Seiten werden nicht erinnert, Kämpfe
und Auseinandersetzungen mit dem Vater kommen in den Erzählun-

---

[121] K. P. Jörns, Die neuen Gesichter Gottes, 27, 199.

[122] K. Frielingsdorf, Der wahre Gott ist anders, 19.

[123] Vgl. J. Werbick, Bilder sind Wege, 66-78.

445

gen Wittigs nicht vor. Gilt ein ähnliches Verhältnis in der Beziehung Wittigs zu seinem Gott? Wird dieser - obwohl Initiator auch des Zerstörerischen und Destruktiven - von seiner Verantwortung für diese Abgründigkeit entlassen? Bleibt er eine „projektive Idealisierung"[124], in deren Allmacht Wittig aus dem überfordernden Alltag fliehen kann? Ist die Flucht in die heile Welt der Kindheit Beleg für eine insgeheim doch lebensfeindliche Regression?[125] Oder bedeutet im Gegenteil das Festhalten Wittigs am guten Vater eine in der Sprache der Sehnsucht geäußerte Hoffnung darauf, daß es - gegen vielfachen äußeren Anschein - Grund zu Vertrauen und Lebensbejahung gibt? Eröffnet sich gerade in dieser Hoffnung die Grundlage zum Aufbauen eines tragfähigen, realistischen Weltverhältnisses und Selbstbildes? Die rein textimmanente Antwort auf diese Fragen stößt an Grenzen. Soll der Wirkmacht der Gottesbilder entsprochen werden, ist nach den Konsequenzen, Entscheidungen und Auswirkungen zu fragen, die aus dem Schreiben resultieren und die sich in späteren Zeugnissen oder in den Aussagen anderer widerspiegeln. So sehr dieser Aufweis notwendig und möglich ist - und anfanghaft versucht wurde -, bleibt auch er notwendig fragmentarisch. Das Leben läßt sich nicht abschließend zur Sprache bringen; die narrative Zuwendung zum Leben partizipiert an dieser Offenheit. Leben wie Lebensgeschichte(n) warten auf ihre immer noch ausstehende Vollendung. „Indem wir unsere Geschichte(n) mit Jesu(s) Geschichte(n) erzählen, behaupten wir beide als unabgeschlossen. Das Ende der Geschichte Jesu wie unserer eigenen liegt vor uns."[126]

Aus dieser Unabgeschlossenheit resultiert der Vorbehalt gegen alle Versuche, die Lebensgeschichte unter der Perspektive eines geradlinigen Entwicklungsschemas zu sehen oder sie einem systematisierenden Abschluß zuzuführen. Die Glaubens-*Entwicklung* zu betonen und die Kontextualität des Glaubens zu beschreiben, kann als „Gegenentwurf zu starrem Dogmatismus und jeder Form der Indoktrination von

---

[124] K. Frielingsdorf, Dämonische Gottesbilder, 48.

[125] Joseph Wittigs Bemerkungen zum himmlischen und irdischen Vater ermöglichen bzw. erfordern eine interdisziplinäre psychologisch-theologische Untersuchung zum Verhältnis von göttlichem und menschlichem Vaterbild bei Wittig, die eine lohnende weiterführende Forschungsaufgabe wäre.

[126] E. Arens, „Wer kann die großen Taten des Herrn erzählen?", 22.

Werten und Tugenden" gelten.[127] Stufenmodelle können „als Einladung zur Begehung der Vita Jesu mit ihren Höhen und Tiefen aufgefaßt werden", um so frei von Leistungsimplikationen „Schritte auf dem Weg in die Verantwortung"[128] gehen zu lernen. In diese religionspädagogische Suche nach einer Korrelation von Lebensgeschichte und Glaubensentwicklung, die eine Reifung des Menschen *in* einem Wachstum des Glaubens ermöglicht, ist von der Biographie Wittigs her das Wissen um die Vielschichtigkeit dieser Korrelation einzubringen. Der Versuch, mit Hilfe einer modellhaften Systematisierung religiöser Entwicklung die Nützlichkeit der Religion für ein gelingendes, glückliches Menschsein zu begründen, wird vom theologischen Weg Joseph Wittigs jedoch in Frage gestellt. Zwar hält die Stilisierung Joseph Wittigs zum tragisch Gescheiterten einer eingehenden Untersuchung nicht stand. Dennoch ist seine Lebens- und Glaubensgeschichte keine gradlinige Erfolgs- und Glücksgeschichte. Seine autobiographische Theologie entrückt ihn nicht in spannunglose Harmonie oder fraglose Versöhntheit und wird nicht zum „Tröstungssurrogat", sein Lebensroman mit Gott steht nicht unter der Prämisse, daß der Glaube an Gott „glücklich macht".[129] Der Trost gläubiger Geborgenheit steht neben Zeugnissen von der Dunkelheit der Gottesnähe. Die Befremdlichkeit Gottes und die Gebrochenheit des eigenen Lebens können gläubig als *compassio* verstanden und ausgehalten werden; als Muster für eine gelungene christliche Biographie dienen sie nicht. Einsamkeit und Gestaltungskraft, Exkommunikation und Freundschaft, Aufbruch und Depression, Familienglück und Schlaflosigkeit, Vertreibung und Verehrung sind Fragmente einer „aufregenden, beglückenden oder schmerzlichen Liebesgeschichte."[130] Deren Kontinuität liegt weniger in einer inhaltlichen, interpretativen Bestimmbarkeit, als in der je neuen schreibenden *Begegnung* mit diesem Leben - und damit in der betenden Ausrichtung auf den, der *in* dieser Lebens-Geschichte zum Gott Joseph Wittigs wird.

---

[127] G. Klappenecker, Glaubensentwicklung und Lebensgeschichte, 20.

[128] A.a.O., 29, 266. - Vgl. L. Kuld, Glaube in Lebensgeschichten, 107/8, 264.

[129] Vgl. J. B. Metz, in: D. Sölle, Welches Christentum hat Zukunft? Dorothee Sölle und Johann Baptist Metz im Gespräch, 48/9.

[130] J. Wittig, Roman mit Gott, 12.

Literaturverzeichnis

Die Titel der *Werke Joseph Wittigs* werden in den Fußnoten des Haupttextes zitiert: entweder mit dem ersten Teil der Überschrift oder mit der kursiv gesetzten Titelangabe. In das Literaturverzeichnis wurden namentlich die Aufsätze aufgenommen, die im Text ausdrücklich genannt werden. Alle anderen Aufsätze und Erzählungen werden zitiert nach den Sammelbänden, in denen sie erschienen sind. Da in den Neuauflagen der Erzählungssammlungen Kürzungen vorgenommen wurden, konnten sie für die vorliegende Untersuchung nicht verwandt werden.

Die Titel der *Sekundärliteratur* werden abgekürzt mit dem Namen der Verfasserin oder des Verfassers und dem im Literaturverzeichnis aufgeführten Titel oder – als Kurzform – mit der ersten Sinneinheit des Titels.

Der *Nachlaß Joseph Wittigs* wurde 1999 an die „Gemeinsame Bibliothek Evangelische und Katholische Theologie an der Johann-Wolfgang-Goethe-Universität Frankfurt" übergeben. Er ist im Folgenden abgekürzt mit NW (für „Nachlaß Wittig").

Im Erzbischöflichen Archiv in Wrocław (Breslau) sind in der „Sammlung Hoffmann Nr. 27739" undatierte Zeitungsausschnitte aus vorwiegend schlesischen Zeitungen gesammelt. Diese Sammlung wird im Folgenden abgekürzt mit SH. Für das Archiv der Universität Wrocław steht die Abkürzung AUW.

Die Abkürzungen für Zeitschriften richten sich im gesamten Literaturverzeichnis nach dem Abkürzungsverzeichnis in der dritten Auflage des Lexikons für Theologie und Kirche, Freiburg u. a. 1993.

I. Primärliteratur

1. Veröffentlichte Schriften Joseph Wittigs

- Adolf von Harnacks Marcionbuch, in: Hochl 22,2 (1925) 120-122.
- Aedificabo ecclesiam, in: Hochl 18 (1921) 257-282.
- Andenken an die Erste heilige Kommunion, in: Katholisches Sonntagsblatt o.A. (SH).
- Auf dem Wege zur Disputa Raffaels, in: Schlesisches Pastoralblatt 39 (1918) 61-64, 73-76, 85-88.
- Aus dem deutschen Katholizismus, in: ChW 51 (1937) 970-973.
- Aus dem Fragebuch des Ambrosiasters, in: Aus unbekannten Schriften. Festgabe für Martin Buber zum 50. Geburtstag, Berlin 1928, 48-52.
- Aus den Steinen der Wüste, in: Das Heilige Feuer 8 (1920/21) 379-386, 429-435.
- Aus einem Brief, in: Das Tagebuch 7 (1926) Bd. II, 994-998.

- Aus Heimat und Ferien, in: Heiliges Wissen, hg. v. Joseph Wittig, Breslau 1918, 33-34.
- Aus meiner letzten Schulklasse, in: Die Kreatur 2 (1927/28) 7-33.
- Aus meiner Ziegenhirtenzeit, in: Das Heilige Feuer 12 (1924/25) 49-64.
- *Aussichten* und Wege, Heilbronn 1930.
- Bergkristall. Mit Bildern von Hans Franke, Habelschwerdt 1924.
- Briefe vom Herrgott, in: Katholisches Sonntagsblatt o.A. (SH).
- Christus, das Saatkorn Gottes, in: Heliand 9 (1918) 69-73.
- Chronik der Stadt Neurode. Neurode 1937.
- Da läuten die Glocken zum Pfingstfest durch den Maientag, in: Allgemeine Rundschau 15 (1918) 293-294.
- Das allgemeine Priestertum, in: Kirche und Wirklichkeit. Ein katholisches Zeitbuch, hg. v. Ernst Michel, Jena 1923, 21-43.
- Das Buch der radikalen Wirklichkeit, in: Das Buch der Christenheit, hg. v. Kurt Ihlenfeld, Berlin 1939, 292-334.
- Das erste Kirchenbild, in: Deutsche Revue 47 (1922) Bd. 2, 240-247.
- Das Geheimnis des „Und", in: Die Kreatur 2 (1927/28) 419-425.
- Das geleimte Jesuskind, in: Joseph Wittig, Bergkristall, 14-17.
- Das Hausdorfer Bergmannskreuz, in: Guda Obend 24 (1934) 125-127.
- Das Jesuskind und der Aeroplan, in: Zeitwende 3 (1927) 408-29, 489-510.
- Das Mysterium der menschlichen Handlungen und Geschehnisse, in: Heliand 10 (1919/20) 161-186.
- Das Papsttum. Seine weltgeschichtliche Entwicklung und Bedeutung, Hamburg 1913.
- Das Schicksal des *Wenzel Böhm*. Eine Herrgottsgeschichte, Habelschwerdt 1926.
- Das Spiel zum Erntefest, Breslau 1934.
- Das Toleranzedikt von Mailand 313, in: Konstantin der Große und seine Zeit. Gesammelte Studien, hg. v. Franz Joseph Dölger, Freiburg 1913, 40-65.
- Das verlorene *Vaterunser*, Heilbronn 1933.
- Das *Volk von Neusorge*, in: Die Kreatur 1 (1926/27) 87-103.
- Das Wunder der Nähe, in: Eckart 6 (1930) 1-8.
- Der Advent des Demokraten, in: Deutsche Republik 2 (1927-28) 365-371.
- Der Ambrosiaster „Hilarius". Ein Beitrag zur Geschichte des Papstes Damasus I. (Kirchengeschichtliche Abhandlungen, hg. v. Max Sdralek, Bd. 4) Breslau 1906, 1-66.
- Der Cinctus Gabinus an der Bronzestatue des Apostelfürsten im Vatikan, in: RQ 26 (1912) 181-191.
- Der Geburtstag der christlichen Sprache, in: GuL 68 (1995)161-164.
- Der Glaubensbote, in: Das Heilige Feuer 19 (1922/23) 226-235.
- Der heilige Troubadour, in: Franz von Assisi. Sonderheft der Vierteljahrsschrift „Una Sancta", Stuttgart 1926, 8-13.
- Der neue Fürstbischof von Breslau, in: Allgemeine Rundschau 11 (1914) 463-465.
- Der neue Geist, in: Der Hausfreund für Stadt und Land 96 (1938) v. 4.6.1938, 1.

- Der Kübel des heiligen Florian, in: Das verlorene Vaterunser, 92-119.
- Der Osterfeldgang, in: Das Heilige Feuer 9 (1921/22) 245-253.
- Der Papst Damasus, Martin Rade und ich, in: ChW 51 (1937) 305-308.
- Der Schlegler Schienegieher-Junge von 1891 vor der Madonna des Seligen Arnest, in: Guda Obend 24 (1934) 30.
- Der Steinmetz von der Sandinsel, in: Bergkristall, 100-111.
- Der Tag Christi, in: Heliand 8 (1917) 312-317.
- Der Ungläubige und andere Geschichten vom Reiche Gottes und der Welt, Gotha 1928.
- Der Weg zur Kreatur, in: Die Kreatur 3 (1929/30) 137-157.
- Deutsches Brauchtum im Jahreslauf. Der Spätherbst, in: Der Lagerführer o. J., 177-180 (NW).
- Dichtungen des hl. Augustinus, in: Heliand 10 (1920) 311-319.
- Die altchristlichen Skulpturen im Museum der deutschen Nationalstiftung am Campo Santo in Rom. FS zur Silberhochzeit des deutschen Kaiserpaares, Rom 1906.
- Die Beschwörung des Basilius, in: ChW 44 (1930) 1114-1121.
- Die *Christgeburt* auf der Straße nach Landeck. Geschichten, Gedichte und Gedanken aus dem Nachlaß, herausgegeben von Gerhard Pachnicke, Leimen 1981.
- Die Entdeckung zweier altchristlicher Basiliken in Tunesien, in: RQ 20 (1906) 93-94.
- Die Erlösten, in: Hochl 19,2 (1922) 1-26 [Wiederveröffentlicht in und zitiert nach: Meine „Erlösten" in Buße, Kampf und Wehr; mit dem Titel: *Die Erlösten*].
- Die *Friedenspolitik* des Papstes Damasus I. und der Ausgang der arianischen Streitigkeiten (Kirchengeschichtliche Abhandlungen, hg. v. Max Sdralek, Bd. 10) Breslau 1912.
- Die Geschichte der Petrusbronze in der Peterskirche, in: RQ 27 (1913) 103-123.
- Die Grafschaft Glatz ein Marienland, in: Guda Obend 24 (1934) 5-29.
- Die „Hedwig" in der Schlegler Dorf-Chronik, in: Guda Obend 30 (1940) 51-53.
- Die heiligen drei Könige vom Hinterberg, in: Auf der Wacht 3 (1934) 153-154.
- Die Heimsuchungen Gottes, in: Heliand 8 (1917) 271-275.
- Die Himmelskönigin, die Hexe Udali und Rübezahl, in: Eckart 18 (1942) 230-233.
- Die Hochzeit im Ausgedinge, in: Guda Obend 31 (1941) 102-104.
- Die Katakomben von Hadrumet in Afrika, in: RQ 19 (1905) 83-84.
- Die Kirche als Auswirkung und Selbstverwirklichung der christlichen Seele, in: Kirche und Wirklichkeit, hg. v. Ernst Michel, Jena 1923, 189-210.
- Die Kirche im Waldwinkel und andere Geschichten vom Glauben und vom Reiche Gottes, Kempten 1924.
- Die Legende vom Herrn, in: Eckart 4 (1928) 1-9.
- Die Lüneburger Legende. Zu Ehren eines gelehrten Freundes zu seinem 70. Geburtstag, in: Gold, Weihrauch und Myrrhe, 7-13.

- Die Mutter, in: Die Mutter. Dank des Dichters, mit Beiträgen von Anna Schieber, Agnes Miegel u.a., Berlin 1937, 21-26.
- Die Pfalzkapelle der mittelalterlichen Päpste und ihre Heiligtümer, in: Schlesisches Pastoralblatt 38 (1917) 49-51, 65-68, 81-84, 97-99.
- Die Pifferari in der Heiligen Nacht 1904, in: ChW 49 (1935) 1138-1143.
- Die Welt und die Eucharistie, in: Heliand 9 (1918) 136-139.
- Die Wüste, in: Die Kreatur 3 (1929/30) 308-330.
- Durch Hölle, Fegefeuer und Himmel, in: Katholisches Sonntagsblatt o. J., 300-301 (SH).
- Ein Apostel der Karitas. Der Breslauer Domherr Robert Spiske und sein Werk. Für die Kongregation der Ehrwürdigen Schwestern von der hl. Hedwig zur Hundertjahr-Feier des Geburtstages ihres Stifters und geistlichen Vaters verfaßt, Breslau 1921.
- Ein Brief von Joseph Wittig, Neusorge/Schlegel, 12. Februar 1941, in: Eckart 17 (1941) 120-122.
- Eine Leben-Jesu-Fälschung, in: Hochl 19,1 (1921/22) 200-205.
- Ein Geigenspiel, Wien 1992.
- Ein Waisenschicksal vor 100 Jahren, in: Guda Obend 30 (1940) 85-87.
- Engel und Zeichen, in: Eckart 18 (1942) 269-271.
- „Erschaffung und Fall der Engel", in: Die Kreatur 3 (1929/30) 2-14.
- Es war einmal in Schlesien. Alten Neurodern nacherzählt, Neurode o. J. (NW).
- Es werde Volk. Versuch einer ersten Geschichte des Löwenberger Arbeitslagers im Frühjahr 1928, Waldenburg 1928.
- Evangelische Ferienfahrt nach den Bibelländern, in: ChW 43 (1929) 625-628.
- Festgabe zur Konsekration der neuen Kirche in Lomnit OS am 25. November 1917, Berlin 1917.
- Filastrius, Gaudentius und Ambrosiaster. Eine literarhistorische Studie (Kirchengeschichtliche Abhandlungen, hg. v. Max Sdralek, Bd. 8) Breslau 1909, 1-56.
- Fußspuren des lebendigen Gottes in meinem Leben, in: Pastoralblatt 73 (1930/31) 7-17.
- Gedanken eines Ostiarius zum Luthertag 1933, in: Wartburg 32 (1933) 338-342.
- Georg Kardinal Kopp + , in : Allgemeine Rundschau 11 (1914) 175-176.
- Getröst, getröst, wir sind erlöst! Ein Buch von den Osterzeiten des Lebens, Heilbronn 1932.
- Glauben und Leben. Weisheiten und Weisungen des Dieners und Schreibers Gottes Joseph Wittig. Ausgewählt, ein- und ausgeleitet von Fritz Schmidt-Clausing, Berlin 1954.
- Gold, Weihrauch und Myrrhe. Geschichten aus der verlorenen Heimat, Köln 1948.
- Gottes Hand über meiner Hand. Eine Antwort auf viele Fragen, in: Heliand 10 (1919/20) 349-352.
- Gottes Gerechtigkeit, in: ChW 53 (1939) 121.
- Gotteslob der Maschine, in: ChW 53 (1939) 693-696.
- Greiners Vaterunser, in: ChW 53 (1939) 358-359.

- Guda Obend - Gruß an den sechzigjährigen Kalendervater Robert Karger, in: Guda Obend 24 (1934) 146-150.

- (Hg.) *Heiliges Wissen.* Heimatgrüße der Kath.-theol. Fakultät der Schlesischen Friedrich-Wilhelms-Universität an ihre Studenten im Felde, Breslau 1918.

- Heinrich II. als Reformator des religiösen und kirchlichen Lebens, in: E. Rosenstock / J. Wittig, Das Alter der Kirche II, 7-22.

- *Herrgottswissen* von Wegrain und Straße. Geschichten von Webern, Zimmerleuten und Dorfjungen, Freiburg 1922.

- Hermann Stehr, in: ChW 48 (1934) 258-262, 303-309, 361-366.

- *Höregott.* Ein Buch vom Geiste und vom Glauben, Heilbronn 1929.

- Ich glaube an das Buch, in: Eckart 9 (1933) 517-521.

- Im Anfang, in: Die Kreatur 2 (1927/28) 281-294.

- In diesem Zeichen wirst Du siegen, in: Heliand 3 (1911-12) 266-270, 307-311.

- In Gottes Händen, in: ChW 53 (1939) 702.

- 700 Jahre III. Orden des hl. Franz, in: Hochl 18 (1921) 631-633.

- Jesus, Soziale Frage und Christliche Revolution, in: Hochl 19,1 (1921/22) 587-596.

- Joseph Wittig erzählt winterliche und weihnachtliche Geschichten, Leimen 1992.

- Junge Christen, in: Positives Christentum 5 (1939) Nr. 12, 1.

- Kaiser Julian der Abtrünnige, in: Heliand 2 (1910-11) 239-243, 277-282.

- Karfunkel. Weltliche Unterhaltungen und Skizzen für die heilige Weihnachtszeit, Münster 1948.

- Kommt, wir gehn nach Bethlehem. Weihnachtliche Geschichten, Heilbronn 1990.

- Konstantin und Bonifatius, in: E. Rosenstock / J. Wittig, Das Alter der Kirche I, 439-459.

- Kraft in der Schwachheit. *Briefe* an Freunde, hg. v. Gerhard Pachnicke unter Mitwirkung v. Rudolf Hermeier, Moers 1993.

- „Laß den Mond am Himmel stehn", in: Die Kreatur 3 (1929/30) 236-249.

- *Leben Jesu* in Palästina, Schlesien und anderswo. 2 Bde. Kempten 1925.

- *Lehre und Tat.* Das neue Ghandi-Buch, in: Eckart 9 (1933) 82-83.

- Leineweberglauben, in: Das Heilige Feuer 8 (1920/21) 127-136.

- L'Invadente. Ein Nachwort zum Lutherjahr, in: ChW 47 (1933) 1118-1119.

- Ludwig Uhlands Gesang von der verlorenen Kirche, Salzburg 1915.

- Martin Buber oder Das mächtige Dasein, in: ChW 44 (1930) 887-889.

- Max Sdralek, in: Schlesier des 19. Jahrhunderts, hg. v. der Historischen Kommission für Schlesien, Breslau 1922, 130-133.

- Maximilian Sdralek, in: Chronik der schlesischen Friedrich-Wilhelms-Universität zu Breslau 28 (1913/14) 176-196.

- Meine „Erlösten" in Buße, Kampf und Wehr, neu hg. von Franz Jung, Münster 1989 (zit. *Die Erlösten*).

- Mein Hund, in: Toll-Annele, 108-113.

- Mensch und Maschine, in: ChW 45 (1931) 177-179.

- *Michel Gottschlichs* Wanderung, Heilbronn 1932.

- Mit Joseph Wittig durch das Jahr. Ausgewählt und zusammengestellt von Anca Wittig, Leimen 1973.
- *Neue Einblicke* in die Entwicklung der christlichen Religion, in: Hochl 20,1 (1922/23) 580-600.
- Neue religiöse Bücher, in: Hochl 21,1 (1923/24) 415-430.
- Novemberlicht. Drei Skizzen über Allerseelen, Totensonntag, okkulte Erfahrungen und den Auferstehungsleib, Kempen 1948.
- Oberschlesische Köpfe: Max Sdralek, in: Der Oberschlesier 3 (1921) 634-636, 659-662.
- *Papst Damasus* I. Quellenkritische Studien zu seiner Geschichte und Charakteristik (RQ Supplementheft 14) Freiburg 1902.
- Peter Janiks Leiden, in: Das verlorene Vaterunser 37-67.
- Pfingsten, in: Auf der Wacht 3 (1934) 71-73.
- Pfingststurm oder Rebellion, in: Auf der Wacht 3 (1934) 83-85.
- Rez. Otto Bardenhewer, Geschichte der altkirchlichen Literatur, in: ThRv 12 (1913) 161-66; 14 (1915) 300-303.
- Rez. Otto Bardenhewer, Patrologie, in: ThRv 10 (1911) 401-402.
- Rez. H. Brück, Lehrbuch der Kirchengeschichte, in: RQ 21 (1907) 142.
- Rez. Heinrich Brewer, Das sogenannte Athanasianische Glaubensbekenntnis, in: DLZ 31,1 (1910) 467-468.
- Rez. Franz Joseph Dölger, ΙΧΘΥΣ. Das Fischsymbol in frühchristlicher Zeit, in DLZ 32,1 (1911) 1363-1366.
- Rez. Festschriften zum Hieronymus-Jubiläum, in: ThRv 21 (1922) 2-7.
- Rez. Hartmann Grisar, Die römische Kapelle Sancta Sanctorum und ihre Schätze, in: ThRv 7 (1908) 243-245.
- Rez. Joseph Hergenröthers, Handbuch der allgemeinen Kirchengeschichte, in: DLZ 41 (1920) 255-257.
- Rez. Karl Hönn, Konstantin der Große, in: ChW 53 (1939) 856-857.
- Rez. Klebba, Des heiligen Irenäus fünf Bücher gegen die Häresien, in: ThRv 12 (1913) 265-269.
- Rez. Hans Kohn, Martin Buber. Sein Werk und seine Zeit, in: ChW 44 (1930) 896-897.
- Rez. Eugen Kühnemann, Mit unbefangener Stirn, in: ChW 52 (1938) 611.
- Rez. Joseph von Lauff, Die Heilige vom Niederrhein, in: ChW 48 (1934) 46.
- Rez. Gerhard Loeschke, Zwei kirchengeschichtliche Entwürfe, in: ThRv 13 (1914) 234-236.
- Rez. Carolina von Richthofen, Unser Domherr, in: ChW 44 (1930) 231.
- Rez. August Rohling, Die Zukunft der Menschheit als Gattung, in: DLZ 28,1 (1907) 1617-1618.
- Rez. Victor Schultze, Altchristliche Städte und Landschaften, in: ThRv 12 (1913) 573-75.
- Rez. Ernst Simon, Das Werturteil im Geschichtsunterricht mit Beispielen aus der deutschen Geschichte von 1871-1918, in: ChW 45 (1931) 766-767.
- Rez. Karl Staab, Die Lehre von der stellvertretenden Genugtuung Christi, in: DLZ 31,1 (1910) 787-788.

- Rez. Bernhard Strehler, Lebenshemmungen und Kraftquellen, in: DLZ 35,1 (1914) 1302-1303.
- Roman mit Gott. Tagebuchblätter der Anfechtung, Moers 1990.
- Schnitzelndes und geschnitzeltes Volk, in: Guda Obend 26 (1936) 93-95.
- Schweigendes Warten, in: Die Kreatur 2 (1927/28) 477-480.
- Siehe, ich verkündige euch eine große Freude, in: ChW 50 (1936) 1111-1115.
- Sie können uns nichts versprechen, in: Die Kirche und das dritte Reich. Fragen und Forderungen Deutscher Theologen, hg. v. Leopold Klotz, Gotha 1932, 135-138.
- S. Soteris und ihre Grabstätte, in: RQ 19 (1905) 50-63, 105-133.
- Super Aquas, in: Die Kreatur 2 (1927/28) 125-135.
- Toll-Annele will nach Albendorf und andere Geschichten, Gestalten und Gedanken, Neurode 1938.
- Tröst mir mein Gemüte. Ein Weihnachtsbuch, Heilbronn 1930.
- Überwindung und Heimkehr. Leben und Kunst bei Jakob Schaffner, in: Eckart 7 (1931) 253-261.
- Um den Entwicklungsgedanken, in: Hochl 22,1 (1924/25) 81-102.
- Und das Wort ist Fleisch geworden, in: ChW 41 (1927) 1154-1158.
- Unsere Versammlung in Breslau, in: Heliand 1 (1909-10) 25-30.
- Volk am Kreuz, in: Getröst, getröst, wir sind erlöst, 121-134.
- *Volksfrommes Brauchtum* und Kirche, in: ChW 53 (1939) 441-444.
- *Volksglaube* und Volksbrauch in der Grafschaft Glatz. Fünfunddreißig Kapitel aus der Arbeit des Neuroder Volksbildungswerkes, Neurode 1939.
- Vom Born zum Quell, in: E. Rosenstock / J. Wittig, Das Alter der Kirche II, 315-322.
- Vom Hochzeitsmahl, in: Heliand 10 (1919/20) 105-111.
- *Vom richtigen Leben* und von Leo Weismantel, in: Leo Weismantel. Leben und Werk. Ein Buch des Dankes zu des Dichters 60. Geburtstag, Berlin 1948, 108-120.
- Vom römischen Primat, in: E. Rosenstock / J. Wittig, Das Alter der Kirche I, 279-290.
- *Vom Warten* und Kommen. Adventbriefe, Leipzig 1939.
- Von dem kirchlichen Leben im II. und XX. Jahrhundert, in: E. Rosenstock / J. Wittig, Das Alter der Kirche I, 291-319.
- Von der Freiheit der Kinder Gottes, in: Heliand 12 (1921/22) 91-96.
- Von der Kraft Christi, in: Heliand 9 (1918) 234-238.
- Von der Mächtigkeit des Wortes, in: Evangelische Jahresbriefe 7 (1938) 59-63.
- Von reichen und von armen Seelen, in: Heliand 11 (1921) 3-14.
- Was ein einziger Priester kann. Dem Apostel der Karitas Robert Spiske zum Gedächtnis, in: Katholisches Sonntagsblatt, o.A., 36-37 (SH).
- Weihnachten, in: Der Türmer 31,1 (1927/28) 193-197.
- Weihnachten 1933, in: Auf der Wacht 2 (1933) H. 12, 3-5.
- Weihnachtsbrief, in: ChW 51 (1937) 1005-1009.
- Wiedergeburt, Habelschwerdt 1924.

- Zum Angebinde, in: Heiliges Wissen, hg. v. Joseph Wittig, Breslau 1918, 5-6.
- Zur deutschen Volkskunde, in: ChW 51 (1937) 790-793.

2. Gemeinsam mit anderen Autoren oder unter Pseudonym veröffentlichte Schriften Joseph Wittigs

Bornhausen, Karl / *Wittig*, Joseph u.a., Deutsche Thesen 1931, in: Auf der Wacht 2 (1933) H. 7, 12.

Buber, Martin / *Weizsäcker*, Victor von / *Wittig*, Joseph, Vorwort zur Zeitschrift „Die Kreatur", in: Die Kreatur 1 (1926/27) 2.

Rauschen, Gerhard, Grundriß der Patrologie mit besonderer Berücksichtigung des Lehrgehaltes der Väterschriften, 6. u. 7. Aufl., neubearb. v. Joseph Wittig, Freiburg 1921.

- Grundriß der Patrologie. Die Schriften der Kirchenväter und ihr Lehrgehalt, 8. u. 9. Aufl., Freiburg 1926. [Von Joseph Wittig neubearbeitet; sein Name fehlt im Buchtitel.]

Rosenstock, Eugen / *Wittig*, Joseph, Das Alter der Kirche. Kapitel und Akten, 3 Bde, neu hg. v. Fritz Herrenbrück / Michael Gormann-Thelen, Münster 1998.

Strangfeld, Johannes, Das Riesengebirge, in: Heliand 7 (1916) 14-21.

- Der schwarze, der braune und der weiße König. Ein religiöses Erlebnis, in: Heliand 6 (1915) 76-84.

- Ein neuer Klang im alten Liede, in: Heliand 6 (1915) 378-380.

- Gedanken vor der Priesterweihe, in: Heliand 8 (1917) 166-169.

- Neusorge und seine Heiligtümer. Ein Beitrag zur Erforschung und Darstellung der katholischen Volksseele, in: Heliand 7 (1916) 267-275.

- Vom Märchen zum Mysterium, in: Heliand 6 (1915) 260-266.

- Vom Reiche Gottes, in: Heliand 8 (1917) 236-241.

- Wirklichkeit. Ein religiöses Erlebnis, in: Heliand 8 (1917) 10-15, 34-40.

3. Unveröffentlichte Schriften Joseph Wittigs

- Beilage zur Frage 118 (NW).

- Briefe an die Familie des Bruders August Wittig, 1905-1939 (Privatbesitz).

- Brief an die Schriftleitung der „Böttcherstraße" v. 7.7.1929 (Deutsches Literaturarchiv, Marbach).

- Brief an einen Kollegen v. 12.11.1925 (NW).

- Brief an einen unbekannten Feldsoldaten, 1939 (NW).

- Brief an Ella George v. 1.1.1947 (NW).

- Brief an Carl-Maria Griffig v.29.6.1946 (NW).

- Brief an Werner Keuck v. 19.7.1949 (NW).

- Brief an Hugo und Maria Krüger v. 8.2.1949 (NW).

- Briefe an Maria Eitner 1945-1946 (Privatbesitz).

- Briefe an Ferdinand Piontek 1900-1920 (Erzbischöfliches Archiv Wrocław).

- Briefe an Eugen und Margit Rosenstock-Huessy, 1926-1949 (Archiv der Eugen Rosenstock-Huessy-Gesellschaft).
- Brief an Franz Rosenzweig v. 19.12.1927 (NW).
- Briefe an Ernst und Toni Simon, 1929-1932 (Privatbesitz).
- Chronik des Professor-Wittig-Hauses in Schlegel Kreis Neurode, Neusorge 12. Band 1. 24. August 1927 bis 2. Oktober 1934 (Privatbesitz). [Zit.: *Haus-Chronik I*]
- Chronik des Profersor-Wittig-Hauses in Schlegel bei Neurode, Neusorge 12a. Band II. Vom 2. Oktober 1934 bis 14. Juli 1944 (Privatbesitz). [Zit.: *Haus-Chronik II*]
- Chronik des Hauses Professor Dr. Joseph Wittig. Schlegel bei Neurode. Neusorge 12a. Dritter Band. 14. Juli 1944 bis zur Vertreibung am 3. April 1946. Dann Leben in Altena/Westfalen und Göhrde, Forstmeisterei, Niedersachsen (Privatbesitz). [Zit: *Haus-Chronik III*]
- Chronik der Gemeinde Schlegel Kreis Neurode. Verfaßt von Joseph Wittig, abgeschrieben von Walter Peschel (Universitätsbibliothek Münster).
- Curriculum vitae, in: Acten der katholisch-theologischen Fakultät No. 14 c. betreffend die Doktor-Promotion von 1897 bis 16.5.1903. Vol. III (AUW).
- Dankesbrief für die Glückwünsche zum 70. Geburtstag, in: Haus-Chronik III, 9.1.1949 (NW)
- Das Filioque, 1946 (NW).
- Der Himmel (Nachlaß Wittig, Universität Frankfurt; gekürzte Fassung in: Christgeburt, 106-115).
- Der schlesische Dichter und Kalendervater Robert Karger in westfälischer Erde, 1946 (NW).
- Der neue Geist, in: Der Hausfreund für Stadt und Land 96 (1938) v. 4.6.1938, 1; mit handschriftlicher Anmerkung Joseph Wittigs (NW).
- Die Breslauer Kath.-theol. Fakultät in den vier Kriegsjahren 1914-1918, in: Katholisch-theologische Fakultät. Kriegsangelegenheiten. No. 81. Vol. 1 (AUW).
- Die schöne Madonna in Schlegel. Erster Entwurf eines Schlegler Heimatspieles, o. J. (Deutsches Literaturarchiv Marbach).
- Dr. med. Friedrich Keller, ein Sänger der Grafschaft Glatz, 1937 (NW).
- Grenzland Grafschaft Glatz. Geplant für das Schulungslager auf Fort Spitzberg, 1938 (NW).
- Johannes Raphael Wittig. Neusorge bei Schlegel Kreis Neurode / Schlesien. Des Erdenlebens Beginn 28.10.1929. Dieses Buches Anfang Weihnachten 1931 (Privatbesitz). [Zit.: *Kinder-Chronik Johannes Wittig*]
- Mein Lebenslauf, in: Acten der katholisch-theologischen Fakultät No. 14 c. betreffend die Doktor-Promotion von 1897 bis 16.5.1903. Vol. III (AUW).
- Mitt-Winter-Spiel, o. J. (Deutsches Literaturarchiv Marbach).
- November- oder Spätherbstspiel, o. J. (Deutsches Literaturarchiv Marbach).
- Ostern am Wegrand, o. J. (NW).
- *Septuagesima* oder Die Hyazinthe des Pater Prior. 1943 (NW).
- Stammbuch und Familiengeschichte der Familien Wittig, Geisler, Strangfeld, Hoeregott im Glatzer Lande. Für Johannes Raphael Wittig. Neusorge bei

Schlegel Kr. Neurode 1930 (Handschriftenarchiv der Universitätsbibliothek Münster).

- *Steh auf, Junge,* es schneit! 1941 (NW). [Nach Abschluß der Arbeit veröffentlicht in: Groafschoaftersch Häämtebärnla 25 (2000) 107-110.]
- Unter dem krummen Apfelbaume. Die Frage nach Gott, o. J. (NW).
- Vorfrühlings- oder Faschingsspiel, o. J. (Deutsches Literaturarchiv Marbach).
- Vorwort, 1947 (NW).
- Wandlungen des Glaubens, 1944 (NW).
- Was Schönes, o. J. (NW).
- Wir dürfen auch heute noch Feste feiern.Vortrag gehalten im Berliner Rundfunk 1932 (NW).

II. Sekundärliteratur

1. Veröffentlichungen

Abmeier, Hans-Ludwig, Verzeichnis der Veröffentlichungen von Joseph Wittig, in: ASKG 34 (1976) 93-122.

Adams, Gertrud, Das Jesuskind ging auf der Flucht verloren, in: Der Dom v. 21./28.12.1986, 9.

Alheit, Peter, Religion, Kirche und Lebenslauf - Überlegungen zur 'Biographisierung' des Religiösen, in: Theologia practica 21 (1986) 130-143.

Altermatt, Urs, Katholizismus und Moderne. Zur Sozial- und Mentalitätsgeschichte der Schweizer Katholiken im 19. Und 20. Jahrhundert, Zürich 1989.

Andriessen, Herman / Derksen, Nicolaas, Lebendige Glaubensvermittlung im Bibliodrama. Eine Einführung, Mainz 1989.

Angelus Silesius, Cherubinischer Wandersmann, hg. v. Louise Gnädinger, Stuttgart 1984.

Arbeitskreis für kirchliche Zeitgeschichte, Katholiken zwischen Tradition und Moderne. Das katholische Milieu als Forschungsaufgabe, in: Westfälische Forschungen 43 (1993) 588-654.

Arens, Edmund, Grundlagen einer theologischen Handlungstheorie: Die biblische Basis kommunikativer Glaubenspraxis, in: Erkenntniswege in der Theologie, hg. v. Hugo Bogensberger u.a., Graz 1998, 221-232.

- Narrative Theologie und theologische Theorie des Erzählens, in: KatBl 110 (1985) 866-871.
- „Wer kann die großen Taten des Herrn erzählen?" (Ps 106,2). Die Erzählstruktur christlichen Glaubens in systematischer Perspektive, in: Erzählter Glaube - Erzählende Kirche, hg. v. Rolf Zerfaß, Freiburg 1988, 13-27.

Augustinus, Aurelius, Die Bekenntnisse, Einsiedeln 1985.

Bantel, Otto, Art. Memoiren, in: Metzler-Literatur-Lexikon: Begriffe und Definitionen, hg. v. Günther und Irmgard Schweikle, Stuttgart 1990, 299-300.

Barth, Karl, / Rade, Martin, Ein Briefwechsel. Mit einer Eineitung hg. v. Christoph Schwöbel, Gütersloh 1981.

Bartmann, Bernhard, „Das Alter der Kirche" und der „Fall Wittig", in: Theologie und Glaube 20 (1928) 189-204.

Bartsch, Alois, Joseph Wittig - Chronist der Stadt Neurode und Dichter der Grafschaft Glatz, in: Joseph Wittig. Historiker-Theologe-Dichter, hg. v. Joachim Köhler, München 1980, 11-22.

Bausinger, Hermann, Zwischen Grün und Braun. Volkstumsideologie und Heimatpflege nach dem Ersten Weltkrieg, in: Relgions- und Geistesgeschichte der Weimarer Republik, hg. v. Hubert Cancik, Düsseldorf 1982, 215-229.

Becker, Josef Blasius, Übernimmt Gott die Verantwortung für alles Geschehen, auch das sündhafte? Gedanken zu Wittigs „Meine Erlösten" und „Herrgottswissen", in: ThPQ 77 (1924) 455-466, 623-636.

Beckx, P., Rez. Joseph Wittig, Ein Apostel der Karitas, in: StZ 108 (1925) 466.

Bendel, Rainer, Max Sdralek. Der Begründer der Breslauer kirchenhistorischen Schule, in: ASKG 55 (1997) 11-37.

Berron, Gottfried, Erinnerung an Joseph Wittig, in: Evangelisches Gemeindeblatt für Würtemberg v. 24.8.1969, 10.

Bertram, Adolf Cardinal, Bischofsgruß an die Theologen im Heere, in: Heiliges Wissen, hg. v. Joseph Wittig, Breslau 1918, 7-11.

Behan, Andrzej, Joseph Wittig als Chronist der Stadt Neurode, in: Joseph Wittig. Slanski Teolog i Historiograf, hg. v. Fundacja Odnowy Ziemi Noworudzkiej, Nowa Ruda 1997, 143-150.

Benjamin, Walter, Briefe, Bd. I, Frankfurt 1966.

-   Gesammelte Schriften, Bd. II, 2, Frankfurt 1977.

Betz, Otto, Von der verborgenen Kraft der Erzählung, in: Den Glauben zur Sprache bringen, hg. v. Edgar Josef Korherr, Graz 1991, 7-18.

Bieritz, Karl-Heinz, Spielraum Gottesdienst. Von der „Inszenierung des Evangeliums" auf der liturgischen Bühne, in: Drama „Gottesdienst". Zwischen Inszenierung und Kult, hg. v. Arno Schilson / Joachim Hake, Stuttgart 1998, 69-101.

Bittner, Günther, Unerzählbare Geschichten. Liebe als Thema autobiographischer Texte, in: WzM 47 (1995) 215-230.

Bockemühl, Erich, Joseph Wittigs Wort und Weg, in: Kölnische Zeitung v. 22.11.1928, o.S. (NW).

Boge, Manfred, Rebellion, in: Auf der Wacht 3 (1934) 79-81.

Booth, Friedrich van, Der schlesische Herrgottsschreiber, in: Badische Neueste Nachrichten v. 25.8.1954, 1.

Bornhausen, Karl, Der Erlöser. Seine Bedeutung in Geschichte und Glaube, Leipzig 1927.

-   Deutsches und römisches Recht, in: Auf der Wacht 3 (1934) 57-60.

-   Deutsche Thesen 1931 (mit Joseph Wittig u.a.) in: Auf der Wacht 2 (1933) H. 7, 12.

-   Die Stellung von Kirche und Staat zum Studium der Studenten der evang. Theologie, in: Auf der Wacht 4 (1935) 72-76.

-   Heilige Schrift, in: Auf der Wacht 4 (1935) 43-48.

-   Rez. Joseph Wittig, Leben Jesu in Palästina, Schlesien und anderswo, in: ChW 39 (1925) 760-761.

- Martin Luther und die evangelische Religionsphilosophie der Gegenwart, in: ZThK 35 (1927) 21-39.

Bossle, Lothar, Eugen Rosenstock-Huessy als Soziologe, in: Eugen Rosenstock-Huessy - Denker und Gestalter, hg. v. Lothar Bossle, Würzburg 1989, 17-29.

Br., Joseph Wittig, in: Der Genzareth-Bote. Gemeindeblatt der Evangelischen Kirchengemeinde Genezareth in Berlin-Neukölln v. 3.6.1951, 4-5.

Breuer, Jörg, Josef Wittig zum 85. Geburtstag, in: Schlesische Rundschau 16 (1964) v. 24.1.1964, 7.

Brey, Hedwig, Non evacuetur crux Christi (1 Cor 1,17). Zur Indizierung Joseph Wittigs, in: Una Sancta 2 (1926) 179-186.

Bröckling, Ulrich, Katholische Intellektuelle in der Weimarer Republik: Zeitkritik und Gesellschaftstheorie bei Walter Dirks, Romano Guardini, Carl Schmitt, Ernst Michel und Heinrich Mertens, München 1993.

Brook, Peter, Das offene Geheimnis. Gedanken über Schauspielerei und Theater, Frankfurt 1994.

Brzoska, Emil, Josef Wittig, in: Unser Oberschlesien (1979) H. 3, 2.

Buber, Martin, Briefwechsel aus sieben Jahrzehnten. Bd. II: 1918-38, hg. v. Grete Schraeder in Beratung mit Ernst Simon und unter Mitwirkung von Rafael Buber, Margret Cohn und Gabriel Stern, Heidelberg 1973.

- Briefwechsel Martin Buber - Ludwig Strauß 1913-1953, hg. v. Tuvia Rübner u. Dafna Mach, Frankfurt 1990.

Büttgen, Christof, Um welchen Menschen geht es? Notwendige Anmerkungen zur biographischen Praktischen Theologie aus der Sicht der Befreiungstheologie, in: PThI 17 (1997) 43-56.

Busse, Hans, Joseph Wittig und seine Dichtungen, in: Jungborn 6 (1924) 181-184.

Bußmann, Magdalene, Ansätze zu einer Alltagsspiritualität bei Joseph Wittig, in: ASKG 46 (1988), 147-160.

- „Wir sind die Kirche". Erinnerungen an den vergessenen Theologen Joseph Wittig, in: Weltverantwortung des Christen. Zum Gedenken an Ernst Michel (1889-1964). Dokumentationen, hg. v. Arnulf Groß u.a., Frankfurt 1996, 127-146.

- Religio populata. Erinnerungen an den vergessenen Theologen Joseph Wittig, in: KatBl 115 (1990) 346-349.

- Anca Wittig, in: Mit allen Sinnen glauben. Feministische Theologie unterwegs, hg. v. Herlinde Pissarek-Hudelist / Luise Schottroff, Gütersloh 1991.

Cleve, W. Th. (Hg.), Wege einer Freundschaft. Briefwechsel Peter Wust - Marianne Weber 1927-1939, Heidelberg 1951.

Curtius, Friedrich, Joseph Wittig, in: Hochl 23,2 (1926) 757-758.

Damberg, Wilhelm, Katholiken, Antisemitismus und Ökumene, in: Clemens August Graf von Galen. Menschenrechte - Widerstand - Euthanasie - Neubeginn, hg. v. Joachim Kuropka, Münster 1998, 53-70.

- Kirchengeschichte zwischen Demokratie und Diktatur. Georg Schreiber und Joseph Lortz in Münster 1933-1950, in: Theologogische Fakultäten im Nationalsozialismus, hg. v. Leonore Siegele-Wenschkewitz / Carsten Nicolaisen, Göttingen 1993, 145-167.

Diekamp, Fr., Rez. Joseph Wittig, Papst Damasus I., in: ThRv (1902) 370-374.

Dirks, Walter, Das Defizit des deutschen Katholizismus in Weltbild, Zeitbewußtsein und politischer Theorie, in: Relgions- und Geistesgeschichte der Weimarer Republik, hg. v. Hubert Cancik, Düsseldorf 1982, 17-30.

- Joseph Wittig, in: Frankfurter Hefte 4 (1949), 820-821.

Dörfler, Peter, Joseph Wittig, in: Hochl 42 (1949) 198-200.

- Wittigs Leben Jesu - Dichtung, in: Hochl 22,1 (1924/25) 691-693.

Döring, Charlotte, Joseph Wittig zum Abschied, in: Der Sonntag 4 (1949) 183.

Dopf, Hubert, Musik und Kirchenlied in der Pastoral der Jesuiten, in: Ignatianisch. Eigenart und Methode der Gesellschaft Jesu, hg. v. Michael Sievernich / Günther Switek, Freiburg 1990, 369-385.

Drehsen, Volker, Lebensgeschichtliche Frömmigkeit. Eine Problemskizze zu christlich-religiösen Dimensionen des (auto-)biographischen Interesses in der Neuzeit, in: Wer schreibt meine Lebensgeschichte? Biographie, Autobiographie, Hagiographie und ihre Entstehungszusammenhänge, hg. v. Walter Sparn, Gütersloh 1990, 33-62.

Drewermann, Eugen, Glaube als Einwurzelung. Oder: Eine Birke im Winter, in: Joseph Wittig, Roman mit Gott, Moers 1990, I-XI.

Dülmen, Richard van, Katholischer Konservatismus oder die „soziologische" Neuorientierung. Das „Hochland" in der Weimarer Zeit, in: ZBLG 36 (1973) 254-303.

Dürig, Walter, Joseph Wittig - ein verfemter Vorläufer des Konzils?, in: Joseph Wittig. Historiker-Theologe-Dichter, hg. v. Joachim Köhler, München 1980, 23-29.

Ebertz, Michael N., Die Erosion der konfessionellen Biographie, in: Biographie und Religion. Zwischen Ritual und Selbstsuche, hg. v. Monika Wohlrab-Sahr, Frankfurt 1995, 155-179.

Ebner, Martin, Jesus - ein Weisheitslehrer? Synoptische Weisheitslogien im Traditionsprozeß, Freiburg 1998.

Eisl, Christoph, Im Schatten der Theologie - eine Begegnung, in: Zeit und Schrift. Zeitschrift der FV Theologie Universität Salzburg 21 (1988) 27-28.

Eitner, Otto, Von Jahr zu Jahr. Gedanken und Erkenntnisse, in: Guda Obend 32 (1942) 5-19.

Engel, Charlotte, Er war anders, in: Kirche und Leben (1987) v. 4.6.1987 (NW).

Engelbert, Kurt (Hg.), Geschichte des Breslauer Domkapitels im Rahmen der Diözesangeschichte vom Beginn des 19. Jahrhunderts bis zum Ende des Zweiten Weltkrieges, Hildesheim 1964.

F., J., Die deutschen Katholiken im Urteil des Auslandes, in: Kölnische Volkszeitung und Handelsblatt 67 (1927) vom 12. September 1926, 1 (SH).

Feckes, Carl, Das Mysterium der heiligen Kirche, Paderborn 1933.

Feifel, Erich, Das religionspädagogische Interesse an Lebenslauf und Lebenslinie, an Biographie und Lebensgeschichte, in: Für euch Bischof – mit euch Christ. FS Kardinal Friedrich Wetter, hg. v. Manfred Weitlauff / Peter Neuner, St. Ottilien 1998, 789-814.

Fellmann, Walter, Begegnung mit Joseph Wittig, in: Mennonitischer Gemeindekalender 67 (1967) 58-62.

Fendt, Leonhardt, Rez. Joseph Wittig, Roman mit Gott, in: ThLZ 76 (1951) 616-617.

Filbry, Gunter, Eine neue Sprache, in: Christ in der Gegenwart 38 (1986) 262.

- In der Liebe zum Ursprung, in: Christ in der Gegenwart 41 (1989) 60.

Fischer, Karl, Rez. Joseph Wittig, Aussichten und Wege, in: ChW 44 (1930) 435-438.

Fischer, Wolfgang / *Kohli,* Manfred, Biographieforschung, in: Wolfgang Voges (Hg.), Methoden der Biographie- und Lebenslaufforschung, Opladen 1987, 25-50.

Flügel, Heinz, Joseph Wittig, in: Handbuch der deutschen Gegenwartsliteratur, hg. v. Hermann Kunisch, München 1970, Bd. II, 316-317.

Förster, Heinrich, Lebensbild, in: Joseph Wittig. Sein Leben Wesen und Wirken, hg. v. Ludwig Wolf, Habelschwerdt 1925, 7-61.

Fraedrich, Gustav, Um Wittigs „Höregott", in: ChW 43 (1929) 128-131.

Franke, Hans, Joseph Wittig, der Grafschafter Junge und Maler im Geiste. Zur 10. Wiederkehr seines Todestages am 22.8.1949, in: Volkskalender für Schlesier 11 (1959) 30-32.

Friedrich, Karl Josef, Joseph Wittig, in: Der Sonntag. Gemeindeblatt der ev.-luth. Landeskirche Sachsen 14 (1959) Nr. 37, 4.

Frielingsdorf, Karl, Dämonische Gottesbilder. Ihre Entstehung, Entlarvung und Überwindung, Mainz 1992.

- Der wahre Gott ist anders. Von krankmachenden zu heilenden Gottesbildern, Mainz 1997.

- Grundlagen einer religiösen Persönlichkeitsentfaltung, in: Entfaltung der Persönlichkeit im Glauben, hg. v. Karl Frielingsdorf, Mainz 1996, 15-32.

Fuchs, Fritz, Joseph Wittig ist ein Theologe, in: Hochl 19 (1922) 373-375.

Fuchs, Gotthard, „Ein Abgrund ruft den anderen" (Ps 42,8). Das eine Glaubens-Geheimnis und die vielen Dogmen-Geschichten, in: Erzählter Glaube - Erzählende Kirche, hg. v. Rolf Zerfaß, Freiburg 1988, 52-86.

- „In uns allen hat er vielleicht noch nichts..." Christologie von innen. Proramm und Grenzen, in: Religionsunterricht an höheren Schulen 40 (1997) 2-11.

Fuhrich, Hermann, Der Heimgarten, in: Schlesisches Priesterjahrbuch VII/VIII/IX (1969) 29-38.

Fundacja Odnowy Ziemi Noworudzkiej (Hg.), Joseph Wittig. Slanski Teolog i Historiograf / Joseph Wittig. Schlesischer Theologe und Geschichtsschreiber. Deutsch-polnisches Symposium anläßlich der Eröffnung des Wittig-Hauses, Nowa Ruda 1997.

Gatz, Erwin, Anton de Waal (1837-1917) und der Campo Santo Teutonico (RQ 38), Rom 1980.

Geisler, Bianca, Wittig und die neue Jugend, in: Joseph Wittig. Sein Leben Wesen und Wirken, hg. v. Ludwig Wolf, Habelschwerdt 1925, 227-293.

Gensmantel, Georg, Briefwechsel mit Joseph Wittig, in: Sanctificatio nostra 16 (1951) 328-331.

Getzeny, Heinrich, Religio depopulata, in: Hochl 23 (1926) 352-357.

Gisler, Anton, Luther redivivus?, In: Schweizer Rundschau 22 (1922) 161-180.

- Probleme der christlichen Erlösungslehre. (Professor J. Wittigs Theologie und das Dogma der Kirche), in: Das Neue Reich 6 (1923/24) 555-557, 575-577, 697-701, 813-816, 979-980.

- Zur Indizierung von Joseph Wittig, in: Schweizer Rundschau 25 (1925/26) 599-622.

Glaser, Martha, Joseph Wittig und unsere Jugend, in: ChW 55 (1941) 33-36.

Görlich, Harald, Joseph Wittig. Dankesworte eines Schülers, in: Mitteilungen der Eugen Rosenstock-Huessy-Gesellschaft v. Juni 1979, 2-5.

Goldmann, Anna Maria, Joseph Wittig, an den ich mich erinnere, in: Joseph Wittig. Slanski Teolog i Historiograf, hg. v. Fundacja Odnowy Ziemi Noworudzkiej, Nowa Ruda 1997,157-161.

Gorion, Emanuel bin, Ceterum censeo. Kiritsche Aufsätze und Reden, Tübingen 1929.

- Rez. Joseph Wittig, Michel Gottschlichs Wanderung, in: Der Bücherwurm 16 (1931) 296.

Gräb, Wilhelm, Der hermeneutische Imperativ. Lebensgeschichte als religiöse Selbstauslegung, in: Wer schreibt meine Lebensgeschichte? Biographie, Autobiographie, Hagiographie und ihre Entstehungszusammenhänge, hg. v. Walter Sparn, Gütersloh 1990, 79-92.

Graf, Friedrich Wilhelm, Art. „Kulturprotestantismus", in: TRE 20, 230-243.

Gritz, Martin, Joseph Wittig, „Roman mit Gott", in: ThQ 131 (1951) 124-126.

Grosche, Robert, Josef Wittig +, in: Allgemeine Kölnische Rundschau v. 31. 8.1949, 5.

Goßmann, Hans-Christoph u.a. (Hg.) Identität und Dialog. Christliche Identität im religiös-weltanschaulichen Pluralismus, Hamburg 1995.

Guardini, Romano, Berichte über mein Leben. Autobiographische Aufzeichnungen. Aus dem Nachlaß herausgegeben von Franz Henrich. Düsseldorf 1984.

Günther, Joachim, Joseph Wittigs Roman mit Gott und der Kirche, in: Das literarische Deutschland v. 20.5.1951, 8.

Guggenberg, Karl, Rez. Joseph Wittig, Das Papsttum, in: ThRv 13 (1914) 138.

Haas, Alois M., „Christusförmig sein" - Die Christusmystik des Angelus Silesius, in: Zu dir hin. Über mystische Lebenserfahrung von Meister Eckart bis Paul Celan, hg. v. Wolfgang Böhme, (st) Frankfurt 1990, 178-206.

Hacker, Friedrich, Der neue Wittig, in: Alt-katholisches Volksblatt 59 (1928) 370-374.

- Steine statt Brot für das katholische Volk?, in: Alt-katholisches Volksblatt 57 (1926) 298-300.

Hahn, Alois, Identität und Biographie, in: Biographie und Religion. Zwischen Ritual und Selbstsuche, hg. v. Monika Wohlrab-Sahr, Frankfurt 1995, 127-154.

- Identität und Selbstthematisierung, in: Selbstthematisierung und Selbstzeugnis: Bekenntnis und Geständnis, hg. v. Alois Hahn / Volker Kapp, Frankfurt 1987, 9-24.

- / *Kapp,* Volker, Selbstthematisierung und Selbstzeugnis, in: Selbstthematisierung und Selbstzeugnis: Bekenntnis und Geständnis, hg. v. Alois Hahn / Volker Kapp, Frankfurt 1987, 7-8.

Hampe, Johann Christoph, Joseph Wittig, in: Tendenzen der Theologie im 20. Jahrhundert. Eine Geschichte in Porträts, hg. v. Hans Jürgen Schulz, Stuttgart 1966, 169-174.

Hampel, Robert, Joseph Wittig, in: Eckartbote (1979) H.1, 4.

Hansel, Magdalena, Zur Arbeit von Hochland-Lioba in Breslau, in: Schlesisches Priesterjahrbuch VII/VIII/IX (1969) 54-59.

Harnack, Adolf von, Lieber Freund, in: Vierzig Jahre „Christliche Welt". Festgabe für Martin Rade zum 70. Geburtstag, hg. v. Hermann Mulert, Gotha 1927, 1-3.

Hasenkamp, Gottfried, Nochmals 'Religio depopulata', in: Am Wege der Zeit 2 (1926) 49-52.

Haß, Ulrike, Vom „Aufstand der Landschaft gegen Berlin", in: Literatur der Weimarer Republik 1918-1933, hg. v. Bernhard Weyergraf, München 1995, 340-370.

Hauck, Richard, Vom „Vater Wittig", in: Grafschafter Bote, Februar 1971, 6-7.

Haunhorst, Benno, „Dieser unser menschennaher Gott". Zu Leben und Werk von Joseph Wittig (1871-1949), in: Orientierung 51 (1987) 20-24.

Hausberger, Karl, Der „Fall" Joseph Wittig, in: Antimodernismus und Modernismus in der katholischen Kirche. Beiträge zum theologiegeschichtlichen Vorfeld des II. Vatikanums, hg. v. Hubert Wolf, Paderborn 1998, 299-322.

Heer, Friedrich, Joseph Wittig (1879-1949), in: Große Gestalten des Glaubens. Leben, Werk und Wirkung, hg. v. Bruno Moser, Bonn 1983, 98-106.

Heinrich, Franz, Die Bünde katholischer Jugendbewegung. Ihre Bedeutung für die liturgische und eucharistische Erneuerung, München 1968.

Held, Maria, Frühe Begegnung mit Joseph Wittig, in: Christ in der Gegenwart 31 (1979) 114.

Heller, Andreas, „Du kommst in die Hölle...". Katholizismus als Weltanschauung in lebensgeschichtlichen Aufzeichnungen, in: Religion und Alltag. Interdisziplinäre Beiträge zu einer Sozialgeschichte des Katholizismus in lebensgeschichtlichen Aufzeichnungen, hg. v. Andreas Heller u.a., Wien 1990, 28-54.

- / *Weber*, Therese / *Wiebel-Fanderl*, Oliva, Vorwort der Herausgeber, in: Religion und Alltag. Interdisziplinäre Beiträge zu einer Sozialgeschichte des Katholizismus in lebensgeschichtlichen Aufzeichnungen, hg. v. Andreas Heller u.a., Wien 1990, 7.

Hellwig, Wilhelm, Antwort: Auch-Katholisches zum „Fall Wittig", in: Der Türmer 29,2 (1927) 330-332.

Hepp, Corona: Avantgarde. Moderne Kunst, Kulturkritik und Reformbewegungen nach der Jahrhundertwende, München 1987.

Herde, Anna Sophie, Katholisches zum Fall Wittig, in: Der Türmer 29,2 (1927) 329-330.

Hermeier, Rudolf, Joseph Wittig. Dankesworte eines Lesers, in: Mitteilungen der Eugen Rosenstock-Huessy-Gesellschaft vom Juni 1979, 5-15.

- Joseph Wittig als „Lehrer des Volkes", in: Joseph Wittig. Slanski Teolog i Historiograf, hg. v. Fundacja Odnowy Ziemi Noworudzkiej, Nowa Ruda 1997, 87-100.

Hermelink, Heinrich, Die Auseinandersetzung der „Christlichen Welt" mit dem Katholizismus, in: Vierzig Jahre „Christliche Welt". Festgabe für Martin Rade zum 70. Geburtstag, hg. v. Hermann Mulert, Gotha 1927, 191-201.

- Vom Katholizismus der Gegenwart, in: ChW 41 (1927) 973-977.

Herre, Franz, Jahrhundertwende 1900. Untergangsstimmung und Fortschrittsglauben, Stuttgart 1998.

Herwig, Franz, Neue Romane, in: Hochl 20 (1922/23) 420-423.

Herzig, Arno, Reformatorische Bewegungen und Konfessionalisierung. Die habsburgische Rekatholisierungspolitik in der Grafschaft Glatz, Hamburg 1996.

Heuss-Knapp, Elly, Der Dichter spricht, in: ChW 39 (1925), 1120-1121.

Hielscher, Friedrich, Fünfzig Jahre unter Deutschen, Hamburg 1954.

Hirzel, Martin, Lebensgeschichte als Verkündigung: Johann Heinrich Jung-Stilling - Ami Bost - Johann Arnold Kanne, Göttingen 1998.

Hölzle, Peter, Art. Biographie, in: Metzler-Literatur-Lexikon: Begriffe und Definitionen, hg. v. Günther und Irmgard Schweikle, Stuttgart 1990, 55-56.

Hönig, Johannes, Joseph Wittig, der Dichter, in: Joseph Wittig. Sein Leben Wesen und Wirken, hg. v. Ludwig Wolf, Habelschwerdt 1925, 163-215.

Hoffbauer, Jochen, Der Diener und Schreiber Gottes, in: Heimat. Deutsches Evangelisches Kirchenblatt für Afrika 42 (1969) Nr. 3, 14-15.

- Joseph Wittig, des Herrgotts Kanzleischreiber, in: Joseph Wittig. Historiker-Theologe-Dichter, hg. v. Joachim Köhler, München 1980, 30-42.

- Joseph Wittig - Diener und Schreiber Gottes, in: Deutsches Pfarrerblatt 74 (1974) 627-628.

Hoffmann, Hermann, Jugendarbeit in Schlesien nach dem ersten Weltkrieg, in: Schlesisches Priesterjahrbuch VII/VIII/IX (1969) 15-17.

Holzmeister, Urban, Rez. Joseph Wittig, Leben Jesu in Palästina, Schlesien und anderswo, in: Zeitschrift für katholische Theologie 49 (1925) 412-422.

Horkel, Wilhelm, Joseph Wittigs Vermächtnis, in: Neubau 6 (1951) 278-284.

Hübner, Klaus, Art. Tagebuch, in: Metzler-Literatur-Lexikon: Begriffe und Definitionen, hg. v. Günther und Irmgard Schweikle, Stuttgart 1990, 454-455.

Hünerbein, K., Joseph Wittig (1879-1949) und Eugen Rosenstock-Huessy (1888-1973). Eine ökumenische Freundschaft, in: Bausteine für die Einheit der Christen 32 (1992) H. 127, 17-24.

Identität und Verständigung: Standort und Perspektiven des Religionsunterrichts in der Pluralität; eine Denkschrift der Evanglischen Kirche in Deutschland, Gütersloh 1994.

Ihlenfeld, Kurt, Poeten und Propheten. Erlebnisse eines Lesers, Witten 1951.

Illian, Christian, Freiheit in konkreter Verantwortung. Der Kreisauer Kreis und die schlesischen Arbeitslager für Arbeiter, Bauern und Studenten, in: Freiheit gestalten. Zum Demokratieverständnis des deutschen Protestantismus. Kommentierte Quellentexte 1789-1989, hg. v. Dirk Bockermann u.a., Göttingen 1996, 334-348.

Irmler, Rudolf, Joseph Wittig zu seinem 100. Geburtstag, in: Liegnitzer Heimatbrief 31 (1979) Nr. 1, 2 (auch in: Die Brücke 15 (1979) 21-22).

Jaeger, Michael, Autobiographie und Geschichte. Wilhelm Dilthey, Gerog Misch, Karl Löwith, Gottfried Benn, Alfred Döblin, Stuttgart 1995.

Jalic, Franz, Kontemplative Exerzitien. Eine Einführung in die kontemplative Lebenshaltung und in das Jesusgebet, Würzburg 1994.

Jetter, Werner, Die Theologie und die Lebensgeschichte, in: Der 'ganze Mensch'. Perspektiven lebensgeschichtlicher Individualität. FS Dietrich Rössler, hg. v. Volker Drehsen u.a., Berlin 1997, 191-217.

Jörns, Klaus-Peter, Die neuen Gesichter Gottes. Was die Menschen heute wirklich glauben, München 1997.

Jokiel, Rudolf, Aus der Geschichte des Quickborn in Schlesien, in: Schlesisches Priesterjahrbuch VII/VIII/IX (1969) 18-28.

Jülicher, Adolf, Rez. Joseph Wittig, Der Amborisaster Hilarius, in: ThLZ 31 (1906) 548-551.

Jüngel, Eberhard, Wertlose Wahrheit. Zur Identität und Relevanz des christlichen Glaubens. Theologische Erörterungen III, München 1990.

Jung, Franz (Hg.), Katholische Kirchenlieder aus der Grafschaft Glatz, Münster 1987.

- Zum Geleit, in: Joseph Wittig, Meine „Erlösten" in Buße, Kampf und Wehr, neu hg. v. Franz Jung, Münster 1989, 6.

Kaergel, Hans Christoph, Schlesische Dichtung der Gegenwart, Breslau 1939.

Kahle, W., Das literarische Vermächtnis eines Toten, in: Religion und Weltanschauung. Zeitschrift für katholischen Religionsunterricht an höheren und mittleren Schulen 6 (1951) 70-71.

Kampmann, Theoderich, Joseph Wittig als Seelsorger, in: Der Fall Joseph Wittig fünfzig Jahre danach, hg. v. Theoderich Kampmann / Rudolf Padberg, Paderborn 1975, 73-83.

Karle, Isolde, Seelsorge als Thematisierung von Lebensgeschichte. Gesellschaftsstrukturelle Veränderungen als Herausforderung der evangelischen Seelsorgetheorie, in: Biographie und Religion. Zwischen Ritual und Selbstsuche, hg. v. Monika Wohlrab-Sahr, Frankfurt 1995, 198-220.

Karkosch, Konrad, Die schöpferische Tat. Von artfremder und artgemäßer Erlösung, in: Die Sonne. Monatsschrift für Rasse, Glauben und Volkstum 13 (1936) 31-41.

Kattenbusch, Ferdinand, Rez. Joseph Wittig, Meine „Erlösten" in Buße, Kampf und Wehr, in: ChW 39 (1925) 616-617.

Kaufmann, C. M., Die Indizierung Wittigs, in: Der Fels 20 (1925/26) 130-136.

- Die Irrtümer Wittigs, in: Der Fels 20 (1925/26) 161-171.

- Joseph Wittig und die Kirche, in: Der Fels 20 (1925/26) 448-452.

Kaufmann, Franz Xaver, Zur Einführung: Probleme und Wege einer historischen Einschätzung des II. Vatikanischen Konzils, in: Vatikanum II und Modernisierung. Historische, theologische und soziologische Perspektiven, hg. v. Franz Xaver Kaufmann / Arnold Zingerle, Paderborn 1996, 9-34.

Kegel, Sturmius, Rez. Joseph Wittig, Herrgottswissen von Wegrain und Straße, in: BenM 4 (1922) 389-390.

Kindermann, Karl, Höregott, in: ChW 42 (1928) 1124-1126, 1189-1192.

Kirch, Konrad, Rez. Gerhard Rauschen, Grundriß der Patrologie, in: StZ 103 (1922) 149-150.

Klappenecker, Gabriele, Glaubensentwicklung und Lebensgeschichte. Eine Auseinandersetzung mit der Ethik James W. Fowlers, zugleich ein Beitrag zur Rezeption von H. Richard Niebuhr, Lawrence Kohlberg und Erik H. Erikson, Stuttgart 1998.

Klein, Stephanie, Hören als Ermächtigung zum Sprechen (Hearing to Speech). Zur Entdeckung einer theologischen Kategorie, in: PThI 17 (1997) 283-297.

- Theologie und empirische Biographieforschung. Methodische Zugänge zur Lebens- und Glaubensgeschichte und ihrer Bedeutung für eine erfahrungsbezogene Theologie, Stuttgart 1994.

Kleineidam, Erich, Die katholisch-theologische Fakultät der Universität Breslau 1811-1945, Köln 1961.

Kleymann, Siegfried, „Lasse Dir nun den Brief ein Zeichen meiner Freundschaft sein...". Die Briefe Joseph Wittigs (1879-1949) an Ferdinand Piontek (1878-1963) und die Entdeckung des eigenen Weges vor den Augen eines Freundes, in: GuL 72 (1999) 381-390.

Klinkhammer, Carl, Brief an Magdalena Bußmann v. 26.4.1983, in: Magdalena Bußmann, „Wir sind die Kirche". Erinnerungen an den vergessenen Theologen Joseph Wittig, in: Weltverantwortung des Christen. Zum Gedenken an Ernst Michel (1889-1964). Dokumentationen, hg. v. Arnulf Groß u.a., Frankfurt 1996, 141.

Klöcker, Michael: Katholisch - von der Wiege bis zur Bahre. Eine Lebensmacht im Zerfall? München 1991.

Klotz, Leopold (Hg.) Die Kirche und das dritte Reich. Fragen und Forderungen Deutscher Theologen, Gotha 1932.

- Joseph Wittig zum Abschied, in: Deutsches Pfarrerblatt 49 (1949) 400.

Klusmann, Carl-Peter, Joseph Wittig - ein Vorläufer des Konzils, in: SOG-Papiere 9 (1977) v. 20.1.1977, 1-2.

Knapp, Otto, Vom Leben und Glauben dieser Zeit, in: Hochl 28 (1931) 173-180.

Kobbert, Max. J. Kunstpsychologie. Kunstwerk, Künstler und Betrachter. Darmstadt 1986.

Kobzarska-Bar, Barbara, Joseph Wittigs Heimat als gemeinsames europäisches Erbe, in: Joseph Wittig. Slanski Teolog i Historiograf, hg. v. Fundacja Odnowy Ziemi Noworudzkiej, Nowa Ruda 1997, 219-230.

Kochheim, Gustav, Was bedeutet das Bekenntnis zu Joseph Wittig?, in: Eckart 5 (1929) 34-36.

Köhler, Joachim, Die Akutalität des Theologen und Kirchenhistorikers Joseph Wittig (1879-1949). Biographie eines Individuums oder eines Zeitalters?, in: Eugen Rosenstock / Joseph Wittig, Das Alter der Kirche, Bd. III, neu hg. v. Fritz Herrenbrück und Michael Gormann-Thelen, Münster 1998, 335-352.

- Historiker des Lebens. Die Aktualität des Theologen und Kirchenhistorikers Joseph Wittig (1879-1949) in: ASKG 56 (1998) 9-26.

- Hubert Jedins „Geschichte des Konzils von Trient" (1950-1975) - ein Jahrhundertwerk oder der Abgesang einer kirchenhistorischen Methode, in: ASKG 55 (1997) 93-118.

- Den Theologen nicht verschweigen. Ein Protrait von Professor Joseph Wittig zu dessen 30. Todestag, in: Joseph Wittig. Historiker-Theologe-Dichter, hg. v. Joachim Köhler, München 1980, 43-53.

- (Hg.), Joseph-Wittig-Briefe, in: ASKG 37 (1979) 65-105.

Kösters, Ludwig, Erlösungsfreude, in: StZ 109 (1925) 113-122.

Kosler, Alois Maria, Einige Ziele und Wege der Jugendbewegung in Schlesien nach dem ersten Weltkrieg - unter besonderer Berücksichtigung des Hochlandes, in: Schlesisches Priesterjahrbuch VII/VIII/IX (1969) 39-53.

Kowarz, Jan, Joseph Wittig – ein Vertreter der „Narrativen Theologie". Zu der Habilitationsschrift von Alojzy Marcol, in: ASKG 46 (1988) 168-170.

- Joseph Wittig und die Kirche, in: Der Fall Joseph Wittig fünfzig Jahre danach, hg. v. Theoderich Kampmann / Rudolf Padberg, Paderborn 1975, 18-58.

- Kirche und Selbstverwirklichung des Menschen in der Sicht von Joseph Wittig, in: ASKG 41 (1983) 123-144.

Krebs, Engelbert, Das religiöse Schrifttum Joseph Wittigs. Gutachten vom dogmatischen Standpunkt aus auf Anfrage Sr. Eminenz des Herrn Kardinal von Breslau, in: Eugen Rosenstock / Joseph Wittig, Joseph, Das Alter der Kirche III, 53-72.

- Joseph Wittigs Weg aus der kirchlichen Gemeinschaft, München 1928 (Sonderdruck aus: 'Der katholische Gedanke' 1 (1928) 237-288).

Kremers, Rudolf, Der Fall Joseph Wittig(s), in: Deutsches Pfarrerblatt (1991) 319-322.

- Joseph Wittig, in: Geschichte der Seelsorge in Einzelportraits, Bd. 3, hg. v. Christian Möller, Göttingen 1996, 201-216.

Krückeberg, Wilhelm, Die Sprache des Glaubens, in: Christ in der Gegenwart 35 (1983) 37-38.

- Geleitwort, in: Bausteine für die Einheit der Christen 25 (1985) H. 100, 3-5.

Krüger, G., Rez. Joseph Wittig, Die Friedenspolitik des Papstes Damasus, in: ThLZ 39 (1914) 45.

Kühnemann, Eugen, Joseph Wittigs Weg zur Glaubensgemeinschaft, in: Wir Schlesier 9 (1928/29) 278-280.

Kuld, Lothar, Glaube in Lebensgeschichten. Ein Beitrag zur theologischen Autobiographieforschung, Stuttgart 1997.

Kurz, Paul Konrad, Gott in der modernen Literatur, München 1996.

Kuschel, Karl Josef, Jesus in der deutschsprachigen Gegenwartsliteratur, Zürich 1984.

Lachmann, Rainer / *Rupp*, Horst F. (Hg.), Lebensweg und religiöse Erziehung. Religionspädagogik als Autobiographie, Bd. 1, Weinheim 1989.

Lämmert, Eberhard, Bauformen des Erzählens, Stuttgart 1980.

Lang, Hugo, OSB, Joseph Wittig, in: BenM (1925) 259-276.

- Zur Theologie der „Erlösten", in: Joseph Wittig. Sein Leben Wesen und Wirken, hg. v. Ludwig Wolf, Habelschwerdt 1925, 147-162.

Langer, Unser Bekenntnis zu Bornhausen, in: Auf der Wacht 3 (1934) 148-151.

Langgässer, Elisabeth, Briefe 1924-1950, hg. v. Elisabeth Hoffmann, Düsseldorf 1990.

Laskowsky, Paul M., An Joseph Wittig. Zu seinem 60. Geburtstag am 22.1.1939, in: Der Oberschlesier 21 (1939) 50-51.

- Joseph Wittig. Wesen und Werk, in: Das Joseph Wittig Buch. Joseph Wittig in memoriam. Ausgewählte Kapitel aus seinen Büchern mit einer Würdigung seines Lebenswerkes von Paul M. Laskowsky, Stuttgart 1949, 177-182.

- Joseph Wittig. Zu seinem 10. Todestage, in: Grafschafter Bote 10 (1959) 9, 4.

Lauchert, F., Rez. Joseph Wittig, Die Friedenspolitik des Papstes Damasus, in: ThRv 14 (1915) 14-17.

Lehmann, Jürgen, Bekennen - Erzählen - Berichten. Studien zur Theorie und Geschichte der Autobiographie, Tübingen 1988.

Leitner, Hartman, Lebenslauf und Identität. Die kulturelle Konstruktion von Zeit in der Biographie, Frankfurt 1982.

Lewin, Robert Kosmas, Apostaten-Briefe, Wiesbaden 1928.

Linse, Ulrich, Ökopax und Anarchie. Eine Geschichte der ökologischen Bewegungen in Deutschland, München 1986.

Löhr, Christian, Prophetische Elemente im Glaubenszeugnis Joseph Wittigs, in: Joseph Wittig. Slanski Teolog i Historiograf, hg. v. Fundacja Odnowy Ziemi Noworudzkiej, Nowa Ruda 1997, 265-282.

Löwenthal, Leo, Die biographische Mode, in: Sociologica, Bd. 1, hg. v. Theodor Adorno / Walter Dirks, Frankfurt 1955, 363-386.

Lubos, Arno, Geschichte der Literatur Schlesiens (Bd.III) München 1974.

Luckmann, Thomas, Privatisierung und Individualisierung. Zur Sozialform der Religion in spätindustriellen Gesellschaften, in: Religiöse Individualisierung oder Säkularisierung: Biographie und Gruppe als Bezugspunkte moderner Religiosität, hg. v. Karl Gabriel, Gütersoh 1996, 17-28.

Luther, Henning, Religion und Alltag. Bausteine zu einer praktischen Theologie des Subjektes, Stuttgart 1992.

Lutz, Heinrich, Demokratie im Zwielicht. Der Weg der deutshcen Katholiken aus dem Kaiserreich in die Republik 1914-1925, München 1963.

M., A., Nacht über Deutschland...-Neues zum Fall Wittig, in: Schlesische Volksstimme 7 (1926) vom 2.10.1926, 1.

Maaßen, Monika, Biographie und Erfahrung von Frauen.Ein feministischthologischer Beitrag zur Relevanz von Biographieforschung für die Wiedergewinnung der Kategorie Erfahrung (FrauenForschung Bd. 2) Münster 1993.

Marcol, Alojzy, Die „Narrative Theologie" von Joseph Wittig, in: ASKG 46 (1988) 164-168.

- Josepha Wittiga, *Teologia narratywna*, Opole 1997.

- Joseph Wittig - Teolog Katolicki, in: Joseph Wittig. Slanski Teolog i Historiograf, hg. v. Fundacja Odnowy Ziemi Noworudzkiej, Nowa Ruda 1997, 231-246.

Martin, Gerhard M., Predigt als „offenes Kunstwerk", in: EvTh 44 (1984) 46-58.

- Sachbuch Bibliodrama. Praxis und Theorie, Stuttgart 1995.

Marschall, Werner, Geschichte des Bistums Breslau, Stuttgart 1980.

Marx, Rudolf, Er kannte keinen Unterschied, in: Der Sonntag. Kirchliches Gemeindeblatt für Sachsen 9 (1954) 116.

Marz, Bernd, Die Erlösten. Ein Gespräch mit Anka Wittig, in: Bernd Marz, Grenzgänger des Glaubens. Gespräche und Portraits, Würzburg 1995, 173-183.

Meinertz, M., Rez. Bernhard Bartmann, Jesus Christus, unser Heiland und König, in: ThRv 26 (1927) 325-327.

Melzer, Friso, Unsere Sprache im Lichte der Christus-Offenbarung, Tübingen 1952.

Metz, Johann-Baptist, Glaube in Geschichte und Gesellschaft. Studien zu einer praktischen Fundamentaltheologie, Mainz 1977.

- Karl Rahner - ein theologisches Leben. Theologie als mystische Biographie eines Christenmenschen heute, in: StZ 192 (1974) 305-316.

Michel, Ernst (Hg.), Kirche und Wirklichkeit. Ein katholisches Zeitbuch, Jena 1923.

- Joseph Wittig, in: Germania 55 (1925) vom 6.8.1925, 2.

Mirbt, Rudolf, Eine Laienspielerinnerung an Joseph Wittig, in: Die Laienspielgemeinde 1 (1950) 12.

Morat, Daniel, Simulation und Wirklichkeit. Eine ontologische Annäherung an den Cyberspace, in: Communicatio Socialis 31 (1998) 24-46.

Moszner, Karl, Joseph Wittig als Pädagoge, Heimatpfleger, Volkskundler und Volkserzieher, in: Joseph Wittig. Slanski Teolog i Historiograf, hg. v. Fundacja Odnowy Ziemi Noworudzkiej, Nowa Ruda 1997, 117-132.

Muckermann, Friedrich, Auf der Gralwarte, in: Der Gral 17 (1922/23) 405-411.

- Auf der Gralwarte, in: Der Gral 19 (1924/25) 490-494.

- Im Kampf zwischen den Epochen. Lebenserinnerungen, bearb. und eingel. von Nikolaus Junk, Mainz 1973.

Mühle, Hans, Joseph Wittig, dem kirchen- und zeitlosen Katholiken zum 50. Geburtstag, o.A., 1929, 141-145 (NW).

Mühlemann, Walter, Joseph Wittig und sein Weg zur „Una Sancta", Gotha 1929.

Mühlhaupt, Erwin, Josef Wittig. Versuch einer evangelischen Stellungnahme, in: Pastoraltheologie 28 (1932) 22-36.

Müller, Karl, Um Wittigs „Höregott", in: ChW 43 (1929) 127-128.

Müller, Karlheinz, Bedingungen einer Erzählkultur. Judaistische Anmerkungen zum Programm einer „narrativen Theologie", in: Erzählter Glaube - Erzählende Kirche, hg. v. Rolf Zerfaß, Freiburg 1988, 28-51.

- Elisabeth Langgässer. Eine biographische Skizze, Darmstadt 1990.

Müller, Peter, In der Mitte der Gemeinde. Kinder im Neuen Testament, Neukirchen-Vluyn, 1992.

Mulert, Hermann, Bornhausen, in: ChW 54 (1940) 395-396.

- Joseph Wittig, in: Die Kirche 4 (1949) v. 11.9.1949, 2.

Muth, Karl, Bilanz. Eine Umschau aus Anlaß des 25. Jahrgangs, in: Hochl 25 (1927/28) 1-23.

- Offene Briefe, in: Hochl 28 (1930/31) 96.

Nagel, Anne Christine, Martin Rade - Theologe und Politiker des Sozialen Liberalismus. Ein politische Biographie, Gütersloh 1996.

Nassehi, Armin, Religion und Biographie. Zum Bezugsproblem religiöser Kommunikation in der Moderne, in: Biographie und Religion. Zwischen Ritual und Selbstsuche, hg. v. Monika Wohlrab-Sahr, Frankfurt 1995, 103-126.

Neumann, Bernd, Identität und Rollenzwang. Zur Theorie der Autobiographie, Frankfurt 1970.

Neuner, Peter, Kleines Handbuch der Ökumene, Düsseldorf 1984.

Nowak, Kurt, Biographie und Lebenslauf in der Neueren und Neuesten Kirchengeschichte, in: VF 39 (1994) 44-62.

- Geschichte des Christentums in Deutschland. Religion, Politik und Gesellschaft vom Ende der Aufklärung bis zur Mitte des 20. Jahrhunderts, München 1995.

Nuß, Berthold Simeon, Der Streit um den Sonntag. Der Kampf der katholischen Kirche in Deutschland von 1869 bis 1992 für den Sonntag als kollektive Zeitstruktur: Anliegen - Hintergründe - Perspektiven, Idstein 1996.

Oehlke, Eva, Zu Joseph Wittigs 50. Geburtstag, in: Wir Schlesier 9 (1928/29) 276-277.

Oevermann, Ulrich, Ein Modell der Struktur von Religiosität. Zugleich ein Strukturmodell von Lebenspraxis und sozialer Zeit, in: Bioraphie und Religion. Zwischen Ritual und Selbstsuche, hg. v. Monika Wohlrab-Sahr, Frankfurt/New York 1995, 27-102.

Osterland, Martin, Die Mythologisierung des Lebenslaufs. Zur Problematik des Erinnerns, in: Soziologie: Entdeckungen im Alltäglichen. FS Hans Paul Bahrdt, hg. v. Martin Baethge / Wolfram Eßbach, Frankfurt 1983, 279-290.

Pachnicke, Gerhard, Der Gottesbote aus der Grafschaft Glatz, in: Der Wegweiser 32 (1980) H. 9, 10.

-   „Des Menschen Leben..." Joseph Wittig zum 90. Geburtstag, in: Der Schlesier 21 (1969) v. 2.1.1969, 6.

-   Ein Dichter der schlesischen Heimat, in: Heimwacht 10 (1964) H.1, 4.

-   Eine Einführung in die Briefe dieses Bandes. Vorwort des Herausgebers, in: Joseph Wittig, Kraft in der Schwachheit. Briefe an Freunde, hg. v. Gerhard Pachnicke, Moers 1993, 11-18.

-   Glaube aus Heimat. Joseph Wittig zum 60. Geburtstag, in: Die Nationalkirche. Briefe an Deutsche Christen 8 (1939) 37-39.

-   Joseph Wittig, der Plauderer von Gott, in: Kommende Kirche. Wochenblatt für eine christliche Kirche deutscher Nation, 9.1.1938, 4; 16.1.1938, 4.

-   Joseph Wittigs letzte Tage in der alten Heimat, in: Grafschaft Glatzer Heimatblätter 21 (1969) 226-229.

Petuchowski, Elizabeth, Die Kreatur, an Interdenominational Journal, and Martin Buber's strange use of the term „reality" („Wirklichkeit"), in: DVjs 69,2 (1995) 766-787.

Pfister, Josef, 'Religio depopulata', in: Am Wege der Zeit 2 (1926) 41-42.

Pfliegler, Michael, Joseph Wittig. Zu seinem Fall und seiner Auferstehung, in: Gloria Dei 4 (1949/50) 241-250.

Pfotenauer, Helmut, Literarische Anthropologie. Selbstbiographien und ihre Geschichte - am Leitfaden des Leibes, Stuttgart 1987.

Pius X., Rundschreiben Unseres Heiligsten Vaters, durch göttliche Vorsehung Papst, über die Lehre der Modernisten (8. September 1907: *„Pascendi dominici gregis"*) Freiburg 1907.

Pohle, Joseph, Ist der Soldatentod fürs Vaterland ein wahres Martyrium?, in: Heiliges Wissen, hg. v. Joseph Wittig, Breslau 1918, 15-18.

Poorthuis, Marcel / *Salemink,* Theo, Katholieke kerk en zionisme in het interbellum, in: Ter Herkenning 25 (1997) 146-173.

Poppe, Richard, Erinnerung an Joseph Wittig, in: Monatsschrift für Pastoraltheologie 9 (1950) 366-369.

Posner, Johannes, Feuer und Flamme im Kampf um den Menschen. Gedenken an Josef Wittig und Peter Lippert, in: Deutsche Tagespost v. 21./22.8.1959, 10; 25.8.1959, 4.

Przywara, Erich, Gott in uns oder Gott über uns?, in: StZ 105 (1923) 341-362.

- Katholizismus der Kirche und Katholizismus der Stunde, in: StZ 110 (1926) 260-270.
- Neue Religiosität?, in: StZ 109 (1925) 18-35.
- Zum Indexdekret gegen Josef Wittig, in: StZ 109 (1925) 474-476.

Rade, Martin, An die Freunde der Christlichen Welt 80 (1925) 882.
- Briefe an Wilhelm Freiherr von Pechmann, in: Anne Christine Nagel, Martin Rade - Theologe und Politiker des Sozialen Liberalismus. Ein politische Biographie, Gütersloh 1996, 290-293.
- „Christliche Welt" und Katholizismus, in: ChW 51 (1937) 17-21, 51-56, 121-127.

Radkau, Joachim, Das Zeitalter der Nervosität. Deutschland zwischen Bismarck und Hitler, München 1998.

Rahner, Karl, Einübung priesterlicher Existenz, Freiburg 1970.

Rathje, Johannes, Die Welt des freien Protestantismus. Ein Beitrag zur deutschevangelischen Geistesgeschichte. Dargestellt an Leben und Werk von Martin Rade, Stuttgart 1952.

Ratzinger, Joseph, Erlösung - mehr als nur eine Phrase?, Steinfeld 1979.
- Ist der Glaube wirklich „Frohe Botschaft"?, in: StMor 15 (1977) 523-533.

Recke, Marieluise, Erinnerungen an Joseph Wittig, in: Gemeindeblatt der Apostel Pauluskirche zu Berlin-Schöneberg v. 15.1.1950, 2-3.

Redaktion „Publik", Übrigens..., in: Publik 3 (1970) Nr. 18 v. 1.5.1970, 2.

Richter, Karl, Hochverehrter, lieber Herr Professor Wittig! In: Die Gemeinde. Evangelisch-lutherisches Sonntagsblatt v. 23.1.1949, 5.

Riedel, Clemens, Der rationale Mensch und das Leben. Joseph Wittig - ein Himmelsstürmer, in: Volksbote 27 (1975) v. 15.8.1975, 1 u. 9.

Riley, Anthony W., Der Volksschriftsteller Joseph Wittig (1879-1949). Ausklang vom 19. oder Weckruf zum 20. Jahrhundert?, in: Bildung und Konfession. Politik, Religion und literarische Identitätsbildung, hg. v. Martin Huber / Gerhard Lauer, Tübingen 1996, 147-161.

Rosch, Wilhelm, Josef Wittig. Wie ich ihn erkannte und liebte, in: Alt-katholisches Volksblatt 1 (1949), 49-51.

Rosenstock(-Huessy), Eugen, Brief an die Redaktion der Zeitschrift „Am Wege der Zeit", in: Am Wege der Zeit 2 (1926) 50-51.
- Das Jahrtausend des Samariters, in: Orientierung 32 (1968) 85-87.
- „Ja und Nein". Heidelberg 1968.
- Liturgisches Denken. Ein Dank an Joseph Wittig, in: Eugen Rosenstock-Huessy, Die Sprache des Menschengeschlechts. Eine leibhaftige Grammatik in vier Teilen, Bd. I, Heidelberg 1963, 465-492.
- Religio depopulata, in: Eugen Rosenstock / Joseph Wittig, Das Alter der Kirche. Kapitel und Akten, 3 Bde, neu hg. v. Fritz Herrenbrück / Michael Gormann-Thelen, Münster 1998, 98-128.

Rosenzweig, Franz, Der Mensch und sein Werk. Gesammelte Schriften, Bd. I/2: Briefe und Tagebücher, Haag 1979.

Rozumek, Angela, In der Vorhut des Konzils. Franz Fritsch. Lebensbild eines schlesischen Priesters, Buxheim o. J. (NW).

Rüegg, August, Zum Falle Wittig, in: Schweizerische Rundschau 26 (1926/27) 413-425.

Ruster, Thomas, Bin ich das Subjekt meines Begehrens? Beobachtungen zum Funktionswandel der Introspektion von Augustinus bis zur Werbung, in: ThPQ 144 (1996) 168-176.

- Die Lumpensammlerin. Zur Aufgabe der Fundamentaltheologie nach der Entflechtung von Christentum und Religion, in: Wege der Theologie an der Schwelle zum dritten Jahrtausend. FS Hans Waldenfels, hg. v. Günter Risse, Paderborn 1996, 41-53.

- Die verlorene Nützlichkeit der Religion. Katholizismus und Moderne in der Weimarer Republik, Paderborn 1994.

Sattler, Dietrich, Martin Rade - ein Theologe als demokratischer Publizist, in: Martin Rade. Aspekte seines Wirkens, hg. v. Anna Maria Mariscotti de Görlitz / Walter Wagner, Marburg 1990, 93-114.

Sauer, Albert, Joseph Wittig +, in: Der Altvaterbote. Seelsorgsbrief und Heimatblatt 2 (1949) 13.

Sauser, Ekkart, Gott ist „mehr" und „anders" als „gut". Zu einem Gedanken von Joseph Wittig, in: Bausteine für die Einheit der Christen 25 (1985) H. 100, 3-5.

- Vom zärtlichen Umgang mit Gott, in: EuA 61 (1985) 472-475.

Schaezler, Karl, Generalregister zur Monatsschrift Hochland. I. - XXV. Jg. Okt. 1903 - Sept. 1928. München 1929.

Scharfenecker, Uwe, Dr. Oskar Schroeder (1889-1974), Inspirator, Organisator und Destruktor des Rheinischen Kreises der Reformfreunde, in: Antimodernismus und Modernismus in der katholischen Kirche. Beiträge zum theologiegeschichtlichen Vorfeld des II. Vatikanums, hg. v. Hubert Wolf, Paderborn 1998, 345-364.

Schelling, Walter A., Erinnern und Erzählen, in: WzM 35 (1983) 416-422.

Schmid, Peter F., „Gegenwärtigkeit". Anthropologische und psychologische Voraussetzungen des Dialogs über Glaubensfragen, in: Erkenntniswege in der Theologie, hg. v. Hugo Bogensberger u.a., Graz 1998, 151-200.

Schmidt-Babelsberg, Fritz, Dem deutschen Dichter-Theologen Joseph Wittig, in: Positves Christentum 5 (1939) v. 22.1.1939, 1-2.

Schmidt-Clausing, Fritz, Der Fall Wittig im Lichte des Zweiten Vatikanischen Konzils, in: Reformatio 15 (1966) 461-475.

- Joseph Wittigs Schaffen. Versuch einer psychologischen und literarhistorischen Deutung, in: Glauben und Leben. Weisheiten und Weissagungen des Dieners und Schreibers Gottes Joseph Wittig. Ausgewählt, ein- und ausgeleitet von Fritz Schmidt-Clausing, Berlin 1959, 105-117.

Schneider, Manfred, Die erkaltete Herzensschrift. Der autobiographische Text im 20. Jahrhundert, München 1986.

Schneider, Michael, Krisis. Zur theologischen Deutung von Glaubens- und Lebenskrisen. Ein Beitrag der theologischen Anthropologie, Frankfurt 1993.

- Theologia viatorum, in: Communio 26 (1997) 214-226.

- Theologie als Biographie: eine dogmatische Grundlegung, St. Ottilien 1997.

Schröder, Peter, Die Leitbegriffe der deutschen Jugendbewegung in der Weimarer Republik. Eine ideengeschichtliche Studie, Münster 1996.

Scholder, Klaus, Die Kirchen und das Dritte Reich. Bd. I. Vorgeschichte und Zeit der Illusionen 1918-1934, Frankfurt 1986.

Scholz, Franz, Das „Geheimnis der menschlichen Handlungen" in der Darstellung Joseph Wittigs, in: Sapienter ordinare. Festgabe für Erich Kleineidam, hg. v. Fr. Hoffmann, Leipzig 1969, 307-316.

- Die vergessene Sprache des Glaubens, in: Der Fall Joseph Wittig fünfzig Jahre danach, hg. v. Theoderich Kampmann / Rudolf Padberg, Paderborn 1975, 9-17.

- Joseph Wittigs Ostergeschichte 1922 „Die Erlösten" - heute betrachtet, in: Schlesisches Priester-Jahrbuch 1969, 108-130.

Schriftleitung „Grafschaft Glatzer Heimatblätter", Nachruf, in: Grafschaft Glatzer Heimatblätter 1 (1949) 89.

- Wir gratulieren!, in: Grafschaft Glatzer Heimatblätter 1 (1949) 9.

Schütz, Erhard, Autobiographien und Reiseliteratur, in: Literatur der Weimarer Republik 1918-1933, hg. v. Bernhard Weyergraf, München 1995, 549-600.

Schultes, Reginald, Rez. Ernst Michel (Hg.), Kirche und Wirklichkeit, in: Divus Thomas 3 (1925) 226-233.

Schulze, Hagen, Gesellschaftskrise und Narrenparadies, in: Ulrich Linse, Barfüßige Propheten. Erlöser der zwanziger Jahre. Berlin 1983, 9-21.

- Weimar. Deutschland 1917-1933. 4. Aufl., Berlin 1993.

Schweikle, Irmgard, Art. Autobiographie, in: Metzler-Literatur-Lexikon: Begriffe und Definitionen, hg. v. Günther und Irmgard Schweikle, Stuttgart 1990, 34-35.

Schweitzer, Albert, Geschichte der Leben-Jesu-Forschung, Tübingen 1906/1984.

Schweizer, Friedrich, Lebensgeschichte als Thema von Religionspädagogik und Praktischer Theologie, in: PTh 83 (1994) 402-414.

Schwöbel, Christoph, Art. Paul Martin Rade, in: TRE 28, 91-95.

- Einleitung, in: Karl Barth - Martin Rade. Ein Briefwechsel. Mit einer Einleitung hg. v. Christoph Schwöbel, Gütersloh 1981.

Sengle, Friedrich, Wunschbild Land und Schreckbild Stadt. Zu einem zentralen Thema der neueren deutschen Literatur, in: Europäische Bukolik und Georgik, hg. v. Klaus Garber, Darmstadt 1976, 432-460.

Sexauer, Albert, Der Fall Wittig, in: Der Türmer 29,1 (1926/27) 313-317.

Siebenrock, Roman, Umgang mit der Wirklichkeit angesichts der Gottesfrage und der Gotteserfahrungen der Gegenwart. Versuch einer fundamentaltheologischen Klärung, in: PThI 14 (1994) 223-234.

Simon, Werner, Biographisch vom Glauben sprechen. Die „Confessiones" des Augustinus als Zeugnis eines lebensgeschichtlich ausgelegten Glaubens, in: GuL 66 (1993) 429-442.

Smolka, Georg, Joseph Wittig (1879-1949) in: Große Deutsche aus Schlesien, hg. v. Herbert Hupka, München 1969, 277-283.

Sloterdijk, Peter, Literatur und Organisation von Lebenserfahrung. Autobiographien der Zwanziger Jahre. München 1978.

- Weltanschauungsessayistik und Zeitdiagnostik, in: Literatur der Weimarer Republik 1918-1933, hg. v. Bernhard Weyergraf, München 1995, 309-339.

Sölle, Dorothee, Welches Christentum hat Zukunft? Dorothee Sölle und Johann Baptist Metz im Gespräch mit Karl-Josef Kuschel, Stuttgart 1990.

Sommer, Regina, Lebensgeschichte und gelebte Religion von Frauen. Eine qualitativ-empirische Studie über den Zusammenhang von biographischer Struktur und religiöser Orientierung, Stuttgart 1998.

Spaemann, Heinrich, Art. Heil/Heiligkeit, in: Praktisches Lexikon der Spiritualität, hg. v. Christian Schütz, Freiburg 1988, 585-594.

Sparn, Walter, Autobiographische Kompetenz. Welchen christlichen Sinn hat lebensgeschichtliches Erzählen heute?, in: Marburger Jahrbuch Theologie 3 (1990) 54-67.

- Dichtung und Wahrheit. Einführende Bemerkungen zum Thema: Religion und Biographik, in: Wer schreibt meine Lebensgeschichte? Biographie, Autobiographie, Hagiographie und ihre Entstehungszusammenhänge, hg. v. Walter Sparn, Gütersloh 1990, 11-32.

- „Die Religion aber ist Leben". Welchen theologischen Gebrauch kann und sollte man vom „Leben überhaupt" machen?, in: Marburger Jahrbuch Theologie 9 (1997) 15-39.

Speth, Kurt, Breslauer Triptychon, in: Schlesien 18 (1973) 193-205.

Staats, Richard, Die zeitgenössische Theologenautobiographie als theologisches Problem, in: VF 39 (1994) 62-81.

Steinacker, Hans, Lebensroman einer angefochtenen Gottesliebe, in: Börsenblatt 91 (1995) 80-86.

Steinbrinck, Otto, Papstkirche oder Volkskirche? Ein Liberaler zur kirchlichen Verurteilung Wittigs, in: Schönere Zukunft I, 47 (1926) 1168-1171.

Steinchen, Gertrud, Von echten Schlesiern erzählt, in: Schlesische Tageszeitung vom 29.4.1939, ohne Seitenangabe (SH).

Stoecklin, Alfred, Schweizer Katholizismus zwischen Ghetto und konzliarer Öffnung. Die Geschichte der Jahre 1925-1975, Einsiedeln 1978.

Stollberg, Dietrich (Hg.), Identität im Wandel in Kirche und Gesellschaft, Göttingen 1998.

Sudbrack, Josef, Christliche Begegnungsmystik - Johannes vom Kreuz, Teresa von Avila, Ignatius von Loyola, Martin Luther, in: Zu dir hin. Über mystische Lebenserfahrung von Meister Eckart bis Paul Celan, hg. v. Wolfgang Böhme, (st) Frankfurt 1990, 141-159.

Teuber, Alfons, Joseph Wittig gestorben, in: Christ unterwegs 3 (1949) Nr. 9, 3.

Thieme, Karl, Josef Wittig und die katholische Kirche, in: Frankfurter Hefte 7 (1952) 138-140.

- Martin Buber, in: Frankfurter Hefte 6 (1951) 196-199.

Thomä, Dieter, Erzähle dich selbst. Lebensgeschichte als philosophisches Problem, München 1998.

Tschöpe, Helmut, Das Sakrament des Alltags. Oder: Der Glaube ist eine wilde Kraft, in: Joseph Wittig. Slanski Teolog i Historiograf, hg. v. Fundacja Odnowy Ziemi Noworudzkiej, Nowa Ruda 1997, 295-306.

- Zwischen Argument und Sakrament. Die mystagogische Theologie Joseph Wittigs und ihre Bedeutung für Theologie, Kirche und Gottesdienst, Frankfurt, 1993.

Urban, Wincenty, W sprawie konwersji ks. Jozefa Wittiga, in: Homo Dei 33 (1964) 107-112.

Vogt, Curt, Joseph Wittig, Werk und Gestalt. Zu seinem 55. Geburtstag am 22. Januar, in: Schlesische Schulzeitung 63 (1934) 24-26.

Wagner, Friedrich, Der Kriegsdienst als Vorschule zum geistlichen Beruf, in: Heiliges Wissen, hg. v. Joseph Wittig, Breslau 1918, 35-37.

Walter, Georg, Besuch bei Joseph Wittig, in: Auf der Wacht 2 (1933) H. 11, 25.

- Grosse Unruhe an der Breslauer Fakultät, in: Auf der Wacht 3 (1934) 81-82.

- Theologie und Kirche, in: Auf der Wacht 3 (1934) 68-70.

- Zu den Vorgängen an der Breslauer theol. Fakultät, in: Auf der Wacht 3 (1934) 95-96.

- Zwiesprache, in: Auf der Wacht 2 (1933) 16.

Weber, Therese, Einleitung: Religion in Lebensgeschichten, in: Religion und Alltag. Interdisziplinäre Beiträge zu einer Sozialgeschichte des Katholizismus in lebensgeschichtlichen Aufzeichnungen, hg. v. Andreas Heller u.a., Wien 1990, 9-27.

Weiß, Otto, Der Modernismus in Deutschland. Ein Beitrag zur Theologiegeschichte. Regensburg 1995.

Weitlauff, Manfred, „Modernismus literarius". Der „Katholische Literaturstreit", die Zeitschrift „Hochland" und die Enzyklika „Pascendi dominici gregis" Pius X. vom 8. September 1907, in: Beiträge zur altbayerischen Kirchengeschichte 37 (1988) 97-176.

Weizsäcker, Viktor von, Begegnungen und Entscheidungen, Stuttgart 1949.

Werbick, Jürgen, Bilder sind Wege. Eine Gotteslehre, München 1992.

- Die fundamentalistische Option angesichts der „hermeneutischen Krise" des Christentums, in: Wege der Theologie an der Schwelle zum dritten Jahrtausend. FS Hans Waldenfels, hg. v. Günter Risse, Paderborn 1996, 139-152.

- Glaube im Kontext. Prolegomena und Skizzen zu einer elementaren Theologie, Zürich 1983.

- Glaubenlernen aus Erfahrung. Grundbegriffe einer Didaktik des Glaubens, München 1989.

- Kirche. Ein ekklesiologischer Entwurf für Studium und Praxis, Freiburg 1994.

- Vom entscheidend und unterscheidend Christlichen, Düsseldorf 1992.

Wessely, Christian, Virtual reality und christliche Theologie – Theotechnologie, in: ThPQ 143 (1995) 235-245.

Winkler, H., Heimat und Volkstum Wittigs, in: Joseph Wittig. Sein Leben Wesen und Wirken, hg. v. Ludwig Wolf, Habelschwerdt 1925, 102-146.

Wilma, Leven en werken van Joseph Wittig. En wonder van god, Amsterdam, o. J.

Wittig, Anca, Nach schweren Zeiten wieder Freude und Geborgenheit in der Kirche, in: Diak 18 (1987) 37-40.

- Wie Joseph Wittig starb, in: Berliner Sonntagsblatt 8 (1953) v. 22.11.1953, 1-2.

- Wie die Madonna in unser Haus und später nach Meschede kam, in: Junge Grafschaft 1989, H. 3, 39-41.

Wittig, Johannes, Leben als heimatgebundene Theologie, in: Joseph Wittig. Slanski Teolog i Historiograf, hg. v. Fundacja Odnowy Ziemi Noworudzkiej, Nowa Ruda 1997, 69-72.

Wolf, Ludwig (Hg.), Joseph Wittig. Sein Leben, Wesen und Wirken. Mit einem Bilde Wittigs und zwei Aufnahmen seines Geburtshauses. Habelschwerdt 1925.

- Vorwort des Herausgebers, in: Joseph Wittig. Sein Leben, Wesen und Wirken, hg. v. Ludwig Wolf, Habelschwerdt 1925, 5.

Wunsch, Kurt, Der Volkserzieher Joseph Wittig, in: Wir Schlesier 9 (1928/29) 277-278.

Zastrow, Constantin von, Quäkertum und religiöse Erneuerung, in: ChW 44 (1930) 772-777.

Zenger, Erich, Alttestamentlich-jüdischer Sabbat und neutestamentlicher Sonntag, in: Lebendige Seelsorge 33 (1982) 248-253.

Zerfaß, Rolf, Biographie und Seelsorge, in: TThZ 97(1988) 262-287.

Ziebertz, Günter J., Berthold Altaner (1885-1964). Leben und Werk eines schlesischen Kirchenhistorikers, Köln 1997.

Zirker, Hans, „Narrative" Geborgenheit in einer problematisierten Welt?, in: KatBl 101 (1976) 731-735.

2. Weitere Quellen

Acten der katholisch-theologischen Fakultät No. 14c *betreffend die Doktor-Promotion* von 1897 bis 16.5.1903. Vol. III (AUW).

Acten der katholisch-theologischen Fakultät No. 17 *betreffend der Vorlesungen* überhaupt (AUW).

Adam, Karl, Brief an Joseph Wittig v. 19.11.1946 (NW).

Akten der katholisch-theologischen Fakultät *betreffend der Anstellung der Professoren.* No. 12. Vol. II vom 9.10.1900 bis 27.3.1936 (AUW).

Allgemeines Studenten-Register. Katholisch-theologische Fakultät. Abgegangene Studenten 1902 (AUW).

Anonymus, Betrifft Joseph Wittig, o. J. (NW).

Dobrinsky, Albert, Brief an Anca Wittig v. 1.9.1949 (NW).

Ehrenberg, Hans, Brief [zur Vorbereitung einer Ehrung für Joseph Wittig] v. 22.1.1949 (NW).

Friebe, Karl, Ein Besuch im Hause von Joseph Wittig (1879-1949) (Privatbesitz).

Gesellschaft „Fides et veritas", Brief an Kardinal Bertram v. 28.3.1926 (Erzbischöfliches Archiv Wrocław).

Gorion, Emanuel bin, Linien des Lebens. II. Buch: Rahel (Deutsches Literaturarchiv Marbach).

Hofmeister, Klaus, „Glaube, der befreit". Erinnerungen an den Theologen Joseph Wittig, Hessischer Rundfunk 2 vom 28.11.1989.

Katholisch-theologische Fakultät, Acta betreffend Korrespondenz mit dem Domkapitel zum hl. Johannes. No. 72. Vol. I. Vom 9.2.1903 bis (AUW).

- Akten betreffend Habilitationen No. 11. Vol II. vom 22.4.1905 bis 1.4.1934 (AUW).

- Kriegsangelegenheiten. No. 81. Vol. 1 (AUW).
- Lectiones. Verzeichnisse. No. 19 Vol. III vom 1.1.1910 bis (AUW).

Kopp, Georg, Brief an Ernst Commer v. 24.4.1902 (Nachlaß Ernst Commer, Dominikanerkonvent Graz).

Pachnicke, Gerhard, Joseph Wittig. Mensch und Werk, Breslau 1942 (AUW).

Piontek, Ferdinand, Der Spediteur Ferdinand Piontek und seine Nachkommen, o. J. (NW).

Weizsäcker, Victor von, Brief an Joseph Wittig v. 4.11.1946 (NW).

Namensregister

Verzeichnis der außerbiblischen, historischen Personen, die im Text genannt werden und dort durch Hervorhebung gekennzeichnet sind.

Adam, Karl (1876-1966), kath. Theologe, Prof. f. Dogmatik und Dogmengeschichte: 295.

Angelus Silesius/Johann Scheffler (1624-1677), geistlicher Dichter, Mystiker: 186.

Augustinus, Aurelius (354-430), hl. Kirchenlehrer, Bischof: 16, 17, 186, 426.

Barth, Karl (1886-1968), schweizer reform. Theologe: 56, 249, 252, 305, 422.

Basilius v. Caesarea (329/30-379), hl. Kirchenlehrer: 326,382.

Benjamin, Walter (1892-1940), jüd. Philosph, Kritiker, Schriftsteller: 57.

Bertram, Adolph (1859-1945), Bischof von Hildesheim, Fürstbischof von Breslau, Kardinal: 51, 150, 182, *188-208,* 217, 293.

Bitterling, Hedwig (1888-1975), Diakonisse, Krankenschwester in Berlin, Danzig und Husum: 230, 256.

Böhme, Jakob (1575-1624), prot. Mystiker: 186.

Bonaventura (1217-1274), hl. Kirchenlehrer, Mystiker, Kardinal: 11.

Bonifatius (672/675-754), hl. Mönch, Missionar: 382.

Bora, Katharina von (1499-1552), Ehefrau Martin Luthers: 214.

Borinski, Fritz (1903-1988) Pädagoge, 1947 Leiter der Heimvolkhochschule Göhrde, später Prof. f. Pädagogik in Berlin: 257.

Bornhausen, Karl (1882-1940) ev. Theologe, 1922-1934 Prof. f. systematische Theologie in Breslau: 239, 250, *252-255, 277-279,* 424, 431.

Bost, Ami (1790-1874), schweizer Pfarrer, führend in der Erweckungsbewegung: 17.

Brüning, Reinhold (1903-1983), Oberstudienrat in Delitzsch und Petershagen/Weser: 81, 256.

Buber, Martin (1879-1965), jüd. Religionsphilosoph: 57, 64, 80, 95, 108, 186, 216, 229, 236, 238, *243-245,* 248, 281, 283, 292, 389, 419, 424, 438.

Bunyan, John (1628-1688), purit. Prediger und Schriftsteller: 17.

Commer, Ernst (1847-1928), kath. Theologe, Mitbegründer der dt. Neuscholastik: 166.

Cyprian (200/210-258, hl. Bischof in Karthago, Schriftsteller: 337.

Czech, Adolf, Arzt in Charlottenbrunn: 257.

Damasus (305-384), hl. Papst: 39, 77, 382.

Dietrich, Werner, Dozent f. Psychologie an der Heimvolkshochschule Göhrde: 257.

Dahm, Chrysostomos OSB (1912-1976), kath. Theologe, Benediktiner in Maria Laach: 295.

Döring, Charlotte (1908-1996), ev. Theologin, Pfarrerin in Wünschelburg und Herzberg/Brandenburg: 257, 258.

Donatus, Briefadressat Cyprians v. Karthago: 337.

Dworzynski, Adam, kath. Theologe, Pfarrer: 61.

Ehrenberg, Hans (1883-1958), ev. Theologe, Pfarrer, Prof. der Philosophie: 61.

Einstein, Albert (1879-1955), Physiker: 437.

Eitner, Otto (1889-1945), Verwaltungsschuldirektor in Breslau: 257, 258, *269-270.*

Erikson, Erik H. (1902-1994), Psychoanalytiker: 30.

Franke, Hans (1892-1975), Maler in Freiburg i.Br., geboren in Habelschwerdt: 80, 83, 101, 108, 211, 213, 221, 229, 236, *240-242,* 264, 311, 419.

Friedrich, Karl Josef (1888-1965), ev. Pfarrer, Schriftsteller: 311.

Gandhi, Mahatma (1869-1948), hinduist. Gelehrter und Freiheitskämpfer: 281.

Gasparri, Pietro (1852-1934), kath. Theologe, Kardinalstaatssekretär: 180.

Gebauer, Hedwig (1876-1962), Schwester Joseph Wittigs, zunächst Haushälterin bei Joseph Wittig, verheiratet mit Joseph Gebauer: 129, 227.

Gebauer, Joseph (1879-1960), Schwager Joseph Wittigs, Bergmann: 132, 227, 292.

Gebauer, Elisabeth (1912-1984), Nichte Joseph Wittigs, Haustochter: 227.

Geisler, Bianca: s. Bianca Wittig.

Geisler, Hugo (1866-1936) Bürgermeister in Habelschwerdt, Vater von Bianca Wittig: 215.

Gisler, Anton (1863-1932), kath. Theologe, Prälat, später Kodadjutor in Chur: 46, 74, 190, *202-203.*

Glaser, Martha (*1898), Lektorin, Schriftstellerin: 105.

Gogarten, Friedrich (1887-1967), prot. Theologe, Prof. f. systematische Theologie: 422.

Gorion, Emanuel bin (1903-1987), jüd. Schriftsteller, Publizist: 57, 105, 109, 281.

Harnack, Adolf von (1851-1930), ev. Theologe, Kirchenhistoriker: 249, 370, 373.

Heer, Friedrich (1916-1983), österr. Historiker und Publizist: 352.

Heinisch, Franz (1820-1889), kath. Theologe, Pfarrer in Schlegel: 160.

Hellwig, Wilhelm (1888-1944), Amtmann in Neurode: 174, 213, 257.

Hermelink, Heinrich (1877-1958), ev. Theologe, Kirchenhistoriker: 249, 392.

Hessen, Johannes (1889-1971), kath. Theologe, Philosoph: 258.

Heuss-Knapp, Elly (1881-1952), Publizistin, Politikerin: 102.

Heussi, Karl (1877-1961), ev. Theologe, Kirchenhistoriker: 256.

Hielscher, Friedrich (geb. 1902) Jurist, Publizist, Schriftsteller: 62, 256, 258, 394.

Hieronymus (um 347-419), hl. Kirchenlehrer, Exeget: 78, 316.

Hlond, August, (1881-1948), kath. Theologe, Kardinal: 64.

Ihlenfeld, Kurt (1901-1972), ev. Theologe, Herausgeber der Zeitschrift „Eckart": 66, 246.

Irenäus von Lyon (2. Jhd.), hl. Bischof: 374.

Jakubczyk, Karl (1888-1931), Redakteur des „Katholischen Sonntagsblattes": 246.

Jülicher, Adolf (1857-1938), ev. Theologe, Prof. f. ntl. Exegese und Kirchengeschichte: 166, 200.

Julian (331-363), röm. Kaiser: 78, 375, 376, 382.

Jung, Johann Heinrich, gt. Jung-Stilling (1740-1817), Arzt, Schriftsteller: 17.

Jursch, Hanna (1902-1972), ev. Theologin, Prof. f. Kirchengeschichte und christliche Archäologie in Jena: 256, 258.

Kammler, Franziska (1897-1985), Lehrerin in Schlegel: 257.

Kannes, Johann Arnold (1773-1824), Schriftsteller, Sprachforscher: 17.

Karger, Rudolf (1902-1984), kath. Theologe, Pfarrer, 1945/46 Seelsorger in Garbersdorf und Schlegel: 246.

Keller, Friedrich (1882-1937) prakt. Arzt in Schlegel: 257.

Keuck, Werner (*1911), kath. Theologe: 258, 295.

Klinkhammer, Carl (+1997), kath. Theologe, Pfarrer: 55.

Klotz, Leopold (1878-1956), Verleger: 61, 276.

Kopp, Georg von (1837-1914), kath. Theologe, seit 1887 Fürstbischof in Breslau, Kardinal: 166, 168, 382.

Kraus, Franz Xaver (1840-1901) kath. Theologe, Kirchenhistoriker: 163, 409.

Krebs, Engelbert (1881-1950), kath. Theologe, Prof. f. Dogmatik in Freiburg: *51-54,* 188, *192-194,* 202, 203, 205, 379-380..

Kristen, Josef (1880-1943), kath. Theologe, von 1935-1943 Pfarrer in Schlegel: 257.

Krueger, Hugo (1887-1964), Bergwerksdirektor in Waldenburg/Schlesien, und Maria (1894-1962), im Landesvorstand der ev. Frauenhilfe Schlesiens: 256, 305.

Kühnel, Joseph (1886-1966) kath. Theologe, Herausgeber der Zeitschrift „Heliand": 246.

Laemmer, Hugo (1835-1918) kath. Theologe, von 1864-1916 Prof. in Breslau: 163.

Lennert, Rudolf (1904-1988), von 1946-1948 Lehrer an der Heimvolkshochschule Göhrde: 257.

Lippert, Peter SJ (1879-1936), kath. Theologe, Seelsorger, Rundfunkprediger: 75.

Löhr, Joseph (*1878), kath. Theologe, Prof. f. Kirchenrecht: 194.

Löwenthal, Leo (1900-1993), jüd. Soziologe: 23.

Loisy, Alfred (1857-1940), kath. Theologe, Exeget, Religionswissenschftler, als Modernist verurteilt: 46.

Lortz, Joseph (1887-1975), kath. Theologe, Prof. f. Kirchengeschichte: 424.

Rauschen, Gerhard (1854-1917) kath. Theologe, Prof. f. Kirchengeschichte: 77.

Recke, Marieluise (1892-1979), Diakonisse, Krankenschwester in Berlin: 63, 230, 256, 259.

Reich, Luise (1873-1966), und Rudolf (1883-1974), reform. Pfarrerehepaar in Dorf/Kanton Zürich: 252, 256.

Reymann, Carl (*1869) kath. Theologe, Pfarrer in Ölse/Striegau; Hochzeit; Initiator der „Matthias-Kirche": 58, 256, 394.

Ricoeur, Paul (*1913), frz. Philosoph, 31.

Rosch, Wilhelm, altkath. Pfarrer, 1944 mit Familie als Flüchtling in Neusorge: 62.

Rose, Walter (1881-1962), Inhaber des W. Klambt-Verlages in Neurode: 257.

Rosenstock, Eugen (1888-1973), Name später ergänzt um den Namen seiner Frau: Rosenstock-Huessy; Rechtshistoriker und Soziloge, 1922-1933 Prof. in Breslau;: 49-51, 64, 80-81, 188, 229, 236-240, 243, 254, 274, 279, 309, 347, 389, 390, 395, 419, 424, 436, 438.

Rosenzweig, Franz (1886-1929), jüd. Philosoph und Theologe: 57.

Rüegg, August (*1882), schweizer Literaturhistoriker: 47.

Salzer, Eugen (1866-1938), Verleger: 105.

Schaffner, Jakob (1875-1944), schweiz. Schriftsteller: 326.

Schell, Herman (1850-1906), kath. Theologe, Prof. f. Apologetik, als Modernist indiziert: 46, 179.

Schleiermacher, Friedrich (1768-1834), ev. Theologe, Philosoph: 321.

Scholz, Franz (1909-1998), kath. Theologe, Prof. f. Moraltheologie: 69.

Schroeder, Oskar (1889-1974), Religionslehrer in Duisburg: 258.

Schulte, Karl Joseph (1871-1941), Erzbischof von Köln, Kardinal: 191, 197, 407.

Schultz, Walter (1900-1957) ev. Theologe, 1934-1945 Landesbischof von Mecklenburg: 393.

Schuppli, Wilhelm (+1945), Rechtsanwalt und Notar in Bad Landeck: 257, 258.

Schweitzer, Albert (1875-1965), ev. Theologe, Arzt, Musiker: 346-347.

Sdralek, Max (1855-1913), kath. Theologe; von 1897-1913 Prof. f. Kirchengeschichte in Breslau: 39, 163-165, 195, 200, 232, 290, 342, 382, 409, 411.

Sdralek, Julius, kath. Theologe, Pfarrer in Patschkau/Schlesien. Bruder von Max Sdralek: 160.

Simon, Ernst (*1899), jüd. Pädagoge, Redakteur: 57, 228, 254, 281.

Sickenberger, Joseph (1872-1945), kath. Theologe, Prof. f. ntl. Exegese in Breslau: 166, 178.

Söderblom, Nathan (1866-1931) ev. Theologe, Bischof: 392.

Spiske, Robert (1821-1888) Domkapitular in Breslau, Gründer des St. Hedwigvereins: 41, 78, 382.

Stehr, Hermann (1864-1940), dt. Schriftsteller: 81, 186, 326.

Swoboda, Hermann (1873-1963), österr. Psychologe: 270.

Thomas von Aquin OP. (1225-1274), Heiliger, Philosoph und Theologe: 403.

Thomé, Josef (1891-1980), kath. Theologe, Schriftsteller: 258.

Thrasolt, Ernst (1878-1945), kath. Theologe, Dichter: 246.

Tyrell, George S.J. (1861-1910), kath. Theologe, 1907 als Modernist exkommuniziert: 46.

Unruh, Lotte von (1896-1984), Freundin Anca Wittigs, verheiratet mit dem Forstmeister Lothar von Unruh (Göhrde/Lüneburger Heide): 257.

Varges, Helene (1877-1946), Malerin in Westerland/Sylt: 83, 85, 256, 270, 355, 369.

Victor (2. Jhd.), hl. Papst: 374.

Vincenz von Paul (1581-1660), hl. Ordensgründer: 78, 382.

Waal, Anton de (1837-1917), kath. Theologe, ab 1872 Rektor des Campo Santo in Rom, Herausgeber der „Römischen Quartalsschrift": 232.

Wachtler, Hans (1871-1961), Dozent f. Pädagogik: 257, 258.

Weizsäcker, Carl Friedrich von (*1912), Physiker, Schriftsteller: 64.

Weizsäcker, Victor von (1886-1957), Arzt, Philosoph: 216, 243, 244, 295, 389, 424.

Wilma/Wilma Vermaat, niederländische Schriftstellerin: 56.

Wittig, Agnes (1874-1958), Schwester Joseph Wittigs: 227.

Wittig, Bianca (1899-1998) geb. Geisler, seit 1927 verheiratet mit Joseph Wittig: 40, 56, 63, 64, 71-72, 91, 150, 208, 209, *210-222,* 248, 266, 415, 428, 438.

Wittig, Bianca Maria, s. Bianca Maria Prinz.

Wittig, August (1868-1935), Tischler, Bruder Joseph Wittigs: 87, 291.

Wittig, August, kath. Theologe, Priester des Bistums München, Neffe Joseph Wittigs: 271, 299.

Wittig, Christoph Michael (*1937), Sohn Bianca und Joseph Wittigs: 40, 82, 222, *224-226.*

Wittig, Eduard (1837-1901), Zimmermann, Vater Joseph Wittigs: 39, 116, *117-120,* 121, 128, 140, 215, 224, 348, 352.

Wittig, Johann Nepomuk (1804-1882), Zimmermann, Großvater Joseph Wittigs: 116, *123-124,* 125, 181, 186, 219.

Wittig, Johanna (1844-1920), geb. Strangfeld, Mutter Joseph Wittigs: 39, *121-123,* 215, 348, 352.

Wittig, Johannes Raphael (*1929), Sohn Bianca und Joseph Wittigs: 40, 82, 107, 116, 214, 222, *224-226,* 280, 292.

Wittig, Hedwig, s. Hedwig Gebauer.

Wittig, Höregott (1928-1928), Sohn Bianca und Joseph Wittigs, 40, 84, *224.*

Wittig, Longinus, (*1824), Krippenschnitzer, 434.

Wittig, Theresia (1811-1890) geb. Mihlan, Großmutter Joseph Wittigs: 123, *124-125,* 136, 219.

Studien zur systematischen und spirituellen Theologie

Herausgegeben von Gisbert Greshake, Medard Kehl und Werner Löser

Band 1: Manfred Scheuer: **Die evangelischen Räte.** Strukturprinzip systematischer Theologie bei H.U. von Balthasar, J.B. Metz und in der Theologie der Befreiung. 1990. ²1992. XIII + 449 Seiten. ISBN 3-429-01296-1.

Band 2: Dagmar Heller: **Schriftauslegung und geistliche Erfahrung bei Bernhard von Clairvaux.** 1990. IX + 228 Seiten. ISBN 3-429-01332-1.

Band 3: Anneliese Herzig: **"Ordens-Christen".** Theologie des Ordenslebens in der Zeit nach dem Zweiten Vatikanischen Konzil. 1991. XI + 464 Seiten. ISBN 3-429-01369-0.

Band 4: Christoph Benke: **Unterscheidung der Geister bei Bernhard von Clairvaux.** 1991. XI + 320 Seiten. ISBN 3-429-01366-6.

Band 5: Sabine Pemsel-Maier: **Rechtfertigung durch Kirche?** Das Verhältnis von Kirche und Rechtfertigung in Entwürfen der neueren katholischen und evangelischen Theologie. 1991. XIV + 415 Seiten. ISBN 3-429-01399-2.

Band 6: Peter Scharr: **Consensus fidelium.** Zur Unfehlbarkeit der Kirche aus der Perspektive einer Konsenstheorie der Wahrheit. 1992. XI + 257 Seiten. ISBN 3-429-01465-4.

Band 7: Gerd Summa: **Geistliche Unterscheidung bei Johannes Cassian.** 1992. XI + 266 Seiten. ISBN 3-429-01468-9.

Band 8: Gerhard Marschütz: **Die verlorene Ehrfurcht.** Über das Wesen der Ehrfurcht und ihre Bedeutung für unsere Zeit. 1992. XI + 340 Seiten. ISBN 3-429-01469-7.

Band 9: Eva-Maria Faber: **Kirche zwischen Identität und Differenz.** Die ekklesiologischen Entwürfe von Romano Guardini und Erich Przywara. 1993. XI + 449 Seiten. ISBN 3-429-01491-3.

Band 10: Stefan Zekorn: **Gelassenheit und Einkehr.** Zu Grundlage und Gestalt geistlichen Lebens bei Johannes Tauler. 1993. X + 256 Seiten. ISBN 3-429-01516-2.

Band 11: Andreas Wollbold: **Therese von Lisieux.** Eine mystagogische Deutung ihrer Biographie. 1994. IX + 367 Seiten. ISBN 3-429-01601-0.

Band 12: Herbert Hecker: **Phänomenologie des Christlichen bei Edith Stein.** 1995. XII + 399 Seiten. ISBN 3-429-01642-8.

Band 13: Toni Witwer: **Die Gnade der Berufung.** Allgemeine und besondere Berufung bei Hieronymus Nadal am Beispiel der Gesellschaft Jesu. 1995. X + 299 Seiten. ISBN 3-429-01686-X.

Band 14: Peter-Felix Ruelius: **Mysterium Spes.** Gabriel Marcels Philosophie der Hoffnung und ihre Relevanz für die Eschatologie. 1995. XII + 412 Seiten. ISBN 3-429-01687-8.

Band 15: Josef Freitag: **Geist-Vergessen - Geist-Erinnern.** Vladimir Losskys Pneumatologie als Herausforderung westlicher Theologie. 1995. XVI + 459 Seiten. ISBN 3-429-01688-6.

Band 16: Roland Faber: **Der Selbsteinsatz Gottes.** Grundlegung einer Theologie des Leidens und der Veränderlichkeit Gottes. 1995. XII + 472 Seiten. ISBN 3-429-01689-4.

Band 17: Stefan Kiechle: **Kreuzesnachfolge.** Eine theologisch-anthropologische Studie zur ignatianischen Spiritualität. 1996. XII + 446 Seiten. ISBN 3-429-01787-4.

Band 18: Gabriele Kieser: **Jesus Christus im Armen.** Zur Bedeutung der Armut und des Armen bei Léon Bloy. 1996. X + 213 Seiten. ISBN 3-429-01829-3.

Band 19: Katja Boehme: **Gott aussäen.** Zur Theologie der weltoffenen Spiritualität bei Madeleine Delbrêl. 1997. ²1999. X + 311 Seiten. ISBN 3-429-01841-2

Band 20: Thomas Dienberg: **»Ihre Tränen sind wie Gebete« (Elie Wiesel).** Das Gebet nach Auschwitz in Theologie und Literatur. 1997. XII + 448 Seiten. ISBN 3-429-01897-8.

Band 21: Michael Bangert: **Demut in Freiheit.** Studien zur Geistlichen Lehre im Werk Gertruds von Helfta. 1997. X + 404 Seiten. ISBN 3-429-01946-X.

Band 22: Christoph Kaiser: **Theologie der Ehe – der Beitrag Hans Urs von Balthasars.** 1997. X + 293 Seiten. ISBN 3-429-01952-4.

Band 23: Franziska Knapp: »**Lieben – Sein Herz zum Fenster hinauswerfen**«. Die Botschaft der Liebe in Leben und Werk Marie Noëls auf dem Hintergrund der französischen Spiritualität. 1998. VIII + 470 Seiten. ISBN 3-429-02016-6.

Band 24: Andreas Frick: **Der dreieine Gott und das Handeln in der Welt.** Christlicher Glaube und ethische Öffentlichkeit im Denken Klaus Hemmerles. 1998. X + 483 Seiten. ISBN 3-429-02015-8.

Band 25: Mirjam Schambeck: **Contemplatio als Missio.** Zu einem Schlüsselphänomen bei Gregor dem Großen. 1998. XII + 473 Seiten. ISBN 3-429-02074-3.

Band 26: Karl-Heinz Wiesemann: »**Zerspringender Akkord**«. Das Zusammenspiel von Theologie und Mystik bei Karl Adam, Romano Guardini und Erich Przywara als theologische Fuge. 1999. XI +431 Seiten. ISBN 3-429-02183-9.

Band 27: Siegfried Kleymann: »**...Und lerne von dir selbst im Glauben zu reden**«. Die autobiographische Theologie Joseph Wittigs (1879-1949). 2000. XI + 483 Seiten. ISBN 3-429-02190-1.

Band 28: Daniela Mohr: **Existenz im Herzen der Kirche.** Zur Theologie der Säkularinstitute in Leben und Werk Hans Urs von Balthasars. 2000. XIV + 471 Seiten. ISBN 3-429-02223-1.